Arno Bammé

Die vierte Singularität.
Perspektiven einer soziologischen Zeitendiagnostik

„The Times They Are a-Changin"
Bob Dylan

Zum Autor

Arno Bammé, Jahrgang 1944, em. ordentlicher Universitätsprofessor an der Alpen-Adria-Universität Klagenfurt (Kärnten), Vorstand des Instituts für Technik- und Wissenschaftsforschung an der Fakultät für Interdisziplinäre Forschung und Fortbildung bis 2012, Direktor des Institute for Advanced Studies on Science, Technology and Society in Graz (Steiermark) bis 2019, Fachvorstand der Sektion „Abendländische Epistemologie" beim Amt für Arbeit an unlösbaren Problemen und Maßnahmen der hohen Hand (Berlin), Leiter der Ferdinand-Tönnies-Arbeitsstelle in Klagenfurt, Obmann der Gesellschaft für Technik- und Wissenschaftsforschung bis 2015.

Arno Bammé

Die vierte Singularität

Perspektiven einer soziologischen Zeitendiagnostik

Metropolis-Verlag
Marburg 2020

Bibliografische Information Der Deutschen Nationalbibliothek
Die Deutsche Nationalbibliothek verzeichnet diese Publikation in der Deutschen Nationalbibliografie; detaillierte bibliografische Daten sind im Internet über <https://portal.dnb.de> abrufbar.

Metropolis-Verlag für Ökonomie, Gesellschaft und Politik GmbH
https://www.metropolis-verlag.de

ISBN 978-3-7316-1437-1

Inhalt

III. Heute die Welt für morgen gestalten

Epilog

Die vierte Singularität. Ihre Voraussetzungen und ihre Folgen

Ein Prolog

Inhalt

Die vierte Singularität, die „technologische“ (Vinge 1993, Kurzweil 1998), das ist unsere Jetztzeit. Aber es macht wenig Sinn, darüber zu sprechen, ohne zu wissen, wie sie zustande gekommen ist, worin ihre Errungenschaften bestehen, ihre Verluste und ihre Gefahren, und warum über Zukunftsperspektiven, die über sie hinausweisen, kaum sinnvoll spekuliert werden kann. Ferner gilt es, vorab die unterschiedlichen Erkenntnisinteressen von historischen und soziologischen Zeitanalysen zu verdeutlichen, um wechselseitigen Missverständnissen, die in der Dogmengeschichte beider Fächer ursächlich und fest verankert sind, vorzubeugen.

1. Soziologie und Geschichte

Die Soziologie entwickelte sich im ausgehenden 19. Jahrhundert als eigenständige Wissenschaftsdisziplin wesentlich durch Abgrenzung und in Konkurrenz zur Geschichtswissenschaft, ein Konfliktgeschehen, das auch heute noch im Unbewussten beider Fachdisziplinen präsent ist. Während der Soziologe Max Weber der „Römischen Geschichte“ Theodor Mommsens jeglichen Wissenschaftscharakter absprach (Salin 1954, S. 111), zählte der Historiker Georg von Below zu den entschiedensten Gegnern der Soziologie, der er allenfalls den Status einer Methode, aber keinesfalls den einer eigenständigen Wissenschaftsdisziplin zubilligte (Lepenies 1988, S. 303 ff.; grundlegend: Tönnies 1920).

Historiker sehen in Soziologen üblicherweise „Leute, die das, was offen zutage liegt, mit Hilfe eines barbarischen und abstrakten Jargons beschreiben, die für Orte und Zeiten keinen Sinn haben, die Individuen in rigide Kategorien pressen und – dem Ganzen die Krone aufzusetzen – dies auch noch für ‚wissenschaftlich‘ halten. Die Soziologen ihrerseits betrachten Historiker oft als amateurhafte, kurzsichtige Tatsachensammler ohne Methode. Die Unbestimmtheit ihrer Daten entspricht einzig ihrer Unfähigkeit, sie zu analysieren“ (Burke 1989, S. 10). Soziologen und Historiker sprechen nicht nur unterschiedliche Sprachen, sie bewegen sich auch in unterschiedlichen Subkulturen. Soziologen lernen es, sich mit Zahlenreihen und Statistiken zu beschäftigen, während Historiker sich eher davor drücken und ihre Schlüsse aus Worten zu ziehen trachten. Soziologen lernen es, Regeln zu erkennen und zu beachten, und neigen oft dazu, Ausnahmen zu ignorieren. Historiker hingegen werden dazu angehalten, sich den Einzelheiten zu widmen, und oft gelingt es ihnen dann nicht, allgemeine Muster darin zu erkennen (ebd., S. 11). Jeder der beiden Disziplinen leidet unter einer strukturellen Verengung ihres Blickwinkels. „Historiker schweben in der Gefahr, einer Beschränktheit in eher wörtlichem Sinn anheim zu fallen. Da sie sich auf eine bestimmte Region und Periode spezialisieren, gelangen sie leicht dahin, ihren Bereich als einmalig anzusehen, statt ihn als eine besondere Kombination von Elementen zu betrachten, deren jedes auch anderswo seine Parallelen hat. Soziologen dagegen leiden unter der Beschränktheit in einem eher übertragenen Sinne, etwa wenn sie über die ‚Gesellschaft' nur aufgrund zeitgenössischer Erfahrungen generalisieren oder beispielsweise über sozialen Wandel im Laufe von dreißig Jahren sprechen, ohne zugleich die langfristigen Entwicklungsprozesse ins Auge zu fassen" (ebd., S. 9 f.).

Tatsächlich betreffen die meisten Schlüsselfragen der Soziologie Sachverhalte, die einen Zeithintergrund haben. Sozialstrukturen sind das Erbe bestimmter Vergangenheiten. Soziologisch konstruierte Erkenntnisobjekte wie „komplexere Gesellschaften", „Kollektivvorstellungen" oder „Macht" dürften sich deshalb ohne Rückgriff auf ihre sowohl mental- wie realgeschichtlichen Entstehungsprozesse kaum zufriedenstellend erklären lassen. Umgekehrt ist aber auch Geschichtsforschung ohne Soziologie nur eine halbe Sache. Wenn Historiker theorieabstinent darüber nachsinnen, wie einzelne Gesellschaften funktionieren oder funktionierten, dann laufen sie Gefahr, sich zu Gefangenen aktueller *Common-Sense*-Vorstellungen und -Begriffe zu machen. Historiker wissen zwar von Vielem Vieles, aber sie sind nicht dabei gewesen. Manchmal verrät ihre Geschichtsdeutung mehr über ihre eigene Gesellschaft als über die, von der sie berichten. Der Sinn einer historischen Entwicklung ergibt sich nicht so sehr aus den Ereignissen, die der Wissenschaftler in Geschichtsdaten, mit denen er zu arbeiten gedenkt, überführt, sondern aus der Theorie, mit denen er diesen Daten eine Struktur verleiht. An diesem Spannungsverhältnis zwischen historischem Einzelphänomen und verallgemeinernden Strukturen scheiden sich die Deutungsmuster von Gesellschafts- und Geschichtswissenschaft.

Soziologen trachten danach, Regelmäßigkeiten zu erkennen und entsprechende Gesetzesaussagen zu formulieren. Historiker widmen sich mit Akribie den einzelnen Ereignissen einer bestimmten Region und einer bestimmten Epoche. Es ist nicht einzusehen, warum beide Perspektiven einander ausschließen müssen. Das *Sein*, das Gegebene ist ein strukturierendes Moment im Prozess des Werdens *und* zugleich Gewordenes, Resultat eines vorgängigen Werdens. Nach der Verursachung fragt der an einem *Werden* Interessierte. Er geht den Verknüpfungen *individueller* Kausalitäten nach, die sich in einem *einmaligen* Ereignis äußern. Seine Grundfrage lautet, wie es dazu kommen konnte. Nach der Bedingtheit fragt der an einem jeweiligen *Sein* Interessierte. Ihm ist das einzelne Ereignis vor allem wichtig als Beispielfall, als Illustration eines Allgemeinen, Typischen, über die Einmaligkeit Hinausweisenden. Ihm geht es um die Ergründung eines *generellen* Sachverhalts und seine *Bedingtheit*, nicht um die einer individuellen Ursachenkette (von Martin 1974, S. 11). Weil Situationen und Ereignisse, die üblicherweise zum Gegenstand soziologischen Erkenntnisinteresses gemacht werden, Momente eines längerfristigen sozialhistorischen Prozesses sind, können sie in ihrem Stellenwert, in ihrer Bedingtheit und in der Funktion, die sie im Rahmen der Gegenwartsgesellschaft einnehmen, gar nicht angemessen gedeutet und analysiert werden, wenn von der Vergangenheit, aus der heraus sie sich entwickelt haben (Harari 2013), und von der Zukunft, auf die hin sie sich bewegen und von der sie ihren übergreifenden, handlungsleitenden Sinn beziehen (Harari 2017), abstrahiert wird.

Die Soziologie war ihrem Selbstverständnis nach bisher *Epignostik.* Sie hat das, was ist, beschrieben und *erklärt.* In Zukunft wird es darum gehen, Gesellschaft zu *gestalten.* Gefordert ist eine prospektive Wissenschaft, die sich gleichermaßen der *Prognostik* verpflichtet fühlt.

2. Das Anthropozän. Zur Transformation gesellschaftlicher Naturverhältnisse

Die Gesellschaft der Zukunft wird eine technologisch geprägte sein und sie wird eine planetarische sein. Gesellschaft und Natur, Bio- und Soziosphäre werden in ihr, durch Technologie vermittelt, zu einem *Hybrid* verschmelzen. Gegenüber den bislang weitgehend durch *Ökonomie* gestalteten Verkehrsformen der Menschen in der *Gesellschaft* (Kommunikation) gewinnen die über *Technologie* vermittelten Stoffwechselbeziehungen der Menschen zur *Natur* (Metabolismus) an Bedeutung. Die weltweit nach wie vor ungelöste „soziale Frage" (Tönnies 1926) wird von der „ökologischen Frage" (Uekötter 2011) überlagert. Sie betrifft nicht mehr einzelne Klassen, Stände oder Schichten, sondern den Menschen als Gattungswesen. Auf der Tagesordnung steht, der Denktradition des Thomas Hobbes (1651) folgend, unabweisbar die Frage nach einem Souverän, der, mit einem durchsetzungsfähigen Machtmonopol ausgestattet, in der Lage ist, Weltinnenpolitik (Beck 2010) zu betreiben.

Nicht nur muss angesichts dieser Situation in Betracht gezogen werden, dass die Evolution menschlicher Vergesellschaftungsformen suboptimale Lösungen des Zusammenlebens hervorgebracht hat, sondern dass sie in einer Katastrophe unvorstellbaren Ausmaßes enden (Diamond 2005). Es könnte sich erweisen, dass die biologische Evolution den Menschen in eine kulturelle Sackgasse getrieben hat, die zu verlassen seine kognitiven Kompetenzen bei weitem übersteigt – hirnphysiologische Defizite, die sich möglicherweise nur durch die Implementierung mentaler Fähigkeiten auf intelligente Computersysteme (Kurzweil 2013) kompensieren lassen.

Die Erde ist heute kein natürliches Ökosystem mehr, das vom Menschen gestört wird, sondern ein Humansystem mit darin eingebetteten mehr oder minder natürlichen Ökotopen. Der Mensch selbst ist zum geologischen Faktor geworden. Das Holozän (Alluvium), das vom Ende der Eiszeit bis zur Gegenwart reichte und dessen globale Umweltstabilität die Grundlage für den Aufbau aller bisherigen Hochkulturen bildete (Zalasiewicz 2009), wird abgelöst vom Anthropozän, vom „Menschenzeitalter" (Crutzen 2011, Ehlers 2008). Wenn man die *geochronologischen* Phänomene und die daraus resultierenden gesellschaftlichen Folgeprobleme, die dem Begriff des Anthropozäns zugrunde liegen, in *soziologischer* Diktion reformulieren möchte, dann wird man auf zwei menschengemachte Ursachenkomplexe verweisen müssen, die verantwortlich sind vor allem für die seit Mitte der 40er Jahre einsetzende „große Beschleunigung" dieses Transformationsgeschehens: die Ökonomie und die Technologie.

Eine soziologische Analyse dieser Situation hat dabei zwei Aspekte in Rechnung zu stellen, die vom *Mainstream* soziologischen Denkens nur allzu oft vernachlässigt werden: dass nämlich, erstens, gesellschaftliche Problemkonstellationen, wie sie unter dem Begriff des Anthropozäns aktuell diskutiert werden, ihre Wurzeln in der Vergangenheit haben *und* zugleich auf Zukünftiges verweisen (Zalasiewicz 2009). Und dass es sich, zweitens, im Wesentlichen um Anomien handelt, die ihre Ursache im Misslingen des technologisch vermittelten Stoffwechselprozesses zwischen Mensch und Natur haben (Fischer-Kowalski et al. 1997), also im materiellen Reproduktionsprozess der Gesellschaft. In der Gegenwartssoziologie tritt „Gesellschaft" üblicherweise im Gewand von *Kommunikationstheorien* auf (*linguistic turn*). *Produktionstheorien* spielen darin kaum noch eine Rolle (Krüger 1990). So wird „Natur" als Gesellschaft konstituierender Faktor zum Beispiel weder in der Gesellschaftstheorie von Habermas noch in der von Luhmann nennenswert berücksichtigt.

3. Epignostik und Prognostik zusammendenken

Zur Disposition steht das Überleben der Gattung „Mensch“ auf dem Raumschiff „Erde“, das keinen Notausgang kennt (Crutzen et al. 2011). Schauplatz sind nicht mehr einzelne Nationalstaaten, sondern die Weltgesellschaft in ihrer Gesamtheit. Die Zukunft ist offen. Wir müssen sie gestalten, aber wir können sie nicht voraussagen. Was wir können, ist, Szenarien zu entwickeln: zentrale Einflussgrößen („Parameter“) konstant halten, andere verändern („Variable“) und schauen, was passiert, um Gegenstrategien zu entwickeln (Bammé 2017). Zugleich muss analysiert werden, was in der Vergangenheit falsch gemacht wurde, Fehler, die zu dem geführt haben, was heute korrigiert werden muss, und warum dies geschehen ist. Das Dilemma, vor dem wir stehen, liegt auf der Hand. Es gilt, eine Struktur ausfindig zu machen, die dem Gewordenen zugrunde liegt, eine Struktur, die uns das Gegenwärtige aus seiner Vergangenheit heraus erklärt und zugleich Entwicklungspfade, die in ihm für die Zukunft angelegt sind, erkennen lässt. Zwar ist zu Beginn einer Entwicklung die Zukunft offen und niemand kann wissen, wohin die Reise notwendigerweise geht. Umfang und Vielfalt eines Möglichkeitsraums übersteigen immer die des realisierten Faktums. Aber im Nachhinein, am Ende einer Entwicklung lassen sich vorgängige Stufen sehr wohl als notwendige Zwischenschritte deuten, die unhintergehbar waren, weil es sonst zu einem anderen Resultat gekommen wäre. Eine Situation a_0 kann zum Beispiel über das Potential verfügen, die Folgesituationen a_1, a_2 … a_x zu erzeugen. Welche im Einzelfall tatsächlich realisiert wird, kann man nicht von vornherein wissen. Allenfalls lässt sich mit einiger Wahrscheinlichkeit jener Bereich angeben, im Rahmen dessen das Ereignis a_x eintreten wird, weil a_0 eine bestimmte Entwicklungsrichtung strukturell vorgibt. Ist, um im Beispiel zu bleiben, a_2 eingetreten, lässt sich hingegen dann sehr wohl zeigen, dass a_0 die hierfür notwendige Voraussetzung war. Es gibt aber auch noch die Möglichkeit eines qualitativen Sprungs derart, dass zum Beispiel aus a_2 eine zuvor völlig unbekannte Entwicklungsrichtung b_0, b_1, b_2 … b_x eingeschlagen wird, dass also die Sperrklinke, die in der Entwicklungsrichtung a_0, a_1, a_2 … a_x strukturell angelegt ist, überwunden wird und sich dadurch völlig neue Wirklichkeitsräume eröffnen.

Abbildung 1: Sperrklinken-Effekt

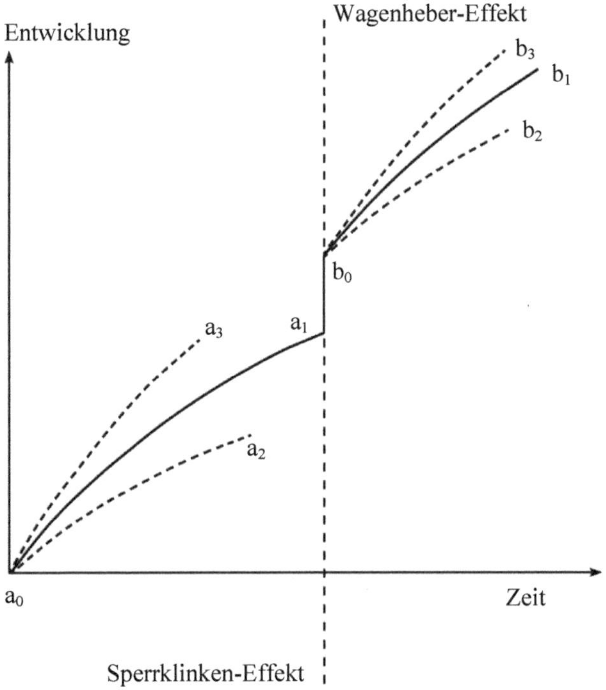

Nähert man sich dem Verlauf der Menschheitsgeschichte mit den Augen eines unvoreingenommenen Historikers, so erblickt man in der Fülle der Einzelereignisse vor allem Chaos, Zufall und Beliebigkeit. Offensichtlich hätte auch alles ganz anders kommen können. Wenn man aber im Gegensatz dazu, zielgerichtet, mit soziologisch fokussiertem Blick, zum Beispiel von der Technik bzw. Technologie als einer zentralen Äußerungsform des Menschen ausgeht, die sowohl kumulativ als auch zweckorientiert ist, und zwar unabhängig davon, welche Auswirkungen sie letztlich für das Schicksal der Menschheit hat, dann lässt sich, zumal in soziologischer Perspektive, sehr wohl eine Struktur im vermeintlichen Entwicklungschaos ausmachen, durch die weitere Entwicklungsrichtungen wahrscheinlicher gemacht werden als andere.

Die Krisensituation, in der die Menschheit sich heute befindet, ist das sozialhistorische Resultat der Dynamik eines über Jahrhunderte sich hinziehenden, seit etwa 1880 zunächst langsam, seit Mitte der 40er Jahre exzessiv beschleunigenden Stoffwechselprozesses zwischen Mensch und Natur mit Folgewirkungen, die sich, wenn überhaupt, nur langfristig korrigieren lassen. Als Ursachen, die sich zugleich in Folgewirkungen äußern, die wiederum zu Ursachen werden, finden sich in der einschlägigen Literatur (sämtliche Angaben nach Emmott 2013) unter anderem: das Wachstum der Weltbevölkerung, die CO_2-Konzentration in der Atmosphäre, der globale Temperaturanstieg, der globale Anstieg der Meerestemperatur, das Artensterben, der Verlust an tropischen Regenwäldern, die weltweite Ausbeutung der Meeresfauna, der wachsende Wasserverbrauch (er wächst gegenwärtig doppelt so schnell wie die Weltbevölkerung), der nach wie vor steigende Kohleverbrauch, der Straßenverkehr (zwischen 1998 und 2011 ist die Autoproduktion weltweit um 32,7 Prozent gestiegen), die zunehmenden Überschwemmungen in Asien, der Anstieg schwerer Flächenbrände in Nord- und Südamerika seit 1950 (waren es in den fünfziger Jahren insgesamt lediglich zwei, so ereigneten sich in den neunziger Jahren insgesamt fünfzig), die Zunahme globaler Kohlenstoffemissionen (trotz des 1997 verabschiedeten Kyoto-Protokolls stiegen bis 2012, also innerhalb von fünfzehn Jahren, die Treibhausgasemissionen aus der Nutzung fossiler Brennstoffe um 36 Prozent).

Abbildung 1: Wachstum der Weltbevölkerung seit 10.000 v. Chr., projiziert bis ins Jahr 2010

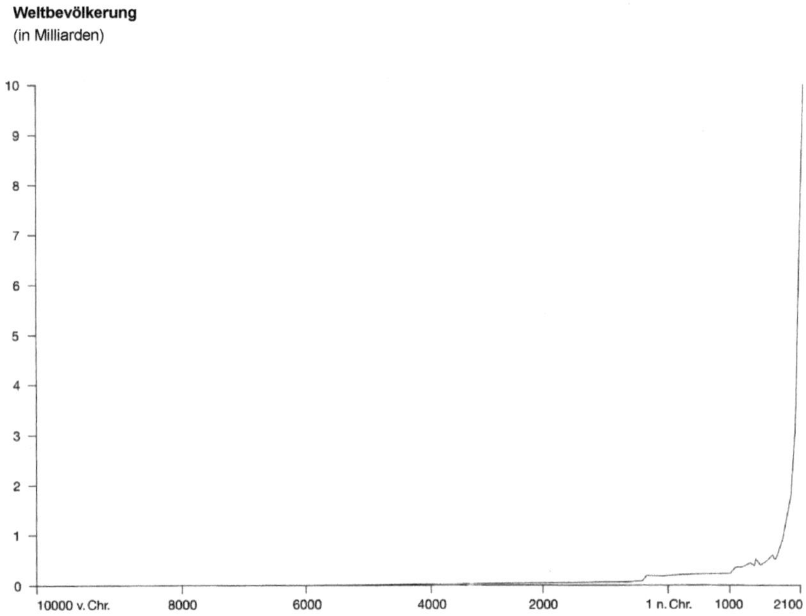

Wachstum der Weltbevölkerung seit 10000 v.Chr., projiziert bis ins Jahr 2100. Die Darstellung basiert auf: United Nations Department of Economic and Social Affairs, Population Division (Hg.) (2011), World Population Prospects. The 2010 Revision, Band I (New York).

Quelle: Emmott 2013, 18 f.

Abbildung 2: CO_2-Konzentration in der Atmosphäre in parts per million, ppm

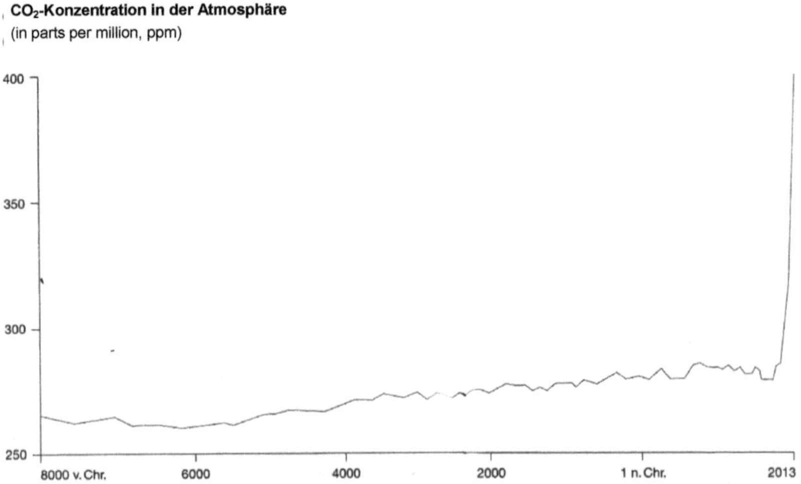

Die CO_2-Konzentration in der Atmosphäre nimmt zu. Während der Wert zu Beginn der industriellen Revolution bei 280 ppm lag, wurden am 4. Mai 2013 400 ppm gemessen. Um zu verhindern, dass die globale Durchschnittstemperatur um mehr als zwei Grad Celsius ansteigt, müssten wir die CO_2-Konzentration auf maximal 450 ppm beschränken. Dieses Ziel werden wir nicht erreichen. Wären wir wirklich entschlossen, etwas gegen den Klimawandel zu tun – was wir nicht sind –, bestünde ein realistischeres Ziel in einer Beschränkung auf 550 ppm. Doch selbst das würde voraussetzen, dass uns die Pflanzen und Ozeane des Planeten auch weiterhin einen Riesengefallen tun und als gigantische Kohlenstoffsenken fungieren. Sollte uns eine solche Beschränkung gelingen, würden wir uns im Bereich eines Temperaturanstiegs von um die vier Grad Celsius bewegen. Die Darstellung basiert auf: Susan Solomon et al. (Hg.) (2007), Climate Change 2007. The Physical Science Basis, Beitrag der Arbeitsgruppe I zum Fourth Assessment Report des Intergovernmental Panel on Climate Change, Cambridge/New York: Cambridge University Press; C. M. MacFarling Meure et al. (2006), ‚Law dome CO_2, CH_4 and N_2O ice core records extended to 2000 years BP‘, in: Geophysical Research Letters 33/14.

Quelle: Emmott 2013, 36 f.

Abbildung 3: Globaler Temperaturanstieg, jährliche Temperaturanomalien in Grad Celcius

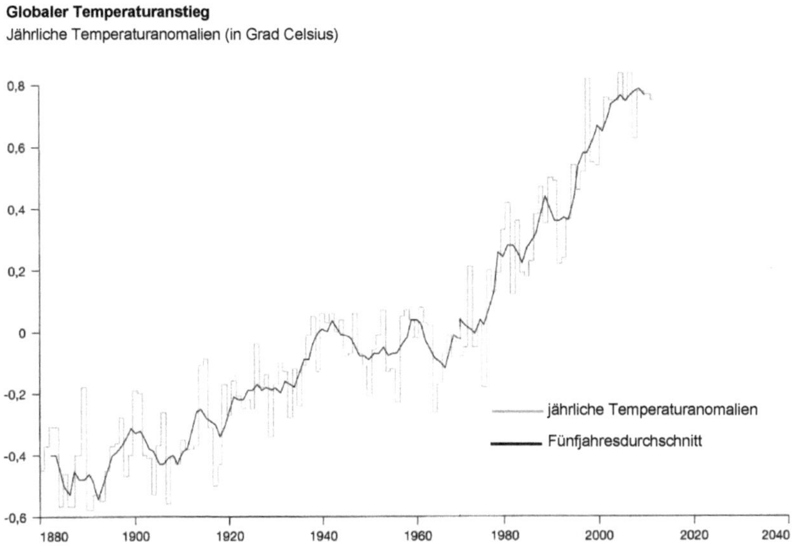

Der Planet erwärmt sich. Obwohl über die letzten zehn Jahre hinweg eine Verlangsamung des Anstiegs der globalen Durchschnittstemperatur in der Atmosphäre zu verzeichnen war, setzt sich der langfristige Trend fort. Das ist eine Konsequenz des Anstiegs der CO_2-Konzentration in der Atmosphäre. Wir haben es mit unumstößlichen Gesetzen der Physik und Chemie zu tun: Steigende CO_2-Werte führen zu einem Anstieg der Temperatur in der Atmosphäre. Die graue Linie zeigt die jährlichen Temperaturanomalien, die schwarze Linie den Fünfjahresdurchschnitt. Die Darstellung basiert auf: James E. Hansen et al. (2012), ‚Global temperature anomalies (land meteorological stations)', online verfügbar unter: http://cdiac.ornl.gov/trends/temp/hansen/graphics.html (Stand Juni 2013).

Quelle: Emmott 2013, 40 f.

Abbildung 4: Artensterben, Aussterberate in extinctions/ million species-years, e/msy

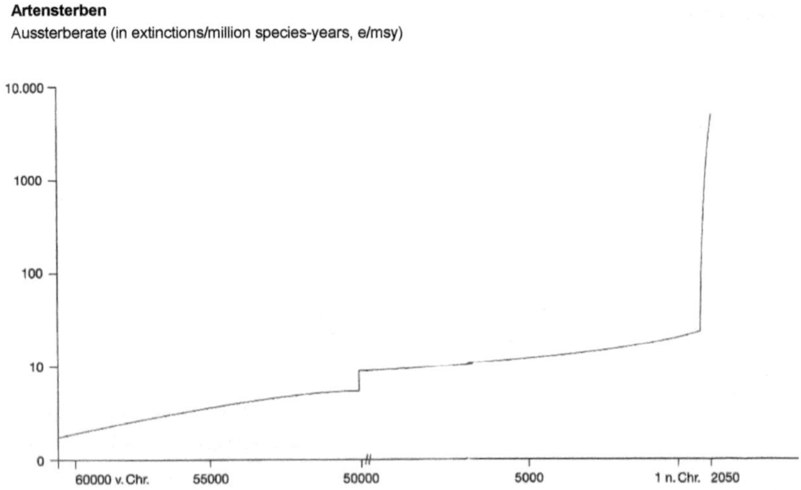

Wir steuern derzeit auf das sechste Massenaussterbeereignis in der Geschichte der Erde zu. Im Verlauf des Pleistozäns steigt die Aussterberate auf 9 e/msy an, als die Menschheit sich über Afrika hinaus ausbreitet, was zum Verschwinden eines Großteils der Megafauna auf anderen Kontinenten führt. Während des Holozäns erreicht die Aussterberate einen Wert von 24 e/msy. Ab etwa 1800 (der steile Anstieg ganz rechts) schnellt die Aussterberate dann dramatisch in die Höhe, und diese Entwicklung wird sich allen Voraussagen nach fortsetzen – im Wesentlichen infolge des Verlusts von Lebensräumen. Die Darstellung basiert auf: Daten der Paleobiology Database, online verfügbar unter: {http://paleodb.org/} (Stand Juni 2013); Stuart L. Pimm/Peter Raven (2000), ‚Biodiversity: Extinction by numbers', in: *Nature* 403, S. 843-845; Anthony D. Barnosky et al. (2011), ‚Has the earth's sixth mass extinction already arrived?', in: *Nature* 471, S. 51-57.

Quelle: Emmott 2013, 60 f.

Abbildung 5: Wasserverbrauch in Kubikkilometer pro Jahr, der Wasserverbrauch wächst doppelt so schnell wie die Weltbevölkerung

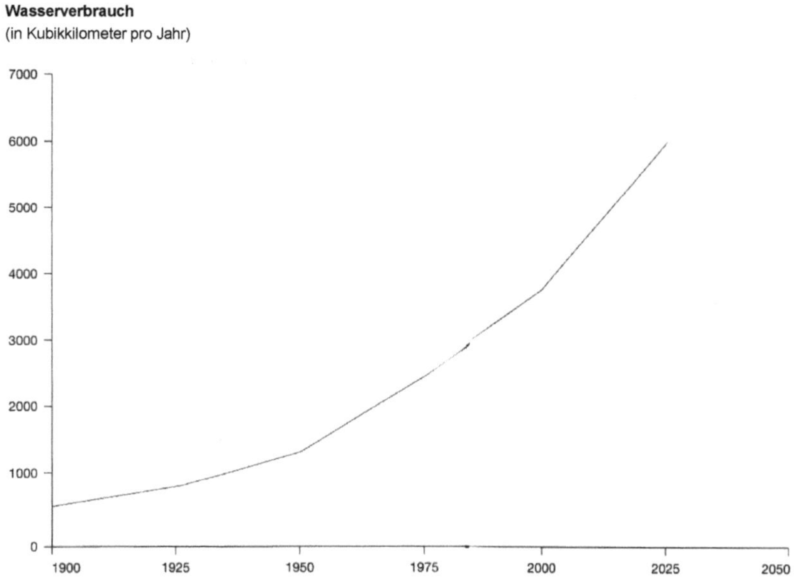

Vor 100 Jahren verbrauchten wir etwa 600 Kubikkilometer Wasser pro Jahr. Momentan verbrauchen wir weltweit jährlich 4000 Kubikkilometer, im Jahr 2025 werden es aller Voraussicht nach 6000 Kubikkilometer sein. Der Wasserverbrauch wächst doppelt so schnell an wie die Weltbevölkerung. Die Darstellung basiert auf Daten des Umweltprogramms (United Nations Environment Programme, UNEP) sowie der Ernährungs- und Landwirtschaftsorganisation der Vereinten Nationen.

Quelle: Emmott 2013, 76 f.

4. Zwei Zukunftsszenarien

Als Reaktion auf diese Zustandsbeschreibung lassen sich gegenwärtig zwei grundlegende, wissenschaftlich begründete Zukunftsszenarien ausmachen, die einander vehement widersprechen, ein pessimistisches und ein optimistisches. Für die *pessimistische* Variante sei stellvertretend ein etwas längeres Zitat von Stephen Emmott referiert, der in Cambridge auf dem Gebiet der rechnergestützten Naturwissenschaften über komplexe Systeme, insbesondere über das Klima und Probleme der Ökologie, arbeitet, ein Zitat, das seine Überlegungen und Argumente, die er durch zahlreiche statistische Daten und Graphiken belegt, im Schlusskapitel seiner Monographie „Zehn Milliarden“ (2013) resümierend zusammenfasst:

> Angenommen, wir fänden morgen heraus, dass ein Asteroid auf die Erde zurast, der nach unseren Berechnungen (...) am 3. Dezember 2073 einschlagen und bei dieser Gelegenheit 70 Prozent allen Lebens auf der Erde vernichten wird. Ich denke, wir dürfen davon ausgehen, dass weltweit alle Regierungen reagieren und den gesamten Planeten in einen Zustand hektischer Aktivität versetzen würden. Jeder Wissenschaftler und jede Ingenieurin, jede Universität, jedes Unternehmen würde mobilisiert: die eine Hälfte bekäme den Auftrag, Mittel und Wege zu finden, um den Asteroid zu stoppen, wohingegen sich die andere Hälfte ausschließlich darum zu kümmern hätte, wie man – falls die erste Gruppe scheitert – das Überleben unserer Spezies sicherstellen und hinterher alles wieder aufbauen kann. Nun, das ist praktisch genau die Situation, in der wir uns heute befinden, mit zwei kleinen, aber entscheidenden Unterschieden: Es gibt kein genaues Datum. Und es gibt keinen Asteroiden. Das Problem sind wir.
>
> Wir stehen vor riesigen Problemen von extremer Dringlichkeit. Warum wir nicht endlich mehr unternehmen, um aus dieser Situation herauszukommen, will mir einfach nicht in den Kopf. Wir geben acht Milliarden Euro für das CERN aus, um Beweise für die Existenz eines Teilchens zu finden, das sich Higgs-Boson nennt und das uns vielleicht, vielleicht aber auch nicht, am Ende besser verstehen lässt, was eigentlich Masse genau ist. Mehr als eine partielle Bestätigung des „Standardmodells“ der Teilchenphysik springt dabei nicht heraus. Wenn man sie fragt, erzählen einem die Physiker des CERN voller Begeisterung, dass sie am größten und wichtigsten Experiment arbeiten, das die Welt je gesehen hat. Das stimmt nicht. Das größte und wichtigste Experiment aller Zeiten führen wir nämlich selbst durch. Wir alle. In genau diesem Moment. Mit unserer Erde.
>
> Wir haben die Möglichkeit, etwas an unserer Lage zu ändern. Wahrscheinlich nicht mit Hilfe neuer Technologien, sondern indem wir unser Verhalten radikal verändern. Aber nichts deutet darauf hin, dass dies gerade geschieht oder irgendwann geschehen wird. Ich glaube, alles wird einfach so weitergehen wie bisher. Vielleicht irre ich mich ja. Hoffentlich. Allerdings deutet die Wissenschaft darauf hin, dass ich richtigliege. Die Situation, in der wir uns heute befinden, kann man mit Fug und Recht einen beispiellosen Notfall nennen. Wenn wir eine globale Katastrophe verhindern wollen, müssen wir irgendetwas Radikales tun – und ich meine wirklich tun. Aber ich glaube nicht, dass wir das machen werden. Ich glaube, wir sind nicht mehr zu retten (2013, S. 197 ff., ähnlich argumentieren Weltzer 2008, Rinke und Schwägerl 2012).

Der Schluss, der sich aus diesem Resümee ziehen lässt, lautet: Da aller Wahrscheinlichkeit nach zielführende präventive Maßnahmen zur Vermeidung der Klimaerwärmung (Mitigation) nicht im erforderlichen Umfang zustande kommen werden, ergibt sich zwangsläufig die Notwendigkeit reaktiver Interventionen; das sind einerseits Maßnahmen zur Anpassung an die Klimaerwärmung (Adaptation), andererseits Maßnahmen zur aktiven Beeinflussung des Klimawandels (Climate Engineering), wobei höchst unsicher ist, inwieweit sie überhaupt wirksam sind; gewiss hingegen ist, dass sie der Menschheit ungleich teurer zu stehen kommen als präventive Maßnahmen.

Eine *optimistische* Variante stellt die Zukunftsprognose Ray Kurzweils (2013) dar. Ihm zufolge werden die bislang getrennten Bereiche der Genetik (die Schnittmenge aus Biologie und Informatik), Nanotechnik (die Schnittmenge aus Information und physikalischer Welt), Robotik (die motorische Verkörperung künstlicher Intelligenz) zunehmend ineinander greifen und eine artifizielle Umwelt erzeugen, die aufgrund der in ihr implementierten Intelligenz potentiell in der Lage ist, sich eigendynamisch weiterzuentwickeln. Er bezeichnet dieses oft als transhuman etikettierte Prozessgeschehen als GNE-Revolution. Danach wird es keinen Unterschied mehr geben zwischen der Handlungskompetenz des Menschen und der Maschine, zwischen physikalischer und virtueller Realität. Die technische Evolution, ursprünglich vom Menschen initiiert, wird sich als Fortsetzung und Überbietung der biologischen Evolution zunehmend autonom und mit exponentieller Beschleunigung weiterentwickeln. Die Epoche, die davon geprägt sein wird, bezeichnet Kurzweil als Singularität bzw., weil ihr treibender Motor die Technologie ist, als *technologische Singularität.*[1] „Es handelt sich um einen Zeitabschnitt, in dem der technische Fortschritt so schnell und seine Auswirkungen so tiefgreifend sein werden, dass das menschliche Leben einen unwiderruflichen Wandel erfährt“ (Kurzweil 2013, S. 7). Üblicherweise bezeichnet der Begriff „Singularität“ ganz allgemein eine vereinzelte Erscheinung, eine Seltenheit oder Besonderheit; Kurzweil präzisiert ihn auf eine Zeitenwende hin, auf eine Epochenschwelle, in der das biologische Denken und Dasein der Menschen mit ihrer Technologie verschmelzen. Die Welt wäre dann, durch Technologie vermittelt, als eine Einheit, als ein Organismus aus nur scheinbar selbständigen Teilen zu begreifen. Eine „Schwarmintelligenz“, die über mehr Problemlösungskompetenz verfügt als das menschliche Gehirn, wäre eher in der Lage, die von Emmott beschriebenen Pro-

[1] Der Begriff geht zurück auf den Mathematiker Vernor Vinge (1993).

bleme zu lösen. Evolution ist für Kurzweil ein Prozess, im Verlauf dessen sich Materie und Energie zu Mustern immer höherer Ordnung zusammenfügen, ausgehend von physikalisch-chemischen über biologische bis hin zu Entwicklungen der menschlichen Lebenswelt, in denen Materie und Energie zunehmend von Intelligenz, losgelöst von der Biologie des Menschen, durchdrungen werden. Typische Fehler bisheriger Zukunftsprognosen, optimistischer ebenso wie pessimistischer, sowie skeptischer Einwände seiner Kritiker, bestehen ihm zufolge darin, „die Auswirkungen einer bestimmten Entwicklung isoliert zu betrachten, als ob sich die restliche Welt nicht verändern würde", oder darin, die Zukunft in einer linearen statt in einer exponentiellen Perspektive wahrzunehmen. „Das ist der Grund, warum die Leute überschätzen, was kurzfristig erreicht werden kann (weil sie die fehlenden Voraussetzungen übersehen), aber unterschätzen, was langfristig möglich ist (weil sie exponentielles Wachstum ignorieren)" (Kurzweil 2013, S. 14 f.). Zudem werde leicht übersehen, dass der wissenschaftliche Fortschritt in der Mehrzahl der Fälle durch eine neue Technik ausgelöst wird, die es den Menschen erlaubt, Dinge zu erkennen, die ihnen vorher verborgen waren. Es sei deshalb schwieriger, fundierte Prognosen für die Zukunft zu erstellen, als Entwicklungen abzustreiten, die noch nicht eingetreten sind, auch wenn sie sich unausweichlich ankündigen. Kurzweil erläutert diese Erkenntnis an einem Beispiel:

> „Zu Beginn des zwanzigsten Jahrhunderts vertraten einige Skeptiker die Ansicht, dass Fluggeräte unmöglich seien, die schwerer als Luft sind. Ihnen fiel es leicht, gegenteiligen Ansichten zu widersprechen: Wenn Flugzeuge möglich sind, warum hatte dann noch niemand eines gebaut?" (ebd., S. 241).

Dass die Singularität, von der Kurzweil spricht, eine technologische sein wird, ist evident. Nicht das steht meiner Ansicht nach zur Disposition. Und auch andere Vorbehalte, etwa er paraphrasiere nur eschatologische Erwartungen der Bibel auf eine Vollendung der Welt, lassen sich widerlegen oder bleiben, gemessen an der Intention Kurzweils, marginal. Mein Einwand ist ein anderer. Kurzweil ist zu wenig Soziologe und zu wenig Historiker. Was er übersieht, ist, dass es, in sozialhistorischer Perspektive betrachtet, nicht nur eine einzige Singularität gibt bzw. gab, sondern genau vier. Und die zweite, das „griechische Mirakel" (Buitron-Oliver 1992, Pichot 1995), ist die unabdingbare Voraussetzung dafür, dass eine vierte, die technologische, heute überhaupt möglich ist.

5. Sperrklinken- und Wagenhebereffekte

Die menschliche Geschichte kann als ein stufenförmiger Wechselwirkungsprozess zwischen natürlichen und kulturellen Einflussfaktoren verstanden werden, der durch Sperrklinken- bzw. Wagenheber-Effekte in unterschiedliche sozialhistorische Singularitäten unterteilt ist. So haben die Anthropologen und Verhaltensforscher Michael Tomasello (2014) und Robin Dunbar (2016) in ihrer Theorie des sozialen Gehirns,[2] die sich mit dem Wechselwirkungsprozess zwischen Gehirnvolumen und maximaler Gruppengröße des Menschen im Verlauf der Evolution seiner Denkfähigkeit befasst, darauf hingewiesen, dass in den letzten zwei Millionen Jahren klimabedingt ein verstärkter evolutionärer Selektionsdruck zunehmende Gruppengrößen im Zusammenleben der Menschen erforderlich machte, um überleben zu können, wodurch größere Gehirne mit komplexeren Denkvermögen selektiert wurden. Die sozialen Interdependenzen und institutionellen Komplexitäten überstiegen die Organisationskapazität von *face-to-face*-Beziehungen, und innerhalb der sich vergrößernden Populationen bildeten sich Submilieus heraus mit eigenen Normen und Wertvorstellungen, die völlig neue Integrationsmechanismen erforderlich machten (ich werde in Abschnitt 9.6 darauf zurückkommen;grundsätzlich kritisch: Nagel 2016). Was am Beispiel dieses Wechselwirkungsprozesses deutlich wird, ist, dass x sehr wohl eine Funktion von y sein kann, auch wenn y zugleich eine Funktion von x ist.

Die menschliche Geschichte hat, soweit sie Naturgeschichte ist, eine Richtung, aber sie hat kein Ziel. Das Naturgeschehen folgt Kausalitätsprinzipien, die sich als Gesetzmäßigkeiten ausdrücken lassen, aber es kennt keine Zielgerichtetheit, kein *Telos* im Sinne menschlicher Normen, Werte und Wünsche. Es ist dem Menschen vorbehalten, natürliche Kausalitäten, wie sie von den Naturwissenschaften beschrieben und in Gesetzesaussagen reformuliert werden, in sozialkulturelle Teleonomien zu transformieren. In diesem Zusammenhang spielt der Richtungsbegriff des Soziologen Rudolf Goldscheid (1906) eine zentrale Rolle. Sein Verständnis von Höher- bzw. Weiterentwicklung, wie er es nannte, unterscheidet sich von dem anderer Evolutionstheoretiker dadurch, dass er dem menschlichen Gestaltungswillen die Bestimmung der Richtung zukünftiger Ent-

[2] Gamble, Gowlett und Dunbar (2016) haben in einer sechsstufigen Ordnung, die vom *Ardipithecus* bis zum *Homo sapiens* reicht, durchschnittliche Gruppengrößen für mögliche Lebens- und Kooperationsformen der darin involvierten Primaten ihren entsprechenden Gehirngrößen zugeordnet – eine auch gerade für Soziologen bedeutende Studie zum Wechselverhältnis von biologischer und kultureller Evolution.

wicklungsmöglichkeiten durch menschliche Zwecksetzungen übertrug. Der überragende Beitrag des Evolutionsgedankens besteht für ihn darin, dass er eine Perspektive auf die Zukunft hin eröffnet. Der Richtungsbegriff stellt in seinen Augen die Brücke dar zwischen der quantitativen und der qualitativen Naturbetrachtung, gleichsam das gemeinsame *Apriori* der Natur- und Sozialwissenschaften. Im Richtungsbegriff vereinen sich Ursache und Zweck, indem die Kausalität der Richtung sichtbar gemacht und auf die Zweckerkenntnis der Menschen bezogen wird. Durch ihn wird die menschliche Perspektive in die Erklärung der Natur einbezogen, denn die Natur kennt weder Zwecke noch Nutzen. Es ist der Mensch, der aufgrund seiner Vernunft und im Interesse der Erhaltung und Verbesserung des menschlichen Lebens Zweck und Nutzen in die Natur hineininterpretiert. Die Sozialwissenschaften, insbesondere die Soziologie, bilden für ihn das Scharnier, darin den Technikwissenschaften vergleichbar, zwischen den Natur- und den Geisteswissenschaften, weil sie gleichermaßen über instrumentelle und reflexive Kompetenzen, über Funktions- und Orientierungswissen verfügen.

Mit der expliziten Einbeziehung der anthropozentrischen Perspektive, der Wertungen des Menschen in den wissenschaftlichen Erkenntnisprozess befand Goldscheid sich in einem unüberbrückbaren Gegensatz zu Max Weber. Allerdings verstand er den Richtungsbegriff nicht im Sinne einer Zieldetermination, sondern als heuristisches Prinzip. Wissenschaft als menschliche Praxis weise notwendig eine anthropozentrische Perspektive auf, weil außer den menschlichen keine für uns begreiflichen Zwecke in die Natur hineingedeutet werden können. Wissenschaft muss daher im Sinne der Erhaltung und Verbesserung des menschlichen Lebens, darin traf er sich mit den Anschauungen John Deweys (1929), nützlich sein. Eine sozialkulturelle Evolution in diesem Sinne entsteht dadurch, dass die Menschen bei der aktiven Veränderung ihrer Umwelt ihre eigene Entwicklung beeinflussen. Die Möglichkeit der Eingriffe in die Gestaltung der Milieubedingungen hat zur Folge, dass die Selektion nicht länger als selbsttätige Funktion der Natur betrachtet werden kann. Sie erfordert vielmehr die Berücksichtigung der Interessen, Ideologien und Handlungen der Akteure, insbesondere jener, die im Staate und in der Gesellschaft Einfluss und Macht besitzen.

Die einzelnen Stufen der sozialhistorischen Wechselwirkungsprozesse zwischen natürlichen Kausalitäten und kulturellen Teleonomien sind durch Sperrklinken- bzw. Wagenheber-Effekte von einander abgetrennt bzw. durch sie vermittelt. Der Sperrklinken- oder Ratchet-Effekt bezeichnet in der Soziologie einen grundlegenden Systembruch, einen dramatischen

Richtungswechsel des bisherigen sozialkulturellen Evolutionsgeschehens. Wenn zum Beispiel die oben genannte Entwicklungslinie a_2 abbricht und etwa auf den Pfad b_0 überspringt, also, um das Beispiel zu konkretisieren, von Singularität 3, der Epoche des „europäischen Mirakels“ (Jones 1982), auf Singularität 4, die Epoche der „Technologischen Zivilisation“ (neuerdings: Löffler 2019), dann entsteht dadurch eine neue Singularität, eben die vierte oder, wie Kurzweil (2013) sie im Anschluss an Vernor Vinge (1993) nennt, die „technologische“. Der Sperrklinken-Effekt bewirkt, dass die Zukunft, die hinter diesem Ereignis liegt, aufgrund ihrer völlig neuartigen Struktur nicht vorhersehbar, geschweige denn, prognostizierbar ist. Zum Beispiel hätte man sich zu Beginn des 20. Jahrhunderts, und ein Blick in die zeitgenössische Geschichtsphilosophie bestätigt das, nicht vorstellen können, wie zwischenmenschliche Kommunikations- und Verkehrsformen im 21. Jahrhundert, das heißt, nach Erfindung des Computers aussehen würden. Der Computer eröffnete zwei Möglichkeiten, schreibt Joseph Weizenbaum, entweder die gesellschaftlichen und politischen Strukturen, die ohne ihn zusammengebrochen wären, intakt zu erhalten und zu stabilisieren, oder sie radikal zu verändern (1976, S. 54 f.).

Eine neue Singularität entsteht dadurch, dass eine bestimmte große oder kleine Ursache eine unerwartete, systemtranszendierende Wirkung hervorruft. Singuläre Instabilitäten können in ganz unterschiedlichen Bereichen vorkommen: in Form von Tsunamis, Vulkanausbrüchen oder anderen Naturkatastrophen; als Bifurkationen bei Entwicklungssprüngen in der biologischen Evolution; als Turbulenzen im Übergang zu deterministischen Chaoszuständen („Schmetterlingseffekt“, „kleine Ursache, große Wirkung“; vgl. Küppers 1996). Üblicherweise, nicht nur in der Wissenschaft, wird angenommen, dass sich aus denselben Anfangsbedingungen immer dieselben Ereignisse ergeben. Nicht nur Soziologen halten Stabilität für das Erwartbare und Instabilität für die Ausnahme. In der Realität, vor allem über längere Zeiträume hinweg, ist das aber durchaus nicht immer der Fall. Die Konzeption des Singularitätsbegriffs und der ihm zugrunde liegende Theorierahmen verweisen darauf, dass Determinismus und absolute Kausalität nicht umstandslos vorausgesetzt werden können. Allerdings sind, und darin findet der *Common Sense* seine erkenntnistheoretische Berechtigung, Zukunft determinierende Chaosstrukturen in sozialen Systemen eher die Ausnahme, weil Menschen teleologisch, das heißt, mit Bewusstsein, Willen und Voraussicht zielgerichtet in das dynamische Systemgeschehen, das außer Kontrolle zu geraten droht, eingreifen können. Chaotische Ereignisse im umgangssprachlichen Sinn, etwa im Vorfeld einer Währungsreform oder in der gegenwärtigen Corona-Krise (exemplarisch: Clausens Essay über „Seuchensoziologie“ 1994, S. 51 ff.), die in sozialen Systemen Unordnung und Verwirrung stiften, haben in der Regel keine System transformierenden Auswirkungen. Sie können aber, wenn die Ursache-Wirkungs-Zusammenhänge nicht erkannt oder ignoriert werden, wie im Vorfeld der Französischen Revolution, den Auslöser für die Entwicklung einer neuen Singularität bilden. Tatsächlich zeigt sich, dass, über längere Zeiträume gesehen, die kulturelle Evolution menschlichen Lebens massiv und zukunftsprägend von Katastrophen beeinflusst wurde, zum Teil stärker als durch kontinuierliche Evolutionsphasen (Ward und Kirschvind 2016). Katastrophen, soweit sie nicht zum Untergang der betreffenden Soziotope führen (Diamond 2005), schaffen oftmals den Raum für innovative Neuanfänge.

Der Begriff des Wagenheber-Effekts bedeutet sinngemäß dasselbe wie der Sperrklinken-Effekt, ist aber anders perspektiviert. Er geht auf Michael Tomassello (1993) zurück und bezeichnet in der sozialkulturellen Evolution den positiv gedeuteten Vorgang kumulativer, generationsübergreifender Verbesserungen menschlicher Kompetenzen, das heißt, er zielt mehr auf die Zeitperspektive, in der kulturelle Leistungen durch Neubeginn im Sinne Tomasellos ständig verbessert werden (2002, S. 54 f.). Zivilisatorische Errungenschaften, Kenntnisse, erworbenes Wissen, Erfahrungen müssen nicht in jeder Generation von neuem erworben werden. Das kann man jetzt so lesen, als seien die vier sozialkulturellen Singularitäten der Menschheitsgeschichte als sozialbiologische Kulminationspunkte der bisherigen Evolution gemeint; möglich sind aber auch andere Lesarten, etwa im sozialkulturellen Sinn der kontinuierlichen Höher- und Weiterentwicklung des Menschen als Gattungswesen, die der anthropozentrischen Systemtheorie des Soziologen Rudolf Goldscheid (1911) zugrunde liegt. Vorsicht im Umgang mit kultur- und sozialwissenschaftlichen Kategorien ist in jedem Fall geboten, weil ihre Begriffsgeschichte randvoll gefüllt ist mit Fehldeutungen und Missverständnissen. Ein berühmtes Beispiel liefert die Rezeptionsgeschichte der Abstammungslehre Darwins. Dass sich dessen Selektionstheorie nur schleppend durchsetzen konnte, hatte unter anderem seinen Grund in der Terminologie der Evolutionserscheinungen, die er ihr zugrunde legte. Als er „The Origin of Species“ (1859) veröffentlichte, gab es noch keine Begriffsarchitektur für das, was er verkünden wollte. „Die Fachausdrücke, die er vorschlug, waren seinen Zeitgenossen ungewohnt, und da sie oft aus dem Alltagsleben genommen waren, besaßen sie häufig eine andere, viel besser bekannte Bedeutung als jene, die Darwin im Auge hatte. Der Ausdruck ‚Selektion‘ für eine *aposteriori*-Erscheinung ist ein Beispiel. Die ‚Art', verstanden als Population und nicht als Typ, ist ein anderes" (Mayr 1989, S. 265). Ein weiteres Beispiel findet sich in der Rezeptionsgeschichte der Begriffspaarung „Gemeinschaft und Gesellschaft" (1887) des soziologischen Grundlagenwerkes von Ferdinand Tönnies, die sogar von den Nationalsozialisten vereinnahmt wurde, obwohl Tönnies einer ihrer vehementesten Gegner bis zu seinem Tode 1936 war. Solche Vereinnahmung und Missverständnisse wären sicher vermeidbar gewesen, wenn der Autor sich einer anderen Wortwahl bedient hätte, zum Beispiel den Begriff der Sozialform „Gemeinschaft" durch die Bezeichnung „Typ A" und den der Sozialform „Gesellschaft" durch die Bezeichnung „Typ B" ersetzt hätte, wie er es bei den Willensformen gemacht hat (Tönnies 2018, S. 291 f.). Ähnlich wie bei Darwin ergab sich die Gefahr von Fehldeutungen und Missverständnissen aus dem Umstand, dass es sich bei „Gemeinschaft" und „Gesellschaft" um Begriffe handelt, die ebenfalls dem Alltagsleben entnommen waren.

Die Kulturepoche, die heute unter Begriffen wie „Technologische Formation" (Hülsmann 1985), „Technologische Singularität" (Kurzweil 2013), „Technologische Zivilisation" (Löffler 2019) oder geochronologisch unter der Bezeichnung „Anthropozän" (Crutzen 2011) als vierte Singularität diskutiert wird, hat einen kumulativ strukturierten sozialhistorischen Vorlauf von mehreren tausend Jahren, der sich, in soziologischer Perspektive, in drei unterschiedlich geprägte Abschnitte (Singularitäten), die durch Sperrklinken- bzw. Wagenherber-Effekte voneinander getrennt sind, unterteilen lässt: die „Neolithische Revolution", die „Achsenzeit" (hier insbesondere das „griechische Mirakel") und das „europäische Mirakel".

6. Singularität 1 –
Vom Besitz zum Eigentum.
Von der Gruppe der Gemeinschaft zum Individuum der Gesellschaft

Die Neolithische Revolution (Childe 1936) bildet die erste der drei grundlegenden kulturellen Voraussetzungen, aus deren Weiterentwicklung als vierte Singularität die heutige Umbruchssituation sozialhistorisch resultiert. In ihr vollzog sich die größte Verhaltensänderung, die jemals eine Primatenart durchlaufen hat und deren Folgen noch heute sich in unlösbaren Problemen äußert (Bammé 2014). Die Rede ist „vom Sesshaftwerden des Menschen und den daraus resultierenden Folgen, von den Zeiten, da unsere Vorfahren aufhörten, als Jäger und Sammler durch die Wildnis zu streifen, wie sie dass jahrtausendelang getan hatten, von den Zeiten, da sie nicht mehr in kleinen Gruppen lebten, in denen jeder jeden kannte, sondern sich in großen anonymen Gesellschaften behaupten mussten, von den Zeiten also, in denen das Leben kompliziert und die sozialen Unterschiede riesig wurden“ (van Schaik und Michel 2019). Der Soziologe Ferdinand Tönnies (1887) hat diese zwei Ausprägungen, die sich in den Größenordnungen des zwischenmenschlichen Zusammenlebens bemerkbar machen und denen völlig unterschiedliche Verhaltensanforderungen und -zumutungen zugrunde liegen, im Rahmen seiner Begriffsarchitektur in historisch-genetischer Betrachtungsweise als Übergang von der Sozialform der „Gemeinschaft“ zur Sozialform der „Gesellschaft“ und in systematisch-struktureller Perspektive als die zwei grundsätzlich möglichen Extremtypen menschlichen Zusammenlebens bezeichnet.

Bislang wurde der Übergang von gemeinschaftlichen zu gesellschaftlichen Sozialformen in den Sozialwissenschaften nahezu uneingeschränkt als Fortschritt gedeutet, und von den damit einhergehenden Problemen, die sich bis heute, wenngleich in ihrem Ursprung unreflektiert, bemerkbar machen, wurde weitgehend abgesehen. Erst in jüngerer Zeit, in der soziologische, psychologische, ethnologische, archäologische und anthropologische Erkenntnisse zusammengeführt werden, ergeben sich differenziertere Sichtweisen, in denen auch die Verlustmomente des Fortschritts Berücksichtigung finden und ein realistischeres Bild der kulturellen Evolution gezeichnet wird. So bezeichnet der Evolutionsbiologe Jared Diamond das epochale Geschehen, das vor gut zehn- bis zwölftausend Jahren seinen Anfang nahm, als „the worst mistake in the history of the human race“ (1987), denn der sozialhistorische Wandel war begleitet von unermesslichem Leid. „Ausgrabungsfunde zeigen: Gewalt gelangte auf die Tagesordnung, die Menschen wurden kleiner, hungerten öfter, starben früher. Als begonnen wurde, Tiere zu domestizieren, sprangen Krankheitserreger von Haustieren auf die Menschen über. Pest und Pocken, Karies und Masern, Grippe und Cholera machten sich erstmals über die Menschen her. Zugleich sorgte die Erfindung des Eigentums an Grund und Boden dafür, dass Ungleichheit und Unterdrückung in die Gesellschaften einzogen; Frauen hatten besonders darunter zu leiden“ (van Schaik und Michel 2019, S. 15). Die Menschen jener Zeit sahen sich mit zwei Schwierigkeiten konfrontiert. Ihre bisherigen Verhaltens- und Verkehrsformen, die sich über Jahrtausende hinweg tief und fest in ihrer Psyche verankert hatten, entsprachen in keiner Weise den neuen Lebensanforderungen. Zudem hatten sie kein Verständnis für die Ursachen ihrer Probleme und kein Wissen darüber, wie sie zu lösen seien, ein Defizitgeschehen, das sie zwang, nach Erklärungen zu suchen und nach Mitteln, wie all dem Unheil beizukommen sei, ein Unterfangen, das den Beginn einer kumulativen kulturellen Evolution, die bis heute andauert, einleiten sollte.

6.1 Zur Ökonomie der Steinzeit

Zwischen Paläolithikum und anschließendem Neolithikum liegt ein tiefer Einschnitt, der für die Menschen und deren Naturverhältnisse nicht nur eine Umwälzung aller bis dahin gültigen Maßstäbe und Werte bedeutet, sondern eine neue naturhistorische Epoche einleitet, die dadurch charakterisiert ist, dass die Menschen die äußere Natur nicht mehr hinnehmen, wie sie ist, und in Abhängigkeit davon ihre Lebens- und Wirtschaftsverhältnisse organisieren, sondern dass sie beginnen, die Natur umzuformen und zu ihrem eigenen Produkt zu machen. Dieser Umbruch wirkt bis heute nach, und insofern ist es gerechtfertigt zu sagen, dass man die Zäsur, wenn man die gesamte bisherige Menschheitsgeschichte in zwei Abschnitte aufteilen wollte, zwischen Paläolithikum und Neolithikum legen müsste (Immler 1989, S. 119).

Um die Dramatik des Umbruchgeschehens, das mit der Neolithischen Revolution einherging, besser verstehen zu können, mag es hilfreich sein, sich der sozialen Reproduktionsmechanismen, die charakteristisch für die Lebenswelt der Menschen im Paläolithikum waren, zu vergegenwärtigen. Diese älteste Wirtschaftsweise des Menschen wird in den Sozial- und Geisteswissenschaften, insbesondere von Ökonomen und Soziologen, wenn überhaupt, äußerst nachlässig behandelt. Ihnen gilt sie mehrheitlich als eine Urform des Wirtschaftens, deren Sinn im Grunde darin bestand, möglichst schnell überwunden zu werden. Erst mit Beginn der neolithischen Formen des Pflanzenanbaus und der Viehhaltung lasse sich, ihnen zufolge, von einer Produktion im eigentlichen Sinn, von einfachen Methoden des Tausches, von Arbeitsteilung und von der Herstellung eines Mehrprodukts sprechen. In diesem Sinne ist es zwar durchaus folgerichtig, aber eben auch sehr eindimensional gedacht, wenn von der neolithischen „Revolution“ gesprochen wird, welche die „geschichtslose“ altsteinzeitliche Epoche der Wildbeuter und Sammler ablöste. Eine solche projizierende Interpretation setzt mit ihren Begriffen von Arbeit, Kapital, Vermögen, Reichtum etc. etwas voraus, was den paläolithischen Verhältnissen von Grund auf widerspricht. Indem sie als Referenzrahmen zur Bewertung der altsteinzeitlichen Wirtschaftsweise Kategorien der neuzeitlichen industriell geprägten Marktwirtschaft benutzt, verkennt sie genau das, was den Kern der Reproduktionsbedingungen des Menschen der Frühzeit ausmacht.[3] In derselben Logik, in der heute argumentiert wird, dass ein Mensch, der sein ganzes Leben damit verbringt, hinter dem Wild hinterherzuziehen und Beeren zu sammeln, selbst wie ein Tier lebt, könnte ein paläolithischer Jäger argumentieren, dass es unnatürlich, unmenschlich und völlig absurd sei, wenn ein Mensch den ganzen Tag auf einem Stuhl sitzt und mit seinen Händen ein und dieselbe Bewegung ausführt.

„Die Altsteinzeit weist eine Zeitspanne von weit über zwei Millionen Jahren auf. Die paläolithische Wirtschaftsweise umfasst damit 99 Prozent der Menschheitsgeschichte. Selbst wenn man nicht bereit ist, den Begriff der Wirtschafts- bzw. Produktionsweise uneingeschränkt für diesen Zeitraum gelten zu lassen und ihn beispielsweise nur für die Periode des Jungpaläolithikums verwenden will, dann sind dies immer noch ca. 30.000 Jahre. In jedem Fall stellt die paläolithische Wirtschaftsweise mit Abstand die längste Wirtschaftsperiode dar“ (Immler 1989, S. 96 f.). Gerade vom Standpunkt einer Generation, gibt Immler zu bedenken, die sich die Frage stellen muss, welche sozial- und naturhistorische Kontinuität die gegenwärtige industrielle Produktionsweise in Zukunft aufzuweisen hat, muss ein Interesse an einer geschichtlichen Epoche entstehen, deren deutlichstes Merkmal darin liegt, dass sich während ihres Verlaufs die menschliche Gattung einen festen Platz innerhalb der biologischen bzw. organischen Evolution geschaffen hat. Protagonisten einer Produktionsweise, die heute im Begriff ist, den sicheren Platz der menschlichen Gattung innerhalb des Naturprozesses auf dieser Erde zu gefährden, tun gut daran, einen weiten Blick zurückzuwerfen auf jene frühe Gesellschaftsform, der es bei aller Einfachheit und scheinbaren geringen Entwicklung gelang, sich trotz enormer äußerer und innerer Widerstände über einen außergewöhnlich langen Zeitraum zu erhalten und zu entfalten (ebd., S. 97). Für Immler liegt der besondere Reiz des Studiums der paläolithischen Wirtschaftsweise darin, dass in ihr Natur und Produktion noch unmittelbar zusammengehören. Erst im Neolithikum gerät die Natur zum Gegensatz der Produktion. „Insofern ist dem industriellen Denken die neolithische Ökonomie immer näher, während ihm das Paläolithikum fremd bleibt.“ Deshalb „erscheint die ‚neolithische Revolution‘ der Wirtschaftswissenschaft als die eigentliche Geburtsstunde der Ökonomie“ (ebd., S. 99).

[3] Heinsohn und Steiger gehen in ihrer Kritik neoklassischen Denkens sogar so weit, dass sie es mit Blick auf die Reproduktionstätigkeit in eigentumslosen Gesellschaften ablehnen, von „Wirtschaften“ zu sprechen (2000, S. 62 f.)

Ein derart langer Zeitraum, wie das Paläolithikum ihn darstellt, weist alles andere als gleichbleibende und homogene Lebensverhältnisse und Lebensbedingungen auf. Vielmehr herrschten extreme Schwankungen und Veränderungen in exogener und endogener Hinsicht. Insbesondere der Wechsel von Warmphasen und eiszeitlichen Kaltphasen stellte die Menschen vor kaum zu bewältigende Herausforderungen hinsichtlich Nahrungsangebot, Wohn- und Lebensverhältnisse, in deren Verlauf neben der biologischen Komponente des Evolutionsprozesses die kulturelle Komponente zunehmend an Bedeutung gewann. Das heißt, „die Evolution des Menschen wird nicht mehr *allein* durch Veränderung der Umwelt und Selektion bzw. Mutation bestimmt. Die menschliche Lernfähigkeit und Entwicklung eines ‚sozialen Gedächtnisses', das die erworbenen Fähigkeiten von Generation zu Generation übertragen kann, geben dem Evolutionsprozess völlig neue Impulse, ohne allerdings dessen genetisch-biologische Konditionierung aufzuheben. Die menschliche Art und ihre Entwicklung ist nur als Einheit von biologischer und sozialer Evolution begreifbar" (ebd., S. 100). Die paläolithischen Zeugnisse über die Jagd von Großtieren wie Pferd, Bison und Elefant lassen eindeutig den Schluss zu, dass der „Homo erectus" bewusste *gemeinschaftliche* Organisationsformen des menschlichen Zusammenlebens herausgebildet hat, innerhalb derer sozialökonomische Funktionen wie Arbeitsteilung, Kooperation und Koordination wahrgenommen werden mussten. „Alles in allem erscheint er als eine erstaunlich gut ausgestattete Spezies, deren besonderes Merkmal möglicherweise darin besteht, dass sie über viele hunderttausend Jahre hinweg eine lebensfähige Balance zwischen der biogenetischen Entwicklung des Individuums und der Entfaltung sozialer Lebensformen gefunden hat" (ebd., S. 102). Gewissermaßen wuchsen hier schon alle wesentlichen Bedingungen zur Möglichkeit nachfolgender kultureller, technischer und sozialökonomischer Evolution heran, das heißt, das Paläolithikum schafft die Potentiale für die nachfolgenden Entwicklungen. Das gilt nicht nur für die biologisch-genetische Ausstattung und Ausformung des Menschen, sondern besonders auch für seine Fähigkeit, von sich als Individuum zu wissen und gerade dadurch als *gemeinschaftliches* Wesen zu agieren.

Das Charakteristikum des Paläolithikums, und das lässt sich mit Diamond (2012) daraus lernen, ist, dass sich im Verlauf von über zwei Millionen Jahren die technischen Geräte und Werkzeuge zwar Schritt für Schritt verbessert haben und weiterentwickelt wurden, dass sich das ihnen zugrunde liegende Produktionsverhältnis im Verlauf dieser Zeit aber kaum verändert hat. Die Produktion beschränkt sich auf eine fast *kon-*

sumtive Aneignung der Umwelt bzw. der äußeren Natur. Eine *produktive* Aneignung der Natur, das heißt, deren Umformung zum Zweck strukturell veränderter Produktionswege, findet nicht bzw. nur sehr bedingt statt. „Die paläolithische Wirtschaftsweise geht also von einer bestehenden und nicht zu verändernden Natur bzw. Naturproduktivität aus. Sie nutzt diese Naturproduktivität, indem sie die gemeinschaftliche Arbeit dazu verwendet, Teile der äußeren Natur konsumtiv anzueignen. Ihre Techniken beschränken sich darauf, diese *konsumtive* Aneignung effektiv zu gestalten bzw. überhaupt möglich zu machen" (Immler 1989, S. 105). Die Natur ist nicht, wie heute, die Bedingung der Produktion, vielmehr stellt sie selbst die lebendige Produktivität dar. „Die Menschen bedienen sich zwar der Früchte der Natur, aber sie tun dies in einer Art und Weise, bei der sich die Gesellschaft vollständig auf die Bedingungen der Naturproduktivität einlässt" (ebd., S. 118). Ihre Ökonomie überschreitet in ihren Handlungen niemals die Grenzen, die durch die biologischen Gegebenheiten der außermenschlichen Physis gesetzt sind. Damit dürfte sie, gemessen an den heute aktuellen ökologischen Kriterien der Nachhaltigkeit, Langfristigkeit und Belastbarkeit, die erfolgreichste Produktionsweise der menschlichen Geschichte gewesen sein. Die Zeitdimension der gesellschaftlichen bzw. kulturellen Entwicklung war notwendigerweise bestimmt durch die reproduktiven Konditionen der Naturverhältnisse und von ihnen weitgehend abhängig. Mit Immler könnte man auch sagen, dass die „gesellschaftliche Zeit" bzw. die *kulturelle Evolution* und die „natürliche Zeit" bzw. die *biologische Evolution* nicht auseinander fallen konnten, weil jede soziale Beschleunigung, die die Bedingungen der Naturproduktion nicht respektierte, was heute typischerweise der Normalfall ist und deshalb als ökologische Frage auf der Tagesordnung steht, unvermeidlich ins Leere laufen musste. Diese Stabilität paläolithischer Lebenszusammenhänge, ihre Wirtschaftsweise über einen unerhört langen Zeitraum, ihre „Geschichtslosigkeit", all das war in dem Moment, in dem die naturtransformierende Produktion zur Bedingung von Geschichte gemacht wurde, besiegelt. Dieser Moment, die neolithische Revolution, stellt den sozialhistorischen Geburtsort der modernen Industriegesellschaft dar, weil durch ihn eine Trennung vollzogen wird zwischen der *biologischen* Geschichte der Natur und der *sozialen* Geschichte der Kultur. Weil die neuzeitliche Vernunft Geschichte *gegen* die Natur bestimmt, das heißt, Geschichte als sozialen Prozess und Natur als physischen Zustand deutet, kann sie einer geschichtlichen Phase, deren besonderes Verhältnis darin liegt, dass Natur und Gesellschaft nach heutigen Kriterien nicht getrennt sind, in erkenntnistheoretischer Hinsicht kaum noch gerecht werden. Insbesondere die soziologischen Großtheorien im Gefolge Emile Durkheims, die sich bemühen, Soziales nur durch Soziales zu erklären, sei es die Theorie des kommunikativen Handelns eines Jürgen Habermas oder die Theorie sozialer Systeme eines Niklas Luhmann sind beredte Beispiele hierfür. Dadurch, dass soziologische Kulturtheorien den eigentlichen Kern der gesellschaftlichen Produktivkräfte, den Natur*prozess,* vernachlässigen, gelangen sie zu systematischen Fehlurteilen hinsichtlich des Verlaufs gesellschaftlicher Entwicklungsdynamiken. Soziologen, die nur selten gelernt haben, in historischen Dimensionen zu denken, bewerten vorgängige Entwicklungsstadien oftmals mit einem Maßstab, der heutigen Verhältnissen entnommen ist, und gelangen dadurch gleichfalls zu Fehleinschätzungen. Denn darin, wie sich einzelne Kulturen bzw. Gesellschaften der Natur bemächtigen und wie sie darüber denken, unterscheiden sie sich fundamental. Obwohl aber jede Kultur über ein spezifisches Naturverständnis verfügt, ist keine Kultur, und das ist der springende Punkt, dem Naturzustand näher oder weiter entfernt als andere. Im Verlauf der kulturellen Evolution werden zwar die Schranken der Natur zunehmend beseitigt, nicht jedoch die Natur selbst. In den Produkten der modernen Industriegesellschaft ist ebenso viel Natur enthalten wie in den Produkten der paläolithischen Sammler- und Jägergesellschaften. Der Unterschied besteht einzig und allein in der Form, in der sie sich in ihnen verkörpert. Jede Produktionsweise hat ihr spezifisches Naturverhältnis; daraus lässt sich aber nicht schließen, die eine hätte mehr und die andere weniger mit der Natur zu tun. „Zu keiner Zeit ist ein Teil der Menschheit einem Naturzustand näher oder weiter von ihm entfernt, weder in der primitiven Vergangenheit noch in der hochentwickelten Zukunft“ (Moscovici 1982, S. 438). Es wäre ein Irrtum zu meinen, das Produktionsverhältnis des Paläolithikums basiere nur auf Natur und das des Industriezeitalters nur auf Gesellschaft. Beide beruhen sowohl auf Natur als auch auf Gesellschaft, wenngleich in sehr unterschiedlicher Weise. Das heißt, jede Gesellschaft wirkt auf eine für sie spezifische Art auf die Natur ein und bleibt zugleich auch immer von ihr abhängig. „Wenn wir glauben, die Altsteinzeit hätte mehr mit Natur zu tun als unsere Industrie, dann besagt das nichts über jene frühe Wirtschaftsweise, aber sehr viel über unsere Einbildung von der vermeintlichen Unabhängigkeit von der Natur“ (Immler 1989, S. 108).

Viel zur Verfestigung dieses Bildes haben die Wirtschaftswissenschaften beigetragen. Von ihnen wird die Rückständigkeit der paläolithischen Jäger und Sammler damit begründet, dass sie alles konsumierten, was sie sich aneigneten, das heißt, kein „Mehrprodukt“ erzeugten. Die

Unterscheidung und qualitative Bewertung der Kategorien „notwendiges Produkt“ und „Mehrprodukt“ spielt eine zentrale Rolle für die Analyse von Wirtschafts- und Produktionsweisen in sämtlichen ökonomischen Theorien der Gegenwart, gleich welcher Provenienz. Geht man, wie üblich, davon aus, dass das Ziel wirtschaftlicher Tätigkeit die Produktion eines möglichst großen Überschusses bzw. Mehrprodukts (um den Begriff „Profit“ zu vermeiden) darstellt, dann ergibt sich zwangsläufig die Vorstellung einer aufsteigenden Entwicklungslinie der Produktivkräfte von den so genannten primitiven urgesellschaftlichen Anfängen bis hin zur industriellen Moderne. Die paläolithische Wirtschaftsweise ist dann *per definitionem* auf einen besonders niedrigen Platz ökonomischer Tätigkeit verwiesen. Das Paläolithikum lässt sich aber auch so interpretieren, dass die Menschen es damals gar nicht nötig hatten, ein Mehrprodukt zu erzeugen und deshalb ein solches Ziel auch gar nicht kennen konnten. Der Schlüssel zum Verständnis des altsteinzeitlichen Wirtschaftslebens findet sich „im genaueren Betrachten ihrer subsistenzwirtschaftlichen Lebensbedingungen. Wenn man die Lebensmittel nicht selbst ‚herstellt‘, sondern aus der äußeren Natur gewinnt, dann muss man sich als menschliche Gemeinschaft voll auf diese Produktionsverhältnisse einstellen.“ Neben Krisen und Nahrungsmittelmangel hatten die Jäger und Sammler über lange Zeiten hinweg „auch die Erfahrung einer reichen Natur und einer guten Lebensmittelversorgung gemacht, dennoch ist es ihnen fremd geblieben, ein Mehrprodukt zu erzeugen und materiellen Reichtum anzuhäufen“ (ebd., S. 112 f.). Das entscheidende Merkmal ihrer Ökonomie war, dass sie *nicht* danach strebten, zwischen sich und die äußere Natur einen Produktionsmittelfonds zu stellen und die Form der Subsistenzwirtschaft zu verlassen. Dadurch gewann sie eine bemerkenswerte Stabilität. Um sie historisch abzulösen, hätte es eines epochalen Umbaus der natürlichen und gesellschaftlichen Verhältnisse bedurft, einer Transformation, die dann später, in der so genannten „Neolithischen Revolution“, tatsächlich auch stattfand und der Kategorie des gesellschaftlichen Mehrprodukts ihren Sinn verlieh. Durch sie wurden Schranken der Natur beseitigt, aber, was häufig ignoriert wurde, nicht die Natur selbst, ein Versäumnis, das sich heute in der ökologischen Krise äußert.

Neben Erfahrungen einer reichen Natur und einer guten Nahrungsmittelversorgung kannte die paläolithische Subsistenzökonomie zweifellos auch Krisen und Phasen von Lebensmittelknappheit. „Sicher ist auch, dass die ökonomische und soziale Lebensweise der menschlichen Gruppen, Horden und Gemeinschaften sehr stark von der Qualität und Quantität des Nahrungsangebots abhing, was beispielsweise bis hin zur Tötung und Aussetzung von Kindern und Alten wegen sonst mangelnder Mobilität der Gruppen ging. Dennoch muss in Frage gestellt bleiben, ob solche Phasen mit ökologisch stark einschränkenden Lebensverhältnissen subjektiv als Mangelphasen wahrgenommen wurden, weil auch drastische Prozesse der Umweltverschlechterung so langsam verliefen, dass die globale gesellschaftliche Anpassung an engere Lebensverhältnisse vom einzelnen nur begrenzt bemerkt wurde“ (ebd.). Es scheint, dass sowohl Mangelkrisen als auch Überflusserscheinungen das System der Subsistenzökonomie „eher gestärkt als geschwächt haben. Anders ist eine Selbsterhaltung über viele Hunderttausende von Jahren nicht erklärbar. Mit anderen Worten, die paläolithische Subsistenzökonomie ist nicht Ausdruck einer permanenten und unüberwindlichen Mangelsituation, sondern Ausdruck gesellschaftlich geprägter Ökonomie, die mit den Lebensverhältnissen der Menschen, ihrem Bewusstsein von sich und ihrer Umwelt sowie ihren tradierten geschichtlichen Erfahrungen in Einklang stand“ (ebd.).

In seiner „Ökonomie der Steinzeit“ (1972) rückt Marshall Sahlins die unzutreffende, aber immer wieder kolportierte Vorstellung über die Subsistenzwirtschaft der Jäger und Sammler zurecht, der zufolge Not, Mangel und härtester Kampf um die nackte Existenz das Leben dieser Menschen bestimmten. Tatsächlich erfreuten sie sich eines relativen Wohlstandes, den sie mit einem Minimum an täglicher Arbeitszeit erwirtschafteten. Ihre Ökonomie kannte keine „Knappheit“, weil ihnen die Vorstellung einer Unbegrenztheit der Bedürfnisse, wie sie für die heutige Konsumgesellschaft typisch ist, völlig fremd war. Auf heutige Verhältnisse hochgerechnet, „arbeiteten“ sie eineinhalb bis zweieinhalb Tage pro Woche. „Anders gesagt, ernährte jedes produktive Individuum sich und die von ihm Abhängigen und hatte immer noch dreieinhalb bis fünfeinhalb Tage für Anderes übrig“ (Sahlins 1978, S. 176). Allerdings schwankte die auf Subsistenz verwandte Arbeit stark, so dass die Arbeitszeiten entsprechend unregelmäßig ausfielen. „Die Subsistenzarbeit der Jäger und Sammler ist charakteristisch von Pausen durchzogen; einen Tag wird gearbeitet, am nächsten nicht, und zumindest die heutigen Jäger und Sammler neigen dazu, die freie Zeit mit einem Nachmittagsschläfchen oder Ähnlichem zu verbringen“ (ebd., S. 191). In vergleichbarer Weise abwechslungsreich gestaltete sich ihr Tagesablauf. „Die pro Tag und Person für die Aneignung und Zubereitung der Nahrung verwendete Zeit lag bei vier bis fünf Stunden. Darüber hinaus wurde nicht kontinuierlich gearbeitet. Sie wurde auf der Stelle beendet, wenn die Leute genug für den unmittelbaren Bedarf gesammelt oder gejagt hatten; dies ließ ihnen jede Menge Zeit übrig“ (ebd., S. 171 f.). Die offensichtlichste, unmittelbarste Schlussfolgerung, die daraus zu ziehen ist, lautet, dass diese Menschen nicht hart arbeiteten. „Das Bild, das man sich bisher von der Ökonomie der Jäger und Sammler gemacht hat, muss also ganz offensichtlich gründlich überdacht werden" (ebd., S. 188). Für die landläufige Meinung, den Jägern und Sammlern bliebe vor lauter Arbeit um die bloße Überlebenssicherung kaum freie Zeit, finden sich keine Belege. Die Arbeitszeit (pro Kopf und Jahr) nimmt erst mit der Entfaltung der Kultur im Gefolge der Neolithischen Revolution zu, die freie Zeit nimmt dementsprechend ab.

Auf einen wichtigen Aspekt, der viel zur bisherigen Fehlinterpretation beigetragen hat, weist Sahlins explizit hin: Die Sammler und Jäger hatten nur wenige Besitztümer, aber sie waren nicht arm. „Armut – das ist nicht etwa gleichbedeutend mit ‚wenig haben', und ebenso wenig nur ein Verhältnis zwischen Mittel und Zweck: Armut ist vor allem ein Verhältnis zwischen Menschen. Armut ist ein sozialer Status und als solcher eine Erfindung der Zivilisation. Die Armut ist mit der Zivilisation gewachsen, einmal als neiderzeugender Unterschied zwischen den Klassen, zum anderen – und wichtiger noch – als Verteilungsrelation" (ebd., S. 194). Der entscheidende Bruch ereignete sich im Übergang vom Paläolithikum zum Neolithikum.

Die Sammler und Jäger hatten „unter dem Zwang ihrer Lebensverhältnisse nur einen relativ geringen Lebensstandard. Diesen geringen Lebensstandard aber einmal als ihr *Ziel* genommen und die zur Erreichung dieses Ziels angemessenen Mittel in Rechnung gestellt, sind die materiellen Bedürfnisse dieser Menschen leicht zu befriedigen." Die Evolution der Ökonomie im Übergang zum Neolithikum zeitigte zwei widersprüchliche Folgewirkungen: „Bereicherung, die zugleich Verarmung bedeutete, und Aneignung der Natur, die Enteignung des Menschen ist. Der fortschrittliche Aspekt dieser Entwicklung ist natürlich die Technologie. Sie hat allemal Lob gefunden: Zunahme der Masse der bedürfnisbefriedigenden Güter und Dienstleistungen; Zunahme der in den Dienst der Kultur gestellten Energie; Produktivitätszuwachs; Zunahme der Arbeitsteilung; Zunahme der Unabhängigkeit von Natur- und Umwelteinflüssen. Dieser letzte Punkt ist für das Verständnis der frühesten Stufen des technischen Fortschritts in einem bestimmten Sinn besonders nützlich. Die Landwirtschaft hat die Gesellschaft nicht nur über die bloße Verteilung natürlicher Nahrungsressourcen hinausgehoben; sie hat den neolithischen Gesellschaften auch erlaubt, ein hohes Maß sozialer Ordnung auch dort aufrechtzuerhalten, wo die Existenz der Menschen von der Natur nicht von vornherein garantiert war. Die Ernte bestimmter Jahreszeiten reichte aus, um die Menschen auch in der Zeit zu ernähren, in der gar nichts wuchs; die daraus folgende Stabilität des sozialen Lebens war für dessen materielle Verbesserung entscheidend. Seitdem schritt die Kultur von Triumph zu Triumph, in einer Art zunehmender Widerlegung des biologischen Gesetzes des Minimums, bis sie schließlich sogar bewiesen hat, dass sie selbst im Weltraum Leben erhalten kann, wo es nicht einmal Schwerkraft und Sauerstoff gibt“ (ebd., S. 193). Das Resultat all dessen lässt sich nicht anders denn als ungeheures Paradoxon bezeichnen. Denn „wie sieht es in der Welt von heute aus? Ein Drittel, vielleicht sogar die Hälfte der Menschheit geht unseres Wissens jeden Abend hungrig zu Bett. In der älteren Steinzeit muss dieser Anteil viel geringer gewesen sein. Unsere Zeit ist die Ära des gekannten Hungers. Heute, in einer Zeit gewaltiger technischer Möglichkeiten, ist der Hunger zur Institution geworden. Es wäre also noch ein ehrwürdiger Glaubenssatz auf den Kopf zu stellen: Mit der kulturellen Evolution nimmt der Hunger relativ und absolut zu“ (ebd.).

6.2 „Neolithische Revolution“: die Transformation der Natur

Der Übergang vom Paläolithikum zum Neolithikum bedeutet für die Menschen und deren Naturverhältnisse nicht nur eine Umwälzung aller bis dahin gültigen Maßstäbe und Werte, sondern leitet auch eine neue naturhistorische Epoche ein. Sie beginnen, die Natur umzuformen und zu ihrem eigenen Produkt zu machen (Uerpmann 2007, Terberger und Gronenborn 2014). Ökonomie bedeutet von nun ab bis weit in die Neuzeit Naturtransformation. Menschliches Wissen und menschliche Erfahrung dienen dazu, die physischen Reproduktionsbedingungen der Gesellschaft anthropozentrisch umzugestalten. Es entstehen erste Ansätze einer kulturellen Evolution, die sich parallel zur biologischen Evolution und zunehmend schneller als jene entwickeln, denn die nun einsetzende Ökonomie der Intervention in die Produktivität der Natur wirkt als Katalysator beschleunigend auf deren weitere Entwicklung. Die Ökonomie des Neolithikums unterscheidet sich durch ein ganzes Bündel typischer Charakteristika von der Subsistenzökonomie des Paläolithikums der Sammler und Jäger: (1) Es wird ein Mehrprodukt erzeugt, das die konsumtiven Subsistenzerfordernisse zunehmend übersteigt. (2) Die permanente Akkumulation von Überschüssen führt zur Bildung von Vermögen. (3) Es kommt, zunächst rudimentär, dann immer systematischer, zu einer Trennung von Konsumtion und Produktion. (4) Damit einher geht die Wahrnehmung und Erfahrung des Wirtschaftens als zeitlichen Prozess, der rational geplant und erfolgskontrolliert gesteuert werden muss. (5) Die Methoden der anthropogenen Naturtransformation gehen einher mit der Vervollkommnung und Neuentwicklung von Bearbeitungstechniken (Immler 1989, S. 122). Es entwickeln sich völlig neue Verhaltensweisen und Zielsetzungen, kurzum das, was später als „Kultur" bezeichnet und von der Natur geschieden wird, ein Sachverhalt, der seine soziale Grundlage in der Trennung von körperlicher und geistiger Arbeit hat (Sohn-Rethel 1989). Die kulturelle Evolution gewinnt gegenüber der biologischen immer mehr an Bedeutung. Sie bestimmt zusehends das Tempo der weiteren Entwicklung, eine Entwicklung, die nicht nur neue Formen der Arbeitsteilung hervorbringt, sondern auch mit veränderten Herrschaftsverhältnissen einhergeht: „Zum einen entsteht aus der kultisch-religiösen Sphäre eine geistige Führerschaft, die in den Wohnsiedlungen und Dörfern einen hohen gesellschaftlichen Rang einnimmt. Zweitens verändert sich im Laufe der Zeit die geschlechtsspezifische Arbeitsteilung. Solange der Pflanzenanbau im Vordergrund gestanden hat, dürften matrilineare Herrschaftsverhältnisse verbreitet gewesen sein. Mit dem Anwachsen der Tierhaltung während des Neolithikums scheinen sich aber patrilineare Sozialstrukturen durchgesetzt zu haben. Drittens fördert die Mehrprodukt-Ökonomie das Entstehen von Privateigentum. Die Folge sind Abhängigkeiten und beginnende Klassenverhältnisse. Unterstützt wird die Auflösung der früher egalitären Strukturen durch die Verbreitung von stabilen Austausch- und Handelsbeziehungen, die die Händler in die Lage versetzen, Privateigentum und beweglichen Reichtum zu bilden" (Immler 1989, S. 124). Die Grundlagen des Verhältnisses der Menschen zur Natur und zu sich selbst werden neu bestimmt. Im Laufe der Zeit entwickeln die Dorfgemeinschaften lokale Märkte. Die herausragende Qualität neolithischer Ökonomie, auch hinsichtlich ihrer Folgewirkungen, ist aber noch nicht der beginnende *Tausch*, also ein rein *gesellschaftliches* Verhältnis, sondern die neue Form der *gemeinschaftlichen Produktion* (Tönnies 2017), das heißt, es ist das vollkommen neue und gegenüber dem Paläolithikum radikal umgewälzte praktische Naturverhältnis. Die Austauschbeziehungen selbst sind zunächst stark ritualisiert und werden zum Beispiel von Priestern überwacht und ausgeführt. Ihnen fallen auch Aufgaben wie die Verteilung des Wassers oder die Aufbewahrung und Verteilung des Saatgutes zu. Sie übernehmen „Leitungsfunktionen". Die Aufspaltung der Physis in eine gesellschaftlich vereinnahmte und eine unberührte äußere, die mit dem Neolithikum eingeleitet wird, verfestigt sich mit der Zeit in einem Weltbild, in dem Mensch und Natur, Gesellschaft und Natur getrennt wahrgenommen werden. Die gemachte Natur wird immer weniger als Naturprodukt und immer mehr als Sozialprodukt verstanden.

Die Transformation der Natur im Neolithikum äußert sich in einem zunehmend vom Menschen gesteuerten und beeinflussten Naturprozess, der zwar seine physischen Eigenschaften und Gesetzmäßigkeiten keinesfalls verliert, in seinem Verlauf aber immer stärker menschlichen Zielsetzungen unterworfen wird. Damit stellt sich als zentrale Kernfrage, die insbesondere im Rahmen der vierten Singularität, im technologischen Zeitalter, von Bedeutung werden wird, nämlich wie die Menschen diesen Sachverhalt *kulturell* wahrnehmen und verarbeiten: „Bedeutet die Umformung der produktiven Materie das Ende des Naturzustandes oder den Beginn eines neuen? Der Antwort auf diese Frage kommt grundsätzliche Bedeutung zu, weil im späteren industriellen Denken die durch menschliche Arbeit transformierte Materie nicht mehr als Natur begriffen wird." Es entsteht die Illusion eines naturlosen Zustands. Ein Auto zum Beispiel als gestaltete *Natur* anzusehen, dürfte einige Schwierigkeiten bereiten, Schwierigkeiten, die ihre Ursache nicht so sehr im Auto selbst haben, sondern in dem Mentalitätswandel, der sich im Neolithikum mit der beginnenden Ablösung des Menschen von der Natur vollzogen hat. Die durch menschliche Arbeit transformierte, gestaltete, um nicht zu sagen: „gemachte" Natur wird mental nicht mehr als ein Teil der ursprünglichen Natur wahrgenommen, ein Weltbildwandel, der in der Ökonomie des Neolithikums, wie gesagt, seinen Anfang nahm. Die menschliche Intervention in die autonom produzierende Natur zerreißt die bisherige Einheit der Physis in zwei Teile, für die verschiedene Zeitrhythmen und Entwicklungsgesetze zu gelten scheinen. Der eine, sich stetig vergrößernde Teil wird zum Gestaltungsmaterial einer aufsteigenden kulturellen Evolution. Er unterliegt einer sozialökonomisch gesteuerten Beschleunigung sowie dem Prozess einer anhaltenden Umformung durch Arbeit, zunehmend unterstützt und verstärkt durch technologische Artefakte. Der andere, sich stetig verringernde Anteil führt weiterhin ein unberührtes und gesellschaftsloses Dasein. Er bildet die allgemeine Voraussetzung menschlicher und gesellschaftlicher Existenz, ist aber nicht ihr Produkt (Immler 1989, S. 122). Was mit dieser Ausdifferenzierung und Aufspaltung der Natur einhergeht (grundlegend: Godelier 1990, S. 15 f.), ist eine grundsätzliche Veränderung ihrer Wahrnehmung durch den Menschen. Es geht nun nicht mehr darum, zwischen wilder und gezähmter Natur zu unterscheiden, sondern ob menschlich umgeformte Natur überhaupt noch als Natur zu bezeichnen ist. Ob der Krug einer antiken Töpferei, ein gentechnologisch verändertes Schaf oder ein Computer in einem industriellen Rechenzentrum als Natur angesehen wird oder nicht, hängt davon ab, ob die Evolution des Menschen als Teil des Naturprozesses gedeutet wird oder als Ablösung von ihm. Zwar ist der Mensch, seiner genetischen Grundausstattung nach, kein transanimalisches Wesen. Aber er hat die Fähigkeit, die Natur nach seinen Vorstellungen zu verändern. Diese Fähigkeit *ist,* wenngleich kulturell überformt, eine Eigenschaft der *Natur*. Sie ist in seiner Biologie angelegt. Wenn dieser Sachverhalt unreflektiert bleibt, erzeugt er nur allzu leicht die Illusion eines naturlosen Zustands, etwa wenn der Mensch selbst sich als naturloses Wesen definiert; wenn er die Natur dort aufhören lässt, wo sein angebliches Menschsein beginnt. Ein solcher Zustand ist zum Beispiel ganz praktisch erreicht, wenn eine Trennung vollzogen wird zwischen dem menschlichen Körper und dem menschlichen Geist in der Absicht, wie der Computerwissenschaftler Hans Moravec (2001) vorschlägt, letzteren, losgelöst von seinem Körper, auf einem Computersystem zu implementieren und sich autopoietisch weiterentwickeln zu lassen. Doch selbst hierbei handelt es sich um eine Illusion, denn auch das Computersystem ist nichts anderes als umgestaltete Natur, Produkt menschlicher Gehirntätigkeit und ungeformter Materie (Simondon 2012). Mit der neolithischen Umformung der Physis hat keineswegs ein Prozess schrittweiser Ablösung des Menschen von der Natur begonnen, der in einer totalen Denaturalisierung endet. Allerdings hat sie die Möglichkeit einer völligen Zerstörung menschlicher Lebenswelten eröffnet. Bis jetzt hat jede gesellschaftlich organisierte Naturtransformation nichts anderes getan, als eine neue Gestalt der Natur hervorzubringen. Wenn sich in diesem Sinn geschichtliche Naturzustände voneinander unterscheiden lassen, dann drückt sich darin jeweils ein spezifisches gesellschaftliches Verhältnis im Umgang mit der Natur aus (Moscovici 1982). In der Form, in der das geschieht, verkörpert sich die Rationalität, die der jeweiligen Gesellschaft zugrunde liegt.

Der Übergang vom Reproduktionsgeschehen der Jäger und Sammler zu dem der Ackerbauern und Viehzüchter bedeutete zweifellos einen epochalen sozial- und kulturhistorischen Fortschritt, aber er ging einher mit Verhaltenszumutungen, die, weil die Menschen dafür nicht geschaffen waren, weder phylogenetisch, noch soziogenetisch und erst recht nicht ontogenetisch (Tomasello 2002), auch heute noch, kaum zu bewältigen sind.

6.3 Eigentum

Die folgenreichsten Konsequenzen dieses Übergangsgeschehens ergaben sich zweifellos aus der Emanation des Eigentums und der damit einhergehenden Unterdrückung der Frauen (Heinsohn 1984). Die Vorstellung einer privaten Verfügungsgewalt über Grund und Boden bis hin zum

Eigentum an beweglichen Dingen war den Menschen des Paläolithikums völlig fremd. Sie regelten ihre Produktion, Distribution und Konsumtion nach Tradition und solidarpflichtiger Sitte. „Ein Jäger besaß seine Waffe, seine Schneidemesser. Die Jagdbeute aber wurde geteilt und das Teilen zelebriert. Jeder Versuch, erlegtes Wild für sich zu behalten, hätte zu einem Reputationsverlust und im Wiederholungsfall zu Sanktionen geführt. Das weite Land gehörte der Gruppe oder dem Stamm, und man wusste recht genau, wo die Sphäre der Nachbarn begann. Innerhalb des eigenen Territoriums aber besaßen alle die gleichen Nutzungsrechte." Mit dem Sesshaftwerden aber änderte sich das. „Die Landwirtschaft erforderte, dass bestimmte Dinge nicht mehr allen gehörten. Wie sollte man etwas ernten, wenn sich vorher jeder bediente? Da hieß es fortan: ‚Das ist mein Land! Das sind meine Pflanzen, und das sind meine Vorräte! Davon dürfen sich die anderen nichts mehr nehmen.' Das neue Eigentumskonzept zu etablieren, war nicht leicht. Es bedurfte eines enormen intellektuellen Aufwandes, der Idee, dass es nun Dinge geben sollte, die einzelnen gehörten, in einer Gemeinschaft Geltung zu verschaffen. Wieso sollte dieses Land oder jener Baum plötzlich nicht mehr allen zur Verfügung stehen? Mit welchem Recht nannte das jemand jetzt sein Eigen?" (van Schaik und Michel 2019, S. 64).

Der Eigentumsbegriff ist deshalb von zentraler gesellschaftstheoretischer und -politischer Bedeutung, weil er die sozialökonomische Grundlage bildet für die folgenden drei Singularitäten. Denn ohne Eigentum gäbe es keine systematische Warenproduktion, keine Geld- und Kreditwirtschaft, keine Finanzökonomie. Die Verhaltenszumutung, die mit dem Eigentumsbegriff einherging, lässt sich verdeutlichen in der Abgrenzung und Unterscheidung zweier Begriffsabstraktionen, die im Gefolge der neolithischen Revolution gesellschaftsprägende Bedeutung erlangen werden: Besitz und Eigentum. Besitz ist, anders als Eigentum, immer real; sein Verfügungsrecht bezieht sich auf dessen physische Nutzung. Ob ich den Apfel, den ich *besitze*, also gerade in der Hand habe, aber auch essen darf, hängt davon ab, ob ich dessen *Eigentümer* bin; andernfalls wäre es Mundraub, also Diebstahl. Besitz ist immer die Sache selbst, also kein Abstraktum. Eigentum hingegen ist nicht real; es hat mit einer wie immer gearteten Nutzung des Besitzes nichts – oder nur sehr vermittelt und vertraglich geregelt – zu tun. Es ist ein bloßer Rechtstitel. Im Rahmen dieser Begriffsarchitektur sind Stammesgesellschaften reine Besitzgesellschaften. Sie kennen kein Eigentum, sondern lediglich Besitz, also die bloße Nutzung der Ressource, über die sie gemeinschaftlich verfügen. Im Unterschied zum Besitz ist Eigentum nicht naturgegeben. Im Gegenteil, es zerreißt die Ausschließlichkeit der Besitzverhältnisse in der stammesgeschichtlichen Solidarproduktion. Aus diesem Grund setzt es eine Rechtsverfassung voraus. „Diese erwächst aus immateriellen Setzungen, entsteht also in dem Sinne aus Nichts, dass diese Rechte jenseits der physischen bzw. Güterseite angesiedelt sind. Im Unterschied zum materiellen Besitz kann man Eigentum weder sehen noch schmecken, hören, riechen oder anfassen“ (Heinsohn und Steiger 2000, S. 67).

Obwohl der Eigentumstitel, im Unterschied zum Besitztitel, nicht real, sondern fiktiv ist, ergibt er sich nicht einfach aus der Negation des Realen, und erst recht ist er kein Nullum. Vielmehr kann er Gewaltiges bewirken: das Wirtschaften im Sinne des „Bereichert Euch!“. Nur mit ihm können Zins und Geld geschaffen und damit das Wirtschaften im heute üblichen Verständnis auf den Weg gebracht werden. Dementsprechend unterscheiden Heinsohn und Steiger in soziologischer Perspektive zwei historische Gesellschaftsformationen: die Besitzgesellschaften, die das Eigentum nicht kennen und deshalb auch nicht auf eine Gelderfindung hintreiben (Typ 1: Stammesgesellschaft und Typ 2: Feudalismus) und die Eigentumsgesellschaften (Typ 3: bürgerliche Gesellschaft), die letztendlich auf einen geldvermittelten Markttausch hinauslaufen und entsprechende, vom ökonomischen Realgeschehen weitgehend abgelöste Finanzinstrumente entwickeln. Im Rahmen ihrer Theorie bleibt der Begriff des „Wirtschaftens“ dem Reproduktionsgeschehen der Eigentumsgesellschaft vorbehalten: „Besitz gibt es selbstverständlich auch in der Eigentumsgesellschaft, in der Eigentumstitel zu den Verfügungsrechten aus Besitz – wer was, wann, wo, wie und in welchem Umfang nutzen darf – hinzutreten. In allen drei Gesellschaftstypen kann die Verfügung über den Besitz einer Feldmark zum Pflügen, Einsäen und Ernten genutzt werden, also einen greifbaren Vertrag hervorbringen. Gewirtschaftet wird bei dieser Nutzung der Ackerkrume jedoch nicht. Mit ihr wird lediglich durch Ausübung des Verfügungsrechts am Besitz produziert. Zu einer wirtschaftlichen Verwendung des Ackers kann es erst kommen, wenn es an ihm zusätzlich zum Besitz auch noch einen Eigentumstitel gibt. Wollte man ein Bild gebrauchen, so könnte man sagen, dass mit dem Acker produziert, mit dem Zaun darumherum gewirtschaftet wird, wobei der Zaun selbstredend für den Eigentumstitel, nicht jedoch für Draht und Pfosten steht. Während der Bauer seine Feld*mark* – durch eigenen Gebrauch oder durch Verpachten nutzt – kann er mit dem Eigentumstitel an ihr gleichzeitig und eben zusätzlich wirtschaften – und das heißt, sie für die Schaffung von Geld – zum Beispiel Deutscher *Mark* – verwenden“ (Heinsohn und Steiger 2000, S. 66).

Das Sesshaftwerden setzte soziale Transformationsprozesse in Gang, die das Wesen menschlichen Zusammenlebens radikal veränderte. Weil es den Jägern und Sammlern nicht möglich gewesen war, Vorräte anzulegen, hatten sie intensive soziale Beziehungen pflegen müssen, damit sie in Notsituation mit Hilfe gegenseitiger Unterstützung überleben konnten. Kooperation und Solidarität waren eine Lebensnotwendigkeit. Das änderte sich jetzt. Die Privatisierung der Ressourcen machte den Einzelnen nicht nur vom Nachbarn unabhängig, sondern immer häufig geriet er in Konkurrenz zu ihm. Die Menschen waren nicht mehr auf die anderen angewiesen und konnten daher die sozialen Beziehungen, die zuvor überlebensnotwendig waren, vernachlässigen. In der Folge wurde das Leben materiell zwar immer reicher, aber sozial und emotional verarmte es (Diamond 2012, S. 524). Nicht nur verloren die Beziehungen zu Menschen außerhalb der Familie an existenzieller Notwendigkeit, sondern der Besitz, über den sie verfügten, musste nach außen geschützt werden, notfalls mit Gewalt. Um die Macht der eigenen Sippe zu stärken, blieben die Söhne bei ihren Vätern vor Ort mit der Folge, dass Frauen von anderswo hergeholt werden mussten. Im sich formierenden Patriarchat wurden sie zur Handelsware, zum Besitz (materialreich nach wie vor: Borneman 1979).

Die neue, auf dem Eigentum an Land, Vieh und Vorräten basierende Lebensweise ist vielerorts so erfolgreich, dass Überschüsse erwirtschaftet werden. Einzelne Männer werden so reich, dass sie sich zwei oder mehr Frauen leisten können. Diesen Patriarchen bringt die Polygynie immense Reproduktionsvorteile. Mehr Frauen bedeuten mehr Kinder. Mit starker Hand halten sie ihre Sippe zusammen und setzen nach außen auf Gewalt (van Schaik und Michel 2019, S. 138).

Bei den Jägern und Sammlern war das Verhältnis zwischen den Geschlechtern noch ziemlich ausgeglichen gewesen. „Zwar existierte eine gewisse Dominanz der Männer, doch konnten die Frauen jederzeit zu ihren Familien zurückkehren oder sich einem anderen Mann zuwenden. … Die Paarbindungen waren noch nicht sonderlich exklusiv. Es gab zwar monogame Beziehungen. Aber die Praxis, dass sich eine Frau ihr ganzes Leben lang an einen Mann zu binden hatte, war unbekannt. Eine Frau konnte mehrere aufeinander folgende Partner haben. Zuweilen pflegte sie auch parallele Beziehungen. Das war leicht zu bewerkstelligen, weil sich die genauen Vaterschaftsverhältnisse nicht eruieren ließen. Der Verkehr mit mehreren Männern lag im weiblichen Interesse; so ließ sich ein Netzwerk potenzieller Väter aufbauen, die sich verantwortlich fühlten. Bei den Aché, die bis vor kurzem noch als Jäger und Sammler im Bergland Paraguays lebten, beobachteten Ethnologen, dass eine Frau im Laufe ihres Lebens durchschnittlich mehr als zwölf Männer hatte“ (ebd., S. 68).

Mit der eigentumsbasierten Gesellschaft kamen Konkurrenz, Ungleichheit und Gewalt in die Welt. Evolutionsgeschichtlich betrachtet, geschah das in kürzester Zeit. Dort, wo die Vorratswirtschaft erfolgreich war, schossen die Bevölkerungszahlen in die Höhe. Die fruchtbaren Ländereien wurden knapp. Die Konkurrenz um Grund und Boden wurde härter, die sozialen Unterschiede wuchsen, Hierarchien entstanden, Herrschaft etablierte sich. Die patrilinear organisierten Familienverbände mussten enger zusammenrücken, um ihren Besitz zu verteidigen. Und es entstand ein bisher unbekanntes Problem: Wie wird Besitz an die nachfolgende Generation weitergegeben? Wenn das Land unter mehreren Erben immer wieder geteilt wird, ist es nur eine Frage der Zeit, bis Felder und Weiden zu klein sind für eine rentable Wirtschaft. Also lautet die Lösung, die sich vielerorts etablierte: Einer bekommt alles. Die Patriarchen hatten daran das größte Interesse: Bleibt der Besitz in der Hand eines Erben, kann er besser in der Konkurrenz mit den Nachbarn bestehen und reproduktiv erfolgreich sein. Historisch durchgesetzt hat sich das Institut der Primogenitur: Es erbt der Erstgeborene. Der Älteste war normalerweise der Kräftigste und wähnte sich im Besitz der ältesten Rechte. Starb der Vater früh, war er der Erste, der erwachsen wurde. Jede andere Regelung hätte im Einzelfall begründet und bezeugt werden müssen, wäre anfechtbar gewesen und hätte mit hoher Wahrscheinlichkeit Familienkonflikte zur Folge gehabt. Doch ergibt sich nun ein Folgeproblem: Die Geschwister gehen leer aus. In einer einzigen Generation wird eine ganze Klasse besitzloser Menschen geschaffen. Die Unzufriedenheit und die Anzahl der Männer, die weder Besitz noch Frauen ihr Eigentum nannten, wuchsen dadurch ständig. Das alles setzte eine Gewaltspirale in Gang. Der Kampf um Land und Frauen begann. Der Mythos von Kain und Abel liefert ein beredtes Beispiel hierfür: Kain, der Ackerbauer, erschlägt Abel, den Viehzüchter.

6.4 Krankheiten und soziale Stratifizierung

Das Eigentum und die Folgen waren die eine Zäsur, die das Zeitalter der Jäger und Sammler von dem der Ackerbauern und Viehzüchter unterscheidet. Eine weitere Folge bestand in der rapiden Zunahme ansteckender Krankheiten und einer Verringerung des Lebensalters. Die Jäger und Sammler lebten nicht nur gesünder, sie erreichten auch ein höheres Maximalalter, weil viele Krankheiten erst mit der Landwirtschaft die Menschen zu plagen begannen. Mit der Domestizierung von Rindern, Schafen und Ziegen sprangen viele Krankheiten von den Haustieren auf die Menschen über. „Sie tranken deren Milch, aßen das Fleisch, verarbeiteten deren Häute, kümmerten sich um junge und kranke Tiere und teilten ihre Wohnstatt mit ihnen. Viele Mikroben nutzten die Gelegenheit, um den Gastgeber zu wechseln. Die jungfräuliche menschliche Population offerierte ihnen eine willkommene Nische“ (Crawford 2009, S. 60, zit. bei van Schaik und Michel 2019, S. 70). Mit „jungfräulich“ meint Crawford, dass das menschliche Immunsystem noch keine Erfahrung mit den Erregern besaß, es also weder erworbene Immunitäten gab noch genetisch verankerte Resistenzen. Deshalb entfalteten sie eine verheerende Wirkung unter den Menschen.

In diesem Zusammenhang weist Jared Diamond (2005, S. 232) auf einen weiteren krankheitsverursachenden Faktor hin: Sodomie, die Unzucht mit Tieren. Im Paläolithikum gab es dieses Phänomen nicht. Die Möglichkeiten für Jäger und Sammler, Sodomie zu betreiben, waren gering gewesen. Außerdem hatte aufgrund der sexuellen Freizügigkeit wenig Bedürfnis nach kompensatorischen Sexualhandlungen bestanden. „Mit der Landwirtschaft aber standen genügend zahme Tiere zur Verfügung. Zudem gab es durch die sozialen Umstände Männer, denen es an Möglichkeiten fehlte, ihr Begehren zu stillen – und die deshalb Alternativen suchten. Die neolithische Revolution ist also auch die Geburtsstunde der Sodomie, was die Zahl der sexuell übertragbaren Krankheiten vervielfachte. Selbst ohne Kenntnis von Viren und Bakterien war der Zusammenhang zwischen Unzucht mit Tieren und dem Auftauchen von Krankheiten in intimen Körperregionen leicht einsichtig. Im Alten Testament wird Sodomie wiederholt als todeswürdiges Verbrechen angeprangert (Ex 22, 18. Lev 18, 22-23. Lev 20,13-15). Die Tora verbietet es gleich dreimal“ (van Schaik und Michel 2019, S. 71).

Auch der Versuch, die sexuelle Selbstbestimmung der Frau einzuschränken, ergänzen van Schaik und Michel, „war nicht bloß ein patriarchaler Versuch, Kuckuckskinder zu verhindern. Es ging immer auch um Prävention von Geschlechtskrankheiten. Das größte Interesse hatten Männer, die mehrere Frauen besaßen. Sexuell besonders aktiv, liefen sie am ehesten Gefahr, sich zu infizieren. Entsprechend groß war das Engagement der gesellschaftlichen Elite, ihre Frauen ‚rein‘ zu halten und deren Sexualleben restriktiv zu regulieren. Nicht zuletzt aus diesem Motiv speist sich der Kult um die weibliche Jungfräulichkeit vor der Ehe, der in patriarchalen Gesellschaften und damit auch im Alten Testament betrieben wird (Ex 22, 15-16. Dtn 22, 13-21). Von einer Frau, die noch keinen

Geschlechtsverkehr hatte, ging ein geringeres Infektionsrisiko aus. In Zeiten, in denen Frauen verkauft wurden, steigerte das ihren Marktwert. Bei den Jägern und Sammlern dagegen, die kaum unter Geschlechtskrankheiten litten, wäre die Idee, jungfräulich in die Ehe zu gehen, auf Unverständnis gestoßen“ (ebd.).

„Ich will dir viel Mühsal schaffen, wenn du schwanger bist; unter Mühen sollst du Kinder gebären“, heißt es in der Bibel. Van Schaik und Michel weisen darauf hin, dass die Bibel zu Recht auf die Geburtsschmerzen als erklärungsbedürftiges Phänomen hinweist (die Strafe Gottes für Evas Verfehlung). Sie sind nämlich keine Selbstverständlichkeit, keine Normalität (sonst würden sie in der Bibel keine Erwähnung finden). Tatsächlich handelt es sich bei ihnen entwicklungsgeschichtlich um eine relativ junge Erscheinung. „Eine Reihe von Faktoren dürften dafür verantwortlich sein: Mit dem Beginn der Landwirtschaft sank infolge harter Lebensbedingungen, einseitiger Ernährung und Krankheiten die Körpergröße der Menschen; die Größe der Kinder im Mutterleib, insbesondere der Kopfumfang, blieb dagegen annähernd gleich. Das erschwerte ihren Weg durch den Geburtskanal und erhöhte die Schmerzen und Risiken der Geburt. Zudem wird die verminderte Mobilität der Frauen unter sesshaften Bedingungen eine Rolle gespielt haben: Sie wanderten weniger umher, verbrachten aber endlose Zeit hockend, zum Beispiel beim mühsamen Mahlen von Getreide. Paläodemographische Analysen belegen auf jeden Fall unter den frühen Bauern deutlich höhere Raten perinataler Mortalität – Totgeburten und verstorbene Neugeborene – als bei den Jägern und Sammlern“ (ebd., S. 74).

Die Entstehung von Städten und stadtähnlichen Ansammlungen bildete einen weiteren Krisen- und Konfliktfaktor. Sie repräsentierten eine neue sozialkulturelle Entwicklungsstufe. Hatten sich die Menschen bisher in kleinen Gruppen in den riesigen Weiten der Natur bewegt, lebten sie nun zu Tausenden dicht gedrängt in einer künstlichen, komplett selbst fabrizierten Umgebung. Das warf nicht nur Transport- und Hygieneprobleme auf, sondern stellte sie auch vor völlig neue sozialpsychologische Herausforderungen. Hatten sie zuvor mit Menschen verkehrt, die ihnen vertraut waren, so hatten sie es nun mit Fremden zu tun. Viele dieser Ansiedlungen wurden nach einer anfänglichen Expansionsphase wieder aufgegeben. Auffallend ist auch, dass ihnen funktionale und soziale Differenzierungen fehlten. Die Häuser waren alle annähernd gleich groß und in „agglutinierender“ Bauweise entstanden, das heißt, wie die Waben eines Wespennestes Wand an Wand gesetzt. Es gab weder Straßen noch Gassen.

Doch hinter den architektonischen und logistischen Problemen steckte noch etwas anderes, das für den Kollaps vieler Städte verantwortlich war. Früher oder später wurden sie von Seuchen heimgesucht. „War schon der Aufstieg der Landwirtschaft ein Glücksfall für unsere Mikroben, so galt das erst recht für die Entstehung von Städten, in denen die Menschen noch enger zusammengepfercht unter noch schlechteren Bedingungen hausten.“ Die Einwohnerschaft einer Stadt bildete ein genügend großes Reservoir, in dem sich Krankheiten dauerhaft einnisten konnten. Städte wurden zu Todesfallen. Weil hier mehr Menschen starben als zur Welt kamen, wuchsen sie nur, weil immer neue Zuzügler vom Land die Verluste ausglichen. Oft brachten sie unbekannte Keime mit (Diamond 2005, S. 245). Aber auch sie waren gefährdet, denn anders als die ansässigen Stadtbewohner, die mit der Zeit Resistenzen gebildet hatten, waren sie den lokalen Mikroben schutzlos ausgeliefert. Es waren gerade die urbanen Großbaustellen, die sich zu den gefährlichsten Infektionsherden entwickelten. Dort trafen Arbeiter von überallher aufeinander: Kriegsgefangene, Sklaven, Deportierte, Geschäftemacher. Unter miserabelsten hygienischen Bedingungen fristeten sie ihr Leben und mussten bei schlechter Ernährung ihre Dienste verrichten – ein ideales Habitat für Mikroben aller Art. Das Leid, das eine Epidemie unter diesen Bedingungen auslöste, lässt sich kaum vorstellen. Jäh schlug sie zu und raffte die Menschen zu Hunderten dahin. Zu all dem kamen noch die Verwirrungen durch unterschiedliche Sprachen und Sitten, denn in den frühen Städten mussten sich die Menschen sozial erstmals in multitribalen Allianzen organisieren. Sie lebten nicht mehr im Clan oder als Nachkommen eines mythischen Vorfahren zusammen, sondern mussten sich mit Menschen unterschiedlicher Herkunft arrangieren (van Schaik und Michel 2019, S. 130 f.).

Ein weiterer Krisen- und Konfliktfaktor ergab sich aus der zunehmenden Ungleichheit der Besitz- und Eigentumsverhältnisse, eine Stratifizierung, die dem Paläolithikum völlig unbekannt war. Dass einzelne Männer Land, Besitz und Frauen anhäuften, produzierte eine hohe Zahl besitz- und landloser Männer, die beständig anstieg. Denen blieb kaum etwas übrig, als auf aggressive und risikoreiche Strategien zu setzen, um im Kampf um das knappe ‚Gut‘ Frauen eine Chance zu besitzen. Das führte zu höheren Raten von Mord, Diebstahl, Vergewaltigung, sozialen Konflikten, Entführungen (besonders von Frauen), sexueller Sklaverei und Prostitution. Jene, die leer ausgingen, wurden zur Bedrohung (Henrich et al. 2012, S. 660 f., zit. bei van Schaik und Michel 2019, S. 144 f.). „Es waren vor allem die Städte, die zu Sammelbecken frauenloser Habenichtse wurden. Die Städte waren nicht nur wegen des Seuchenrisikos Todesfallen; sie waren auch gefährliche Unruheherde. Weil die meisten Einwohner nicht mehr in ihrem Clan lebten, fehlte es an sozialer Kontrolle“ (ebd.).

6.5 Biologische und kulturelle Evolution driften auseinander

Die kulturelle Evolution, wie sie im Neolithikum ihren Ausgang nahm, ermöglichte dem Menschen als Gattungswesen nicht nur, sich, gemessen an den Zeithorizonten der biologischen Evolution, relativ schnell an neue Habitate anzupassen, sondern auch und vor allem, seine Umwelt den eigenen Bedürfnissen entsprechend umzugestalten (grundlegend für die Soziologie: Goldscheid 1911), mit der Folge, dass biologische und kulturelle Entwicklung immer weiter auseinanderdriften. Die Veränderung der kulturellen Verhaltensanforderungen als Dauerzustand erfolgte in einer vergleichsweise kurzen Zeitspanne, nämlich innerhalb der letzten zehn- bis zwölftausend Jahre, eine sehr kurze Zeit, gemessen an den zwei Millionen Jahren, in denen sich die biologische Entwicklung vollzog, ein Entwicklungsprozess, in der das in diesem Zeitraum erworbene Verhaltensrepertoire genetisch fixiert worden war. Während die kulturelle Evolution relativ schnell voranschreitet, weil neue Verhaltensweisen oder innovative Techniken meistens gezielt hervorgebracht werden, um bestimmte Probleme zu lösen, schreitet die biologische Evolution viel langsamer voran. Sie fängt immer mit kleineren oder größeren genetischen Variationen in einem Einzelwesen an und benötigt viele Generationswechsel, um Veränderungen innerhalb einer Population zu erzeugen. Und nur ganz selten führt eine solche Mutation auch zu tatsächlichen Verbesserungen. In der Regel gelingt es überdies nur ganz selten, präzise Anpassungen an lokale Umstände zustande zu bringen, weil sich die Umweltbedingungen während des langwierigen Anpassungsprozesses schon wieder geändert haben können. Kulturelle Innovationen hingegen werden ständig verfeinert, korrigiert oder mit anderen Ideen kombiniert und an nachfolgende Generationen aktiv, das heißt, in Lehr-Lern-Prozessen gezielt weitergegeben. Aber jede Veränderung, und das ist die Kehrseite der Medaille, führt zu neuen Herausforderungen. Neue Lösungen bringen neue Probleme mit sich. Insbesondere das Sesshaftwerden im Verlauf der Neolithischen Revolution ging mit Katastrophen und Krisen in bislang nicht gekanntem Ausmaß einher. Krankheiten, Hungersnöte und Gewalt bedrohten die Menschen in ihrer Existenz. Sie fanden sich in einer Welt wieder, für die sie nicht gemacht waren. Angesichts des rapiden Wandels blieb für genetische Adaptionen nicht genügend Zeit. Die Jäger und Sammler des Paläolithikums konnten in vergleichbaren Situationen in günstigere Regionen abwandern. Dieser Ausweg war den Ackerbauern und Viehzüchtern des Neolithikums verschlossen. Sie mussten ganz schnell neue Überlebensstrategien entwickeln oder starben aus. Während die biologische Evolution bis zur Jungsteinzeit dafür sorgte, dass die Menschen sich physisch und psychisch dem Habitat, in dem sie lebten, anpassen konnten, führt die kulturelle Evolution, vom Menschen selbst in Gang gesetzt, zu einer Kluft zwischen ihm und seiner Umwelt. Zwölftausend Jahre haben nicht ausgereicht, die genetische Verankerung, die er aus grauer Vorzeit mit sich herumschleppt, in ihren psychogenetischen Präferenzen entscheidend zu modifizieren. „Unsere sozialen Interaktionssysteme sind nicht im Zusammenhang großer Gruppen und abstrakter Institutionen wie Staaten, Körperschaften, Verbände und soziale Schichten entstanden. Sesshafte Siedlungsgemeinschaften, Königreiche und andere Institutionen des Neuzeitmenschen sind als Evolutionsprojekte so jung, dass wir zu ihnen noch keine zuverlässigen intuitiven Gewissheiten entwickeln konnten" (Boyer 2004, S. 306 f.). Sigmund Freud hat 1927 und 1930 in seinen späten „soziologischen" Schriften das sich daraus ergebene „Unbehagen" des Gegenwartsmenschen aus den Versagungen abgeleitet, welche eine unter den Sachzwängen von Ökonomie, Technologie und blinder Anpassung stehende Gesellschaftskultur den davon betroffenen Menschen auferlegt. Für ihn besteht das Problem darin, dass der Mensch durch Intelligenz allein nicht zu lenken sei, weil sein Verhalten, wurzelnd in einer archaischen Vergangenheit, wesentlich durch Leidenschaften und Triebansprüche beeinflusst ist (2000a, S. 182). In seiner psychischen Beschaffenheit steckt ein Stück unbesiegbarer Natur (2000b, S. 217). Was Freud hier thematisiert, ist die Grenzen setzende biologische Körperlichkeit des Menschen und, im Kontrast dazu, seine durch Geist vermittelten Artefakte, die sich nicht nur in religiösen „Illusionen", sondern ganz handfest in irdischen Sozialkonstrukten äußern. Dieses Implikationsverhältnis von kulturell überformter *Biologie* und der zur Realität gewordenen metaphysischen Kopfgeburt dessen, was gemeinhin als *Gesellschaft* bezeichnet wird, steht als Gestaltungsprojekt auf der Tagesordnung der nächsten Singularität, der „Achsenzeit", insbesondere des „griechischen Mirakels".[4]

[4] Tönnies hat sein soziologisches Grundlagenwerk „Gemeinschaft und Gesellschaft" (1887) doppelthematisch angelegt, was oft zu Irritationen führte, einmal systematisch-strukturell in der „reinen" Theorie als Typenlehre im Sinne Max Webers, was im Untertitel der zweiten Auflage von 1912 zum Ausdruck kommt, zum anderen historisch-genetisch in der Perspektive einer sozialkulturellen Evolutionstheorie, verdeutlicht im Untertitel der Erstauflage. Nukleus der Sozialform „Gemeinschaft" im historisch-genetischen Sinn dürfte die Kleingruppe des Pliozäns und Pleistozäns sein, obwohl Tönnies

Die Natur- und Sozialgeschichte des Menschen hat keinen Eigensinn und verfolgt kein Ziel. Es ist der Mensch, der beides in sie hineindeutet (Goldscheid 1911). Er bemüht sich, Gesetzmäßigkeiten zu erkennen und ihnen einen Sinn zu verleihen. Soziologen versuchen zusätzlich, dem Ganzen eine Struktur zu geben, die sich für sie aus veränderten Funktionszuschreibungen der gesellschaftlichen Reproduktionsbedingungen und -mechanismen ableiten lässt. So erschließt sich ihnen der Übergang vom Neolithikum zur Achsenzeit begrifflich, je nach Perspektive, über den Wagenheber-Effekt, durch den das neue Zeitalter eingeleitet wird, oder über den Sperrklinkeneffekt, durch den das vergehende beendet, der Bruch zwischen beiden vollzogen wird.

7. Singularität 2 – Von der Subsistenz- zur Geldwirtschaft. Von der Real- zur Denkabstraktion

Aus dem Neolithikum heraus entfalten sich zwei Organisationsformen des gesellschaftlichen Zusammenlebens, die für die Art und Weise der Naturaneignung und des Naturbewusstseins der Menschen bestimmend werden: das Land bzw. das Dorf und die Stadt. Bereits Karl Marx hatte darauf hingewiesen, dass sich die gesamte ökonomische Geschichte der Gesellschaft als eine Bewegung des Gegensatzes, das heißt, als die Scheidung von Stadt und Land darstellen lasse (1968, S. 373). Analytisch, ganz im Sinne Max Webers, lassen sich zwei Idealtypen unterscheiden: der *Oikos* und die *Urbs*. In der Realität gibt es durchaus Mischformen, bei denen etwa eine Stadt ländliche und ein Dorf städtische Züge tragen kann.

7.1 Die Natur der Oikos- und der Urbs-Wirtschaft

Der *Oikos,* die „Hauswirtschaft" ist durch eine agrarische Produktion und damit durch eine enge Verbindung zum Land bzw. zum Dorf charakterisiert. Der *Oikos* betreibt eine Ökonomie der unmittelbaren Bedarfsdeckung (Subsistenzwirtschaft) und Vermögensverwaltung. Er verfügt über eine *gemeinschaftliche*, sei es eine kollektive oder eine autoritäre (patriarchalische) Führung, der die Regelung der binnenwirtschaftlichen

selbst mehrheitlich auf das Verwandtschafts- und Nachbarschaftsverhältnis der Familie und des Dorfes verweist, wie es sich erst im Rahmen der ersten und zweiten Singularität herausgebildet hat.

Arbeitsteilung obliegt. Dieser Typ sozialen Zusammenlebens entspricht in etwa dem, was Tönnies in seinem soziologischen Grundlagenwerk 1887 unter dem Begriff der „Gemeinschaft“ zusammengefasst hat (2017, S. 25 ff.). Im Gegensatz dazu ist die *Urbs*, die „städtische Wirtschaft“, durch eine *gesellschaftliche* Arbeitsteilung charakterisiert, die eine berufliche Spezialisierung aufweist. Handwerker, Händler und andere Berufstätige mit ausgeprägten individuellen Verhaltenseigenschaften sind in eine Ökonomie der dezentralen Marktbeziehungen (Tauschwirtschaft) eingebunden.

Immler weist in seiner Monografie „Vom Wert der Natur“ (1989) ausdrücklich darauf hin, dass es ein Fehler wäre, dem *Oikos* eine nähere Naturbeziehung als der *Urbs* zuzuordnen, nur weil er dem Land verbunden ist und weil in ihm Agrarproduktion betrieben wird. Der *Oikos* repräsentiert das Naturverhalten des Landes, die *Urbs* jenes der Stadt. Darin, wie sie sich die Natur aneignen und wie sie darüber denken, unterscheiden sie sich, aber die urbane Aneignung der Natur bedeutet in keinem Augenblick, auch wenn es so scheinen mag, eine tatsächliche Entfernung von der Natur, sondern eine neue Qualität ihrer Erzeugung. Sie besteht darin, dass die menschliche Arbeit, etwa eines Handwerkers, die Physis stärker als bei der *Oikos*-Ökonomie einem Transformationsprozess unterwirft. „Dadurch wird die Materie nicht nur entschieden mehr durch Arbeit geformt, sie wird auch ortsunabhängiger und beweglicher. Das urbane Naturverhältnis weist damit von vornherein zwei Eigenschaften auf, die die Stadt- und Gesellschaftsentwicklung prägen: Zum einen gibt sie der handwerklichen Arbeit des einzelnen Individuums eine subjekthafte Rolle, zum anderen wird ein reger Austausch der Produkte als Waren zur existenziellen Bedingung der Gesellschaft. Man sieht also, dass neben den sozialen und politischen Faktoren, die in den Analysen der urbanen Revolutionen vorwiegend angeführt werden, die Art und Weise der urbanen Naturaneignung eine bestimmende Kraft auf die Gestaltung der Wirtschafts- und Lebensweise ausübt. Dieser Aspekt wird nur deshalb meist vergessen, weil die Ideologie, urbanisierte Natur sei gar keine Natur mehr, für die Wirklichkeit gehalten wird. Tatsächlich aber verkörpert die *Urbs*-Natur ebenfalls eine geschichtliche Form der gesellschaftlichen Naturaneignung wie die *Oikos*-Natur“ (Immler 1989, S. 137). Urban angeeignete Natur ist praktisch immer eine durch menschliche Arbeit mobilisierte und funktionalisierte Physis. Während die agrarische Ökonomie die menschliche Produktivität an die Seite der äußeren Natur stellt, scheint die urbane Ökonomie sie zu ersetzen. Urbane Naturaneignung wird deshalb üblicherweise als Naturüberwindung gedeutet. So gesehen, stellt die handwerkliche Bearbeitung der Physis in Produktionsstätten, die nicht an den Boden und dessen Fruchtbarkeit gebunden sind, das alternative Produktionsverhältnis zum *Oikos* dar.

Beide Wirtschafts- und Lebensformen bestehen von einer bestimmten Arbeitsteilung an, die mit dem Ende des Neolithikums erreicht ist, lange Zeit nebeneinanderher, allerdings wurden *Oikos*-Wirtschaften oft eine Beute herrschaftsförmiger Produktionsweisen, ein Sachverhalt, der sich in der antiken *Oiken*-Wirtschaft bestätigte, zunächst in der griechischen, sodann in der römischen. Die griechische *Oiken*-Wirtschaft war ein Ergebnis der Ausbreitung der neolithischen Kultur über den gesamten Mittelmeerraum, trug aber im Gegensatz zu den orientalischen Bewässerungswirtschaften und Stromtalkulturen weniger kollektivistische und zentralistische Züge. Sie war auch von Anfang an stärker durch Handelselemente geprägt. Infolgedessen bildete sich relativ bald privater agrarischer Grundbesitz. In den entwickelten griechischen Stadtstaaten fanden sich sowohl klein- wie großbetriebliche Agrarstrukturen, die der *Oiken*-Wirtschaft zuzurechnen sind. „Das Kennzeichnende der griechischen *Oiken*-Wirtschaft ist eine schrittweise Entwicklung von der Subsistenzwirtschaft mit begrenztem Handel zu stärkerer Markt- und Handelstätigkeit, bei denen aber die innere Struktur des *Oiken*-Betriebes nicht zu zerbrechen brauchte. Die antike Geschichte zeigt in ihrem Gesamtverlauf zunächst eine starke Zunahme der Nah- und Fernhandelsbeziehungen, später wieder eine Stagnation. Daraus darf aber nicht auf das Ende der *Oiken*-Wirtschaft geschlossen werden. Deren Grundlage bleibt der agrarisch-patriarchalische Betrieb. Allerdings findet eine Anpassung an die neuen Formen des *Handels* und Geldverkehrs statt. Insofern steht der griechisch-römische *Oikos* tatsächlich im Spannungsfeld zwischen traditional-archaischen und modern-handelsorientierten Strukturen“ (Immler 1989, S. 135). Immler weist ausdrücklich darauf hin, „dass eine kontinuierliche Linie vom griechisch-römischen *Oikos* zu jener alteuropäischen Ökonomie führt, die die agrarisch-feudalen Verhältnisse zumindest bis zur Aufklärung bestimmt und endgültig erst mit der Dominanz des kapitalistischen Betriebes ihr Ende findet“ (ebd.).

Den wirtschaftlichen Höhepunkt erreicht die Antike dort, wo sich *Urbs* und *Oikos* positiv ergänzen, das heißt, wo sich, wie in den griechischen Stadtstaaten, Handwerk, Gewerbe und Handel als Wirtschaftskraft synergetisch entfalten können, ohne die überkommene Wirtschafts- und Herrschaftsstruktur gänzlich zu zerstören (Hasebroek 1928, Finley 1981, Vernant 1993). Ihren Niedergang erfährt die dort erreichte äußerst prekäre Balance, wo die zentralistisch-kollektivistischen Elemente der Wirtschafts-

und Staatsstruktur zur Bremse der weiteren urbanen Entwicklung werden, das heißt, wo die gewaltige potentielle Energie der urbanen Ökonomie durch gesellschaftliche Organisationsformen kollektiver Macht- und Herrschaftssicherung abgeblockt und dadurch vielleicht eine mögliche Entwicklung hin zur urbanen Arbeitsgesellschaft verhindert wird. Dies lässt sich besonders gut am Verfall des Römischen Reiches zeigen (Weber 1968). Die innere Struktur des Römischen Reiches, die durch Sklavenarbeit und Kolonentum gekennzeichnet war, verhinderte das Entstehen eines Bürgertums, das die eigene Arbeit und das eigene wirtschaftliche Interesse dazu einsetzt, neue Formen eines urbanen Naturverhältnisses zu entwickeln, das heißt, Erfindungsgeist, Arbeitskraft, Eigeninteresse und Vermögenskraft zu verwenden, um urbane handwerkliche Technologien und Wirtschaftsformen hervorzubringen. Dies sind aber die unbedingten Voraussetzungen dafür, die gesellschaftliche Arbeitsteilung und den binnenwirtschaftlichen Handel voranzutreiben. Das Ende des Römischen Reiches zeigt sich im drastischen Verfall der Städte, im Wiedererstarken der großen Landgüter, im Rückgang der Handelsbeziehungen sowie in einem neu erwachten naturalwirtschaftlichen Autarkiedenken. Der Verfall der *Urbs*-Ökonomie machte den Weg frei für den Feudalismus, für die Herrschaft des Grund- und Bodenbesitzes mit seiner *oikos*-förmigen Ökonomie und ermöglichte bis weit in das späte Mittelalter hinein das Überleben einer Produktionsweise, die ihre wirtschaftliche Kraft nahezu ausschließlich der bloßen Aneignung agrarischer Produkte verdankt. Erst die mittelalterliche Stadt bringt wieder ein spezifisches urbanes Produktionsverhältnis hervor. Es ist charakterisiert dadurch, dass die Fertigkeiten der menschlichen Arbeit sich in einer urbanen Form der Naturaneignung äußern.

Immler legt Wert darauf, von einem „urbanen Naturverhältnis“ zu sprechen, auch wenn es sich im ersten Moment etwas paradox anhören mag. Zwar gebe es einen tiefen Gegensatz zwischen der Stadt und dem Land. Aber dieser Gegensatz sei nicht identisch mit einem Stadt-Natur-Gegensatz. Es sei falsch, das Land und die Landwirtschaft mit Natur gleichzusetzen und dann zu sagen, die urbane Entwicklung sei gegen die Natur gerichtet. Zwar wendet sich die mittelalterliche Stadtentwicklung gegen das Land und seine Herrschaftsform. Das Bürgertum verschafft sich eine Distanz zu Feudalherren und Bauern. Um sich ihre Lebensgrundlage zu sichern, machen die Städte die umliegenden Domänen, Gehöfte und Dörfer von sich abhängig (Immler 1989, S. 141). Aber soweit die Stadt sich als Gegensatz zur Natur versteht, handelt es sich immer, mehr unbewusst als bewusst, um die Sphäre der agrarisch bearbeiteten Natur, die das

Symbol für Unterdrückung und Unfreiheit darstellt. Tatsächlich findet nicht einfach eine Negation statt, sondern die Bewohner der Stadt lernen eine andere Natur kennen, eine, die man beherrschen und gestalten kann. „Es sind die Materialien und Gesetze der Natur, die man zu begreifen versucht, um die in ihnen enthaltenen produktiven Kräfte nutzen zu können. Der Gedanke der Naturbeherrschung durch geistige und körperliche Arbeit, durch Wissenschaft und Technik, ist eine Grundidee der mittelalterlichen Stadtentwicklung und erfährt ihren Höhepunkt in der Renaissance-Stadt. Diese Form der Naturbeherrschung hat nichts mit der agrarisch-feudalen Naturaneignung zu tun, sondern ist das bürgerlich-gewerbliche Konzept, durch menschliche Arbeit eine Natur *herzustellen*, die materiellen Reichtum liefert und die Menschen aus ihren engen materiellen Fesseln befreit. Sie ist die Grundlage der *Urbs*-Natur und der *Urbs*-Ökonomie“ (ebd.). Urbanität und Stadtleben werden überhaupt erst möglich durch die Entwicklung eines entsprechenden Naturverhältnisses, dem die Vorstellung von der Machbarkeit der Dinge zugrunde liegt. Die Urbs-Natur hat wenig mit Chlorophyll, wenig mit Land und Landwirtschaft zu tun. Sie sucht sich von der agrarischen Naturgebundenheit zu befreien. Sie will Beherrschung der Physis und Gestaltung nach menschlichem Willen. Urbane Natur sind die Erzlager, die man ausbeutet, die Eisenwerkzeuge, die man schmiedet, die Gebäude, die man errichtet, die Handwerksbetriebe, die man betreibt, sowie die Städte, Häuser und Wohnungen, in denen man lebt. Urbane Ökonomie heißt, die bisherigen Grenzen der Physis in Frage zu stellen, durch menschliches Wissen. Beseitigt werden die Schranken der Natur, nicht die Natur selbst.

7.2 Achsenzeit: „griechisches Mirakel“ und „mosaische Unterscheidung“

Die Epoche, in der das geschieht, wird seit Karl Jaspers als Achsenzeit bezeichnet (Jaspers 1949, Alfred Weber 1950, Eisenstadt 1987). Völlig unabhängig voneinander entstehen um etwa 800 vor unserer Zeitrechnung verschiedene Hochkulturen, in der mental eine zweifache Trennung vollzogen wird: *zum einen* die zwischen Subjekt und Objekt; der Mensch beginnt, sich selbst zu reflektieren, wird sich seiner selbst und seiner Grenzen in einer von ihm gesonderten Welt bewusst; es bildet sich ein „Denken zweiter Ordnung“ heraus (Elkana 1987); *zum anderen* die zwischen Physik und Metaphysik; es entstehen zwei Welten, die irdische des Menschen und die transzendente Welt der Götter. Über der irdischen Welt beginnt, sich eine zweite zu erheben, eine, die sich der sinnlichen

Erfahrung entzieht. Dieser Epochenbruch, den Jaspers als „soziologischen Zustand“ benennt, war das Imposanteste, was die Menschen bis dahin vollbracht hatten. Aber er hatte auch seine Schattenseiten. Denn mit ihm gingen einher „Kräfte des Zerfalls“, die so viel Chaos stifteten, „dass im weitesten Umkreis Schrecken, Enttäuschung, Unzufriedenheit und Unglück um sich griffen; unbezähmbar wuchs die Sehnsucht nach einer neuen Lebensordnung, die besser sein sollte“ (Toynbee 1986, S. 629). Es waren vor allem diese Schattenseiten, die den Weg ebneten „für Propheten, die genug Phantasie und Mut aufzubringen vermochten, der herkömmlichen Zivilisation den Spiegel vorzuhalten und auf der Suche nach neuen Lebensvorbildern über sie hinauszugehen. Ihre Predigt fand Gehör, denn was sie klar und beredt verkündeten, hatten ihre Zuhörer bereits dumpf empfunden“ (ebd.). Damit die Vorschriften und Gebote, die sie formulierten, befolgt wurden, sprach man ihnen göttliche Autorität zu. Es entstanden jene Weltreligionen, die auch heute noch den Orientierungsrahmen des kollektiven moralischen Bewusstseins einer Kultur bilden. Ihre Autorität beziehen sie nicht aus einer nachvollziehbaren, sozialpsychologisch begründeten Vernunftlogik, was durchaus möglich wäre, sondern aus dem in einem Offenbarungsakt hergestellten und deshalb nicht diskursfähigen Bezug zu einer überirdischen Gottheit.

Darin stimmen alle Hochkulturen überein: dass sie eine Trennung vollziehen zwischen innerer und äußerer Welt, zwischen irdischer und überirdischer Welt. Worin sie sich jedoch unterscheiden ist die inhaltliche Ausgestaltung der transzendenten Welt. Hier beschreitet die abendländische Kultur einen Sonderweg. Während alle anderen Hochkulturen in ihrer Metaphysik inhaltlich gebunden bleiben und die inhaltlichen Substrate ihrer Kultur in die Umwelt projizieren, ihr in symbolischer oder institutioneller Form – sei es in der Religion, sei es in der Kunst oder im Alltag – Geltung verschaffen, vollzieht sich in der griechisch-abendländischen Kultur der radikalste Projektionsschritt: die Übertragung des leeren, von allem Inhaltlichen befreiten Handlungsschemas, des von der subjektiven Erfahrung des tätigen Menschen losgelösten Formalkalküls in die physische Wirklichkeit (Günther 1980). Es entsteht die abstrakte Denkform der formalen Logik, mit der sich Beliebiges berechnen lässt, die Basis der griechischen Protowissenschaft (Descola 2011). Die nachhomerischen Griechen überlassen die Lösung ihrer Probleme nicht einer überirdischen Autorität, sondern beginnen, sie durch Logik, durch Behauptung, Diskussion und Beweis zu lösen. Denn für sie gibt es immer nur eine Wahrheit, und die lässt sich finden durch folgerichtiges, durch logisches Denken. Etwas ist oder es ist nicht; ein Drittes gibt es nicht. Entweder …

oder, ja oder nein, richtig oder falsch, 0 oder 1 – das sind die Grundlagen unserer Wissenschaft bis heute. Die Vorstellung des mit sich selbst identischen Subjektes oder Objektes, die Grundlagen der formalen Logik und des abstrakten Denkens, der Kritik und des systematischen Zweifelns sowie die Prinzipien und Mechanismen, nach denen sie funktionieren und die ihnen zugrunde liegen, Abstraktion und Isolation, Deduktion und Reduktion, Kausalität und Wahrscheinlichkeit – all jene Denkformen und -methoden haben ihren Ursprung im östlichen Mittelmeerraum und nirgends sonst. Erstmals und einzig in der Geschichte der Menschheit beherrschen sie die zwischenmenschliche Kommunikation – und ihr Ziel ist die Wahrheitsfindung.

Dieser Schritt vom Mythos, vom Glauben und Meinen zur Protowissenschaft steht in einem inneren Zusammenhang mit dem sich entwickelnden Warentausch der Phönizier und Griechen. Er hat sowohl geopolitische als auch sozialökonomische Voraussetzungen. Die empirischen *Realabstraktionen* des systematisch betriebenen, vertraglich geregelten Warentauschs, der sich an den Außenrändern, nicht im Binnenraum zunächst der phönizischen, sodann der griechischen Gesellschaft entwickelt, manifestiert sich schließlich in den metaphysischen *Denkabstraktionen* des menschlichen Verstandes, der menschlichen Vernunft, personifiziert zunächst in der Figur des Händlers, dann in jener des Philosophen (Sohn-Rethel 1989, R. W. Müller 1981). Logik, so hat Karl Marx (1985, S. 571) dieses Transformationsgeschehen einmal recht griffig zusammengefasst, wurde zum Geld des Geistes. Begleitet wird es durch die Einführung des gemünzten Geldes und der Alphabetschrift (Pichot 1995, Havelock 1990). Dazu kommt im selben Raum und zur selben Zeit noch ein weiteres Ereignis, diesen Transformationsprozess unterstützend und vorantreibend, zugleich aus ihm hervorgehend: das Auftreten demokratischer Regierungsprinzipien, das heißt, die Einführung konstitutioneller Gesetze, an die auch die politischen Machthaber gebunden sind (Pichot 1995, Vernant 1987).

Dieses Transformationsgeschehen vom Mythos zum Logos, das die frühen Griechen vollziehen, bezog sich allerdings nur auf die Kommunikation *in der Gesellschaft*, nicht auf die Kommunikation *mit der Natur*. Der Stoffwechselprozess zwischen Mensch und Natur oblag den Sklaven. Für die Vollbürger der *Polis* bestand keinerlei Notwendigkeit, sich mit der Natur praktisch auseinanderzusetzen. Darin besteht die sozialhistorische Erkenntnisschranke griechischen Denkens. Denn die Natur in ihrer Vielgestaltigkeit ist nicht so eindeutig wie die Wahrheitskalküle der formalen Logik. Die Griechen revolutionierten die durch *Kommunikation* und Verkehr vermittelten Gesetzmäßigkeiten des zwischenmenschlichen

Zusammenlebens in der Gesellschaft, aber nicht die durch Wissenschaft und Technik in der *Produktion* zu gestaltenden Gesetzmäßigkeiten der Natur. Ihr Erkenntnisstreben folgte einem kommunikationstheoretischen, weit weniger einem produktionstheoretischen Paradigma. Erst im „europäischen Mirakel" (Jones 1992) gelang es den Menschen, ihre Beziehung zur Natur auf eine vergleichbar rationale Basis zu stellen, gelang es ihnen, die in der *Zirkulationssphäre*, dem Markt, wurzelnden Rationalitätskriterien auf die *Produktionssphäre,* auf die stoffliche Auseinandersetzung der Menschen mit der sie umgebenden Natur zu übertragen. Erst hier blieb der Warenverkehr nicht mehr auf die Außenränder der Gesellschaft beschränkt, sondern erfasste und strukturierte auch ihren Binnenraum. Die menschliche Arbeitskraft selbst wurde kommodifiziert, so dass nunmehr alle Menschen in den Geldnexus und seine performative Kraft einbezogen wurden. Dazwischen liegt die lang andauernde Epoche des „finsteren Mittelalters", denn der Logos räumte im späteren Altertum dem Mythos wieder das Feld, und der Glaube wurde mächtiger als das Streben nach wissenschaftlicher Erkenntnis. In der weltumspannenden Weite zunächst der Einflusssphäre Alexander des Großen, sodann der Römer trat an die Stelle der Geldwirtschaft wieder die Naturalwirtschaft. Sie leitete den Niedergang des Prinzips der Vernunft ein, an dessen Ende der Mythos einer neuen Religion, des Christentums steht (Meyer 1923, Harnack 1900). Die Gotteskritik des Xenophanes (1983) geriet in Vergessenheit. Erst mit Feuerbach (1841), gut zweitausend Jahre später, verschaffte sie sich wieder Gehör.

Bemerkenswert in diesem Zusammenhang ist, dass parallel zum Vorsokratiker Parmenides, der die zweiwertige Logik des „Entweder … oder" und damit die Grundlage der abendländischen Wissenschaft schuf, in gleichermaßen exkludierender Form der Religionsstifter Moses auf dem Berg Sinai die zehn Gebote Gottes verkündet und in vergleichbarer Weise eine Differenz aufmacht „zwischen wahr und falsch in der Religion, zwischen dem wahren Gott und den falschen Göttern, der wahren Lehre und den Irrlehren", ein Ereignis, das Jan Assmann (2003, S. 12 f.) als „Mosaische Unterscheidung" bezeichnet. Das geschieht etwa zur selben Zeit, als Xenophanes verkündet, Götter seien Produkte menschlicher Phantasie: Nicht die Götter haben die Menschen, sondern die Menschen haben die Götter erschaffen (1983, 45/16).

Van Schaik und Michel erklären die Etablierung des radikalen religiösen Monotheismus, der mit dem Namen des charismatischen Moses verbunden ist, aus der Schicksalsgeschichte des jüdischen Volkes, das, eingeengt zwischen zwei Großreichen, um seine Existenz kämpfen musste.

Im babylonischen Exil sei er von der Jahwe-Elite in die Welt gebracht worden (2019, S. 359). Dass dieser alttestamentarische Monismus als kulturelles Schutzsystem des jüdischen Volkes eine bedeutende Funktion innehatte, um sich mental gegen die Unbilden widriger Verhältnisse behaupten zu können, leuchtet ein. Aber das erklärt nicht die Ursache und das Motiv des Gründungsaktes selbst. Schließlich gab es bereits zuvor einen solchen Gründungsakt in Ägypten durch Amenophis IV. (Echnaton) unter völlig anderen Bedingungen und Verhältnissen. Eine sozialhistorische Begründung der Notwendigkeit zur Etablierung einer radikal monotheistisch ausgerichteten Religion müsste beide Gründungsakte erklären können.

Und sie argumentieren des Weiteren, dass der ausgeprägte Wille zum systematischen, in sich logischen Argument in der Bibel es rechtfertige, von ihr als einer Protowissenschaft, vergleichbar der griechischen Philosophie, zu sprechen. Auch das vermag nicht zu überzeugen. Es trifft sicher zu, dass die Religion sich im Übergangsprozess zur professionellen Theologie der rationalen Argumentationsmuster griechischer Philosophie zu bedienen gezwungen sah, wollte sie glaubwürdig bleiben, und dass es ein großes Verdienst der theologischen Scholastik war, Erkenntnisse der griechischen Protowissenschaft über die Zeiten zu retten, so dass in der europäischen Renaissance daran angeknüpft werden konnte. Aber der wesentliche Unterschied war doch, dass es den griechischen Philosophen inhaltlich um die Erkenntnis von Wahrheiten ging, während die Theologen einen orientalischen Mythos rhetorisch zu beglaubigen suchten, ein Unterfangen, das wesentlich durch den Apostel Paulus vermittelt wurde und gemeinhin als „Hellenisierung des Christentums" (Harnack 1900) bezeichnet wird. Aber die Verschmelzung des Evangeliums mit der griechischen Philosophie kann nicht darüber hinwegtäuschen, dass es sich hierbei, in epistemologischer Perspektive betrachtet, um einen gewaltigen Rückschritt handelt, um, wie der Historiker Eduard Meyer es ausdrückt, die „Orientalisierung der abendländischen Welt auf dem Gebiet des geistigen und religiösen Lebens" (o. J., S. 131): Autorität ersetzte den freien Gedankenaustausch. Glaube trat an die Stelle der Erkenntnis. Die Unabhängigkeit des menschlichen Geistes wich der demütigen Unterordnung unter das Phantasma einer Gottheit, die nicht von dieser Welt ist. Statt den Normen eines frei vereinbarten und als verbindlich anerkannten Sittengesetzes zu folgen, war den von Gott auferlegten Geboten, in der Diktion Meyers, knechtisch Gehorsam zu leisten (ebd.). Der Mythos trat wieder an die Stelle des Logos.

8. Singularität 3 – Vom äußeren zum inneren Warenmarkt. Von der naiven Empirie zum messenden Experiment („europäisches Mirakel")

Während sich die zweite Singularität, das „griechische Mirakel" (Buitron-Oliver 1992, Pichot 1995) dadurch auszeichnet, dass die Beziehungen der Menschen zueinander, gemeinhin die Gesellschaft, auf eine rationale Basis gestellt werden, zeichnet sich die dritte Singularität, das „europäische Mirakel" (Jones 1992) dadurch aus, dass die Beziehungen der Menschen zur Natur auf eine rationale Basis gestellt werden. Es entsteht ein innerer Markt, der die Arbeitskraft des Menschen und Grund und Boden zur Ware macht (Marx 1968, S. 640 ff.), und auf die Produktion selbst zurückschlägt. Parallel dazu entsteht als Fortsetzung der griechischen (Proto-) Wissenschaft eine (Natur-)Wissenschaft, die durch Axiomatik und Empirie gekennzeichnet ist. Im Gefolge des 17. Jahrhunderts beginnt sich das in den Weltreichen Alexander des Großen und der Römer unterbrochene „griechische Mirakel" zu wiederholen und zu vollenden. Hatten sich die Menschen im alten Griechenland durch Philosophie und Politik aus ihrer *sozialen* Dumpfheit befreit und an die Stelle des *Mythos* den *Logos* gesetzt, so befreien sie sich nun von den Fesseln der *Natur*, indem sie mit Hilfe von Technologie und Ökonomie ihren Verstand einsetzen. Ausgehend von Norditalien, wird aus dem Warenhandlungskapital zunächst in England, dann europaweit das Industriekapital. England übernimmt dabei die führende Rolle, durchaus vergleichbar mit jener, die Athen bei den frühen Griechen lange Zeit innehatte und entwickelt sich zur „Werkstatt der Welt" (Crafts 1977).

Neben den geopolitischen Gegebenheiten haben auch hier, wie in vergleichbarer Weise im antiken Griechenland, weitere Einflussfaktoren mitgewirkt: die Erfindung des Buchdrucks und der doppelten Buchführung, die Verwendung der arabischen Ziffern und der Null, die Einführung des Protestantismus als Gegenmodell zum und in Relativierung des Katholizismus, schließlich die Erfindung der Infinitesimalrechnung (Ifrah 1991). Entscheidend war ferner, dass, vermittelt über die christliche Religion, Arbeit nicht mehr grundsätzlich negativ konnotiert wird. Anders als in den meisten vorchristlichen Religionen gilt der Mensch nicht mehr eingewoben in das Ganze der Welt, sondern ist als Ebenbild Gottes aus ihr hervorgehoben, versehen mit einem eindeutigen Herrschaftsauftrag. Der christliche Gott ist ein Willens-, Arbeits- und Schöpfergott, und daher hat auch der Mensch als sein Ebenbild die Fähigkeit und die Verpflichtung zum freien Schöpfertum. „Macht Euch die Erde untertan", so lautet der

Arbeitsauftrag (Gen 1, 28). Dadurch unterscheidet sich die christliche Arbeitsethik fundamental von der griechischen. Während in jener die körperliche Arbeit verachtet wurde, wird sie in dieser als etwas Notwendiges und Normales angesehen. Zwar ist Arbeit eine Strafe Gottes für die Hybris des Menschen im Paradies – „im Schweiße Deines Angesichts sollst Du Dein Brot essen“ (Gen 3, 19) – aber gleichwohl: Schon im Alten Testament wird der Fleißige gelobt, der Faule getadelt. Und so kann Paulus fordern: „Wer nicht arbeitet, soll auch nicht essen“ (Thess. 3, 10).

Das nicht leicht nachvollziehbare Spezifikum der gesellschaftlichen Reproduktionstätigkeit, das sich im Industriezeitalter herauszubilden beginnt, besteht darin, dass technische Artefakte nichts anderes sind als vom Menschen gestaltete *Natur*. Das Bindeglied zwischen Gesellschaft und Natur, das für die kommende Epoche des Anthropozäns (Crutzen 2011) prägend ist, wird eine Wissenschaft der *natürlichen* Produktivkräfte sein: eine politische Technologie. Im Übergang zum 18. Jahrhundert entsteht europaweit ein wissenschaftliches Netzwerk, das nicht länger mehr nur kontemplativ, bloße Scholastik ist, sondern unmittelbar praktische Folgewirkungen zeitigt, eine Entwicklung, die sich an den traditionellen, in Scholastik erstarrten Universitäten vorbei vollzieht. Eine bedeutende Rolle spielen dabei die neu gegründeten wissenschaftlichen Gesellschaften, die Akademien und, insbesondere in England, die informellen, die „invisible colleges“ (Hill 1965). Wie bei kaum einem anderen Wissenschaftler seiner Zeit ist dieser Transformationsprozess personifiziert in der Gestalt des Isaac Newton (Westfall 1994).

Newton vollzieht die Integration von mathematischer Methode und sinnlicher Empirie, indem er beide Momente durch Messregeln miteinander verknüpft: im Experiment, handlungspraktisch. Anders als noch bei Galilei steht nicht so sehr die Geometrie, sondern die Algebra im Zentrum seiner Wissenschaft. Der Status, den die Mathematik im Rahmen der Naturerkenntnis bei Newton einnimmt, ist nicht mehr, wie noch bei Galilei, grundlegendes Prinzip der Natur selbst, sondern ein Hilfsmittel der Darstellungsweise. Und anders als bei Bacon wird die Empirie, im Experiment, systematisch unter die Bedingungen apriorischer Annahmen gestellt. Im messenden Experiment quantitativer Naturerfassung wird die Theorie, und das ist das alles entscheidende Novum in der Synthese, die Newton vornimmt, nicht als Mittel zur Erkenntnis vorhandener empirischer Tatsachen verwendet, sondern, umgekehrt, durch theoretische Kriterien wird allererst ermittelt und entschieden, was als empirische Tatsache anzusehen ist (Tetens 1987, Pulte 2005). Newton macht die Natur eindeutig. Er passt nicht nur die Theorie der Realität an, sondern zugleich die Realität der Theorie. Damit nimmt er im Prinzip die industrielle Produktionspraxis des 19. Jahrhunderts vorweg: im Labor. Irrtümer richten deshalb noch keinen großen Schaden an. Gesellschaftlich bleiben sie folgenlos, beschränkt auf die geschlossenen Räume des Labors.

9. Singularität 4 – Vom Nationalstaat zur Weltgesellschaft. Die Hybridisierung der Bio- und Soziosphäre

Die vierte Singularität ist die technologische. Sie wird, wenn es gelingt, die Selbstläufe einer profitgesteuerten Ökonomie zu zivilisieren, mehr Gemeinschaft in der Gesellschaft ermöglichen. Sie wird, wenn das nicht gelingt, zur Unbewohnbarkeit des Raumschiffs „Erde" beitragen bzw. ein artgerechtes Leben der Menschen erschweren oder sogar verunmöglichen. Ihre zentrale Herausforderung wird darin bestehen, die Intelligenz des Menschen von seiner Grenzen setzenden Biologie abzulösen und auf Maschinen zu implementieren.

9.1 Von der Epignostik zur Prognostik

Die Menschen der vierten Singularität sehen sich mit der Aufgabe konfrontiert, ihre Beziehungen zu diesem Hybrid aus vergesellschafteter Natur auf eine rationale Basis zu stellen. Die Natur der Gesellschaft wird zum Labor, zum Experimentierfeld. Ob Tschernobyl, Ozonloch oder BSE, in allen Fällen hat die traditionelle Unterscheidung zwischen Grundlagenforschung und angewandter Wissenschaft an Bedeutung verloren. Wissenschaftliche Experimente haben die geschlossenen Räume der Laboratorien verlassen. Sie werden heute im Maßstab 1:1 und in Echtzeit durchgeführt (Latour 1998). Der Mensch ist zum Gestalter der Welt geworden, bislang noch zumeist mit unbeabsichtigten Folgewirkungen, in Zukunft, so steht zu hoffen, mit mehr Voraussicht und verantwortungsvoller. Entscheidend daran ist, dass die Welt als Ganzes zum Produktionsort, zur „Weltfabrik" (Schwägerl 2014) geworden ist, dass zwischen Sozio- und Biosphäre nicht mehr trennscharf zu unterscheiden ist.

Die Soziologie hat sich bislang als eine epignostische Wissenschaft des *Seins* verstanden. Sie hat das, was ist, beschrieben und *erklärt*. Aber mit der „Zuschauertheorie des Wissens" (Dewey 1929) ist es spätestens seit Newton vorbei. In Zukunft wird es darum gehen, Gesellschaft mit soziologischer Phantasie zu gestalten. Gefordert ist eine prognostische Wissenschaft des *Werdens*. Interventionen in gesellschaftliche Problemfelder beabsichtigen nicht, Wahrheiten über die Wirklichkeit „dort draußen“ zu entdecken, sondern machen es erforderlich, über die Wirklichkeit von Wahrheiten, die wir selber produzieren können, zu entscheiden, das um so mehr, als Fehlerfolgen in hochkomplexen, dynamischen Hybridsystemen, wie eine technologische vernetzte Weltgesellschaft sie darstellt, oft irreversibel sind. Während der Mensch bisher aus Schaden klug werden konnte, muss er heute klug sein, bevor der Schaden eintritt. Die Binsenweisheit, dass es in jeder Lebenssituation einen Zeitpunkt gibt, in dem es für Zweifel zu spät ist, konnte noch nie in so dramatischer Weise Geltung beanspruchen wie heute. Um in die Logik solcher Lernprozesse einzudringen, ist eine zeitgemäße Form prophetischer Vernunft vonnöten, ein utopisches Denken (Neusüss 1968), das sich von dem Paradoxon bisheriger Unheilsprophetie nicht abschrecken lassen darf: dass sie, wenn sie erfolgreich war, im Nachhinein wie ein überflüssiger Alarm aussehen wird, weil aufgrund ihres Dazwischentretens nicht passiert sein wird, wovor sie warnte. So gesehen, können heute nur Apokalyptiker vernünftige Zukunftspolitik betreiben, weil allein sie auch das Schlimmste noch als reale Möglichkeit bedenken (Sloterdijk 2011). Die grundlegende Frage, die sich in diesem Zusammenhang heute disziplinübergreifend stellt, lautet: Wie lassen sich die Veränderungen der Lebenswelt des *Homo sapiens*, die sich aus dem Wechselspiel von biologischer und kultureller Evolution ergeben, zum gemeinsamen Wohl der Menschheit gestalten? Sie lässt sich in drei Unterfragen aufgliedern: Was wollen wir? Was können wir? Was dürfen wir? Zu Beginn des 20. Jahrhunderts hat der Soziologe Rudolf Goldscheid versucht, eine Antwort darauf zu geben. Sie lautet, verteilt auf seine fünf Grundlagenwerke: Der Wille (1905), dem kulturellen Evolutionsverlauf (1911) eine Gemeinwohl dienliche und Generationen übergreifende Richtung zu geben (1906), setzt eine Ethik des sozialen Gesamtwillens (1902) voraus, die wiederum auf Werten basieren muss, die sich eine Gesellschaft, zumal eine Weltgesellschaft, in deliberativen Aushandlungsprozessen geben muss (1908).

9.2 Die Materialität des Informationszeitalters

Nicht nur, dass wir von einem solchen Wertekonsens noch himmelweit entfernt sind, sondern dass, insbesondere in den Geistes- und Sozialwissenschaften, allzu oft völlig falsche Vorstellungen über die Materialität der digitalen Informations- und Kommunikationstechnologien vorherrschen, verhindert die Entwicklung entsprechender Transformationsstrategien, die den Prinzipien mehrheitlich gewollter Nachhaltigkeitsprinzipien gerecht werden. Etwa seit Beginn der siebziger Jahre mehren sich Stimmen in der Soziologie, dass die Informationsgesellschaft an die Stelle der Industriegesellschaft trete (exemplarisch: Bell 1973). Begründet wird dieser Wandel gemeinhin mit Blick auf die Beschäftigungsstatistik. Waren 1960 die meisten Arbeitskräfte, nämlich rund 40 Prozent, in der industriellen Produktion beschäftigt, so betrug ihr Anteil 2010 nur noch etwas mehr als 20 Prozent. Im selben Zeitraum ist der Anteil der Beschäftigten in der Informationsverarbeitung von knapp 25 Prozent auf mehr als 50 Prozent gestiegen (Ropohl 2009, S. 114 f.). Das gilt als Beleg dafür, dass wir heute in einer Informationsgesellschaft leben. Unberücksichtigt bleibt dabei, dass die Menge der Industrieprodukte, also das, was die irdische Physis des Planeten verändert, überhaupt nicht abgenommen hat, sondern zusätzlich um zahlreiche neue Produkte, besonders aus der Informationstechnologie, vermehrt worden ist. Telefon, Auto, Fernsehgerät, Computer etc. waren 1960 nur selten zu finden, gehören heute aber zur technischen Standardausstattung der Privathaushalte. „Wenn die Beschäftigungszahlen in der industriellen Produktion dennoch abgenommen haben, liegt das zum Teil an der Produktionsverlagerung in andere Länder mit niedrigen Lohnkosten, großenteils aber daran, dass die Arbeitsproduktivität in der Industrie durch Rationalisierung und Automatisierung außerordentlich gestiegen ist. Preisbereinigt ist sie von sieben Euro je Stunde im Jahr 1960 auf vierzig Euro je Stunde im Jahr 2005 gewachsen. In einer Arbeitsstunde wird also inzwischen sechsmal so viel produziert wie vor fünfzig Jahren" (ebd., S. 188). Wer also behauptet, das Industriezeitalter gehöre der Vergangenheit an, beschränkt sich in seiner Begründung auf das makroökonomische Merkmal der Beschäftigtenstruktur. Tatsächlich fordert die industrielle Produktion in den hochkapitalisierten Ländern deutlich weniger Arbeitseinsatz. Wer aber in technologischer Perspektive den Zuwachs an Industrieprodukten, also das, was den Erd*körper* in seiner Physis tangiert, in den Blick nimmt, findet keinen Anhaltspunkt dafür, dass die Bedeutung der Industrie abgenommen hätte. Weiterhin verbreiten sich industriell hergestellte Artefakte in beträchtlichem Ausmaß und verändern das Gesicht der Erde. Es ist diese außerordentliche Vermehrung technischer Informationsgeräte, die zu Recht von einer informations*technischen* Revolution, von einer *Technisierung* der Erde sprechen lässt. Und genau darin muss eines der zentralen Merkmale dieser Epoche gesehen werden, aber mit Bezug auf ihre terrestrische Körperlichkeit.

Zu Beginn des 21. Jahrhunderts entstanden in diesem Zusammenhang, vor allem im Umkreis der *Cultural Studies*, Illusionen von einer Loslösung des digital vermittelten menschlichen Geistes von der analogen

Materialität dieser Welt, insbesondere von der Körperlichkeit der Natur, sowie von einer Kulturalisierung des Kapitalismus. „Viele Menschen dachten, dass das Netz und die *Cloud*, in der Daten residieren, immaterielle Phänomene seien, virtuelle Welten, digitale Sphären, es klang beinahe nach transzendenten Vorgängen." Bald aber erfuhren sie aus den Medien, dass es *Serverfarmen* gibt, „die an ganz bestimmten Orten stehen und eben nicht woanders, Datenkabel, die hier verlaufen und eben nicht dort," so dass die Materialität des Netzes sichtbar wurde (Schwägerl 2014, S. 96). In der Presse wurde von einem der größten Datenzentren der Welt berichtet, das seinen Sitz in Ashburn, Virginia, hat: Das ganze Gebäude, wenn man sich ihm nähert, erscheint als eine „laute, kalte Maschine. Doch dann öffnet man eine Tür, und es ist heiß, große Röhren mit Kabelsträngen kommen direkt aus dem Boden, und wenn man sich da hinabbeugt, kann man dort die Tonerde von Virginia riechen. Und dort ist das unfassbare Durcheinander des Netzes mit der Erdkruste verbunden" (Kreye 2014). Die Technosphäre ist kein ätherisches, sondern ein geologisches, ein geophysikalisches Gebilde, für das in großem Stil und unter harten Arbeitsbedingungen Rohstoffe aus der Erdkruste gewonnen und umgestaltet werden müssen. „Wo die Materialien herkommen, die Computer, Server, Kabel zum Netz machen und die moderne Infrastruktur bilden, das hat bisher kaum jemanden interessiert – obwohl sich hier massive geologische Veränderungen abspielen. Seltene Erden, Phosphor und andere Stoffe, die bisher konzentriert an wenigen Stellen vorkamen, werden (…) zu einem feinen Pulver, das über den ganzen Globus verteilt ist" (Schwägerl 2014, S. 97). Was Schwägerl hier schildert, ist eine hervorragende Illustration des Immler'schen Konzepts einer Natur, die durch menschliche Interventionen umgeformt wird, einer Transformation, die üblicherweise als Verschwinden der Natur fehlgedeutet wird. „Vor erstaunlich wenigen Jahren waren all die Maschinen, die uns heute als so selbstverständlich umgeben, noch reine erste Natur. Sie waren pure Geologie, Gestein oder im Gestein verpackt, ein Teil der Erdkruste. Das Kupfer der Mobiltelefone lagerte im Untergrund von Südamerika, die seltenen Erden in China, der Graphit in Sri Lanka und die Kohle, die für die Produktionsenergie verbrannt wurde, tief im Boden von Südafrika" (ebd., S. 98). Das Bild, das Schwägerl hier zeichnet, ist wesentlich realistischer als das abgehobene, erdferne Bild von Technologie, das gemeinhin im Schwange ist. Die Vorstellung, dass die Informationstechnologie nichts mit Geologie zu tun habe und dass die Industriegesellschaft am Ende sei, erweist sich als falsch. Stattdessen wäre es angemessener, die Technosphäre, eine extreme Zuspitzung der abendländischen Kultur, als „neues globales Paradigma" zu sehen, das „Ähnlichkeiten mit der Lithosphäre, der Atmosphäre, der Hydrosphäre und der Biosphäre" hat, weswegen Crutzen (2011) nicht ohne Grund von der dritten und vierten Singularität als dem Menschenzeitalter, als dem Anthropozän sprechen kann.

9.3 Die Hybridisierung von Bio- und Soziosphäre

Die Vorstellung, dass sich der Mensch mit Hilfe der Technologie von der Natur ablöst und über sie hinauswächst, ist irreführend und falsch. Je mehr er mittels Technik und Wissenschaft versucht, sich über die Natur zu erheben, desto tiefer begibt er sich in sie hinein. Wenn Moravec (2001) betont, dass aus Natur zunehmend Kultur wird, dann gilt auch das Gegenteil: Je mehr Material der Mensch umsetzt, desto stärker wird Kultur selbst zur Natur. „Mit unseren Kohlendioxid-Emissionen integrieren wir uns auf allen Ebenen in Systeme der Erde – in die Ozeane, die Biosphäre, die Atmosphäre. Ausgerechnet die mittelfristig größte Bedrohung für die Zivilisation bringt sie zugleich unglaublich tief in die Natur hinein. Kohlenstoffmoleküle, die vor kurzem noch tief im Erdboden lagen und gerade noch durch Autos geströmt sind, durch die Kamine von Wohnhäusern und die Schornsteine von Fabriken, wandern in die Meere ein, in Pflanzen und in die Luft. Für Menschen der Zukunft werden die Kohlendioxid-Emissionen von heute allgegenwärtig sein als das, was ihre Lebensbedingungen bestimmt: Wie lebendig die Meere sind und wieviel Fisch sie spenden, wie heiß, kalt, trocken, feucht es ist, wie fruchtbar Ackerböden sind und wie häufig Unwetter Zerstörungen anrichten, all das verwandelt sich von einem ungeplant-natürlichen Phänomen in einen sozialen Prozess. Bei diesem Prozess wirken Konsumentenentscheidungen von heute über Zehntausende von Jahren nach, sie prägen die Verteilung der Wolken, des Wassers, der Lebewesen" (Schwägerl 2014, S. 112).

Der Klimawandel, den wir heute verursachen, verändert das Wesen der Natur, indem er das chemische, biologische und physikalische Geschehen auf der ganzen Erde zu einem sozialen Netzwerk macht. Die Natur, die dabei entsteht, ist eine anthropogene, eine soziale Natur. „Die Wetterereignisse und die Wolken der Zukunft sind getrieben von Menschen – nicht nur von den Menschen, die dann leben, sondern von allen Menschen, die zum Anstieg der Emissionen beigetragen haben. Die Datenwolken von heute und die Unwetterwolken von morgen sind eng verbunden, denn zehn Prozent der Elektrizität werden bereits für Informations- und Kommunikationszwecke verbraucht" (ebd., S. 120). Zustimmend zitiert Schwägerl aus einem Artikel des *Guardian* vom 18. Februar 2014:

„Wir bekommen dauernd zu hören, dass die IT-Industrie eine Domäne der Zeit nach den Schornsteinen ist, anders als klassische Fabriken, anders als Landwirtschaft, anders als Bergbau. Aber in Wahrheit werden die meisten *Clouds* mit Energien aus den dreckigsten Kohlekraftwerken betrieben, die man sich vorstellen kann.“ Diese Verschränkung wird massiv zunehmen. „Wenn die Natur der Zukunft im wahrsten Sinne des Wortes aus der Fabrik und aus dem menschlichen Geist kommt, dann ist das eine so tiefgreifende, wesenhafte Veränderung des Erdsystems, dass es auch tiefgreifende Veränderungen braucht, wie Gesellschaften sich organisieren und wie sie wirtschaften“ (ebd., S. 123). Denn in dem Maße, in dem wir Menschen Natur in Kultur verwandeln, geschieht auch das Umgekehrte: Das, „was wir früher ‚Kultur‘ nannten, erscheint plötzlich klar und deutlich als integraler Bestandteil der Biosphäre, als Natur. Indem Menschen die Natur durchdringen, wird sichtbar, dass Natur- und Menschensystem schon immer identisch waren, dass die Kluft nie existiert hat, sondern nur mit gigantischem philosophischem und kulturellem Aufwand imaginiert wurde“ (ebd., S. 126).

Am Beispiel des Ozonlochs lässt sich sehr schön der Hybridcharakter eines Phänomens, bestehend aus Anteilen des Natürlichen und des Sozialen, verdeutlichen. Zweifellos ist das Ozonloch eine Naturerscheinung, ebenso offensichtlich ist es zugleich eine Folgewirkung menschlichen Handelns, nämlich der Herstellung und Verwendung von FCKW. „Das Ozonloch ist zu sozial“, fasst Bruno Latour (1998, S. 14) die Situation vor der Verabschiedung des „Montrealer Protokolls“ zusammen, „um wirklich Natur zu sein, die Strategie der Firmen und Staatschefs zu sehr angewiesen auf chemische Reaktionen, um allein auf Macht und Interessen reduziert werden zu können.“ Wenn Ronald Reagan und Margret Thatcher 1987 spät zwar, aber gerade noch rechtzeitig die politische Initiative für ein weltweites FCKW-Verbot nicht ergriffen hätten („Montreal Protokoll“), wäre es zweifellos zu katastrophalen Folgewirkungen gekommen, zu klimatischen Veränderungen und zu einer unaufhaltsamen Zunahme von Hautkrebserkrankungen.

Der abendländische Dualismus hat eine tiefe Kluft zwischen Natur und Kultur, zwischen Körper und Geist entstehen lassen. Der verselbständigte Geist findet sich heute materialisiert wieder in der digitalen Technik. Sie gilt als körperlos, immateriell, virtuell im Gegensatz zum wässrig-dinglichen analogen Leben. Was übersehen wird, ist, dass diese digitale Technik, das künstliche Internet der von Ingenieuren gemachten Dinge nur Teil eines viel größeren Netzes ist, des analogen, des wahren Internets der Dinge. Dieses Netz besteht zu großen Teilen aus Kohlenstoff, dem organisierenden Prinzip in wässriger Lösung. Der Mensch ist Teil einer lebendigen Gemeinschaft auf dieser Erde, einer beständigen Kommunikation, eines fließenden Übergangs einer dauernden Verwandlung von Steinen in Böden, Böden in Nahrung, Nahrung in Tiere und Menschen, Tiere, Pflanzen und Menschen in Boden, Boden in Stein. James Lovelock (1991) hat dafür den Begriff bzw. die Metapher des Gaia-Prinzips geprägt. Er wollte damit deutlich machen, dass die Erde mehr ist als eine größtenteils von Wasser bedeckte Steinkugel. Sie ist ein Lebewesen, ein hochempfindlicher Organismus. Um ihre Funktionsmechanismen zu verstehen, sei es notwendig, sie quasi „von außen" zu betrachten. Diesen Gedanken greift Schwägerl auf, wenn er schreibt: „Jeder Atemzug macht uns zum Teil eines globalen Atmens und Geatmet-Werdens, bei dem wir Kohlendioxid freisetzen, den Stoff, aus dem neue Pflanzen entstehen. Jeder Biss und jeder Schluck etabliert eine Lebensgemeinschaft, den Übergang von Pflanze in Mensch. Unsere Körper fusionieren Landschaften und Lebensvielfalt in sich. Das schon ist ein Internet der Dinge, der lebendigen Dinge und der anorganischen" (Schwägerl 2014, S. 214.). Aber jetzt kommt ein Netz an neuartigen Kohlenstoffen hinzu. Graphen zum Beispiel, die dünnstmögliche Schicht von Kohlenstoffatomen, wird zunehmend in Computern, Batterien und neuartigen Brillen Verwendung finden. „Es zeichnet sich ab, dass Menschen und Maschinen der Zukunft aus dem gleichen Material bestehen bzw. um das gleiche Material organisiert sind, auch das ist eine ontologische Neuerung. Bisher kamen Maschinen aus dem Reich der Mineralien und Menschen aus dem Reich der Kohlenstoffverbindungen" (ebd.). Künftig wird es keine geteilte Materialität mehr geben.

Statt von einem „postbiologischem Zeitalter" (Ahrendt 2017) sollte vielmehr von einer „Neuerfindung der Natur" (Haraway 1995) gesprochen werden. Das vor allem gerade auch dann, wenn wir die Möglichkeiten, die sich durch die Gen- und Biotechnologien eröffnen, in Betracht ziehen (Weiß 2009). In den 10.000 Jahren, in denen Menschen Landwirtschaft betrieben haben, schufen Bauern, Züchter und Gärtner Hunderttausende an Varianten von Nutzpflanzen und -tieren. Diese Veränderungen waren *extensiver* Natur. Die Modifikationen, die Gentechniker in Zuchtstätten und Labors vornehmen, sind *intensiver* Art. Sie erzeugen Lebensformen, die es noch nie gegeben hat, sie durchbrechen dabei Artgrenzen. „Schmetterlings-Gene werden in Apfelbäume transportiert, Menschen-Gene in Kühe. Milliarden Mäuse existieren nur zu dem Zweck, menschliche Krankheiten zu simulieren. Einzelne Forscher gehen sogar daran, synthetische Lebewesen zu erschaffen, die Molekül für Molekül im Labor zusammengesetzt werden. Der Einfluss des Menschen reicht vom Inneren von Bakterienzellen bis zum Weltklima. Aber bedeutet das, was wir für Fortschritt hielten, wirklich das Ende *der* Natur? Denn welche *Natur* ist das? (Schwägerl 2014, S. 108). Die Antwort ist nicht einfach. Zwar „leben wir heute in einer Kultur, die ‚materialistisch' genannt wird." Doch handelt es sich hierbei um eine Zuschreibung, die – im eigentlichen Sinne des Wortes – nicht stimmt, „denn die natürliche Materie, der ‚Dreck' zu unseren Füßen, die blanke Geologie, das Gewimmel von Zellen, hat an sich keinen Stellenwert, im Gegenteil gruselt es vielen Menschen vor einer innigen Beziehung zu ihr. ‚Materialismus' umfasst heute nur käufliche Objekte, und das blendet 99 Prozent der Wirklichkeit aus" (ebd., S. 216). Das, was wir gemeinhin als ‚materialistisch' bezeichnen, bezieht sich in der Regel auf die vorteilsmaximierende Dimension des Warentauschs und der Geldgeschäfte sowie auf die dem entsprechende Charakterstruktur des nur auf seinen eigenen Nutzen und Vorteil bedachten Menschen, etwa wenn wir von jemandem sagen, er sei materialistisch eingestellt. In diesem Sinn ist die Zuschreibung als Gegensatz gemeint zu ‚idealistisch' und ‚altruistisch' und wird oft negativ konnotiert. Eigentlich handelt es sich dabei um immaterielle, metaphysische Vorstellungen und Verhaltensweisen. Die anderen 99 Prozent sind das wirkliche, das stoffliche ‚Material', aus dem Menschen, Maschinen und andere Organismen und Artefakte bestehen. Aber die abendländische Kultur ignoriert dieses organisch-anorganische Kontinuum, dieses wahre *Internet* des Lebens und der Dinge. In ihrem Dualismus hält sie fest an der tradierten, im griechischen Denken der Achsenzeit entstandenen tiefen Kluft zwischen Natur und Kultur. Nach wie vor wird unterstellt, dass die ‚Kultur' und die sie tragende ‚Gesellschaft' auf der einen Seite, die ‚Technologie' und die durch sie umgeformte ‚Natur' auf der anderen Seite zwei strikt voneinander getrennte Bereiche menschlicher Lebens- und Umwelt darstellen. Die Folgen sind desaströs. Weil die durch Technologie umgestaltete Natur nicht als konstitutives Element der wirklichen Gesellschaft und Kultur, das heißt, als vollwertiger Mittler, sondern als zweckdienliches Mittel in Erscheinung tritt, konnte die gesellschaftliche Vermittlungspraxis alle möglichen Monstren ins Leben rufen, ohne dass diesen irgendeine Auswirkung auf die Fabrik der Gesellschaft zugestanden wurde (Latour 1998).

Abstrahiert wird von den sozialen Gegebenheiten und Gründen, unter denen Technologien heute konzipiert und produziert werden. Tatsächlich stellen sie einen recht geringen Grad an technisch möglicher Perfektion dar. Die Motivation, die ihrer Nutzanwendung zugrunde liegt, besitzt weitaus eher eine ökonomische bzw. soziale als eine technische Bedeutung. Erze und andere geologische Rohstoffe, aus denen Technologie entsteht, werden, um ein Beispiel zu nennen,[5] „von einem Wirtschaftszweig gewonnen, der nur selten in der Öffentlichkeit auftaucht und dessen *Performance* in Sachen Demokratie, Korruption, Transparenz, Menschenrechte und Umweltschutz zu den schlechtesten aller Wirtschaftszweige gehört. Firmen wie BHP, Billiton, Glencore Xstata, Vale, Rio Tinto und China Shenhua Energy Company operieren in abgelegenen Erdregionen, profitieren von unfassbaren Lizenzgeschenken und Subventionen durch Regierungen und müssen nicht für die lange Kette der Umweltschäden ihrer Produktion haften. Kaum ein anderer Wirtschaftszweig außer der Rüstungsindustrie ist traditionell so eng mit den Militär- und Geheimdienstapparaten von Ländern verbunden wie die Bergbauindustrie, was auch dazu genutzt wird, Aufstände von Arbeitern und Opfern von Umweltschäden niederzuschlagen. Auch weil die Interessen und Lobbyeinflüsse der Bergbauindustrie so mächtig sind, ist die Technosphäre bisher eine Einbahnstraße: Anders als der Wasserkreislauf, der seine Komponenten stets wiederverwendet, entsorgt die Technosphäre ihre Abfälle woanders, nämlich in der Biosphäre. Ein Großteil dessen, was wir heute ‚Umweltprobleme' nennen – Klimawandel, Elektroschrott, Plastikverschmutzung – rührt daher, dass die Technosphäre so schlecht darin ist, Abfälle zu vermeiden und ihre Komponenten so wiederzuverwerten, wie das mit Blättern geschieht, die vom Baum, oder mit Regentropfen, die vom Himmel fallen. Doch das ist gewollt. Recycling und ein schonender Umgang mit den geologischen Ressourcen würde das extraktive Geschäftsmodell der Bergbauindustrie mit seinen hohen Profitmargen und der großen Zahl von Multimilliardären, die es hervorgebracht hat, bedrohen" (Schwägerl 2014, S. 100 f.).

9.4 Kleptokratie: die Refeudalisierung des Kapitalismus

Die bisherige Geschichte des modernen Kapitalismus der jüngsten Zeit nachzeichnend, resümiert Paul Collier (2018, S. 73) als deren Resultat: er habe eine „Rottweiler-Gesellschaft" erzeugt.[6] Das, was Collier unter die-

[5] Zur theoretischen Diskussion der Differenz zwischen einer ökonomischen und einer technischen Weltsicht nach wie vor grundlegend Heinrich Hardensett: Der kapitalistische und der technische Mensch. Marburg: Metropolis 2016 (1932).

[6] Der Hunderasse des Rottweilers kommt nach der des Deutschen Schäferhundes die höchste „Auffälligkeitsrate" zu (Todesfälle durch Hundebisse etc.). Der Begriff der „Rott-

sem Begriff zusammenfasst und beschreibt, ist sicher richtig beobachtet. Die Frage, die sich aufdrängt, ist allerdings, ob es sich hierbei überhaupt noch um eine Gesellschaftsformation handelt, die zu Recht als „Kapitalismus" bezeichnet werden kann, ob nicht ein Begriff, wie ihn Jared Diamond (2012, S. 322 ff.) vorschlägt, dem zugrunde liegenden Sachverhalt angemessener ist: den der „Kleptokratie". Charakteristikum des (ursprünglich durch Konkurrenz geprägten) Kapitalismus ist ja, dass freie Bürger, als autonome Einzelne oder in Sozietäten zusammengefasst, am Markt Wertäquivalente tauschen, dass also letztendlich im freien Spiel der Kräfte sich ein Reziprozitätsverhältnis einpendelt, wodurch sichergestellt wird, dass Preis und Leistung einander entsprechen. Der Markt, in metaphysischer Diktion: die „unsichtbare Hand", wird es regeln. Verteilungsgerechtigkeit stellt sich gleichsam automatisch her; es bedarf keiner Eingriffe von außen, schon gar nicht von Seiten des Staates.

Nun ist unter anderem seit längerem bekannt, dass in den USA, um ein Beispiel zu nennen, das durchaus verallgemeinerbar ist, im Jahr 2011 „das reichste Fünftel der Gesellschaft über fast 85 Prozent des Vermögens verfügte, das arme und ärmste Fünftel zusammen dagegen über weniger als ein Prozent" (Göpel 2020, S. 166). Seit dieser Zeit „ist die Ungleichverteilung so rasant gestiegen, dass neue Studien immer das obere ein Prozent einzeln angeben. Dort befinden sich in Amerika inzwischen vierzig Prozent des Haushaltsvermögens. Und auf der Welt im Ganzen sieht es kaum anders aus" (ebd.). Eine solche stark anwachsende Differenz, deren Obszönität während der Corona-Krise besonders deutlich empfunden wurde, bedarf zweifellos der theoretischen Begründung und Legitimation. Hat die „unsichtbare Hand" versagt?

Seit 1978 konnten die Top-Manager in den Vorstandsetagen US-amerikanischer Unternehmen ihr Einkommen im Schnitt um 1000 Prozent steigern, während die anderen Mitarbeiter sich mit zwölf Prozent begnügen mussten. Das heißt, sie verdienten jetzt 278-mal so viel wie ein durchschnittlicher Arbeitnehmer. Es ist schwer vorstellbar, dass jene in den letzten vierzig Jahren um 1000 Prozent klüger, geschäftstüchtiger und arbeitsamer geworden sind und die anderen nur um zwölf Prozent (Göpel 2020, S. 170).[7] Thomas Piketty hat deshalb in seiner umfangeichen empi-

weiler-Gesellschaft" bzw. der „Rottweiler-Mentalität" ist bei Collier ein Synonym für den entfesselten Kapitalismus.

[7] Als ethisches bzw. moralisches Ärgernis trat unter dem Schlagwort der *systemerhaltenden Funktion* gesellschaftlich unverzichtbarer Arbeit in der Corona-Krise diese Diskrepanz als strukturelle Ungerechtigkeit vor aller Augen.

rischen Studie über „Das Kapital im 21. Jahrhundert“ (2018) den Grund der wachsenden Ungleichverteilung auch nicht so sehr in der explodierenden Produktivität der Manager gesehen, sondern darin, dass die Hochverdiener der einen Firma bei denen der anderen im Aufsichtsrat sitzen und damit wechselseitig über die Vergütungsstrukturen befinden, sowie in den staatlichen Regeln der Besteuerung, beides Sachverhalte, die doch eher an das eng geknüpfte Verwandtschaftsnetz preußischer Krautjunker vergangener feudalistischer Zeiten erinnern als an die ausgleichende Anonymität der „unsichtbaren Hand“ des Marktes. Ein zeitgemäßer Feudalismus bezieht seine Macht und seinen politischen Einfluss deshalb auch nicht mehr aus dem Besitz an Grund und Boden, sondern aus den Eigentumsrechten an weltweit agierenden Konzernen sowohl der Real- wie der Finanzökonomie.

Nach dem Fall der Berliner Mauer hat sich die Welt in einem Ausmaß verändert wie kaum zuvor. Im Zuge der Globalisierung wurden viele nationale Regelungen abgeschafft und neue internationale Sicherungsmechanismen für Investitionen und Transaktionen ins Leben gerufen. „Weltumspannende Wertschöpfungsketten sind entstanden, die von immer weniger gigantischen Konzernen verwaltet werden. Im Agrarrohstoffhandel etwa verwalten fünf Unternehmen inzwischen siebzig Prozent der Importe und Exporte. Der Marktwert dieser Konzerne liegt höher als das Bruttoinlandsprodukt vieler Länder. Ganz oben stehen die Digitalkonzerne, die ihre administrative Heimat besonders einfach dahin verlegen können, wo sie die günstigsten Bedingungen vorfinden – was nicht nur eine günstige Infrastruktur, sondern vor allem niedrige Steuern und hohe staatliche Zuschüsse bedeutet“ (Göpel, a.a.O., S. 140). Inzwischen gibt es Anwaltsfirmen, berichtet Göpel, die sich darauf spezialisiert haben, Staaten im Namen von Unternehmen für ihre Umwelt- oder Sozialpolitik zu verklagen, wenn sich die Gewinne nicht einstellen, die ihren Investitionsentscheidungen zugrunde lagen.

Anders als in der Realität gibt es in den Modellen der ökonomischen Theorie nur zwei Akteure: Produzenten bzw. Firmen und Konsumenten bzw. Haushalte; der Staat kommt darin gar nicht vor oder nur als Abnehmer. Dabei beeinflussen die Regeln und Anreize, mit denen er die Produktion von Gütern und Dienstleistungen organisiert, wie Mariana Mazzucato in Ihrer Studie über „Das Kapital des Staates“ (2014) empirisch nachgewiesen hat, das Angebot der Unternehmen mindestens so stark, wie es die Nachfrage der Konsumenten tut. „Dass ihr großer ökonomischer Erfolg auf gesellschaftlichen Strukturen aufbaut, die der Staat vorhält, ist eine Seite, an die sich Firmen wie *Apple* genauso wenig gern erinnern lassen wie an die Tatsache, dass sie dem Staat schon allein aus diesem Grund wenigstens die Steuern zahlen sollten, auf die er Anspruch hat. Nach Schätzung der britischen Organisation „*Fair Tex Mark*" haben die großen Sechs des Silicon Valley – *Apple*, *Amazon*, *Facebook*, *Google*, *Microsoft* und *Netflix* – zwischen 2010 und 2019 jedoch durch geschicktes Taktieren zusammen etwa 100 Milliarden Dollar Steuern vermieden. Allein *Amazon* schaffte es, in einem Jahr wie 2018, als das Unternehmen mehr als elf Milliarden Dollar Gewinn gemacht hat, vom amerikanischen Fiskus eine Steuergutschrift von 129 Millionen Dollar zu erhalten. Jahrelang lag seine Steuerrate bei etwa drei Prozent" (Göpel, a.a.O., S. 143 f.).

Offensichtlich stimmen ökonomische Realität und die sie beschreibende und erklärende Theorie nicht überein. Entweder war die Theorie von Anfang an falsch konzipiert oder die Realität ist ihr zwischenzeitlich davongelaufen.

Als Geburtshelfer der modernen ökonomischen Theorie gilt nach wie vor Adam Smith (Stavenhagen 1964, S. 52 ff.). Seinem vor gut zweihundert Jahren erschienenen „Wohlstand der Nationen" (1776) zufolge bringt jeder Mensch durch Arbeit das hervor, was er am besten kann. So entstehen unterschiedliche Produkte, die auf dem freien Markt gehandelt werden, wobei Angebot und Nachfrage den Preis bestimmen. Auf diese Weise führt der Eigennutz des Einzelnen, gesteuert durch die „unsichtbare Hand" einer autopoietischen Marktlogik, zu Vorteilen für alle, eine geradezu mythische Metaphorik, die aber weniger bei ihm als für seine späteren Interpreten eine zentrale Rolle spielt. Sie übersehen nur allzu leicht, dass seine Beobachtungen und Analysen einer Wirklichkeit entstammen, in der kleine englische Handwerker und Manufakturen miteinander handelten. Die Globalisierung mit ihren international agierenden riesigen Konzernen konnte bei ihm noch kein Thema sein. Unerwähnt bleibt auch oft das zweite große Werk von Adam Smith, seine „Theorie der ethischen Gefühle" (1759), in dem er, der in Glasgow den Lehrstuhl für Moralphilosophie innehatte, die Fähigkeit zum Mitgefühl als Wesenszug des Menschen beschreibt, und die Tatsache, dass er sich eindeutig für regulierende Gesetze aussprach, also mitnichten davon ausging, der Markt werde schon alles regeln. Natürlich konnte er auch noch nicht wissen, dass es einmal einen Finanzmarkt geben würde, in dem sich das Kapital frei um die Welt bewegt und sich nicht mehr um die Produktionsbedingungen der Realwirtschaft kümmert. Seine Ideen wurden aus dem Kontext gerissen und zu vermeintlich universellen Gesetzen *der* Ökonomie schlechthin hochstilisiert. Das sich klarzumachen, darauf weist Maja Göpel explizit hin, ist deshalb wichtig, weil die Wirtschaftswissenschaft nicht einfach nur eine Veranstaltung von ein paar Hochschullehrern ist, die in ihrer eigenen Welt leben und Bücher schreiben, die keiner liest. Im Gegenteil! „Auf ihren wissenschaftlichen Annahmen beruhen Bilanzen, bauen Firmen ihre Geschäftsmodelle auf, wird Politik gemacht, werden Institutionen gebaut, stellt jeder von uns, ob willentlich oder nicht, sein Verhalten ein." Wirtschaftswissenschaftler schaffen das Bewertungssystem dafür, ob etwas als wirtschaftlich anzusehen ist oder nicht. „Sie schreiben die Definition von Fortschritt". Wenn aber eine Theorie die auf dem Prüfstein stehende Wirklichkeit nur verzerrt wiedergibt, ist das nicht allein ein Problem der Theorie, denn sie produziert, sobald wir uns streng nach ihr richten, irgendwann eine eigene, aus ihr resultierende Realität – oder eine Scheinrealität (Göpel 2020, S. 65 f.).

Die heute dominante „Glaubensgemeinschaft" der neoliberalen Ökonomen (Binswanger 1998) beansprucht zwar, Aussagen über die Wirklichkeit zu machen, aber sie überprüft sie nicht an der Wirklichkeit, sondern die Wirklichkeit an ihren Aussagen. Bei dem, was sie als Wissenschaft ausgeben, handelt es sich nicht um beschreibende Analytik, sondern um normative, im Transzendenten wurzelnde Weltbilder, formuliert in der Absicht, gesellschaftliche Realität umzugestalten. Während Adam Smiths Formulierung von der „gut regierten Gesellschaft" als Forderung gegen den König gerichtet war, der sich seiner Meinung nach aus der Wirtschaft heraushalten sollte und sich zu üppig seiner Privilegien bediente, wird diese zeitbezogene Idee auch heute noch angeführt, obwohl längst nicht mehr der König und sein Gefolge, sondern der demokratische Staat regiert (Göpel, a.a.O., S. 84). Die Absicht, gesellschaftliche Zukünfte mitgestalten zu wollen, ist das durchaus legitime Anliegen einer handlungsorientierten Wissenschaft. Es wird aber zum Problem, wenn sie auf vergangenheitsorientierten und unangemessenen Methoden und Instrumenten beruht.

Die ökonomischen Modelle der neoliberalen Wirtschaftswissenschaft, ihre Vorstellung von sich selbst regulierenden Märkten, basieren seit Adam Smith auf den Gesetzen der Newtonschen Mechanik. Newtons Beobachtung, dass „auf jede Aktion eine gleich große, in die Gegenrichtung wirkende Reaktion erfolgt", übertrug Smith, der für kurze Zeit den Lehrstuhl für Logik innehatte, auf die Vorstellung eines sich selbst regulierenden Marktes, auf dem Angebot und Nachfrage ständig aufeinander reagieren und dadurch einen Gleichgewichtszustand erzeugen. Wenn die Nachfrage der Verbraucher nach Gütern und Dienstlistungen steigt, so die Überlegung, steigen auch deren Preise. Steigen sie zu hoch, breche die Nachfrage ein, was die Verkäufer zu Preissenkungen zwingt. Soweit die Logik des mechanischen Modells. Tatsächlich „helfen uns die Newtonschen Bewegungsgesetze nicht wirklich beim Verständnis wirtschaftlicher Aktivitäten und bilden ein eher dünnes Fundament für eine ganze Disziplin. Ja, genaugenommen führen sie sogar zu einem falschen Verständnis von der Entfaltung wirtschaftlicher Aktivitäten, weil sie weder den Faktor *Zeit* noch den der *Irreversibilität* von Ereignissen in Betracht ziehen. In Newtons Kosmologie sind, jedenfalls theoretisch, alle mechanischen Prozesse umkehrbar. Ihm zufolge gibt es für jedes +T ein −T. Nehmen wir das klassische Beispiel zweier Billardkugeln, die auf einem Tisch zusammenprallen. In Newtons Physik ist jede Aktion auf dem Tisch reversibel, da die Gesetze für bewegte Materie das Verstreichen der Zeit nicht berücksichtigen. Bei realen wirtschaftlichen Aktivitäten dreht sich jedoch alles um die Irreversibilität der Ereignisse – darum, wie energetische und materielle Ressourcen gewonnen, umgewandelt, genutzt, verbraucht und ausrangiert werden“ (Rifkin 2011, S. 210 f.).

Das Problem der Irreversibilität, das durch die technologisch forcierte Intervention des Menschen in die Natur in besonderem Maße verstärkt wurde, hat nicht nur eine ökonomische, sondern auch eine ethische bzw. rechtliche Dimension. Bis vor nicht allzu langer Zeit war es schlicht undenkbar, dass aufgrund wirtschaftlich-technologischer Entwicklungen die terrestrischen Grundlagen der menschlichen Gattung gefährdet werden können. „Das hat sich in wenigen Jahrzehnten gründlich geändert. Heute besteht ein dringender Bedarf, die physischen Lebensrechte zukünftiger Generationen zu schützen. Schon heute gehen beachtliche Bedrohungen des individuellen Lebens und der körperlichen Unversehrtheit von der materiellen Struktur der industriellen Systeme aus, auf die rechtliche Antworten gefunden werden müssen“ (Immler 1989, S. 308 f.).

Entscheidend für die Konzeption einer zukunftsorientierten Ethik ist der Fortfall gängiger Reziprozitätsvorstellungen. Denn „Zukunftsethik“ heißt, etwas zu verlangen, was durch die herkömmliche Vorstellung von Rechten und Pflichten nicht geleistet wird. „Die auf Reziprozität gegründete Idee, wonach meine Pflicht das Gegenbild fremden Rechtes ist, das seinerseits im Ebenbild meines eigenen gesehen wird: so dass, wenn erst einmal gewisse Rechte des Andern festgestellt sind, eben damit auch meine Pflicht festgestellt ist, sie zu respektieren und (unter Hinzuziehung einer Idee von positiver Verantwortung) womöglich auch zu fördern – diese Idee versagt für unsern Zweck. Denn Anspruch hat nur das, was Ansprüche macht – was erst einmal *ist.* Alles Leben macht Anspruch auf Leben, und vielleicht ist dies ein zu achtendes Recht. Das Nichtexistierende stellt keine Ansprüche, kann daher auch nicht in seinen Rechten verletzt werden. Es mag sie haben, wenn es ist, aber hat sie nicht schon auf die Möglichkeit hin, dass es einmal sein werde. Vor allem hat es kein Recht, überhaupt zu sein, bevor es in der Tat ist. Der Anspruch auf Sein beginnt erst mit dem Sein. Aber gerade mit dem noch nicht-Seienden hat es die gesuchte Ethik zu tun und *ihr* Prinzip der Verantwortung muss unabhängig sein, wie von aller Idee eines Rechts, so auch von der einer Reziprozität“ (Jonas 1984, S. 84).

Etwas prosaischer hört es sich an, wenn in neueren selbstkritischen Ansätzen der theoretischen Ökonomie ethische und evolutive Aspekte in die Modellbildung konstitutiv miteinbezogen werden. Genannt sei für den deutschsprachigen Raum vor allem der St. Gallener Ansatz der Wirtschaftsethik Peter Ulrichs (Ulrich 2008, Thielemann 2009). Aber auch bei anderen Ökonomen der Gegenwart finden sich inzwischen Selbstzweifel und erste Anzeichen einer Umorientierung, so etwa bei dem Prager Wirtschaftsprofessor Thomáš Sedláček (2012, S. 334): „Heute schließt die *Mainstream*-Ökonomie jede Relevanz der Ethik aus, und zwar aufgrund einer falschen Auslegung von Adam Smith. Tatsächlich hat die Ökonomie Bernard Mandevilles Denksystem entwickelt, das Adam Smith ablehnte. Die Ökonomie ist keine Moralphilosophie mehr, sondern nur eine mathematisch-allokative Wissenschaft. Meiner Ansicht hätte sie Letzteres entwickeln müssen, ohne Ersteres zu vernachlässigen. Wenn sie den ethischen Fragen weiterhin genau so viel geistige Energie gewidmet hätte, wären wohl manche der ‚Sackgassen‘-Fragen, die in der Ökonomie … auftauchen, klarer.“ Und bei dem Professor für Wirtschaftswissenschaften an der Universität Warwick, Robert Skidelsky, findet sich folgende Einsicht: die letzte Krise des Kapitalismus habe „zwei Systemfehler erkennbar gemacht, die sonst durch das beinahe einhellige Bekenntnis zum Wachstum um fast jeden Preis verdeckt werden. Als erstes sind da die moralischen Mängel. Die Bankenkrise hat wieder einmal gezeigt, dass das gegenwärtige System auf den Motiven Gewinnsucht und Gier beruht, die moralisch verwerflich sind. Außerdem teilt das System Gesellschaften in Reiche und Arme, in jüngster Zeit in sehr Reiche und sehr Arme, und rechtfertigt das durch eine Version der Theorie, wonach Wohlstand langsam von oben nach unten ‚durchsickert‘. Das Nebeneinander von großem Reichtum und großer Armut, vor allem in Gesellschaften, in denen genug für alle vorhanden ist, beleidigt unser Gerechtigkeitsempfinden“ (2013, S. 16).

Neben der ethischen Dimension ist die der Zeitendynamik ein bislang vernachlässigter Aspekt in der ökonomischen Theoriebildung, die in der gesellschaftlichen Reproduktionspraxis zu erheblichen Problemen in Ökologie und Nachhaltigkeit geführt hat. Auch hier gibt es erste Korrekturansätze in der Theoriebildung. In der von Kurt Dopfer vertretenen „lebensdienlichen Ökonomie" der St. Gallener Schule besteht das zentrale Problem in der „Wiederholbarkeit bzw. Nichtwiederholbarkeit ökonomischer Prozesse", ein Aspekt, der in der herrschen neoliberalen Ökonomie völlig unberücksichtigt bleibt. „Wir nennen das Zeitsymmetrie, das heißt, man kann in der Theorie die Zukunft wie die Vergangenheit behandeln. Ein Gesetz der klassischen Physik gilt, so die Annahme, überall und immer. Es gibt keine historische Spezifikation. Bei sozialen Prozessen ist das völlig anders. Für sie ist die Historizität wesentlich. Viele Prozesse wiederholen sich nicht, das heißt, weil sie in der Vergangenheit so stattgefunden haben, werden sie in der Zukunft anders stattfinden. Unser vergangenes Handeln bestimmt unsere Optionen in der Gegenwart, und unsere Entscheidungen in der Gegenwart bestimmen unsere Optionen von morgen. Wir befinden uns also in einer Art ‚kontextuellen Determinismus', bei dem es zwar Handlungsfreiheit gibt, die sich jedoch immer auf eine spezifische historische Konstellation bezieht." Deshalb „ist es das Ziel der Evolutionsökonomie, nicht nur die Entscheidungsprozesse innerhalb einer historischen Konstellation zu erklären, sondern auch die evolutionäre Dynamik dieser Konstellation zu thematisieren" (2009, S. 215). Das von Dopfer skizzierte Problem stellt sich insbesondere „mit Bezug auf die kurzfristigen Gewinne, wie sie durch Transaktionen auf dem Markt erzielt werden und den nicht berücksichtigten sozialen Kosten, die meist über einen längeren Zeitraum hinweg ungestraft kumulieren können, bis es dann plötzlich zum Handlungs- und Finanzierungsbedarf kommt. Die konventionelle Marktpreistheorie beschreibt einen Gleichgewichtszustand, das heißt, die Zeit existiert in diesem Modell gar nicht. Der Zustand eines Systems bezieht sich ja nur auf einen ‚Punkt' in der Zeit. Man beschreibt in der Theorie Anpassungsverläufe, die zum Gleichgewicht hinführen, aber die Prozesse, die von diesem wegführen, thematisiert das Gleichgewichtsmodell nicht. Es ist statisch" (a.a.O., S. 214).

Die Erosion der auf Warenproduktion beruhenden Syntheseprinzipien ist die Folge der technologischen Durchdringung des marktvermittelten gesellschaftlichen Reproduktionsprozesses, der spätestens gegen Ende des 19. Jahrhunderts mit der Verwissenschaftlichung durch Großchemie und Elektroindustrie eingesetzt hat. Zum einen wird das für den Äquivalententausch konstitutive Reziprozitätsschema brüchig. Es verliert an Legitimationskraft. (Lohn-)Arbeit, seit dem *europäischen Mirakel* Maß und Bezugsgröße der Wertschöpfung, verliert an Bedeutung. Werte, Preise, die Relationen zwischen einer Leistung und ihrem Gegenwert werden immer fiktiver, immer imaginärer, irrationaler und absurder. Die Technologie, zum anderen, die das Reproduktionsgeschehen der Gesellschaft mit Beginn der *vierten* Singularität immer stärker prägt, ist inhaltlich bestimmt, qualitativ strukturiert. Anders als die abstrakten Kalküle einer quantifizierenden, *tauschwertorientierten* Ökonomie sind die Entwürfe einer Technologie konkret, auf die inhaltliche Lösung eines bestimmten Problems hin angelegt, das heißt *gebrauchswertorientiert*. Diese Differenz wird, historisch gesehen, dann zum Problem, wenn die expandierende Technologisierung des gesellschaftlichen Reproduktionsprozesses eine solche, ihm inhärente Eigendynamik entfaltet, dass sie mit den Imperativen einer reinen Marktökonomie nicht mehr zu steuern ist. Das dürfte heute der Fall sein.

Das Problem der modernen Industriegesellschaft, das seinen Ausdruck in der gegenwärtigen ökologischen Krise findet, besteht darin, dass die *Qualität* der Natur, ihre Komplexität und Dynamik, in der *Quantität* des Tauschwertes, also, vereinfacht gesagt, im Marktpreis, keine angemessene Entsprechung hat. In den Wertabstraktionen der Marktwirtschaft wird gemäß der Newtonschen Mechanik ein homogenes Abbild der heterogenen Wirklichkeit erzeugt, das dieser allerdings, anders als in der klassischen Physik, in keinerlei Weise gerecht wird. Die Rationalität, die der Tauschwertökonomie zugrunde liegt, vermag nur jener Natur einen Marktpreis zu verleihen, die in der Lage ist, zur Ware zu werden. Nicht die Physis der Natur in ihrer komplexen Dynamik verwandelt sich in einen abstrakten Tauschwert, sondern nur bestimmte physische Qualitäten, die für einen Nutznießer von Interesse sind oder artifiziell dazu gemacht werden, erhalten in einem sozialen Akt einen Tauschwert zugemessen. Aus dieser Inkompatibilität zwischen den metaphysischen Fiktionen einer kapitalistischen Ökonomie, die keine Grenzen kennt und keine Moral, und den irdischen Realitäten einer Grenzen setzenden Natur ergeben sich die katastrophalen Folgewirkungen im Stoffwechselprozess des Menschen mit der Natur, der er selber zugehört. Wer sie auf der Basis des neoliberalen Weltbildes sowie der sich daraus ergebenden Vorstellung einer ins Unendliche wachsenden Ökonomie zu gestalten versucht, wird sich früher oder später mit den Grenzen setzenden Widrigkeiten der Atmosphäre, der Hydrosphäre, der Biosphäre, des Bodens, der energetischen Ressourcen, aber auch des Menschen selbst konfrontiert sehen. Der Radius r und damit die Oberfläche unseres Planeten ($4\pi r^2$) sind endlich. Populationswachstum und Ressourcenverzehr sind deshalb begrenzt. So gesehen, ist die Krise der Realwirtschaft, die sich aus den Fiktionen des ökonomischen Modellplatonismus ergibt, nur eine Frage des Zeitpunkts.

Die Herausbildung einer liberalen Marktwirtschaft, basierend auf einer Theoriekonzeption des 18. Jahrhunderts, mit ihrem „freien Spiel der Kräfte" führte zu jener charakteristischen Herauslösung und Verselbständigung der Ökonomie gegenüber dem Gesamtzusammenhang der Gesellschaft, die historisch ein Novum darstellt und die bürgerliche von allen anderen Gesellschaftsformationen unterscheidet (Polanyi 1990). Das Problem der durch sie verursachten Krisensituation besteht nicht so sehr darin, dass die moderne Gesellschaft eine Industriegesellschaft, sondern eher darin, dass sie eine über alle Maßen profitorientierte Marktgesellschaft ist. Die industrialisierte Zivilisation wird es noch geben, wenn das historische Experiment eines selbstregulierenden Marktes, der keine Grenzen und keine Moral kennt, nur noch Erinnerungswert hat. Der Übergang von einer nicht integrierten Gesellschaft, in welcher der Markt eine herausragende, die Lebenszusammenhänge der Menschen dominierende Sonderrolle einnimmt, zu einer integrierten Gesellschaft, in der die wirtschaftlichen Aktivitäten der Menschen in einen übergeordneten Zusammenhang eingebettet sind, wird im Anschluss an Karl Polanyi (1990) als nächste große Transformation bezeichnet (Schneidewind 2018). Karl Marx, für den eine solche Transformation nur eine Bewegung hin zum Sozialismus sein konnte, nannte allerdings Voraussetzungen und Bedingungen für ihr Gelingen. Sie lasse sich nur realisieren, wenn sowohl die *materiellen* als auch die *mentalen* Grundlagen dafür vorhanden seien.

Die bisherige (kapitalistische) Produktionsweise, schrieb er, könne nur unter zwei *praktischen* Gesichtspunkten aufgehoben werden: Damit sie als „unerträglich" empfunden wird, das heißt, als ein Zustand, gegen den man revoltiert, muss sie *erstens* die Mehrheit der Menschen als „eigentumslos" erzeugt haben und sich zugleich im Widerspruch zur vorhandenen Welt des *Reichtums* und der *Bildung* befinden. *Zweitens* setzt es, und zwar im „weltgeschichtlichen", nicht nur im lokalen Maßstab, eine große Steigerung der Produktivkräfte, einen hohen Grad der Entwicklung voraus, das auch deshalb, „weil ohne sie nur der *Mangel* verallgemeinert, also mit der *Notdurft* auch der Streit um das Notwendige wieder beginnen und die ganze alte Scheiße sich wieder herstellen müsste, weil ferner mit dieser universellen Entwicklung der Produktivkräfte ein *universeller* Verkehr der Menschen gesetzt ist, daher einerseits das Phänomen der *eigentumslosen* Masse in *allen* Völkern gleichzeitig erzeugt (allgemeine Konkurrenz), jedes derselben von den Umwälzungen der anderen abhängig macht, und endlich *weltgeschichtliche*, empirisch universelle Individuen an die Stelle der lokalen gesetzt hat" (Marx und Engels 1953, S. 31 f.).

9.5 Ratiomorphe Grenzen des menschlichen Gehirns

Im Unterschied zur dritten Singularität hat es die Menschheit heute nicht mehr nur mit einfachen linear-mechanischen Technologien zu tun, sondern wie in der Gentechnologie, der Großchemie, der Nano- und Biotechnologie oder der KI mit Systemen, die sich intern durch komplexe, eigendynamische Interaktionsabläufe auszeichnen. Triviale Ereignisse in nicht-trivialen Systemen aber können zu unvorhersehbaren Katastrophen führen (Perrow 1989, S. 70 ff.). Ihre Ursachen ebenso wie ihre Folgewirkungen, ob beabsichtigt oder nicht, übersteigen immer häufiger die bisher vorstellbaren Raum- und Zeithorizonte des sinnlichen Wahrnehmungsvermögens einer Menschheit, das genetisch in der völlig anders gearteten überschaubaren Welt der Sammler und Jäger seinen Ursprung hat. Das Verhalten und die Organe eines jeden Lebewesens, so unterschiedlich sie auch sein mögen, dienen der Auseinandersetzung mit seiner Umwelt. Sie unterliegen, soweit sie genetisch bedingt sind, der biologischen Evolution. Mutation und Selektion erzwingen dabei eine Anpassung des Organismus an die Strukturen der realen Welt. Die dadurch entstehende partielle Isomorphie erstreckt sich vor allem auf die grundlegenden und konstanten Umweltbedingungen, soweit sie zum Überleben relevant sind. Diese Anpassung braucht aber nicht optimal zu sein, so dass sich durchaus Defizite und Beschränkungen in den zur Verfügung stehenden Kompetenzen ergeben können[8], ein Problem, das geradezu charakteristisch ist für den Menschen, der eine kulturelle Evolution entfacht hat, die eine immer stärkere Eigendynamik, insbesondere im Bereich der Technologie, entwickelt, die mit seinen biologisch verankerten Kompetenzen kaum noch in Einklang zu bringen ist. Dieser genetisch determinierte Teil der menschlichen Verhaltens- und Antriebsstruktur, die Fähigkeit des Menschen zur sozialen Organisation ist durch Erziehung und soziale Konditionierung nicht beliebig manipulierbar. Statt von einer extremen Plastizität des Menschen ist von engen Grenzen der Formbarkeit und auch der Belastbarkeit durch moralische Vorschriften, kulturelle Normen auszugehen. Diese Grenzen der Kulturfähigkeit sind darauf zurückzuführen, dass die „erste Natur" des Menschen und damit die vorrationalen Dispositionen seines Handelns im Wesentlichen eine in der menschlichen Stammesgeschichte entwickelte Anpassung an die Lebensverhältnisse des Plio-

[8] So sind 99,9 Prozent aller bisherigen Evolutionslinien zwischenzeitlich ausgestorben, weil die innere Kohärenz des Genotyps sie daran hinderte, neue, plötzlich gestellte Anforderungen der Umwelt rasch und im Sinne einer Anpassung zu bewältigen. Es gibt keine Gewähr dafür, dass es beim Menschen als Gattungswesen anders kommen könnte.

zäns und Pleistozäns (Jäger und Sammler) sowie des postglazialen Neolithikums (Anfänge von Ackerbau und Viehzucht) darstellt (Mohr 1987, S. 2 f.). Diese Kompetenzen, die der Mensch damals erworben hat, um die Widrigkeiten seiner frühen Evolutionsgeschichte zu überleben, sind im Verlauf der kulturellen Evolution zunehmend anachronistisch geworden. Darin besteht das Dilemma, das sich aus der Differenz von biologischer und kultureller Evolution ergibt. „Die uns aus der Evolution der Hominiden überkommene geistige Kraft hat zwar ausgereicht, diese Welt intuitiv zu verändern; sie scheint aber nicht auszureichen, die geänderte Welt zu verstehen und aus diesem Verstehen heraus eine Überlebensstrategie zu entwickeln" (Mohrs 1995, S. 104). Daraus erklären sich neben den bislang bewunderten Leistungen die lange Zeit vernachlässigten Beschränkungen menschlicher Fähigkeiten, Defizite, die sich in unterschiedlichen Bereichen zwischenmenschlichen Zusammenlebens bemerkbar machen.

So ist der Mensch von seiner „ersten Natur" her ein Kleingruppenwesen, disponiert auf das Überleben in einer überschaubaren kleinen Population, die sich in einer als gefährlich und feindlich erlebten Umwelt zu behaupten hatte. Gegenüber der eigenen Gruppe, die für den Einzelnen eine Quelle von Hilfe und Schutz ist, hatte soziales, kooperatives Verhalten deshalb einen hohen adaptiven Wert. Artgenossen gegenüber, die nicht der Eigengruppe angehören und eher als mögliche Bedrohung wahrgenommen werden, war deshalb ein aggressives oder zumindest ein indifferentes Verhalten an den Tag zu legen. Einem hochentwickelten Sozialverhalten gegenüber den Mitgliedern der Eigengruppe korrespondierte eine massive Aggressionskompetenz gegenüber Artgenossen der Fremdgruppe. Dass die „Geschichte des Menschen, aller ethischen Reflexion und christlichen Verkündigung zum Trotz, durchsetzt, ja erfüllt ist von Aggression und Totschlag, von Krieg und Völkermord" kann plausibel auf diese genetisch implementierte „(kollektive) Aggressionskompetenz" zurückgeführt werden (Mohrs 1995, S. 19 f.). Ein weiteres kommt hinzu. Zwar ist der Mensch ein soziales Lebewesen, also kein nomadischer Einzelgänger, aber er ist, wie gesagt, ein Kleingruppenwesen, das heißt, kein von sich aus Staaten bildendes Lebewesen wie etwa Bienen oder Ameisen. Er ist ein natürliches *Oikos*-Wesen, kein natürliches *Polis*-Wesen. Er ist gesellschafts*fähig*, er verfügt über natürliche „Vergesellschaftungsressourcen". Aber er ist nicht von Natur aus zur Großgesellschaft (jenseits der genetischen *Ingroup*) disponiert oder gar determiniert. Die Herausbildung und Erhaltung größerer sozialer Gebilde bis hin zu den modernen Nationalstaaten ist deshalb kein natürliches Phänomen, sondern das Ergebnis einer artifiziellen, kulturellen Leistung (Mohrs 1995, S. 39 f.), ein Ergebnis, das sich nur allzu häufig suboptimal präsentiert. Diese Differenz zwischen den beiden Grundkonstellationen zwischenmenschlichen Zusammenlebens „*Gruppe/Gemeinschaft*" und „*Individuum/Gesellschaft*" hat der Soziologe Ferdinand Tönnies (1887) zur Grundlage der Begriffsarchitektur seiner Sozialtheorie gemacht.

Ein weiteres Erbe des Menschen, das in seiner Frühgeschichte fest verankert ist, äußert sich in der genetisch bedingten Beschränktheit seines *ratiomorphen* Apparates, die es ihm zum einen nahezu unmöglich macht, etwa exponentielles Wachstum, chaotische Strukturen, schwache Kausalität und nicht-lineare Prozesse intuitiv zu verstehen bzw. überhaupt wahrzunehmen und der ihn zum Zweiten darauf beschränkt, sich in seinem Denken und Verhalten innerhalb eines relativ eng begrenzten Nahbereichs zu bewegen. Bei den intellektuellen Eigenschaften des Menschen handelt es sich um partiell *isomorphe* Anpassungen an den „Mesokosmos" der Wirklichkeit, die bisher ausreichten, das heißt, adaptiv genug waren, das Überleben der Menschen zu ermöglichen. Ähnlich wie sie Licht nur in einem bestimmten Wellenbereich sehen, akustische Signale nur in einem bestimmten Frequenzbereich hören können, so rechnen sie auch aufgrund dieser spezifischen Angepasstheit ihrer genetisch implementierten Strukturen der Wirklichkeitserkenntnis beispielsweise stets automatisch mit Kategorien wie starker Kausalität, Regelmäßigkeit und Stetigkeit, während es für andere, nicht-lineare Phänomene wie auch für die Wahrnehmung komplexer sozialer Strukturen jenseits des ursprünglichen Nahbereichs keineswegs in gleichem Maße entsprechend „passende" isomorphe Strukturen im menschlichen Erkenntnisapparat gibt (Mohrs 1995, S. 343 ff.; dazu im Einzelnen: Wilson 1998, Vollmer 2008). Diese begrenzte Leistungsfähigkeit der kognitiven Strukturen und Sinnesorgane limitiert die Möglichkeiten dessen, was der Mensch über die Welt erfahren kann (Mohr 1987, S. 26 f.).

Als im Fortschreiten der Wissenschaften einige Disziplinen den Mesokosmos verließen und in die Mikro- und Makrowelt vorstießen, ergaben sich zum Beispiel in der Physik der kleinen und großen Dimensionen erschreckende erkenntnistheoretische Probleme, die bis heute ungelöst sind: die Unschärferelation, das scheinbare „Versagen'" des Kausalitätsprinzips in der Mikrophysik, die unbegreiflichen Konsequenzen des zweiten Hauptsatzes der Thermodynamik bei seiner Anwendung auf das Universum, die unüberwindlichen Schwierigkeiten mit den uns vertrauten Ideen (oder „Anschauungsformen") von Raum und Zeit in der Relativitätstheorie. Auch wenn die nicht-euklidische Welt in ihren mathematischen

Strukturen noch erkennbar sein sollte, sie ist definitiv nicht mehr vorstellbar. „Wenn sich unser kognitiver Apparat in Anpassung an die Welt der mittleren Dimensionen entwickelt hat, müssen wir damit rechnen, dass es Grenzen unseres Erkenntnisvermögens geben wird, und damit Grenzen der Wissenschaft, die auf einer prinzipiellen Limitierung unserer kognitiven Strukturen beruhen. Die Probleme, auf die wir beim Vorstoß in die kleinen und großen Dimensionen treffen, bestätigen diese Erwartung. Unser ererbtes kategoriales Vorwissen über die Welt – Raum, Zeit, Substantialität, Kausalität, Quantität – bezieht sich lediglich auf die mittlere Dimension, auf jenen Mesokosmos, auf jene kognitive Nische, an die sich unser Stamm im Lauf der genetischen Evolution angepasst hat“ (Mohr 1987, S. 27 f.). Dieser Mesokosmos ist deterministisch im Sinne der klassischen Mechanik und in Übereinstimmung mit dem gesunden Menschenverstand. Hier können wir uns uneingeschränkt auf Raum und Zeit, auf Substantialität, Quantität und Kausalität verlassen. Wir rechnen mit einer geordneten, stetigen, regelmäßig strukturierten und kohärenten Natur, die keine Sprünge macht; wir rechnen mit einer „Konstanz der Koinzidenzen“ (Riedl 1980). Die Vorstellung von Naturgesetzen, wie wir sie in der Schule vermittelt bekommen, setzt etwas voraus, von dem wir nicht wissen, ob es tatsächlich der Fall ist: „eine Welt, die regelmäßig strukturiert, kohärent und unwandelbar ist. Wir rechnen damit, dass, wenn etwas hundertmal funktioniert hat, es auch beim 101. Mal funktionieren wird: Wir vertrauen auf das Induktionsverfahren. ‚Induktion‘ ist für uns kein Problem, sondern eine selbstverständliche Erwartungshaltung. ‚Ein Experiment ist reproduzierbar‘, in diesem Satz offenbart sich ein ungeheurer Glaube an die Uniformität und Verlässlichkeit der Natur. Dieser Glaube ist darauf zurückzuführen, dass unsere kognitiven Strukturen in einer Welt evolviert sind, die in der Tat keine Sprünge macht. Unser apriorisches Wissen rechnet mit jener Zuverlässigkeit und Kontinuität der realen Welt, auf die sich unsere Vorfahren im Pleistozän in ihrer Lebensspanne von dreißig Jahren verlassen konnten“ (Mohr 1987, S. 27 f.). Diese angeborene Erwartungshaltung aber kann in einer Welt des raschen Wandels lebensgefährlich sein, zum Beispiel weil sich die Menschen kaum vorstellen können, „dass uns von heute auf morgen die Energie ausgehen kann, oder dass die Entsorgungskapazität der Atmosphäre für Schadstoffe ab einem bestimmten Schwellenwert zusammenbricht oder dass ein exponentielles Wachstum der Menschenmassen die Welt innerhalb kurzer Frist katastrophal verändern muss oder dass ein atomarer Krieg alles Leben zerstören könnte. Wir haben keine zuverlässigen Anschauungsformen für exponentielles Wachstum und kein sicheres intuitives Verständnis für katastrophale Änderungen, weil unser apriorisches Wissen in einer Welt ohne abrupte Wechsel, in einer Welt der Homöostasis und der mittleren Zeitspannen entstanden ist. Unsere angeborenen kognitiven Strukturen sind im Wesentlichen entstanden als Anpassung an die Umwelt des späten Pleistozäns. Die Welt unserer Cromagnon-Vorfahren war in ihren mittleren Dimensionen eine stabile, geordnete, kohärente Welt mit Sippen-Selektion“ und einer Populationsgröße in der Nähe der Tragekapazität des jeweiligen Biotops, „eine Welt, in der keine abrupten Wechsel, kein exponentielles Wachstum, keine Sprünge vorkamen, eine Welt, in der sich lineare Kausalität, monokausales Denken in kurzen Kausalketten bewährte, weil das eigene Handeln kaum Rückkoppelungen im System verursachte. Dieser an die mittleren Dimensionen des Pleistozäns angepasste Menschenverstand ist aber nicht dazu geschaffen, das Verhalten komplizierter Sozialsysteme zu begreifen. Wir haben deshalb kein intuitives Verständnis dafür, wie gefährdet unsere Welt ist“ (ebd.).

Die Überforderung des Menschen durch seine eigenen kulturellen Schöpfungen hat aber noch einen weiteren Grund. Nicht nur dass der spezifisch menschliche Wahrnehmungsapparat die Erkenntnismöglichkeiten des Gehirns beschränkt, sondern das Gehirn selbst, seiner biologischen Evolution geschuldet, setzt der rationalen Durchdringung menschlicher Lebenswelten ständig Schranken und konterkariert die in ihm angelegten Möglichkeiten.

Das menschliche Gehirn besteht aus mehreren Funktionsarealen, die gattungsgeschichtlich zu unterschiedlichen Zeiten entstanden sind. Im Laufe von Millionen Jahren hat sich das Gehirn vergrößert und aus dem ältesten Teil, dem Gehirnstamm weiterentwickelt. Es bildeten sich Schichten des emotionalen Gehirns, die den Hirnstamm wie einen unabgeschlossenen Ring umgeben: das limbische System. Es besteht vor allem aus dem Mandelkern (der Amygdala) und dem Hippocampus und ist Sitz menschlicher Grundgefühle wie Angst, Wut, Freude, die noch vorverbal, aber schon bewusstseinsähnlich erfasst werden. Mächtige Faserverbindungen reichen in das Reptiliengehirn bzw. den Hirnstamm, dort wiederum in den Hypothalamus und weiter zur Hypophyse, einer wichtigen Hormondrüse, so dass blitzartig Hormone wie Adrenalin (Flucht, Kampf) ausgeschüttet werden können. Weitere Schichten von Hirnzellen entwickelten sich. Es entstand der Neokortex, der Ausgangspunkt des Denkens. In ihm fügen sich alle Sinne zusammen und in ihm entscheidet sich, was wir denken, welche Strategien wir entwerfen, wie wir unsere Zivilisation aufrechterhalten oder unsere Kultur weitervermitteln. Instinkthafte

Reaktionen entstehen im Reptiliengehirn, primäre Gefühle im limbischen System und die kognitive Verarbeitung, das Erleben und Benennen zum Beispiel von Emotionen findet im Großhirn statt.

Das neurologische Netzwerk des Menschen ist sehr langsam, über Millionen von Jahren aufgebaut worden. Seit etwa hunderttausend Jahren hat es sich nicht mehr wesentlich geändert. Die jüngeren Areale sind daher sehr störanfällig. Durch heftige Affekte können Funktionen der Kortex ausfallen, wodurch ein Regressionsverhalten und ein Zurückfallen auf archaische Verhaltensmuster ausgelöst werden (Arnsten et al. 2013, S. 38 f.). Es handelt sich dabei um rational kaum steuerbare Reaktionen, die in gattungsgeschichtlich frühen Zeiten durchaus angemessen waren, um Gefahren durch Kampf, Flucht oder dergleichen zu begegnen, die heute aber nur wenig Sinn machen. „So erklären sich die überdimensionalen Kriegswaffen wie Bomben und Raketen, die völlig unsinnig in Kriegshandlungen eingesetzt werden. Krieg scheint mir ein klarer Rückfall auf Aggression, Kampf und Verteidigung zu sein und ist daher heute eine völlig ungeeignete Form, Probleme oder Konflikte zu lösen. Da regiert nicht die Vernunft, sondern blanker Hass oder blanke Angst“ (Schwarz 2013, S. 58). Weil solche „Entgleisungen“ in Stresssituationen wie in Ehekonflikten, Gasthausstreitigkeiten oder ähnlichem überfallsartig geschehen, hat der Neokortex, das denkende Gehirn, kaum Gelegenheit, sich kontrollierend einzuschalten. Für einen *organischen* Körper wie den Menschen mag das in bestimmten Gefahrensituationen manchmal auch heute noch sinnvoll sein, für einen *mechanischen* Computer, der solche Gefahren nicht kennt und der allein auf rationaler, auf nicht-emotionaler Basis funktioniert und ganz anderen Aufgabenstellungen folgt, gilt das nicht.

Es ist deshalb in Betracht zu ziehen, dass der Mensch als Gattungswesen es mit Problemen zu tun hat, die im Rahmen der vierten Singularität mit den Werkzeugen, die ihm seit der dritten Singularität zur Verfügung stehen, unlösbar sind, dass es Grenzen gibt, die er allenfalls mit Geräten, die in spezifischer Weise intelligenter sind als er selbst, überwinden kann. Die kulturelle Evolution des Menschen wird deshalb, sofern es für ihn überhaupt eine Zukunft gibt, zweifellos einhergehen müssen mit der Überwindung solcher Grenzen durch Technologie: durch „Outsourcing“ und exogene Fortentwicklung der kognitiven Kompetenzen seines „ratiomorphen Apparates“.

9.6 Das soziale Gehirn. Organische (natürliche) und mechanische (künstliche) Intelligenz

Was immer das Gehirn sonst noch sein mag, es ist vor allem ein Beziehungsorgan (Scheurle 2016, Fuchs 2017): das Vermittlungsorgan für die Beziehungen eines Lebewesens zu seiner Umwelt. Eingebettet in einen Organismus, in einen Körper, prägt es die sensomotorischen Interaktionen dieses Körpers mit der Umwelt – und wird von ihnen geprägt, von Sinneseindrücken, Stimulation und Kommunikation. Um tasten, hören, sehen, sprechen, interagieren und kommunizieren zu können, bedarf es nicht nur eines Gehirns, sondern auch eines tastenden, hörenden, sehenden, sprechenden, interagierenden und kommunizierenden Körpers. Für die Entwicklung dessen, was wir gemeinhin als spezifisch menschliche Subjektivität bezeichnen, bedarf es nicht nur der allgemeinen Interaktionsfähigkeit von Gehirn, Körper und Umwelt, sondern vor allem der Kommunikation mit anderen Menschen. Sie ist die Basis für die weitere Entwicklung des Gehirns, denn es kommt nicht als fertiger Apparat auf die Welt, um sie zu erkennen, sondern es bildet sich in und an ihr. „Mittels der neuronalen Plastizität, der Ausbildung der Synapsenstruktur vor allem in der frühen Kindheit, entwickelt sich das Gehirn zu einem Organ, das komplementär zu seiner Umwelt passt wie der Schlüssel zum Schloss. Das gilt nun insbesondere für die soziale Umwelt. Ohne Kommunikation, ohne das Angesprochen-Werden und die Spiegelung im anderen würde das Kleinkind nicht zu einem Selbstbewusstsein gelangen. Das personale Selbst entwickelt sich erst im Durchgang durch die Perspektive des Anderen, also mit der Fähigkeit, aus dem eigenen Zentrum gleichsam herauszutreten und die Sichtweise anderer nachzuvollziehen. All dies beruht auf den ursprünglichen, leiblich-zwischenleiblichen Erfahrungen der frühen Kindheit, die fortwährend die Gehirnstrukturen des Kindes prägen und damit seine künftigen Beziehungsmuster. Das heißt: Der Geist ebenso wie die ihm zugrunde liegenden Hirnstrukturen sind *wesentlich soziale und kulturelle Phänomene.* Das menschliche *Gehirn ist ein wesentlich sozial und geschichtlich konstituiertes Organ*“ (Fuchs 2010, S. 3).

Die von Scheurle und Fuchs beschriebenen psycho- bzw. ontogenetischen Entwicklungsmuster weisen gewisse Affinitäten zu sozio- bzw. phylogenetischen Entwicklungsstadien auf, wie sie in der neueren Fachliteratur beschrieben werden. Zu Recht spricht Durham (1991) deshalb von einem koevolutiven Entwicklungsprozess zwischen genetischen und kulturellen Einflussgrößen. Im Rahmen dieser Diskussion haben Boyd und Richerson in einer umfangreichen Synopse bisherige Deutungsansätze unterschiedlicher Biologen, Ethnologen, Ethologen und Soziologen analysiert, um zu klären, wie genetische, psychologische, soziologische und kulturelle Faktoren in gesellschaftlichen Transformationsprozessen zusammenwirken. Ihre Schlussfolgerungen stimmen im Wesentlichen mit denen von Durham überein: „We think a reconciliation of these views is more likely than the triumph of one. Human beings are both biological *and* cultural organisms. Systems of inheritance have internal structure *and* relationships to the external world. Individuals are the products of gene pools *and* cultures; they are loci of natural selection *and* decision making“ (Boyd und Richerson 1985, S. 281).

Für Soziologen von besonderem Interesse, zumal wenn sie sich der Denktradition von Tönnies verpflichtet fühlen, dürften vier neuere Studien der Anthropologen und Verhaltensforscher Michael Tomasello (2002, 2014) und Robin Dunbar (1993, Gamble, Gowlett, Dunbar 2016) sein. In ihrer Theorie des sozialen Gehirns, die sich mit dem Wechselwirkungsprozess zwischen Gehirnvolumen und maximaler Gruppengröße des Menschen im Verlauf der Evolution seiner Denkfähigkeit befasst, haben sie darauf hingewiesen, dass in den letzten zwei Millionen Jahren klimabedingt ein verstärkter evolutionärer Selektionsdruck zunehmende Gruppengrößen im Zusammenleben der Menschen erforderlich machte, um überleben zu können, wodurch größere Gehirne mit komplexeren Denkvermögen selektiert wurden.[9] Ermöglicht worden sei eine solche Entwicklung wahrscheinlich durch Mechanismen epigenetischer Vererbungsformen, die auf Imitations- und Lernprozessen beruhen. Bisher ging man davon aus, dass die zunehmende Gehirngröße eine der wesentlichen Voraussetzungen dafür war, die es dem Menschen evolutionär ermöglichte, in größeren Gruppen zusammen zu leben und zu agieren.

Die Theorie des *sozialen Gehirns* geht davon aus, dass die menschliche Kognitionsfähigkeit beschränkt ist auf den Umgang mit einer nur kleinen Zahl von Menschen. Dunbars Untersuchungen zufolge scheint sie auf einen Sozialradius von 100 bis 150 Menschen, die so genannte „Dunbar-

[9] Gamble, Gowlett und Dunbar (2016) haben in einer sechsstufigen Ordnung, die vom *Ardipithecus* bis zum *Homo sapiens* reicht, durchschnittliche Gruppengrößen für mögliche Lebens- und Kooperationsformen der darin involvierten Primaten ihren entsprechenden Gehirngrößen zugeordnet. Ab Stufe 3, die den Frühmenschen umfasst, sind Gruppengrößen von durchschnittlich 150 Individuen möglich und auch üblich, eine Zahl, die einer Gehirngröße von mehr als 900 ccm entspricht (*Dunbar-Zahl)*. Zum Vergleich: das Gehirn des *Ardipethicus*, dessen Gruppengröße 50 Individuen nicht übersteigt, ist kleiner als 400 ccm; das Gehirn des *Australopithecus*, der in Gruppen von 60 bis 100 Individuen leben konnte, umfasst ein Volumen zwischen 400 und 900 ccm.

Zahl“, zugeschnitten zu sein (Dunbar 1993, S. 681). Auch wenn die Größe der Bevölkerung exponentiell wächst, bleiben die Menschen in ihrem Innersten das Resultat der kleinen sozialen Welt ihrer Evolutionsvergangenheit. Zwischen der Größe des Gehirns oder, um genauer zu sein, des Neocortex, der äußeren Schicht des Gehirns, die das so genannte alte Gehirn[10] umgibt, und der durchschnittlichen Größe der sozialen Gruppen einer Spezies besteht ein Zusammenhang, der aus der Dichte des Soziallebens unserer Vorfahren resultiert. Mit anderen Worten: Im heutigen Weltbürger steckt ein soziales Lebewesen, das in seinen grundlegenden Aspekten vor mehr als 100.000 Jahren geprägt wurde und dessen Beziehungsnetz eine Obergrenze von 150 Personen nicht übersteigt. Dieser Grenzwert ist fast dreimal so groß wie der des Schimpansen. Wachsen Gruppen über das speziestypische Limit hinaus, zerfallen sie, weil sie es nicht mehr schaffen, dauerhafte intensive Beziehungen zueinander aufrechtzuerhalten. Das wurde seit der neolithischen Revolution zu einem gravierenden Problem menschlichen Zusammenlebens, weil die biologische Evolution auf den raschen kulturellen Wandel und das rasante Anwachsen der Gesellschaften nicht mehr mit einem entsprechenden Wachstumsschub des Gehirns reagieren konnte. Neue Integrationsmechanismen wurden unabdingbar; andernfalls wären soziale Katastrophen unausweichlich gewesen, spätestens angesichts einer Weltbevölkerung von sieben Milliarden Menschen und mehr, die sich in Städten konzentriert (Gamble et al. 2016, S. 316). Es ist nun diese Grundproblematik, die Tönnies (1887) zur Grundlage der Begriffsarchitektur seines soziologischen Systems gemacht hat.

Er unterscheidet grundsätzlich zwei mögliche Sozialformationen: die *Gemeinschaft* und die *Gesellschaft*. Nukleus der Gemeinschaft ist, wie gesagt, die Gruppe, die weitgehend durch *face-to-face*-Beziehungen geprägt ist, sei es der Clan, die Horde, die Familie, und durch Überlieferung und Sitte zusammengehalten wird. In sie ist das Individuum auf Gedeih und Verderb eingebunden. Nukleus der Gesellschaft ist das vereinzelte Individuum, das über Kontraktbeziehungen, die durch Recht und Gesetz geschützt sind, „akzidentiell“, also von Fall zu Fall, Gesellschaft allererst herstellt. Während die soziale Überformung der zwischenmenschlichen Beziehungen in der Gemeinschaft noch stark durch biologische („natürliche“) Voraussetzungen geprägt ist, spielen sie für den Bestand der Gesellschaft nicht nur in den Theorien, die diesen Sachverhalt reflektieren,

[10] Hirnstamm und Mittelhirn mit dem limbischen System und den Partien, die den größeren Teil der autonomen Tätigkeit des Organismus steuern.

sondern auch in der Realität selbst eine immer geringere Rolle. Sie wird zunehmend stärker durch kulturelle („künstliche“) Voraussetzungen geprägt mit der Folge, dass sich die biologische und die kulturelle Evolution des Menschen immer weiter auseinanderentwickeln. Die kulturelle Sphäre hat seit dem 19. Jahrhundert, vermittelt und verstärkt durch Wissenschaft und Technik, eine Dynamik entfaltet, der die biologische Grundausstattung des Menschen immer weniger zu entsprechen vermag (Harari 2013, S. 499). Tönnies spricht in diesem Zusammenhang von der Gemeinschaft als einer natürlich-organischen, von der Gesellschaft als einer künstlich-mechanischen Sozialformation (2017, S. 21 ff.). Im Gegensatz zur „Gemeinschaft“ stellt „Gesellschaft“ die Realisierung einer Fiktion dar; sie ist einer reinen Kopfgeburt entsprungen, ein Artefakt des „Kürwillens“. Der Grund dafür, dass sich „Gemeinschaft“ sozialhistorisch in „Gesellschaft“ und in nichts anderes verwandelt, liegt für Tönnies in der „Verselbständigung der mentalen Zone des Menschen“. Aus der ursprünglichen Einheit von Wollen, Denken und Handeln, die der Gemeinschaft zugrunde liegt und durch Überlieferung und Sitte zusammengehalten und tradiert wird, löst sich das Denken und seine Manifestation, der Geist, heraus und beginnt ein Eigenleben, das sich nicht nur metaphysisch in Transzendentalreligionen äußert, sondern auch ganz handgreiflich materialisiert in Gestalt von Institutionen und Technologien, die dem Menschen ein Leben in der Sozialformation „Gesellschaft“ überhaupt erst ermöglichen und erleichtern. Für Tönnies ist die Verselbständigung des Geistes und damit einhergehend die Reduktion des Denkens, soweit es gesellschaftssynthetisierende Funktion hat, auf ein Denken in Zweck-Mittel-Relationen, das zentrale Ereignis, das „Gesellschaft“ hervorruft. Der Geist, der ursprünglich allein durch menschliche Gehirne produziert wurde, nimmt heute, implementiert auf intelligenten Computersystemen, erkennbar autonome Gestalt an – aber auch er ist nicht körperlos. Abgetrennt von der Biologie des Menschen, manifestiert er sich nun in technologischen Artefakten. Letztlich ist es immer ein Körper, durch den sich etwas denkt, sei es ein organischer, ein menschlicher oder ein mechanischer, ein maschineller.

In Zeiten, in denen die biologische und kulturelle Evolution des Menschen in Einklang miteinander standen, entwickelten sich Gruppen- und Gehirngröße in Wechselwirkung koevolutiv (Dunbar 1993, Gamble et al. 2016). Das war in dem Moment nicht mehr möglich, in dem durch den Anstieg der Bevölkerung und den Übergang zur komplexeren Sozialformation der Gesellschaft die Leistungsfähigkeit des Gehirns an seine Grenzen stieß. Es mussten andere Lösungen gefunden werden, um den neuen Anforderungen, die das menschliche Zusammenleben stellte, gerecht zu werden.

Das menschliche Gehirn, sozusagen die *Hardware* intelligenten Problemlösens und Kommunizierens, hat sich seit etwa 100.000 Jahren nicht mehr weiterentwickelt. Offensichtlich sind seine informationsverarbeitenden Fähigkeiten an eine unüberwindbare, physikalisch bedingte Grenze evolutionärer Möglichkeiten gestoßen. Seine anatomischen bzw. physiologischen Eigenschaften scheinen ausgereift. Verbesserungen an einer Stelle würden zu Verschlechterungen an einer anderen Stelle führen. Im Gegensatz zum Computer, der mit Hilfe anderer Technologien und Materialien von Grund auf neu entwickelt werden könnte, kann die biologische Evolution nicht einfach von vorn anfangen. Sie muss mit den seit einer halben Milliarde von Jahren existierenden Prinzipien und Bauelementen von Nervenzellen weiterarbeiten (Fox 2013, S. 30). Die Lösung, den Hiatus zwischen biologischer und kultureller Evolutionsdynamik zu überwinden, bestand letztendlich darin, Probleme, die den kognitiven Kompetenzbereich des menschlichen Gehirns übersteigen, an intelligente Computersysteme zu delegieren. Der Computer kam gerade rechtzeitig, schreibt Joseph Weizenbaum, um gesellschaftliche Strukturen intakt zu halten und zu stabilisieren, die andernfalls hätten radikal erneuert werden müssen oder ins Wanken geraten wären (1982, S. 54 f.).

Tönnies hat die Entstehung der Sozialformation „Gesellschaft" mit der Verselbständigung des menschlichen Mentalbereiches in Verbindung gebracht und, weil biologische, das heißt naturhaft-organische Einflussfaktoren zunehmend an Bedeutung verlieren, als mechanisches Artefakt bezeichnet, ganz im Gegensatz zur Sozialformation „Gemeinschaft". Diese Zuschreibung trifft heute umso mehr zu, als sich die Sozialformation „Gesellschaft" immer stärker unter Ausschluss menschlicher Aktivitäten weiterentwickelt – und funktioniert. Technische Artefakte vollbringen soziale Syntheseleistungen, die den Erhalt der Gesellschaft ermöglichen und sicherstellen, immer effizienter und zielführender, als Menschen es jemals vermocht haben. „Gesellschaft", hatte Tönnies weiterhin gesagt, ereigne sich „akzidentiell" dadurch, dass sich zwei Personen, natürliche oder künstliche, durch Kontrakt aufeinander beziehen. Sie entsteht als „Resultante aus zwei divergierenden Einzelwillen, die sich in einem Punkte schneiden" (2017, S. 72). Das gilt in dieser Ausschließlichkeit heute so nicht mehr, weil sich das Soziale durch die Implementierung künstlicher Intelligenz auf miteinander vernetzte Computersysteme verlagert. Die Sozialität des Gehirns (Gamble et al. 2016) befindet sich heute nicht mehr so sehr im Neocortex des Menschen, sondern zunehmend in den Prozessoren der „Verteilten Künstlichen Intelligenz“ pervasiver Computernetzwerke (Hansmann et al. 2003). Zu Recht kann deshalb Bruno Latour (1991) von der Technologie als einer „auf Dauer gestellten Gesellschaft“ sprechen, unter Ausschluss der Menschen.

Die mechanische „Künstliche Intelligenz“ (KI) wird bei der Überwindung von organischen Grenzen des „ratiomorphen Apparates“ der Menschen eine entscheidende Rolle spielen. Gerade weil intelligente Computersysteme *keine* Menschen sind, können sie viele Aufgaben besser erledigen und Menschen davon entlasten. Dadurch *ermöglichen* sie eine Gesellschaftsform „mit größerem Freiraum und höheren Anreizen für die Menschen, sich auf das zu konzentrieren, was wirklich menschlich ist. Die wenigsten von uns (insbesondere nicht die Männer) haben heute Zeit, sich um die Entwicklung zwischenmenschlicher Beziehungen in Familie und Freundeskreis zu kümmern. Zusätzliche Freizeit für alle Gesellschaftsschichten (unter der Bedingung, dass es politische und wirtschaftliche Strukturen gibt, die das ermöglichen) könnte mehr Raum für geselliges Leben schaffen. Zum Teil dadurch, zum Teil als Reaktion auf die *emotionslose* Art der meisten KI-Programme würde die emotionale Dimension der Persönlichkeit vielleicht wieder mehr geschätzt (das gilt wiederum insbesondere für die Männer), als dies heute im Westen der Fall ist“ (Boden 1993, S. 451).

9.7 Unlösbare Probleme – Wie damit umgehen?

Grundsätzlich gibt es zwei Arten von unlösbaren Problemen: solche, von denen sich beweisen lässt, dass sie unlösbar sind; sie sind die uninteressanten, weil sie meistens auf falschen Fragestellungen beruhen. Und solche, von denen sich nicht beweisen lässt, dass sie unlösbar sind; sie sind die interessanten. Sie verfügen, soweit es sich um Probleme menschlicher Lebenswelten handelt, über eine historische Dimension, das heißt, sie können im Raum-Zeit-Kontinuum einer frühen Kultur unlösbar sein, während sie in dem einer späteren durchaus lösbar sein können. Soweit es sich um Probleme moderner Gesellschaften handelt, die üblicherweise in den Kompetenzbereich der Sozialwissenschaften fallen, zeichnen sie sich durch zwei Kerneigenschaften aus, die ihnen zugrunde liegen und für die Schwierigkeiten, eine Lösung zu finden, verantwortlich sind: Ungewissheit und Wertevielfalt. Radikale Ungewissheit über die Folgewirkungen und eine Vielzahl legitimer Sichtweisen verdeutlichen, dass Lösungen nicht mehr entlang eines idealisierten linearen Pfades gestaltet werden können, der seinen Ausgang in der Erzeugung wissenschaftlichen Wissens nimmt, um dann in seine Anwendung zu münden. Die Methoden der Wissenschaft, derer sie sich bisher im akademischen Umfeld des *ivory tower* bedient hat, sind in einem Kontext, in dem der Prozess der Entscheidungsfindung ebenso wichtig ist wie das Resultat, das schließlich zustande kommt, nur von begrenzter Wirksamkeit (Ziman 1996, Funtowicz und Ravetz 2001, Nowotny et al. 2001). Im Gegensatz zu dem Eindruck, den die akademische Wissenschaft vermittelt, verfügen die meisten Probleme einer technologisch geprägten Welt über mehr als nur eine plausible Antwort. Erschwerend hinzu kommt, dass sich Probleme nur dadurch „lösen" lassen, dass neue Probleme erzeugt werden. Solche Folgeprobleme sollten nur akzeptiert werden, wenn sie kleiner sind als das Ausgangsproblem.

Jede Epoche, jede Gesellschaftsformation erzeugt irgendwann im Verlauf ihrer Entwicklung Probleme, die im Rahmen ihrer Systemimperative nicht lösbar sind (Sperrklinken-Effekt). Entweder gelingt es ihr, ihre bestandsgefährdenden Krisen durch Umgestaltung und Überschreitung ihrer Systemgrenzen zu bewältigen (Wagenheber-Effekt), wie das im Fall der Französischen Revolution geschah, oder sie geht daran zugrunde wie im Fall der polynesischen Kultur der Osterinsel (Ponting 1991, Diamond 2005). Doch selbst wenn es einer Gesellschaft gelingt, eines ihrer gravierenden Probleme zu lösen, ist die Lösung in der Regel erkauft um den Preis eines Rattenschwanzes von Folgeproblemen.

Wie soll mit (anscheinend) unlösbaren Problemen umgegangen werden? Eine Möglichkeit, um sich ihres Charakters zu vergewissern, besteht im sozialhistorischen Vergleich mit ähnlich gelagerten Fällen. So weist Ponting (1991) in seiner Fallanalyse auf die Bedeutung hin, die das Verfallsgeschehen auf der Osterinsel im 17. Jahrhundert für uns Heutige haben kann: Wie die Osterinsel hat die Erde nur begrenzte Ressourcen, um die Bedürfnisse der menschlichen (Welt-)Gesellschaft zu befriedigen. Und wie die Insulaner hat auch die Bevölkerung des Raumschiffs „Erde" keine Möglichkeit zu entkommen. Diamond schlägt deshalb vor, „vergleichende Untersuchungen" anzustellen oder „natürliche Experimente" zu beobachten, das heißt, man vergleicht „natürliche Situationen, die sich im Hinblick auf die untersuchte Variable unterscheiden" (2005, S. 33). Verglichen werden können zum einen Gesellschaftsformationen und Kulturen unterschiedlicher Ethnien, die vor identischen, für sie unlösbaren Problemen stehen oder standen, zum anderen unterschiedliche historische Entwicklungsstadien ein und derselben Ethnie. Als Beispiel für einen „kontrollierten experimentellen Zusammenbruch" führt Diamond das über lange Zeit von Wikingern und Inuit bewohnte Grönland an. „Zwei Gesellschaften (Norweger und Inuit) teilten sich dieselbe Insel, hatten aber eine ganz unterschiedliche Kultur, so dass die eine Gesellschaft überleben konnte, während die andere zugrunde ging. Aus der Geschichte Grönlands kann man also lernen, dass der Zusammenbruch auch unter widrigen Umweltverhältnissen nicht zwangsläufig eintritt, sondern immer von den Entscheidungen einer Gesellschaft abhängt" (Diamond 2015, S. 38). Island wäre hingegen ein Beispiel für die Erfolgsgeschichte einer Ethnie, die zeigt, wie man auch in einer empfindlichen Umwelt ein hohes Maß an modernem Wohlstand erreichen kann (ebd.).

Aufgrund von systematisch durchgeführten komparatistischen Analysen gelang es Diamond, Faktoren zu isolieren und zu verallgemeinern, die dafür verantwortlich sind, dass gesellschaftspolitische Herausforderungen in einigen Kulturen bewältigt, in anderen zum unlösbaren Problem wurden, an denen sie schließlich zerbrachen. Die Vermutung, dass Gesellschaften kollabiert sind, weil sie ihre ökologischen Probleme nicht zu lösen vermochten, gab es schon seit längerem (Tainter 1988, Ponting 1991). Bestätigt wurde dieser Verdacht des unbewusst herbeigeführten Suizids („Ökozid") in den letzten Jahrzehnten von Archäologen, Klimaforschern, Historikern und Paläontologen. Basierend auf diesen Studien, hat Diamond jene Vorgänge, durch die eine Gesellschaft sich die Grundlage ihrer Reproduktion entzieht, in zwölf Kategorien gebündelt, die im Einzelfall von unterschiedlich großer Bedeutung sind (Diamond 2015, S. 599). Acht dieser Kategorien lassen sich in nahezu allen Gesellschaftsformationen nachweisen: (1) Entwaldung und Lebensraumzerstörung, (2) Probleme mit dem Boden, (3) Probleme mit der Wasserbeschaffung, (4) übermäßige Jagd, (5) Überfischung, (6) negative Auswirkungen eingeschleppter Tiere und Pflanzen auf die einheimischen Arten, (7) Bevölkerungswachstum, (8) steigender Pro-Kopf-Effekt der Menschen, der zu einer Mehrbelastung der Umwelt führt, selbst wenn die Bevölkerungszahl zurückgeht. Solche gesellschaftlichen Zusammenbrüche aufgrund von Problemen, die sich für die betroffenen Akteure als unlösbar erweisen, ereigneten sich in früheren Zeiten in ganz unterschiedlichen Ethnien. Sie stellen gewissermaßen Variationen ein und desselben Themas dar: Das Bevölkerungswachstum zwang die Menschen zur Intensivierung der landwirtschaftlichen Produktion (Bewässerung, doppelte Ernte, Anlage von Terrassen etc.), zur Ausweitung von Produktionsflächen auf weniger geeignete Gebiete und zu nicht-nachhaltigen Methoden der Bewirtschaftung. Daraus ergaben sich zahlreiche Folgewirkungen: Nahrungsknappheit, Hungersnöte, Krieg um knappe Ressourcen und die Absetzung der herrschenden Elite durch enttäuschte Untertanen. Schließlich ging die Bevölkerungszahl durch Hunger, Krankheiten oder Krieg zurück, und die

Gesellschaft verlor einen Teil der politischen, wirtschaftlichen und kulturellen Komplexität, die sie in ihrer Blütezeit hatte (ebd., S. 19).

Heute haben wir es mit denselben acht Gefahren zu tun, die frühere Gesellschaften zu Fall brachten. Aber zusätzlich sind vier neue hinzugekommen, die sich für unsere Kultur gleichermaßen als unlösbar erweisen könnten: (1) der vom Menschen verursachte Klimawandel, (2) die Anhäufung von Umweltgiften, (3) die zunehmende Energieknappheit, (4) die nahezu vollständige Nutzung der weltweiten Photosynthese durch den Menschen. Die meisten dieser zwölf Gefahren werden Diamond zufolge in den kommenden Jahrzehnten eine kritische Phase erreichen. Wichtig ist dabei, zu unterscheiden zwischen den eigentlichen Ursachen, das heißt, den langfristig wirkenden Faktoren, die, lange Zeit unbemerkt, zum allmählichen Kollaps einer Gesellschaft führen, und den unmittelbaren Anlässen, die sich unter anderem darin äußern können, dass die herrschende Elite in einer Revolte durch rebellierende Untertanen davongejagt wird oder dass die letzten Menschen ums Leben kommen bzw. gezwungen sind, ihre Siedlungen aufzugeben. Die soziale Katastrophe auf der Osterinsel zum Beispiel begann nicht, als der letzte Baum gefällt wurde, sondern viel früher: als ein falscher Entwicklungspfad eingeschlagen wurde, also dort, wo Statusregeln den Verbrauch von Holz für die Skulpturenproduktion unabweisbar machten (Welzer 2008, S. 211). Diamond hat deshalb jene Faktoren, die zu fehlerhaften Entscheidungen von gesellschaftlicher Tragweite führen, abschließend in vier Ursachenkomplexe gebündelt: (1) Die beteiligten Akteure begehen katastrophale Handlungen, weil sie ein Problem nicht voraussehen. Sie nehmen es erst wahr, wenn es tatsächlich aufgetreten ist. Entweder weil sie mit dem betreffenden Problem noch keine Erfahrung gemacht haben, so dass sie dafür nicht sensibilisiert sind. Oder die Erfahrung ist schon so alt, dass sie in Vergessenheit geraten ist. Ein weiterer Grund, warum eine Gesellschaft ein Problem nicht voraussieht, kann auf falschen Analogieschlüssen beruhen. (2) Eine Gesellschaft nimmt ein Problem, das sie nicht vorausgesehen hat, bevor es eingetreten ist, auch dann nicht wahr, nachdem es eingetreten ist. Entweder weil es buchstäblich, das heißt, mit bloßem Auge nicht erkennbar ist. Oder weil es sich in Form eines allmählichen Trends äußert, der sich hinter starken Schwankungen verbirgt. Eine dritte Möglichkeit, die mit der „schleichenden Normalität“ zusammenhängt, ist die „Umwelt- oder Landschaftsvergessenheit“. Man hat vergessen, dass die Umwelt bzw. die Landschaft früher einmal anders aussah, weil von Jahr zu Jahr nur ein geringer, kaum wahrnehmbarer Wandel eingetreten ist. Der Grund ist, dass Menschen immer den Zustand ihrer Umwelt als „natürlich“ wahrnehmen, der mit ihrer Lebens- und Erfahrungszeit zusammenfällt. Sie bemerken nicht, dass sich ihre Wahrnehmungsweise und ihre mentale Landkarte hinsichtlich dessen, was sie als richtig oder falsch, normal oder ungewöhnlich, erwartbar oder unerwartet empfinden, mit den sich verändernden Wirklichkeiten um sie herum selbst verändern („fließende Referenzlinien“). (3) Eine Gesellschaft bemüht sich selbst dann nicht um die Lösung eines Problems, wenn sie es wahrgenommen hat. Die Ursachen sind häufig Interessenkonflikte zwischen Menschen und Gruppen, die aus ihrer je individuellen Perspektive betrachtet durchaus vernünftig sein können. Einigen nützt, was anderen schadet, zum Beispiel, wenn die Gesamtgesellschaft ein langfristiges Interesse an der Erhaltung von Umweltressourcen hat, einzelne Akteure aufgrund kurzfristig zu realisierender Profite aber nicht. (4) Im Gegensatz zu solch einem „Rationalverhalten“ kann die Lösung erkannter Probleme auch aufgrund „irrationalen Verhaltens“ unterbleiben. Insbesondere religiöse Werte, die in einer Kultur tief verankert sind, stellen oft die Ursache katastrophaler Verhaltensweisen dar. So war die Zerstörung der Wälder auf der Osterinsel religiös motiviert. Man brauchte Balken für den Transport und die Aufrichtung der riesigen Steinstatuen, die Gegenstand der Verehrung waren. Dieser Vorgang verstärkte sich dadurch, dass die Häuptlinge der einzelnen Clans darin wetteiferten, die größten Statuen aufzustellen, und dass die Inselgemeinschaft als Ganzes gegen diesen selbstmörderischen Wettlauf erst revoltierte, als es bereits zu spät war.

Das Schicksal der Osterinsel wird heute gern als Metapher eines schlimmstmöglichen Szenarios genommen für das, was uns selbst in Zukunft bevorstehen könnte (Welzer 2008), denn die Parallelen zwischen der isolierten Lage der Osterinsel in den Weiten des Pazifiks und dem einsamen Raumschiff „Erde“ im unendlichen Weltall liegen auf der Hand. „Durch Globalisierung, internationalen Handel, Flugverkehr und Internet teilen sich heute alle Staaten der Erde die Ressourcen, und alle beeinflussen einander genau wie die zwölf Sippen auf der Osterinsel. Die Osterinsel war im Pazifik ebenso isoliert wie die Erde im Weltraum. Wenn die Bewohner in Schwierigkeiten gerieten, konnten sie nirgendwohin flüchten, und sie konnten niemanden um Hilfe bitten; ebenso können wir modernen Erdbewohner nirgendwo Unterschlupf finden, wenn unsere Probleme zunehmen“ (Diamond 2015, S. 153). Zwar unterscheidet sich die heutige Situation in vielen Aspekten von der Lage, in der sich die Bewohner der Osterinsel im 17. Jahrhundert befanden. Aber einige dieser Unterschiede machen die Gefahr für uns heute noch größer: „Wenn es beispielsweise nur einiger tausend Menschen mit Steinwerkzeugen und Muskelkraft bedurfte, um ihre Umwelt und damit auch ihre Gesellschaft zu zerstören, wie können dann mehrere Milliarden Menschen mit Metallwerkzeugen und Maschinen vermeiden, noch Schlimmeres anzurichten?“ (ebd.). Denn, gibt Diamond zu bedenken, „die Industrieländer erfreuen sich heute nur deshalb eines so großen Wohlstandes, weil sie ihr ökologisches Kapital verbrauchen, das heißt, ihr Kapital an nicht erneuerbaren Energiequellen, Fischbeständen, Mutterböden, Wäldern und so weiter“ (ebd., S. 628).

Gelingt es nicht, die Ursachen, die dieser Problemkonstellation zugrunde liegen, zu lösen, dann drohen mittelfristig geopolitische Verteilungskämpfe um Rohstoffe, unkontrollierbare Migrationsströme, Pandemien, die sich nicht eindämmen lassen, Konflikte um Fischereirechte auf den Weltmeeren, Hungerepidemien etc. (exemplarisch: Welzer 2008, Rinke und Schwägerl 2012, Emmott 2013, Harari 2017). Auf fünf grundlegende Probleme, die sich aus den Analysen Diamonds ableiten lassen, muss eine weltweit verbindliche Antwort gefunden werden: (1) Wie lässt sich eine Weltregierung konzipieren, die mit Exekutivrechten ausgestattet ist, um Weltinnenpolitik betreiben zu können, ohne auf die historischen Errungenschaften demokratischer Zivilgesellschaften zu verzichten? (2) Wie lässt sich eine Gemeinwohlökonomie entwickeln, ohne auf die kreative Dynamik zu verzichten, die der kapitalistischen Wirtschaftsweise innewohnt? (3) Wie lässt sich eine Gesellschaftspolitik entwickeln, die sich an den langfristigen Erfordernissen einer sozial- und umweltverträglichen Zukunftsgestaltung orientiert, ohne die Bedürfnisse gegenwärtiger Menschen zu vernachlässigen? (4) Wie lässt sich eine postakademische Wissenschaft entwickeln, die gesellschaftlich wirksam ist, ohne die historisch erkämpfte Autonomie gegenüber gesellschaftspolitischen Zumutungen und Eingriffen zu verlieren? (5) Wie lässt sich eine Weltethik begründen, die erstens den Erkenntnissen der modernen Lebenswissenschaften Rechnung trägt und zweitens ohne Rückbezug auf die Vielzahl miteinander konkurrierender Gottheiten und Phantasmen auskommt?

Wenn man die Analysen Diamonds (2205), Tainters (1988), Tuchmans (1984), Yoffees und Cowgills (1988) miteinander vergleicht und nach Begriffen sucht, die verdeutlichen, warum einige Gesellschaften an ihren Reproduktionsproblemen gescheitert sind, während es anderen gelang, sie zu bewältigen, so stechen drei Faktoren hervor: Leidensdruck, Aufklärung, Intervention. So war der Leidensdruck der französischen Bevölkerung vor der Revolution von 1789 offensichtlich und mit Händen zu greifen. Aber er war sehr ungleich verteilt. Die politische Elite des Staates, insbesondere das Königshaus der Bourbonen, spürte wenig davon.

Dementsprechend war die daraus resultierende Anomie der Gesellschaft als politisches Problem auf der mentalen Landkarte der Herrschenden auch nicht präsent. Sie lebten gleichsam in einer anderen Welt. Auf den Hinweis, dem Volk fehle es an Brot, habe die Königin angeblich gesagt, solle es doch Kuchen („brioche") essen.

Zum Leidensdruck kam ein zweiter Faktor hinzu. Bereits im Vorfeld wiesen Kritiker auf die zerstörerischen Ungleichgewichte in der Gesellschaft hin. Großen Teilen der Bevölkerung wurde durch Aufklärungsschriften nicht nur ein Bewusstsein über die Ursachen ihrer Lage vermittelt, sondern auch über die Notwendigkeit und die Möglichkeit, sie zu ändern. Eine entscheidende Wirkung erzielte Abbé Sieyès mit seiner Schrift „Qu'est-ce que le tiers-état?", in der er auf die Frage, was der Dritte Stand sei, die Antwort gab: Alles, nämlich die Nation selbst.

Ein dritter, gleichfalls entscheidender Faktor kam hinzu. Provoziert durch den hinhaltenden Widerstand des Königshauses und der mit ihm sympathisierenden Kräfte, der einen evolutionären Wandel verhinderte, radikalisierte sich die Situation. Große Teile der Bevölkerung intervenierten auf beiden Seiten der Konfliktparteien in das politische Geschehen. Es kam zur Revolution, in deren Verlauf sich ein gesellschaftspolitischer Transformationsprozess entwickelte mit dem Resultat, dass am Ende die Staatsform der Republik an die Stelle der Monarchie trat.

Der französischen Gesellschaft gelang es, wenngleich unter hohen Kosten an Gut und Leben, ihr Reproduktionsproblem durch Transformation ihrer politischen Struktur zu lösen. Anders sah es auf der Osterinsel aus. Auch hier kam es schließlich zu einer Intervention der Bevölkerung. Die herrschende politische Elite wurde gestürzt. Aber die Maßnahmen kamen zu spät. Es gab keine Ressourcen mehr, mit denen man eine neue Gesellschaft hätte formieren können. Die Reaktion auf den Leidensdruck war nicht durch eine Phase der Aufklärung, die der Bevölkerung rechtzeitig ein Bewusstsein ihrer katastrophalen Lage hätten vermitteln können, vorbereitet und begleitet worden.

10. Relativierungen und Präzisierungen. Ein vorläufiges Resümee

Zweifellos ist es so, dass die menschliche Kultur sowie die Gesellschaft, die ihr zugrunde liegt, in Zukunft durch Technologie geprägt und gestaltet werden wird. Aber vorantreibender Motor dieser Dynamik ist nicht so sehr die Technik selbst oder die Menschheit als anthropologisches Gattungswesen, sondern nach wie vor, in sozialökonomischer Präzisierung, eine kleine Teilmenge konkreter Menschen und Organisationen, die vornehmlich an „kurzfristigen Gewinnen“ interessiert sind, „wie sie durch Transaktionen auf dem Markt erzielt werden“, und von den „sozialen Kosten, die meist über einen längeren Zeitraum ungestraft kumulieren“, nichts wissen wollen (Dopfer 2009, S. 215; ähnlich: Ulrich 2016). An der tiefgreifenden Umgestaltung der Erde seit dem Beginn des Anthropozäns waren Techniker *und* Kaufleute beteiligt. „Die Techniker haben, indem sie immer neue Künstlichkeiten ersannen, das Potenzial für die Veränderung der Erde geschaffen, aber es waren die Kauf- und Bankleute, die mit wachsenden Geldmitteln das alles finanziert haben und dadurch immer reicher geworden sind. … Vor allem das Bankwesen hat mit seinen Finanzwerkzeugen, dem Zinseszins und der Kreditschöpfung, seit Beginn der Neuzeit für ein fortgesetztes Anwachsen des Reichtums gesorgt, und das Geld, das ursprünglich bloß der Erleichterung des Warentauschs diente, hat sich gegenüber der Warenwirtschaft verselbständigt und ist für die Reichen zum Selbstzweck geworden. Das Geld hat als Kapital bloß noch den Sinn, sich ständig weiter zu vermehren, und konzentriert sich in immer weniger Händen. Ein Prozent der Menschen verfügt inzwischen über fast die Hälfte des Reichtums auf dieser Erde und hat damit eine gewaltige Gestaltungsmacht erlangt“ (Ropohl 2014, S. 201 f.).

Techniker und Kaufleute leben in unterschiedlichen Vorstellungswelten. Hardensett (1932) hat aus den Alltagsbegriffen des Technikers und des Kaufmanns, weil sie für den Gestaltungsraum der Sozialform „Gesellschaft“ (Tönnies 1887) paradigmatisch geworden sind, zwei Grundcharaktere im Sinne Max Webers abgeleitet, den des „kapitalistischen“ und den des „technischen Menschen“. Ersterer „arbeitet wesentlich mit Fiktionen, ohne die irdischen Güter, die durch Eigentumsübertragung den Besitzer wechseln, in ihrer stofflichen Substanz zu verändern“, während letzterer, „indem er stoffliche Veränderungen vornimmt, die irdische Welt gestaltend verändert.“ Hierauf hatte bereits 35 Jahre zuvor Tönnies hingewiesen: „Der Handel als die Geschicklichkeit, Profit zu machen, ist das Gegenteil aller solcher Kunst. Profit ist kein Wert, er ist nur eine Veränderung in den Relationen der Vermögen: das Plus des einen ist das Minus des anderen.“ Im Kapitalismus wird das Motiv der Bereicherung zum allgemeinen Prinzip, das sich in Geld ausdrücken lässt, ausgerichtet. Dem Zweck des Gewinns werden alle übrigen, gleichfalls möglichen Zwecke nachgeordnet. Dass sich die Differenz zwischen Ergebnis und Aufwand außer in der zu erwerbenden Geldsumme auch in körperlicher, geistiger oder sonstiger Schädigung ausdrücken kann, bleibt außer Betracht.

Der kapitalistische Mensch will Profite machen. Er will mehr einnehmen als er ausgibt. Das Verhältnis zwischen beidem lässt sich als Quotient darstellen: Ergebnis geteilt durch Aufwand, quantitativ gemessen in Geldeinheiten. Dieser Quotient muss für den kapitalistischen Mensch notwendig immer größer als Eins sein, denn das Ergebnis muss den Aufwand übersteigen, der Zähler größer als der Nenner sein. Im Gegensatz dazu ist der Erfolgsgrad des technischen Menschen, das liegt in der Natur der Sache, immer kleiner als Eins. Zwar müsste er, theoretisch gesehen, zum Beispiel wegen des Lavoisier'schen Massenerhaltungsgesetzes, gleich Eins sein, wegen der unvermeidlichen Verluste (Abfälle, Reste, tote Last, Verflüchtigungen etc.) ist er jedoch stets kleiner als Eins. Der Aufwand an Energie, Zeit und Material ist natural immer größer als das angestrebte Ergebnis. Der Wirkungsgrad, das Verhältnis von erzielter Energie (zum Beispiel an der Turbinenwelle oder der Schalttafel des Turbogenerators) zur aufgewandten Energie (zum Beispiel der verfeuerten Kohle) ist notwendig kleiner als Eins, er kann allenfalls gleich Eins werden. Er ist also begrenzt und gestattet daher keine unendlichen Fortschritte, sondern stellt bestenfalls eine asymptotische Annäherung an die idealtechnische Lösung dar. Den Naturgesetzen geschuldet, ist technisches Schaffen immer eine Unterschusswirtschaft. Stets wird mit Verlust gearbeitet; gleichwohl ist diese Verlustarbeit in höherem Sinne produktiv, aber diese Produktivität ist nicht so sehr eine quantitativ messbare, sondern erfährt ihren Sinn qualitativ. Hardensett unterscheidet deshalb auch zwischen dem *Rentabilitätsdenken* (im Sinne eines in Geldeinheiten messbaren Gewinns) des kapitalistischen und dem *Produktivitätsdenken* (im Sinne von Fruchtbarkeit) des technischen Menschen. Weil es sich bei abstrakten Tauschwertkalkülen um fiktive, in quantitativen Dimensionen gemessene Größen handelt, ist ein unendlich großes Wachstum, das keine Grenzen kennt, denkbar. Ganz anders verhält es sich, sobald es um qualitative Dimensionen konkreter Gebrauchswerte geht, die nur begrenzt vorhanden oder herstellbar sind. Aus der Nichtbeachtung dieser Differenz zwischen der Realität begrenzter irdischer Ressourcen und der Metaphysik grenzenloser Wachstumsillusionen, die auf fiktiven Zahlenspielereien beruhen, resultieren die ökologischen und sozialen Probleme, denen sich heute die im Entstehen begriffene Weltgesellschaft konfrontiert sieht.

Eine Gesellschaft, die ihre Reproduktion über freie Märkte regelt, hat Karl Polanyi (1990) als „nicht integrierte Gesellschaft“ bezeichnet, im Gegensatz zu einer „integrierten Gesellschaft“, in der die wirtschaftlichen Aktivitäten der Menschen in einen übergreifenden kulturellen Zusammenhang eingebettet sind. Erst die Herausbildung einer liberalen Marktwirtschaft mit ihrem „freien Spiel der Kräfte“ in der dritten Singularität, der des „europäischen Mirakels“ (Jones 1992), führte zu jener charakteristischen Herauslösung und Verselbständigung der Ökonomie gegenüber der Gesellschaft. Sie stellte ein historisches Novum dar und unterscheidet die bürgerliche Kultur mit ihrem Bereicherungs- und Wachstumszwang von allen anderen Gesellschaftsformationen. Auf der Tagesordnung steht heute die „Wiedereinbettung“ der Ökonomie in die Gesellschaft, disziplinübergreifend diskutiert unter dem Schlagwort der nächsten „großen Transformation“ (Schneidewind 2018). Das Problem der gegenwärtigen Krisensituation besteht nicht so sehr darin, dass die moderne Gesellschaft eine Industriegesellschaft ist, sondern dass sie eine profitorientierte Marktwirtschaft ist. Die industrielle bzw. technologische Zivilisation würde es selbst dann noch geben, wenn das historische Experiment selbstregulierender Märkte nur noch Erinnerungswert hat. Eine marktkonforme Demokratie, wie sie gegenwärtig existiert, unterliegt zwangsläufig der Gefahr, sich unter der Hand in eine Plutokratie zu verwandeln. Eine *soziale* Demokratie, die ihrem Namen gerecht wird, würde sich von einer solchen *liberalen* Demokratie vor allem durch demokratiekonforme Märkte unterscheiden. Der Wiedereinbettungsprozess kann auf verschiedene Weise erfolgen. Die Zukunft ist offen. In jedem Fall müsste der Übergang, wenn es sich tatsächlich um eine „große“ Transformation handeln soll, von drei Umständen geprägt sein: Das Marktsystem wird nicht mehr selbstregulierend sein, weil es *Arbeit*, *Boden* und *Geld* nicht mehr umfassen wird. An seine Stelle treten andere Vergesellschaftungsformen, die der wieder eingebetteten Ökonomie eine neue Rolle und einen veränderten Stellenwert zuweisen. Das Ende der freien Marktgesellschaft bedeutet keineswegs, dass es keine Märkte mehr geben wird. Sie bestehen auf verschiedene Weise weiter, um die Freiheit der Konsumenten zu gewährleisten, die Nachfrageveränderungen aufzuzeigen, die Produzenteneinkommen zu beeinflussen und um als Instrument der volkswirtschaftlichen Rechnungsführung zu dienen, aber sie sind kein Organ mehr der wirtschaftlichen Selbstregulierung, die vornehmlich der privaten Profitmaximierung dient.

In jedem Fall werden qualitativ strukturierte ethische Prinzipien gegenüber der Eindimensionalität quantitativ strukturierter, rein ökonomischer Kalküle an Bedeutung gewinnen. Sie müssen „nach Lage der Dinge von der Gesellschaft ausgehen, da keine private Einsicht, Verantwortung oder Angst an ihre Aufgabe heranreicht“ (Jonas 1984, S. 254). „Da die ‚freie‘ Wirtschaft der westlichen Industriegesellschaften gerade der Herd der Dynamik ist, die der Todesgefahr zutreibt“, ergänzt Jonas, „führt das durchaus legitime ‚charity begins at home' leicht dazu, dass es hier auch haltmacht; und direkte Verantwortlichkeit hat für das Gefühl ihre Grenzen im Nahen. So ist es nach individueller Psychologie. Für die Gruppe, das politische Kollektiv, von dem gar nicht erst erwartet werden kann, dass es ‚edel, hilfreich und gut' sei, das aber hier der wirklich Handelnde sein muss, nimmt aufgeklärtes *Selbstinteresse* die Stelle persönlicher Ethik ein, und solches Interesse gebietet in der Tat nicht nur palliative Linderung fremder Not durch Abgabe vom Überschuss, sondern sogar Daueropfer an Eigenbefriedigung zugunsten einer Behebung der Weltarmut von den Ursachen her. Woran es denn bei den im Nationalmaßstab ‚Besitzenden' fehlt, ist nicht so sehr selbstlose Güte wie Aufgeklärtheit, das heißt *Weitsicht*, der Selbstsucht, deren Neigung zur Nahsicht unausrottbar ist, da das ‚Selbst' jeweils durch die gerade Lebenden vertreten ist" (ebd., S. 320 f.).

Der wohl reflektierteste Ansatz einer gesellschaftlich verbindlichen Ethik, verteilt auf seine fünf Grundlagenwerke, findet sich nach wie vor bei Rudolf Goldscheid. Um dem kulturellen Evolutionsverlauf der Menschheit (1911) eine Richtung jenseits des eindimensionalen „Bereichert Euch!" zu geben, die verschiedene Zwecke und Nebenfolgen abwägt (1906), bedarf es einer Ethik des gesellschaftlichen Gesamtwillens (1902, 1905), die wiederum auf Werten basieren muss, die sich eine Gesellschaft, zumal eine Weltgesellschaft, in deliberativen Aushandlungsprozessen zu geben hätte (1908). Die seinem Ansatz zugrunde liegende Diagnose ist eindeutig: Der Kapitalismus wird in seiner bisherigen Form nicht überleben können. Seine Maßlosigkeit lässt sich in einer endlichen Welt auf Dauer nicht durchhalten. Ohne ständiges Wachstum aber drohen die Profite – Motiv und *primus motor* des sich selbst vorantreibenden Prozessgeschehens – einzubrechen. Einer vorausschauenden, umsichtigen (Welt-)Politik ist deshalb in vernünftiger, moderater Form das Primat des Handelns gegenüber der Ökonomie einzuräumen.

Ob der Kapitalismus sich reformieren lässt, ohne chaotisch in sich zusammenzufallen, ist die globale Schicksalsfrage, die zur Entscheidung ansteht (Greffrath 2015). Alle bisherigen historischen Erfahrungen verheißen nichts Gutes, denn sie sprechen dafür, dass Gesellschaften ihre obsolet gewordene Produktionsweise nicht aufgrund vorausschauender Planung oder moralischer Einsicht verändern, sondern nur unter manifestem Leidensdruck in blutigen (Bürger-)Kriegen und Katastrophen. Alle Bemühungen einer Umwandlung der liberalen, marktkonformen Demokratie in eine soziale Demokratie mit demokratiekonformen Märkten scheiterten bislang am Primat des Privateigentums. Sie würde nicht nur den Reichtum der oberen „Ein Prozent", sondern auch die Einkommen der Mittelschichten beschneiden. Eine solche Umwälzung bei schrumpfendem Konsum wäre demokratisch, wenn überhaupt, nur mit mehr Gleichheit durchsetzbar: Gleichheit der Konsum-, Gesundheits-, Bildungs- und Berufschancen. Damit aber käme die lange Zeit verdrängte Gerechtigkeitsfrage in neuer Schärfe auf die Tagesordnung, dieses Mal unter den Rahmenbedingungen einer sich konstituierenden Weltgesellschaft. Ihre Lösung, so steht zu befürchten, ginge mit jahrzehntelangen politischen Auseinandersetzungen und dauerhaften Konflikten einher (Streeck 2015). Ohne eine deutliche Belebung der parlamentarischen, auf Gewaltenteilung beruhenden Demokratie könnte sich die Hoffnung auf eine befriedete Welt dann nur noch auf eine quasi-revolutionäre Entwicklung stützen, die leicht außer Kontrolle geraten kann. Sie wäre begleitet von Unruhen und kriegerischen Auseinandersetzungen. „Aller Wahrscheinlichkeit nach wird erst der Druck realer Katastrophen die Politik zur Wende zwingen, und aller Voraussicht nach werden deren Formen dann nicht aus dem Lehrbuch der Demokratie stammen" (Greffrath 2015, S. 12 f.).

Referenztexte

Arnsten, Amy et al. (2013): Biologie des Blackouts. In: Spektrum der Wissenschaft (Spezial Biologie – Medizin – Hirnforschung), Heft 1, S. 36-41

Assmann, Jan (2003): Die Mosaische Unterscheidung oder der Preis des Monotheismus. München: Hanser

Assmann, Jan (2018): Achsenzeit. München: Beck

Bammé, Arno; Berger, Wilhelm; Gerschlager, Caroline; Gubitzer, Luise (Hg.) (2009): Der kalte Blick der Ökonomie. 30 Gespräche. Band 1 und 2. Marburg: Metropolis (1993)

Bammé, Arno (2011): Homo occidentalis. Von der Anschauung zur Bemächtigung der Welt. Zäsuren abendländischer Epistemologie. Weilerswist: Velbrück

Bammé, Arno (2016): Geosoziologie. Gesellschaft neu denken. Marburg: Metropolis

Bammé, Arno (2017): Die Apokalypse denken, um den Ernstfall zu verhindern. Unheilprophetie von Spengler bis Sloterdijk. Marburg: Metropolis

Beck, Ulrich (2010): Nachrichten aus der Weltinnenpolitik. Frankfurt a.M.: Suhrkamp

Bell, Daniel (1989): Die nachindustrielle Gesellschaft. Frankfurt a.M. und New York: Campus (1973)

Binswanger, Hans Christian (1998): Die Glaubensgemeinschaft der Ökonomen. München: Gerling Akademie

Boden, Margret A. (1993): Folgen der Künstlichen Intelligenz. In: Kurzweil, Ray: KI. Das Zeitalter der Künstlichen Intelligenz. München und Wien: Hanser (1990), S. 450-453

Borneman, Ernest (1979): Das Patriarchat. Ursprung und Zukunft unseres Gesellschaftssystems. Frankfurt a.M.: Fischer (1975)

Boyd, Robert; Richerson, Peter J: (1985): Culture and the Evolutionary Process. Chicago und London: UCP

Boyer, Pascal (2004): Und Mensch schuf Gott. Stuttgart: Klett (2001)

Buitron-Oliver, Diana (1992): The Greek Miracle. Washington: National Gallery of Art

Childe, Vere Gordon (1959): Der Mensch schafft sich selbst. Dresden: Verlag der Kunst (1936)

Clausen, Lars (1994): Krasser sozialer Wandel. Opladen: Leske + Budrich

Collier, Paul (2019): Sozialer Kapitalismus. Mein Manifest gegen den Zerfall der Gesellschaft. München: Siedler (2018)

Crafts, Nicholas F. R. (1977): Industrial Revolution in England and France. Some Thoughts on the Question „Why was England first?". In: Economic History Review, 30(3), S. 429-441

Crutzen, P., Davis, M., Mastrandrea, M. D., Schneider, St. H., Sloterdijk, P. (2011): Das Raumschiff Erde hat keinen Notausgang. Berlin: Suhrkamp

Crutzen, Paul (2011): Die Geologie der Menschheit. In: Crutzen, Paul et al.: Das Raumschiff Erde hat keinen Notausgang. Berlin: Suhrkamp, S. 7-10.

Descola, Philippe (2011): Jenseits von Natur und Kultur. Berlin: Suhrkamp (2005)

Dewey, John (2001): Die Suche nach Gewissheit. Eine Untersuchung des Verhältnisses von Erkenntnis und Handeln. Frankfurt a.M.: Suhrkamp (1929)

Diamond, Jared (1987): The Worst Mistake in the History of the Human Race. In: Discover Magazine, May, S. 64-66

Diamond, Jared (2005): Arm und Reich. Die Schicksale menschlicher Gesellschaften. Frankfurt a.M.: Fischer (2000)

Diamond, Jared (2005): Kollaps. Warum Gesellschaften überleben oder untergehen. Frankfurt a.M.: Fischer (2005)

Diamond, Jared (2012): Vermächtnis. Was wir von traditionellen Gesellschaften lernen können. Frankfurt a.M.: Fischer (2012)

Dopfer, Kurt (2009): Evolutionsökonomie. Aktualisierung von innovativen Potentialen. In: Bammé, Arno et al., a.a.O., Band 1, S. 193-239

Dopfer, Kurt: Evolutionary Economics. Program and Scope. Boston: Kluwer

Dunbar, Robin (1993): Coevolution of Neocortical Size, Group Size, and Language in Humans. In: Behavioral and Brain Sciences, Jg. 16, S. 681-735

Durham, William H. (1991): Coevolution. Genes, Culture, and Human Diversity. Stanford: SUP

Ehlers, Eckart (2008): Das Anthropozän. Die Erde im Zeitalter des Menschen. Darmstadt: WBG

Eisenstadt, Shmuel N. (Hg.) (1987): Kulturen der Achsenzeit. Ihre Ursprünge und ihre Vielfalt. Teil 1. Griechenland, Israel, Mesopotamien. Frankfurt a.M.: Suhrkamp

Elkana, Yehuda (1987): Die Entstehung des Denkens zweiter Ordnung im antiken Griechenland. In: Eisenstadt, Shmuel (Hg.), Teil 1, a.a.O., S. 52-88

Emmott, Stephen (2013): Zehn Milliarden. Berlin: Suhrkamp

Feuerbach, Ludwig (2005): Das Wesen des Christentums. Stuttgart: Reclam (1841)
Finley, Moses I. (1981): Economy and Society in Ancient Greece. London: Chatto & Windus (1953)
Fischer-Kowalski, Marina et al. (1997): Gesellschaftlicher Stoffwechsel und Kolonisierung von Natur. Amsterdam: Fakultas
Freud, Sigmund (2000a): Die Zukunft einer Illusion. In: Studienausgabe, Band IX. Frankfurt a.M.: Fischer (1927)
Freud, Sigmund (2000b): Das Unbehagen in der Kultur. In: Studienausgabe, Band IX. Frankfurt a.M.: Fischer (1930)
Fuchs, Thomas (2009): Das Gehirn. Ein Beziehungsorgan. Eine phänomenologisch-ökologische Konzeption. Stuttgart: Kohlhammer
Funtowicz, Silvio; Ravetz, Jerome (2001): Post-Normal Science. Science and Governance under Conditions of Complexity. In: Decker, Michael (Hg.): Interdisciplinarity in Technology Assessment. Implementation and ist Chances and Limits. Berlin: Springer, S. 15-24
Gamble, Clive; Gowlett, John; Dunbar, Robin (2016): Evolution, Denken, Kultur. Das soziale Gehirn und die Entstehung des Menschen. Heidelberg: Springer Spektrum (2015)
Godelier, Maurice (1990): Natur, Arbeit, Geschichte. Zu einer universalgeschichtlichen Theorie der Wirtschaftsformen. Hamburg: Junius (1984)
Goldscheid, Rudolf (2018): Der Richtungsbegriff und seine Bedeutung in der Philosophie. In: Annalen der Naturphilosophie, 5. Band, 1906; erneut in Rudolf Goldscheid: Entwicklungstheorie, Finanzsoziologie, Menschenökonomie. Narrative einer anderen Soziologie. Marburg: Metropolis, S. 276-304
Goldscheid, Rudolf (2020): Entwicklungswerttheorie, Entwicklungsökonomie, Menschenökonomie. Eine Programmschrift. München und Wien: Profil (1908)
Goldscheid, Rudolf (2020): Grundlinien zu einer Kritik der Willenskraft. Willenstheoretische Betrachtungen des biologischen, ökonomischen und sozialen Evolutionismus. München und Wien: Profil (1905)
Goldscheid, Rudolf (2020): Höherentwicklung und Menschenökonomie. Grundlegung der Sozialbiologie. München und Wien: Profil (1911)
Goldscheid, Rudolf (2020): Zur Ethik des Gesamtwillens. Eine sozialphilosophische Untersuchung. München und Wien: Profil (1902)
Göpel, Maja (2020): Unsere Welt neu denken. Eine Einladung. Berlin: Ullstein
Greffrath, Matthias (2015): Wider die globale Vernunft. In: Bauer, Barbara et al. (Red.): Atlas der Globalisierung. Weniger wird mehr. Berlin: Le Monde diplomatique, S. 11-13
Günther, Gotthard (1980): Beiträge zu einer operationsfähigen Dialektik. Band III. Hamburg: Meiner
Harari, Yuval Noah (2013): Eine kurze Geschichte der Menschheit. München: DVA
Harari, Yuval Noah (2017): Homo Deus. Eine Geschichte von Morgen. München: Beck (2015)

Haraway, Donna Jeanne (1995): Die Neuerfindung der Natur. Primaten, Cyborgs und Frauen. Frankfurt a.M. und New York: Campus (1985)

Hasebroek, Johannes (1928): Staat und Handel im alten Griechenland. Untersuchungen zur antiken Wirtschaftsgeschichte. Tübingen: Mohr

Havelock, Eric A. (1990): Schriftlichkeit. Das griechische Alphabet als kulturelle Revolution. Weinheim: VCH (1992)

Heinsohn, Gunnar (1984): Privateigentum, Patriarchat, Geldwirtschaft. Eine sozialhistorische Rekonstruktion zur Antike. Frankfurt a.M.: Suhrkamp

Heinsohn, Gunnar; Steiger, Otto (2000): Kurze Grundlegung der Wirtschaftstheorie. In: Gerschlager, Caroline; Paul-Horn, Ina (Hg.): Gestaltung des Geldes. Marburg: Metropolis, S. 61-84

Hill, Christopher (1980): Intellectual Origins of the English Revolution. Oxford: Clarendon Press (1965)

Hobbes, Thomas (1984): Leviathan oder Stoff, Form und Gewalt eines kirchlichen und bürgerlichen Staates. Frankfurt a.M.: Suhrkamp (1651)

Hülsmann, Heinz (1985): Die Technologische Formation. Berlin: Europäische Perspektiven

Ifrah, Georges (1991): Universalgeschichte der Zahlen. Frankfurt a.M. und New York: Campus (1986, 1981)

Immler, Hans (1989): Vom Wert der Natur. Zur ökologischen Reform von Wirtschaft und Gesellschaft. Opladen: Westdeutscher Verlag

Jaspers, Karl (1949): Vom Ursprung und Ziel der Geschichte. München: Piper

Jonas, Hans (1984): Das Prinzip Verantwortung. Versuch einer Ethik für die technologische Zivilisation. Frankfurt a.M.: Suhrkamp (1979)

Jones, Eric L. (1992): The European Miracle. Environments, Economics, and Geopolitics in the History of Europe and Asia. Cambridge: CUP (1987, 1981)

Kreye, Andrian (2012): Eine Welt aus Erde, Glas und Licht. Interview mit Andrew Blum. In: Süddeutsche Zeitung vom 22.10.2012

Krüger, Hans-Peter (1990): Kritik der kommunikativen Vernunft. Berlin: Akademie

Küppers, Günther (Hg.) (1996): Chaos und Ordnung. Formen der Selbstorganisation in Natur und Gesellschaft. Stuttgart: Reclam

Kurzweil, Ray (2013): Menschheit 2.0. Die Singularität naht. Berlin: Lola Books (2005)

Latour, Bruno (1991): Technology is society made durable. In: Law, John (Hg.): Sociology of Monsters. London: Routledge, S. 103-131

Latour, Bruno (1998): Wir sind nie modern gewesen. Versuch einer symmetrischen Anthropologie. Frankfurt a.M.: Fischer (1991)

Lepenies, Wolf (1988): Die drei Kulturen. Soziologie zwischen Literatur und Wissenschaft. Reinbek: Rowohlt (1985)

Löffler, Davor (2019): Generative Realitäten I. Die Technologische Zivilisation als neue Achsenzeit und Zivilisationsstufe. Eine Anthropologie des 21. Jahrhunderts. Weilerswist: Velbrück

Lovelock, James (1991): Das Gaia-Prinzip. Die Biographie unseres Planeten. Zürich und München: Artemis & Winkler (1988)

Marshall, Tim (2015): Die Macht der Geographie. München: dtv (2015)

Martin, Alfred von (1974): Soziologie der Renaissance. München: Beck (1932)
Marx, Karl (1968): Das Kapital. Kritik der politischen Ökonomie. Erster Band. Berlin: Dietz (1867)
Marx, Karl; Engels, Friedrich (1953): Die deutsche Ideologie. Berlin: Dietz (1932)
Mayr, Ernst (1989): Die Darwinsche Revolution und die Widerstände gegen die Selektionstheorie. In: Naturwissenschaftliche Rundschau, Jg. 42, Heft 7, S. 255-265
Mazzucato, Mariana (2014): Das Kapital des Staates. Eine andere Geschichte von Innovation und Wachstum. München: Kunstmann (2013)
Meyer, Eduard (1920ff.): Ursprünge und Anfänge des Christentums. Zwei Bände. Essen: Phaidon o. J. (1920-1923)
Miller, Peter (2010): Die Intelligenz des Schwarms. Frankfurt a.M. und New York: Campus
Mohr, Hans (1987): Natur und Moral. Darmstadt: WBG
Mohrs, Thomas (1995): Vom Weltstaat. Hobbes' Sozialphilosophie, Sozialbiologie, Realpolitik. Berlin: Akademie
Moravec, Hans (2001): Mind Children. Der Wettlauf zwischen menschlicher und künstlicher Intelligenz. Hamburg: Hoffmann und Campe (1988)
Moscovici, Serge (1984): Versuch über die menschliche Geschichte der Natur. Frankfurt a.M.: Suhrkamp (1977)
Nagel, Thomas (2016): Geist und Kosmos. Warum die materialistische neodarwinistische Konzeption der Natur so gut wie sicher falsch ist. Frankfurt a.M.: Suhrkamp
Neusüss, Anselm (Hg.) (1968): Utopie. Begriff und Phänomen des Utopischen. Neuwied und Berlin: Luchterhand
Nowotny, Helga et al. (2001): Re-Thinking Science. Cambridge: Polity Press
Parmenides (1986): Vom Wesen des Seienden. Die Fragmente. Herausgegeben und übersetzt von Uvo Hölscher. Frankfurt a.M.: Suhrkamp (1969)
Parzinger, Hermann (2015): Die Kinder des Prometheus. Eine Geschichte der Menschheit vor der Erfindung der Schrift. München: Beck (2014)
Parzinger, Hermann (2016): Abenteuer Archäologie. Eine Reise durch die Menschheitsgeschichte. München: Beck
Perrow, Charles (1989): Normale Katastrophen. Frankfurt a.M. und New York: Campus (1984)
Pichot, André (1995): Die Geburt der Wissenschaft. Von den Babyloniern bis zu den frühen Griechen. Frankfurt a.M. und New York: Campus (1991)
Piketty, Thomas (2018): Das Kapital im 21. Jahrhundert. München: Beck (2013)
Polanyi, Karl (1990): The Great Transformation. Frankfurt a.M.: Suhrkamp (1944)
Ponting, Clive (1991): A green history of the world. The environment and the collapse of great civilizations. New York: Penguin
Pulte, Helmut (2005): Axiomatik und Empirie. Eine wissenschaftstheoriegeschichtliche Untersuchung zur mathematischen Naturphilosophie von Newton bis Neumann. Darmstadt: WBG
Riedl, Rupert (1980): Biologie der Erkenntnis. Die stammesgeschichtlichen Grundlagen der Vernunft. Hamburg: Parey

Rifkin, Jeremy: Die dritte industrielle Revolution. Frankfurt a.M. und New York: Campus (2011)

Rinke, Andreas; Schwägerl, Christian (2012): Elf drohende Kriege. Künftige Konflikte um Technologien, Rohstoffe, Territorien und Nahrung. München: Bertelsmann

Ropohl, Günter (2009): Signaturen der technischen Welt. Neuere Beiträge zur Technikphilosophie. Berlin und Münster: LIT

Ropohl, Günter (2014): Ist das Anthropozän ein Plutozän? In Arno Bammé (Hg.): Schöpfer der zweiten Natur. Der Mensch im Anthropozän. Marburg: Metropolis, S. 179-203

Sahlins, Marshall (1972): Stone Age Economics. New York: de Gruyter

Sahlins, Marshall (1978): Ökonomie der Fülle. Die Subsistenzwirtschaft der Sammler und Jäger. In: Technologie und Politik 12. Reinbek: Rowohlt, S. 154-204

Salin, Edgar (1954): Um Stefan George. Erinnerung und Zeugnis. Düsseldorf: Küpper (1948)

Schaik, Carel van; Michel, Kai (2018): Die wahre Bedeutung der Bibel. In: GEO Nr. 1, Januar 2018

Scheurle, Hans Jürgen (2016): Das Gehirn ist nicht einsam. Resonanzen zwischen Gehirn, Leib und Umwelt. Stuttgart: Kohlhammer (2013)

Schneidewind, Uwe (2018): Die Große Transformation. Eine Einführung in die Kunst des gesellschaftlichen Wandels. Frankfurt a.M.: Fischer

Schwägerl, Christian (2010): Menschenzeit. Zerstören oder Gestalten. München: Riemann

Schwägerl, Christian (2014): Die analoge Revolution. München: Riemann

Schwarz, Gerhard (2013): Die archaischen Muster im Leben des modernen Menschen. In: Kotrschal, K.; Schwarz, G.: Die Wesensentstehung des Menschen im Naturbezug. Wie archaische Muster unser Leben beeinflussen. Klagenfurt: Wieser, S. 47-84

Scott, James C. (2019): die Mühlen der Zivilisation. Eine Tiefengeschichte der frühesten Staaten. Berlin: Suhrkamp (2017)

Sedláček, Tomáš (2012): die Ökonomie von Gut und Böse. München: Hanser (2009)

Seeley, Thomas B. (2015): Bienendemokratie. Wie Bienen kollektiv entscheiden und was wir davon lernen können. Frankfurt a.M.: Fischer

Simondon, Gilbert (2012): Die Existenzweise technischer Objekte. Zürich: diaphanes (1958)

Skidelsky, Robert; Skidelsky, Edward (2013): Wie viel ist genug? Vom Wachstumswahn zu einer Ökonomie des guten Lebens. München: Kunstmann (2012)

Sloterdijk, Peter (2011): Wie groß ist „groß"? In: Crutzen, Paul et al., a.a.O., S. 93-110

Sohn-Rethel, Alfred (1989): Geistige und körperliche Arbeit. Revidierte und ergänzte Neuauflage. Weinheim: VCH (1970)

Stavenhagen, Gerhard (1964): Geschichte der Wirtschaftstheorie. Göttingen: Vandenhoeck & Ruprecht

Suddendorf, Thomas (2014): Der Unterschied. Was den Mensch zum Menschen macht. Berlin: Berlin Verlag (2013)

Tainter, Joseph A. (1988): The Collapse of Complex Societies. Cambridge: CUP

Terberger, Thomas; Gronenborn, Detlef (Hg.) (2014): Vom Jäger und Sammler zum Bauern. Die Neolithische Revolution. (Archäologie in Deutschland. Sonderheft 5, Jg. 1, 19. Februar 2014). Darmstadt: Theiss

Tetens, Holm (1987): Experimentelle Erfahrung. Eine wissenschaftstheoretische Studie über die Rolle des Experiments in der Begriffs- und Theoriebildung der Physik. Hamburg: Meiner

Thielemann, Ulrich (2009): Wirtschaftsethik heißt Grundlagenreflexion. In: Bammé, Arno et al. (Hg.), a.a.O., Band 2, S. 761-782

Tomasello, Michael (2002): Die kulturelle Entwicklung des Menschen. Frankfurt a.M.: Suhrkamp

Tomasello, Michael (2014): Eine Naturgeschichte des menschlichen Denkens. Frankfurt a.M.: Suhrkamp

Tönnies, Ferdinand (2017): Gemeinschaft und Gesellschaft. Grundbegriffe der reinen Soziologie. München und Wien: Profil (1887)

Tönnies, Ferdinand (2018): Kritik der öffentlichen Meinung. München und Wien: Profil (1922)

Tönnies, Ferdinand (2019): Die Entwicklung der sozialen Frage bis zum Weltkriege München und Wien: Profil (1926)

Tönnies, Ferdinand (2019): Soziologie und Hochschulreform (1920). In: Ders.: Soziologische Schriften 1916-1920. München und Wien: Profil, S. 319-363

Toynbee, Arnold J. (1986): Die höheren Religionen. In: Mann, Golo; Heuß, Alfred (Hg.): Propyläen Weltgeschichte. Zweiter Band: Hochkulturen des mittleren und östlichen Asiens. Frankfurt a.M.: Ullstein, S. 621-637

Tuchman, Barbara (1984): Die Torheit der Regierenden. Von Troja bis Vietnam. Frankfurt a.M.: Fischer (1984)

Uekötter, Frank (2011): Am Ende der Gewissheiten. Die ökologische Frage im 21. Jahrhundert. Frankfurt a.M. und New York: Campus

Uerpmann, Hans-Peter (2007): Von Wildbeutern zu Ackerbauern – Die Neolithische Revolution der menschlichen Subsistenz. In: Mitteilungen der Gesellschaft für Urgeschichte, 16, S. 55-74

Ulrich, Peter (2016): Integrative Wirtschaftsethik. Grundlagen einer lebensdienlichen Ökonomie. Bern: Haupt (2008)

van Schaik, Carel; Michel, Kai (2019): Das Tagebuch der Menschheit. Was die Bibel über unsere Evolution verrät. Reinbek: Rowohlt (2016)

Vernant, Jean-Pierre (Hg.) (1993): Der Mensch der griechischen Antike. Frankfurt a.M. und New York: Campus (1991)

Vollmer, Gerhard (2008): Was können wir wissen? Zwei Bände. Stuttgart: Hirzel

Ward, Peter; Kirschvink, Joe (2016): Wie Katastrophen den Lauf der Evolution bestimmt haben. München: DVA (2015)

Weber, Alfred (1950): Kulturgeschichte als Kultursoziologie. München: Piper (1935)

Weber, Max (1968): Soziologie. Weltgeschichtliche Analysen. Politik. Stuttgart: Kröner

Weber, Max (1985): Wirtschaft und Gesellschaft. Grundriss der verstehenden Soziologie. Tübingen: Mohr (Siebeck)

Weiß, Martin G. (Hg.) (2009): Bíos und Zoë. Die menschliche Natur im Zeitalter ihrer Reproduzierbarkeit. Frankfurt a.M.: Suhrkamp

Weizenbaum, Joseph (1976): Die Macht der Computer und die Ohnmacht der Vernunft. Frankfurt a.M.: Suhrkamp

Welzer, Harald (2008): Klimakriege. Wofür im 21. Jahrhundert getötet wird. Frankfurt a.M.: Fischer

Westfall, Richard S. (1996): Isaac Newton. Eine Biographie. Heidelberg: Spektrum (1994)

Wilson, Edward O. (1998): Consilience. New York: Knopf

Wilson, Edward O. (2013): Die soziale Eroberung der Erde. Eine biologische Geschichte des Menschen. München: Beck (2012)

Xenophanes (1983): Die Fragmente. Herausgegeben, übersetzt und erläutert von Ernst Heitsch. München und Zürich: Artemis

Yoffee, Norman; Cowgill, George (Hg.) (1988): The Collapse of Ancient States and Civilizations. Tucson: University of Arizona Press

Zalasiewicz, Jan (2009): Die Erde nach uns. Der Mensch als Fossil der fernen Zukunft. Heidelberg: Spektrum (2008)

Ziman, John M. (1996): Postacademic Science. Constructing Knowledge with Networks and Norms. In: Science Studies, Jg. 9, Heft 1, S. 67-80

Zeitdiagnosen

Die veränderte Position des Menschen im Anthropozän*

Je weniger einer vom Vergangenen und Gegenwärtigen weiß, desto unsicherer muss sein Urteil über das Zukünftige ausfallen.
Sigmund Freud (1922)

1. Problemaufriss

Paul Crutzen, der Nobelpreisträger für Chemie, hat für die Epoche, in der wir uns heute befinden, den Begriff des Anthropozäns, des Menschenzeitalters geprägt. Er wollte damit deutlich machen, dass die Erde kein natürliches Ökosystem mehr ist, das vom Menschen gestört wird, sondern ein Humansystem mit darin eingebetteten natürlichen Ökotopen. Der Mensch selbst ist zum geologischen Faktor geworden. Das Holozän (Alluvium), das vom Ende der Eiszeit bis zur Gegenwart reichte und dessen globale Umweltstabilität die Grundlage für den Aufbau aller bisherigen Hochkulturen bildete (Zalasiewicz 2009), wird abgelöst vom Anthropozän (Crutzen 2011, Ehlers 2008). Wenn man die *geochronologischen* Phänomene und die daraus resultierenden gesellschaftlichen Folgeprobleme, die dem Begriff des Anthropozäns zugrunde liegen, in *soziologischer* Diktion reformulieren möchte, dann wird man auf zwei menschengemachte Ursachenkomplexe verweisen müssen, die verantwortlich sind vor allem für die seit Mitte der 40er Jahre einsetzende „große Beschleunigung" dieses Transformationsgeschehens: die Technologie und die Ökonomie.

Eine soziologische Analyse hat dabei zwei Rahmenbedingungen in Rechnung zu stellen, die vom *Mainstream* soziologischen Denkens nur allzu oft vernachlässigt werden: dass nämlich, *erstens*, gesellschaftliche Problemkonstellationen, wie sie unter dem Begriff des Anthropozäns aktuell diskutiert werden, ihre Wurzeln in der Vergangenheit haben und zugleich auf Zukünftiges verweisen (Zalasiewicz 2009). Die Bedingungen,

* Bei dem vorliegenden Essay handelt es sich um die überarbeitete und ergänzte Fassung eines Vortrages, den ich im Rahmen der Tagung „Was die Welt im Innersten zusammenhält!" am 27. Mai 2017 in der Abtei von Rosazzo (Friaul) gehalten habe.

unter denen wir heute leben, sind beides: ein strukturierendes Momentum im Prozess des Werdens, das in die Zukunft weist, *und* ein Gewordenes, das Resultat eines vorgängigen Werdens. Soziologische Theoriebildung ohne Kenntnis der Geschichte und der in ihr angelegten (und versperrten) Möglichkeiten für die Zukunft scheint mir wenig sinnvoll, denn die meisten Schlüsselfragen einer Gesellschaftswissenschaft betreffen Prozesse, die einen Zeithintergrund haben. Bei den Problemen, die heute unter dem Begriff des Anthropozäns erörtert werden, handelt es sich im Wesentlichen um Anomien, die ihre Ursache im Misslingen des technologisch vermittelten Stoffwechselprozesses (Metabolismus) zwischen Mensch und Natur haben (Fischer-Kowalski et al. 1997), also im materiellen Reproduktionsprozess der Gesellschaft. Damit komme ich zum *zweiten* Aspekt. In der Gegenwartssoziologie tritt „Gesellschaft", darin der philosophischen Tradition altgriechischen Denkens folgend, üblicherweise im Gewande von *Kommunikationstheorien* auf. *Produktionstheorien* spielen kaum noch eine Rolle (Krüger 1990). Folgerichtig kommt „Natur" als Gesellschaft konstituierender Begriff weder bei Luhman noch bei Habermas vor. Bei Luhmann ist „Natur" Teil der Umwelt, bei Habermas wird sie allenfalls durch Arbeit affiziert, unterliegt also zweckgerichtetem und gerade nicht kommunikativem Handeln. Indem er das Paradigma der Verständigung zwischen sprach- und handlungsfähigen Subjekten gegenüber dem Paradigma der Erkenntnis von Gegenständen („Dingen") verabsolutiert, beharrt, und darin Luhmann durchaus vergleichbar, auf der „antinaturalistischen Attitude" einer historisch überholten Kulturphilosophie, der die Realität schon längst abhandengekommen ist. Zwar fasst Luhmann, anders als Habermas, „Kommunikation" in einem eher technischen Sinn auf: als Einheit von Information, Mitteilung und Verstehen. Weder Intentionalität noch Sprachlichkeit sind notwendige Bestandteile seiner Begriffsarchitektur. Habermas hingegen, in seiner Theorie kommunikativen Handelns, stellt dem erfolgskontrollierten, zweckrationalen Handeln das verständigungsorientierte, das eigentlich kommunikative Handeln dichotomisch gegenüber. In beiden Fällen aber, sowohl in dem von Luhmann wie in dem von Habermas, handelt es sich um soziologische Großtheorien, um Gesellschaftstheorien, in denen „Natur" nicht vorkommt, formuliert zu einem Zeitpunkt, in dem Natur und Gesellschaft, vermittelt über Technologie, untrennbar zu einem Hybrid verschmelzen (Latour 1998). Von daher ließen sich beide, um einen Ausdruck Luhmanns zu gebrauchen, als „vormoderne Betrachtungsweisen" bezeichnen, die allenfalls Gültigkeit beanspruchen könnten für die Ära der griechischen *Polis*.

2. *Sozialhistorische Wegscheiden*

In einem ersten Schritt werde ich *zunächst* versuchen, eine lang andauernde Folge sozialhistorischer *Singularitäten* zu benennen, Epochenbrüche, die entscheidend waren für die Entstehung der Situation, in der wir uns heute befinden, und die deshalb auch nur langfristig zu korrigieren sein wird, *sodann*, in einem weiteren Schritt, Problembereiche und Gestaltungsaufgaben zu skizzieren, die sich notwendig daraus ergeben. Mit dem Begriff der *Singularität* wird eine vereinzelte Erscheinung, eine Seltenheit oder Besonderheit, im vorliegenden Fall eine Zeitenwende, eine Epochenschwelle bezeichnet, aufgrund derer die Kontinuität im Entwicklungsgeschehen („Evolution") eines Kulturraumes bzw. einer Gesellschaftsformation abrupt unterbrochen wird. Dadurch entsteht etwas völlig Neues, von dem es keinerlei überlieferte Erfahrung gibt. Seriöse Prognosen für Zeiträume jenseits dieser Bruchstelle sind deshalb kaum möglich („Sperrklinkeneffekt").

2.1 *Singularität 1: Die neolithische Revolution*

Von Karl Marx (1960, S. 85) stammt die Aussage, Revolutionen seien die Dampflokomotiven der Weltgeschichte. Insofern war die neolithische Revolution, die sich zwischen 10.000 und 4.000 vor unserer Zeitrechnung ereignete, ein Bummelzug. Sie hat sich über einen sehr langen Zeitraum erstreckt. Die neolithische Revolution ist charakterisiert durch den Übergang vom Dasein der Sammler und Jäger zu dem der Ackerbauern. Es ist der erste Schritt des Menschen von der Wahrnehmung zur Bemächtigung der Welt, von der bloßen Aneignung zur produktiven Umgestaltung der Natur. Im biblischen Mythos von Adam und, vor allem, von Eva hat er seinen prosaischen Niederschlag gefunden. Eva zunächst, dann Adam essen die Frucht vom Baum der Erkenntnis. Tatsächlich waren es wohl Frauen, die als Erste, mehr zufällig als systematisch, lernten, Tiere und Pflanzen zu domestizieren. Dieser „Sündenfall" ging einher mit der „Vertreibung aus dem Paradies", denn er zeitigte zwei systemische Folgewirkungen: schweißtreibende Arbeit und kriegerische Auseinandersetzungen um Grund und Boden. Sie ereigneten sich zwischen Ackerbauern und Viehzüchtern. Der biblische Brudermord dürfte die Härte und die Tendenz dieser Konflikte richtig beschreiben: Kain, der Ackerbauer, erschlägt Abel, den Viehzüchter.

Dass die neolithische Revolution im Nachhinein in verklärenden Mythen als Vertreibung aus dem Paradies gedeutet wird, ist nicht ohne

Grund. Üblicherweise wird die Subsistenzwirtschaft der Jäger und Sammler nach wie vor assoziiert mit Zuschreibungen wie „beständige Nahrungssuche“, „magere und ziemlich unzuverlässige natürliche Ressourcen“, „Fehlen eines ökonomischen Surplus“, „beschränkte Freizeit“ etc. Nach neueren ethnologischen Untersuchungen ist so ziemlich das Gegenteil der Fall (Sahlins 1978, 1981; Godelier 1990). Auf heutige Verhältnisse hochgerechnet, arbeiteten die Menschen damals zwei, allenfalls drei Tage pro Woche. Die pro Tag und Person für die Aneignung und Zubereitung von Nahrung verwendete Zeit lag bei vier bis fünf Stunden. Darüber hinaus wurde nicht kontinuierlich gearbeitet. Die auf Subsistenz verwandte Arbeit schwankte stark. Sie wurde auf der Stelle beendet, wenn die Leute genug für den unmittelbaren Bedarf gesammelt oder gejagt hatten. Sie legten sich auf die sprichwörtliche Bärenhaut. Die Arbeitskraft eines einzelnen Menschen genügte, um vier oder fünf andere zu ernähren. Erst im Verlauf der neolithischen Revolution stieg der pro Kopf erforderlich Zeitaufwand zur Sicherung der Subsistenz. Mit der Entfaltung der Kultur nahm die Arbeitszeit zu, die freie Zeit nahm ab.

Die Sammler und Jäger hatten zwar nur wenige Besitztümer, aber sie waren keineswegs arm, denn „Armut“ ist nicht gleichbedeutend mit „wenig haben“, und ebenso wenig nur ein Verhältnis zwischen Mittel und Zweck. Armut ist, in soziologischer Perspektive betrachtet, vor allem ein Verhältnis zwischen Menschen. Armut ist ein sozialer Status und als solche eine Erfindung der Zivilisation. Die Armut ist mit der Zivilisation gewachsen, einmal als Neid erzeugender Unterschied zwischen einzelnen Menschen, zum anderen als Ergebnis einer Verteilungsrelation zwischen Klassen und Schichten einer Gesellschaft.

2.2 Singularität 2: Die Achsenzeit

Etwa um 800 vor unserer Zeitrechnung entstehen völlig unabhängig voneinander verschiedene Hochkulturen, in der eine zweifache Trennung vollzogen wird: *zum einen* die zwischen Subjekt und Objekt; der Mensch beginnt sich selbst zu reflektieren („Denken zweiter Ordnung“), wird sich seiner selbst und seiner Grenzen in einer von ihm gesonderten Welt bewusst; *zum anderen* die zwischen Physik und Metaphysik; es entstehen zwei Welten, die irdische des Menschen und die transzendente Welt der Götter. Über der irdischen Welt beginnt, sich eine zweite, eine transzendente Welt zu erheben. Heute wissen wir, dass sie ihre irdische Grundlage im Menschen selbst hat. Das menschliche Gehirn ist zum einen in der Lage, die irdische Welt dort draußen sinnlich wahrzunehmen und mental zu verarbeiten, zum anderen, Gedankenkonstrukte zu entwerfen, reine Kopfgeburten, die mit der irdischen Realität nichts zu tun haben, es sei denn, man formt diese Realität entsprechend den metaphysischen Phantasmen um (Fuchs 2017; Scheurle 2016). Wenn alle Menschen einer Ethnie, einer Kultur an einen bestimmten theoretischen Gott glauben, dann existiert dieser Gott auch ganz praktisch mit allen Folgen, die das haben kann.

Dieser Epochenbruch, der seit Karl Jaspers als Achsenzeit bezeichnet wird (Jaspers 1949; Alfred Weber 1950; Eisenstadt 1987), ist gekennzeichnet durch Bevölkerungswachstum, Urbanisierung, Migration, Anonymisierung der zwischenmenschlichen Beziehungen; all das ist verbunden mit dem Zerfall tradierter Überlieferungen, mit Mord und Totschlag, Angst und Verunsicherung. Die Herausbildung differenzierter *gesellschaftlicher* Strukturen und Funktionsbereiche ist eine Zeit des Verfalls alter Traditionen, eine Zeit, die Chaos und Unsicherheit stiftet. Die Menschen sehnen sich nach Ordnung und Frieden und suchen nach einer Autorität, die das sicherzustellen vermag. Weil die zwischenmenschlichen Beziehungsgeflechte Größenordnungen annehmen, die sich durch *gemeinschaftliche* Verkehrs- und Kommunikationsformen nicht mehr regeln lassen, wird es notwendig, abstrakte Moralvorstellungen und Verhaltensnormen zu entwickeln und verbindlich zu verankern. Propheten, die über genug Phantasie und Mut verfügen, beginnen, solche Vorschriften zu formulieren. Damit sie befolgt werden, wird ihnen göttliche Autorität zugesprochen. Es entstehen jene Weltreligionen, mit denen die Menschen bis heute leben. Ihre Postulate bilden den Orientierungsrahmen des kollektiven moralischen Bewusstseins einer Kultur. Ihre Autorität beziehen sie nicht aus einer nachvollziehbaren, soziologisch begründeten Vernunftlogik, was durchaus möglich wäre, sondern aus dem in einem Offenbarungsakt hergestellten und deshalb nicht diskursfähigen Bezug zu einer überirdischen Gottheit.

2.2.1 Die „Mosaische Unterscheidung"

Im Entstehungsprozess der unterschiedlichen Weltreligionen bildet sich eine Singularität heraus, die Jan Assmann als „Mosaische Unterscheidung" und gemeinsame Wurzel von Judentum, Christentum und Islam bezeichnet hat; das ist die Differenz „zwischen wahr und falsch in der Religion, zwischen dem wahren Gott und den falschen Göttern, der wahren Lehre und den Irrlehren" (Assmann 2003, S. 12 f.). Entscheidend ist die Differenz, die hier aufgemacht wird und wie sie sich begründet. Der

Glaube an einen einzigen Gott, der Juden, Christen und Muslime verbindet, versteht sich als Wahrheit im emphatischen und exklusiven Sinn des Wortes. Diese ausgrenzende Differenzierung entsteht im Widerspruch zu allen vorigen henotheistischen Religionen. Im Unterschied zu ihnen, sind monotheistische Religionen exkludierend und in der Regel missionierend. In ihnen gelten die Leitdifferenzen des Heiligen und des Profanen oder des Reinen und des Unreinen. Henotheistische Religionen sind in dieser Hinsicht wesentlich toleranter. Ihre Hauptsorge besteht nicht darin, falsche Götter anzubeten, sondern darin, eine wichtige Gottheit zu vernachlässigen. Fremde Religionen haben für sie grundsätzlich den gleichen Wahrheitswert wie die eigene, und man geht davon aus, dass zwischen den eigenen und fremden Göttern Beziehungen der Übersetzbarkeit bestehen. In den monotheistischen Religionen ist eine solche Übersetzbarkeit blockiert. An die Stelle dessen, was man eine „Hermeneutik der Übersetzung" nennen könnte, tritt eine „Hermeneutik der Differenz", die sich des Eigenen durch eine Vermessung des Abstands zum Anderen versichert und nach dem Prinzip „*omnis determination est negatio*" (Assmann 2003, S. 38).

Bemerkenswert sind nun – und damit leite ich zum „griechischen Mirakel" über – die Parallelen zwischen Moses, der auf dem Berg Sinai die zehn Gebote Gottes verkündete und einen Mythos begründete, und Parmenides, der in gleichermaßen exkludierender Form die zweiwertige Logik und damit die Grundlage der abendländischen Wissenschaft schuf. „Wie die monotheistische Religion auf der Mosaischen, so beruht die Wissenschaft auf der ‚Parmenideischen' Unterscheidung. Die eine unterscheidet zwischen wahrer und falscher Religion, die andere zwischen wahrem und falschem Wissen. Diese Unterscheidung, die sich in den Sätzen von der Identität, dem Widerspruch und vom ausgeschlossenen Dritten (‚*tertium non datur*') artikuliert, wird gemeinhin mit dem Namen des Parmenides verbunden, der im sechsten Jahrhundert vor Christus lebte … Der neue Wissensbegriff, den die Griechen eingeführt haben, ist genauso revolutionär wie der neue Religionsbegriff, den die Juden eingeführt haben und für den der Name Mose steht. Beiden Begriffen ist eine neuartige Kraft zur Unterscheidung, Negation und Ausgrenzung eigen" (Assman 2003, S. 23 f.). Ähnlich wie in der „Gegenreligion" des Mosaischen Offenbarungs-Monotheismus geht auch vom Parmenideischen „Gegenwissen" ein „Denkzwang" aus, der das „wilde Denken" diszipliniert und in „korrekte" Formen zwingt. Aber im Gegensatz zu Mose tritt bei Parmenides an die Stelle des inhaltlich gebundenen Mythos der abstrakte, von allen Inhalten gereinigte Logos.

2.2.2 Das „griechisches Mirakel"

Grundsätzlich lässt sich das menschliche Streben nach Sicherheit, das Bedürfnis des Menschen, Kontrolle über seine Umwelt zu erlangen, wie es sich vor allem in sozialhistorischen Umbruchssituationen als Massenphänomen manifestiert, auf zweierlei Weise befriedigen. Die eine Möglichkeit besteht darin, die Mächte, die den Menschen umgeben und über sein Schicksal entscheiden, gütig zu stimmen. Dieser Versuch findet seinen Ausdruck in Bittgesuchen, Opfern, zeremoniellen Riten und magischen Kulten. Im Gegensatz dazu besteht die zweite Möglichkeit darin, Werkzeuge und Fähigkeiten zu entwickeln, um sich mit ihrer Hilfe die Umwelt gefügig zu machen. Während die erste, die phantasmagorische Art und Weise lediglich das Gefühl und Denken des jeweils eigenen Ich tangiert, ist die zweite tatsächlich geeignet, die Welt durch Handeln zu verändern. Diesen zweiten Weg beschritten, zumindest was die Gestaltung ihrer gesellschaftlichen Verhältnisse betrifft, die nachhomerischen Griechen.

Darin stimmen alle Hochkulturen überein: dass sie eine Trennung vollziehen zwischen Subjekt und Objekt, also zwischen innerer und äußerer Welt, sowie zwischen irdischer und überirdischer Welt. Worin sie sich unterscheiden, ist die inhaltliche Ausgestaltung der transzendenten Welt. Hier beschreitet die abendländische Kultur einen Sonderweg. Während alle anderen Hochkulturen in ihrer Metaphysik inhaltlich gebunden bleiben, im Bereich inhaltlich gebundener Subjektivität verharren und die inhaltlichen Substrate ihrer Kultur in die Umwelt projizieren, ihr in symbolischer oder institutioneller Form, sei es in der Religion, in der Kunst oder im Alltag, Geltung verschaffen, vollzieht sich in der griechisch-abendländischen Kultur der radikalste Projektionsschritt: die Übertragung des leeren Handlungsschemas aus der subjektiven Erfahrung des tätigen Menschen in die physische Wirklichkeit. Es entsteht die abstrakte Denkform logischer Kalküle, die Basis griechischer (Proto-)Wissenschaft. Das materielle Resultat dieser mentalen Projektionsleistung ist schließlich die Maschine, der Computer.

Zwei Vorsokratiker waren für diesen Transformationsprozess von Bedeutung: Xenophanes und der bereits erwähnte Parmenides. Sie argumentierten, verkürzt gesagt, etwa wie folgt: Gebote sind notwendig, um ein friedliches Zusammenleben der Menschen sicherzustellen. Aber Götter brauchen wir dafür nicht. Götter sind ohnehin nur Produkte menschlicher Phantasie. Nicht die Götter haben die Menschen, sondern die Menschen haben die Götter erschaffen. So können wir bei Xenophanes (1983, 45/16) lesen: „Schwarz, stumpfnasig, so stellt sich der Äthiopier die Götter vor; aber blond und blauäugig malt sich der Thraker die seinen: Hätten Rinder, Rosse, Löwen ebenfalls Hände wie Menschen, und könnten sie ebenso malen und Kunstwerke schaffen – dann würden sie je nach ihrem eigenen Aussehen auch die Götterbilder und die leibliche Form ihrer Götter gestalten.“ Die nachhomerischen Griechen überlassen die Lösung ihrer Probleme nicht einer überirdischen Autorität, sondern beginnen, sie durch Logik, durch Behauptung, Diskussion und Beweis zu lösen. Denn für sie gibt es nur eine Wahrheit, und die lässt sich finden durch logisches Denken. Etwas ist oder es ist nicht; ein Drittes gibt es nicht. Entweder … oder, ja oder nein, richtig oder falsch – das sind die Grundlagen unserer Wissenschaft bis heute. Die Vorstellung des mit sich selbst identischen Subjekts und Objekts, die Grundlagen der formalen Logik und des abstrakten Denkens, der Kritik und des systematischen Zweifels sowie die Prinzipien und Mechanismen, nach denen sie funktionieren und die ihnen zugrunde liegen, Abstraktion und Isolation, Deduktion und Reduktion, Kausalität und Wahrscheinlichkeit – all jene Denkformen und -methoden haben ihren Ursprung im östlichen Mittelmeerraum und nirgends woanders. Erstmals und einzig in der Geschichte der Menschheit beherrschen diese Denkformen die zwischenmenschliche Kommunikation, und ihr Ziel ist die Wahrheitsfindung.

Was aber sind die Ursachen dieses in seiner örtlichen und zeitlichen Erscheinung einzigartigen Mirakels? Unübersehbar steht es in einem inneren Zusammenhang mit dem sich entwickelnden Warentausch der Phönizier und Griechen. Es hat sowohl geopolitische als auch sozialökonomische Voraussetzungen. Die empirischen *Realabstraktionen* des systematisch betriebenen, vertraglich geregelten Warentauschs, der sich an den Außenrändern, nicht im Binnenraum zunächst der phönizischen, sodann der griechischen Gesellschaft entwickelt, manifestieren sich schließlich in den metaphysischen *Denkabstraktionen* des menschlichen Verstandes, der menschlichen Vernunft, personifiziert zunächst in der Figur des Händlers, dann in jener des Philosophen (Sohn-Rethel 1989; R.W. Müller 1981). Logik, so hat Karl Marx (1985, S. 571) dieses Transformationsgeschehen einmal recht griffig zusammengefasst, wurde zum Geld des Geistes. Begleitet wird es durch die Einführung des gemünzten Geldes und der Alphabetschrift (Pichot 1995; Havelock 1990). Dazu kommt im selben Raum und zur selben Zeit noch ein weiteres Ereignis, diesen Transformationsprozess unterstützend und vorantreibend, zugleich aus ihm hervorgehend: das Auftreten der Demokratie, das heißt, die Einführung konstitutioneller Gesetze, an die auch die politischen Machthaber gebunden sind. Der Rechtshistoriker Maine (1997) bezeichnet dieses Transformationsgeschehen in seiner Gesamtheit als Übergang vom *Status* zum *Vertrag*.

Allerdings, dieses Transformationsgeschehen vom *Mythos* zum *Logos*, das die frühen Griechen vollziehen, bezog sich nur auf die Kommunikation *in der Gesellschaft*, nicht auf die Kommunikation *mit der Natur*. Der Stoffwechselprozess zwischen Mensch und Natur oblag den Sklaven. Für die Vollbürger der *Polis* bestand keinerlei Notwendigkeit, sich mit der Natur praktisch auseinanderzusetzen. Darin besteht die sozialhistorische Erkenntnisschranke griechischen Denkens. Denn die Natur in ihrer Vielgestaltigkeit ist nicht so eindeutig wie die Wahrheitskalküle der formalen Logik. Die Griechen revolutionierten die durch *Kommunikation* und Verkehr vermittelten Gesetzmäßigkeiten des zwischenmenschlichen Zusammenlebens in der Gesellschaft, aber nicht die durch Wissenschaft und Technik in der *Produktion* zu gestaltenden Gesetzmäßigkeiten der Natur. Erst im „europäischen Mirakel“ (Jones 1992) gelingt es den Menschen, ihre Beziehung zur Natur auf eine vergleichbar rationale Basis zu stellen, gelingt es ihnen, die in der *Zirkulationssphäre*, dem Markt, wurzelnden Rationalitätskriterien auf die *Produktionssphäre*, auf die stoffliche Auseinandersetzung der Menschen mit der sie umgebenden Natur zu übertragen. Erst hier bleibt der Warenverkehr nicht mehr, wie im nachhomerischen Griechentum, auf die Außenränder der Gesellschaft beschränkt, sondern erfasst und strukturiert auch ihren Binnenraum. Die menschliche Arbeitskraft wird kommodifiziert, so dass nunmehr alle Menschen in den Geldnexus und seine performative Kraft einbezogen werden. Dazwischen liegt die lang andauernde Epoche des „finsteren Mittelalters“. Der *Logos* räumte im späteren Altertum dem *Mythos* wieder das Feld, und der Glaube wurde mächtiger als das Streben nach wissenschaftlicher Erkenntnis. In der weltumspannenden Weite zunächst des Reiches Alexander des Großen, sodann der Römer trat an die Stelle der Geldwirtschaft wieder die Naturalwirtschaft. Sie leitete den Niedergang des Prinzips der Vernunft ein, an dessen Ende der Mythos einer neuen Religion, des Christentums steht (Meyer o.J.; Harnack 1950). Die Gotteskritik des Xenophanes geriet in Vergessenheit. Erst mit Feuerbach, gut zweitausend Jahre später, verschaffte sie sich wieder Gehör.

Entscheidend für die weitere Entwicklung des abendländischen Weltbildes ist, dass der Ort der Wahrheitsfindung in beiden Fällen, dem religiösen wie dem wissenschaftlichen, ins metaphysische Jenseits verlegt worden ist, ein Weltbild, das in seiner ausgrenzenden Reinheit unbefleckt bleibt vom Schmutz und der Beliebigkeit jeglicher Empirie. Wahrheit lässt sich erlangen allein durch Gnade der Offenbarung oder durch die Logik der Deduktion. Darin stimmen Moses, der Schöpfer des mythischen Monotheismus, und Parmenides, der Begründer des formalwissenschaftlichen Denkens, überein. Wahrheit wird bis hin zu Newton kein Resultat *rational erklärter Erfahrung* sein.

2.3 Singularität 3: Das „europäisches Mirakel"

Im 17. Jahrhundert wiederholt und vollendet sich das in den Weltreichen Alexanders und der Römer unterbrochene griechische Mirakel. Hatten sich die Menschen im alten Griechenland durch Philosophie und Politik aus ihrer *sozialen* Dumpfheit befreit und an die Stelle des *Mythos* den *Logos* gesetzt, so befreien sie sich nun von den Fesseln der *Natur*, indem sie mit Hilfe von Technologie und Ökonomie ihren Verstand einsetzen. Ohne Analogien allzu sehr überstrapazieren zu wollen, lässt sich sagen, dass sich in der Rolle, die das kleine, in sich zerrissene, küstenreiche Europa in der Nachrenaissance für die Welt zu spielen beginnt, jene Rolle wieder aufgenommen und zu Ende geführt wird, die das kleine, in sich zersplitterte, küstenreiche Griechenland für den antiken Mittelmeerraum begonnen, aber nicht vollendet hat. Mit der Entdeckung Amerikas verlagert sich die Achse des Welthandels vom Mittelmeer zur atlantischen Küste Europas. England übernimmt dabei schließlich die führende Rolle, durchaus vergleichbar mit jener, die Athen bei den frühen Griechen lange Zeit innehatte. Ursprünglich ausgehend von Norditalien, wird aus dem Warenhandlungskapital zunächst in England, dann europaweit das Industriekapital. England entwickelt sich zur „Werkstatt der Welt" (Crafts 1977). Hier erst gelingt der Durchbruch einer Ökonomie, die sich durch Warenförmigkeit auszeichnet, zu ihrer vollen Wirksamkeit. Sie betrifft nun nicht mehr nur die Außenränder der Gesellschaft, sondern verwandelt ihren Binnenraum.

Neben den geopolitischen Gegebenheiten haben auch hier, wie in vergleichbarer Weise im antiken Griechenland, weitere Einflussfaktoren mitgewirkt. Zu nennen sind vor allem die Erfindung des Buchdrucks und der doppelten Buchführung, die Verwendung der arabischen Ziffern und der Null, die Einführung des Protestantismus als Gegenmodell zum und in Relativierung des Katholizismus, schließlich die Erfindung der Infinitesimalrechnung (Ifrah 1991). Entscheidend ist ferner, dass, vermittelt über die christliche Religion, Arbeit nicht mehr grundsätzlich negativ konnotiert ist. Anders als in den meisten vorchristlichen Religionen gilt der Mensch nicht mehr als eingewoben in das Ganze der Welt, sondern ist als

Ebenbild Gottes aus ihr herausgehoben, versehen mit einem eindeutigen Herrschaftsauftrag. Der christliche Gott ist ein Willens-, Arbeits- und Schöpfergott, und daher hat auch der Mensch als sein Ebenbild die Fähigkeit und die Verpflichtung zum freien Schöpfertum. „Macht Euch die Erde untertan", so lautet der Arbeitsauftrag (Gen 1, 28). Darin unterscheidet sich die christliche Arbeitsethik fundamental von der griechischen. Während in jener die körperliche Arbeit verachtet wurde, wird sie in dieser als etwas Notwendiges und Normales angesehen. Zwar ist körperliche Arbeit eine Strafe Gottes für die Hybris des Menschen im Paradies – „im Schweiße Deines Angesichts sollst Du Dein Brot essen" (Gen 3, 19) – aber gleichwohl: Schon im Alten Testament wird der Fleißige gelobt, der Faule getadelt. Und so kann Paulus fordern: „Wer nicht arbeitet, soll auch nicht essen" (2. Thess. 3,10). Dadurch ist es für Philosophen nicht mehr despektierlich, sich praktischen Fragen im Stoffwechselprozess des Menschen mit der Natur zuzuwenden. Es entsteht europaweit ein wissenschaftliches Netzwerk, das nicht länger mehr nur kontemplativ, bloße Scholastik ist, sondern unmittelbar handlungspraktische Folgen hat, eine Entwicklung, die sich an den traditionellen, in Scholastik erstarrten Universitäten vorbei vollzieht. Eine bedeutende Rolle spielen dabei die neu gegründeten wissenschaftlichen Gesellschaften, die Akademien und, insbesondere in England, die informellen, die „invisible colleges". Wie bei kaum einem anderen Wissenschaftler seiner Zeit ist dieser Transformationsprozess personifiziert in der Gestalt Isaac Newtons.

Newton vollzieht die Integration von mathematischer Methode und sinnlicher Empirie, indem er beide Momente durch Messregeln miteinander verknüpft: im Experiment, handlungspraktisch. Anders als noch bei Galilei steht nicht so sehr die Geometrie, sondern die Algebra im Zentrum seiner Wissenschaft. Der Status, den die Mathematik im Rahmen der Naturerkenntnis bei Newton einnimmt, ist nicht mehr, wie noch bei Galilei, grundlegendes Prinzip der Natur selbst, sondern ein Hilfsmittel der Darstellungsweise. Und anders als bei Bacon wird die Empirie, im Experiment, systematisch unter die Bedingungen apriorischer Annahmen gestellt. Im messenden Experiment quantifizierender Naturerfassung wird die Theorie, und das ist das alles entscheidende Novum in der Synthese, die Newton vornimmt, nicht als Mittel zur Erkenntnis vorhandener empirischer Tatsachen verwendet, sondern, umgekehrt, durch theoretische Kriterien wird allererst ermittelt und entschieden, was als empirische Tatsache anzusehen ist (Tetens 1987; Pulte 2005). Newton macht die Natur eindeutig. Er passt nicht nur die Theorie der Realität an, sondern zugleich die Realität der Theorie. Damit nimmt er im Prinzip die industrielle Produktionspraxis des 19. Jahrhunderts vorweg: im Labor. Irrtümer richten deshalb noch keinen großen Schaden an. Gesellschaftlich bleiben sie folgenlos, beschränkt auf die geschlossenen Räume des Labors.

2.4 Singularität 4: Das Anthropozän

Die Situation ist heute, anders als zu Newtons Zeiten, eine völlig veränderte. Die Experimente haben die schützenden Mauern der Laboratorien verlassen. Sie werden heute im Maßstab 1:1 und in Echtzeit durchgeführt, von, für und mit uns allen (Latour 1998). Die Gesellschaft selbst ist zum Experimentierfeld geworden. Anders als im Labor sind wir von den Folgewirkungen alle betroffen, sei es DDT, Contergan, FCKW, BSE, Tschernobyl oder Glyphosat. Wie in einem Brennglas verdichtet sich die Problematik dieser Situation im ersten Atombombenversuch, der gegen Ende des Zweiten Weltkrieges in Los Alamos gestartet wurde. Es gab Bedenken, dass die Auslösung einer Kernexplosion die Erdatmosphäre entzünden und dadurch ein Weltenbrand entstehen könnte. Eine entscheidende Rolle spielte dabei Edward Teller. Bevor sich die Wissenschaftler zur ersten Zündung entschieden, rechnete er ihnen vor, dass der Feuerball einer Kernexplosion so stark sei, dass die ganze Erdatmosphäre dadurch in Mitleidenschaft geraten würde. Tellers Kollegen nahmen seine Vermutungen sehr ernst; und erst nachdem sich eine Gruppe unter Hans Bethe davon überzeugt hatte, dass es einige Irrtümer in Tellers Berechnungen gab, glaubte man nicht mehr an die Vernichtung der ganzen Erde und gab die Erprobung frei (Fischer 1998). Entscheidend ist hierbei nicht, ob Teller oder Bethe Recht hatten, sondern dass in einem trüben Gemisch von Industrie-, Partei- und Militärinteressen eine Entscheidung getroffen wurde, die eine Gefährdung der gesamten Weltbevölkerung hätte nach sich ziehen können, ohne dass diese davon wusste oder hätte Einfluss nehmen können. Hierbei haben wir es mit einem zeitgenössischen Charakteristikum zu tun, für das der Soziologe Ulrich Beck den Begriff der Risikogesellschaft (1986) geprägt hat.

Nehmen wir ein zweites Beispiel. Nach der Nuklearkatastrophe von Fukushima, als die Folgen noch nicht absehbar waren, gingen die japanischen Behörden einen kurzen Moment lang davon aus, dass sie den gesamten Großraum von Tokio – zwanzig Millionen Menschen – evakuieren müssten. Dazu kam es glücklicherweise nicht, weil der Wind drehte und die radioaktiven Wolken zum Meer hinaustrieb. Aber gesetzt den Fall, es wäre nötig gewesen: Wohin hätten die Tokioter in diesem Fall gehen sollen? Und unter welchen Bedingungen? Hätte man ihnen ein

Stück Land geben sollen? Oder sie einfach rund um die Welt verteilen? Und wer hätte das bewerkstelligen sollen? Es ist völlig klar: Unter den gegebenen Umständen wäre das Militär der einzige Akteur gewesen, der eine solche gewaltige Aufgabe in organisierter Weise hätte leisten können. Weder der Markt noch altruistische Bürgerinitiativen wären dazu in der Lage gewesen. Vor diesem Hintergrund zu monieren, der Einsatz des Militärs für zivile Zwecke rieche nach Notstand oder Katastrophenfall, ist schlichtweg verlogen. Wenn Zehntausende unorganisiert durch dichtbevölkerte Gebiete wandern, *ist* das ein Katastrophenfall (Žižek 2015). Aber die Frage ist berechtigt: Wer ist der Souverän, der über den Katastrophenfall, also über den Ausnahmezustand entscheidet und die Befehlsgewalt innehat? Was ist, wenn Migrationsströme globale Ausmaße annehmen, Länder und Erdteile übergreifend? Man stelle sich vor, dass Nordsibirien im Verlauf des Klimawandels bewohnbarer und landwirtschaftstauglicher wird, während große Regionen Afrikas südlich der Sahara so stark austrocknen, dass dort eine zahlenmäßig nennenswerte Bevölkerung nicht mehr leben könnte. Wie wird man den Bevölkerungsaustausch organisieren? In Zeiten solcher Unruhen wird es darauf ankommen, die Frage nach dem Souverän, der die notwendigen Entscheidungen trifft, radikal neu zu durchdenken und neue Ebenen der globalen Kooperation zu entwickeln. Die Dramatik der gegenwärtigen Situation besteht darin, dass sich die Menschheit auf dem Wege zur Weltgesellschaft befindet, aber weder über eine mit realer politischer Zwangsgewalt ausgestattete Institution noch über Verfahrensweisen verfügt, die den damit einher gehenden Herausforderungen gerecht werden. Die pathologische Sorglosigkeit, mit der sie die Tragekapazität des Planeten überfordert, dass er als Soziotop für das Überleben der Gattung „Mensch" in absehbarer Zeit nicht mehr geeignet sein könnte, verweist, im übertragenen Sinn, auf einen „Naturzustand", der ungeregelt seinen Lauf nimmt.

In dieser Situation war plötzlich vom Raumschiff „Erde" die Rede und dass es keinen Notausgang gibt (Crutzen et al. 2011). Anders als in vorkolonialen Zeiten existiert kein Außen mehr, in das man im Fall einer Katastrophe auswandern könnte. Auf diesem Raumschiff, und das ist neu, fallen Gesellschaft und Natur, Soziotop und Biotop zusammen. Wenn sie nicht schon seit Newton eine Einheit bildeten, so verschmelzen sie nun zu einem Hybrid. Diese Einheit wird durch Technologie hergestellt, nicht durch Philosophie und nicht durch Religion. Kurzweil (2013) bezeichnet deshalb, durchaus in positiver Konnotation, den Epochenbruch, der für das Anthropozän charakteristisch ist, als „*technologische Singularität*"; Harari (2017) spricht in diesem Zusammenhang, mit Blick auf die Zukunft des *Homo sapiens* als Gattungswesen und eher negativ konnotiert, vom *Cyborg*, vom *cybernetic organism* des „*algorithmisierten Menschen*". Das Ozonloch, für dessen Ursachenerforschung Crutzen den Nobelpreis erhielt, ist ein Beispiel für das Verschmelzen von Natürlichem und Gesellschaftlichem. Es ist ein Ereignis in der Natur, aber es ist – durch Technologie vermittelt – sozial verursacht.

3. Fünf Problembereiche: fünf Gestaltungsaufgaben

Auf die Herausforderungen des Anthropozäns sind die Gesellschaften in ihren nationalstaatlichen Grenzen noch kaum vorbereitet. Wirtschaft, Politik, Wissenschaft leisten bislang keinen nennenswerten Beitrag zur Lösung der Probleme. Vielmehr sind sie selbst Teil und Ursache dieser Probleme. Gleichwohl besteht Hoffnung, weil sie selbst verschuldet sind. Anders als Naturkatastrophen entziehen sie sich nicht menschlicher Einflussnahme. Im Folgenden skizziere ich fünf Problembereiche, die ein Resultat bisheriger Fehlentwicklungen sind und, gerade in ihrer Wechselwirkung, ungesteuert in einer Katastrophe unvorstellbaren Ausmaßes enden können. So gesehen, können heute nur Apokalyptiker vernünftige Zukunftspolitik betreiben, weil allein sie auch das Schlimmste noch als reale Möglichkeit bedenken (Sloterdijk 2011).

3.1 Die Entgrenzung des Raumes

Das Territorium, die räumliche Nähe war bisher die geopolitische Basis des Nationalstaates. Beides verliert heute an Bedeutung. Die Menschheit befindet sich auf dem Weg zur Weltgesellschaft (Vietta 2016). Aber es gibt keinen Souverän, ausgestattet mit einem Machtmonopol und demokratisch legitimiert, der Weltinnenpolitik betreiben könnte (Mohrs 1995; Zürn 2013). Dabei ist es offensichtlich: Klimawandel, Bevölkerungswachstum, Verlust an Biodiversität, Banken-, Währungs- und Finanzkrisen – all diese Probleme des 21. Jahrhunderts lassen sich mit den geopolitischen Vorstellungen des 19. Jahrhunderts nicht lösen. Wie soll das auch gehen: die Welt regieren ohne Weltregierung? Das Raumschiff „Erde" gleicht einem Automobil, das führerlos auf einen Abgrund zurast, während sich die Insassen darüber streiten, welche Musik als nächste in den CD-Player eingelegt werden soll.

Die entsprechende *Gestaltungsaufgabe* lautet: Wie lässt sich eine Weltregierung konzipieren, ohne auf die historischen Errungenschaften demokratischer Zivilgesellschaften zu verzichten, die sich im Rahmen des Nationalstaats gebildet haben?

3.2 Die sozialen Kosten der Individualwirtschaft

Eine Ökonomie, die sich orientiert am privat akkumulierten Profit; die keine Grenzen kennt und keine Moral, abstrahiert von den *sozialen* Kosten, die sie verursacht, und von den Umweltschäden, die sie erzeugt.

Der Begriff der sozialen Kosten geht auf William Kapp (1988) zurück. Er bezeichnet direkte und indirekte Verluste Dritter oder der Allgemeinheit; Schädigung der Gesundheit; Vernichtung von Eigentumswerten; Erschöpfung von Naturschätzen. Sozialkosten entstehen auf verschiedene Weise. So haben einige ihren Ursprung in bestimmten Industrien und können bis in einzelne Produktionsprozesse verfolgt werden. Andere sind die Folge der Wechselwirkung einer ganzen Reihe von Faktoren, die den Kausalprozess komplex und häufig kumulativ gestalten. In einigen Fällen werden die Sozialkosten der Produktion sofort wahrgenommen. In anderen bleiben sie für lange Zeit verborgen, so dass die davon Betroffenen ihre Schäden nicht sogleich erkennen. Einige Sozialkosten treffen nur eine beschränkte Anzahl von Personen, andere verteilen sich auf die gesamte Gesellschaft. Die Schäden können so weit verbreitet sein und sich auf so viele Individuen verteilen, dass der Einzelne nur einen verhältnismäßig geringen Verlust oder Schaden zu tragen hat, während die Gesamtverluste beträchtlich sind. Das strukturelle Problem besteht darin, dass die Reichtumsmessung der Gesellschaft nicht von den Gesamtkonsequenzen des Wirtschaftens ausgeht, sondern dem Individualprinzip der Profitmaximierung folgt (Bammé et al. 2009). Die Unternehmen kalkulieren ihre Gewinne unter Ausschluss der Sozialkosten. Sie entziehen der Natur Substanz, ohne ihre Wiederherstellung in Betracht zu ziehen (Immler 1989). Es ist völlig unerheblich, mit welchen Waren sie ihren Profit machen, ob mit Waffen oder Nahrungsmittel, Rauschgift oder Heilmitteln, solange sich nur der Durchschnittsprofit einer Branche realisieren lässt. In der Regel bewegen sie sich im Rahmen der bestehenden Gesetze und verhalten sich durchaus legal. Das zu kontrollieren, wird aber immer schwieriger, weil sich die Politik, im Gegensatz zu den global agierenden internationalen Konzernen, nach wie vor auf Zielvorgaben im Rahmen überkommener nationalstaatlicher Grenzen beschränkt.

Die *Gestaltungsaufgabe* lautet: Wie lässt sich eine Gemeinwohlökonomie entwickeln, ohne auf die kreative Dynamik zu verzichten, die der kapitalistischen Wirtschaftsweise innewohnt?

3.3 Die Entgrenzung der Zeit

Wir erleben gegenwärtig nicht nur eine Entgrenzung des Raumes, sondern auch der Zeit. Langfristige Folgewirkungen gesellschaftspolitischer Entscheidungen übersteigen die Zeitleiste vier- bzw. fünfjähriger Wahlzyklen. Ihre Bearbeitung lässt sich nicht in Augenblickserfolge ummünzen, die Wählerstimmen bringen. Es fehlen zukunftsorientierte Visionen, wie parlamentarische Demokratie, Basisdemokratie und Expertenautorität in eine zeitgemäße institutionalisierte Balance zu bringen sind (Kreuzberg 2001). Eine Politik, die Gestaltungsräume erst wahrnimmt, wenn sie offen zutage treten, eine Politik, die drohende Übel erst zur Kenntnis nimmt, wenn sie sich überdeutlich abzeichnen, ist verhängnisvoll, weil sie keine Zukunft kennt, die über Gegenwärtiges hinausweist (Dror 1995; Welzer 2008; Höffe 2009). Stattdessen regiert ein trübes Gemisch aus Wirtschafts-, Partei- und Militärinteressen, ohne zurechenbare Verantwortung, eine Alliance der Begünstigten des Status quo zu Lasten der Mehrheitsbevölkerung und zukünftiger Generationen (Hardt/Negri 2002; Ziegler 2003). Dass sozialstrukturelle Differenzen zwischen gesellschaftlichen Eliten und Mehrheitsbevölkerung nur spät, wie in der Französischen Revolution, oder gar nicht zu einer Veränderung der gesellschaftlichen Verhältnisse führen, liegt unter anderem daran, dass die Zurechenbarkeit der Verantwortung für die Folgen katastrophaler Entscheidungen oftmals nur schwer zu ermitteln ist (Diamond 2005). Wer wird im Jahr 2036, wenn die „Asse“, ein leckgeschlagener Bergwerksschacht in Niedersachsen, in dem Atom-Müll gelagert wird, voll Wasser gelaufen ist und nicht mehr saniert werden kann, die Verantwortlichen für dieses Desaster noch kennen und zur Rechenschaft ziehen?

Die *Gestaltungsaufgabe* lautet in diesem Fall: Wie lässt sich eine Gesellschaftspolitik entwickeln, die sich an den langfristigen Erfordernissen einer sozial- und umweltverträglichen Zukunftsgestaltung orientiert, ohne die Bedürfnisse gegenwärtiger Menschen zu vernachlässigen?

3.4 Der Tunnelblick der akademischen Wissenschaft

Das wissenschaftliche Aussagesystem unterscheidet sich von anderen dadurch, dass es isolierend und abstrahierend verfährt, vergleichbar dem Tunnelblick eines alkoholisierten Autolenkers. Mit der gesellschaftlichen Realität dort draußen hat eine solche im 19. Jahrhundert wurzelnde Denkweise, eingesperrt im Elfenbeinturm, kaum noch etwas zu tun. Mit ihr lassen sich Diplome und Doktor-Titel erwerben, aber keine Probleme der

Gesellschaft lösen. Das Dilemma besteht darin: Die Gesellschaft hat Probleme, die Universität hat Fakultäten – beides ist nicht kompatibel. Dazu zwei Beispiele (Steiner 1991, S. 24 ff.): (1) Zu Beginn der neunziger Jahre sind an den Universitäten der westlichen Industriestaaten einschließlich Russlands etwa 30.000 registrierte Dissertationen jährlich allein im Bereich moderner Literatur verfasst worden. Man wird davon ausgehen können, dass etwa fünfundneunzig Prozent davon in „Ablage 13" verschwunden sind (Sloterdijk 2011). (2) Seit 1780 sind ungefähr 25.000 Bücher, Dissertationen, Essays produziert worden, die sich allein der Interpretation von Shakespeares „Hamlet" gewidmet haben. Wenn jemand sich akademische Meriten partout dadurch erwerben will, dass er neuerlich in die Interpretationstiefen von Shakespeares „Hamlet" eintaucht, so mag das in Ordnung sein. Des Menschen Wille ist sein Himmelreich. Aber es gibt dort draußen in der Welt so viele ungelöste Probleme, die zu ihrer Bearbeitung wissenschaftlicher Kompetenz bedürfen und bei deren Lösung sich wissenschaftliche Kompetenz erwerben ließe, dass sich die Frage nach der gesellschaftlichen Relevanz bzw. Irrelevanz akademischer Wissenschaft zwangsläufig fast von selbst stellen muss (Nowotny 1975).

Die Wissenschaft war bis etwa 1880 weitgehend eine *Repräsentationswissenschaft*, eine Wissenschaft des *Seins*. Sie hat das, was ist, zu *beschreiben* und zu *erklären* versucht. Probleme, vor denen die Wissenschaft heute steht, sind andere als die des 19. Jahrhunderts. Heute geht es darum, Gesellschaft in ihrer Komplexität und Dynamik zu *gestalten*. Benötigt wird eine Wissenschaft des *Werdens*, eine *Interventionswissenschaft* (Bammé 2015). Es geht nicht mehr so sehr darum, Wahrheiten über die Wirklichkeit dort draußen zu entdecken, sondern darum, über die Wirklichkeit von Wahrheiten, die wir selber produzieren können, zu entscheiden: Wollen wir die Kernfusion, den gentechnisch optimierten Menschen etc. Mit der „Zuschauertheorie" des Wissens ist es endgültig vorbei (Dewey 2001). Die Probleme, die heute einer wissenschaftlichen Lösung bedürfen, zeichnen sich aus durch Komplexität und Dynamik, das heißt, durch *Ungewissheit* und *Wertorientierung*. In einer solchen Situation fallen der Wissenschaft neue Aufgaben zu, denn die Methoden der traditionellen Wissenschaft sind in diesen neuen Kontexten nur von begrenzter Wirksamkeit. Heute müssen wissenschaftlich begleitete Entscheidungsprozesse den Dialog einschließen zwischen denen, die ein Interesse an der Lösung der anstehenden Probleme haben, und jenen, denen sie anvertraut sind. Das bedeutet, der Prozess einer Entscheidungsfindung unter Bedingungen von Unsicherheit und Wertevielfalt ist ebenso wichtig wie das Resultat, das schließlich zustande kommt. Zwar ist das, was an der

Universität mit Hilfe von Lehrbüchern vermittelt wird, nach wie vor wichtig, aber es ist in Zukunft nicht mehr ausreichend, denn es bezieht sich auf eine standardisierte Version der Welt. Die Welt aber, in der wir leben und handeln, unterscheidet sich davon ganz erheblich. Im Gegensatz zu dem Eindruck, den Lehrbücher vermitteln, verfügen die meisten Probleme über mehr als eine plausible Lösung und auf manche gibt es überhaupt keine Antwort (Funtowicz/Ravetz 2001).

Die entsprechende *Gestaltungsaufgabe* lautet: Wie lässt sich eine Wissenschaft entwickeln, die in sozial- und umweltverträglicher Weise gesellschaftlich wirksam ist, ohne ihre historisch erkämpfte Autonomie gegenüber gesellschaftlichen Zumutungen zu verlieren?

3.5 Ein Weltbild, das veraltet ist

Wie der Mensch mit seiner Umwelt umgeht, wird bestimmt durch die Werte und Überzeugungen, nach denen er lebt und die ihn leiten. Diese Werte beruhen nach wie vor auf einem Weltbild, das völlig veraltet ist. Es bezieht sich auf Mythen, auf göttliche Offenbarungen und auf ein Wissenschaftsverständnis aus der Kinderstube der Menschheit (Sperry 1985; Dewey 2001). Seine Wurzeln reichen zurück in die Epoche frühgriechischen Philosophierens. Gültigkeit konnte es beanspruchen für die überschaubare Ära der griechischen *Polis.* Es ignoriert, dass die von den Griechen kontemplativ gezogene Grenze zwischen der Gesellschaft und der Natur im Gefolge Newtons ganz handlungspraktisch eingeebnet wurde. Aus dieser Erblast, dem Zwang, in Dualismen zu denken, der nicht zu vermitteln mag zwischen Erkenntnis und Handlung, Subjekt und Objekt, Geist und Körper, Zweck und Mittel, Vernunft und Erfahrung speisen sich letztlich alle Probleme abendländischer Philosophie und Weltanschauung. Sie sind Ausdruck einer Ideologie vorwissenschaftlicher, vorindustrieller und vordemokratischer Klassengesellschaften. Heute, wo wir über experimentelle Verfahren der Erkenntnisgewinnung verfügen; heute, wo wir uns der Rolle organischer Vorgänge in allen mentalen Prozessen bewusst sind; heute – ist es an der Zeit, sich von Vorstellungen zu verabschieden, die unter historischen Bedingungen entstanden sind, die mit denen von heute kaum noch etwas zu tun haben. Die Gemeinschaft der Menschen, einstmals eine Enklave in einer nicht-menschlichen Umwelt, befindet sich heute auf dem Wege zur Weltgesellschaft und breitet sich über das Ganze der irdischen Natur aus. Der Unterschied zwischen dem Künstlichen und dem Natürlichen schwindet. Das Natürliche wird vom Künstlichen verschlungen. Es entsteht eine neue Art von Natur, ein Artefakt, das, über Technologie vermittelt, zugleich Gesellschaft ist. Die Menschen haben zwar neue, fast gottähnliche Möglichkeiten der Kontrolle über die Natur erlangt, sie nutzen diese Möglichkeiten aber weiterhin mit Hilfe einer relativ kurzsichtigen, ganz und gar nicht göttlichen Wertskala, deren Wurzeln einerseits in überlebten biologischen Rudimenten der steinzeitlichen Evolutionsphase und andererseits in verschiedenen Mythologien und Ideologien früherer Denker liegen, die sich ihr Weltbild allein auf der Basis philosophischer Vorurteile und eigener, mehr oder weniger zufälliger Beobachtungen zusammenbasteln mussten (Flohr 1982, S. 202).

Die *Gestaltungsaufgabe* lautet: Wie lässt sich ein Weltbild entwerfen, eine Weltethik (Küng 1990) begründen, die erstens den Erkenntnissen der modernen Lebenswissenschaften Rechnung tragen und zweitens ohne Rückbezug auf die Vielzahl miteinander konkurrierender Gottheiten und ähnlicher Phantasmen auskommen?

4. Die nächste große Transformation: „by design" oder „by disaster"?

Die *soziale Frage* des 19. und 20. Jahrhunderts, durch eine entfesselte kapitalistische Ökonomie verursacht und noch längst nicht gelöst, wird heute überlagert von einer noch dramatischeren Frage: der *ökologischen.* Zur Disposition steht das Überleben der Gattung „Mensch" auf dem Raumschiff „Erde". Schauplatz sind nicht mehr einzelne Nationalstaaten, sondern die Weltgesellschaft in ihrer Gesamtheit. Die Zukunft ist offen. Wir müssen sie gestalten, aber wir können sie nicht voraussagen. Was wir können, ist, Szenarien zu entwickeln: zentrale Einflussgrößen („Parameter") konstant halten, andere verändern („Variable") und schauen, was passiert, um Gegenstrategien zu entwickeln (Bammé 2017).

Bislang galt, dass man aus Schaden klug werden konnte. Heute müssen wir klug werden, bevor der Schaden eintritt. Denn er ist oftmals irreversibel. Das erfordert ein völlig anderes Lernen. Wir sind zu Autodidakten der „Raumfahrt" geworden, zu Autodidakten auf Leben und Tod. Wir müssen unsere Lektionen lernen ohne Lehrer. Kein Gott wird uns dabei helfen. Denn alle Weltreligionen sind einem vorastronautischem Weltbild verhaftet. Selbst Jesus konnte durch seinen Aufstieg in den Himmel nichts Nennenswertes zur Bedienungsanleitung des Raumschiffs „Erde" beitragen (Sloterdijk 2011, S. 96).

Dass die sich häufenden Umweltkatastrophen in jüngerer Zeit zwar technologisch induziert sind, ihre Ursache letztendlich aber in einer entfesselten kapitalistischen Ökonomie haben – diese Einsicht setzt sich heute auch in der ökologisch motivierten Technikkritik zunehmend durch (Hardensett 2016; Immler 2016). Der Kapitalismus, das Krebsgeschwür des abendländischen Rationalismus (Vietta 2012) wird in seiner bisherigen Form nicht überleben können (Wallerstein et al. 2014). Seine Maßlosigkeit, die keine Moral kennt und keine Grenzen, lässt sich in einer endlichen Welt auf Dauer nicht durchhalten. Ohne ständigem Wachstum aber drohen die Profite – Motiv und *primus motor* des sich selbst vorantreibenden Prozessgeschehens – einzubrechen. Ob der Kapitalismus sich reformieren lässt, ohne chaotisch zusammenzubrechen, ist die globale Schicksalsfrage, die zur Entscheidung steht (Greffrath 2015; Herrmann 2015). Alle bisherigen historischen Erfahrungen verheißen nichts Gutes, denn sie sprechen dafür, dass Gesellschaften ihre obsolet gewordene Reproduktionsweise nicht aufgrund vorausschauender Planung oder moralischer Einsicht verändern, sondern nur unter manifestem Leidensdruck in blutigen (Bürger-)Kriegen und Katastrophen (Bammé 2014). Alle Bemühungen einer Umwandlung der liberalen, marktkonformen Demokratie in eine soziale Demokratie mit demokratiekonformen Märkten (Goldscheid 1919; Tönnies 1926) scheiterten bislang am Primat des Privateigentums, denn sie würde nicht nur den Reichtum des oberen „ein Prozent", sondern auch die Einkommen der Mittelschichten einschränken. Eine solche Umwälzung bei schrumpfendem Konsum wäre demokratisch, wenn überhaupt, nur mit mehr Gleichheit durchsetzbar: Gleichheit der Konsum-, Gesundheits-, Bildungs- und Berufschancen. Damit aber käme die lange Zeit verdrängte Gerechtigkeitsfrage in neuer Schärfe auf die Tagesordnung, dieses Mal aber unter den Rahmenbedingungen einer sich konstituierenden *Weltgesellschaft*. Ihre Lösung, so steht zu befürchten, ginge mit jahrelangen politischen Mobilisierungen und dauerhaften Konflikten einher. Ohne eine deutliche Belebung der parlamentarischen, auf Gewaltenteilung beruhenden Demokratie könnte sich die Hoffnung auf eine befriedete Welt dann nur noch auf eine quasi-revolutionäre Entwicklung stützen, die leicht außer Kontrolle geraten kann: auf die Erwartung, dass das Wachstum des Wohlstands im globalen Süden die Geburtenrate langfristig fallen lässt, so dass die um etliche Milliarden reduzierte Menschheit das Klima der Erde weniger stark beeinträchtigt. Aber dieser Weg ginge nicht friktionslos vonstatten. Er wäre begleitet von kriegerischen Auseinandersetzungen um Rohstoffe, Wasser und Einflusssphären sowie von Glaubenskriegen aller Art (Streeck 2015). „Aller Wahrscheinlichkeit nach wird erst der Druck realer Katastrophen die Politik zur Wende zwingen, und aller Voraussicht nach werden deren Formen dann nicht aus dem Lehrbuch der Demokratie stammen“ (Greffrath 2015, S. 12 f.). Er hätte – wenn auch auf völlig anderer Grundlage – große strukturelle Ähnlichkeit mit dem konfliktreichen Übergang zur bürgerlichen Gesellschaft, wie Hobbes ihn am Beispiel des vorbürgerlichen Englands beschreibt. Für ihn war evident, dass nur ein mit Macht und Legitimität ausgestatteter Souverän die innerstaatlichen Zwiste befrieden konnte, personifiziert im „Leviathan“ (Hobbes 1984). Die Alternative wäre „Behemoth“ (Hobbes 1991). Die Integrationsmechanismen dieser Alternative „hießen Gewalt und Religion. Es dauerte Jahrhunderte, bis Wissenschaft, Klassenkampf und Revolutionen Demokratieforderungen hervortrieben, bis Technik und Wissenschaft das Leben der Massen leichter und länger werden ließen“ (Greffrath 2015, S. 13).

Die Situation, die heute zur Entscheidung ansteht, lautet gleichfalls „Leviathan“ oder „Behemoth“, Transformation *„by design“* oder *„by disaster“*, gestaltete Ordnung oder chaotische Anarchie. Darin, in der „Logik des Leviathan“, besteht die Aktualität des Thomas Hobbes: *„Alle* Staats-Individuen müssen *gleichermaßen* Verzicht auf die Ausübung ihrer *vollen* Souveränität leisten, da – analog zur Ebene des inter-individuellen Naturzustandes – eine Bewältigung der anstehenden Probleme auf der Basis einer nicht-institutionalisierten und nicht durch ein ‚Schwert der Gerechtigkeit‘ abgesicherten inter-individuellen ‚Moral‘ der Staats-Individuen nicht zu erwarten ist. Wie auf der Ebene der Einzel-Individuen, so gilt auch auf der Ebene der Staats-Individuen: ‚Gleichgültig, wie weitsichtig und klug die Menschen auch sein mögen, sie brauchen auch immer noch eine durchsetzende Gewalt, damit jeder ein wirkliches Motiv hat, die (…) moralischen Regeln zu befolgen‘.“ (Mohrs 1995, S. 360 f.). Zur Wahl steht, entweder übergeordnete weltpolitische Institutionen mit „realer Zwangsgewalt“ auf der Basis pragmatischer Vernunft zu gründen, die durchaus demokratischen Charakter haben sollten, oder ökologische Katastrophen, Klimakriege, unkontrollierte Migrationsströme und Ressourcenkonflikte zu riskieren, Entwicklungen, die aus dem Ruder laufen, Szenarien, deren Realisierung niemand wünschen kann (Rinke/Schwägerl 2012).

Referenztexte

Assman, Jan (2003): Mosaische Unterscheidung oder der Preis des Monotheismus. München und Wien: Hanser.

Bammé, Arno; Berger, Wilhelm; Gerschlager, Caroline; Gubitzer, Luise (Hg.) (2009): Der kalte Blick der Ökonomie. 30 Gespräche. Marburg: Metropolis (1993).

Bammé, Arno (2007): Die Neuordnung des Sozialen durch Technologie. Marburg: Metropolis.

Bammé, Arno (2013): Von der Repräsentation zur Intervention. Variationen über John Dewey. Marburg; Metropolis.

Bammé, Arno (Hg.) (2014): Unlösbare Probleme. Warum Gesellschaften kollabieren. München und Wien: Profil.

Bammé, Arno (2015): Science Wars. Von der akademischen zur postakademischen Wissenschaft. Marburg: Metropolis (2004).

Bammé, Arno (2017): Die Apokalypse denken, um den Ernstfall zu verhindern. Unheilsprophetie von Spengler bis Sloterdijk. Marburg: Metropolis.

Beck, Ulrich (1986): Risikogesellschaft. Frankfurt a.M.: Suhrkamp.

Crutzen, P., Davis, Mike, Mastrandrea, Michael D., Schneider, Stephen H., Sloterdijk, Peter (2011): Das Raumschiff Erde hat keinen Notausgang. Berlin: Suhrkamp.

Crutzen, Paul (2011): Die Geologie der Menschheit. In: Crutzen, P. et al. (2011), S. 7-10.

Crafts, Nicholas F.R. (1977): Industrial Revolution in England and France: Some Thoughts on the Question „Why was England first?“. In: Economic History Review, 30, 3, S. 429-441.

Dewey, John (2001): Die Suche nach Gewissheit. Eine Untersuchung des Verhältnisses von Erkenntnis und Handeln. Frankfurt a.M.: Suhrkamp (1929).

Diamond, Jared (2005): Kollaps. Warum Gesellschaften überleben oder untergehen. Frankfurt a.M.: Fischer.

Dror, Yehezkel (1995): Ist die Erde noch regierbar? Ein Bericht an den Club of Rome. München: Bertelsmann (1994).

Ehlers, Eckart (2008): Das Anthropozän. Die Erde im Zeitalter des Menschen. Darmstadt: WBG.

Eisenstadt, Shmuel N. (Hg.) (1987): Kulturen der Achsenzeit. Ihre Ursprünge und ihre Vielfalt. Teil I: Griechenland, Israel, Mesopotamien. Frankfurt a.M.: Suhrkamp.

Fischer, Ernst Peter (1998): Tödliche Wahrheiten. In: Berliner Zeitung vom 15.1.1998.

Fischer-Kowalski, Marina et al. (1997): Gesellschaftlicher Stoffwechsel und Kolonisierung von Natur. Amsterdam: Fakultas.

Flohr, Heiner (1982): Biopolitics. Versuche jenseits des Kutlurismus. In: Politische Vierteljahreszeitschrift, 1, S. 196-203.

Fuchs, Thomas (2017): Das Gehirn – ein Beziehungsorgan. Eine phänomenologisch-ökologische Konzeption. Stuttgart: Kohlhammer (2008).

Funtowicz, Silvio; Ravetz, Jerome (2001): Post-Normal Science. Science and Governance under Conditions of Compexity. In: Decker, Michael (Hg.): Interdisciplinarity in Technology Assessment. Implementation and its Chances and Limits. Berlin et al.: Springer, S. 15-24.

Godelier, Maurice (1990): Natur, Arbeit, Geschichte. Zu einer universalgeschichtlichen Theorie der Wirtschaftsformen. Hamburg: Junius (1984).

Goldscheid, Rudolf (1919): Sozialisierung der Wirtschaft oder Staatsbankerott. Wien: Anzengruber.

Greffrath, Matthias (2015): Wider die globale Vernunft. In: Barbara Bauer et al. (Red.): Atlas der Globalisierung. Weniger wird mehr. Berlin: Le Monde diplomatique 2015, S. 11-13.

Harari, Yuval Noah (2017): Homo Deus. Eine Geschichte von Morgen. München: Beck (2015).

Hardensett, Heinrich (2016): Der kapitalistische und dertechnische Mensch. Marburg: Metropolis (1932).

Hardt, Michael; Negri, Antonio, (2002): Empire. Die neue Weltordnung. Frankfurt a.M.: Campus (2000).

Harnack, Adolf von (1950): Das Wesen des Christentums. Stuttgart: Klotz (1900).

Havelock, Eric A. (1990): Schriftlichkeit. Das griechische Alphabet als kulturelle Revolution. Weinheim: VCH (1982).

Herrmann, Ulrike (2015): Der schwierige Übergang. Der Kapitalismus ist zerstörerisch, und für den Ausstieg gibt es keineerlei Plan. In: Barbara Bauer et al. (Red.): Atlas der Globalisierung. Weniger wird mehr. Berlin: Le Monde diplomatique 2015, S. 104-107.

Hobbes, Thomas, (1984): Leviathan oder Stoff, Form und Gewalt eines bürgerlichen und kirchlichen Staates. Frankfurt a.M.: Suhrkamp (1651).

Hobbes, Thomas (1991): Behemoth oder das Lange Parlament. Hrsg. von Herfried Münkler. Frankfurt a.M.: Fischer (1680).

Höffe, Otfried (2009): Ist die Demokratie zukunftsfähig? Über moderne Politik. München: Beck

Ifrah, Georges (1991): Universalgeschichte der Zahlen. Frankfurt a.M. und New York: Campus (1981).

Immler, Hans (1989): Vom Wert der Natur. Zur ökologischen Reform von Wirtschaft und Gesellschaft. Opladen: Westdeutscher Verlag.

Immler, Hans (2016): Die Marktwirtschaft scheitert und ein ökologisches Wirtschaftssystem beginnt. Marburg: Metropolis.

Jaspers, Karl (1949): Vom Ursprung und Ziel der Geschichte. München: Piper.

Jones, Eric L. (1992): The European Miracle. Environments, Economics, and Geopolitics in the History of Europe and Asia. Cambridge: CUP

Kapp, K. William (1988): Soziale Kosten der Marktwirtschaft. Frankfurt a.M.: Fischer (1950).

Kreuzberg, Karla (Hg.) (2001): Die Zukunft der Gesellschaft. Widersprüche einer alternativen Modellbildung. München und Wien: Profil.

Krüger, Hans-Peter (1990): Kritik der kommunikativen Vernunft. Kommunikationsorientierte Wissenschaftsforschung im Streit mit Sohn-Rethel, Toulmin und Habermas. Berlin: Akademie.

Küng, Hans (1990): Projekt Weltethos. München, Zürich: Piper.

Kurzweil, R. (2013): Menschheit 2.0. Die Singularität naht. Berlin: Lola Books (2005).

Latour, Bruno (1998): Wir sind nie modern gewesen. Versuch einer symmetrischen Anthropologie. Frankfurt a.M.: Fischer (1991)

Maine, Henry S. (1977): Das alte Recht. Sein Zusammenhang mit der Frühgeschichte der Gesellschaft und sein Verhältnis zu modernen Ideen. Baden-Baden: Nomos (1861).

Marx, Karl (1960): Die Klassenkämpfe in Frankreich 1848-1850. In: Marx, Karl; Engels, Friedrich: Werke, Band 7, S. 9-107 (1895).

Marx Karl (1985): Kritik der Hegelschen Dialektik und Philosophie überhaupt. In: Marx, Karl; Engels, Friedrich: Werke, Band 40, S. 568-588 (1844).

Meyer, Eduard (o.J.): Ursprünge und Anfänge des Christentums. Zwei Bände. Essen: Phaidon (1920-1923).

Mohrs, Thomas (1995): Vom Weltstaat. Hobbes' Sozialphilosophie, Soziobiologie, Realpolitik. Berlin: Akademie

Müller, Rudolf Wolfgang (1981): Geld und Geist. Zur Entstehungsgeschichte von Identitätsbewusstsein und Rationalität seit der Antike. Frankfurt a.M. und New York: Campus (1977).

Nowotny, Helga (1975): Zur gesellschaftlichen Irrelevanz der Sozialwissenschaften. In: Stehr, Nico; König, René (Hg.): Wissenschaftssoziologie – Studien und Materialien. Sonderheft 18 der Kölner Zeitschrift für Soziologie und Sozialpsychologie. Opladen: Westdeutscher Verlag, S. 445-456.

Pichot, André (1995): Die Geburt der Wissenschaft. Von den Babyloniern bis zu den frühen Griechen. Frankfurt a.M. und New York: Campus (1991).

Pulte, Helmut (2005): Axiomatik und Empirie. Eine wissenschaftstheoriegeschichtliche Untersuchung zur mathematischen Naturphilosophie von Newton bis Neumann. Darmstadt: WBG

Rinke, Andreas; Schwägerl, Christian (2012): Elf drohende Kriege. Künftige Konflikte um Technologien, Rohstoffe, Territorien und Nahrung. München: Bertelsmann.

Sahlins, Marshall (1981): Kultur und praktische Vernunft. Frankfurt a.M.: Suhrkamp (1976).

Sahlins, Marshall (1978): Ökonomie der Fülle – Die Subsistenzwirtschaft der Sammler und Jäger. In: Technologie und Politik 12. Reinbek: Rowohlt, S. 154-204.

Scheurle, Hans Jürgen (2016): Das Gehirn ist nicht einsam. Resonanzen zwischen Gehirn, Leib und Umwelt. Stuttgart: Kohlhammer (2013).

Sloterdijk, Peter (2011): Wie groß ist „groß"? In: Crutzen, P. et al. (2011), S. 93-110.

Sohn-Rethel, Alfred (1989): Geistige und körperliche Arbeit. Revidierte und ergänzte Neuauflage. Weinheim: VCH (1978).

Sperry, Roger (1985): Naturwissenschaft und Wertentscheidung. München und Zürich: Piper (1983).

Steiner, George (1991): Real Presences. Is there anything in what we say? London: Faber and Faber.

Streeck, Wolfgang (2015): Gekaufte Zeit. Die vertagte Krise des demokratischen Kapitalismus. Berlin: Suhrkamp (2013).

Tetens, Holm (1987): Experimentelle Erfahrung. Eine wissenschaftstheoretische Studie über die Rolle des Experiments in der Begriffs- und Theoriebildung der Physik. Hamburg: Meiner.

Tönnies, Ferdinand (1926): Über die Demokratie. In: Verhandlungen des Fünften Deutschen Soziologentages vom 26.-29.9.1926 in Wien. Tübingen: Mohr, S. 12-36 (erneut in: Schriften zur Staatswissenschaft. München und Wien: Profil 2010, S. 428-454).

Tönnies, Ferdinand (2017): Gemeinschaft und Gesellschaft. Grundbegriffe der reinen Soziologie. München undWien: Profil (1887).

Vietta, Silvio (2012): Rationalität. Eine Weltgeschichte. München: Fink.

Vietta, Silvio (2016): Die Weltgesellschaft. Wie die abendländische Rationalität die Welt erobert und verändert hat. Baden-Baden: Nomos.

Wallerstein, Immanuel et al. (2014): Stirbt der Kapitlaismus? Fünf Szenarien für das 21. Jahrhundert. Berlin: Suhrkamp (2013).

Weber, Alfred (1950): Kulturgeschichte als Kultursoziologie. München: Piper (1935).

Welzer, Harald (2008): Klimakriege. Wofür im 21. Jahrhundert getötet wird. Frankfurt a.M.: Fischer.

Xenophanes (1983): Die Fragmente. Herausgegeben, übersetzt und erläutert von Ernst Heitsch. München und Zürich: Artemis.

Zalasiewicz, Jan (2009): Die Erde nach uns. Der Mensch als Fossil der fernen Zukunft. Heidelberg: Spektrum (2008).

Ziegler, Jean (2003): Die neuen Herrscher der Welt und ihre globalen Widersacher. München: Bertelsmann (2002).

Žižek, Slavoj (2015): Der neue Klassenkampf. Die wahren Gründe für Flucht und Terror. Berlin: Ullstein.

Zürn, Michael (2013): Die Welt regieren ohne Weltregierung. In: WZB-Mitteilungen, Heft 141, September, S. 6-9.

Menschen und Maschinen

Neuvermessung einer sozialen Beziehung

Zweifellos, wir stehen am Beginn einer Epochenschwelle. Zahlreiche Anzeichen weisen darauf hin. Zwar können wir nicht mit Sicherheit sagen, wohin uns das 21. Jahrhundert führen wird. Die Zukunft ist offen. Aber so viel lässt sich schon jetzt sagen: Die Gesellschaft der Zukunft wird eine technologisch geprägte sein. Neben der Gen- und Reproduktionstechnologie, der Nanotechnologie und der Weltraumforschung wird die Informations- und Kommunikationstechnologie eine zentrale Rolle spielen. Ihnen allen ist gemeinsam, dass sie die alte philosophische Frage nach der Identität des Menschen, nach dem, was der Mensch sei, erneut auf die Tagesordnung setzen. Aber sie stellen sie auf einer historisch neuen Stufe der Auseinandersetzung des Menschen mit seiner Umwelt. Sie formulieren diese Frage nicht kontemplativ, sondern handlungspraktisch: in Form eines gigantischen Experiments, in das wir alle eingebunden sind (Bammé 2007). In der Technologie, die wir entwerfen, kehrt das alte philosophische Problem der Subjektivität als Prozess aktiver Willensäußerung zurück, das heißt, in einer Form, die ganz handgreiflich zu Entscheidungen zwingt, im Gegensatz zur Subjektivität als Prozess des Erkennens durch einen unbeteiligten Zuschauer (Dewey 2001). Es kehrt zurück als Gestaltungsaufgabe, in der sich beide Prozessebenen, Kognition und Volition, ineinander verschränken. Die Technologie ist die einzige Äußerungsform des Menschen in seinem Stoffwechselprozess mit der Natur, in der das Wollen sich eine allgemein verbindliche, Kulturen übergreifende Gestalt gibt. Die bislang übliche geisteswissenschaftliche Verklärung der Kultur zu einer eigenständigen Realität jenseits der als blind gedachten Naturevolution ist nicht länger haltbar. Aufgrund der technologischen Wirkmächtigkeit menschlicher Handlungsfolgen sind wir heute, und darin durchaus vergleichbar mit vorhistorischen Ethnien, allerdings auf erhöhter sozialer Stufenleiter, gezwungen, die Kulturgeschichte in die Naturgeschichte zu integrieren (Descola 2011, Görg 1999). Kultur wäre dann zu verstehen als bewusste Ausformung der Natur durch den vergesellschafteten Menschen: Natur ist Kultur.

Gefangen im kulturalistischen Ghetto. Der blinde Fleck der Geistes- und Sozialwissenschaften

Die Gesellschaft steht heute vor der Notwendigkeit, Entscheidungen darüber treffen zu müssen, welche der technisch möglichen Zukünfte sie realisieren möchte. Natur und Tradition haben ihre bisherige Rolle als Gestaltungsmächte weitgehend eingebüßt: Die Ökonomie hat alle Traditionen zur Folklore verkommen lassen; die Natur wurde zum Gestaltungsmaterial einer entfesselten Technologie. Das betrifft nicht mehr nur die äußere, sondern zwischenzeitlich zunehmend auch die innere Natur des Menschen. Humanmedizinische Reproduktionstechnologien greifen in die körperliche, die Neurowissenschaften in die geistige Identität des Menschen ein (vgl. Bammé 2011). Diesen Herausforderungen des 21. Jahrhunderts aber, die sich, vermittelt über Technologie, aus dem ineinander Aufgehen von Gesellschaft und Natur ergeben, begegnen wir in Wissenschaft, Politik und Wirtschaft mit einer Mentalitätsstruktur, die ihre Wurzeln in der überschaubaren Welt des 18. und 19. Jahrhunderts hat, Wurzeln, die an unseren allgemeinbildenden Schulen nach wie vor gepflegt werden. In geradezu exemplarischer Weise verbreitet ein vor nicht allzu langer Zeit in hohen Auflagen vertriebenes (und überaus lesenswertes) Vademekum der Allgemeinbildung jenen papiernen Modergeruch, der für den Oberlehrer-Humanismus vom Ende des 19. Jahrhunderts so bezeichnend war. Darin heißt es unter anderem: „Naturwissenschaftliche Kenntnisse müssen zwar nicht versteckt werden, aber zur Bildung gehören sie nicht“ (Schwanitz 1999). Etwas Frischluft bringt die kurze Zeit später entstandene und gleichfalls lesenswerte Gegendarstellung einer etwas anderen, zeitgemäßeren Bildung (Fischer 2002). Insbesondere die Soziologie verhält sich, zumindest in ihren Großtheorien deutschsprachiger Provenienz, spröde gegenüber dem Phänomen der Verschmelzung von Gesellschaft und Natur. Luhmann, in der Tradition Durkheims stehend, kennt keine „Natur“ der Gesellschaft. Sie ist, abgeschoben in die Umwelt, das Andere der Gesellschaft. Pikanterweise hatte Durkheim mit seinem Diktum, Soziales nur durch Soziales zu erklären, die „Gesellschaft“ der Gesellschaft gerade in dem Augenblick zum Thema der Soziologie gemacht, als die „Natur“ der Gesellschaft zum Charakteristikum der Epoche aufstieg. Auch bei Habermas bleibt die „Natur“ außen vor. Sie wird kommunikativ nicht erreicht. Allenfalls wird sie durch Arbeit, also zweckrational, affiziert. Der in Technik manifestierten instrumentellen Vernunft stellt Habermas das verständigungsorientierte kommunikative Handeln dichotomisch gegenüber (erstmals 1969). Dabei ist längst erwiesen, dass

Technologien keine ihnen inhärente, wie auch immer instrumentell zu fassende Bedeutung haben, sondern das Resultat komplexer Kommunikationsprozesse unterschiedlicher sozialer Gruppen sind. Bijker et al. (1987) haben in empirischen Studien gezeigt, dass es nicht nur einen bzw. *den einen besten* Weg gibt, um Artefakte zu konstruieren, sondern dass sie, ganz im Sinne der Theorie des kommunikativen Handelns, das Ergebnis langwieriger Aushandlungsprozesse sind. Zu Recht hat Latour deshalb mehr empirische Kompetenz eingefordert, wenn es um gesellschaftliche Zeitdiagnosen geht. Habermas unternehme zwar „eine sympathische Anstrengung, um das Projekt der Moderne zu retten". Aber, ergänzt er sogleich, wie könnte man ihm beipflichten? Sein „Begriff der instrumentellen Vernunft ist ein Irrweg der Technikforschung", um nicht zu sagen, „ein theologisches Verbrechen!". Weder rege Habermas empirische Untersuchungen an, noch kenne er sie. Worauf Latour anspielt, ist, dass Habermas einer alten deutschen Philosophenfiktion erliegt, wenn er postuliert, Technik sei das Resultat instrumenteller Vernunft. Habermas, indem er das Paradigma der Verständigung zwischen sprach- und handlungsfähigen Subjekten gegenüber dem Paradigma der Erkenntnis von Gegenständen verabsolutiert, beharrt, und darin Luhmann durchaus vergleichbar, auf der „antinaturalistischen Attitude" einer historisch überholten Kulturphilosophie, der die Realität schon längst abhanden gekommen ist. So nimmt es nicht wunder, dass sich Latour ähnlich ablehnend äußert gegenüber Luhmanns Theorie autopoietischer Systeme: „Es seien surrealistische Banalitäten", Repräsentationen, die ihre Basis allenfalls, wenn überhaupt, in den fünfziger Jahren oder in einer ganz anderen Welt haben, Phantasmen einer Metatheorie, bar jeglicher Empirie. Eben das sei es, was so „gefällt" bei Luhmann: dass es „enthebt von der Feldforschung, den Archiven, der Ethnographie, der Recherche, den Interviews, alles sehr mühselige Dinge". Auch die späteren Ausdifferenzierungen der Bielefelder Systemtheorie im Gefolge Luhmanns finden keinen rechten Zugang zur naturvermittelnden Technik als einem zentralen Faktor, der die Gegenwartsgesellschaft konstituiert und prägt (vgl. Japp 1998). In beiden Fällen, sowohl in dem von Luhmann wie in dem von Habermas, handelt es sich um soziologische Großtheorien, um Gesellschaftstheorien, in denen „Natur" nicht vorkommt, formuliert zu einem Zeitpunkt, in dem Natur und Gesellschaft, vermittelt über Technologie, untrennbar zu einem Hybrid verschmelzen. Von daher ließen sich beide, um einen Ausdruck Luhmanns zu gebrauchen, als „vormoderne Betrachtungsweisen" bezeichnen, die allenfalls Gültigkeit beanspruchen könnten für die Ära der griechischen *Polis*. Sie pflegen ihre antinaturalistische Attitude und halten am überkommenen Dogma fest, dass soziale, kulturelle und moralische Tatsachen eine Realität *sui generis* seien. Indem sich eine solche Soziologie nach wie vor an einem forschungsleitenden Paradigma orientiert, dass letztlich in der kulturalistischen Tradition einer dichotomisch konzipierten Bewusstseinsphilosophie wurzelt, ignoriert sie nicht nur den Erkenntnisstand der zeitgenössischen *Life Sciences* von der Molekularbiologie über die Hirnforschung bis zur Ethologie, sondern liefert zugleich ein Lehrstück dafür, wie das tradierte Selbstverständnis einer Wissenschaftsdisziplin, das historisch durchaus seine Berechtigung gehabt haben mag, an einem bestimmten Punkt ihrer Entwicklung zur Selbstfesselung führt. Herausforderungen durch aktuelle Entwicklungen der Neurophysiologie, der Gen- und Reproduktionstechnologie, der Entwicklungsbiologie und der Demographie, die mit naturwissenschaftlichen Modellen des menschlichen Gehirns, des menschlichen Genoms und der menschlichen Reproduktion operieren, wird die Soziologie weder durch Ignorieren noch durch Rückzug allein auf ideologiekritische Positionen begegnen können, wenn sie nicht auf zentrale Interventionsbereiche in gesellschaftlichen Problemfeldern verzichten will, die zunehmend an Bedeutung gewinnen (vgl. Jessen 2013, Hänßler 2013, Innerhofer 2013, Bahnsen 2013, Sentker 2013, ausführlicher und grundlegender: Schirrmacher 2001).

Der Stoffwechselprozess des Menschen mit der ihn umgebenden Natur ist eine anthropologische Grundgröße, eine gleichsam zeitlose Notwendigkeit, die in seiner Biologie begründet ist (Descola und Pálsson 1996). Was sich im historischen Ablauf hingegen ändert und zum Thema der Soziologie wird, ist die gesellschaftliche Form, in der das geschieht. Es geht letztlich um die Frage, welche „Natur" eine Gesellschaft sich konstruiert, durch Kontemplation, durch eingreifende Praxis, und wie sie selbst sich dabei verändert. „Natur" ist, in den Worten Spenglers, ein „Ausdruck der jeweiligen Kultur". Es gibt „keine reine Natur. Etwas vom Wesen der Geschichte liegt in jeder." Sie verändert sich mit uns, mit den Menschen, und den Bildern, die wir uns von ihr machen. In diesem Sinne ist Naturerkenntnis vom Betrachter nicht zu trennen. „Der Zug im Bilde der Natur, durch den sie nicht nur ‚ist', von Augenblick zu Augenblick, sondern in einem ununterbrochenen Strome rings um uns und mit uns ‚wird', ist das Zeichen der Zusammengehörigkeit eines wachen Wesens und seiner Welt" (1972, S. 497 ff.). Zu Recht kann deshalb Moscovici in seiner bahnbrechenden Studie (1984) von der „menschlichen Geschichte der Natur" sprechen.

Der „linguistic turn" hat die Sozialwissenschaften in ein kulturalistisches Ghetto gesperrt, aus dem nur schwer zu entkommen ist. Statt der notwendigen Ursachenforschung zur Erkenntnis der Realität, die dem sprachlich Verdoppelten und Verdreifachten zugrunde liegt (Diner 2007, S. 29), werden akademische Skurrilitäten als Erkenntnisfortschritt gefeiert, etwa wenn geradezu euphorisch auf „Theoriebaustellen" verwiesen wird, die vor dem Hintergrund einer „außerordentlich lebendigen kulturwissenschaftlichen und kulturtheoretischen Debatte" innovative Weiterentwicklungen und Umakzentuierungen versprechen, teilweise gar „über die Grenzen des bisher kulturwissenschaftlich Denkbaren hinaus". Mehr noch: Mit dem im „cultural turn" vollzogenen Selbstverständnis sei es den Sozial- und Geisteswissenschaften gelungen, gegenüber der Expansion des naturalistischen Denkens der Neuzeit in die Offensive zu gehen (Reckwitz 2006, S. 655, S. 707 f.). Völlig übersehen wird dabei die Gefahr, dass ein solcher innerakademischer Diskurs zum Selbstzweck wird, dass ihm das Eigentliche, das Leben „dort draußen", die mühevolle empirische Auseinandersetzung mit der Welt und ihren Verhältnissen, völlig aus dem Blick gerät.

Mensch-Maschine-Schnittstellen. Wider ein Denken in Dualismen

Das Verhältnis zwischen Mensch und Maschine wird üblicherweise als Dichotomie gedacht: Dem blutvollen Leben mit all seinen Emotionen, Erfahrungen und Leidenschaften steht gegenüber eine kalte, mechanische Technologie, die, gleichsam zu Tode erstarrt, das menschliche Leben kolonisierend zu überformen droht (Bammé et al. 1983). Dieser Zwang, in Dualismen zu denken, ist eine Erblast der griechischen Naturphilosophie, beginnend mit den Vorsokratikern, insbesondere mit Parmenides, die sich dann, vermittelt über den orientalischen Mystizismus der christlichen Religion des römischen Weltreichs, wie Mehltau auf die weitere Entwicklung wissenschaftlicher Vernunft gelegt hat. Die zentralen Probleme abendländischer Philosophie und Wissenschaftstheorie sind nichts anderes als „Probleme des Verhältnisses zwischen voneinander getrennten Bereichen", die ihre Wurzel haben in dem auf Parmenides zurückgehenden Grundwiderspruch zwischen der abstrakten Formulierung reiner Begrifflichkeit und der konkreten Realität anschaulicher Ereignisfolgen. „Man trennt, was harmonisch zusammenhängt, und bemüht sich dann unter Aufbietung aller Geisteskräfte, das Getrennte wieder zu vereinigen" (Feyerabend 2009, S. 186 f.). Auch für Dewey, ein im deutschen Sprachraum lange Zeit vernachlässigter Sozialphilosoph, speisen sich aus dieser dualistischen Tradition heraus, die nicht zu vermitteln vermag zwischen

Subjekt und Objekt, Geist und Körper, Zweck und Mittel, Vernunft und Erfahrung, letztlich alle Probleme abendländischer Philosophie und Wissenschaftstheorie. Sie ist die Manifestation einer Ideologie vorwissenschaftlicher, vorindustrieller und vordemokratischer Klassengesellschaften (2001, S. 213). In ihrer Prägekraft blieb sie aber nicht beschränkt auf die Denkgebäude der griechischen Philosophie oder der christlichen Mystik, sondern findet sich ebenso wieder in zeitgenössischen Gesellschaftstheorien, von denen man es eigentlich nicht erwarten würde. Mag sie aufgrund ihrer legitimatorischen Funktion im frühen Griechentum oder im europäischen Mittelalter durchaus eine gewisse sozialhistorische Berechtigung gehabt haben, so führt sie zu Problemen in einer Gesellschaft, die sich spätestens seit dem 18. Jahrhundert zunehmend dadurch auszeichnet, dass die uneingeschränkte Verwendung experimenteller Methoden, die den Griechen und dem europäischen Mittelalter unbekannt waren, nicht mehr nur in den Naturwissenschaften, im Rahmen abgeschotteter Laboratorien, stattfindet, sondern auch und vor allem in der industriellen Produktion, eine Interventionsform, die unmittelbar gesellschaftlich wirksam ist, so dass die Gesellschaft als Ganzes zum Laboratorium wird (Bammé 2013, S. 15).

Tatsächlich stehen sich Mensch und Maschinentechnik nicht unvermittelt gegenüber, sondern die Technik zunächst, sodann die Technologie als Synthese von Technik und (Natur-)Wissenschaft tragen als menschliches Projekt unsere Denk- und Verhaltensstrukturen in sich (Mumford 1981). Die Maschine, das ist ein System, ein Funktionszusammenhang (Ashby 1974, Bammé 1990), in dem sich das subjektive Erlebnis des Konstrukteurs, der sie ersinnt, im objektiven Ereignis der Maschinentätigkeit widerspiegelt. Sie ist nichts anderes als die gegenständlich gewordene Projektion des menschlichen Geistes in die Natur. Maschinen sind vom Menschen produziert. Sie sind die Materialisierung dessen, was im Kopf des Menschen bereits vorhanden ist. Es sind materialisierte Objektivationen menschlicher Wesensmerkmale: Kopfgeburten. Oder anders herum formuliert: Unser Denken, unser Verhalten enthält zu einem wesentlichen Teil dieselben Strukturen und Konstruktionsprinzipien wie die technischen Artefakte, die wir in die Welt setzen. In der Maschine haben Eigenschaften, Denk- und Verhaltensweisen des Menschen objektive Gestalt angenommen. Ein Teilbereich menschlichen Denkens und Verhaltens hat begonnen, sich zu verselbständigen. Das gilt insbesondere für jene modernen Computersysteme, die in der Lage sind, sich selbständig miteinander zu vernetzen. Der damit einher gehende Erkenntnisprozess lässt sich mit Gotthard Günther (1980, S. 211 ff.) als Entmythologisierung geistiger bzw. psychischer Qualitäten des Menschen, also der belebten Natur begreifen, so wie zuvor durch die mechanisch verfahrenden Naturwissenschaften Erscheinungen der unbelebten Natur entmythologisiert wurden, etwa das Phänomen von Gewittern, also Blitz und Donner. Schon die Schriftzeichen stellten ja einen, wenn auch noch primitiven Objektivierungsprozess des menschlichen Geistes dar. In ihnen gab sich der Geist gleichsam eine äußere Gestalt, eine Ausdrucksform, der die griechischen Philosophen, insbesondere Platon, mit Unbehagen und Widerstand begegneten.

Natürlich ist ebenso richtig, dass Maschinensysteme, historisch erst einmal in Gang gebracht, einer gewissen Eigendynamik unterliegen, die nur schwer zurückzunehmen ist. Technologien entstehen und entwickeln sich unter anderem auch entsprechend einer ihnen innewohnenden Sachnotwendigkeit. Der Mensch muss sich ihnen anpassen. Er scheint ihnen ausgeliefert, vergleichbar jenen Verhaltensroutinen, denen er sich zum Beispiel unterziehen muss, bevor er als Passagier ein Flugzeug besteigen darf. Nicht selten stellt sich das Gefühl ein, er sei in die Situation eines Zauberlehrlings geraten, der nicht weiß, wie er die von ihm ausgelöste Entwicklung aufhalten soll.

Das Flughafenbeispiel verweist darauf, dass Sachnotwendigkeiten ihre Ursache nicht allein in den Konstruktionsprinzipien technologischer Artefakte haben, sondern ebenso in der Organisationsstruktur der Gesellschaftsformation und ihrer Institutionen, im Rahmen derer sie entwickelt werden. In ihnen äußert sich ein gemeinsames Drittes, das sowohl den Menschen in seinem Habitus als auch die Maschinen, mit denen er sich umgibt, prägt. Dieses gemeinsame Dritte sind sozialhistorische Strukturprinzipien, die, vermittelt über sich ständig wiederholende Interaktionen, zu Psychostruktur sedimentieren und sich in Maschinerie und Organisationsabläufen vergegenständlichen. Psychostruktur, Organisationsstruktur und Maschinenstruktur sind versteinerte Formen sozialer Beziehungen im Stoffwechselprozess des Menschen mit der ihn umgebenden Natur. Maschinen und Maschinensysteme wirken nicht nur prägend und verändernd auf die Gesellschaft, der sie entstammen, sondern sie haben ihre Entstehungs- und Entwicklungsvoraussetzungen in eben dieser Gesellschaft. Jede Gesellschaft verfügt über die Technologie, die sie verdient. Etwas über den Charakter von Maschinen zu wissen, heißt deshalb immer auch, etwas über die Denkmuster, Verhaltens- und Verkehrsformen der ihnen zugrunde liegenden Gesellschaftsformation und ihrer Menschen zu wissen. Die Handmühle, hatte Karl Marx gesagt, steht für eine Gesellschaft der Feudalherren, die Dampfmühle für eine Gesellschaft der industriellen Kapitalisten (1971, S. 110).

Die Bankangestellte, die an ihrem Arbeitsplatz durch ein intelligentes Computersystem ersetzt wird, ist in ihrem Verhalten, soweit es für die Erledigung der Arbeitsvollzüge relevant ist, bereits zuvor auf die Abarbeitung algorithmisierbarer Routinen reduziert worden, so dass die Implementierung des Computersystems nur die allerletzte Stufe der Objektivierung bzw. der Materialisierung ihres Verhaltensrepertoires darstellt. Zweifellos wird sie den Verlust ihres Arbeitsplatzes einem entfesselten technologischen Imperialismus anlasten, was, auf den ersten Blick und vordergründig, durchaus verständlich ist. Der Substitution ihrer „lebendigen Arbeitskraft“ durch die „tote Maschine“ aber sind, aus welchen Gründen auch immer, reale Prozesse der Vereinheitlichung von Interaktionsmustern vorausgegangen, die den Einsatz des Computers überhaupt erst ermöglichten. Der eigentliche „Sündenfall“ fand, zeitlich gesehen, viel früher statt. Ähnlich verhält es sich, um ein zweites Beispiel zu bemühen, mit der Substitution des Verkehrspolizisten an einer viel befahrenen Straßenkreuzung durch eine Ampelanlage. Auch hier gehen der faktischen Landnahme durch die Maschine Prozesse der Routinisierung mit der Tendenz zur Eindeutigkeit und Geschlossenheit von Interaktionsmustern voraus. Die Ursache dafür, dass der Arm des Polizisten durch eine Ampel ersetzt werden kann, finden wir weder im Arm des Polizisten noch in der Ampel, auch wenn wir beide mikrochirurgisch zerlegen würden bis ins kleinste Molekül, sondern allein, spätestens seit Mead (1973) und Elias (1980) wissen wir das, in der sozialen Figuration „Straßenkreuzung“. Im Zuge zunehmender Vernetzung innerstädtischer Verkehrsströme sind menschliche Denk- und Verhaltensweisen einer solch hohen Standardisierung unterworfen worden, dass die für die Figuration konstitutiven Regel- und Steuerungsmechanismen schließlich als Algorithmen darstellbar und auf einer Maschine implementierbar wurden. Aus der sozialen ist, auch rein äußerlich sichtbar, eine soziotechnische Figuration geworden. Diese Einsicht ist nicht selbstverständlich, denn üblicherweise wird vernachlässigt, dass die Technologie, die sich symbolisch oder körperlich, etwa in Gestalt eines Computers, in Raum und Zeit manifestiert, nur der vorläufige Schlusspunkt einer vorgängigen Entwicklung ist, das vorläufig letzte Glied einer Kette von Ereignissen, dessen sozialhistorischer Ursprung viel weiter zurückliegt. Technische Artefakte sind Versteinerungen menschlichen Handelns und Verhaltens, gegenständlich gewordene Abstraktionen zwischenmenschlicher Kommunikation. Bevor der Computer eine Bankangestellte oder die Ampelanlage den Verkehrspolizisten auf einer Straßenkreuzung ersetzen kann, müssen die diesem Sachverhalt zugrunde liegenden Verkehrs- und Kommunikationsformen so weit algorithmisiert sein, dass die Menschen, strukturell gesehen, die Maschine bereits in sich aufgenommen, „verinnerlicht“ haben. Es ist genau dieser Sachverhalt, den Latour meint, wenn er formuliert, Technologie sei Gesellschaft, auf Dauer gestellt (1991, S. 103 ff.).

Lange Zeit stand im Zentrum geistes- und sozialwissenschaftlicher Fragestellung, ob der Computer werde denken können wie ein Mensch (Taube 1967, Dreyfus 1985, Searle 1986, Penrose 1991). Darin drückten sich Ängste und Kränkungen aus, die ihre Ursache in einer weitgehend unverstandenen Technologie hatten, eine Technologie, die offensichtlich das als humanistisch bezeichnete Selbstverständnis der eigenen Fachdisziplin in Frage zu stellen drohte. Es ist an der Zeit aufzuhören, Fragen dieses Typs für ein relevantes Problem zu halten oder zu glauben, dass ihre Beantwortung auch nur den geringsten Beitrag zur Lösung der Probleme unserer technologischen Zivilisation darstellt. Fragen dieser Art lassen sich nicht ernst nehmen, weil ihre Beantwortung nicht abstrakt vorab, sondern nur empirisch möglich ist. Die Ängste der Geistes- und Sozialwissenschaften, die sich in solchen Fragen artikulieren, auch heute noch, beruhen, zum Teil wenigstens, auf Unkenntnis und Missverständnissen. Sie sind geschuldet einer *déformation professionelle*, die ihre letzte Ursache im Dualismus abendländischen Denkens hat. Kaum bemerkt wurde deshalb zum Beispiel die Umorientierung der Erforschung künstlicher Intelligenz weg von kognitionspsychologischen Paradigmen, orientiert an der Struktur des einzelnen Gehirns, hin zu gleichsam „neurosoziologischen“ Fragestellungen, in denen es um die interpsychischen, um die „neuronalen Grundlagen von zwischenmenschlichen Beziehungen und Bindungen“, insbesondere ihre Funktion für den Zusammenhalt von sozialen Gemeinschaften und größeren Gruppierungen geht (Changeux 2004, S. 55). Damit ergeben sich nicht nur völlig veränderte Fragestellungen, sondern sie sind auch von hoher gesellschaftspolitischer Relevanz. Nötig wäre deshalb eine Verknüpfung beider Sichtweisen, der soziologischen und der neurowissenschaftlichen (Vogd 2010). Soziologisch gesehen, verändert die alles durchdringende Vernetzung ganz unterschiedlicher Lebensbereiche mit Hilfe von Mikroprozessoren und Sensoren nicht nur die räumliche Binnenstruktur menschlicher Lebenswelten, sondern die Zeit- und Wahrnehmungsstruktur der Menschen selbst. Anders als beim *Personal Computer*, der einem bestimmten Nutzer zugeordnet ist, wird durch eine pervasive bzw. ubiquitäre Computertechnik („pervasive computing“, „ubiquitous computing“) jede Person in ein Netz von Computern eingebettet, die über ein mobiles *ad-hoc*-Geflecht miteinander kommunizieren (vgl. Hansmann et al. 2003). Deshalb dürfe, so wird aus Sicht der Neurowissenschaftler formuliert, „die Forschung (…) nicht beim Gehirn stehen bleiben. Sie muss überleiten zur Funktionsweise der Gesellschaft" (Changeux 2004, S. 55).

Die letzten Zeilen habe ich als Sozialwissenschaftler an die Adresse der eigenen Zunft gerichtet. Entsprechendes gilt *mutatis mutandis* natürlich auch für die Kollegen der natur- und technikwissenschaftlichen Fakultäten. Wenn zum Beispiel der Physiker Michio Kaku eine Prognose der Menschheitsentwicklung auf der Basis von Zukunftserwartungen veröffentlicht (1998), die von Naturwissenschaftlern stammen, und ihre Treffsicherheit damit begründet, dass sich Naturwissenschaftler „in der Regel viel solider auf wissenschaftliche Kenntnisse stützen als solche von Gesellschaftskritikern oder auch von Wissenschaftlern in der Vergangenheit, die sich äußerten, bevor die Grundgesetze der Natur vollständig bekannt waren", dann mögen seine Ergebnisse insofern plausibel sein, als in ihr Faktoren und Variablen berücksichtigt werden, die in den Szenarien von Ökonomen, Soziologen oder Philosophen kaum Berücksichtigung finden. Was er aber vernachlässigt, ist, dass sich die Gesellschaft, und die Menschen in ihr, mit der Technologie, die sie entwickeln, selbst verändern. In seiner Studie eröffnet Kaku einen technologischen Möglichkeitsraum, ein Szenario, wie die Welt in Zukunft mit begründeter Wahrscheinlichkeit aussehen wird. Und tatsächlich, es könnte so sein, wie er sagt, aber es muss nicht so sein. Menschen können sich auch anders entscheiden. Indem Menschen handeln, verändern sich die Parameter, die einen Möglichkeitsraum konstituieren. Plötzlich wird etwas möglich, was vorher undenkbar war (Castoriadis 1984). Die Frage, welches die Ursachen, die Motive, die Gründe dafür sind, dass sein Szenario realisiert wird oder nicht, bleibt bei ihm unbeantwortet. Sind es ökonomische Motive? Ist es politischer Ehrgeiz? Sind es kriegerische Auseinandersetzungen um Hegemonialansprüche und Einfluss-Sphären? Üblicherweise galt bislang die an einzelwirtschaftlichen Profitkalkülen orientierte Marktökonomie als der treibende Faktor der technologischen Entwicklung. Getrieben von seiner Begierde, geleitet von seiner Vernunft, erweiterte der Mensch ständig den Horizont seiner werkzeugvermittelten Eingriffe in die Natur. Aber gilt das auch für die Zukunft? Eingriffstiefe und -reichweite technologisch vermittelter Handlungen sowohl räumlicher wie zeitlicher Art, ihre Folgewirkungen im Stoffwechselprozess des Menschen mit der Natur lassen zunehmend an der umwelt- und sozialverträglichen Steuerungsfähigkeit marktökonomischer Mechanismen zweifeln.

Advent der Hybriden
Das Ende der Zuschauertheorie

Die Verschmelzung von Natur und Gesellschaft zu einem unauflöslichen Hybrid erfolgt durch Technologie, durch die „Welt der Dinge". Durch sie erhalten soziale Verhältnisse Konsistenz, Dauer und Festigkeit. Will man die Welt der Menschen verstehen, muss man ihren Artefakten deshalb mehr Aufmerksamkeit widmen. Sie spielen eine viel größere Rolle in der Sozialisation der Menschen, als die Soziologie ihnen bislang zugestanden hat. Technologie ist, in den Worten Latours, „Society made durable" (1991). Sie ist begrifflich zu unterscheiden von der Technik. Entscheidend ist, dass die Ko-Evolution von „Natur" und „Gesellschaft" heute nicht mehr so sehr auf der Basis einer handwerklich geprägten Technik erfolgt, die noch kaum ihren konkreten Werkzeugcharakter zu verbergen vermag, sondern vermittelt ist durch eine Techno-Logie, die weitgehend den abstrakten Prinzipien (natur-)wissenschaftlichen Denkens verpflichtet ist. Technik als eine Form gesellschaftlicher Praxis der Weltgestaltung und Wissenschaft als die theoretische Reflexion über diese Welt – dieser Dualismus ist in der Technologie zur Synthese gebracht worden.

Ursprünglich, zu Zeiten Newtons, aber auch später noch, wurden Experimente in eigens dafür geschaffenen Laboratorien durchgeführt. Sie ermöglichten präzise Messungen unter genau definierten Bedingungen. Umwelteinwirkungen, Kontaminationen konnten weitgehend ausgeschlossen werden. Im Labor vermengten sich „Kultur" und „Natur" zu Hybriden. Es fand eine unmittelbare Verknüpfung von „Natur" und „Gesellschaft" statt. Inzwischen ist die Gesellschaft selbst, als Ganzes, zu einem riesigen Labor geworden (Hoof et al. 2011). Historisch sind wir, vermittelt über die „große Industrie" und die in ihr angewandte Technologie, an einem Punkt angelangt, an dem Natur und Gesellschaft eins geworden sind, nicht mehr voneinander zu trennen. Wissenschaftliche Experimente haben die geschlossenen Räume hermetisch abgeriegelter Laboratorien verlassen. Sie werden heute im Maßstab 1:1 und in Echtzeit durchgeführt. In den kollektiven Experimenten, in die wir, ob wir wollen oder nicht, alle verwickelt sind, sei es Tschernobyl, AIDS, Contergan, Ozonloch oder Rinderwahnsinn, in allen diesen Fällen ist die traditionelle Unterscheidung zwischen „wissenschaftlichen Laboratorien", die drinnen mit Theorien und Phänomenen experimentieren, und einer politischen Situation außerhalb, in der Nicht-Experten mit Werten, Meinungen und Leidenschaften agieren, in Frage gestellt. Das Ozonloch ist zu sozial, um wirklich Natur zu sein, und die Strategie der Firmen und Politiker zu sehr angewiesen auf chemische Reaktionen, um allein auf Fragen der Macht reduziert werden zu können (Latour 1998, S. 4). Es macht keinen Sinn mehr, zwischen einer Natur „dort draußen“ und der Gesellschaft „über uns“ zu unterscheiden. Eine solche dualistische Sichtweise ist nicht mehr zeitgemäß, weil soziales Leben, gerade in seiner menschlichen Form, letztlich auf dem Funktionieren von Artefakten beruht. Die von den Griechen gezogene Grenze zwischen der Gesellschaft, dem Staat, der *Polis*, und der Natur wurde im Gefolge Newtons aufgehoben. Die soziale Gemeinschaft der Menschen, einstmals eine Enklave in einer nichtmenschlichen Umwelt, befindet sich heute auf dem Weg zur Weltgesellschaft und breitet sich über das Ganze der irdischen Natur aus, ihren Platz usurpierend. Der Unterschied zwischen dem Künstlichen und dem Natürlichen, der den frühen Griechen so wichtig war, schwindet. Das Natürliche wird von der Sphäre des Künstlichen verschlungen. Es entsteht eine neue Art von „Natur“, die, über Technologie vermittelt, zugleich „Gesellschaft“ ist. Für Aristoteles mochte die *theoretische* Vernunft im Menschen noch über die Natur hinausragen. Als bloß kontemplative aber blieb sie ihr äußerlich. Der emanzipierte *praktische* Intellekt, den die Wissenschaft im Gefolge Newtons, durchaus ein Erbe jenes theoretischen Intellekts der Griechen, erzeugt hat, stellt der Natur hingegen nicht nur sein Denken, sondern vor allem sein *Tun* gegenüber in einer Weise, die ihr nicht äußerlich bleibt. Es ist mit dem unbewussten Funktionieren des Ganzen, dem eine kontemplative Sichtweise der Dinge entsprach, nicht mehr vereinbar, erstreckt sich doch seine Eingriffstiefe und -reichweite inzwischen auf die gesamte Biosphäre. Es gibt kein Außen der Gesellschaft mehr (Bammé 2008).

Die „große Industrie“ hat die Vorgehensweise Newtons, die systematische Verknüpfung von Axiomatik und Empirie im messenden Experiment (Tetens 1987, Pulte 2005), aus den geschlossenen Räumen der Laboratorien hinausgetragen in die Gesellschaft. Sie selbst wurde zum Experimentierfeld. Sie verwissenschaftlichte sich, so wie die Wissenschaft sich vergesellschaftete (Ziman 1996). Doch die Vielfalt ihrer Funktionsprinzipien und die Folgen, die sich daraus ergeben, übersteigen bei weitem jene, wie sie für sterile Forschungslaboratorien typisch sind. Damit wird Wissenschaft unmittelbar politisch und politisch wirksam. Hinzu kommt, dass über diese Experimente, die mit uns, von uns, für uns durchgeführt werden, kein Protokoll geführt wird. Niemandem ist ausdrücklich die Verantwortung übertragen, sie zu beaufsichtigen (Latour 2001, S. 31). Und so entwickelten sich alsbald Probleme und es machten sich Folgewirkungen bemerkbar, die weder eingeplant noch beabsichtigt waren. Ulrich Beck (1986) prägte hierfür den Begriff der Risikogesellschaft. So führte DDT, ein Insektizid, das im Labor seine volle Wirkung entfaltete, dort draußen in der Welt zum Gegenteil dessen, was beabsichtigt war, zu DDT-resistenten Mückenstämmen. In einer Gesellschaft, die in ihrer Gesamtheit zum Labor geworden ist, geht es nicht mehr um abstrakte Wahrheiten, sondern um die Erkundung und Berücksichtigung unbeabsichtigter Folgen provisorischer und revidierbarer Projekte. Es geht nicht mehr darum, wissenschaftliche Wahrheiten über die Wirklichkeit, die uns umgibt, zu entdecken, sondern über die Wirklichkeit von Wahrheiten, die wir selber produzieren, zu entscheiden.

Angelpunkt und Spezifikum der Sozialtheorie Latours ist die Rejektion der abendländischen Dichotomisierung von menschlicher Umwelt in „Natur“ und „Gesellschaft“. Sie führt seiner Ansicht nach zwangsläufig zu einer Fehlwahrnehmung der „Hybriden“, der „Quasi-Objekte“. Im abendländischen Denken wird üblicherweise unterstellt, dass die „Gesellschaft“ auf der einen, die „Natur“ auf der anderen Seite zwei strikt voneinander getrennte Bereiche menschlicher Umwelt darstellen: „Die Natur ist nicht unsere Konstruktion: sie ist transzendent und übersteigt uns unendlich. Die Gesellschaft ist unsere freie Konstruktion: sie ist unserem Handeln immanent“ (1998, S. 47). Die Realität hingegen sieht anders aus. Heute greifen wir, über Technologie vermittelt, massiv in die Natur ein, um sie zu gestalten und für unsere Zwecke nutzbar zu machen. Und zugleich müssen wir feststellen, dass die gesellschaftlichen Strukturen und Abläufe immer häufiger Resultate zeitigen, die nicht intendiert waren. Die Natur steht dem Menschen scheinbar als ein von ihm nicht geschaffenes „Out there“ gegenüber, wird aber gleichwohl von ihm planvoll und folgenreich bearbeitet und beherrscht, während die Gesellschaft, obwohl scheinbar sein Werk, ihm fortwährend entgleitet und ihn als unerreichbares „Up there“ prägend beeinflusst. Realität und Realitätsdeutung fallen auseinander. Während die Natur tatsächlich zunehmend vergesellschaftet wird, entwickelt sich die Gesellschaft im Gegensatz dazu weiterhin naturwüchsig. Latour bezeichnet diesen Sachverhalt als „Selbsttäuschung der Moderne“. Die Folgen, so Latour, seien desaströs. Weil die Hybriden nicht als konstitutive Elemente der „wirklichen Gesellschaft“ angesehen werden, sondern nur als „Mischung zweier reiner Formen“ in Erscheinung treten, entstanden „alle möglichen Monstren“, ohne dass „diesen irgendeine Auswirkung auf die Fabrik der Gesellschaft zugestanden wurde (...). Wie bizarr diese Monstren auch sein mochten – sie stellten kein Problem dar, denn sozial gesehen existierten sie nicht, und ihre monströsen Folgewirkungen waren niemandem zuzuschreiben“ (1998, S. 60, S. 67).

Aber nicht nur die Differenz zwischen der Natur „dort draußen" und der Gesellschaft „über uns" wird durch Technologie eingeebnet, „Gesellschaft" selbst sei ohne Technologie gar nicht mehr möglich. Ohne die Partizipation von *Non-Humans*, insbesondere von technischen Artefakten, sei kein soziales Leben mehr denkbar, ohne sie, so Originalton Latour, würden wir leben wie die Paviane. Das Sozialleben dieser Primaten demonstriert ihm, wie eine Gesellschaft aussehen würde, die ausschließlich auf direkter Interaktion beruht. Menschen dagegen bilden Kommunikationsstrukturen aus, deren Erhalt von ständiger *face-to-face*-Präsenz unabhängig ist. Soziales Leben in seiner menschlichen Form beruht auf etwas Anderem. Dieses „Andere" sind die allgegenwärtigen „Dinge". Sie stabilisieren das Zusammenleben der Menschen in der durch Technologie geprägten Zivilisation.

Risiko und Entscheidung.
Handlungsträgerschaft jenseits von Natur und Tradition

Technologie wird üblicherweise als vermittelndes Glied in der Auseinandersetzung des Menschen mit der ihn umgebenden Natur gesehen. Auf dieser Ebene der Betrachtung besteht ihre Funktion für den Menschen im Wesentlichen in der Organentlastung, Organverstärkung und im Organersatz (Gehlen 1957). In all diesen drei Fällen ist die Blickrichtung auf das Objekt menschlicher Beziehungen, die äußere Natur, gerichtet. Das Beunruhigende der gegenwärtigen Technologie ist aber, dass zwei ihrer Entwicklungslinien den Subjektstatus des Menschen selbst, seine innere Natur, tangieren. Informations- und Kommunikationstechnologien, zum einen, greifen in die mentale Identität des Menschen ein. Die Entwicklung künstlicher Intelligenz zeigt, dass maschinelle Mechanismen in der Lage sind, Funktionen und Aufgaben zu erfüllen, die bislang dem mit Geist versehenen Subjekt vorbehalten schienen. Vieles wird möglich, was bisher undenkbar war (Berger und Getzinger 2009). So haben Auto-Pilot-Systeme schon längst die Kontrolle über die Führung von Flugzeugen übernommen. Chirurgische Eingriffe könnten bereits heute von Robotern durchgeführt werden. Und die flexible Lenkung von Verkehrsströmen auf Autobahnen und Bundestraßen durch intelligente Leitsysteme ist beileibe keine Zukunftsmusik mehr (vgl. Brooks 2002, S. 243 ff.). Gen- und humanmedizinische Reproduktionstechnologien, zum anderen, greifen in die körperliche Identität des Menschen ein, in seine Identität als biologisches Gattungswesen. In den „Life Sciences", in den Diskursen um „Biomacht" und „Biopolitik" wird ein Sachverhalt diskutiert (Kimbrell 1994, Agamben 2002, van den Daele 2005, Muhle 2008, Weiß 2009), den Heidegger bereits Anfang der fünfziger Jahre in seinem Vortrag über „das Gestell“ thematisierte. Der darin enthaltene berüchtigte Satz kommt in dem Folgetext über „Die Frage der Technik“ (1954, S. 9-40), in dem er das zugrunde liegende Problem erneut aufgriff, nicht mehr vor. Der inkriminierte Satz lässt an Deutlichkeit nichts zu wünschen übrig. Er lautet: „Ackerbau ist jetzt motorisierte Ernährungsindustrie, im Wesen das Selbe wie die Fabrikation von Leichen in Gaskammern und Vernichtungslagern, das Selbe wie die Blockade und Aushungerung von Ländern, das Selbe wie die Fabrikation von Wasserstoffbomben.“ Was Heidegger in ihm beschreibt und was sich in ähnlicher Dramatik auch bei Bauman (1992) und Agamben (2002) wiederfindet, wenngleich Jahrzehnte später und darum mit mehr distanzierter Gleichgültigkeit aufgenommen, ist ein kettenartiger Zusammenhang gesellschaftlicher Reproduktion, in dem sich scheinbar ganz unterschiedliche Glieder zu einer einheitlichen Welt, die es zuvor in dieser dramatischen Bedrohung nicht gegeben hat, zusammenfügen. Als ein Glied in der Kette technologisch formierter Industrien gehört heute die Landwirtschaft, so Heidegger, zur *selben* Welt wie die „Fabrikation von Leichen in Gaskammern“. Die *selbe* Welt heißt nicht, dass die industrialisierte Landwirtschaft an sich schon kriminell wäre. Denn das Selbe schließt das Andersartige noch mit ein. Die ihrem Wesen nach technologische Welt ist nicht aus sich heraus verbrecherisch. Aber sie ist eine Welt, in der eine bislang unvorstellbare Form des Verbrechens möglich bzw. wirklich geworden ist. Sie ist, in den Worten Heideggers, eine Welt mit noch nie dagewesenen Gefahren.

Man muss in diesem Zusammenhang nicht gleich an Stalin und Hitler denken. Giorgio Agamben hat diesen Sachverhalt jüngst in einer Studie zur Biopolitik des „Dritten Reiches“ auf einer etwas weniger prominenten Ebene verdeutlicht. Die Ärzte Karl Brand und Viktor Brack, die als Verantwortliche des Euthanasie-Programms in Nürnberg zum Tode verurteilt wurden, erklärten nach der Urteilsverkündung, dass sie sich nicht schuldig fühlten, weil sich das Programm der Euthanasie in Zukunft von neuem stellen würde. So verwerflich ihr Tun nicht nur in moralischer Hinsicht war, so unbestritten blieb ihre Voraussicht (Agamben 2002, S. 152). In ihr verdeutlichen sich sowohl die Notwendigkeit einer Neuordnung der politischen Entscheidungsmacht als auch die Gefahren, die damit verknüpft sind, soweit es nicht gelingt, sie in demokratische Bahnen zu lenken. In Deutschland gibt es, nicht ohne Grund, eine verständliche Scheu, die damit verknüpften Fragen öffentlich zu diskutieren (vgl. Singer 1991 sowie die Dokumentation von Anstötz et al. 1995, Hegselmann und

Merkel 1991), aber, sagt Giddens, letztlich haben wir „keine Wahl, als uns zu entscheiden, wie wir sein wollen und handeln sollen“ (1993, S. 450).

In einer Epoche, in der Tradition und Natur ihre Rolle als Gestaltungsmächte eingebüßt haben, muss die Gesellschaft und müssen die Menschen in ihr selbst entscheiden, wie sie in Zukunft leben wollen. Es ist noch nicht allzu lange her, da war die Geburt eines behinderten Menschen ein Schicksalsschlag, für den niemand verantwortlich war, eine Laune der Natur. Heute ist das anders. Mit Hilfe pränataldiagnostischer Verfahren lässt sich der gesundheitliche Zustand werdenden Lebens schnell feststellen. Wird eine Behinderung diagnostiziert, müssen die potentiellen Eltern entscheiden, ob es zur Welt kommen soll. Die Entscheidung ist Ausdruck individueller Willensfreiheit. Sollten sich die Eltern für die Geburt entscheiden, so liegt die Verantwortung für die Folgen ganz bei ihnen, mit allen Verpflichtungen, die das nach sich zieht (Bammé 2011, S. 15). Jemandem Freiheiten einzuräumen, ohne ihm die zur Realisierung benötigten Ressourcen zur Verfügung zu stellen, zum Beispiel um einem behinderten Kind ein lebenswertes Dasein zu ermöglichen, aber ist keine Freiheit. Das Gegenteil zu behaupten, wäre blanker Zynismus. Möglichkeitsräume, die sich einer Gesellschaft aufgrund ihrer Technologie eröffnen, sind häufig mit Problemen verbunden, die für die davon individuell betroffenen Menschen eine Überforderung darstellen. Sie bedürfen zu ihrer sozialverträglichen Lösung völlig neuartiger gesellschaftlicher Institutionen und Verfahren der Entscheidungsfindung und -realisierung. Vorhistorische Ethnien, denen die Nahrungsmittel ausgingen, haben, der Not gehorchend, ihre Alten, Kranken und Kinder ausgesetzt. Ihnen blieb keine andere Wahl, um das Überleben des Stammes bzw. der Dorfgemeinschaft sicherzustellen. In einer vergleichbar grausamen Entscheidungssituation befinden sich Gesellschaften, die durch eine entwickelte Technologie geprägt sind, schon längst nicht mehr. Aber der Entscheidungsdruck, unter dem sie stehen, ist in vielen Fällen nicht weniger dramatisch.

Der Mensch im Anthropozän. Die Welt regieren ohne Weltregierung?

Als 1968 die Astronauten der Apollo-8-Mission erstmals ein Photo des blauen Planeten zur Erde sandten, wurde den Menschen klar, wie komplex, beschränkt und gefährdet ihr Lebensraum ist. Das nachtschwarze Weltall darum herum illustrierte auf eindrucksvolle Weise die Einzigartigkeit, Verletzlichkeit und Verlorenheit dieser menschlichen Lebenswelt (Diederichsen und Franke 2013). Vom Raumschiff „Erde“ war plötzlich die Rede (Crutzen et al. 2011). Bereits das zuvor erwähnte Ozonloch verwies darauf, dass die Folgewirkungen menschlichen Handelns in einer durch Technologie geprägten Welt nicht nur regionale Auswirkungen haben, sondern zunehmend globale Dimensionen annehmen. Grenzen werden nicht nur überschritten im Raum, sondern auch in der Zeit. Atommüll, den die Menschheit heute produziert, gefährdet die Umwelt und die Gesundheit nachfolgender Generationen noch in mehreren tausend Jahren. Die mittels Wissenschaft und Technik bewirkten Umweltveränderungen, die durch eine schleichende, subkutane Anreicherung von Schadstoffen in Böden und Grundwasser, in Pflanzen oder in der Atmosphäre gekennzeichnet sind, äußern sich nicht nur in Umweltkatastrophen, sondern haben, weit darüber hinaus, die als Holozän bezeichnete zwischeneiszeitliche Epoche mit stabilen Klimaverhältnissen beendet, ein Tatbestand, für den „in den letzten Millionen Jahren keine Entsprechung zu finden sei“ (Zalasievicz 2009). Die Menschheit selbst ist inzwischen zu einem geologischen Faktor geworden. Der Nobelpreisträger für Chemie, Paul Crutzen, hat für diese neue geochronologische Epoche den Begriff des *Anthropozäns*, des Menschenzeitalters geprägt (Crutzen et al. 2011, Ehlers 2008, Schwägerl 2010). Sie umfasst den Zeitabschnitt, in dem der Mensch zu einem der wichtigsten Einflussfaktoren für die biologischen, geologischen und atmosphärischen Prozesse auf der Erde geworden ist, und beginnt etwa um 1800 mit der einsetzenden Industrialisierung. Auch wenn Naturwissenschaftler zuerst darauf aufmerksam gemacht haben, so ist das Anthropozän in seiner Substanz doch nicht nur oder nicht so sehr ein geologisches, sondern vor allem ein kulturelles und damit ein sozialhistorisches Ereignis.

Mit der Abgrenzung des Anthropozäns (als eines *global* vom Menschen geprägten Zeitalters) vom bisherigen Holozän (als einer *regional* vom Menschen mitbeeinflussten Epoche) hat Crutzen auf die wesentlichen Unterschiede aufmerksam gemacht zwischen der natürlichen globalen Umweltstabilität der nacheiszeitlichen Warmzeit, deren Zuverlässigkeit Grundlage für den Aufbau aller bisherigen gesellschaftlichen Nutzungsstrukturen war (Ackerbau, Viehzucht, Städtebau, Handel mit den entsprechenden Infrastrukturen), und dem Beginn der durch den Menschen der Neuzeit verursachten dramatischen Veränderungen. Er hat deutlich gemacht, dass die Erde kein natürliches Ökosystem mehr ist, das vom Menschen gestört wird, sondern dass sie zu einem Humansystem geworden ist, mit darin eingebetteten natürlichen Ökotopen. Bezeichnenderweise haben Sozial- und Geisteswissenschaftler allerdings noch kaum Kenntnis davon genommen, obwohl die ökonomischen, soziologischen und politischen Implikationen kaum zu übersehen sind (vgl. HKW Berlin 2013).

Waren die Folgewirkungen menschlichen Handelns, die bislang das Anthropozän geprägt haben, vorwiegend schädlicher Natur, so wird es in Zukunft darum gehen müssen, positive Gestaltungsmöglichkeiten zu kultivieren. Das wird aber nicht geschehen können ohne dramatische Veränderungen im Habitus und im Weltbild der Menschen, in der Reproduktionsweise der Gesellschaft und in der Regierungsform dieses Raumschiffs „Erde".

Die Synthese, die Einheit der Weltgesellschaft wird heute durch Technologie hergestellt, nicht durch Religion und nicht durch Philosophie. Die technologische Zivilisation stellt die Basis dar, auf der sich ein bunter Strauß postmoderner, zunehmend belangloser werdender Philosophien und Religionen erhebt. Sie erst ermöglicht weltweit eine postmodern gelebte Vielfalt und Beliebigkeit. Man wird sich die Zukunft des Raumschiffs „Erde" deshalb als einen riesigen Produktionsprozess, als eine „Weltfabrik" (Schwägerl 2010, S. 111 ff.) vorstellen müssen, die nicht so sehr bestimmt sein wird durch die blinden Marktmechanismen und Imperative des eigennützigen „Bereichert Euch!", sondern durch bewusst getroffene politische Entscheidungen und sachnotwendige Vorgaben. Ökonomische Kalkulation und Kostenrechnung wird es nach wie vor geben müssen, in Form einer Ökonomie der Zeit, aber eingebunden in inhaltlich strukturierte politische Projekte. Die bislang nach außen verlagerten sozialen Kosten der Marktökonomie (Kapp 1988) müssen in die zu realisierenden Projekte einberechnet und die Ökonomie, die sich bislang ausschließlich an quantitativen Kriterien orientierte, in die Gesellschaft, die qualitativen Zielen und Verfahren verpflichtet ist, zurückgeholt werden. Beides erfordert, da es hierfür noch keine Erfahrungswerte gibt, ein hohes Maß an soziologischer Phantasie. In sozialwissenschaftlicher Perspektive ist das Anthropozän, ich erwähnte es bereits, nicht so sehr ein geochronologisches, sondern vor allem ein technologisches Projekt. Mit der Technologie, die der Mensch entwickelt, verändert er nicht nur die Umwelt, sondern darüber hinaus sich selbst und die Gesellschaft, in der er lebt. Damit ist das Anthropozän ein Phänomen, das an der Schnittstelle von Sozial- und Naturwissenschaft liegt. In der Verknüpfung beider Forschungstraditionen liegt deshalb das größte wissenschaftlich begründete Innovationspotential in der Gestaltung der Zukunft des Raumschiffs „Erde". Aber dieser Herausforderung wird noch kaum entsprochen. Die

Menschen verharren mental in Weltbildern und Vorstellungen, denen die Realität schon längst entglitten ist. William Ogburn (1922) hat dieses Phänomen als *cultural lag*, Norbert Elias (1989) als *Nachhingeffekt* des sozialen Habitus bezeichnet: Die Menschen bleiben in ihrer überkommenen Persönlichkeitsstruktur, in ihrem sozialen Habitus auf einer lebensgeschichtlich oder sozialhistorisch früheren Entwicklungsstufe stehen, obwohl die Veränderungen der sozialen Situation, der politischen Verhältnisse etc. mit Händen greifbar sind. Dieses Verharren führt, weil es von falschen Voraussetzungen ausgeht, auf der politischen Ebene zu irrationalen Schussfolgerungen und Handlungsweisen. Eine Politik aber, die drohende Übel erst zur Kenntnis nimmt, wenn sie sich überdeutlich abzeichnen, eine Politik, die Gestaltungsräume erst wahrnimmt, wenn sie offen zutage treten, ist verhängnisvoll, weil sie keine Zukunft kennt, die über Gegenwärtiges hinausweist (Höffe 2009, S. 9 ff.).

In seinem Bericht an den *Club of Rome* (1995) hat Yehezkel Dror zentrale Defizite politischen Handelns benannt und entsprechende Lösungsvorschläge ausgearbeitet. Im Gegensatz zu den global agierenden internationalen Konzernen, die vorrangig am Profit, also an quantitativen Größen interessiert sind, den sie, wie auch immer, zu erwirtschaften trachten, beschränkt sich die qualitativ orientierte Politik der Regierenden nach wie vor weitgehend auf Zielvorgaben im Rahmen überkommener nationalstaatlicher Grenzen. Statt eine „Weltinnenpolitik" (Beck 2010) zu betreiben, die den globalen Umwelteinflüssen als Folgewirkungen menschlichen Handelns und den Landnahmen international agierender Konzerne entsprechen würde, verharren sie in den überlieferten Denktraditionen und Weltbildern des achtzehnten Jahrhunderts. Dror spricht in diesem Zusammenhang deshalb von der unabweisbaren Notwendigkeit einer Weltregierung (Dror 1995, S. 262 ff.). Bezeichnenderweise hat Michael Zürn seine Analyse der Situation mit dem Titel überschrieben „Die Welt regieren ohne Weltregierung" (2013). Nur in ersten Ansätzen gibt es überstaatliche Organisationen, denen es aber nach wie vor an der demokratischen Legitimation mangelt. Auch fehlen ihnen „sowohl der Wille als auch die Fähigkeit, die Probleme der Menschheit in einer Periode globaler Umwälzungen zu bewältigen. Die globalen Institutionen sind nicht resolut genug, das heißt, es fehlt ihnen an Festigkeit, Bestimmtheit und Entschlusskraft" (Dror 1995, S. 262).

Die Technologie eröffnet Möglichkeitsräume. Wie sie genutzt werden, steht zur Disposition (Schirrmacher 2001, Dyson 2002). Weil heute niemand weiß, wie sich die Menschen entscheiden werden, ist es auch müßig, darüber zu spekulieren, wie eine zukünftige Weltgesellschaft ihre Probleme bewältigen wird. Grundsätzlich sind zwei Gestaltungspfade denkbar, die sich auf einem Kontinuum angeordnet denken lassen: zum einen die Wiederaufnahme des Projekts der athenischen Demokratie und seine Vollendung (Nowotny et al. 2002, Latour 2001). Subjektivität in der technologischen Zivilisation ist auf viele Orte verteilt. Entsprechend zahlreich werden auch die Institutionen und Verfahren demokratischer Willensbildung sein müssen. Denkbar, zum anderen, ist aber auch das Hinübergleiten in ein mit sanfter Gewalt administriertes Imperium, vergleichbar dem römischen der Kaiserzeit. Guéhenno (1994), ein prominenter Vertreter dieser zweiten Sichtweise, skizziert eine Welt, die so gut verwaltet wird, dass an die Stelle des Strebens nach öffentlicher Debatte, die im Licht der Vernunft ausgetragen wird, die professionelle Konfrontation von Interessen tritt. Kapitol und Lobby ersetzen die Agora. Die Frage nach der Legitimität wird dann ebenso unpassend sein wie das Nachdenken über die Rechtmäßigkeit eines Computerprogramms. Das sanfte Brummen der Maschine genügt sich selbst.

So oder so. Beide Wege sind möglich. Indem Menschen handeln, verändern sich die Parameter, die einen Möglichkeitsraum konstituieren. Plötzlich kann etwas geschehen, was vorher undenkbar war. Die Zukunft ist offen.

Referenztexte

Agamben, Giorgio (2002): Homo Sacer. Die souveräne Macht und das Leben. Frankfurt a.M.: Suhrkamp (1995)

Anstötz, Christoph et al. (Hg.) (1995): Peter Singer in Deutschland. Zur Gefährdung der Diskussionsfreiheit in der Wissenschaft. Frankfurt a.M.: Lang

Ashby, Ross W. (1974): Einführung in die Kybernetik. Frankfurt a.M.: Suhrkamp (1956)

Bahnsen, Ulrich; Martin Spiewak (2013): Menschliches Klonen: Kopie aus dem Labor. In: Die Zeit Nr. 21 vom 16.5.2013

Bammé, Arno et al. (1983): Maschinen-Menschen. Mensch-Maschinen. Grundrisse einer sozialen Beziehung. Reinbek: Rowohlt

Bammé, Arno (1990): System oder Maschine? Sozialwissenschaftliche Anmerkungen zur biologischen Bestimmung lebender Systeme als autopoietische Maschinen. In: Riegas, Volker; Vetter, Christian (Hg.): Zur Biologie der Kognition. Frankfurt a.M.: Suhrkamp, S. 237-263

Bammé, Arno (2007): Die Neuordnung des Sozialen durch Technologie. Marburg: Metropolis

Bammé, Arno (2008): Wissenschaft im Wandel. Bruno Latour als Symptom. Marburg: Metropolis

Bammé, Arno (Hg.) (2011): Life Sciences. Die Neukonstruktion des Menschen? München und Wien: Profil

Bammé, Arno (2013): Von der Repräsentation zur Intervention. Variationen über John Dewey. Marburg: Metropolis

Bauman, Zygmunt (1992): Moderne und Ambivalenz. Frankfurt a.M.: Fischer (1991)

Beck, Ulrich (1986): Risikogesellschaft. Frankfurt a.M.: Suhrkamp

Beck, Ulrich (2010): Nachrichten aus der Weltinnenpolitik. Frankfurt a.M.: Suhrkamp

Berger, Wilhelm; Günter Getzinger (Hg.) (2009): Das Tätigsein der Dinge. Beiträge zur Handlungsträgerschaft von Technik. München und Wien: Profil

Bijker, Wiebe E. et al. (Hg.) (1987): The Social Construction of Technological Systems. New Directions in the Sociology and History of Technology. Cambridge/ Mass.: MIT Press

Brooks, Rodney (2002): Menschmaschinen. Wie uns die Zukunftstechnologien neu erschaffen. Frankfurt a.M. und New York: Campus

Castoriadis, Cornelius (1984): Gesellschaft als imaginäre Institution. Entwurf einer politischen Philosophie. Frankfurt a.M.: Suhrkamp (1975)

Changeux, Jean-Pierre (2004): Die Revolution in den Neurowissenschaften. In: Spektrum der Wissenschaft. Dossier 6, S. 50-55

Crutzen, P., Davis, Mike, Mastrandrea, Michael D., Schneider, Stephen H., Sloterdijk, Peter (2011): Das Raumschiff Erde hat keinen Notausgang. Berlin: Suhrkamp

Descola, Philippe; Gisli Pálsson (Hg.) (1996): Nature and Society. Anthropological Perspectives. London: Routledge

Descola, Philippe (2011): Jenseits von Natur und Kultur. Frankfurt a.M.: Suhrkamp (2005)

Dewey, John (2001): Die Suche nach Gewissheit. Eine Untersuchung des Verhältnisses von Erkenntnis und Handeln. Frankfurt a.M.: Suhrkamp (1929)

Diederichsen, Diedrich; Anselm Franke (2013): The Whole Earth. Kalifornien und das Verschwinden des Außen. Berlin: Sternberg

Diner, Dan (2007): Versiegelte Zeit. Über den Stillstand in der islamischen Welt. Berlin: List

Dreyfus, Hubert L. (1985): Die Grenzen künstlicher Intelligenz. Was Computer nicht können. Königstein: Athenäum (1972)

Dror, Yehezkel (1995): Ist die Erde noch regierbar? Ein Bericht an den Club of Rome. München: Bertelsmann (1994)

Dyson, Freeman J. (2000): Die Sonne, das Genom und das Internet. Wissenschaftliche Innovationen und die Technologien der Zukunft. Frankfurt a.M.: Fischer (1999)

Ehlers, Eckart (2008): Das Anthropozän. Die Erde im Zeitalter des Menschen. Darmstadt: WBG

Elias, Norbert (1980): Über den Prozess der Zivilisation. Soziogenetische und psychogenetische Untersuchungen. Zwei Bände. Frankfurt a.M.: Suhrkamp (1969)

Elias, Norbert (1989): Studien über die Deutschen. Machtkämpfe und Habitusentwicklung im 19. und 20. Jahrhundert. Frankfurt a.M.: Suhrkamp

Feyerabend, Paul (2009): Naturphilosophie. Frankfurt a.M.: Suhrkamp

Fischer, Ernst Peter (2002): Die andere Bildung. Was man von den Naturwissenschaften wissen sollte. München: Ullstein (2001)

Gehlen, Arnold (1957): Die Seele im technischen Zeitalter. Hamburg: Rowohlt

Giddens, Anthony (1993): Tradition in der post-traditionalen Gesellschaft. In: Soziale Welt, 44(4), S. 445-485

Görg, Christoph (1999): Gesellschaftliche Naturverhältnisse. Münster: Westfälisches Dampfboot

Guéhenno, Jean-Marie (1994): Das Ende der Demokratie. München und Zürich: Artemis & Winkler (1993)

Günther, Gotthard (1980): Beiträge einer operationsfähigen Dialektik. Band III. Hamburg: Meiner

Habermas, Jürgen (1969): Technik und Wissenschaft als „Ideologie". Frankfurt a.M.: Suhrkamp

Hansmann, Uwe et al. (2003): Pervasive Computing – The Mobile World. Berlin: Springer

Hänßler, Boris (2013): Die vielleicht gefährlichste Idee der Welt. In: Süddeutsche Zeitung vom 8.6.2013

Hegselmann, Rainer; Reinhard Merkel (Hg.) (1991): Zur Debatte über Euthanasie. Frankfurt a.M.: Suhrkamp

Heidegger, Martin (1962): Die Frage nach der Technik. In: Ders.: Die Technik und die Kehre. Pfullingen: Neske (1954), S. 5-36

HKW Berlin (Haus der Kulturen der Welt) (2013): Das Anthropozän-Projekt. Eine Eröffnung 10.-13. Januar 2013 (Detailliertes Programmheft. Druckversion. 65 Seiten)

Höffe, Otfried (2009): Ist die Demokratie zukunftsfähig? Über moderne Politik. München: Beck

Hoof, Florian et al. (2011): Jenseits des Labors. Bielefeld: transcript

Innerhofer, Judith E. (2013): Transhumanismus: Hirnschrittmacher für alle! Ein Gespräch mit dem Philosophen Stefan Lorenz Sorgner. In: Die Zeit Nr. 20 vom 8.5.2013

Japp, Klaus P. (1998): Die Technik der Gesellschaft? Ein systemtheoretischer Beitrag. In: Rammert, Werner (Hg.): Technik und Sozialtheorie. Frankfurt a.M. und New York: Campus, S. 225-244

Jessen, Jens (2013): Transhumanismus: Die Besten sind die Bestien. In: Die Zeit Nr. 22 vom 23.5.2013

Kaku, Michio (1998): Zukunftsvisionen. Wie Wissenschaft und Technik des 21. Jahrhunderts unser Leben revolutionieren. München: Lichtenberg (1997)

Kapp, K. William (1988): Soziale Kosten der Marktwirtschaft. Frankfurt a.M.: Fischer (1950)

Kimbrell, Andrew (1994): Ersatzteillager Mensch. Die Vermarktung des Körpers. Frankfurt a.M. und New York: Campus (1993)

Latour, Bruno (1991): Technology is Society made durable. In: Law, John (Hg.): Sociology of Monsters. London: Routledge, S. 103-131

Latour, Bruno (1998): Wir sind nie modern gewesen. Versuch einer symmetrischen Anthropologie. Frankfurt a.M.: Fischer (1991)

Latour, Bruno (2001): Das Parlament der Dinge. Für eine politische Ökologie. Frankfurt a.M.: Suhrkamp (1991)

Marx, Karl (1971): Das Elend der Philosophie. Antwort auf Proudhons „Philosophie des Elends". Berlin: Dietz (1855)

Mead, George H. (1973): Geist, Identität und Gesellschaft. Frankfurt a.M.: Suhrkamp (1934)

Muhle, Maria (2008): Eine Genealogie der Biopolitik. Bielefeld: transcript

Mumford, Lewis (1981): Mythos der Maschine. Kultur, Technik und Macht. Frankfurt a.M.: Fischer (Vol. I 1966, Vol. II 1964)

Nowotny, Helga et al. (2002): Re-Thinking Science. Knowledge and the Public in an Age of Uncertainty. Cambridge: Polity Press (2001)

Moscovici, Serge (1984): Versuch über die menschliche Geschichte der Natur. Frankfurt a.M.: Suhrkamp (1968)

Ogburn, William F. (1922): Social change with respect to culture and original nature. New York: Huebsch

Penrose, Roger (1991): Computerdenken. Heidelberg: Spektrum (1989)

Pulte, Helmut (2005): Axiomatik und Empirie. Eine wissenschaftstheoriegeschichtliche Untersuchung zur mathematischen Naturphilosophie von Newton bis Neumann. Darmstadt: WBG

Reckwitz, Andreas (2006): Die Transformation der Kulturtheorien. Zur Entwicklung eines Theorieprogramms. Weilerswist: Velbrück (2000)

Schirrmacher, Frank (Hg.) (2001): Die Darwin-AG. Wie Nano-Technologie, Biotechnologie und Computer den neuen Menschen träumen. Köln: Kiepenheuer & Witsch

Schwägerl, Christian (2010): Menschenzeit. Zerstören oder gestalten? Die entscheidende Epoche unseres Planeten. München: Riemann

Schwanitz, Dietrich (2002): Bildung. Alles, was man wissen muss. Frankfurt a.M.: Eichborn (1999)

Searle, John R. (1986): Geist, Hirn und Wissenschaft. Frankfurt a.M.: Suhrkamp (1984)

Sentker, Andreas (2013): Menschliches Klonen. Frankensteins Traum wird wahr. In: Die Zeit Nr. 21 vom 16.5.2013

Singer, Peter (1991): On being silenced in Germany. In: The New York Review of Books, 15.8.1991 (eine deutsche Übersetzung unter dem Titel „Wie man in Deutschland mundtot gemacht wird" findet sich als Anhang in der zweiten Auflage von Peter Singer: Praktische Ethik. Stuttgart: Reclam 1996)

Spengler, Oswald (1972): Der Untergang des Abendlandes. Umrisse einer Morphologie der Weltgeschichte. München: dtv (1923)

Taube, Mortimer (1967): Der Mythos der Denkmaschine. Reinbek: Rowohlt (1966)

Tetens, Holm (1987): Experimentelle Erfahrung. Eine wissenschaftstheoretische Studie über die Rolle des Experiments in der Begriffs- und Theoriebildung der Physik. Hamburg: Meiner

Van den Daele, Wolfgang (Hg.) (2005): Biopolitik. Leviathan Sonderheft 23. Wiesbaden: VS

Weiß, Martin G. (Hg.) (2009): Bios und Zoë. Die menschliche Natur im Zeitalter ihrer technischen Reproduzierbarkeit. Frankfurt a.M.: Suhrkamp

Zalasiewicz, Jan (2009): Die Erde nach uns. Der Mensch als Fossil der fernen Zukunft. Heidelberg: Spektrum (2008)

Ziman, John M. (1996): Postacademic Science: Constructing Knowledge with Networks and Norms. In: Science Studies, 9(1), S. 67-80

Die Natur der Gesellschaft

Drei Zäsuren abendländischer Epistemologie

Nur wer außerhalb der Natur steht
und die Erkenntnis von irgendeinem äußeren Ort aus betrachtet,
kann bestreiten, dass Erkennen ein Akt ist,
der das verändert, was vorher existiert hat,
und dass sein Wert in den Konsequenzen der Veränderung besteht.
John Dewey

Natur, Technik, Gesellschaft

Der Stoffwechsel des Menschen mit der ihn umgebenden Natur ist eine anthropologische Grundgröße, eine gleichsam zeitlose, seiner Biologie geschuldete Notwendigkeit. Was sich im historischen Ablauf ändert, ist die gesellschaftliche Form, in der das geschieht. Letztlich geht es dabei um die Frage, welche „Natur“ eine Gesellschaft sich konstruiert, durch Kontemplation, durch eingreifende Praxis, und wie sie selbst sich dabei verändert. Drei sozialhistorische Zäsuren haben in entscheidender Weise das Verhältnis des abendländischen Menschen zu seiner Umwelt bis heute geprägt. Zentrales Thema der ersten Zäsur ist, in den Worten Luhmanns, die „Gesellschaft“ der Gesellschaft, das sind im abendländischen Kontext die zwischenmenschlichen Verkehrsformen der griechischen *Polis*: Interaktion und Kommunikation. Gegenstand der zweiten Zäsur ist, verkürzt gesagt, die „Natur“ der Gesellschaft, die industrielle Erschließung der stofflichen Basis menschlicher Subsistenz mittels Technik. Themenschwerpunkt der dritten, der gegenwärtigen Zäsur ist die Rejektion überkommener Dualismen, die Verschmelzung von Natur und Gesellschaft zu einem unauflöslichen Hybrid. Natur und Kultur treffen aufeinander, als Experiment zunächst im Labor, dann, im Gefolge der „großen Industrie“, gewissermaßen als Freilandversuch, in der Gesellschaft selbst. *Technik* als eine Form gesellschaftlicher Praxis der Weltgestaltung und *Wissenschaft* als die theoretische Reflexion über diese Welt – dieser Dualismus ist in der *Technologie* zur Synthese gebracht worden.

Die Soziologie, zumindest in ihren Großtheorien deutschsprachiger Provenienz, verhält sich spröde gegenüber dem Phänomen der Verschmelzung von Gesellschaft und Natur. Luhmann, in der Tradition Durkheims stehend, kennt keine „Natur" der Gesellschaft. Sie ist, abgeschoben in die Umwelt, das Andere der Gesellschaft. Pikanterweise thematisiert Luhmann die „Gesellschaft" der Gesellschaft just in dem Moment, in dem sie sich, über Technologie vermittelt, in die Natur hinein aufzulösen beginnt. Auch bei Habermas bleibt die „Natur" außen vor. Sie wird kommunikativ nicht erreicht. Allenfalls wird sie durch Arbeit, also zweckrational, affiziert. Habermas unternimmt zwar, so Latour, „eine sympathische Anstrengung, um das Projekt der Moderne zu retten". Aber, ergänzt er sogleich, wie könnte man ihm beipflichten? Sein „Begriff der instrumentellen Vernunft ist ein Irrweg in der Technikforschung", um nicht zu sagen, „ein theologisches Verbrechen!". Weder rege Habermas empirische Untersuchungen an, noch kenne er sie. Worauf Latour anspielt, ist, dass Habermas einer alten deutschen Philosophenfiktion erliegt, wenn er postuliert, Technik sei das Resultat instrumenteller Vernunft. Jüngere empirische Studien haben genau das Gegenteil erwiesen: Technik ist sozial geformt, ist Resultat vielfältiger Interessengegensätze und kommunikativ geführter Auseinandersetzungen (Bijker et al. 1987). Habermas, indem er das Paradigma der Verständigung zwischen sprach- und handlungsfähigen Subjekten gegenüber dem Paradigma der Erkenntnis von Gegenständen verabsolutiert, beharrt, und darin Luhmann durchaus vergleichbar, auf der „antinaturalistischen Attitüde" einer historisch überholten Kulturphilosophie, der die Realität schon längst abhanden gekommen ist. Sicher, Luhmann fasst, anders als Habermas, „Kommunikation" in einem eher technischen Sinn auf: als Einheit von Information, Mitteilung und Verstehen. Weder Intentionalität noch Sprachlichkeit sind notwendige Bestandteile seiner Begrifflichkeit. Habermas hingegen, in seiner Theorie kommunikativen Handelns, stellt dem erfolgskontrollierten, zweckrationalen Handeln das verständigungsorientierte, das eigentlich kommunikative Handeln dichotomisch gegenüber. In beiden Fällen aber, sowohl in dem von Luhmann wie in dem von Habermas, handelt es sich um soziologische Großtheorien, um Gesellschaftstheorien, in denen „Natur" nicht vorkommt, formuliert zu einem Zeitpunkt, in dem Natur und Gesellschaft, vermittelt über Technologie, untrennbar zu einem Hybrid verschmelzen. So nimmt es denn nicht wunder, dass sich Latour ähnlich ablehnend äußert gegenüber Luhmanns Theorie autopoietischer Sphären: Es seien „surrealistische Banalitäten", Repräsentationen, die ihre reale Basis allenfalls, wenn überhaupt, in den 50er Jahren oder in einer ganz anderen Welt haben,

Phantasmen einer Metatheorie, bar jeglicher Empirie. Eben das sei es, was so „gefällt“ bei Luhmann: dass es „enthebt von der Feldforschung, den Archiven, der Ethnographie, der Recherche, den Interviews, alles sehr mühselige Dinge“. Von daher, aus dieser Sicht, ließen sich beide Großtheorien, sowohl die von Habermas als auch die von Luhmann, um einen Ausdruck von Luhmann selbst zu gebrauchen, als „vormoderne Betrachtungsweisen“ bezeichnen, die allenfalls Gültigkeit beanspruchen könnten für die Ära der griechischen *Polis*. Nicht zuletzt mit Blick auf die Esoterik dieses in der abendländischen Bewusstseinsphilosophie wurzelnden Diskurses, und in Abgrenzung zu ihm, hat Latour seine Gegenwartsanalyse mit dem Titel „Wir sind nie modern gewesen“ versehen, und John Ziman, ein britischer Wissenschaftstheoretiker, äußert sich, nicht ohne Süffisanz, in vergleichbarer Weise: Die Form, in der Wissenschaft, die Speerspitze der Moderne, heute an Universitäten betrieben werde, sei vormodern, und nun sei sie im Begriff, postmodern zu werden. In dem einen (Habermas) wie in dem anderen Fall (Luhmann) handelt es sich, bei aller Differenz im Detail, um Kommunikations-, nicht um Produktionstheorien. Vor dem Hintergrund des gegenwärtigen Ineinanderaufgehens von Natur und Gesellschaft und gemessen etwa am Erkenntnisstand Latours befindet sich eine solchermaßen konzipierte Soziologie kaum auf der Höhe der Zeit. Sie pflegt ihre antinaturalistische Attitüde und hält am überkommenen Dogma fest, soziale, kulturelle und moralische Tatsachen seien eine Realität *sui generis*. Indem sie sich nach wie vor an einem forschungsleitenden Paradigma orientiert, das letztlich in der kulturalistischen Tradition einer dichotomisch konzipierten Bewusstseinsphilosophie wurzelt, ignoriert sie nicht nur den Erkenntnisstand der zeitgenössischen *life sciences* von der Molekularbiologie über die Hirnforschung bis zur Ethologie, sondern liefert zugleich ein Lehrstück dafür, wie das tradierte Selbstverständnis einer Wissenschaftsdisziplin, das historisch durchaus seine Berechtigung gehabt haben mag, an einem bestimmten Punkt ihrer Entwicklung zur Selbstfesselung führt. Herausforderungen durch aktuelle Entwicklungen der Neurophysiologie, der Gen- und Reproduktionstechnologie, der Entwicklungsbiologie und der Demographie, die mit naturwissenschaftlichen Modellen des menschlichen Gehirns, des menschlichen Genoms und der menschlichen Reproduktion operieren, wird die Soziologie weder durch Ignorieren noch durch Rückzug allein auf ideologiekritische Positionen begegnen können, wenn sie nicht auf zentrale Interventionsbereiche in gesellschaftlichen Problemfeldern verzichten will, die zunehmend an Bedeutung gewinnen. Die Zukunft der Soziologie wird wesentlich davon abhängen, ob es ihr gelingt, sich in die *life sciences* zu integrieren, oder ob sie sich weiterhin dem überkommenen Selbstverständnis einer davon abgehobenen Kulturwissenschaft verpflichtet fühlt.

Die Synthese von Natur und Gesellschaft erfolgt durch Technologie, durch die „Welt der Dinge“, um Latour zu paraphrasieren. Durch sie erhalten soziale Verhältnisse Konsistenz, Dauer und Festigkeit. Will man die Welt der Menschen verstehen, muss man ihren Artefakten deshalb mehr Aufmerksamkeit widmen. Sie spielen eine viel größere Rolle in der Sozialisation der Menschen, als die Soziologie ihnen bislang zugestanden hat. Technologie ist, in den Worten Latours, Gesellschaft auf Dauer gestellt (Latour). Sie ist begrifflich zu unterscheiden von der Technik. Entscheidend ist, dass die Ko-Evolution von „Natur“ und „Gesellschaft“ heute nicht mehr so sehr auf der Basis einer handwerklich geprägten Technik erfolgt, die noch kaum ihren konkreten Werkzeugcharakter zu verbergen mag, sondern vermittelt ist durch eine Techno-Logie, die weitgehend den abstrakten Prinzipien (natur-)wissenschaftlichen Denkens verpflichtet ist. *Technik* in ihrer historischen Entstehung ist immer konkret, immer inhaltlich, aus dem unmittelbaren Arbeitsgeschehen heraus, bestimmt. Sie ist Zugmaschine, Dampframme oder Seilwinde. Im Stoffwechselprozess des Menschen mit der ihn umgebenden Natur vermittelt sie zwischen beidem. Sie ist eine grundlegende Begleiterscheinung des arbeitenden Menschen schlechthin, auch wenn sie sozialhistorisch durchaus unterschiedliche Ausprägungen erfahren mag. Mit der *Technologie* verhält es sich nicht so, und das erschwert zugleich die Erklärung des gegenwärtigen technologisch vermittelten Zustandes im koevolutiven Wechselwirkungsprozess zwischen „Gesellschaft“ und „Natur“. In sie sind formal-logische Kalküle implementiert, die ihren Entstehungsort und ihre Entstehungsursache ganz woanders haben. Sie manifestieren sich heute zwar, vermittelt über die Sprache der Mathematik und der Naturwissenschaften, unter anderem im Computer, in chemischen Prozeduren, in bio- und nanotechnologischen Abläufen. Die abstrakten Imperative (natur-)wissenschaftlichen Denkens, die als Konstruktionsprinzipien diesen zeitgenössischen Technologien zugrunde liegen, haben ihren Ursprung aber gerade nicht in der konkreten Auseinandersetzung des Menschen mit der stofflichen Natur, sondern in der Kommunikation mit seinesgleichen, mit dem, was gemeinhin als „Gesellschaft“ bezeichnet wird. Nicht der unmittelbare Arbeits- und Produktionsprozess, sondern der kommunikative Austauschprozess, wie er sich in abstraktester Form im Marktgeschehen äußert, ist die sozialhistorische Grundlage einer reinen Denkform, wie sie vor allem in der Mathematik und in den Naturwissenschaften zu finden ist. Das Werkzeug und die handwerklich betriebene Technik haben ihren

Ursprung im unmittelbaren Arbeits- und Produktionsprozess der Menschen. Am Ende ihrer Entwicklung aber steht eine wissenschaftsbasierte Technologie, die völlig anderen, abstrakteren Prinzipien folgt, obwohl auch sie vermittelndes, inhaltlich bestimmtes Bindeglied im konkreten Austauschprozess des Menschen mit seiner Umwelt ist.

Diese Widersprüchlichkeit historisch nachzuzeichnen und soziologisch zu erklären, beabsichtige ich in den folgenden Erläuterungen getreu der Maxime, dass sich das Niedere, das zeitlich Vorgängige in seinem sozialhistorischen Stellenwert erst durch das Höhere, das zeitlich Spätere erklärt. Zwar ist zu Beginn einer Entwicklung die Zukunft offen und niemand kann wissen, wohin die Reise notwendigerweise geht. Umfang und Vielfalt eines Möglichkeitsraums übersteigen immer die des realisierten Faktums. Aber im Nachhinein, am Ende einer Entwicklung lassen sich vorgängige Stufen sehr wohl als notwendige Zwischenschritte deuten, die unhintergehbar waren, weil es sonst zu einem anderen Resultat gekommen wäre. Nähert man sich dem Verlauf der Menschheitsgeschichte mit den Augen eines unvoreingenommenen Historikers, so erblickt man in der Fülle der Einzelereignisse vor allem Chaos, Zufall und Beliebigkeit. Offensichtlich hätte alles auch ganz anders kommen können. Wenn man aber, im Gegensatz dazu, zielgerichtet, im vorliegenden Fall mit soziologisch fokussiertem Blick, von der Technik bzw. der Technologie als einer zentralen Äußerungsform des Menschen ausgeht, die sowohl kumulativ als auch zweckorientiert ist, und zwar unabhängig davon, welche Auswirkungen sie letztlich für das Schicksal der Menschheit hat, dann lässt sich, zumal in soziologischer Perspektive, sehr wohl eine Struktur im vermeintlichen Entwicklungschaos ausmachen.

Ein solches Ansinnen ist in Zeiten postmoderner Beliebigkeit in Verruf geraten. Der „linguistic turn“ hat die Sozialwissenschaften in ein kulturalistisches Ghetto gesperrt, aus dem nur schwer zu entkommen ist. Wird die „Realität“ erst einmal als Text ausgemacht und die „Wirklichkeit“ als Repräsentation, besteht kein Anlass mehr, an den materiellen Lebensbedingungen etwas zu ändern. Es genügt, sie anders zu interpretieren. Nicht, dass textuelle Festlegungen keine Macht über die Verhältnisse ausüben können, ebenso wie die Veränderung von Deutungen zum Wandel der Realität beitragen kann. Doch meistens tragen solche Feststellungen nur dazu bei, die Wirklichkeit schön- oder schlechtzureden, statt notwendige Ursachenforschung zur Erkenntnis des sprachlich Verdoppelten und Verdreifachten zu betreiben (Diner). Anstelle dessen werden akademische Skurrilitäten als Erkenntnisfortschritt gefeiert, etwa wenn geradezu euphorisch auf „Theoriebaustellen“ verwiesen wird, die vor dem Hintergrund einer „außerordentlich lebendigen kulturwissenschaftlichen und kulturtheoretischen Debatte“ innovative Weiterentwicklungen und Umakzentuierungen versprechen, teilweise gar „über die Grenzen des bisher kulturwissenschaftlich Denkbaren hinaus“. Mehr noch: Mit dem im „cultural turn“ vollzogenen Selbstverständnis sei es den Sozial- und Geisteswissenschaften gelungen, gegenüber der Expansion des naturalistischen Denkens der Neuzeit in die Offensive zu gehen (Reckwitz). Völlig übersehen wird dabei die Gefahr, dass ein solcher innerakademischer Diskurs zum Selbstzweck wird, dass ihm das Eigentliche, das Leben „dort draußen“, die mühevolle empirische Auseinandersetzung mit der Welt und ihren Verhältnissen, völlig aus dem Blick gerät. Anzuknüpfen wäre deshalb wieder an Erkenntniswelten, die mit dem Namen eines Karl Marx oder Max Weber verbunden sind.

Es ist letztlich die in Technologie überführte (Natur-)Wissenschaft, die dem Menschen heute einen weltweit einheitlichen Horizont sozialökonomischer Produktionsmöglichkeiten eröffnet. Wenn also über die Zukunft der Weltgesellschaft nachgedacht wird, so ist, unabhängig von Gesellschaftsform, Kulturkreis und geopolitischem Standort, dieser Faktor besonders in Rechnung zu stellen: die aus der Synthese von Technik und Naturwissenschaft entstandene technologische Entwicklungsdynamik. Was immer letztlich die Ursache dieser Entwicklungsdynamik sein mag – die Ökonomie, die Politik, der Krieg –, mittels Technik bzw. Technologie regelt der Mensch seinen Stoffwechselprozess mit der Natur. Durch die Untergliederung in drei Zäsuren versuche ich, dem sozialhistorischen Verlauf ihrer Entwicklungsdynamik eine Struktur zu geben: in soziologischer Perspektive und vom vorläufigen Endergebnis her. Die entscheidende Frage dabei lautet: Worin unterscheiden sich die drei Zäsuren und worin stimmen sie überein?

Die erste Zäsur: die „Gesellschaft“ der Gesellschaft

Die griechische und die mittelalterliche Wissenschaft war eine Kunst,
Dinge so hinzunehmen, wie sie genossen und erlitten werden.
Die moderne experimentelle Wissenschaft ist eine Kunst der Beherrschung.
John Dewey

Zwischen 800 und 200 vor unserer Zeitrechnung findet im Bereich der Ideen und ihrer institutionellen Basis eine kulturelle Revolution statt, die zu einer weitreichenden Umgestaltung der Gesellschaftsordnungen und ihrer inneren Beziehungen führt. Diese Umwälzungen ereignen sich in mehreren Kulturräumen gleichzeitig, aber weitgehend unabhängig voneinander. Eine dieser Kulturen, die griechische des östlichen Mittelmeerraumes, beschreitet einen Sonderweg. In einer relativ kurzen Zeitspanne, die gemeinhin als *Achsenzeit* bezeichnet wird, bringt sie jene Grundkategorien und -formen hervor, in denen wir bis heute denken. In dieser ersten Zäsur, dem *griechischen Mirakel*, werden die Beziehungen der Menschen untereinander, üblicherweise das, was wir als „Gesellschaft" bezeichnen, auf eine rationale Basis gestellt. Es entsteht der Typus des abendländischen Menschen. Seine Personifizierung erfährt er in der Gestalt des Odysseus. Darin, in der vernünftigen Umgestaltung des Sozialen, besteht das zentrale Charakteristikum des *griechischen Mirakels*. Verfahrensvorschriften und Kriterien dessen, was wir heute „Wissenschaft" nennen, die Vorstellung des mit sich selbst identischen Subjekts und Objekts, die Grundlagen der formalen Logik und des abstrakten Denkens, der Kritik und des systematischen Zweifels sowie die Prinzipien und Mechanismen, nach denen sie funktionieren und die ihnen zugrunde liegen, Abstraktion und Isolation, Deduktion und Reduktion, Kausalität und Wahrscheinlichkeit, all jene Denkformen und -methoden haben ihren Ursprung im Griechenland der Antike – und nirgendwo anders.

Wir haben es hier mit einem Paradoxon zu tun. Die Wissenschaft, so wie wir sie heute kennen, manifestiert sich unübersehbar in der Technologie, in der stofflichen Auseinandersetzung des Menschen mit der ihn umgebenden Natur, in der Sphäre der Produktion. Ihre historischen Ursprünge aber wurzeln ganz woanders, in einer spezifischen Form zwischenmenschlicher Kommunikation, im systematisch betriebenen Warentausch, in der Sphäre der Zirkulation. Der sich im frühen Griechentum ausbreitende systematisch betriebene Warentausch erzeugt Formen reinen Denkens, die schließlich in der Technologie ihre höchste Rechtfertigung und in der kantischen Transzendentalphilosophie ihre höchste Weihe finden. Durch sie unterscheidet sich der Weg, den die abendländische Kultur einschlägt, von dem aller anderen Kulturen. Hier, nicht in der Bearbeitung äußerer Natur, waren die Griechen den Mesopotamiern und Ägyptern überlegen. Zweifellos ist es so, dass den Völkern Mesopotamiens und Ägyptens der Übergang zum wissenschaftlichen Denken eher hätte gelingen können, wenn dieser Übergang allein aus ihrer Produktionspraxis, das heißt, durch die Weiterentwicklung ihrer Techniken bei der Landbestellung und im Städtebau zu erklären wäre. Denn in dieser Hinsicht waren sie den Griechen lange Zeit voraus. Tatsächlich entwickelt sich die (proto-)wissenschaftliche Mathematik der Griechen in Ablösung von und in Distanz zur praktischen Mathematik, zur Rechen- und Feldmesskunst der Babylonier und Ägypter, zum Teil in Auseinandersetzung mit ihr und in scharfen Polemiken gegen sie. Deren Arithmetik und Geometrie ist eine auf unmittelbar praktische Zwecke gerichtete *Kunst*, die in keinerlei Weise jene charakteristischen Momente abstrakten Denkens aufweist, wie sie für die Mathematik der Griechen typisch wird: die Verallgemeinerung nach logischen Prinzipien.

Dass die Entstehung jener Denkform, die für uns heute Wissenschaft maßgeblich konstituiert, in einem inneren Zusammenhang steht mit dem sich entwickelnden Warentausch der Griechen, hat sowohl geopolitische als auch sozialökonomische Voraussetzungen. Der systematische Warentausch hat sich an den Außenrändern, nicht im Binnenraum zunächst der phönizischen, dann der griechischen Gesellschaft entwickelt. Hierbei handelte es sich anfangs um ein bloßes Tun, tentativ und mit offenem Ausgang, noch nicht um wohldurchdachte Strategien. Die Realabstraktionen des Warentausches manifestieren sich erst spät in den Denkabstraktionen des menschlichen Verstandes, der menschlichen Vernunft. Logik wird schließlich zum Geld des Geistes. Ihr Geburtsort waren Frühformen des Marktes, nicht die Produktion. Der Äquivalententausch ist das Resultat eines langen sozialhistorischen Lern- und Erfahrungsprozesses, ein Prozess des wechselseitigen Gebens und Nehmens, der zwar zunächst noch durch systematische Übervorteilung, Arglist und täuschendes Verhalten geprägt ist, in dem aber zugleich die Fähigkeit zum Perspektivenwechsel ausgebildet wird. An seinem Beginn gab es noch keine mit dem Druck von Angebot und Nachfrage variierenden Preise, kein geregeltes Kaufen und Verkaufen, kein Geld. Für die frühen Griechen war es ein weiter Weg zum geregelten Äquivalententausch. Aber sie lernten recht schnell von den Phöniziern und prägten durch die Erfahrung, die sie dabei machten, nach und nach ihre Persönlichkeitsstruktur um. Der Handel der Phönizier, die im Gegensatz zu den Griechen noch kein Geld kannten, basierte auf dem Tausch, der sich, wie bei Herodot nachzulesen ist, in Gestalt des „stummen Tausches“ vollzog, bis er im Laufe der Zeit routinisierte Formen annahm. Der phönizische Händler legte die Waren, die er tauschen wollte, am Strand, den er mit seinem Schiff angesteuert hatte, nieder und beließ sie dort. Am nächsten Tag fand er neben seinen Waren Güter vor, die ihm als Gegenwert angeboten wurden. Schien ihm deren Wert angemessen, nahm er sie mit. Im anderen Fall ließ er sie liegen und kam am nächsten Tag zurück, um eine größere Menge an Tauschgütern vorzufinden, die er nun mitnahm oder wiederum liegen ließ. Dieses Verfahren konnte sich über mehrere Tage hinziehen oder auch ohne Abschluss bleiben, wenn sich die am Tauschgeschäft beteiligten Parteien nicht einigen konnten. Um die Vergleichbarkeit der an sich unterschiedlichen Waren herstellen und so seinen Profit kalkulieren zu können, musste der phönizische Händler vom konkreten Inhalt der Waren, das heißt, von ihrem Gebrauchswert abstrahieren. Dieser Abstraktionsprozess erfuhr eine weitere Zuspitzung in dem Moment, als die Griechen, die den Phöniziern gegenüber im Mittelmeer zunehmend als Konkurrenten auftraten, gemünztes Geld als Tauschmittel in den Verkehr brachten und zum übergreifenden Warenäquivalent verallgemeinerten.

Zwei Dinge gilt es in diesem Zusammenhang hervorzuheben, weil sie ein Höchstmaß an kognitiver Kompetenz und Abstraktionsfähigkeit voraussetzen: Im systematisch betriebenen Tausch wird, *zum einen*, von allen physischen Eigentümlichkeiten der Waren, von allem qualitativ Sinnlichen abstrahiert. Alles Wahrgenommene wird quantifizierenden Prinzipien unterworfen. Im Tausch findet nichts statt, was die Physis der Dinge verändert. Der Tausch ist eine Handlung, die auf bloße Eigentumsbewegungen abzielt, also auf Veränderungen von rein gesellschaftlicher Signifikanz. Gleichwohl ist sie selbst ein höchst realer Vorgang. Getauscht wird, *zum anderen*, Äquivalent gegen Äquivalent. Die Waren an sich sind nicht gleich, der Tausch setzt sie gleich. Im Tauschakt wird nicht die Gleichheit zweier Waren hergestellt, sondern ihre Gleichwertigkeit, ihre Äquivalenz. Im Gegensatz zu Krieg, Diebstahl und Piraterie verändert sich durch den Tausch der Eigentumsbestand der darin Involvierten, ausgedrückt in abstrakten Werteinheiten, in keinerlei Weise. Güter qualitativ unterschiedlicher Beschaffenheit wechseln ihren Eigentümer. An der quantitativen Wertebilanz der alten und zugleich neuen Eigentümer ändert sich dadurch nichts. Die Abstraktionsleistung, die dabei vollzogen wird, hat, wie gesagt, ihren sozialhistorischen Ursprung im Tun, nicht im Denken. Sie existiert zwar nur im menschlichen Denken, aber sie entspringt ihm nicht. Sie ist unmittelbar gesellschaftlicher Natur. In ihr dürfte, so steht zu vermuten, der mathematische Äquivalenzbegriff und alles, was daraus folgte, seine soziogenetische Wurzel haben.

Der historische Moment, in dem der systematisch betriebene Warentausch zum vorherrschenden Prinzip gesellschaftlicher Synthese wird, ist zugleich die Geburtsstunde eines reinen, eines abstrakt mathematischen Denkens und der ihm eigentümlichen Logik, ein Vorgang, den Sohn-Rethel als Genese der Denkabstraktion aus der Realabstraktion beschreibt. In diesem Transformationsprozess spielen, aus ihm hervorgehend, ihn unterstützend und vorantreibend, in steter Wechselwirkung, weitere Einflussfaktoren eine entscheidende Rolle: die Einführung und Verbreitung sowohl des gemünzten Geldes als auch der Alphabetschrift. Zunehmend bilden schriftliche Verträge die Grundlage der überregionalen Handelsbeziehungen und des Seeverkehrs.

Die Einführung und Verbreitung gemünzten Geldes ist bei Weitem nicht nur eine technische Neuerung. Vielmehr sind mit ihm dramatische Veränderungen sowohl der Sozial- wie der Persönlichkeitsstruktur der davon betroffenen Menschen und Gemeinwesen verbunden. Wenn zum Beispiel ein Gemeinwesen wie die griechische *Polis* eine verbindliche Währung einführt, so dass in Folge dessen auf den einzelnen Bürger mehr indirekt als direkt Druck ausgeübt wird, Geld zu erwerben, dann kann dieses Gemeinwesen in den durch Geldzirkulation integrierten Bereichen auf die Ausübung äußerlichen, in der Regel politischen Drucks verzichten. Denn der auf den Einzelnen ausgeübte Zwang zum Gelderwerb, um sich die für das Leben benötigten Mittel beschaffen zu können, ist zugleich immer auch ein Zwang zur Ausübung einer von der Gesellschaft als nützlich anerkannten Tätigkeit. Jede Leistung, sei es ein Dienst oder die Herstellung eines Produktes, die durch Geld remuneriert wird, muss nicht mehr durch Aufsicht, durch physischen Zwang oder sozialen Druck erzwungen werden. Zweierlei wird dadurch bewirkt. *Zum einen* spart die Gesellschaft in dem Maße, in dem Tätigkeiten, die als nützlich oder notwendig gelten, durch Geld gesteuert werden, Ressourcen ein, die für Aufsicht, Disziplinierung oder Bestrafung nun nicht mehr erforderlich sind. *Zum zweiten* verlagert die Verwendung des Geldmediums einen großen Teil der Handlungsvollzüge und Entscheidungsnotwendigkeiten, vor deren Bewältigung sich eine Gesellschaft gestellt sieht, auf die Individuen oder private Institutionen und prägt dadurch, auf lange Sicht gesehen, deren strukturelle Gestalt in fundamentaler Weise um. Der Einzelne wird, wie es heute so schön heißt, zum „Unternehmer seiner selbst“. Eine erste Personifizierung dieses Vorgangs findet sich in der Gestalt des Archilochos. Jemand, der seine Energien darauf verwenden würde, eine von der Gesellschaft als nutzlos angesehene Tätigkeit auszuüben, würde in einer monetarisierten Gesellschaft dadurch bestraft werden, dass ihm niemand für das Ergebnis seiner Tätigkeit Geld gibt. Der über das Medium „Geld“ vermittelte Entscheidungsdruck wirkt sich auf den Einzelnen also dahingehend aus, dass er eine Tätigkeit zu finden trachtet, die mit einer realistischen Chance auf pekuniäre Entlohnung aufwarten kann. Das Risiko eines etwaigen Misserfolgs liegt allein beim Individuum. Den möglichen Erfolg hingegen teilen sich Individuum *und* Gesellschaft: Der Gesellschaft kommt die als nützlich empfundene Tätigkeit zugute, das Individuum erhält eine Belohnung in Form eines Geldbetrages, der es ihm ermöglicht, am zwischenzeitlich erwirtschafteten Reichtum der Gesellschaft teilzuhaben.

Das Geldwesen wird in sozialer, moralischer und intellektueller Hinsicht zum Motor der „Gesetzgebung" einer neuen Ordnung. Insbesondere die Verwendung des gemünzten Geldes trägt entscheidend zu jener tief greifenden Umwandlung der Sozialstruktur bei, in deren Verlauf die griechische *Polis* sich immer mehr zur Handelsgesellschaft entwickelt. Zugleich bewirkt die Alphabetschrift, welche die Griechen von den Phöniziern übernehmen, einen ungeheuren Fortschritt in der Entwicklung des abstrakten, im systematischen Warentausch wurzelnden Denkens. Sie ermöglicht es, die gesellschaftlichen Beziehungen, die allmählich, vermittelt über das Geld, den Charakter von vertragsähnlichen Bindungen statt von Herrschafts- und Unterwerfungsverhältnissen annehmen, schriftlich zu fixieren. Der Kodifizierung des Handelsrechts, die dieser Entwicklung vorausgeht, liegt eine Form der Rationalität zugrunde, die durchaus als modern bezeichnet werden kann. An die Stelle der alten affektgeladenen und weitgehend religiös bestimmten Vorstellung vom Reichtum als dem Ausdruck einer *hybris* tritt der abstrakte Begriff des *nomisma* als des gesellschaftlichen Maßstabs der Werte, ein rationales Hilfsmittel, welches erlaubt, Dinge ganz unterschiedlicher Qualität nach einem gemeinsamen Maß zu messen und dadurch den Austausch für alle gleich zu machen. Nicht zuletzt als Folge dessen kommt es im selben Raum und zur selben Zeit zum Advent einer politischen Demokratie, das heißt, zur Einführung konstitutioneller Gesetze, an die auch die politischen Machthaber gebunden sind. Nichts gilt mehr als selbstverständlich. Alles bedarf der vernünftigen Begründung. Logos tritt an die Stelle des Mythos. Die Welt der Götter wird als menschliche Projektion entlarvt. Es ist der Beginn eines neuen, eines säkularen Zeitalters.

Soziale Beziehungen, die bislang weitgehend auf Gewaltverhältnissen beruhten, werden im Verlauf des *griechischen Mirakels* durch solche „rationalen" Typs ersetzt. Auf allen Gebieten werden Regelungen eingeführt, die an der Idee des Maßes orientiert sind. Aber das geschieht in ganz spezifischer Weise. Die unterschiedlichen Formen intersubjektiven Austausches werden zwar „gleich" gemacht, doch werden sie als *Proportionen* gestaltet. Gesellschaftliche Reformen wie die solonische räumen der Gleichheit, der *isotés*, einen gewichtigen Platz ein. Gleichheit ist eine der wesentlichen Grundlagen der neuen Konzeption von Ordnung. Freilich, es handelt sich um eine hierarchisierte, um eine geschichtete Gleichheit, oder, wie die Griechen sagen, um eine geometrische, nicht um eine arithmetische Gleichheit. Ihr Wesen ist die „Proportion". Nicht von ungefähr ist die Mathematik der Griechen vor allem geometrischer Natur. In ihr spiegelt sich die Struktur der *Polis*, die ein organisches Ganzes darstellt, einen *Kosmos*, dessen Harmonie davon abhängt, dass jedes seiner Elemente den ihm zukommenden Platz einnimmt und den Anteil an der Herrschaft besitzt, der ihm aufgrund seiner Stellung zukommt. Es nimmt deshalb nicht wunder, dass die Arithmetik weitgehend von Händlern und Bankiers benutzt wurde, wohingegen die (Natur-)Philosophen die Geometrie bevorzugten. Ähnlich stratifikatorische Verhältnisse ergaben sich bei der Einführung der Buchstabenschrift. Sie wurde zunächst von den Kaufleuten und Handwerkern genutzt und musste sich gegen den massiven Widerstand der Philosophen und konservativen Adligen durchsetzen. In diesem Zusammenhang mag ein Hinweis auf die Erkenntnisschranken von Interesse sein, die den Griechen gesetzt wurden durch die Hilfsmittel, derer sie sich bedienten. So ließen sie bei der Bestimmung einer Geraden einzig und allein das Lineal als Hilfsmittel zu und beim Kreis den Zirkel. Eine Ellipse zum Beispiel, die in der Natur viel öfter vorkommt, konnten sie damit nicht (re-)konstruieren. Sie lässt sich mit einer Schlinge, die um zwei Stifte gezogen wird, zeichnen. Nur mit Zirkel und Lineal ist das nicht möglich. Des Weiteren gingen die Griechen davon aus, dass das Alphabet, das sie von den Phöniziern übernommen hatten und das die Verschriftung der gesprochenen Sprache so stark vereinfachte, auch die Sprache der Zahlen würde vereinfachen können. Sie begannen daher, Buchstaben für Zahlen zu verwenden, ein Verfahren, das sehr umständlich ist. In einer solchen Welt der Zahlzeichen konnte es keine einfache Multiplikationstafel, das Einmaleins, geben, etwas, das heute schon jeder Volksschüler beherrscht. Selbst die einfachste Multiplikation war ein langwieriger und viel Platz in Anspruch nehmender Prozess. Zwar benutzten die Kaufleute diese Zeichen zum Festhalten ihrer Zahlen, das Rechnen selbst aber überließen sie ihren Sklaven, die mit dem Abakus umzugehen verstanden. Für das Tagesgeschäft eines Kaufmanns mochte ein solches Zahlensystem ausreichen, zumal er auf die Rechenkünste seiner Sklaven zurückgreifen konnte, für die wissenschaftliche Erkenntnis jedoch stellte es ein kaum zu überwindendes Hindernis dar.

Die Ökonomie des frühen Griechenland bleibt durch eine tiefe Kluft gespalten, die zu überwinden ihr nicht gelingt. Land und Geld bilden zwei getrennte Sphären. Statt sich aufzulösen, verhärtet sich der Gegensatz zwischen dem, was die Griechen *oikonomia* nennen, eine Agrarökonomie familialen Typs, auf der die Stadt als solche aufruht, in Übereinstimmung mit einem politischen Ideal von Autarkie, dem eine einfache, beschränkten Bedürfnissen genügende Handwerksproduktion entspricht, und dem, was die Griechen *chrematistik* nennen, eine Ökonomie, die durch das Wachstum der Stadt selbst notwendig wird, durch Versorgung sowohl mit Nahrung wie mit Finanzmitteln. Die Chrematistik äußert sich vor allem, traditionelle Schranken niederreißend, in der Entwicklung des Seehandels, der Seedarlehen sowie des Kredit- und Bankwesens. An dem einen Pol der Gesellschaft existiert nach wie vor eine Agrarökonomie mit geringem Aktionsradius, mit autarkem Charakter und nach innen gerichtet, verbunden mit einer handwerklichen Aktivität, die sich eher an der Konsumtion als an der Produktion orientiert oder für die Bedürfnisse des Gemeinwesens arbeitet. Am anderen Pol expandiert eine Ökonomie mit großem Aktionsradius, ein entwickelter und aktiver Handel, nach außen gerichtet, Warenverkehr zur See, eine im Wesentlichen in Hinblick auf persönlichen Profit ausgerichtete Ökonomie. Insbesondere die negativen Folgen für die weitere Entwicklung des Wechselverhältnisses von Wissenschaft, Technik und Gesellschaft, die sich aus diesem Dualismus ergeben, sind unübersehbar. Nicht von ungefähr wird deshalb das griechische Gemeinwesen als „blockierte Gesellschaft" bezeichnet.

Die Unabgeschlossenheit und das schließliche Scheitern der griechischen (Proto-)Wissenschaft sind kaum zu verstehen ohne Rückbezug auf die Widersprüchlichkeit der griechischen Ökonomie jener Umbruchszeit. In ihr stellt die körperliche Arbeit, sei es bäuerliche oder handwerkliche Tätigkeit, ein Restmoment des natürlichen Gemeinwesens dar. Sie umfasst insbesondere als kollektiv betriebene Arbeit in der Agrarwirtschaft nach wie vor einen wichtigen Teilbereich des gesamtwirtschaftlichen Reproduktionsgeschehens. Er befindet sich allerdings in Auflösung. Deutlich wird das an der Herausbildung des städtischen Handwerkertums, an der Arbeitsteilung und den daraus folgenden Widersprüchen. Einerseits wird das Handwerk der Stadt, der Warenproduktion, dem Handel, also dem Bereich des *Künstlichen* zugerechnet, andererseits bleibt es wegen der körperlichen Tätigkeit der Handwerker dem Bereich des *Natürlichen* zugeordnet. Zwar wird die handwerkliche Weise der Aneignung von Natur durchaus als künstlicher Eingriff in die Natur gedeutet, ganz im Gegensatz zur bäuerlichen Weise, die als Teilhabe an der Natur erlebt wird. Gleichwohl bleiben beide Tätigkeiten in eine naturhafte Ordnung eingebettet. Völlig anders hingegen verhält es sich mit der Tätigkeit von Händlern und Philosophen. Sie werden samt und sonders dem Bereich des Künstlichen zugeschlagen. Er ist definiert durch Tätigkeiten, die nur Fiktionen erzeugen, wie es in ihrem jeweiligen Beruf „Zauberkünstler" tun, Sophisten oder Bankiers. Mit anderen Worten: Die vorwiegend *geistige* einerseits und die vorwiegend *körperliche* Arbeit andererseits werden als zwei verschiedenen, entgegengesetzten Bereichen zugehörig betrachtet, dem der natürlichen, aus sich selbst existierenden göttlichen und dem der künstlichen, der gesellschaftlichen Ordnung. Körperliche Arbeit, ob bäuerlich oder handwerklich, gilt als natürliche Voraussetzung der gesamtgesellschaftlichen Reproduktionstätigkeit, nicht als Moment der Warengesellschaft. Die Philosophie, das Geld und der Handel sind im Gegensatz dazu dem Bereich des Künstlichen, des Fiktiven zugeordnet. Arbeit und Austausch sind getrennt, treten aber über die Funktion des Handwerkers vermittelt in eine widersprüchliche Beziehung zueinander. Im Prinzip existieren zwei Produktionsweisen nebeneinander. Zwar geht die ökonomische Dynamik in der griechischen Antike zunehmend vom Handel und von der handwerklich betriebenen Privatproduktion aus, aber als vorherrschender Typus gesellschaftlicher Reproduktion haben sie sich noch nicht durchgesetzt. Die Agrarwirtschaft, die zudem wesentlich auf Sklavenarbeit basiert, bildet getrennt davon eine fast ebenbürtige Grundlage.

Diese Widersprüchlichkeit, die in der sozialen Schichtung der griechischen Gesellschaft angelegt ist, schlägt sich nieder in der Art und Weise, wie mit dem Phänomen der Technik umgegangen wird. Der Umgang mit ihr als dem zentralen Bindeglied zwischen dem Menschen und seiner Umwelt weist zwei charakteristische Merkmale auf. Zum einen führen die Realabstraktionen der um sich greifenden und die Substanzwirtschaft zurückdrängenden Warenproduktion zu Denkabstraktionen, wie sie die alten Mittelmeervölker bislang nicht gekannt haben. Zum anderen bleiben die philosophischen Reflexionen dieses sozialhistorischen Vorgangs jener kleinen Minderheit von *Polis*-Bewohnern vorbehalten, die von Arbeit befreit sind und sich ausschließlich ihres Kopfes bedienen können. Insofern muss immer unterschieden werden zwischen der realen Technik, die von Handwerkern, Baumeistern und Architekten im Alltagsgeschehen praktiziert und entwickelt wurde, und den theoretischen Reflexionen jener, die in diesen Arbeitsprozess in keinerlei Weise einbezogen waren und sich in abstrakter Form dazu äußerten. Die städtischen Eliten entstammten meist der Schicht der Großgrundbesitzer, die, frei von Arbeit, den entscheidenden Einfluss auf die Politik der Städte ausübten, während jene Schichten, die als Handwerker oder Händler für Gewerbe und Wirtschaft zuständig waren, in politischer Hinsicht Randgruppen blieben. Zwar waren Handwerker und Händler aus der Bürgerschaft ausgeschlossen. Gleichwohl entwickelten sie mit der Zeit ein positives Selbstbewusstsein. So bemächtigten sich beide, lange bevor sie zum Allgemeingut der kulturprägenden Stadt-Elite wurde, der Alphabetschrift.

Bei all ihren Bemühungen um eine neue gesellschaftspolitische Ordnung und ihre (proto-)wissenschaftliche Begründung haben sich die Griechen der physischen Wirklichkeit der Natur nicht sehr weit angenähert. Sie haben der Beobachtung von Naturerscheinungen nur wenig Wissen entnommen. Das naturwissenschaftliche, besser: das naturphilosophische Denken der Griechen im sechsten Jahrhundert vor unserer Zeitrechnung bleibt eng mit dem sozialen, politischen Denken verbunden. Sie verwenden in ihrer Konzeption von der Natur einen Wortschatz und ein begriffliches Instrumentarium, die sie in der sozialen Praxis entwickelt haben. Sie interpretieren das physikalische Universum nach dem Modell des Gleichgewichts zwischen gegensätzlichen Mächten, gemäß dem Ideal der *isonomia*, das die Organisation des menschlichen Kosmos bestimmt. Der Begriff des Experiments ist ihnen fremd geblieben. Sie haben eine Mathematik geschaffen, ohne sie bei der Erforschung der Natur anzuwenden. In der frühgriechischen Philosophie spiegelt sich die Struktur einer Gesellschaft im Umbruch, einer Gesellschaft, die auf Warentausch *und* Sklavenarbeit basiert. Handwerker, Kaufleute und Adelige, die im Seehandel zu Geld kommen, akkumulieren es nicht im Sinne moderner, industriell betriebener Kapitalverwertung, sondern sie versuchen, in die Klasse der Großgrundbesitzer aufzusteigen. Nicht Geld, sondern Land verleiht den Bürgern Würde, Gewicht und Rang. Ihr Dasein als Vollbürger wird durch Sklavenarbeit ermöglicht. Für sie besteht deshalb gar keine Notwendigkeit, sich empirisch und experimentell mit der Natur zu befassen. Das lang andauernde Symposion der griechischen Philosophie handelt dementsprechend weniger von den Verhältnissen zwischen Menschen und Dingen als von den Beziehungen der Menschen untereinander. Nicht die Techniken der Bearbeitung der natürlichen Welt, sondern die Verfahren, mittels derer die Menschen Einfluss aufeinander nehmen, sind ihr Thema. Die Denkfigur des Beweises etwa, so wie wir sie heute kennen als logisches Instrument wissenschaftlicher Wahrheitsfindung, war bei den Griechen, die dieses Instrument erfunden haben, ein rhetorisches Mittel der Überzeugung, nicht der genuinen Wahrheitsfindung. Die Form, in welcher in der griechischen Gesellschaft Arbeit verausgabt wird, verschafft auf der einen Seite dem Vollbürger die Zeit und die Muße für Symposien, verhindert aber zugleich die Entstehung eines *produktiven* schöpferischen Unternehmertums. In der Antike gibt es kein industrielles Kapital. Der Profit, der im Handwerk oder im Warenhandel erzielt wird, fließt nicht als Investition in ein wie auch immer geartetes, industriell betriebenes Unternehmen. Das Arbeitsgerät bleibt primitiv und unterscheidet sich kaum von dem der Mesopotamier und Ägypter. Die Produktivkraft, die zur Anwendung kommt, besteht vor allem aus der Arbeitskraft der Sklaven. In einem solchen Sozialsystem ist der technische Fortschritt insgesamt blockiert oder doch stark gehemmt, und die Ausweitung der Sklavenarbeit erscheint als einzige Möglichkeit, die Produktivkräfte zu steigern. In der Ambivalenz, in der die Griechen mit dem Phänomen der Technik umgehen, findet der unaufgelöste Widerspruch zwischen Ökonomik und Chrematistik, zwischen Hand- und Kopfarbeit seinen Niederschlag. Die reale Technik, die in ihrem Alltag Verwendung findet, beruht im Wesentlichen auf handwerklichem Erfahrungswissen. Was ihr fehlt, ist eine theoriegeleitete experimentelle Empirie, wie sie sich erst in der europäischen Nachrenaissance, initiiert vornehmlich durch Newton, herausbilden wird. Dem korrespondieren auf der anderen Seite abstrakt-philosophische Reflexionen über das Wesen der Technik. Und auch sie, bis auf wenige Ausnahmen, entbehren einer theoriegeleiteten experimentellen Empirie, um real handlungswirksam werden zu können.

Wissenschaftliche Erklärungen beziehen sich, zumindest in unserem heutigen Verständnis, auf die Welt und nicht nur auf Gedanken. Sie basieren auf systematisch kontrollierten Experimenten. Der Begriff des Experiments war den Griechen fremd. Er bildete sich erst im 17. Jahrhundert heraus und wurde zum zweiten Eckpfeiler des Gebäudes der (Natur-) Wissenschaften. Über den ersten Eckpfeiler, den Begriff des Beweises, wie gesagt, verfügten sie. Diese Konstellation, dieser Hiatus führte dazu, dass ihre reale Technik sich nur so weit entwickelte, als dies ohne Reflexion auf das Denken möglich war. Sozialstrukturelle Faktoren waren letztlich die Ursache einer stagnierenden Technikentwicklung. In der einschlägigen Literatur wird dieser Sachverhalt allerdings kontrovers diskutiert. Es sei eine rückständige Technologie gewesen, heißt es unter anderem, die den sozialen Wandel behinderte, nicht umgekehrt. Tatsächlich haben wir es hier mit einem typischen Henne-Ei-Problem zu tun. Einerseits ist unmittelbar einleuchtend, dass ein Produktionsprozess, der auf Sklavenarbeit beruht, kaum ökonomische Anreize bietet, die Produktionsmittel zu revolutionieren. Das wird auch gar nicht bestritten: Natürlich waren es soziale und ökonomische Ursachen, welche die Entwicklung der Technologie beeinflussten. Gleichwohl wird argumentiert, dass die Rückständigkeit der Griechen primär nicht sozialen oder ökonomischen Gründen geschuldet war, sondern dass technologische Ursachen den sozialen Fortschritt behinderten. Dadurch, dass die Natur in den Kategorien der Sozialwelt gedeutet wurde, blieb das Denken auf der Ebene reiner Begrifflichkeit gefangen. Es fehlte der Rückgriff „auf die Sachen selbst“. Den sozialstrukturellen Grund hierfür habe ich benannt: Die Zuweisung von Arbeit an die unteren Schichten der Bevölkerung, insbesondere an Sklaven, führte zu einer sozialen Zementierung der Praxisferne der Intellektuellen, die noch über ein Jahrtausend andauern sollte. Wann immer die Griechen von Gesetzen sprachen, bezogen sie sich in erster Linie auf den Bereich des Sozialen, auf den Bereich der Moral. Der Begriff des Naturgesetzes war ihnen nicht geläufig. Auf einem solchen Stande der Naturerkenntnis ließ sich ein Zugewinn bis in das späte europäische Mittelalter hinein nur dort erreichen, wo das Erkenntnisobjekt unmittelbar zum Gegenstand der Beobachtung gemacht wurde, in der Astronomie etwa oder in der Medizin.

Das Ende der überschaubaren Welt der *Polis*, das Ende der Warenwirtschaft, die sich, wenn auch nur an den Außenrändern der Gesellschaft, zum ersten Mal in systematischer Weise entfaltet hatte, läutete zugleich das Ende der Vernunft ein. Der Mythos trat wieder an die Stelle des Logos. Die *Soteria* des Orients, die Welt des Glaubens und der Religion, ersetzte die *Paidaia* des Okzidents, die Welt der Bildung und der Erkenntnis. Eben darin besteht die Kehrseite des zur Weltherrschaft gelangenden Hellenismus: dass die griechische Kultur den Verkehrsformen des Orients, wie sie sich seit dem Perserreich durchgesetzt haben, fortschreitend in den makedonischen Königreichen seit Alexander dem Großen, letztlich erliegt. Die Subsistenzwirtschaft tritt nach und nach wieder an die Stelle des systematisch betriebenen Warentauschs. In dieser Entwicklung bilden römisches Kaiserreich und christliche Mystik den vorläufigen Abschluss. Aus dem Dunkel des Ahnens war die hellenistische Philosophie ans Licht getreten, im Ahnen verdämmerte sie auch wieder. Der Logos räumte im späteren Altertum dem Mythos wieder das Feld, und der Glaube wurde mächtiger als das Streben nach wissenschaftlicher Erkenntnis.

Die zweite Zäsur: die „Natur" der Gesellschaft

Nature and nature's laws lay hit in night.
God said: „Let Newton be", and all was light.
Alexander Pope

Im Verlauf der europäischen (Nach-)Renaissance, in der sich das *griechische Mirakel* als europäisches zu wiederholen beginnt, gelingt letztendlich der Durchbruch einer Ökonomie, die sich durch Warenförmigkeit auszeichnet, zu ihrer vollen Wirksamkeit. Sie betrifft nicht mehr nur die Außenränder der Gesellschaft, sondern verwandelt ihren Binnenraum, und zwar dadurch, dass sie Grund und Boden, vor allem aber die menschliche Arbeitskraft zur Ware werden lässt. Sozialhistorisch gesehen, ist die Einführung der Lohnarbeit eine hochstehende, sehr späte und kaum zu überschätzende Entwicklungsleistung. Allein die Vorstellung der Lohnarbeit erfordert zwei schwierige gedankliche Schritte. Erst einmal muss man die Arbeit eines Menschen losgelöst von seiner Person und dem Produkt seiner Arbeit sehen. Wenn man einen Gegenstand von einem selbständigen Handwerker erwirbt, sei er nun frei oder Sklave mit *peculium*, so hat man nicht seine Arbeit, sondern den Gegenstand gekauft, den er zu einem von ihm selbstbestimmten Zeitpunkt und unter von ihm selbst bestimmten Arbeitsbedingungen hergestellt hat. Doch wenn man Arbeit erwirbt, kauft man etwas Abstraktes, nämlich Arbeitskraft. Die nutzt der Käufer dann zu einer Zeit und unter Bedingungen, die er, und nicht der „Eigentümer" der Arbeitskraft bestimmt. Zweitens erfordert das System der Lohnarbeit zum Zwecke der Bezahlung eine Methode, die erworbene Arbeit zu messen. Gewöhnlich wird hierfür ein zweiter abstrakter Begriff eingeführt, nämlich Arbeitszeit. Die *differentia specifica* der Ware „Arbeitskraft" gegenüber allen anderen Waren besteht darin, dass sie mehr Wert produzieren kann, als sie zur eigenen Reproduktion benötigt. Gehandelt wird sie auf dem Arbeitsmarkt, in der Sphäre der Warenzirkulation, zu ihrem Marktwert, das heißt, letztlich zu ihren Gestehungskosten. Angewendet wird sie in der Produktionssphäre, wo sie mehr Wert erzeugt, als zu ihrer eigenen Produktion notwendig ist. Die historische Schranke, die Fessel, die den Durchbruch des antiken Griechentums zur bürgerlichen Gesellschaft verhinderte, die Sklaverei, wird im zweiten, im *europäischen Mirakel* beseitigt. Es entsteht ein Binnenmarkt als gesellschaftlicher Synthese-Mechanismus, der die Kommodifizierung der menschlichen Arbeitskraft einschließt. Aus dem Warenhandlungskapital wird, ausgehend von Norditalien, zunächst in England, dann europaweit, das Industriekapital. Hatten sich die Menschen der griechischen *Polis* in Philosophie und Politik mit Hilfe ihrer Vernunft aus *sozialer* Dumpfheit befreit und an die Stelle des Mythos den Logos gesetzt, so beginnen sie jetzt, im Gefolge der europäischen Renaissance, sich ihres Verstandes zu bedienen, um sich mit Hilfe von Ökonomie und Technik von den Fesseln der *Natur* zu befreien. Wissenschaft wird nicht länger mehr nur kontemplativ betrieben. Sie wird unmittelbar handlungswirksam, eine Entwicklung, die sich an den traditionellen, in Scholastik erstarrten Universitäten vorbei vollzieht. Eine entscheidende Rolle spielen dabei die neu gegründeten wissenschaftlichen Gesellschaften, die Akademien und, insbesondere in England, die informellen, die „invisible colleges". Wie bei kaum einem zweiten ist dieser Transformationsprozess personifiziert in der Gestalt Isaac Newtons.

Newton vollzieht die Integration von mathematischer Methode und sinnlicher Empirie, indem er beide Momente durch Messregeln miteinander verknüpft: im Experiment, handlungspraktisch. Anders als bei Galilei steht nicht mehr die Geometrie, sondern die Algebra im Zentrum seiner Wissenschaft, und der Status, den die Mathematik im Rahmen der Naturerkenntnis bei ihm einnimmt, ist nicht mehr, wie noch bei Galilei, grundlegendes Prinzip der Natur selbst, sondern ein Hilfsmittel der Darstellungsweise. Und anders als bei Bacon wird die Empirie, im Experiment, systematisch unter die Bedingungen apriorischer Annahmen gestellt. Im messenden Experiment quantifizierender Naturerfassung wird die Theorie, und das ist das alles entscheidende Novum in der Synthese, die Newton vollzieht, nicht als Mittel zur Bearbeitung fertiger Tatsachen verwendet, sondern, umgekehrt, durch theoretische Kriterien wird allererst ermittelt und entschieden, was als empirische Tatsache anzusehen ist. Darin vor allem besteht die herausragende Leistung Newtons, der von 1703 bis zu seinem Tode, also über zwanzig Jahre lang, Präsident der *Royal Society* war: dass er das messende Experiment als qualitativ neue Methode der naturwissenschaftlichen Forschung entwickelt hat. Er hat die Einseitigkeiten von mathematischer Abstraktion und sinnlicher Anschauung, wie sie in den Arbeiten Galileis einerseits und Bacons andererseits noch zu finden sind, in seinem Konzept der Naturerkenntnis aufgehoben. Dadurch dass er der sinnlichen Anschauung mit Hilfe von Messregeln im Rahmen mathematischer Abstraktionen einen funktionellen Stellenwert zuweist, verliert die Theorie ihren ontologischen Begriffsapparat und das Experiment seine Abhängigkeit von den Sinneswahrnehmungen. Die durch Newton zur Vollkommenheit entwickelte Form der abendländischen Naturerkenntnis, die sich schließlich in einer die Natur umgestaltenden Technologie manifestiert, hat eine theoretisch-abstrakte Basis, deren Wurzeln sich bis in das frühe Griechentum zurück verfolgen lassen, und eine konkret-experimentelle Grundlage, die erst in der europäischen (Nach-)Renaissance voll zur Geltung kommt. In ihr geht es nicht mehr so sehr um das „Warum", sondern um das „Wie". Die epistemische Konsequenz einer solchen Vorgehensweise besteht darin, dass letztlich das Funktionieren, das „Wie" der im messenden Experiment erzeugten Phänomene Wahrheitskriterium ist und die Ursache, das „Warum" nebensächlich wird. Entscheidend ist, dass aus den Phänomenen jene besonderen Eigenschaften herausgearbeitet werden, die eine quantifizierbare Beziehung zueinander haben und die dann durch Induktion verallgemeinert werden, wobei die mathematische Struktur dieser Beziehung aus isolierten Eigenschaften selbst gewonnen und nicht vorab als bestimmend gesetzt wird. Damit sind die Basiskriterien der technisch-instrumentellen Vernunft über die Natur formuliert, die in der Technologie des 19. Jahrhunderts umfassend zur Anwendung gelangen. Die Natur als sinnlich wahrnehmbare, als zweckgemäße kommt in das Experiment, in den Produktionsprozess hinein und als zweckmäßige kommt sie wieder heraus. Zweckmäßig ist die Natur als wiederholbare, gleichförmige und exakt definierbare. Darin besteht die gemeinsame Basis sowohl der exakten Naturwissenschaften als auch der industriellen Produktionstechniken, die, zunächst noch organisatorisch und institutionell getrennt, etwa ab 1880 beginnen, auch real miteinander zu verschmelzen. Aus dem Konglomerat von ländlichem Verlagswesen, organisiertem Fern- und Überseehandel, traditionellem Handwerk und staatlichem Manufakturwesen entsteht nach und nach die „große Industrie".

Doch zunächst entfaltet die Gesellschaft der europäischen Renaissance ihre soziale Dynamik aus dem Warenhandel. Das Industriekapital als Motor der gesellschaftlichen Entwicklung ist zur Zeit Galileis, Bacons und Newtons noch nicht an die Stelle des Warenhandlungskapitals getreten. Darin stimmt die Epoche der europäischen Renaissance mit jener des *griechischen Mirakels* überein. Historiker und Gräzisten haben immer wieder auf diese Parallele hingewiesen. In beiden Fällen gilt ihnen der *Handel* als maßgebender Faktor der Kulturentwicklung, nicht die *Produktion*. Ohne Analogien allzu sehr überstrapazieren zu wollen, ließe sich gleichwohl sagen, dass sich in der Rolle, die das kleine, in sich zerrissene, küstenreiche Europa der (Nach-)Renaissance für die Welt zu spielen beginnt, jene Rolle wieder aufgenommen und zu Ende geführt wird, die das kleine, in sich zersplitterte, küstenreiche Griechenland für den antiken Mittelmeerraum gespielt, aber nicht vollendet hat. Neben den geopolitischen Gegebenheiten haben auch hier, wie in vergleichbarer Weise im antiken Griechenland, weitere Einflussfaktoren mitgewirkt. Zu nennen sind vor allem die Erfindung der doppelten Buchführung und des Buchdrucks sowie die Einführung der arabischen Ziffern einschließlich der Null, der Übergang von der geometrischen zur algebraischen Betrachtungsweise und zur Infinitesimalrechnung sowie vom Katholizismus zum Protestantismus im Norden Europas. Als eine der genialsten Erfindungen des menschlichen Geistes bezeichnete Goethe die doppelte Buchführung, und für Sombart war sie aus dem gleichen Geist geboren wie die Systeme Galileis und Newtons, wie die Lehren der modernen Chemie und Physik. Der große Unterschied, wie gesagt, besteht darin, dass die Gesellschaft der europäischen (Nach-)Renaissance zusätzlich beginnt, die menschliche Arbeitskraft zu kommodifizieren, das heißt, der Kapitalvermehrung zu subsumieren, zunächst nur formell, in der Manufaktur, dann reell, in der „großen Industrie". Geld wird nicht mehr nur thesauriert, wie in der frühgriechischen Gesellschaft, sondern akkumuliert, um es zu vermehren. Nicht darin, dass sie Waren produziert, unterscheidet sich die in der europäischen Renaissance eingeleitete Produktionsweise von der griechischen, sondern darin, dass Ware zu sein das beherrschende und bestimmende Charakteristikum ihrer Produkte zu werden beginnt. Dieser Durchbruch gelingt in der griechischen Antike noch nicht. In diesem mangelnden Durchbruch findet die griechische Protowissenschaft ihre Grenze, die zu überschreiten ihr versagt bleibt. Erst die industrielle Produktion um des reinen Profits willen, die sich über die Zwischenstufen des zum Verlagssystems sich ausweitenden mittelalterlichen Handwerks und der Manufaktur herausbildet, erschließt die Natur, ganz im Sinne Bacons, dem empirischen Zugriff, der schließlich in Newtons rechenhafter Synthese des messenden Experiments kulminiert, das zugleich die Vorstufe der „großen Industrie" und der Technologie darstellt. Durch Newton findet die Welt des Geldes und der Quantitäten nicht bloß ihr ideelles Abbild in einer als mechanistisch-geometrisch gedachten Natur wie bei Galilei, sondern sie nimmt im messenden Experiment eine praktische, eine sinnliche Qualität an. Die strukturellen Affinitäten zwischen den beiden qualitativ an sich so verschiedenen Welten sind unverkennbar. Die physikalisch-mechanische Denkweise ist die ideelle Repräsentation der kalkulatorischen, die bestimmend ist für die Waren- und Geldzirkulation. Nur das wird als real anerkannt, was sich wiegen, messen und in Quantitäten, das heißt, letztlich in Geld ausdrücken lässt. Wie Galilei unterscheidet Newton zwischen jenen „primären Qualitäten", die alle Körper besitzen müssen, um Körper zu sein, und den „sekundären Qualitäten", welche nur in der Wahrnehmung des Subjekts existieren: Farben, Geräusche, Geschmäcker, Gerüche. Für Galilei wie für Newton sind die primären Qualitäten der absoluten Kategorien von Raum, Zeit und Bewegung, formuliert in der Sprache der Mathematik, gegenüber den sekundären Qualitäten, den relativen, scheinbaren und gewöhnlichen Größen die wahren Größen. Sie entsprechen den vergleichbar abstrakten Qualitäten der Warenwelt. Galilei selbst, wenn er die Rolle der Abstraktion in der Wissenschaft erläutert, verweist auf diesen Zusammenhang: „Gerade wie der Kalkulator, damit die Zucker-, Seide- und Wollrechnungen stimmen, seine Abzüge für das Gewicht der Kisten, der Verpackung und sonstigen Ballast machen muss, so muss der Geometer, wenn er die theoretisch bewiesenen Folgewirkungen experimentell studieren will, die störenden Einflüsse der Materie in Abrechnung bringen. Wenn er das versteht, so versichere ich Euch, wird alles accurat ebenso stimmen wie die zahlenmäßigen Berechnungen. Die Fehler liegen also weder an dem Abstrakten noch an dem Konkreten, weder an der Geometrie noch an der Physik, sondern an dem Rechner, der nicht richtig zu rechnen versteht."

So wie im „dark age" der frühen Griechen die Zeit nicht stillstand, so entwickelte sich auch Europa in seinem „finsteren Mittelalter" durchaus weiter. Nicht zuletzt durch das Anwachsen der Bevölkerung, durch die Kreuzzüge und andere Unternehmungen erlebte Europa einen Entwicklungsschub. Und auch hier kamen wie bei den frühen Griechen wichtige Anreize und Impulse von außen. In dem Maße, wie es den Fürsten gelang, die feudale Anarchie zu überwinden, wurde der Handel wiedergeboren. Stärkere internationale Kontakte begünstigten die Einführung der arabischen Wissenschaft. Im Gegensatz aber zur griechischen Antike kam es in der europäischen Renaissance aufgrund einer veränderten sozialökonomischen Konstellation zu einer engen Kooperation zwischen Handwerkern, Wissenschaftlern und Künstlern. Brunnelleschi, Toscanelli und Alberti sind hervorragende Beispiele für dieses historische Novum. Die wachsenden Probleme der Konstruktion und des Gebrauchs ziviler und militärischer Maschinen, besonders die Probleme des Uhren- und Mühlenbaus verlangten nach mathematisch präzisen Lösungen. Die Rolle, die den „Künstler-Ingenieuren" in den verschiedenen Handwerkszweigen vom 14. bis zum 16. Jahrhundert für die Entstehung der neuzeitlichen Wissenschaft, besonders ihrer experimentellen und mathematischen Methoden, zukam, ist oft beschrieben worden. Sie waren es, die für die Wiederaneignung der Kenntnisse antiker Mechaniker sorgten und deren Schriften übersetzten und veröffentlichten. Es entstand eine „gewöhnliche" Literatur zu praktischen Problemen des Maschinenbaus und der mechanischen Arbeitsökonomie, auf die unter anderem Newton später zurückgreifen konnte und die von der Wissenschaftsgeschichtsschreibung, im Gegensatz zur „gehobenen" wissenschaftlichen bzw. philosophischen Literatur des 17. Jahrhunderts, viel zu wenig beachtet wird. Auch begannen einzelne Hochschullehrer, sich gegen die scholastische Tradition der Universitäten und ihre Ignoranz gegenüber den Erfahrungen und Tätigkeiten des Handwerks zu wenden und befürworteten ein ernsthaftes Studium der praktischen Künste.

Im Gegensatz zur griechischen Antike begannen in der europäischen Renaissance wirtschaftliche Kalküle einen immer stärkeren Einfluss auf das unmittelbare Produktionsgeschehen in der Gesellschaft zu nehmen.

Der erste nachhaltige ökonomische Anstoß zu einer umfassenden und systematischen mechanischen Rationalisierung der Werkstätten setzte mit der Verlagerung der Achse des Welthandels vom Mittelmeer zur atlantischen Küste Europas ein. Sie hatte zur Folge, dass insbesondere der seit mehr als zweihundert Jahren blühende Kapitalismus Norditaliens in eine Dauerkrise geriet. Zum Verlust des Weltmarktes kam die Verteuerung der Löhne, um die Abwanderung der besten Arbeitskräfte zu verhindern. Diesem Rückschlag suchte man durch Verbilligung der Produktionskosten zu begegnen, indem man die teure Menschenarbeit durch billigere Naturkräfte, insbesondere durch Wasser, zu ersetzen trachtete, ein Zusammenhang, der aus den Texten Leonardos klar hervorgeht. In ihnen und denen der nachfolgenden Mechanikergeneration des 15., 16. und 17. Jahrhunderts ist die Ökonomie der Kräfte, das heißt die Substitution und Reduktion menschlicher Arbeitskraft durch natürliche Antriebskräfte, zu einem zentralen Thema der Mechanik geworden. Allerdings setzte seine Lösung die Beherrschung theoretischer Begriffe voraus. Seit Galilei wurde deshalb die Einsicht, dass eine *allgemeine* Dynamik und die *Quantifizierung* des Kraftbegriffs nur in Verbindung mit einer *dynamischen* Theorie, die auch die Gesetzmäßigkeiten der Himmelsbewegung umfasste und erklären konnte, möglich sei, mit aller Konsequenz verfolgt. Die Einbeziehung der Astronomie in die mechanische Dynamik hatte einerseits zur Folge, dass die Ansprüche an wissenschaftlicher Allgemeinbildung für Mechaniker wuchsen. Andererseits geriet die praktische Mechanik dadurch in weltanschauliche Konflikte mit der Kirche. Als Ergebnis dessen entstand außerhalb der kirchlich verwalteten Universitäten eine öffentliche, weitgehend privat finanzierte Wissenschaft, die staatlich gefördert wurde. Bahnbrechende Beiträge zur Forschung entstanden im Dunstkreis dieser „wissenschaftlichen Gesellschaften" und „Akademien", wie sie seit dem 16. Jahrhundert durch Kaufmannschaften, Handelskompagnien und Fürstenhöfe ins Leben gerufen wurden.

Das Interesse an der Frage nach dem genauen „Wieviel" der Kraft, die die Bewegung einer Maschine erfordert, und, damit einhergehend, der Wandel der praktischen Mechanik von einer statistischen Regelkunde zu einer dynamischen Theorie, lässt sich nur verstehen, wenn man zum einen die Struktur der *technischen* Revolution betrachtet, die diesem Wandel zugrunde liegt, und zum anderen die *ökonomischen* Interessen, die diesen Wandel motivieren und vorantreiben. Das, was gemeinhin als „technische Revolution", die in der (Nach-)Renaissance Platz greift, bezeichnet wird, ist streng zu unterscheiden von dem, was Marx später im Rahmen der sich entfaltenden kapitalistischen Produktionsverhältnisse als „industrielle

Revolution“ bezeichnet wird. Es kann gar nicht oft genug betont werden, dass die Frage nach dem Ursprung des *europäischen Mirakels* zu trennen ist von der Frage „Why was England first?“. Durch die Entwicklung von Motoren, die ihre Bewegungskraft durch Verbrennungs- und Verdampfungsprozesse *selbst* erzeugen, wird in der *industriellen* Revolution die Möglichkeit geschaffen, Größe und Anwendungsbereich der *Bewegungsmaschinerie* so wachsen zu lassen, dass eine um so umfangreichere Werkzeugmaschinerie dadurch in Gang gehalten werden kann, die im selben Ausmaß menschliche Arbeitskräfte ersetzt. Die *technische* Revolution ist eine Vorbedingung dieser Entwicklung. In einem langwierigen Prozess bereitet sie die industrielle Revolution vor, indem sie zunächst nur die Art der technischen Mittel revolutioniert, ohne die Beschäftigungsverhältnisse aus manufakturellen in industrielle Verhältnisse zu verwandeln. Sie verwandelt vor allem Werkzeuge in mechanisch, meist mühlenförmig antreibbare *Werkzeugmaschinerie* und schafft so ein stets zunehmendes und vielfältiger werdendes Anwendungsfeld für Bewegungsmaschinerie. Ist dies geschehen, besteht der weitere Verlauf der technischen Revolution darin, die Anzahl der an die Bewegungsmaschinerie angeschlossenen Werkzeugmaschinen zu vergrößern. Im Zuge dessen beginnt der Transmissionsmechanismus, der die hinzukommenden Werkzeugmaschinen verbindet, komplexer und weitläufiger zu werden. Dadurch dass die mechanischen Widerstände als Folge dessen unverhältnismäßig anwachsen, entstehen innerhalb und sporadisch schon vor der Manufakturperiode, die der industriellen Revolution vorausgeht, Situationen, die die praktische Mechanik vor zahlreiche neue Probleme stellen. Sie leiten die Geburt der *wissenschaftlichen* Revolution ein. Ihr Kern ist die Revolution der *dynamischen* Bewegungslehre und ihr Ergebnis die Trägheitsmechanik. Sie hängt mit der technischen Revolution unauflöslich zusammen, und auch sie muss in den Zusammenhang einer noch tiefer greifenden Umwälzung eingeordnet werden. Das deshalb, weil der innere begriffliche Gehalt der Bewegungslehre von Motiven geprägt worden ist, die sich zugleich in einer technischen *und* ökonomischen Umwälzung herausgebildet haben. Angestoßen vom ökonomischen Motiv der Produktionskostensenkung durch mechanische Rationalisierung in den weitgehend handwerklich betriebenen Werkstätten, äußert sich das spezifisch Neue der technischen Revolution in dem wissenschaftlichen Versuch, nicht nur „einfache“ Instrumente, sondern „komplexe“ Bewegungsmaschinen so einzusetzen, dass Kräfte in der Produktion gespart werden. Dieser „kräfteökonomische Charakter“ praktisch-mechanisch zu lösender Aufgaben lässt sich anhand zweier Phänomene nachweisen. Zum einen ist die zur Konzeptualisierung dynamischer Probleme geeignete theoretische Begrifflichkeit zeitgleich im ökonomischen Denken, besonders in frühkapitalistischen Geld- und Werttheorien zu finden. Am Beispiel etwa von Cusanus und Copernicus lässt sich zeigen, dass ökonomische Einflüsse nicht nur von außen auf die Entwicklung der Technik einwirkten, sondern dass es auch fundamentale innere Zusammenhänge zwischen ökonomischer Geldtheorie und mechanischer Impetustheorie gab, wobei der Kraftbegriff in beiden Fällen eine wichtige Rolle spielte. Beide Gegenstandsfelder, ökonomische Geld- bzw. Kapital- und physikalische Impetustheorie, entwickelten sich in mehr oder weniger direkter Verbindung zueinander. Noch Galilei, wenn er die Rolle der Abstraktion in der Wissenschaft erläutert, bedient sich kalkulatorischer Denkfiguren, wie sie typisch sind für die Dynamik und Prozesshaftigkeit des Warenhandlungskapitals und der Geldzirkulation. Das zweite Phänomen betrifft die Messung sich bewegender Kräfte durch Größen, wie sie in bestimmter Weise durch die Struktur der Bewegungsmaschinerie festgelegt sind. Auch hier gibt es Korrespondenzen zur Dynamik der Fließgrößen in der Kapital- und Geldzirkulation. Das spezifisch Neue der technischen Revolution, mit der es die Mechaniker der (Nach-) Renaissance zu tun haben, besteht nicht in der bloßen Vervielfältigung des Gebrauchs oder der Kombination einfacher Maschinen, sondern darin, dass es nun nicht mehr nur um Maschinen, sondern um *Bewegungen* von Maschinen geht, und zwar in einer Weise, die Kräfte sparen hilft.

Man soll, wie gesagt, Analogien nicht überstrapazieren, aber der Vergleich des Übergangs vom Mythos zum Logos im frühen Griechentum mit dem des Übergangs vom Katholizismus zum Protestantismus im Norden Europas, insbesondere in Holland und England, drängt sich geradezu von selbst auf, vor allem wenn man die Rolle und den Zeitpunkt der Einführung von Buchstabenschrift einerseits und Buchdruck andererseits berücksichtigt. Verrechtlichung und Demokratisierung, die ihren Ursprung in Griechenland haben, gewinnen an Bedeutung. Die Einführung und Verallgemeinerung der experimentellen Naturforschung erfolgt und wird getragen von weltlich orientierten Kaufleuten und Handwerkern. Ihr Zentrum ist London und nicht die in kirchlicher Scholastik erstarrten Universitätsstädte Oxford und Cambridge. Dort besteht ein enger personeller Zusammenhang zwischen Wissenschaft und Kommerz. Die großen Überseegesellschaften stellen Wissenschaftler ein oder schließen Beraterverträge mit ihnen ab zur Lösung ökonomischer oder technischer Probleme. Als institutionalisierte Form einer Kritik an der damals üblichen Scholastik und als Abkehr von logischer Subtilität und exzessivem Zitieren kanonisierter Texte entsteht das *Gresham College*, eine der ersten

Einrichtungen, in der eine wissenschaftliche Ausbildung mit praktischer Absicht verfolgt wird. Die Gründung geht auf das Testament von Thomas Gresham zurück, einem erfolgreichen Londoner Kaufmann und Begründer der Börse. Das College bestand aus sieben Lehrstühlen. Die Professoren wurden von der *Mercers Company* ausgewählt. Drei von ihnen wurden von der *Company* bezahlt, vier von der englischen Krone. Die Kurse erfolgten zum überwiegenden Teil in der Landessprache. Ebenso wurde in Englisch publiziert, mit Blick auf die Zielgruppe der Handwerker zum Teil in popularisierter Form. Das *College* war Resultat und ist zugleich Dokument der weitgehend identischen Interessen von neuer praktischer Wissenschaft, Kaufmannskapital und Krone. Seine Gründung stellt eine der wichtigsten institutionellen Ereignisse in der Entwicklung experimentierender und an gesellschaftlicher Nützlichkeit orientierter Wissenschaft dar.

Aus solchen Vorläufen wie dem *Gresham College*, dem *Philosophical College* oder der *Philosophical Society* rekrutierten sich die ersten Wissenschaftler der *Royal Society*. Sie war, anders als die *Académie des Sciences*, eine unabhängige Vereinigung von Privatgelehrten, die sich ihre Aufgaben selber stellten. Formell wurde sie von der Monarchie und finanziell von Kaufleuten und jenem Teil des Adels, der selbst kommerziell tätig war, getragen. Darin bestand eine ihrer zentralen historischen Funktionen: in der politisch-strategischen Vermittlung von universitätsunabhängiger Naturforschung, Kaufmannskapital, Parlament und Krone. Die Erörterung theologischer oder politischer Fragen blieb ausgeklammert, weil sie – so die offizielle Version – zum Gang der Naturforschung nichts beitrügen und ihre Entwicklung behindern würden. Bemerkenswert ist, dass die Ursache des in der Satzung der *Royal Society* verankerten Neutralitätspostulats nicht innerwissenschaftlich, sondern im politischen Kompromiss zwischen englischer Krone, Handelskapital und Grundbesitz seine Begründung findet. Neutralität war im 17. Jahrhundert explizit ein politischer Kompromiss und avancierte erst im 18. Jahrhundert zum methodologischen und ethischen Postulat der reinen Naturerkenntnis.

Damit wird eine Entwicklung eingeleitet, die das Begehren, das im *europäischen Mirakel* der Renaissance seinen Blick auf die Natur fokussierte, entschiedener fortgesetzt. Darin unterscheidet sie sich vom *griechischen Mirakel*, dessen Blick sich auf Gesellschaftliches hin orientierte. Den Griechen gelang es nicht, ihr rhetorisches Instrument des Beweises mit dem des empirischen Experiments zu verknüpfen. Sie hatten keine Vorstellung von systematisch kontrollierten Experimenten. Erst aus der Verknüpfung beider kann in der europäischen (Nach-)Renaissance Wissenschaft im heutigen Sinn entstehen. Sie gelingt im 17. Jahrhundert auf der Basis einer völlig veränderten Sozialökonomie. Der sich in Europa anhäufende finanzielle Reichtum, der nicht zuletzt auf der systematischen Ausbeutung seiner überseeischen Kolonien beruht, wird nicht mehr nur thesauriert oder unproduktiv konsumiert, sondern Profit bringend investiert. Zunächst Holland, dann England übernehmen dabei eine führende Rolle, durchaus vergleichbar jener Athens bei den frühen Griechen. Holländern und Engländern war es gelungen, die Vormacht Spaniens zu brechen. Im Vergleich zu Italien, wo sich im Wesentlichen das Bank- und Kaufmannskapital gebildet hatte, etabliert sich im Nordwesten Europas, insbesondere in England, eine eigenständige Zirkulationssphäre, getragen von einem heterogenen Bürgertum, bestehend aus Handel treibendem Adel, traditionsbewusster Kaufmannschaft, zu Geld gekommenen Pächtern und durch das Verlagssystem reich gewordenen Handwerkern. Diese Schicht, die der Rechenhaftigkeit und den Kalkülen des Kaufmannskapitals verpflichtet ist, bildet zugleich die Trägerin und Propagandistin des Modells der quantifizierenden Naturerfassung. Die Auseinandersetzung zwischen kontinentaleuropäischer Scholastik einerseits, englischem Pragmatismus und Empirismus andererseits, die von ihr mit Vehemenz geführt wird, verändert wiederum die sozialökonomische Grundkonstellation, auf der sie basiert, erzeugt sie doch im kontrollierten Experiment Newtons die wissenschaftliche Voraussetzung für die „große Industrie“, die England zur „Werkstatt der Welt“ macht. Es entsteht ein „innerer Markt“, dem auch die menschliche Arbeitskraft subsumiert ist. Das Kaufmannskapital verwandelt sich in Industriekapital, das denselben Prinzipien der Rechenhaftigkeit verpflichtet ist und die Produktion nach diesen Prinzipien umgestaltet. In dieser Dreifaltigkeit, im empirischen Zugriff auf die Natur, der sich im messenden Experiment Newtons äußert, in der Schaffung eines Binnenmarktes als gesellschaftlichen Syntheseprinzips und in der Kommodifizierung der menschlichen Arbeitskraft, findet sich der Schlüssel zur Beantwortung der Frage „Why was England first?“.

Die dritte Zäsur: Advent der Hybriden – das technologische Weltzeitalter

In der gegenwärtigen Philosophie herrscht ein Zustand der geistigen Verwirrung vor. Die erhöhte Formbarkeit der Umwelt durch die Menschheit, die sich aus den Erfolgen der wissenschaftlichen Technik ergibt, ist im Sinne von Denkgewohnheiten interpretiert worden, die ihre Rechtfertigung in der Theorie einer starren Umgebung finden.

Alfred North Whitehead

Die dritte Zäsur zeichnet sich dadurch aus, dass Natur und Gesellschaft zu einem Hybrid verschmelzen. Das Experiment Newton'scher Prägung, diese Synthese aus Natur und Kultur verlässt die geschützten Räume des Labors und ergreift in Form der Technologie Besitz von der Gesellschaft. Es wird nun in Echtzeit und im Maßstab 1:1 durchgeführt. Ob Contergan, DDT, Hiroshima oder Struthof, in allen Fällen verliert die traditionelle Unterscheidung zwischen wissenschaftlichen Laboratorien, die drinnen mit Theorien und Phänomenen experimentieren, und einer politischen Situation, in der Nicht-Experten mit Werten, Meinungen und Leidenschaften agieren, an Gültigkeit. Wir alle, ob wir wollen oder nicht, sind darin verstrickt. Die Gesellschaft selbst wird zum Labor, die Welt zum Experimentierfeld. Die kantische Trennung zwischen den „Dingen an sich" und der realen Welt der Akteure löst sich auf. Das Ozonloch ist zu sozial, schreibt Bruno Latour, um wirklich Natur zu sein, die Strategie der Firmen und Staatschefs zu sehr angewiesen auf chemische Reaktionen, um allein auf Macht und Interessen reduziert werden zu können. In einer solchen Situation macht es wenig Sinn, noch länger zu unterscheiden zwischen Subjekt und Objekt, Natur und Gesellschaft, Handlung und Struktur, Theorie und Praxis. Mit Hilfe von Wissenschaft und Technik sind wir an einem Punkt angelangt, an dem Natur und Gesellschaft, wissenschaftliches und alltägliches Handeln weitgehend ineinander aufgehen.

Die „große Industrie" hat die Vorgehensweise Newtons, die systematische Verknüpfung von Axiomatik und Empirie, aus den geschlossenen Räumen des Labors hinausgetragen in die Welt. Aber weil die Vielfalt ihrer Funktionsprinzipien bei Weitem jene übersteigt, wie sie für sterile Labors typisch sind, machten sich alsbald Folgewirkungen bemerkbar, die weder eingeplant noch beabsichtigt waren. Ulrich Beck prägte hierfür den Begriff der Risikogesellschaft. So führte DDT, ein Insektizid, das im Labor seine volle Wirkung entfaltete, dort draußen in der Welt zu DDT-resistenten Mückenstämmen. Mit Recht lässt sich deshalb vom Ende des

Newtonian age sprechen, weil die experimentellen Anordnungen der klassisch-mechanischen Naturwissenschaften der Vielfalt, Komplexität und Dynamik des gesellschaftlichen Reproduktionsgeschehens in keiner Weise gerecht werden. Mit demselben Recht ließe sich aber auch von der endgültig vollzogenen Realisierung des *Newtonian age* sprechen, weil nun die ganze Welt zum Experimentierfeld des Menschen geworden ist. Natürlich reichen die alten Instrumente nicht mehr aus, um die damit verbundenen Probleme zu lösen. Die traditionelle akademische Wissenschaft wird sich deshalb zwangsläufig zur Gesellschaft hin öffnen und andere, postakademische Herangehensweisen entwickeln müssen. Es scheint, dass wir in einen solchen Prozess der Umkonstruktion zwischenzeitlich eingetreten sind. Nach allem, was wir wissen, zeichnet sich diese dritte Entwicklungsstufe im Verhältnis von Gesellschaft, Natur und Wissenschaft vor allem dadurch aus, dass tradierte Vorstellungen der Naturbeherrschung, wie sie sich in der zweiwertigen Logik, der quantifizierenden Methode, der hierarchischen Ordnung von Denkweisen, Theorien und „Gesetzen" äußern, durch weniger reduktionistische Verfahren ersetzt werden. Hierbei handelt es sich um einen durchaus widersprüchlichen Prozess.

Einerseits öffnet sich die Wissenschaft, indem sie sich in gesellschaftliche Praxisfelder hineinbegibt, externen Zwecksetzungen und Vorgehensweisen, Zwecksetzungen, die mit ihren eigenen Imperativen von Hause aus wenig zu tun haben. Dadurch, dass sie sich zusehends mit Erwartungen seitens der Gesellschaft konfrontiert sieht, die sie nicht mehr zurückweisen kann, wird ihre Entwicklung immer stärker durch äußere Zwecke und weniger durch wissenschaftsinterne Faktoren beeinflusst. Indem sie beginnt, ein „sozial robustes Wissen" zu erzeugen, verändert sie ihre bisherige Gestalt. Sie wird *unmittelbar* gesellschaftlich wirksam. Sie lässt sich nicht länger mehr auf ihre kontemplativ-kognitive Dimension reduzieren, sondern ist als kognitives *und* soziales Problemlösungsverfahren zu gestalten. Sie ist nicht mehr so sehr das Instrument der *Repräsentation* eines wie auch immer gearteten Seins, sondern zunehmend eines der *Intervention* in gesellschaftliche Problemfelder (Hacking). Für den Bereich der Naturwissenschaften lässt sich dieser Zusammenhang sehr schön am Beispiel der Ökologie erläutern. Weil die Reproduktion der Natur nicht (länger mehr) durch Naturkonstanten allein bestimmbar ist, müssen in die Definition der „Sollwerte" natürlicher Systeme immer stärker „Humanbestimmungen" der Natur eingehen. Das bedeutet, dass die Ökologie, um ihre Probleme lösen zu können, keine objektive, keine reine Naturwissenschaft klassischen Stils (mehr) sein kann. Sie ist eine

Hybridwissenschaft wie die Krebsforschung, die Stadtplanung oder die Bildungsforschung, in der normative, strategische Elemente konstitutiv enthalten sind. Sie ist zum *sozialen* Entwicklungsprojekt der Natur geworden.

Andererseits wird das Verhältnis von Wissenschaft und allgemeiner Öffentlichkeit zunehmend durch kognitive Strukturen und Prozesse bestimmt, die denen entsprechen, die ursprünglich für wissenschaftliche Kommunikationsformen typisch waren. In dem Maße, wie sich die Gesellschaft in ihren Alltagsverrichtungen immer stärker an Erkenntnis- und Problemlösungsstrategien orientiert, die in enger Analogie zum Funktionskreis zweckrationalen Handelns innerhalb der tradierten Wissenschaft stehen, in dem Maße verwischen sich auch von dieser Seite her die epistemischen Grenzen zwischen dem wissenschaftlichen und dem nichtwissenschaftlichen Wissen. Anders ausgedrückt: Die Gesellschaft emanzipiert sich von der Bevormundung akademischen Wissens nicht nur, indem sie es transformiert (oder marginalisiert), sondern auch indem sie seine Regulative dort, wo es sinnvoll ist, in ihre Alltagspraktiken übernimmt. Die Gesellschaft selbst verwissenschaftlicht sich, wird *reflexiv*.

Dieser wechselseitige Durchdringungsprozess wird in einer breiten, vorwiegend im angelsächsischen Sprachraum geführten Diskussion als Übergang von der *akademischen* (*Mode 1 Knowledge Production*) zur *postakademischen* Wissenschaft (*Mode 2 Knowledge Production*) gedeutet. Unter *Mode 1* wird zusammengefasst „the complex of ideas, methods, values and norms that has grown up to control the diffusion of the Newtonian model of science to more and more fields of enquiry and ensure its compliance with what is considered sound scientific practice“. Hingegen bezeichnet *Mode 2*, also jenes Konzept, das gegenwärtig die Diskussion bestimmt, die „knowledge production carried out in the context of application and marked by its transdisciplinarity, heterogeneity, organisational heterarchy and transience, social accountability and reflexivity, and quality control with emphasises context- and use-dependence, results from the parallel expansion of knowledge producers and users in society“ (Gibbons et al.). In gewisser Weise bedeutet *Mode 2*, so könnte man sagen, die Rückkehr zu den konkreten Wissensformen der Mesopotamier und Ägypter, allerdings auf einer höheren und erweiterten sozialhistorischen Stufenleiter. Das bedeutet keineswegs, dass die abstrakten Denkformen der frühen Griechen, die, wie auch immer über Newton vermittelt, unser Wissenschaftsverständnis bislang uneingeschränkt prägten, plötzlich verschwinden. Aber, aufgehoben in den konkreten Problemlösungsverfahren des gesellschaftlichen Alltagshandelns, verliert ihre bisherige Institutionalisierungsform als Ort allgemein verbindlicher Wahrheitsfindung an Bedeutung. Auch die konkreten Rechenkünste der Babylonier verschwanden ja nicht, trotz des griechischen Mirakels.

Wenn Denk- und Wissensformen, wie sie einer „Mode 1 Knowledge Production“ zugrunde liegen, an Bedeutung verlieren, dann stellt sich zwangsläufig die Frage, welche Veränderungen in der Tiefenstruktur der Gesellschaft, auf denen sie aufruhen, dafür verantwortlich sind. Erinnern wir uns: Abstraktes, quantifizierendes Denken, das seine Folgerichtigkeit auf der Basis einer zweiwertigen Logik des Entweder-Oder entwickelt, ist kein Resultat der Produktionssphäre, der Auseinandersetzung des Menschen mit der stofflichen Natur, sondern der davon abgetrennten Zirkulationssphäre, der durch die Herausbildung des Marktes und des Geldverkehrs entscheidend veränderten Verkehrsformen der Menschen untereinander. Äquivalenzrelationen, die dem Prinzip der Reziprozität verpflichtet sind, spielen dabei eine entscheidende Rolle. Gleichwertigkeit lässt sich nur durch Abstraktion von Qualitätsdifferenzen herstellen. Ein zentrales, dem systematisch betriebenen Äquivalententausch inhärentes Moment ist deshalb die Reduktion von Qualität auf Quantität, die Gleichgültigkeit gegenüber konkreten Inhalten und die Abstraktion von dem nur sinnlich erfahrbaren Gebrauch dessen, was getauscht wird. Mit ihm entsteht eine gänzlich neue Dimension gesellschaftlicher Realität, die ihre reinste Formulierung erstmals in der abstrakten Form des Denkens griechischer Philosophen findet. Es scheint nun, dass diese Realität sich gegenwärtig in einer Umbruchssituation befindet, in der Dramatik jener vergleichbar, in der die frühen Griechen sich befanden, nur mit umgekehrten Vorzeichen. Während seinerzeit die Mechanismen einer auf Warenproduktion beruhenden gesellschaftlichen Syntheseleistung jene archaischen Prinzipien der Subsistenzwirtschaft ansatzweise überformten, endgültig dann in der europäischen Nachrenaissance, revoltieren heute auf einer erweiterten sozialhistorischen Stufenleiter umgekehrt die Imperative einer auf Technologie basierenden Produktionsweise gegen die einseitig an den ökonomischen Prinzipien der Kapitalverwertung orientierte Syntheseleistung der zeitgenössischen Gesellschaft. Die Erosion der auf Warenproduktion beruhenden Syntheseprinzipien ist die Folge der technologischen Durchdringung des gesellschaftlichen Reproduktionsprozesses, der spätestens gegen Ende des 19. Jahrhunderts mit der Verwissenschaftlichung durch Großchemie und Elektroindustrie einsetzte, und sie zeitigt zwei charakteristische Folgewirkungen.

Zum einen wird das für den Äquivalententausch konstitutive Reziprozitätsschema brüchig. Es verliert an Legitimationskraft. (Lohn-)Arbeit, seit dem *europäischen Mirakel* Maß und Bezugsgröße der Wertschöpfung, verliert an Bedeutung. Werte, Preise, die Relationen zwischen einer Leistung und ihrem Gegenwert werden immer fiktiver, immer imaginärer, irrationaler und absurder. Ökonomisches Wachstum, das auf Automation und zunehmend intelligenter werdenden Maschinensystemen beruht, schafft per Saldo keine Arbeitsplätze mehr. Im Gegenteil, mehrheitlich vernichtet es sie. Damit hört die Lohnarbeit auf, Quelle des gesellschaftlichen Reichtums zu sein. Er wird zusehends produziert durch Wissenschaft und Technik, durch Information, durch Wissen im Allgemeinen, durch Kooperation. Dadurch, dass die Technologie die menschliche Arbeitskraft als Wert schöpfende Potenz marginalisiert, ergeben sich tief greifende Veränderungen in der ökonomischen Struktur der Gesellschaft. Sobald die Lohnarbeit in unmittelbarer Form aufhört, die Quelle des gesellschaftlichen Reichtums zu sein, hört die Arbeitszeit auf, sein Maß zu sein. Wenn wachsende Anteile individueller Wohlfahrt nicht mehr dem Spiel freier Arbeitsmärkte geschuldet sind, müssen zwangsläufig neue Formen der Verteilung des erwirtschafteten gesellschaftlichen Reichtums an seine Stelle treten, Alimentationen gleich welcher Art. Damit zerbröselt zugleich die erkenntniskonstitutive Kraft des Tausches. Mit der Gesellschaft, die den Schein vom gerechten Tausch der Äquivalente noch aufrechterhalten konnte, zerfallen die kantischen Subjekte. Es beginnt das Abenteuer einer Postmoderne, in der Kategorien wie Äquivalenz, Adäquanz und Identität ebenso verwahrlosen wie der Tausch, nach dessen Bild sie geformt waren. Die Manager eines Großkonzerns, der wegen seiner Überschuldung nicht mehr Bankrott erklären kann, der Scheck- und Computerbetrüger, der nicht mehr einzusehen vermag, warum Zahlenkolonnen auf Monitoren noch realen Vorgängen adäquat sein sollten, und der Aktivist aus der Alternativ- oder Schattenökonomie, der zum Naturaltausch oder gar zum Potlatsch zurückfindet, haben wenig, aber doch dieses gemeinsam: Der Glaube an den Tausch von Äquivalenten ist ihnen ebenso abhanden gekommen wie der Glaube an eine verbindliche Vernunft (Hörisch).

Die Erosion des Reziprozitätsschemas, die in der Tiefenstruktur der Gesellschaft stattfindet und sich in der politischen Beliebigkeit der Verteilungsmechanismen des gesellschaftlichen Reichtums äußert, findet ihre Entsprechung in der Oberflächenstruktur der Gesellschaft, im alltäglichen Mechanismus des zunehmend obsoleter werdenden *do ut des*. Die semiologische Funktion, die das Geld, so wie Simmel es noch beschrieben hat, ausübt, indem es im selben Moment die gemeinsame Sprache aller Tauschvorgänge darstellt, befindet sich offensichtlich auf dem Rückzug.

Anstelle jener Beziehungen der Reziprozität zwischen zwei Individuen, wie sie das Münz- oder Papiergeld noch vermittelte, schleichen sich mit dem unsichtbaren „elektronischen“ Geld Beziehungen des Menschen zur Maschine ein. Zwar wird noch immer mit Geld bezahlt, um eine Ware zu erhalten, doch im konkreten, sinnlich erfahrbaren Handlungsvollzug ersetzt die Kartenpräsentation die Übergabe des Zahlungsmittels. An die Stelle der durch Geld vermittelten Reziprozität des *do ut des* haben sich zwei Sequenzen geschoben, die einer unterschiedlichen Logik folgen: der Erwerb einer Ware und technisch-prozedurale Verfahrensschritte. Man muss Codes eintippen, man muss sich identifizieren lassen, man muss warten, bis man wieder aus der Prozedur entlassen wird, während man früher rechnete, addierte und verglich. Die Karte ist Anweisung auf den gesellschaftlich erwirtschafteten Reichtum, Zugangsberechtigung zu einem wohlgefüllten Warenlager und Aufforderung, sich zu bedienen. Das Auseinanderdriften der beiden Tauschpole unterläuft die im Alltagshandeln bislang aktualisierten, sinnlich wahrnehmbaren Reziprozitätsnormen und ersetzt sie durch technische Dispositive. Die Aufschiebung der realen Bezahlung relativiert nicht nur den Zeithorizont, sondern leistet Wunschdelirien Vorschub, die ihrerseits wiederum technisch im Zaum gehalten werden müssen.

Die Erosion der Reziprozitätsnorm ist, wie gesagt, die eine Folgewirkung. Die andere, die *zweite*, ergibt sich daraus, dass die Technologie im Gegensatz zur Ökonomie immer inhaltlich bestimmt, qualitativ strukturiert ist. Anders als die abstrakten Kalküle einer quantifizierenden, *tauschwertorientierten* Ökonomie sind die Entwürfe einer Technologie konkret, auf die inhaltliche Lösung eines bestimmten Problems hin angelegt, das heißt *gebrauchwertorientiert*. Diese Differenz wird, historisch gesehen, dann zum Problem, wenn die expandierende Technologisierung des gesellschaftlichen Reproduktionsprozesses eine solche, ihm inhärente Eigendynamik entfaltet, dass sie mit den Imperativen einer Marktökonomie nicht mehr zu steuern ist. Das dürfte heute der Fall sein. An die Stelle des ökonomischen tritt die Formkraft des politischen (nicht unbedingt des demokratischen) Prinzips. Sie legt die Entwicklungslinien der Technologie und damit zukünftige Entwicklungspfade der Gesellschaft fest. Technologie rechtfertigt sich nicht durch sich selbst, sondern durch ihre Effekte. Sie eröffnet Möglichkeitsräume. Wie sie, jenseits des bislang vorherrschenden privatwirtschaftlichen Profitprinzips genutzt werden, steht zur politischen Disposition. Längst sind die Zeiten vorbei, in denen ein Großbetrieb oder eine Bank geschlossen wurden, weil sie nach den Regulativen des Marktes bankrott waren. Stattdessen werden heute die Marktregulative politisch manipuliert. Die Folgewirkungen der Technologie, die zunehmend und weltweit gesellschaftliche Syntheseleistungen erbringt, die zuvor von der Ökonomie wahrgenommen wurden, erzwingen über kurz oder lang eine grundlegende Neuordnung des gesellschaftlichen Reproduktionsgeschehens. Aber die Entscheidung darüber, in welche Richtung diese Neuordnung vorgenommen werden soll, kann sie nicht selbst treffen. Sie muss Gegenstand eines gesellschaftlichen Dialogs sein.

Ein solcher Dialog ist auch deshalb unabweisbar, weil das Reziprozitätsprinzip, das der Marktökonomie zugrunde liegt, nicht nur aus sich selbst heraus, sondern zusätzlich durch die Langzeitwirkungen der heutigen Technologien an Legitimationskraft einbüßt. Denken wir nur an das Problem der radioaktiven Umweltbelastung durch einen vieltausendjährigen Müll, der bei der Kernspaltung entsteht. Die Grundsätze und Verfahren, die sich dem Reziprozitätsschema des Äquivalententausches verpflichtet fühlen, berücksichtigen nur *gegenwärtige* Interessen. Die Zukunft findet in ihren Kalkülen keinen Platz. Das Nichtexistente hat keinen Preis und keine Lobby. Die Ungeborenen sind machtlos. In den gegenwärtigen Entscheidungsprozessen hat die ihnen (zumindest moralisch) geschuldete Rechenschaft keine Realität, weder eine politische und schon gar nicht eine ökonomische. Und wenn sie eine solche dermaleinst einfordern sollten, sind wir, die Schuldigen, nicht mehr da. Es gibt keine Rechenschaftspflicht zwischen den Zeiten, die auf der Idee einer Reziprozität gegründet ist, der zufolge die Pflicht des Einen das Gegenbild vom Recht des Anderen ist und vice versa. Diese Idee versagt vor den Langzeitwirkungen der modernen Technologien. Denn Anspruch hat nur, was Ansprüche macht – was erst einmal *ist*. Das Nichtexistierende stellt keine Ansprüche, kann daher auch nicht in seinen Rechten verletzt werden. Es mag sie haben, wenn es dermaleinst ist, aber es hat sie nicht schon auf die Möglichkeit hin, dass es einmal sein werde. Doch gerade mit dem Noch-nicht-Seienden hat es die moderne Technologie in ihrer Langzeitwirkung zu tun, sei es die humanmedizinische Gen- und Reproduktionstechnologie oder die Kernspaltung. Durch sie entsteht ein Verpflichtungsverhältnis, das auf der Nichtreziprozität von Rechten und Pflichten im klassischen Sinn basiert. Es ist mit den Äquivalenzkalkülen der Marktökonomie nur schwer zu handhaben. Ebenso wenig wie aus der Logik ihrer abstrakten Kalküle ein Recht Ungeborener auf Geborenwerden, oder besser: ein Recht Ungezeugter auf Zeugung, abgeleitet werden kann, ebenso wenig macht in ihrem Rahmen die scherzhaft erfundene Frage einen Sinn, was denn die Zukunft je für uns getan habe, auf dass wir ihr im Gegenzug verpflichtet wären (Jonas). Die zweiwertige abendländische Logik, die auf das Diktum des

Parmenides zurückgeführt werden kann, dass etwas entweder sei oder nicht sei, ein Drittes, ein Mögliches, ein Werden in der Zeit gebe es nicht, diese abstrakte Logik wird dem zugrunde liegenden Sachverhalt jedenfalls in keiner Weise gerecht.

Life Sciences: die Welt als Labor

Eine Erkenntnis, die lediglich eine Verdopplung dessen,
was ohnehin schon in der Welt existiert, in Gestalt von Ideen ist,
gewährt uns vielleicht die Befriedigung, die eine Photographie bietet,
aber das ist auch alles ...
Eine zielgerichtete Tätigkeit hingegen verlangt Ideen,
die über die Resultate vergangener Wahrnehmungen hinausgehen,
denn sie zielt darauf ab, zukünftigen Situationen,
von denen es noch keinerlei Erfahrung gibt, zu genügen.
John Dewey

Die von den Griechen gezogene Grenze zwischen der „Gesellschaft", das heißt dem Staat, der *Polis*, und der „Natur" wurde im Gefolge Newtons aufgehoben. Die Gemeinschaft der Menschen, einstmals eine Enklave in einer nichtmenschlichen Umwelt, befindet sich auf dem Wege zur Weltgesellschaft und breitet sich über das Ganze der irdischen Natur aus, ihren Platz usurpierend. Der Unterschied zwischen dem Künstlichen und dem Natürlichen, der den frühen Griechen noch so wichtig war, schwindet. Das Natürliche wird von der Sphäre des Künstlichen verschlungen. Es entsteht eine neue Art von „Natur", ein totales Artefakt, das, über Technologie vermittelt, zugleich „Gesellschaft" ist. Die zur Welt gewordenen Werke des Menschen, die auf ihn und durch ihn selbst wirken, erzwingen aufgrund ihrer Dynamik einen Handlungs- und Entscheidungsbedarf in bislang nicht bekanntem Ausmaß, eine Dynamik, die sowohl zeitliche wie räumliche Grenzen sprengt. Das Wissen und die Macht der Menschen des frühen Griechentums bis hin zur europäischen Renaissance waren zu begrenzt, um die entferntere Zukunft oder den gesamten Erdenkreis in die Kausalitäten ihrer Handlungs- und Entscheidungskalküle einzubeziehen. Statt des müßigen Erratens später Folgen in einem unbekannten Schicksal konzentrierte sich ihr Bewusstsein auf die moralische Qualität des augenblicklichen Handelns, in dem vor allem das Recht des mitlebenden Nächsten von entscheidender Bedeutung war. Im Zeichen der Technologie aber hat es das menschliche Bewusstsein mit Handlungen, wiewohl nicht mehr des einzelnen Menschen, sondern der Gattung schlechthin, zu tun, die sich durch eine beispiellos kausale Reichweite in die Zukunft auszeichnen, begleitet von einem Vorwissen, das ebenfalls, wie unvollständig auch immer, über alles bisherige hinausgeht, mit Handlungen, die nicht nur durch die Größenordnung ihrer räumlichen und zeitlichen Fernwirkungen, sondern oft auch durch die Unumkehrbarkeit ihrer Folgen deutlich machen, dass es mit einem Denken, das seine Wurzeln in der überschaubaren Welt der griechischen *Poleis* hat, endgültig vorbei ist. Die soziale Gemeinschaft der *Polis* böte heute keinen Schutz mehr gegen die Unbilden der Natur, und ihre Gesetze wären nicht länger denkbar als eine Enklave in ihr und gegen sie. Für Aristoteles mochte die *theoretische* Vernunft im Menschen noch über die Natur hinausragen. Als bloß kontemplative aber blieb sie ihr äußerlich. Der emanzipierte *praktische* Intellekt hingegen, den die Wissenschaft im Gefolge Newtons, durchaus ein Erbe jenes theoretischen Intellekts, erzeugt hat, stellt der Natur nicht nur sein Denken, sondern vor allem sein *Tun* in einer Weise gegenüber, die ihr nicht länger äußerlich bleibt. Es ist mit dem unbewussten Funktionieren des Ganzen, das einer kontemplativen Sichtweise zugrunde liegt, nicht mehr vereinbar, erstreckt sich doch seine Eingriffstiefe und -reichweite inzwischen auf die gesamte Biosphäre.

Das Periodikum „*Science*" berichtete jüngst, der Arbeitsgruppe um Craig Venter (USA) sei es erstmals gelungen, ein funktionsfähiges Chromosom im Labor herzustellen. Die Forscher schleusten das künstliche Erbgut in Mycoplasmen ein, wo es das eigene Erbgut der Mikroben ersetzte. Das Experiment gilt als Meilenstein in der Genforschung. Venter hofft, mit Hilfe dieses Verfahrens synthetische Mikroorganismen für die Produktion von Impfstoffen und den Abbau von Umweltgiften herstellen zu können. Am Theoriebestand einer Soziologie, die ihrem Selbstverständnis nach mit antinaturalistischer Attitüde im kulturalistischen Ghetto verharrt, wird diese Meldung sicher keine Spuren hinterlassen. Das ist umso bedauerlicher, als eine solche Ignoranz den Gründungsvätern der Disziplin, Comte, Marx, Spencer oder Tönnies, völlig fremd war. Die historischen Wurzeln dieser Ignoranz sind leicht auszumachen. Habermas etwa bezieht sich in seinem Theorieentwurf explizit auf Hegel, Luhmann implizit auf Durkheim. Und so nimmt es nicht wunder, dass Latour, einer der wenigen transgressiven Soziologen, seine Wahlverwandtschaft mit Tarde, diesem großen Gegenspieler Durkheims, hervorhebt.

Coda: an Stelle einer Bibliographie

Im Grunde geht es um die Frage, ob die Philosophie bereit ist, eine Theorie des Geistes und seiner Erkenntnisorgane aufzugeben, die entstand, als die Erkenntnispraxis noch in den Kinderschuhen steckte.

John Dewey

Bei dem vorliegenden Essay, der ganz im Stile Simmels verfasst ist, handelt es sich um das Kondensat einer jahrelangen Textlektüre, die im Einzelnen hier nachzuweisen den Rahmen sprengen würde. Nicht nur handelt es sich um Texte ganz unterschiedlicher Provenienz. Aufgrund der Fülle der über die Jahre hinweg verarbeiteten Literatur würde es auch wenig Sinn machen, auf einzelne Monografien oder Aufsätze zu verweisen. Immerhin seien wenigstens jene Autoren genannt, deren Schriften, in all ihrer Breite, der Argumentation, die im vorliegenden Essay vertreten wird, in substanzieller Weise zugrunde liegen. Es sind dies in alphabetischer Reihenfolge: Jan Assmann, Jean Baudrillard, Ulrich Beck, David Bloor, Gernot Böhme, Peter Burke, Ernst Cassirer, John Dewey, Hugo Dingler, Eduard J. Dijksterhuis, Shmuel N. Eisenstadt, Norbert Elias, Moses J. Finley, Michel Foucault, Hermann Fränkel, Hans Freyer, Anthony Giddens, Gotthard Günther, Jürgen Habermas, Christopher R. Hallpike, Adolf von Harnack, Johannes Hasebroek, Eric A. Havelock, Martin Heidegger, Christopher Hill, Werner Jaeger, Karl Jaspers, Julian Jaynes, Hans Jonas, Eric L. Jones, Friedrich G. Jünger, Karin Knorr-Cetina, Lawrence Kohlberg, Alexandre Koyré, Wolfgang König, Bruno Latour, Bernhard Laum, Jacques Le Goff, André Leroi-Gourhan, Geoffrey E.R. Lloyd, Niklas Luhmann, Jean-François Lyotard, Karl Marx, George H. Mead, Christian Meier, Eduard Meyer, Serge Moscovici, Lewis Mumford, Rudolf W. Müller, Helga Nowotny, Georg W. Oesterdiekhoff, Walter J. Ong, Jean Piaget, André Pichot, Sal Restivo, Wolfgang Schluchter, Georg Simmel, Bruno Snell, Alfred Sohn Rethel, Alan Sokal, Oswald Spengler, Dirk J. Struik, Ferdinand Tönnies, Jean-Pierre Vernant, Bartel L. van der Waerden, Immanuel Wallerstein, Alfred Weber, Max Weber, Peter Weingart, Alfred North Whitehead, Christine Woesler, Hans Wußing, Peter V. Zima, John M. Ziman, Walther Ch. Zimmerli.

Transhumane Kommunikation

Zum Implikationsverhältnis von Sozialbiologie und Neurosoziologie

In der Realität gibt es keine ökonomischen, soziologischen oder psychologischen Probleme, sondern eben nur Probleme – und in der Regel sind sie recht komplex.
Gunnar Myrdal

1. Wissenschaftshistorische Voraussetzungen

Wenn man einen Blick in die Sozial- und Mentalitätsgeschichte der Menschheit wirft (exemplarisch: Deschner 1986 ff., Courtois et al. 1998) oder in zeitgenössische Medienberichte über alltägliche Gräueltaten zwischenmenschlichen Zusammenlebens, die zunehmend als Normalgeschehen hingenommen werden (exemplarisch: Feist et al. 2014, Schönberger 2014), kann man an der Vernunft der Menschheit verzweifeln. Offensichtlich ist es trotz Jahrhunderte langer Erkenntnis- und Therapiebemühungen von Theologie, Philosophie und Pädagogik, später dann auch von Psychologie und Soziologie, nicht gelungen, zwischenmenschlichen Barbareien ein Ende zu bereiten. Es ist deshalb in Betracht zu ziehen, dass die Ursachenerklärung für den Zusammenbruch kultivierter Ordnungsvorstellungen und Verhaltensweisen, ein Phänomen, das in der Soziologie seit Durkheim als *Anomie* bezeichnet wird (1988, S. 42 f.), zu wesentlichen Teilen jenseits des Kompetenzbereiches der Geistes- und Sozialwissenschaften anzusiedeln ist. Durkheim spricht in diesem Zusammenhang von einem „pathologischen Phänomen“ (ebd.). Folgerichtig hat Ferdinand Tönnies, ein Zeitgenosse Durkheims, den Geltungsbereich seiner „Reinen Soziologie“ auf *positive* Sozialbeziehungen begrenzt. Bei ihm entsteht das Soziale „nur aus dem gemeinsamen *Wollen*, also aus gegenseitiger Bejahung“ (1931, S. 5). Die Erforschung „asozialer“ zwischenmenschlicher Verkehrsformen verweist er in den Kompetenzbereich der „Sozialpsychologie“ und der „Angewandten Soziologie“ (d. i. die historische Analyse der Dynamik des Werdens und Vergehens sozialer Wesenheiten). Folgt man der Argumentation des Archäologen und Historikers Ian Morris (2011), so spielen bei der zeitgemäßen Deutung und Gestaltung gesellschaftlicher Zukünfte, die wesentlich durch anomische Begleitumstände geprägt sein werden, drei Wissenschaften eine tragende Rolle: die Biologie, die Soziologie und die Geographie. In der Epoche des „Anthropozäns" (Crutzen 2011; Ehlers 2008) wird man wohl, weil der Mensch inzwischen selbst zu einem geologischen Faktor geworden ist, präziser von der *Geologie* sprechen müssen statt von der Geographie, die doch eher den Theorietraditionen der Geopolitik des 19. und 20. Jahrhunderts verhaftet ist (Marshall 2016).

Der nachfolgende Essay beinhaltet zwei Argumentationsschwerpunkte: zum einen *sozialbiologische* Ursachen gesellschaftlicher *Anomien* (aktuell dazu: Schnettler 2016) und zum anderen *neurosoziologische* Aspekte einer *transhumanen* Umgestaltung der Gesellschaft, die sich aus der Bewältigung dieser Anomien ergibt (aktuell dazu: Brock 2016). Die skizzierte Thematik dürfte so manche Leserin, so manchen Leser unvorbereitet treffen. Ich möchte deshalb einige Erklärungen vorausschicken.

1.1 Sozialbiologie

Den Begriff der *Sozialbiologie* verwende ich in Abgrenzung zu dem aktuell vielfach verwendeten der *Soziobiologie* (hierzu: Hemminger 1983), und zwar im Sinne und in der Tradition des österreichischen Soziologen Rudolf Goldscheid, gleichfalls ein Zeitgenosse Emile Durkheims. Mit seiner „Grundlegung der Sozialbiologie" (1911) wendete er sich aus *sozialwissenschaftlicher* Perspektive gegen den seinerzeit aufkommenden Sozialdarwinismus, wie er in Deutschland von Ammon, Ploetz und Schallmayer vertreten wurde, demzufolge aus dem Kampf der Menschen und Völker die jeweils Stärksten hervorgehen und die Menschheit dadurch in ihrer Höherentwicklung voranschreitet, ähnlich wie das bei den Tieren und Pflanzen geschieht. Für Goldscheid stand, anders als für jene Vertreter einer „harten" Eugenik, die *sozialkulturelle* Entwicklung des Menschen im Vordergrund seines Denkens, die allerdings ohne ihre biologischen Voraussetzungen und Rahmenbedingungen nicht gedacht werden könne. Soziologie ohne Biologie, Ökonomie und Psychologie zu betreiben, erschien ihm als wenig sinnvoll. In dieser Verortung soziologischen Denkens stimmte er weitgehend mit Tönnies (2009, S. 92 ff.) überein, der in seiner Begriffsarchitektur von „Gemeinschaft und Gesellschaft" (2017) den neueren Erkenntnissen der *Lebenswissenschaften*, wie wir heute sagen würden (Bammé 2011), Rechnung zu tragen suchte. Zu Recht weist Vogd in seiner Abhandlung über Gefühl und Gesellschaft (2010, S. 339) darauf hin, dass für eine zeitgemäße Reformulierung des Begriffs der Gesellschaft „eine sinnvolle Weichenstellung darin liegen könnte, die von Ferdinand Tönnies (1935) aufgegriffene Unterscheidung von ‚Gesellschaft' und ‚Gemeinschaft' wieder stark zu machen, wobei Letztere die gefühlten Unterscheidungen unserer Kognitionen bezeichnet, während Erstere eben dem als Text und andere Artefakte verdinglichten semantischen Haushalt entspricht." Tönnies' System der Soziologie lässt sich als *doppelte Triade* darstellen (Jacoby 2013, S. 202; Bellebaum 2016, S. 62 f.). Ganz allgemein betrachtet, und von ihm selbst als „Generelle Soziologie" bezeichnet, umfasst es drei Bereiche bzw. inhaltliche Schwerpunkte: „Sozialbiologie", „Sozialpsychologie" und „Spezielle Soziologie" (das, was heute gemeinhin unter „Soziologie" verstanden wird). Die „Spezielle Soziologie" wiederum beinhaltet die „Reine Soziologie" (im Sinne Max Webers), die „Angewandte Soziologie" (das, was seinerzeit wesentlich eine soziologisch strukturierte „Geschichtsphilosophie" war) und die „Soziographie" (die empirische Soziologie im heutigen Sinn). Hinzu käme dann noch eine praktische Soziologie, etwa das, was gegenwärtig als „Public Sociology" (Burawoy 2015) oder Interventionswissenschaft (Bammé 2013; Dressel et al. 2014) diskutiert wird.

Im Rahmen einer solchen Begriffsarchitektur war Goldscheid (1932, S. 140) vor allem an den *Wechselwirkungen* zwischen Umwelt („Milieu") und Organismus, zwischen Gesellschaft und Individuum, zwischen Staaten und Völkern interessiert. Dem menschlichen *Gestaltungswillen* bei der *Richtungsbestimmung* sowohl der biologischen wie der kulturellen *Evolution* räumte er hohe Priorität ein (1905), denn die Natur kennt weder Zwecke noch Nutzen. Es sei allein der Mensch, der aufgrund seiner Vernunft und im Interesse der Erhaltung und Verbesserung des menschlichen Lebens Zweck und Nutzen in die Natur hineininterpretiert. Auch in dieser Hinsicht traf er sich mit Tönnies, der gegenüber Max Weber entschieden betonte, dass es „ohne Wollen auch kein Handeln" gebe (1931, S. 6). Weil, anders als in der überkommenen, am „Sein" orientierten „Zuschauertheorie des Wissens" (Dewey), wie sie bis in die Systemtheorie Luhmanns hinein ständig reproduziert wird, Realität für lebendige Akteure, die sich in einer Umwelt nicht nur befinden, sondern sie besitzen und gestalten können, nie vollständig determiniert ist, sind *volitive* Entscheidungen erforderlich, die in einer kontingenten Situation aus Möglichkeiten Realität werden lassen (Ort 2007, S. 139 f.).

Die sozialkulturelle Entwicklung verstand Goldscheid im Sinne einer stufenförmigen Wechselbeziehung, die, ähnlich wie bei Thomas Hobbes, ausgehend vom organischen Leben bis hinauf zur internationalen Staatengemeinschaft reicht (1929). In seiner Auseinandersetzung mit dem Biologen August Weismann, dem Entdecker des Keimplasmas (Chromosomen) als Träger der Erbsubstanz und radikalen Vertreter eines „harten“ eugenischen Programms, beharrte Goldscheid, indem er sich auf Lamarck berief, darauf, dass die Vererbung erworbener Eigenschaften gleichwohl möglich sei. In dieser rigiden Form, die er später etwas relativierte, war der Rückbezug auf Lamarck, dem ambivalenten Erkenntnisstand seiner Zeit geschuldet, auf Dauer sicher nicht haltbar (Witrisal 2004, S. 125 ff.). Heute würde er sich zweifellos auf neuere Forschungen der *Epigenetik* (Walter, Hümpel 2017) berufen, in denen Umweltfaktoren eine nicht unbedeutende Rolle bei der Vererbung erworbener Eigenschaften zugewiesen wird (Bauer 2008; Kegel 2009; Szyf 2016; Fischer 2016). In der gegenwärtigen Rezeption wird Goldscheid oft missverstanden und in der Sekundärliteratur, worauf insbesondere Fleck (1990, S. 53) hingewiesen hat, falsch wiedergegeben. Offensichtlich nur oberflächlich gelesen und durch sprachliche Äquivokationen in die Irre geführt, wird er Theorietraditionen zugeschlagen (Kurz 1999; Bröckling 2003), die er aufs Heftigste bekämpft hat.

1.2 Rudolf Goldscheid und Max Weber: zwei Arten, Soziologie zu betreiben

Im Werturteilsstreit der deutschsprachigen Soziologie standen sich Rudolf Goldscheid und Max Weber – in ähnlich konflikthafter Weise wie zuvor Durkheim und Tarde jenseits des Rheins in Fragen der Metaphysik (Bammé 2009, S. 109 ff.) – diametral und unversöhnlich gegenüber. Sie vertraten zwei völlig unterschiedliche Auffassungen von Soziologie. Weber plädierte für eine Wissenschaft, in der Forschung und Lehre wertfrei erfolgen sollten. Die Vermischung von *Sein* und *Sollen*, die Ableitung ethischer Imperative aus wissenschaftlichen Erkenntnisweisen lehnte er ab. Wie die „Politik“ (1968, S. 167 ff.) so sollte auch die „Wissenschaft als Beruf“ (1968, S. 311 ff.) auf rein fachlicher Grundlage ohne Einmischung in den Zuständigkeitsbereich des jeweils anderen betrieben werden. Die Soziologie habe nur festzustellen, nicht zu werten. Die Kategorien, derer sich Weber zum Beispiel in seinem Hauptwerk „Wirtschaft und Gesellschaft“ (1972, S. 1 ff.) bedient, dokumentieren in ihrer nahezu zwanghaften Präzision und Sprachökonomie sein Bestreben, zu möglichst „reinen" Begriffsdefinitionen als Grundlage soziologischer Analysen zu gelangen. Im Gegensatz zu Weber, dessen Soziologie eine *Soziologie des Seins* ist, vertrat Goldscheid eine prospektive *Soziologie des Werdens*. Für ihn ging „der ganze Streit um die Stellung der Werturteile … letzten Endes aus *Fragen des akademischen Lehrbetriebes* hervor. Man hat das, was innerhalb bestimmter Grenzen für die *Wissenschaft als Unterrichtsgegenstand* gilt, übertragen auf die *Wissenschaft als Forschungsgegenstand*. Wissenschaft als Unterricht und Wissenschaft als Forschung sind aber durchaus nicht dasselbe. Den Lehrer müssen ganz andere Vorzüge auszeichnen als den Forscher. Der Lehrer hat das bereits Geleistete möglichst objektiv zu übermitteln: der Forscher Neues in möglichst individueller Gestaltung zu schaffen." Das Maß der erforderten Objektivität sei beim Lehrer ein weitaus Größeres als beim Forscher. „Will man darum akademischen Unterricht und Forschung gleichstellen, will man nur das, was in ersterem erforderlich ist, als Wissenschaft anerkennen, so *verengt* man das Gebiet der Wissenschaft in einem Maße, dass sie dadurch schließlich unfruchtbar werden muss. Man legt damit dem Forscher *denselben* Zwang auf wie dem akademischen Lehrer; ein Beginnen, über dessen ganze Gefährlichkeit alle diejenigen nicht im Zweifel sein können, die überblicken, eine wie abgrundtiefe Kluft *Schulwissenschaft* und im tiefsten Sinne *schöpferische Denkerarbeit* trennt. Will man Wissenschaft als Unterrichtsgegenstand und Wissenschaft als Forschung identifizieren, dann wäre nur *fertige Wissenschaft* Wissenschaft, nicht auch *werdende*" (Goldscheid 1996, S. 85 f.). Während der Lehrer Werturteile gleichsam nur als Appendix einbezieht, wird der Forscher „das, was er geschaffen hat, danach bemessen, ob es nicht nur geeignet ist, die Dinge verschieden zu interpretieren, sondern sie zu verändern." Schöpferische Wissenschaft sei „ihrem innersten Wesen nach notwendig immer Gestaltung; Gestaltung ohne Wertung" aber „ist ein Ding der Unmöglichkeit!" (ebd., S. 87 f.).

Goldscheids Auffassung von Soziologie (1913, S. 414 ff.) war einerseits *konventionalistisch,* denn er forderte für sie, darin ähnlich wie Weber, eine „Geschäftsordnung der Begriffe", und andererseits war sie zugleich *pragmatisch,* weil für ihn letztlich, darin dem späteren Dewey (1929) vergleichbar, der Erfolg des Handelns, das auf wissenschaftlichen Erkenntnissen beruht, über Wahrheit entscheidet, weshalb alle Hypothesen nur vorläufig und mit einer gewissen Wahrscheinlichkeit gelten. Er kritisierte die Trennung in Geistes- und Naturwissenschaften, und zwar sowohl aufgrund der Einheit in der Methode als auch der Einheit im Objekt (neuerdings D'Avis 2016). Eine Wissenschaft, die sich auf die „reine Erkenntnis“ zurückziehe, begebe sich des Anspruchs, „Richtungen“ gesellschaftlicher Entwicklungen vorzugeben und Zukünfte mitzugestalten. Zwar könne Wissenschaft nur das Beständige im ewigen Wechsel suchen und niemals zu einer endgültigen Klärung gelangen, so dass das Fragen unendlich weitergehen müsse, aber gleichzeitig müsse sie auch die Möglichkeit für Veränderungen der Wirklichkeit durch gestaltendes Handeln erlauben und praktisch wirksam werden. Das aber, so folgerte Goldscheid, erfordere sowohl Analysen der Kausalitäten, die den jeweiligen Sachverhalten zugrunde liegen, als auch die Berücksichtigung der „Teleologie des menschlichen Handelns“ in der Wissenschaft. Vernunft als Erkenntnisgrundlage und Vernunft als Zweckbestimmung müssen deshalb miteinander verknüpft werden. Aufgabe der Wissenschaft sei es, nicht nur „reine Erkenntnisse“ zu liefern, sondern kausales Wissen in teleologisches Geschehen umzuwandeln. Zwar ziele Wissenschaft auf Objektivität, aber sie betrachte die Welt unter einer anthropomorphen Perspektive. Wissenschaft wird von Menschen betrieben und ist auf menschliche Ziele hin ausgerichtet. In der Transformation der objektiven Naturerkenntnis in menschlich-teleologische Erkenntnis sah Goldscheid die zentrale Aufgabe der Sozialwissenschaft. Sie war für ihn „Teleologie als System“ (1902, S. 3), deren Ziel darin bestehen müsse, die Naturordnung allmählich zu einem anthropozentrischen System umzuwandeln und die objektive Naturwissenschaft zu einer subjektiven Naturwissenschaft zu machen, die menschlichen Zwecken dient. Daher haben Ethik und Sozialwissenschaft eine Synthese einzugehen, weil Wissenschaft letztlich immer Ziele außerhalb ihrer selbst verfolgen müsse, eine Trennung von *Sein* und *Sollen* deshalb auch nicht möglich sei. Eine „reine“ Wissenschaft im Sinne Webers, die sich auf ihre Objektivität und Wissenschaftlichkeit als Selbstzweck beschränkt, verkomme zur Magd der Herrschenden im Sinne der Legitimation und Aufrechterhaltung der bestehenden Gesellschaftsverhältnisse. „Die gefährlichste Schranke aller Entwicklung ist … der retrospektive Empirismus, der nur an das glauben will, was gewesen ist, nicht an das, was werden kann“ (1902, S. 362).

Historisch hatte Weber, soweit es um die Begründung der Soziologie als Fachwissenschaft im Rahmen der etablierten *Akademia* ging, zweifellos das Recht auf seiner Seite. Die Soziologie eroberte sich ihren Platz unter den akademischen Wissenschaften. Aber der Preis, den sie dafür zahlte, war hoch. Soziologie wurde zu einem Beruf im Sinne von Fachkompetenz, wie Weber es vorausgesehen hatte, orientiert an einem „reinen“, auf innerwissenschaftlichen Fortschritt ausgerichteten Selbstverständnis. Sie wurde zu einer akademischen Wissenschaft ohne unmittelbare Gestaltungsabsicht. Statt auf *gesellschaftlichen* Fortschritt wurde das Interesse der Soziologen auf *innerwissenschaftlichen* Fortschritt, mehr noch auf Erfolg und Anerkennung als spezialisierte, im Kreise der akademischen Wissenschaften angesehene Berufsgruppe gelenkt. *Peer reviewed publications* in sogenannten *A-Journals* gelten als wichtigste Währung im soziologischen Alltagsgeschäft, auch wenn sie höchstens von vier Fachkollegen zur Kenntnis genommen werden und in der Öffentlichkeit – zu Recht – niemanden interessieren. Soziologen beobachten die Gesellschaft üblicherweise aus dem geschützten Raum der Universität heraus, nur selten begreifen sie sich als Teil dessen, was sie beobachten, oder sind in der Lage, mit einem nicht-akademischen Publikum darüber zu sprechen. An die Stelle klarer Worte tritt, um sich nicht angreifbar zu machen, nur allzu oft eine Sprache der Verschleierung, die in der Öffentlichkeit Verwirrung und Ratlosigkeit hinterlässt (Masala 2017, S. 7). Um ihre „wissenschaftliche Distanz" zu wahren und nicht in politische und fachfremde Auseinandersetzungen hineingezogen zu werden, wandten sich die meisten Soziologen von der gesamtgesellschaftlichen Analyse ab und konstruierten „spezifische" Erkenntnisobjekte wie das „soziale Handeln", die „sozialen Tatsachen", die „Kollektivvorstellungen" etc., die es gleichzeitig auch ermöglichten, ihren Gegenstand, das Verhalten der Menschen in ihrer Vielzahl, empirisch zu erforschen (grundlegend: Mikl-Horke 2011). „Gesellschaft" wurde zu einem „rein sozialen" Begriff, der sich auf die Verhaltensmuster und Interaktionen zwischen den Individuen und Gruppen bezog. Wo man sich überhaupt noch mit politischen oder ökonomischen Aspekten befasste, „soziologisierte" oder „übergeneralisierte" man diese, indem man ihnen abstrakte Verhaltensmuster und Sozialstrukturen unterstellte (Adorno 1970). Diese Übergeneralisierung und Soziologisierung hatte zur Folge, dass über die Nützlichkeit wissenschaftlicher Erkenntnisse heute nicht mehr die Wissenschaft selbst befindet, sondern eine durch wechselnde politische Machtverhältnisse bestimmte staatliche Politik, die immer stärker durch Forderungen der Wirtschaft geprägt ist (Mikl-Horke, Fritz 2007, S. 208 ff.). Im Gegensatz zum soziologischen *Mainstream* hatte die „Kritische Theorie" der Frankfurter Schule zwar die Einheit von Sein und Sollen, von Theorie und Praxis weiterhin postuliert (Horkheimer 1988), gedacht war dabei aber in erster Linie an eine nur mittelbare Praxiswirkung im Sinne von Bewusstseinsbildung durch Theorie. Faktisch lief das gleichfalls auf eine Trennung von „abgehobener" akademischer Theorie und „distanzlos" intervenierender Praxis hinaus, die in gesellschaftliche Problemfelder unmittelbar eingreift und dort wirksam wird. Aus dieser insgesamt unbefriedigenden

Situation heraus sollte Dezennien später Michael Burawoy (2015) seine Vier-Felder-Matrix entwickeln, in der er die moderne Soziologie nach vier Tätigkeitsbereichen untergliederte, denen allesamt ihre ureigene Existenzberechtigung mit entsprechenden Kompetenzen zugesprochen wurde: der „professionellen“ und „angewandten“ ebenso wie der „kritischen“ und „öffentlichen Soziologie“.

1.3 Von der „professionellen“ zur „öffentlichen Soziologie“

Viele Soziologen beklagen heute zunehmend ihren mangelnden Einfluss auf neuere gesellschaftliche Entwicklungen und die Bedeutungslosigkeit soziologischer Erkenntnisse für die Öffentlichkeit (exemplarisch: Nowotny 1975; Hitzler 2012; Treibel 2012; Volkmann 2015). Mehrheitlich halten sie aber nach wie vor an ihrem „reinen“, auf wissenschaftsinternen Fortschritt gerichteten Verständnis fest, durch das die tradierten, in der abendländischen Philosophie wurzelnden Dichotomien wie die zwischen Praxis und Theorie, Gefühl und Rationalität, Körper und Geist immer wieder reifiziert werden (Vogd 2010, S. 310 f.). Wenn man die Kontroverse zwischen Goldscheid und Weber auf die heutige Zeit überträgt, so lässt sie sich sehr präzise in den Worten Latours reformulieren als Gegensatz zwischen akademischer *Wissenschaft* (Weber zuzurechnen) und transdisziplinärer *Forschung* (Goldscheid zuzurechnen): Die heutige Zeit sei „charakterisiert durch den Wechsel von einer Kultur der ‚Wissenschaft‘ zu einer Kultur der ‚Forschung‘. Wissenschaft ist Gewissheit, Forschung ist Ungewissheit. Wissenschaft soll kalt, rein (‚straight‘) und distanziert sein. Forschung ist warm, involviert und riskant. Wissenschaft setzt den spontanen Einfällen (‚vagaries‘) menschlicher Dispute ein Ende. Forschung provoziert Kontroversen. Wissenschaft produziert Objektivität, indem sie so weit wie möglich den Fängen der Ideologie, der Leidenschaften und Emotionen zu entkommen trachtet. Forschung benötigt all das, um sich den Objekten ihrer Begierde nicht zu entfremden“ (1998, S. 208). Dementsprechend sei auch das Wissen, das über den Fortgang der Gesellschaft oder, wem das lieber ist, der menschlichen Kultur entscheidet, „socially distributed“ und nicht mehr auf die Universitäten beschränkt. Wir sind, so Latour, von der *Wissenschaft* zur *Forschung* übergegangen, von *Objekten* zu *Projekten*, von der *Umsetzung* zum *Experimentieren*. In der Sichtweise der überkommenen akademischen Wissenschaft „folgt das Handeln auf das Wissen, ohne ihm viel hinzuzufügen: Wissen wird angewandt und verwirklicht. Die Experten haben beraten. Sie haben sich auf den besten Weg geeinigt. Handeln ist nicht viel mehr als die Umsetzung des Wissens in der wirklichen Welt draußen." Diese Sichtweise entspricht einem Wissenschaftsmodell, das der gegenwärtigen Situation immer weniger gerecht wird. Heute besteht Handeln nicht mehr „in der Verwirklichung oder Umsetzung eines Planes, sondern in der Erkundung unbeabsichtigter Folgen einer provisorischen und revidierbaren Version eines Projekts." In dieser neuen Konstellation wandelt sich die Rolle des traditionellen eng spezialisierten Fachexperten. An seiner Stelle gewinnt an Bedeutung der fachfremde Mitforscher. Mehr noch: „Als Konsumenten, Aktivisten oder Bürger sind wir nun alle Mitforscher. Selbstverständlich gibt es Unterschiede, doch nicht den Unterschied zwischen den Wissensproduzenten und denen, die von deren Anwendungen bombardiert werden. Wissenschaftspolitik, die ein spezialisierter bürokratischer Bereich war, der einige hundert Leute interessierte, ist nun zu einem wesentlichen Recht der neuen Bürgerschaft geworden. Die Souveränität über Forschungsprogramme ist zu wichtig, um sie den Spezialisten zu überlassen" (ebd.). Es scheint, dass unter diesen Umständen Goldscheid am Ende Recht behalten soll.

1.4 Transhumane Kommunikation, Verteilte Künstliche Intelligenz, technologische Singularität. Auf dem Wege zur transhumanen Gesellschaft?

Ein weiterer Topos bedarf, bevor er der soziologischen Analyse unterzogen wird, der vorbereitenden Erläuterung, ein Problembereich, der heute zunehmend in den Stichworten „Transhumanismus" (Dust et al. 2014), „Verteilte Künstliche Intelligenz" (Hansmann et al. 2003) und „Singularität" (Kurzweil 2013) diskutiert wird. Wie auch immer der all diesen Begriffen zugrundeliegende Sachverhalt im Einzelnen bezeichnet wird, sie alle thematisieren die Erfahrung, dass sich die *biologische* und die *kulturelle* Evolution des Menschen immer weiter auseinanderentwickeln. Die kulturelle Sphäre hat seit dem 19. Jahrhundert eine Dynamik entfaltet, der die biologische Grundausstattung des Menschen kaum noch zu entsprechen vermag (Harari 2015, S. 499).

1.4.1 Gemeinschaft und Gesellschaft

Ferdinand Tönnies, einer der Gründungsväter der Soziologie als Fachwissenschaft, hatte zu Beginn des 20. Jahrhunderts zwischenmenschliche Beziehungsgeflechte abstrahierend, ganz im Sinne Max Webers, in zwei Normal- bzw. Idealtypen zusammengefasst, die er als „Gemeinschaft" und „Gesellschaft“ (1887) bezeichnete. Während mit dem Begriff der Gemeinschaft die intimen zwischenmenschlichen Beziehungen erfasst werden, ist alles Äußere, Fremde, Unpersönliche der Gesellschaft zuzurechnen, wo „ein jeder für sich allein“ ist und sich „im Zustande der Spannung“ gegen alle übrigen Menschen befindet. In der Gemeinschaft dominieren der Instinkt, das Gefühl, organische Beziehungen, in der Gesellschaft der berechnende Verstand, die Abstraktion, mechanische Beziehungen. Die Ursprünge dessen, was er als „Gemeinschaft“ bezeichnet hat, liegen für Tönnies in der „Gemeinschaft des Blutes“, in den Verhältnissen „zwischen einer Mutter und ihrem Kinde“, „zwischen Mann und Weib als Gatten“, „zwischen den als Geschwister sich Kennenden“. Die kulturelle Überformung der Sozialbeziehungen in diesem zwischenmenschlichen Beziehungsgeflecht ist noch sehr stark durch biologische Voraussetzungen geprägt. Sie entwickeln sich weiter in der „Gemeinschaft des Ortes“, der Nachbarschaft, und in der „Gemeinschaft des Geistes“, der Freundschaft. Anders verhält es sich mit der Sozialform, die Tönnies unter dem Begriff der „Gesellschaft“ zusammenfasst. Sie zeichnet sich durch zweckgerichtete Beziehungen der Menschen zueinander aus, die vorwiegend durch Geld, Vertrag und Logik, also auf unpersönliche Weise geregelt werden. Im Gedankenkonstrukt des „Homo oeconomicus“ hat der Neoliberalismus sie zu überhistorischen, zu anthropologischen Grundeigenschaften des Menschen schlechthin stilisiert (Becker 1982).

Nach Tönnies entwickelt sich das menschliche Zusammenleben im historischen Ablauf von gemeinschaftlichen zu gesellschaftlichen Formen. Heute erfolgt die Vergesellschaftung zwischenmenschlicher Lebens- und Arbeitsbereiche zunehmend auf der Basis technologischer Artefakte, vorangetrieben vor allem durch die modernen Informations- und Kommunikationstechnologien. Biologische Voraussetzungen spielen für den Bestand der Sozialbeziehungen nicht nur in den Theorien, die diesen Sachverhalt reflektieren (Odzuck 2016), sondern auch in der Realität selbst eine immer geringere Rolle. Für die Soziologie hat Durkheim (1895) mit seinem Diktum, Soziales nur durch Soziales zu erklären, schon sehr früh die erkenntnistheoretisch folgenreiche Konsequenz gezogen, „Gesellschaft“ ausschließlich aus sich selbst heraus zu erklären, aus ihrer Struktur und aus ihrer Funktion. Eine solche Wissenschaft, die ihre entschiedenste Fortentwicklung und Ausprägung durch Niklas Luhmann empfangen hat, bestimmt den sozialen Raum, den sie zu erklären beansprucht, in dreifacher Abgrenzung: (1) zur Natur, (2) zum Individuum und (3) zum gesunden Menschenverstand. Das „Soziale“ der Soziologie erhält seinen Eigenwert dadurch, dass es die natürlichen ebenso wie die individuellen Eigenräume, also das eigentliche und ursprüngliche Substrat der Gesellschaft, transzendiert und die Sinnbezüge ihrer symbolischen Vermitteltheit sich einfach-einsichtiger Vernunft entziehen. Ihre Entzifferung bleibt dem Soziologen, dem unbeteiligten Beobachter, vorbehalten. Daraus, aus dieser Konstellation, leitet eine solchermaßen verstandene Soziologie ihre Daseinsberechtigung als akademische Fachdisziplin ab. Die Systemtheorie, wie sie Luhmann entwickelt hat (1998), ist im Prinzip ein theoretischer Reflex auf die Sachzwangslogik und Komplexitätswahrnehmung, von der die Gegenwartsgesellschaft zunehmend beherrscht wird. In ihr drücken sich in verkehrter Form nicht nur Angst und Entfremdung, sondern auch die Geschichtslosigkeit eines Zustandes aus, in dem die Menschen sich bloß noch als Objekte undurchsichtiger Prozesse erfahren und zur kontinuierlichen Zeiterfahrung, die viel mit körperlicher Befindlichkeit zu tun hat, immer weniger fähig sind.

1.4.2 Das Unbehagen in der Kultur

Sigmund Freund hat in seinen späten „soziologischen" Schriften (1927, 1930) das sich daraus ergebende „Unbehagen" aus den Versagungen abgeleitet, welche eine unter den Sachzwängen von Ökonomie, Technologie und blinder Anpassung stehende Gesellschaftskultur den davon betroffenen Menschen auferlegt. Die Kultur bzw. die Zivilisation, was für ihn ein und dasselbe war, umfasst zwei Seiten: „einerseits all das Wissen und Können, das die Menschen erworben haben, um die Kräfte der Natur zu beherrschen und ihr Güter zur Befriedigung der menschlichen Bedürfnisse abzugewinnen, andererseits alle die Einrichtungen, die notwendig sind, um die Beziehungen der Menschen zueinander, und besonders die Verteilung der erreichbaren Güter zu regeln" (2000a, S. 140). Schwierigkeiten, die sich aus Zumutungen der Zivilisation bzw. Kultur für die Menschen ergeben, sieht er nicht so sehr als eine Folgeerscheinung des Wesens von Kultur schlechthin, sondern durch die Unvollkommenheiten der Kulturformen bedingt, die bis jetzt entwickelt worden sind. „Während die Menschheit in der Beherrschung der Natur ständige Fortschritte gemacht hat und noch größere erwarten darf, ist ein ähnlicher Fortschritt in der Regelung der menschlichen Angelegenheiten nicht sicher festzustellen, und wahrscheinlich zu jeder Zeit, wie auch jetzt wieder, haben sich viele Menschen gefragt, ob denn dieses Stück des Kulturerwerbs überhaupt der Verteidigung wert ist. Man sollte meinen, es müsste eine Neuregelung der menschlichen Beziehungen möglich sein, welche die Quellen der Unzufriedenheit mit der Kultur versagen macht, indem sie auf den Zwang und die Triebunterdrückung verzichtet, so dass die Menschen sich ungestört durch inneren Zwist der Erwerbung von Gütern und dem Genuss derselben hingeben könnten“ (2000a, S. 140 f.). Das Problem besteht für Freud darin, dass der Mensch durch Intelligenz allein nicht zu lenken sei, weil sein Verhalten wesentlich durch Leidenschaften und Triebansprüche beeinflusst ist (ebd., S. 179). Er „ist ein Wesen von schwacher Intelligenz, das von seinen Triebwünschen beherrscht wird“ (ebd., S. 182). Freud benennt drei Ursachen, die einem „guten Leben“ des Menschen entgegenwirken: „die Übermacht der Natur, die Hinfälligkeit unseres eigenen Körpers und die Unzulänglichkeit der Einrichtungen, welche die Beziehungen der Menschen zueinander in Familie, Staat und Gesellschaft regeln. In betreff der beiden ersten kann unser Urteil nicht lange schwanken; es zwingt uns zur Anerkennung dieser Leidensquellen und zur Ergebung ins Unvermeidliche. Wir werden die Natur nie vollkommen beherrschen, unser Organismus, selbst ein Stück dieser Natur, wird immer ein vergängliches, in Anpassung und Leistung beschränktes Gebilde bleiben. Von dieser Erkenntnis geht keine lähmende Wirkung aus; im Gegenteil, sie weist unserer Tätigkeit die Richtung. Können wir nicht alles Leiden aufheben, so doch manches, und anderes lindern, mehrtausendjährige Erfahrung hat uns davon überzeugt. Anders verhalten wir uns zur dritten, zur sozialen Leidensquelle. Diese wollen wir überhaupt nicht gelten lassen, können nicht einsehen, warum die von uns selbst geschaffenen Einrichtungen nicht vielmehr Schutz und Wohltat für uns alle sein sollten. Allerdings, wenn wir bedenken, wie schlecht uns gerade dieses Stück der Leidverhütung gelungen ist, erwacht der Verdacht, es könnte auch hier ein Stück der unbesiegbaren Natur dahinterstecken, diesmal unserer eigenen psychischen Beschaffenheit“ (2000b, S. 217). Was Freud hier thematisiert, ist die Grenzen setzende biologische Körperlichkeit des Menschen und, im Kontrast dazu, seine durch Geist vermittelten Artefakte, die sich eben nicht nur überirdisch in religiösen „Illusionen“, sondern auch ganz handfest in irdischen Sozialkonstrukten äußern. Dieses Implikationsverhältnis von kulturell überformter physischer *Biologie* und der zur Realität gewordenen metaphysischen Kopfgeburt dessen, was gemeinhin als *Gesellschaft* bezeichnet wird, steht als handlungspraktisches Gestaltungsprojekt und nicht länger mehr nur als unverbindliches Glasperlenspiel akademischer Kontemplation auf der Tagesordnung.

1.4.3 *Körper und Geist*

In einer gegen Metaphysik und Geistphilosophie gerichteten Schrift hat sich Max Horkheimer zum Verhältnis von Denken und Gedachtem („Geist") geäußert. Für ihn ist nicht nur die Identität von Denken und Sein nichts weiter als eine „philosophische Lehrmeinung", sondern auch die in ihr unterstellte Einheit jedes ihrer Momente, vor allem die „des" Denkens. „Das *Denken* der verschiedenen Menschen mag übereinstimmen: deswegen darf es doch nicht als ein übergeordneter, einheitlicher Prozess angesehen werden, wie es in der idealistischen Philosophie geschieht. Es gibt nicht ‚das' Denken schlechthin, sondern immer nur das bestimmte Denken eines bestimmten Menschen, das gewiss von der gesamtgesellschaftlichen Situation mitbestimmt ist. Die Forschung erlaubt keine endgültige Entscheidung zwischen einer individuellen oder ganzheitlichen Dynamik des Geschehens, wie man sie von einer metaphysisch gerichteten Philosophie wohl fordern mag, sondern es bedarf zur Bestimmung der jeweils wirksamen übergreifenden und der relativ individuellen Faktoren konkreter Analysen. Auch von dem sich selbst denkenden *Sein* hat es keinen Sinn zu sprechen. Das Sein in einer solchen Bedeutung ist keine irgendwie existierende Einheit, sondern der bloße Hinweis auf eine Vielheit von Seiendem" (1932, S. 191 f.). Das Zitat enthält drei bedenkenswerte Aspekte: (1) Denken ist immer konkret und körpergebunden. (2) Es ist zugleich immer auch sozial mitbestimmt, so dass der Eindruck entstehen kann „*Es* denkt in mir" (Nietzsche). Aus beidem ergibt sich (3) die heute so dringende Forschungsfrage, wie zwischen der biologisch konkreten, individuellen („Denken") und der sozial allgemeinen, übergreifenden („Geist") Dynamik zu vermitteln sei, erkenntnistheoretisch und handlungspraktisch.

Der „Geist", der ursprünglich allein durch menschliche Gehirne produziert wurde, nimmt heute, implementiert auf intelligenten Computersystemen, erkennbar autonome Gestalt an – aber auch er ist nicht körperlos. Abgetrennt von der Biologie des Menschen, manifestiert er sich nun in technologischen Artefakten (Latour 1991). Letztlich ist es immer ein Körper, durch den sich etwas denkt, sei es ein menschlicher oder ein maschineller. Es entwickeln sich „intelligente" Maschinensysteme, die einer Eigendynamik folgen und ohne menschliche Eingriffe „funktionieren", ja, zusehends sogar besser und fehlerfreier als menschliche Akteure. Die „Gesellschaft" als Ganzes ist auf dem Wege zu einem hybriden „Superorganismus", bestehend aus ihrem ursprünglichen Substrat, den Menschen, und einer davon weitgehend unabhängigen, autonom agierenden

Technologie (Berger und Getzinger 2009), in ihrem Funktionsgefüge vergleichbar dem „Superorganismus" eines Ameisenstaates, der aus zahlreichen Einzelsubjekten besteht, die ihrer individuellen Tätigkeit nachgehen, und einem übergeordneten Netzwerk, zusammengesetzt aus diesen Einzelsubjekten, das einer Eigendynamik folgt und, metaphorisch gesprochen, klüger ist als das einzelne Individuum darin. Einfache Verhaltensregeln auf der Individualebene ergeben auf der Gesamtebene, ohne dass die Einzelindividuen sich dessen bewusst sind, *emergente* komplexe Verhaltensmuster.

1.4.4 Transhumane Intelligenz

Die Idee, dass ein „Organismus" wie der Ameisenstaat einen gemeinsamen kollektiven Verstand besitzt, ohne dass die einzelne Ameise davon weiß, ist nicht so verrückt, wie es auf den ersten Blick erscheinen mag. Ähnlich wie der Mensch, der aus einer Vielzahl einzelner Organe und Organismen besteht (Schwägerl 2014, S. 207), die zwar autonom agieren, aber ohne das Ganze nicht überlebensfähig sind, können auch die einzelnen Ameisen nur im Ganzen ihres „Superorganismus" überleben. Ameisenstaaten sind ständig wechselnden Einflüssen unterworfen, auf die sie reagieren müssen. Das Interessante daran ist, dass diese „Superorganismen" heterarchisch strukturiert sind. Die Zuweisung der Aktivitäten, die auf die ständigen Herausforderungen der Umwelt reagieren, erfolgt ohne zentrale bzw. hierarchische Anweisung und Kontrolle. Zwar verfügen Ameisenstaaten über eine „Königin", aber sie ist keine „Autoritätsperson" wie in menschlichen Gesellschaften. Man lasse sich durch sprachliche Äquivokationen nicht täuschen. Die „Königin" legt Eier, aber sie „regiert" nicht. Sie ist von den übrigen Ameisen völlig abgeschirmt und könnte auf die außerhalb des Baus befindlichen in keinerlei Weise direkt einwirken. In den USA, um ein Beispiel zu nennen, ist der Handel mit Ameisenstaaten erlaubt. Verboten aber ist es, „Königinnen" mit zu verkaufen. Trotzdem funktionieren diese Staaten auf harmonische Art und Weise auch ohne „Königin". Die einzelnen Individuen vollbringen in ihrer Gesamtheit „kognitive Leistungen", die weit über die Fähigkeit des Einzelindividuums hinausgehen, obwohl es keine oberste hierarchische Instanz, wie es für viele Bereiche der menschlichen Gesellschaft typisch ist, gibt. Die „Intelligenz" des Ameisenstaates ist *kollektiv* über die Gesamtheit des „Superorganismus" verteilt.

Wenn man unter „Intelligenz" ganz allgemein die Fähigkeit versteht, Probleme zu lösen, dann handelt es sich bei *kollektiver Intelligenz* um eine kognitive Äußerungsform, die nicht mehr an die subjektive Biologie einzelner Menschen gebunden ist, sondern in objektivierter Form existiert, im Falle menschlicher Gesellschaften etwa implementiert in *pervasiven* Computersystemen, ein Phänomen das gegenwärtig unter verschiedenen Stichworten behandelt wird: dem der *transhumanen Kommunikation,* der *verteilten Künstlichen Intelligenz (VKL)* und der *technologischen Singularität.* Unter „technologischer Singularität" (Kurzweil 2013) wird ein sozialhistorischer Epochenbruch verstanden, der dadurch charakterisiert ist, dass intelligente Computersysteme sich selbst reproduzieren und weiterentwickeln können („seed artificial intelligence"). Aufgrund der Unvorhersehbarkeiten, die mit der Beschleunigung der *technologischen Evolution* einhergehen, sind gehaltvolle Prognosen für Zeiträume, die hinter diesem Epochenbruch liegen, nicht mehr möglich. Die *technologische Evolution* gilt als die außerordentlich *dynamisierte* Fortsetzung der bislang über „Meme" (Aunger 2000; Blackmore 2000) vermittelten *kulturellen Evolution,* der gegenüber bereits die *biologische Evolution* nur in einer äußerst langsamen, nahezu statischen Geschwindigkeit voranschritt. Unter dem Begriff der „kollektiven Intelligenz" oder „Schwarmintelligenz" werden intelligente Verhaltensweisen eines „Superorganismus", etwa eines Ameisenstaates, zusammengefasst, die durch koordinierte Kommunikations- und Handlungsweisen einer Vielzahl daran beteiligter Individuen zustande kommen, ohne dass diese ein Bewusstsein davon haben müssen. Es handelt sich hierbei um ein *emergentes*, oft unbeabsichtigt herbei geführtes Phänomen (Miller 2010). Ein vergleichbares Phänomen lässt sich absichtsvoll erzeugen durch Implementation künstlicher Intelligenz auf miteinander vernetzte („pervasive", „ubiquitous") Computersysteme, die sich dann durchaus autonom weiterentwickeln können. In diesem Fall spricht man von „Verteilter Künstlicher Intelligenz" (Hansmann et al. 2003). In diesem Zusammenhang wird dann unter einer „transhumanen Kommunikation" der Informationsaustausch zwischen intelligenten Computersystemen unter Ausschluss des Menschen verstanden (Dust et al. 2014). Der Begriff ist insofern etwas irreführend, als es sich bei Computeraktivitäten um ausgelagerte kognitive Kompetenzen, also um Humankonstrukte in objektivierter Form handelt. Sie existieren zwar unabhängig vom biologischen Substrat des je individuellen menschlichen Subjekts und können sich autonom weiterentwickeln, aber sie sind gleichwohl Derivate menschlicher Seinsformen. Eigentlich wäre deshalb in einem präziseren Sinn von einer transbiologischen bzw. transorganischen statt von einer transhumanen Kommunikation zu sprechen.

1.5 Soziologische Reaktionsformen

Üblicherweise gibt es zwei spezifische Reaktionen von Geistes- und Sozialwissenschaftlern auf die Herausforderungen der Natur- und Technikwissenschaften: entweder sie nicht zur Kenntnis zu nehmen oder sie mit einer gewissen Überheblichkeit, die ihre Begründung in der trügerischen Sicherheit findet, die die eigene Fachdisziplin gewährt, als irrelevant oder, sofern sie wissenschaftspublizistisch aufbereitet sind, als „Vergröberungen am Rande des Bedenklichen" (Strasser 2014, S. 129) zurückzuweisen, denn man dürfe zum Beispiel „Neuropublizisten, die aus fragwürdigen Forschungsergebnissen noch fragwürdigere Konsequenzen ... ableiten", nicht ungestraft davonkommen lassen (Baecker 2014, S. 39). Verkannt wird dabei nur allzu oft die Bedeutung, die Wissenschaftsjournale wie „Spektrum der Wissenschaft" oder „New Scientist" heute für eine zeitgemäße Allgemeinbildung haben und sich in Schlagworten wie „Science goes public" oder „Public Understanding of Science" äußern. Niemand kann von einem Sozialwissenschaftler erwarten, dass er sich unvermittelt und unvorbereitet etwa mit Texten neurowissenschaftlicher Fachjournale auseinandersetzt. Ihm fehlen sowohl Kompetenz, Motivation und Kenntnis des aktuell relevanten Diskussionsstandes (Baecker 2014, S. 30). Erst über wissenschaftsjournalistisch aufbereitete Texte findet er in der Regel Zugang zu Problembereichen, die ihn als Sozialwissenschaftler tangieren könnten, um sich dann gezielt, je nach Erkenntnisinteresse und -stand, in die Fachliteratur einzuarbeiten. Dirk Baecker zum Beispiel hätte seinen brillanten Essay zur „Neurosoziologie" (2014) wohl kaum geschrieben, wenn er die Texte der von ihm als „Neuropublizisten" etikettierten Autoren nicht als *soziologische* Herausforderung empfunden hätte. Natürlich gibt es, wie in jeder Textgattung, Qualitätsunterschiede. Das gilt auch für sozialwissenschaftliche Fachpublikationen, über die man sich nach der Lektüre manchmal ärgert, weil sie offensichtlich nur dazu dienen, die Publikationsliste des Autors zu verlängern.

2. Von der Kognitionspsychologie zur Neurosoziologie

Bis weit in die 90er Jahre hinein stand im Zentrum geistes- und sozialwissenschaftlichen Problembewusstseins die Frage, ob der Computer denken könne wie ein Mensch (besorgt und verneinend zum Beispiel: Taube 1967; Dreyfus 1985; Searle 1985; Dreyfus, Dreyfus 1987; euphorisch und bejahend etwa: Moravec 1990; differenzierend und abwartend unter anderem: Penrose 1991; D'Avis 1994, 1999). In dieser relativ einseitigen

Problemfokussierung drückten sich, soweit es die Geistes- und Sozialwissenschaften betraf, vor allem Ängste und Kränkungen aus, die ihre Ursache in einer weitgehend unverstandenen und in ihren bisherigen Möglichkeiten völlig überschätzten Technologie hatten, eine Technologie, die offensichtlich das als humanistisch bezeichnete Selbstverständnis der eigenen Fachdisziplin zu entwerten drohte (Simondon 2012). Tatsächlich bezeichneten Fragen dieses Typs weder ein relevantes Problem für die weitere Entwicklung der thematisierten Technologie, noch leisteten sie einen nennenswerten Beitrag zur Lösung der real anstehenden Probleme, weil ihre Beantwortung nicht abstrakt vorab, sondern nur empirisch möglich ist. Die Ängste der Geistes- und Sozialwissenschaften, die sich in solchen Fragen artikulieren, auch heute noch, beruhen, zum Teil wenigstens, auf Unkenntnis und Missverständnissen. Sie sind einer *déformation professionelle* geschuldet, die ihre letztendliche Ursache im Dualismus abendländischen Denkens hat (hierzu, bezogen auf die Soziologie: Pfütze 1991).

Weil das menschliche Gehirn, sozusagen die *Hardware* intelligenten Kommunizierens, sich seit etwa 100.000 Jahren nicht mehr weiterentwickelt hat, steht zu befürchten, dass es der von ihm selbst in Gang gesetzten kulturellen Entwicklungsdynamik nicht mehr gewachsen ist. Offensichtlich sind seine informationsverarbeitenden Fähigkeiten an eine unüberwindbare, physikalisch bedingte Grenze evolutionärer Möglichkeiten gestoßen. Seine anatomischen bzw. physiologischen Eigenschaften scheinen ausgereift. Verbesserungen an einer Stelle würden zu Verschlechterungen an anderer Stelle führen. Eine denkbare Leistungssteigerung durch Vergrößerung des Gehirns würde zu viel Energie verbrauchen und die neuronalen Prozesse verlangsamen, da größere Strecken zu überwinden wären. Auch würden die Verbindungen zwischen den Nervenzellen übermäßig viel Platz beanspruchen. Zwar ließen sich diese Nachteile theoretisch durch die Evolution kleinerer Nervenzellen und dünnerer Axone (langer Fortsatz eines Neurons zum Versenden von Signalen, der sich an seinem Ende verzweigt und über Synapsen mit anderen Nervenzellen Kontakt aufnimmt) ausgleichen, doch dem stehen dieselben thermodynamischen Gesetze entgegen, die auch die Verkleinerung der Schaltelemente in Computerchips begrenzen. Unterhalb einer bestimmten Größe nimmt das Signalrauschen überhand und verhindert eine effektive Informationsübermittlung. Möglicherweise lässt sich dieses Problem beim Computer lösen, indem mit Hilfe anderer Technologien Computerchips von Grund auf neu entwickelt werden. Doch die biologische Evolution kann im Gegensatz dazu nicht einfach von vorn anfangen. Sie muss mit den seit einer halben Milliarde von Jahren existierenden Prinzipien und Bauelementen von Nervenzellen weiterarbeiten (Fox 2013, S. 30).

Ein weiteres Problem tritt hinzu. Vernunft, die durch die Denktätigkeit des Menschen erzeugt wird, ist dadurch beeinflusst, dass seine kognitiven Operationen, durch körperliche, das heißt, durch emotionale und physiologische Befindlichkeiten beeinträchtigt, zu suboptimalen Ergebnissen führen können. Nur wenn davon abstrahiert werden könnte, was allenfalls einer anorganischen Maschine, keinesfalls aber einem Menschen möglich wäre, ließen sich kognitiv optimale Ergebnisse erzielen. Vorstellbar wären etwa untereinander vernetzte Computersysteme, wie sie bislang eher in *Science-Fiction*-Romanen vorkommen, Formen *Verteilter Künstlicher Intelligenz* (VKL), die nach dem Vorbild staatenbildender Insekten wie Ameisen, Bienen oder Termiten modelliert werden. Ameisen und andere „soziale" Insekten schaffen durch Kooperation einen „Superorganismus", der „klüger" ist als die einzelnen Individuen, aus denen er sich zusammensetzt. Unter diesen Umständen wäre es geradezu verhängnisvoll, Computer zu entwerfen, die *wie* Menschen denken. Es müsste vielmehr im Gegenteil darum gehen, Denkprozesse auf Maschinen zu implementieren, die von jeglicher Biologie, durch die das Gehirn in seinen Fähigkeiten weitgehend geprägt ist, losgelöst sind, also von Motorik und Emotionalität wie Altruismus und Aggression. Die Frage müsste deshalb sinnvollerweise lauten, ob und inwieweit es möglich ist, miteinander kommunizierende Computersysteme zu installieren, denen die Steuerung und Integration gesellschaftlicher Subsysteme zu einem organischen Ganzen besser gelingt als die durch menschliche Akteure sozialhistorisch so oft versuchte, so oft misslungene. Und tatsächlich hat sich die Erforschung künstlicher Intelligenz in den letzten Jahren umorientiert, weg von *kognitionspsychologischen* Paradigmen, ausgerichtet an der Struktur und Funktionsweise des Einzelhirns, hin zu *neurosoziologischen* Fragestellungen, in denen es nicht mehr um die *intra*psychischen, sondern um die *inter*psychischen, um „die neuronalen Grundlagen von zwischenmenschlichen Beziehungen und Bindungen", insbesondere ihre Funktion für „den Zusammenhalt von sozialen Gemeinschaften und größeren Gruppierungen" geht (Changeux 2004, S. 55). Diese Überlegung ist so neu nicht. Bereits Tarde, dem Durkheim Psychologismus und Individualismus vorwarf, obwohl es ihm *als Soziologen* um *inter*psychische und nicht um *intra*psychische Fragestellungen ging, hatte argumentiert, „dass Materie und Geist", „zum Beispiel die Schwingung einer Gehirnwelle und der dazu gehörige Gemütszustand" eins seien (2009a, S. 31), „dass jede psychische Aktivität an das Funktionieren eines körperlichen Apparates gebunden“ sei. Und zugleich wies er darauf hin, „dass kein Individuum in einer Gesellschaft sozial handeln kann – oder überhaupt handeln kann – ohne die Mitarbeit einer großen Anzahl anderer Individuen, von deren Existenz es zumeist nicht einmal etwas ahnt“ (ebd., S. 60), „dass unser Bewusstsein, die leitenden Monaden und Hauptelemente unseres Gehirns zeit unseres Lebens oder Denkens auf unverzichtbare Helfer zurückgreifen: unzählige Bewusstseine, deren Veränderungen uns rein äußerlich erscheinen mögen, die für diese jedoch innere Zustände sind“ (ebd., S. 35). „Sie allein bringen Gesellschaft hervor“ (ebd., S. 39). Für Tarde, und darin bestand seine Gegnerschaft zu Durkheim, war evident, dass eine Vorstellung von der Gesellschaft als etwas außerhalb der Individuen (der „Monaden“) Liegendem oder der Individuen als etwas jenseits der Gesellschaft Existierendem die soziologische Theoriebildung letzten Endes erschweren statt erleichtern würde. „Ebenso wie wir Franzosen oder Engländer sind, sind wir auch Säugetiere, in deren Blut nicht nur die Anlagen sozialer Instinkte liegen, welche uns prädisponieren, es unseresgleichen nachzutun, an das zu glauben, was sie glauben, und zu wollen, was sie wollen, sondern auch Fermente nichtsozialer Instinkte, unter denen sich auch antisoziale befinden. Wenn uns die Gesellschaft wirklich vollständig geschaffen hätte, so hätte sie uns sicherlich ausschließlich sozial gemacht. Folglich sind es die Tiefen des organischen Lebens (und wie wir glauben sogar noch tiefere Tiefen), welche in unseren Gemeinwesen diesen Lavastrom der Uneinigkeit, des Hasses und der Lust hervorbringen, der sie manchmal förmlich überschwemmt“ (ebd., S. 81). Weil es in dem Maße, wie die Welt im Verlauf der kulturellen Evolution rational erkannt und durchschaut wird, sich für den Einzelnen immer schwieriger gestaltet, sie auch zu begreifen, entwickeln die Menschen zwei Strategien, damit umzugehen. Zum einen standardisieren und vereinfachen sie „das Funktionieren ihrer Verwaltungen, ihrer Gesetze, ihres Katechismus, selbst die Struktur ihrer Sprachen“, und zwar „in dem Maße, wie die Mitgliederzahl der gesellschaftlichen Gruppen wächst und sich die Gehirne mit neuen Ideen und Gefühlen anreichern“ (ebd., S. 68). Zum anderen gehen sie dazu über, Probleme des Begreifens an die Objekte ihrer Erkenntnis zu delegieren, was dazu führt, dass schließlich Computersysteme beginnen, Probleme zu bearbeiten, deren Lösung den Kompetenzbereich einzelner Menschen („Monaden“) bei weitem überfordert. Kein Informatiker ist heute mehr in der Lage, alle Einzelheiten und alle Interaktionen nachzuvollziehen, geschweige denn zu verstehen, die in größeren Computerprogrammen stattfinden. Das ist schließlich der Grund, warum er einen Computer braucht (Weizenbaum 1982, S. 309).

„Wir benötigen die Soziologie“, heißt es bei Baecker (2014, S. 41), „weil wir es nicht mit *einem* Gehirn, sondern mit *vielen* Gehirnen *in Gesellschaft* zu tun haben. Und wir benötigen eine Theorie, weil wir es zwar mit vielen Gehirnen zu tun haben, jedes einzelne Gehirn jedoch operational geschlossen operiert.“ Es gehe darum, das Gehirn im Singular aus dem Plural der Gehirne heraus zu denken. „Wir können das Gehirn nur denken, wenn wir Rücksichten auf Biologie und Physiologie, Psychologie und Psychiatrie, Medizin und Therapie, ja sogar Physik und Geologie, Philologie, Hermeneutik und Bildungswissenschaften mitführen“ (ebd., S. 40). Im Zentrum aktueller Forschungen zur VKL stehen folgerichtig die Analyse und der Entwurf intelligenter Umwelten („ambient intelligence“), stehen *neurosoziologische* Phänomene künstlich erzeugter Intelligenzleistungen. Damit ergeben sich nicht nur völlig veränderte Fragestellungen, sondern sie sind auch von hoher gesellschaftspolitischer Relevanz. Denkbar wäre zum Beispiel, dass ab 2030 autonom fahrende Autos die private Mobilität der Bürger nicht nur sicherstellen, sondern dass es sogar verboten sein wird, ein Auto auf öffentlichen Straßen selbst zu lenken, so dass nicht nur der Erwerb eines Führerscheins sich in Zukunft erübrigt, sondern auch irrationale Momente, die mit dem Autofahren als Überbrückung von Raumdistanzen eigentlich nichts zu tun haben wie Geltungssucht, Aggressionsabfuhr oder Nervenkitzel, der Vergangenheit angehören (Herger 2017, S. 36). Nötig wäre deshalb eine Verknüpfung beider Sichtweisen, der soziologischen und der neurowissenschaftlichen (Vogd 2010). Soziologisch gesehen, verändert die alles durchdringende Vernetzung ganz unterschiedlicher Lebensbereiche mit Hilfe von Mikroprozessoren und Sensoren nicht nur die räumliche Binnenstruktur menschlicher Lebenswelten, sondern die Zeit- und Wahrnehmungsstruktur der Menschen selbst. Anders als beim *Personal Computer* (PC), der einem bestimmten Nutzer zugeordnet ist, wird durch eine *pervasive* bzw. *ubiquitäre* Computertechnik („pervasive computing“, ubiquitous computing“) jede Person in ein Netz von Computern eingebettet, die über ein mobiles *Ad-hoc*-Geflecht miteinander kommunizieren (Hansmann et al. 2003). Deshalb dürfe, so wird aus Sicht der Neurowissenschaftler formuliert, „die Forschung (…) nicht beim Gehirn stehen bleiben. Sie muss überleiten zur Funktionsweise der Gesellschaft“ (Changeux 2004, S. 55).

3. Sozialbiologische Grenzen des menschlichen Gehirns

Organe und Verhalten eines jeden Lebewesens dienen seiner Auseinandersetzung mit der Umwelt. Eine besondere Rolle kommt beim Menschen dabei dem Gehirn zu als einem Organ zur Verarbeitung von Reizen und zur Steuerung physiologischer und psychologischer Vorgänge, vor allem zur Erkenntnisgewinnung. Seine Strukturen unterliegen, soweit sie genetisch bedingt sind, der biologischen Evolution. Mutation und Selektion erzwingen dabei eine Anpassung der Erkenntnisstrukturen an die Strukturen der realen Welt. Die dadurch entstehende partielle Isomorphie erstreckt sich vor allem auf die grundlegenden und konstanten Umweltbedingungen, soweit sie zum Überleben relevant sind. Die Anpassung braucht allerdings nicht optimal zu sein. Daraus erklären sich sowohl die bewunderten Leistungen wie die lange Zeit vernachlässigten Beschränkungen des menschlichen Erkenntnisapparates (Vollmer 2002, S. 188). Bereits Goldscheid hatte in diesem Zusammenhang von einer unterentwickelten sozialen Vernunft der Menschen gesprochen: „Die großen Kulturen sind bisher an demselben zugrunde gegangen, was die Saurier erhaltungsunfähig machte: zu wenig Gehirn für so viel Masse, für ein so kompliziertes System“ (1911, S. 173). In ähnlicher Weise hat sich Tönnies mehrfach, namentlich in seiner Selbstdarstellung (1923, S. 235), in seinen Briefen an Höffding (Bickel, Fechner 1989) und an Paulsen (Klose et al. 1961), geäußert. Er hatte die Überzeugung gewonnen, dass die menschliche Denkfähigkeit noch zu schwach entwickelt sei, um ihre eigenen sozialen Verhältnisse so zu gestalten, dass sie den Bestand einer Kultur auf alle Zeit zu sichern vermögen. Eine dieser Beschränkungen des menschlichen Erkenntnisapparates ergibt sich aus der genetischen Verankerung menschheitsgeschichtlich früh erworbener Verhaltensmuster.

3.1 Folgen der zunehmenden Differenz von biologischer und kultureller Evolution

Die Vertreter der Evolutionstheorie gehen davon aus, dass „unsere Verhaltens- und Antriebsstruktur, auch unsere Neigung und Fähigkeit zur sozialen Organisation, zu einem guten Teil genetisch determiniert und deshalb durch Erziehung und soziale Konditionierung nicht beliebig zu überspielen ist. Statt von einer extremen Plastizität des Menschen auszugehen, rechnet man entsprechend mit (engen) Grenzen der Formbarkeit und auch der Belastbarkeit durch moralische Vorschriften (kulturelle Normen). Diese Grenzen der Kulturfähigkeit werden darauf zurückgeführt, dass unsere ‚erste Natur‘ – und damit die vorrationalen Dispositionen des Handelns – im Wesentlichen eine in unserer Stammesgeschichte entwickelte Anpassung an die Lebensverhältnisse des Pliozäns und Pleistozäns (Jäger und Sammler) und des postglazialen Neolithikums (Anfänge von Ackerbau und Viehzucht) darstellt“ (Mohr 1987, S. 2 f.). Kompetenzen, die der Mensch im Pleistozän erworben hat, um die Widrigkeiten seiner frühen Evolutionsgeschichte zu überleben, sind im Verlauf der kulturellen Evolution anachronistisch geworden. Darin besteht das Dilemma, das sich aus der Differenz von biologischer und kultureller Evolution ergibt: Weder lässt sich unsere evolutionär erworbene Neigungsstruktur beliebig überspielen, noch kann das für unsere Zeit notwendige Ethos mit dem in unseren Genen verankerten problemlos realisiert werden (ebd., S. 84 f.).

Hinsichtlich des zwischenmenschlichen Sozialverhaltens wird in der Evolutionstheorie eine prinzipielle Unterscheidung zwischen „Ingroup“ und „Outgroup“ getroffen. Der Mensch ist von seiner „ersten Natur“ her ein Kleingruppenwesen, disponiert auf das Überleben in einer überschaubar kleinen Gruppe in einer in hohem Maße als gefährlich und feindlich erlebten Umwelt. Gegenüber der eigenen Gruppe, die für das Individuum eine Quelle von Hilfe und Schutz ist, hat deshalb soziales, kooperatives Verhalten einen hohen adaptiven Wert, da die erfolgreiche Maximierung der „inclusive fitness“ der eigenen „Ingroup“ gleichbedeutend ist mit der erfolgreichen Maximierung des je eigenen genetischen Materials. Artgenossen, die nicht der eigenen „Ingroup“ angehören, müssen als potentielle Feinde, als Bedrohung der je eigenen „inclusive fitness“ angesehen werden. Ihnen gegenüber ist daher ein aggressives oder zumindest ein indifferentes Verhalten prinzipiell vorzuziehen. Einem hochentwickelten Sozialverhalten gegenüber den Mitgliedern der „Ingroup“ korrespondiert eine massive Aggressionskompetenz gegenüber Artgenossen der „Outgroup“. Sein evolutionäres Erbe, insbesondere seine „kollektive Aggressionskompetenz“, der Destruktionstrieb „zum Hassen und Vernichten“, wie Freud ihn bezeichnet (2000c, S. 282), setzt seinem Verhalten noch auf lange Sicht bestimmte, nicht überschreitbare Grenzen. Die Tatsache, dass die „Geschichte des Menschen, aller ethischen Reflexion und christlicher Verkündigung zum Trotz, durchsetzt, ja erfüllt ist von Aggression und Totschlag, von Krieg und Völkermord“ kann plausibel auf diese genetisch implementierte „(kollektive) Aggressionskompetenz“ zurückgeführt werden (Mohrs 1995, S. 19 f.).

Zwar ist der Mensch ein soziales Lebewesen, also kein nomadischer Einzelgänger; aber er ist ein Kleingruppenwesen, das heißt, kein von sich aus staatenbildendes Lebewesen wie etwa Bienen oder Ameisen. Er ist ein natürliches *Oikos*-Wesen, kein natürliches *Polis*-Wesen. Er ist gesellschafts*fähig*; er verfügt über natürliche „Vergesellschaftungsressourcen". Aber er ist nicht von Natur aus zur Großgesellschaft (jenseits der genetischen *Ingroup*) disponiert oder gar determiniert. Die Herausbildung und Erhaltung größerer sozialer Gebilde bis hin zu den modernen Nationalstaaten ist deshalb kein natürliches Phänomen, sondern das Ergebnis einer artifiziellen, kulturellen Leistung (Mohrs 1995, S. 39 f.).

Alle Lebewesen, die rezenten ebenso wie die uns nur fossil bekannten, sind das Ergebnis einer Stammesentwicklung. Auch der Mensch ist seinerzeit als Ergebnis einer natürlichen Selektion entstanden, in der Auseinandersetzung nicht nur mit schwierigen klimatischen Bedingungen, sondern auch im Kampf mit anderen Hominiden. Die weitere Entwicklung hat an den Faktoren und Gesetzen, die das evolutionäre Geschehen bestimmen, bis in die Neuzeit hinein nichts Entscheidendes geändert. Daraus folgt unter anderem, dass Hass und Aggression, die Neigung zum Töten, nach wie vor ein Wesensmerkmal des Menschen ist. „Die kulturelle Überformung dieser Neigungen darf uns nicht darüber hinwegtäuschen, dass sie in uns schlummern und jederzeit losbrechen können." Im Gegensatz zu anderen Lebewesen „ist die Neigung zum Quälen und Töten von Artgenossen beim *Homo sapiens* besonders ausgeprägt und stellt eine entsetzliche Hypothek dar, die wir seinerzeit im Pleistozän aufgenommen haben und nicht mehr loswerden konnten. Mord, Totschlag, Folter und Genozid markieren die Kulturgeschichte des Menschen. Pol Pots Mörderkinder waren kein einsamer Exzess, sondern eher die Regel. Auch die Ritualisierung des Tötens – der ritterliche Kampf, das Duell, die Haager Landkriegsordnungen – sollte niemand darüber hinwegtäuschen, dass das ritualisierte, sozusagen kultivierte Töten und das rücksichtlose, erbarmungslose, lustbetonte Morden dieselbe genetische Grundlage haben" (ebd., S. 97 f.). Offensichtlich reicht die Struktur des menschlichen Verstandes nicht aus, um dieses Erbe zu bewältigen, und schon gar nicht reicht sie aus, so steht zu befürchten, um die Strukturprobleme der modernen Welt zu lösen. „Die uns aus der Evolution der Hominiden überkommene geistige Kraft hat ausgereicht, diese Welt intuitiv zu verändern; sie scheint aber nicht auszureichen, die geänderte Welt zu verstehen und aus diesem Verstehen heraus eine Überlebensstrategie zu entwickeln" (ebd., S. 104). Deshalb ist die Zukunft des Menschen durchaus mit Skepsis zu betrachten. Wer sie auf der Basis des neoliberalen Weltbildes sowie der sich daraus ergebenden Vorstellung unendlich wachsender menschlicher Begehrlichkeiten zu gestalten sucht, wird sich früher oder später mit den

Grenzen setzenden Widrigkeiten der Atmosphäre, der Hydrosphäre, der Biosphäre, des Bodens, der energetischen Ressourcen, aber auch des Menschen selbst konfrontiert sehen. Der Radius r und damit die Oberfläche unseres Planeten ($4\pi r^2$) sind endlich. Populationswachstum und Ressourcenverzehr sind deshalb begrenzt (ebd., S. 140 f.). So gesehen, ist die Krise nur eine Frage des Zeitpunkts (Diamond 2005; Welzer 2008; Sounders 2011; Rinke, Schwägerl 2012; Kermani 2013).

3.2 Die begrenzte Leistungsfähigkeit des menschlichen Wahrnehmungsvermögens

Die „pathologische Sorglosigkeit", mit der die Menschen die Belastungskapazität der Erde in existentiell bedrohlichem Ausmaß überfordern und den Planeten in einer Weise ausplündern, dass er als ökologische Nische für das Überleben der Gattung in absehbarer Zeit, zumindest in weiten Teilen, nicht mehr geeignet sein wird, ist darüber hinaus maßgeblich auf die genetisch bedingte Beschränktheit ihres *ratiomorphen* Apparates zurückzuführen, die es den Menschen zum einen nahezu unmöglich macht, etwa exponentielles Wachstum, chaotische Strukturen, schwache Kausalität und nichtlineare Prozesse intuitiv zu verstehen bzw. überhaupt wahrzunehmen und der sie zum Zweiten darauf beschränkt, sich in ihrem Denken und Verhalten innerhalb eines relativ eng begrenzten Nahbereichs zu bewegen. Bei den intellektuellen Eigenschaften des Menschen handelt es sich der Evolutionstheorie zufolge um partiell *isomorphe* Anpassungen an den „Mesokosmos" der Wirklichkeit, die bisher ausreichten, das heißt, adaptiv genug waren, das Überleben der Menschen zu ermöglichen. Ähnlich wie sie Licht nur in einem bestimmten Wellenbereich sehen, akustische Signale nur in einem bestimmten Frequenzbereich hören können, so rechnen sie auch aufgrund dieser spezifischen Angepasstheit ihrer genetisch implementierten Strukturen der Wirklichkeitserkenntnis beispielsweise stets automatisch mit Kategorien wie starker Kausalität, Regelmäßigkeit und Stetigkeit, während es für andere, nichtlineare Phänomene wie auch für die Wahrnehmung komplexer sozialer Strukturen jenseits des ursprünglichen Nahbereichs keineswegs in gleichem Maße entsprechend „passende" isomorphe Strukturen im menschlichen Erkenntnisapparat gibt (Mohrs 1995, S. 343 f.). Das sei im Folgenden näher ausgeführt (dazu im Einzelnen: Wilson 1998, S. 45 ff.; Vollmer 2008, Band I: S. 133 ff., Band II: S. 138 ff.).

Nicht nur die Handlungsstrukturen des Menschen, auch seine Denk- und Erkenntnisstrukturen sind evolutiv entstanden. Seine subjektiven Erkenntnisstrukturen decken sich mit den Strukturen der realen Welt, weil sie sich im Laufe der Evolution in Anpassung an diese Welt herausgebildet haben. Die Struktur des menschlichen Denkens, seine Denkkategorien, und die Struktur der Welt, die Realkategorien, stimmen weitgehend überein, weil nur eine solche Koinzidenz das Überleben in dieser Welt ermöglichte. Die Art, wie Menschen denken, und die Reichweite ihres Denkens sind in ihrem Erbgut, in ihren Genen vorgeprägt. Allerdings ist die Anpassung der kognitiven Strukturen des Menschen an die Struktur der Welt eng begrenzt, begrenzt durch die Leistungsfähigkeit seiner Sinnesorgane, deren Anwendungsbereich sich lediglich auf den Bereich der „mittleren Dimensionen", auf den Mesokosmos erstreckt. „Die Auflösungskraft unseres Sehvermögens zum Beispiel ist etwa 1/10 mm im Raum und 1/16 s in der Zeit. Der Grund für die Begrenzung unseres sensorischen Systems und damit unserer Anschauungsformen und kognitiven Strukturen ist darin zu suchen, dass die genetische Evolution des Menschen abhing von der Struktur und Auflösungskraft jener Sinnesorgane, die ihrer prinzipiellen Konstruktion nach viel früher in der tierischen Evolution angelegt waren und kaum noch verbessert werden konnten. Demgemäß war die genetische Evolution der Hominiden in den letzten zwei Millionen Jahren in erster Linie eine Evolution des Gehirns, eine Evolution der Datenverarbeitung." Diese Evolution des Gehirns und der kognitiven Strukturen wurde aber, wie gesagt, limitiert „durch die Leistungsfähigkeit unserer Sinnesorgane oder (in anderen Worten) durch die Verfügbarkeit von Signalen (Daten) und damit von ‚Erfahrung' aus der realen Welt" (Mohr 1987, S. 26 f.).

Als im Fortschreiten der Wissenschaften einige Disziplinen den Mesokosmos verließen und in die Makro- und Mikrowelt vorstießen, ergaben sich zum Beispiel in der Physik der kleinen und großen Dimensionen erschreckende erkenntnistheoretische Probleme, die bis heute ungelöst geblieben sind: die Unschärferelation, das scheinbare „Versagen" des Kausalitätsprinzips in der Mikrophysik, die unbegreiflichen Konsequenzen des zweiten Hauptsatzes der Thermodynamik bei seiner Anwendung auf das Universum, die unüberwindlichen Schwierigkeiten mit den uns vertrauten Ideen (oder „Anschauungsformen") von Raum und Zeit in der Relativitätstheorie. Auch wenn die nicht-euklidische Welt in ihren mathematischen Strukturen noch erkennbar sein sollte, sie ist definitiv nicht mehr vorstellbar. „Wenn sich unser kognitiver Apparat in Anpassung an die Welt der mittleren Dimensionen entwickelt hat, müssen wir damit rechnen, dass es Grenzen unseres Erkenntnisvermögens geben wird, und damit Grenzen der Wissenschaft, die auf einer prinzipiellen Limitierung unserer kognitiven Strukturen beruhen. Die Probleme, auf die wir beim Vorstoß in die kleinen und großen Dimensionen treffen, bestätigen diese Erwartung. Unser ererbtes kategoriales Vorwissen über die Welt – Raum, Zeit, Substantialität, Kausalität, Quantität – bezieht sich lediglich auf die mittlere Dimension, auf jenen Mesokosmos, auf jene kognitive Nische, an die sich unser Stamm im Lauf der genetischen Evolution angepasst hat“ (Mohr 1987, S. 27 f.). Der naive Realismus wird außerhalb der mittleren Dimension zum Problem, auch für die Wissenschaft. „Die plumpen kategorialen Schachteln, in die wir unsere Außenwelt packen müssen, ‚um sie als Erfahrungen buchstabieren zu können‘ (Kant), sie können keine autonome und keine absolute Gültigkeit beanspruchen. Wir sind von Natur aus lediglich an die Welt der mittleren Dimensionen adaptiert. Dieser Mesokosmos ist deterministisch – im Sinne der klassischen Mechanik und in Übereinstimmung mit dem gesunden Menschenverstand. Hier können wir uns uneingeschränkt auf Raum und Zeit, auf Substantialität, Quantität und Kausalität verlassen. Bei unserem Urteil über die Welt der großen und der kleinen Dimensionen hingegen verheddern wir uns in unlösbare epistemologische Probleme. In der Makrophysik werden Raum und Zeit, in der Mikrophysik werden Kausalität und Substantialität problematisch. Nur in der Welt der mittleren Dimensionen bewährt sich unser pragmatischer Realismus“ (ebd.). Aber unser ererbtes apriorisches Wissen über die Welt der mittleren Dimensionen bezieht sich nicht nur auf die Anschauungsformen von Raum und Zeit, auf unser uneingeschränktes Vertrauen in Substantialität, Kausalität und logische Wahrheit, sondern auch, weit darüber hinausgehend, auf strukturelle Eigenschaften der Welt. „Wir rechnen mit einer geordneten, stetigen, regelmäßig strukturierten und kohärenten Natur, die keine Sprünge macht; wir rechnen mit einer ‚Konstanz der Koinzidenzen‘ (Riedl). Die ‚Idee‘ von Naturgesetzen setzt eine Welt voraus, die regelmäßig strukturiert, kohärent und unwandelbar ist. Wir rechnen damit, dass, wenn etwas hundertmal funktioniert hat, es auch beim 101. Mal funktionieren wird: Wir vertrauen auf das Induktionsverfahren. ‚Induktion‘ ist für uns kein Problem, sondern eine selbstverständliche Erwartungshaltung. ‚Ein Experiment ist reproduzierbar‘, in diesem Satz offenbart sich ein ungeheurer Glaube an die Uniformität und Verlässlichkeit der Natur. Dieser Glaube ist darauf zurückzuführen, dass unsere kognitiven Strukturen in einer Welt evolviert sind, die in der Tat keine Sprünge machte. Unser apriorisches Wissen rechnet mit jener Zuverlässigkeit und Kontinuität der realen Welt, auf die sich unsere Vorfahren im Pleistozän in ihrer Lebensspanne von dreißig Jahren verlassen konnten.“ Diese angeborene Erwartungshaltung aber kann in einer Welt des raschen Wandels lebensgefährlich sein, zum Beispiel weil sich die Menschen kaum vorstellen können, „dass uns von heute auf morgen die Energie ausgehen kann, oder dass die Entsorgungskapazität der Atmosphäre für Schadstoffe ab einem bestimmten Schwellenwert zusammenbricht oder dass ein exponentielles Wachstum der Menschenmassen die Welt innerhalb kurzer Frist katastrophal verändern muss oder dass ein atomarer Krieg alles Leben zerstören könnte. Wir haben keine zuverlässigen Anschauungsformen für exponentielles Wachstum und kein sicheres intuitives Verständnis für katastrophale Änderungen, weil unser apriorisches Wissen in einer Welt ohne abrupte Wechsel, in einer Welt der Homöostasis und der mittleren Zeitspannen entstanden ist. Unsere angeborenen kognitiven Strukturen sind im Wesentlichen entstanden als Anpassung an die Umwelt des späten Pleistozäns. Diese Welt unserer Cromagnon-Vorfahren war in ihren mittleren Dimensionen eine stabile, geordnete, kohärente Welt mit Sippen-Selektion“ und einer Populationsgröße in der Nähe der Tragekapazität des jeweiligen Biotops, „eine Welt, in der keine abrupten Wechsel, kein exponentielles Wachstum, keine Sprünge vorkamen, eine Welt, in der sich lineare Kausalität, monokausales Denken in kurzen Kausalketten, bewährte, weil das eigene Handeln kaum Rückkoppelungen im System verursachte. Dieser an die mittleren Dimensionen des Pleistozäns angepasste Menschenverstand ist nicht dazu geschaffen, das Verhalten komplizierter Sozialsysteme zu begreifen. Wir haben deshalb kein intuitives Verständnis dafür, wie gefährdet unsere Welt ist“ (Mohr 1987, S. 27 f.).

Das aus der Evolution der Hominiden überkommene apriorische Wissen hat zwar ausgereicht, den Mesokosmos dieser Welt allmählich durch und durch zu verändern, aber es scheint nicht auszureichen, die geänderte, durch menschliche Aktivität umgeformte Welt zu verstehen und aus diesem Verstehen heraus eine Überlebensstrategie zu schaffen. Die Menschen haben zwar „neue, fast gottähnliche Möglichkeiten der Kontrolle über die Natur erlangt“, sie nutzen „diese Möglichkeiten aber weiterhin mit Hilfe einer relativ kurzsichtigen, ganz und gar nicht göttlichen Wertskala“, einer Wertskala, „deren Wurzeln einerseits in überlebten biologischen Rudimenten der steinzeitlichen Evolutionsphase und andererseits in verschiedenen Mythologien und Ideologien liegen, die auf nicht viel mehr als Glauben, Phantasie, Wunschdenken, veränderten Bewusstseinszuständen und Intuition beruhen“ (Sperry 1985, S. 22 f.). Es ist in Betracht zu ziehen, dass der Mensch als Gattungswesen es tatsächlich mit unlösbaren Problemen zu tun hat (Bammé 2014), dass es prinzipielle Grenzen des Erkennens gibt, Grenzen, die er allenfalls mit Hilfe von Geräten überwinden kann. Die kulturelle Evolution des Menschen wird deshalb, sofern es für ihn überhaupt eine Zukunft gibt, zweifellos einhergehen mit der Überwindung solcher Grenzen durch Technologie: durch „Outsourcing" und exogene Fortentwicklung kognitiver Kompetenzen seines „ratiomorphen Apparates". Der Computer kam gerade rechtzeitig, schreibt Joseph Weizenbaum (1982, S. 54 f.), um gesellschaftliche Strukturen zu stabilisieren, die andernfalls zusammengebrochen wären.

Die Überforderung des Menschen der Gegenwart durch seine eigenen kulturellen Schöpfungen hat aber noch einen dritten, einen weiteren organischen Grund. Nicht nur dass der spezifisch menschliche Wahrnehmungsapparat die Erkenntnismöglichkeiten des Gehirns beschränkt, sondern das Gehirn selbst, seiner biologischen Evolution geschuldet, setzt der rationalen Durchdringung menschlicher Lebenswelten ständig Schranken und konterkariert die von ihm angelegten Möglichkeiten.

3.3 Die archaischen, vorrationale Verhaltensmuster aktivierenden Anteile des Gehirns

Das menschliche Gehirn besteht aus mehreren Funktionsarealen, die gattungsgeschichtlich zu unterschiedlichen Zeiten entstanden sind. Im Laufe von Millionen Jahren hat sich das Gehirn vergrößert und aus dem ältesten Teil, dem Hirnstamm weiterentwickelt. Es bildeten sich Schichten des emotionalen Gehirns, die den Hirnstamm wie einen unabgeschlossenen Ring umgeben: das limbische System. Es besteht vor allem aus dem Mandelkern (der Amygdala) und dem Hippocampus und ist Sitz menschlicher Grundgefühle wie Angst, Wut, Freude etc., die noch vorverbal, aber schon bewusstseinsähnlich erfasst werden. Mächtige Faserverbindungen reichen in das Reptiliengehirn bzw. den Hirnstamm, dort wiederum in den Hypothalamus und weiter zur Hypophyse, einer wichtigen Hormondrüse, so dass blitzartig Hormone wie Adrenalin (Flucht, Kampf) ausgeschüttet werden können. Weitere Schichten von Hirnzellen entwickelten sich. Es entstand der Neokortex, der Ausgangspunkt des Denkens. In ihm fügen sich alle Sinne zusammen und in ihm entscheidet sich, was wir denken, welche Strategien wir entwerfen, wie wir unsere Zivilisation aufrechterhalten oder unsere Kultur weitervermitteln. Instinkthafte Reaktionen entstehen im Reptiliengehirn, primäre Gefühle im limbischen System und die kognitive Verarbeitung, das Erleben und Benennen zum Beispiel von Emotionen findet im Großhirn statt.

Vereinfachte Darstellung des Gehirns in drei Funktionseinheiten

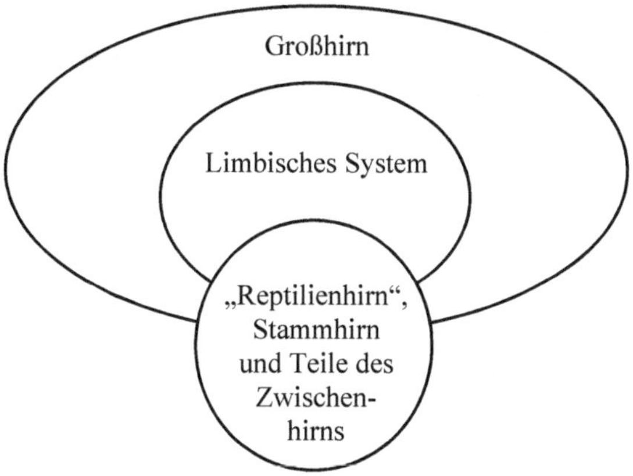

Hülshoff 1999, S. 33

Durch heftige Affekte können Funktionen des Kortex ausfallen, wodurch ein Regressionsverhalten und ein Zurückfallen auf archaische Verhaltensmuster ausgelöst werden (Arnsten et al. 2013, S. 38 f.). Es handelt sich dabei um kaum steuerbare Reaktionen, die in gattungsgeschichtlich frühen Zeiten durchaus angemessen waren, um Gefahren durch Kampf, Flucht oder dergleichen zu begegnen, die heute in der Regel aber nur wenig Sinn machen. Schwarz (2013, S. 57) hat am Beispiel eines Ehestreits die Phasen einer solchen Regression erläutert, in deren Verlauf Gehirnareale sukzessive weggeschaltet werden, und zwar in der umgekehrten Reihenfolge ihrer gattungsgeschichtlichen Entstehung. Als erstes fällt der Kortex weg bis hinunter zum limbischen System und zum Reptiliengehirn, wo Kampf und Aggression das Verhalten bestimmen: *Am Anfang spricht man noch ganz normal miteinander. Im nächsten Schritt werden die Argumente wiederholt. Da ist schon ein Teil des Kortex ausgeschaltet, weil ja kein Argument wahrer wird, wenn man es wiederholt. Danach verstärkt sich die Lautstärke. Auch da gilt, dass die eigene Position nicht wahrer wird, indem man sie herausschreit. Das geht so weiter, und zum Schluss brüllt man sich nur noch unartikuliert an. Die Regression auf ein frühes, fast vorsprachliches Stadium ist erreicht.*

Das neurologische Netzwerk des Menschen ist sehr langsam, über Millionen von Jahre aufgebaut worden. Seit etwa hunderttausend Jahren hat es sich nicht mehr wesentlich geändert. Die jüngeren Areale sind daher sehr störanfällig. Schon bei geringen Gefahrsignalen fällt der Mensch in archaische Verhaltensmuster zurück. „So erklären sich die überdimensionalen Kriegswaffen wie Bomben und Raketen etc., die völlig unsinnig in Kriegshandlungen eingesetzt werden. Krieg scheint mir ein klarer Rückfall auf Aggression, Kampf und Verteidigung zu sein und ist daher heute eine völlig ungeeignete Form, Probleme oder Konflikte zu lösen. Da regiert nicht die Vernunft, sondern blanker Hass oder blanke Angst" (Schwarz 2013, S. 58). Vor diesem Hintergrund mögen zwar Fragen wie „Können Computer denken wie Menschen?" (Searle 1986, S. 27 ff.) oder Versicherungen darüber „Was Computer nicht können (Dreyfus 1985) spannenden Diskussionsstoff liefern für endlose Prozeduren akademischer Begründungsesoterik, doch letztlich gehen sie am eigentlichen Problem vorbei. Eine sinnvollere Fragestellung wäre, welche Funktionsareale des Gehirns vom Computer sinnvollerweise übernommen werden könnten.

Die Amygdala spricht auf emotionale Reize an, ehe wir diese bewusst wahrnehmen. So kann der Körper schnell auf Bedrohungen reagieren. Emotionale Reize werden aber noch auf einem zweiten Weg weitergeleitet, der nicht über die Amygdala, sondern durch kortikale Bereiche führt. Dort wird bewusste Aufmerksamkeit und eine bedächtigere Reaktion generiert. Die Amygdala arbeitet unbewusst und macht oft Fehler. Goleman (2005) bezeichnet solche Fehler als „emotionale Explosionen", als „neurale Überfälle". Weil solche „Entgleisungen" überfallartig geschehen, hat der Neokortex, das denkende Gehirn, kaum Gelegenheit, sich kontrollierend einzuschalten. Für einen organischen Körper wie den Menschen mag das in bestimmten Gefahrensituationen auch heute noch sinnvoll sein, für einen unorganischen Computer, der solche Gefahren nicht kennt und allein auf rationaler, auf nicht-emotionaler Basis funktioniert und ganz anderen Aufgabestellungen folgt, gilt das nicht. Bei ihm wäre von solchen Funktionsarealen des menschlichen Gehirns tunlichst abzusehen. Die Funktion intelligenter Computersysteme bestünde darin, solche Aufgaben, die der Mensch aufgrund seines limbischen Systems nur unzureichend oder gar nicht erfüllen kann, zu übernehmen. Weil die kulturelle Evolution schneller von statten geht als die biologische Evolution, wäre zu überlegen, Aufgaben gesellschaftlicher Synthesis, die den Menschen aufgrund seiner biologischen Grenzen überfordern, an Artefakte, die ein Resultat dieser kulturellen Evolution sind, zu delegieren. Die Frage, ob der Computer denken könne wie ein Mensch, stellt sich vor diesem Hintergrund als ziemlich belanglos heraus.

Wenn in Betracht zu ziehen ist, dass nicht nur unsere Verhaltens- und Antriebsstruktur, sondern auch unsere Fähigkeit und Neigung zur sozialen Organisation im Verlauf der biologischen Evolution entstanden sind und genetischen Determinanten unterliegen, dann stellt sich die grundsätzliche Frage, inwieweit dieses Erbe der „ersten Natur", das heißt, die vorrationalen Dispositionen menschlichen Handelns, durch Erziehungs- und Sozialisationseinflüsse formbar ist. Die Pädagogik, aber auch Philosophie und weite Teile der Psychologie gehen davon aus, dass menschliches Verhalten erlernt sei, allerdings weitgehend ohne Kenntnis zu nehmen von den Einsichten der Evolutionsbiologie. Und tatsächlich haben sich Moral und menschliche Verkehrsformen im Verlauf der kulturellen Evolution gewandelt, und der moderne Pluralismus moralischer Systeme ist zugleich Ergebnis und Charakteristikum der kulturellen Evolution. Andererseits haben es bislang keine Erziehung und keine soziale Konditionierung vermocht, die Menschen vom Krieg und vergleichbar destruktiven Taten abzuhalten, und ein gesitteter, vernünftiger Umgang mit der Natur und mit der technologischen Zivilisation ist nach wie vor nicht gelungen. Offensichtlich ist die Bandbreite kultureller Formbarkeit des Menschen relativ eng dimensioniert. Zwar ist der Mensch von Natur aus normativ anpassungsfähig (Kohlberg 1996; Piaget 1976), so wie er im kognitiven Bereich lernfähig ist (Piaget 1974, 1982), aber er ist es nicht unbegrenzt. Daraus ergeben sich zentrale Dilemmata unserer Zeit: „Einerseits lässt sich unsere evolutionär entstandene Neigungsstruktur (*propensity stucture*) nicht beliebig überspielen. Es *gibt* Grenzen der Belastbarkeit durch moralische Vorschriften (kulturelle Normen). Wird der Bogen überspannt, unterläuft der Mensch erfahrungsgemäß die kulturellen Normen durch Korruption. Dies untergräbt die sittliche Basis kultivierten Zusammenlebens, da der moralische Konsens nicht mehr gewährleistet ist, wenn eine kontingente Einstellung zu moralischen Fragen um sich greift. Andererseits kann ein kultiviertes Ethos in der heutigen Zeit nicht mehr konform mit unseren Genen sein. Die Zukunft des Menschen wird entscheidend davon abhängen, inwieweit es uns gelingt, die in der durch *kulturelle* Evolution geprägten Welt obsolet gewordenen biologischen Determinanten unseres Verhaltens durch Vernunft zu dämpfen oder auszuschalten. Wir müssen uns von manchen biologischen Wurzeln unseres Verhaltens lösen und uns an *vernünftig* vereinbarte Normen halten, die den Sachzwängen der *heutigen* Welt gerecht werden" (Mohr 1987, S. 3 f.).

Interesse darf in diesem Zusammenhang das Konzept der „emotionalen Intelligenz" des US-amerikanischen Psychologen Daniel Goleman (2005) beanspruchen. Er unterscheidet zwei „Kognitionsweisen", zwei „Seelen", die dem Menschen eigen sind. „Die eine, die rationale Seele, ist jene Weise, derer wir uns stärker bewusst sind: im Zentrum unserer Wahrnehmung, besonnen, fähig, Dinge abzuwägen und zu reflektieren. Daneben gibt es aber ein anderes System des Erkennens: impulsiv und machtvoll, wenn auch bisweilen unlogisch – die emotionale Seele. Die rationale Seele kann eine Gratifikation aufschieben und einen Impuls übergehen; die emotionale Seele folgt Launen und Begierden. Die rationale Seele kann langfristige Pläne machen; die emotionale Seele sieht nur den Augenblick" (ebd., S. 25). Im Kontrast zum Begriff der kognitiven Intelligenz konstruiert Goleman (ebd., S. 65), basierend auf neueren psychologischen Studien, sein Konzept von „emotionaler Kompetenz". Über „emotionale Intelligenz" zu verfügen bedeutet darin – und hier beruft sich Goleman auf eine Textstelle in der „Nikomachischen Ethik" des Aristoteles – die Fähigkeit zu besitzen, „gegen die rechte Person, im rechten Maß, zur rechten Zeit, für den rechten Zweck und auf rechte Weise zornig zu sein" (zit. bei Goleman 2005, S. 9, 13). Den Umgang damit zu kultivieren, ist Ziel des Therapiekonzepts von Goleman. Inwieweit das Konzept der „emotionalen Intelligenz" zukunftsträchtig ist, also hält, was es verspricht, bleibt abzuwarten. Bislang jedenfalls liegen noch keine einschlägigen Forschungsresultate aus empirischen Studien vor (Rost 2009, S. 134 ff.). Ethologen wie Michael Tomasello äußern sich da eher skeptisch. Auf die Frage, wie es sozialtherapeutisch gelingen könnte, dass sich die Menschheit weltweit solidarisch verhält, antwortet er wenig hoffnungsvoll: „Eine Invasion von *Aliens* wäre die Lösung: Außerirdische, die uns vernichten wollen. Alle Menschen würden sich verbünden, um die Verteidigung unseres Planeten zu organisieren" (2017, S. 72; in Replik dazu: Welzer 2017, S. 74).

4. Die Trias „Körper", „Geist", „Gesellschaft"

Das, was Philosophen gemeinhin als „Geist" bezeichnen, ist immer körperlich vermittelt, üblicherweise durch ein menschliches Gehirn, neuerdings zunehmend durch technologische Artefakte, wie Computersysteme sie darstellen. Im ersten Fall ist jedes geistige Phänomen, ob bewusst oder unbewusst, visuell oder auditiv, Schmerzen, Kitzel, Jucken, Gedanken, ja tatsächlich die Gesamtheit unseres geistigen Lebens, von Vorgängen im Gehirn verursacht. Im zweiten Fall wird ein Computerprogramm in seiner formalen bzw. syntaktischen Struktur abgearbeitet, dem wir einen gewissen semantischen Inhalt zusprechen. Geisteszustände im ersten Fall sind, neben all dem, was sie sonst noch sein können, vor allem biologische Phänomene. „Bewusstsein, Intentionalität, Subjektivität und geistige Verursachung gehören allesamt zu unserer biologischen Lebensgeschichte, genau wie Wachstum, Fortpflanzung, die Absonderung von Galle und die Verdauung“ (Searle 1986, S. 40). Im zweiten Fall, dem eines Computers, der über keine biologische Lebens- und Gattungsgeschichte verfügt, kann es sich deshalb nur, bisher wenigstens, um objektivierte, von subjektiver Befindlichkeit abgelöste Geisteszustände handeln. Um diesem Sachverhalt Rechnung zu tragen, hat der deutsch-amerikanische Technikphilosoph und Konstrukteur einer mehrwertigen Logik Gotthard Günther (1991), tradierte Vorstellungen der Bewusstseinsphilosophie korrigierend und ergänzend, eine Aufspaltung der überkommenen Denkfigur des „Subjekts“ vorgenommen (in semiotischer Perspektive: Ort 2007). Das Subjekt, die klassische Denkfigur der Philosophie, beinhaltet als real agierendes tatsächlich zwei Komponenten, eine subjektive und eine objektive. Denk- und Verhaltensroutinen der objektiven Komponente, des objektiven Subjekts, wie Günther es nennt, lassen sich im Gegensatz zur subjektiven Komponente auf Maschinen implementieren. Dabei kann es sich, in neurophysiologischer Diktion gesprochen, nur um solche Geisteszustände handeln, die ihren ursprünglichen (biologischen) Sitz im Kortex, nicht im limbischen System und nicht im Reptilienhirn haben, also nicht in vorrationalen Funktionsarealen des menschlichen Gehirns. Die Beantwortung der Frage, welche Anteile des objektiven Subjekts auf Maschinen implementierbar sind, steht als technologisches Problem auf der Tagesordnung. Es geht um mehr als um philosophische Kontemplation. Wahrheit stellt sich nicht in endloser Begründungsesoterik her, sondern ganz handlungspraktisch: im Konstruktionserfolg des angestrebten Artefakts. Dieser Prozess der Objektivierung bestimmter subjektiver Fähigkeiten wird begleitet von einer Neubestimmung der Begriffe sowohl von Subjektivität als auch von Objektivität. Damit ist jenseits der traditionellen Beziehungsmuster sowohl zwischen den Menschen (Gesellschaft) wie zwischen den Menschen und der Natur (Umwelt) eine grundlegende Neuorganisation der überkommenen Verhältnisse eingeleitet, aus der sich auch ein verändertes Verhältnis zur Natur ergibt. Bereiche, die bislang als subjektspezifisch und -konstitutiv erachtet wurden, können sich als objektive bzw. objektivierbare Eigenschaften der Umwelt erweisen. Einen ungefähren Eindruck davon vermag die neunte Robot-Geschichte des Isaac Asimov zu vermitteln (1980, S. 154 ff.).

Vor diesem Hintergrund lässt sich die überkommene Geist-Körper-Dichotomie zeitgemäß reformulieren: Körper und Geist des Menschen (bzw. *mutatis mutandis* des Computers) interagieren zwar miteinander, sind aber nicht zwei verschiedene Dinge. Geistige Dinge sind, auch wenn sie über einen Eigensinn verfügen, Eigenschaften, Äußerungen, Kreationen des Gehirns. Der traditionelle Dualismus zwischen naivem Physikalismus und naivem Mentalismus lässt sich dadurch auflösen, dass beiden Anschauungen eine relative Berechtigung zugestanden wird: Die Auffassung des naiven Physikalismus, demzufolge in der Welt ausschließlich Materieteilchen mit ihren je spezifischen Eigenschaften und Beziehungen existieren, ist so evident und machtvoll, dass sie ernsthaft kaum in Frage gestellt werden kann. Aber auch die Auffassung, dass gewisse geistige Phänomene wirklich existieren, ist kaum zu bestreiten. Nicht erst seit der Konstruktion intelligenter Computersysteme ist evident: Geisteszustände gibt es wirklich. Einige davon sind bewusst, viele sind intentional; alle sind, soweit sie den Menschen betreffen, subjektiv; und viele haben kausalen Einfluss auf materielle Ereignisse in der Welt. „Der naive Mentalismus und der naive Physikalismus sind vollkommen miteinander verträglich. In der Tat, soweit wir überhaupt etwas darüber wissen, wie die Welt funktioniert: Sie sind nicht nur miteinander verträglich, sie sind beide wahr“ (Searle 1986, S. 26).

Der Mensch ist kein transanimalisches Wesen (Foster 2017). Trotz aller digitalen Vernetzung weltweit lebt er körperlich in einem konkreten Raum-Zeit-Gefüge, das er nicht überspringen kann und das den vorläufigen Endpunkt seiner Lebensgeschichte markiert; trotz aller Vergeistigungen hat er animalische Bedürfnisse, die nicht hintergehbar sind. Von seiner „Natur“ her ist er nach wie vor ein Kleingruppenwesen, das durch die Herausforderungen einer technologisch geprägten Weltgesellschaft latent überfordert ist. „Die anonymen Massengesellschaften stellen dieses Kleingruppenwesen vor Probleme grundsätzlicher Art.“ Sie „resultieren aus dem Umstand, dass die unmittelbare soziale Kontrolle, wie sie in Kleingruppen recht gut funktioniert, nicht mehr hinreicht, so dass abstrakte, für den Einzelnen immer weniger nachvollziehbare Normen durchgesetzt werden, und zwar von politischen Führern, die sich ihrerseits der unmittelbaren Kontrolle durch die ‚Bürger‘ entziehen (und allenfalls, in demokratischen Gesellschaften, in Abständen von einigen Jahren abgewählt werden können). Die in anonymen Großgesellschaften von politischen (und religiösen) Führern dekretierten Normen programmieren den Konflikt zwischen den Erfordernissen jener Gesellschaften und der Natur des Menschen als Kleingruppenwesen“ (Wuketits 2012, S. 22 f.). Betrachtet man den Menschen aus der Perspektive eines Säugetiers der Gattung „Primaten“, müsste man zu dem Schluss kommen, dass er wenig „artgerecht“ lebt. Es scheint, dass der Mensch sich fortbewegt hat von dem, was er für ein „gutes Leben“ tatsächlich braucht; dass die moderne Lebens- und Arbeitsweise dem Mensch-Sein, das heißt dem, was dem Menschen gemäß seiner Art guttut und er seinen Bedürfnissen entsprechend benötigt, nicht mehr entspricht. Es mag sein, dass die künftige Auslagerung der objektiven Anteile menschlicher Subjektivität, also jene, die nicht an seine Biologie gebunden sind, an intelligente, autonom sich vernetzende Computersysteme ihn von den unmittelbaren Verhaltenszumutungen der modernen Industriegesellschaft entlastet und die Rückkehr auf eine artgerechte Lebensweise, durchaus auf der Höhe der Zeit, ermöglicht. Eine solche Utopie aber steht, wie gesagt, als technologische Herausforderung, nicht als metaphysisches Phantasma, auf der Tagungsordnung.

5. Neurosoziologische Perspektiven

Dass organische Gegebenheiten und Begleitumstände in allen mentalen und sozialen Prozessen menschlichen Handelns eine wesentliche Rolle spielen, wird von den Geistes- und Sozialwissenschaftlern nach wie vor weitgehend ignoriert. Wenn sie in ihren Theorieentwürfen nicht vorkommen, dann nicht, weil die ihnen korrespondierenden Erkenntnisse in Biologie und Evolutionstheorie als falsch erkannt wurden und widerlegt sind, sondern weil sie in ihrer Bedeutung für Sozialwissenschaft und Wissenschaftstheorie mehrheitlich einfach nicht zur Kenntnis genommen werden. Offensichtlich wird ein naturwissenschaftlich begründetes Menschenbild für die Erkenntnisziele der Geistes- und Sozialwissenschaften als gänzlich uninteressant und wenig zielführend empfunden. Sie verharren hinsichtlich ihres Forschungsgegenstandes immer noch in einem unhaltbaren Dualismus, der den intelligiblen, rationalen, bewussten Menschen von seinen körperlichen und triebhaften Anteilen säuberlich trennt. Es scheint, dass die Geistes- und Sozialwissenschaften in ihrem *Mainstream* aus der Not der Vergangenheit, dass nämlich frühere Denker sich ihr jeweiliges Menschenbild allein auf der Basis philosophischer Vorurteile und eigener, mehr oder weniger zufälliger Beobachtungen zusammenbasteln mussten, die fragwürdige Tugend biowissenschaftlicher Abstinenz abgeleitet haben (Flohr 1982, S. 202).

Im Kontrast dazu formuliert Dirk Baecker in seinem Essay sehr dezidiert die nächsten Schritte einer Soziologie, die im Grenzbereich von Neuro- und Sozialwissenschaft in Angriff zu nehmen seien. „Konsequente Neurosoziologie bestünde darin, bis in die aktuelle Gegenwart nach der Koevolution von Organismus, Gehirn, Kultur und Gesellschaft zu fragen, und nicht darin, der Gesellschaft eine emergente Eigenevolution zu unterstellen. Auch die vielfach beschworene beschleunigte Evolution kultureller Symbole muss vom Gehirn mitvollzogen, wenn nicht sogar mitverantwortet werden“ (2014, S. 27). Aber gerade darin besteht das Problem: ob die beschleunigte *technologische* (als Fortsetzung der *kulturellen*) Evolution vom Gehirn überhaupt noch mitvollzogen werden kann. Es geht eben nicht mehr nur um kulturelle Symbole im Sinne tradierter Geisteswissenschaften, sondern ganz handgreiflich um materielle Artefakte und Netzwerke, die eine Eigendynamik entfalten und, im Positiven wie im Negativen, Sachzwänge setzen können. Nicht nur muss deshalb in Betracht gezogen werden, dass die Evolution menschlicher Vergesellschaftungsformen suboptimale Lösungen des Zusammenlebens hervorbringt, sondern dass sie in einer Katastrophe unvorstellbaren Ausmaßes enden können. Es könnte sich erweisen, dass die biologische Evolution den Menschen in eine kulturelle Sackgasse getrieben hat, die zu verlassen seine kognitiven Kompetenzen bei weitem übersteigt, verursacht durch hirnphysiologische Defizite, die sich möglicherweise nur durch die Implementierung mentaler Fähigkeiten auf intelligente Computersysteme kompensieren lassen. Die lebende Natur ist voll von Defekten, Unzulänglichkeiten und Fehlentwicklungen – Dysfunktionen, die davon herrühren, dass viele evolutionäre Entwicklungen, die kurzfristig zwar vorteilhaft waren, wegen der Kohärenz des Erbgutes aber nicht rückgängig gemacht werden konnten, als sie sich nicht mehr bewährten. So sind 99,9 Prozent aller bisherigen Evolutionslinien zwischenzeitlich ausgestorben, weil die innere Kohärenz des Genotyps sie daran hinderte, neue, plötzlich gestellte Anforderungen der Umwelt rasch und im Sinne einer Anpassung zu bewältigen. Es gibt keine Gewähr dafür, dass es beim Menschen als Gattungswesen anders kommen könnte. Baecker spricht in diesem Zusammenhang deshalb von der Notwendigkeit, kulturelle Epochenbrüche im Evolutionsgeschehen der Menschheit zu analysieren – er nennt sie „Sperrklinkeneffekte“ – um sowohl theoretisch als auch methodisch einen reflektierteren Zugang zum Implikationsverhältnis von Sozialbiologie und Neurosoziologie zu bekommen. Sein Vorschlag lautet, „an dem einmal eingeschlagenen Weg der Neurosoziologie festzuhalten und die Forschung auf sogenannte Sperrklinkeneffekte in der Evolution der Menschheit zu konzentrieren. Sperrklinkeneffekte sind Effekte, die sich evolutionären Zufällen verdanken, dann jedoch wegen der Umstellung anderer Strukturen in der Auseinandersetzung mit diesem Zufall eine Entwicklungsstufe definieren, hinter die man allenfalls im Modus der Zerstörung aller dieser Strukturen zurückkommt“ (2014, S. 196). Baecker verweist in seiner Argumentation auf Studien, denen zufolge die evolutionäre Weiterentwicklung der Menschen in Familien, Kleingruppen, Staatswesen, Industrie und Kultur ihren Ursprung im Auftauchen positiver Emotionen hatten, die neural verarbeitet wurden, schränkt aber sofort ein: „Vermutlich ist dies jedoch nicht der einzige Sperrklinkeneffekt, die einzige ‚Katastrophe' im Wechsel globaler Systemstrukturen und lokaler Anpassungen, die für die Koevolution von Gehirn, Bewusstsein und Gesellschaft verantwortlich gemacht werden kann. Bei der emotional begründeten Kooperation ist es ja nicht geblieben. Es müssen weitere Strukturbrüche aufgetreten sein, die nur bewältigt werden können, wenn Emotionen intellektuell inhibiert werden und jenseits der Kooperation auch der Konflikt für möglich gehalten wird" (ebd., S. 197). Baecker thematisiert hier genau jene Ambivalenzen, die Tönnies in seinem Gegensatzpaar von „Gemeinschaft" und „Gesellschaft" soziologisch auf den Begriff zu bringen suchte, mit allen Möglichkeiten des Scheiterns im Übergang von der einen zur anderen Sozialform. In der weiteren Argumentation bezieht Baecker sich allerdings wesentlich auf Parsons. „Immerhin sind aus der soziologischen Forschung weitere Sperrklinkeneffekte bekannt, auch *evolutionary universals* genannt, unter denen Talcott Parsons neben dem Auge, der Hand und dem Gehirn die Verwandtschaft und daraus zu gewinnende Legitimationsstrategien, die soziale Schichtung, das Amt, den Markt, das Geld, das Recht, die Demokratie und übergreifend das Symbol nennt (vgl. Parsons 1964). Das Symbol, so schreibt er, sei ein Analogon zum Gen, insofern sich kulturelle Systeme in ihren Symbolen auf das hin verdichten und daraus steuern lassen, was sie funktional zu leisten haben" (ebd.). Hier ließe sich zwanglos anknüpfen an die Theorie der Meme, wie sie von dem englischen *Biologen* Richard Dawkins (1978, S. 223 ff.) formuliert wurde, deren Ursprung aber, wenngleich in anderer Begrifflichkeit, zurückgeht auf den französischen *Soziologen* Gabriel Tarde (1890). Wenn wir vom heutigen Epochenbruch des „Anthropozäns", in soziologischer Diktion vom „Sperrklinkeneffekt" im Sinne Baeckers, ausgehen, dessen Beschleunigung, wenn nicht gar dessen Beginn üblicherweise mit 1880 festgelegt wird, dann stellt sich zugleich die Frage, ob und inwieweit er sich als theoretischer Reflex, ohne dass man sich dessen vielleicht bewusst war, in der soziologischen Dogmengeschichte bereits bemerkbar gemacht hat. Als Gewährsleute wären hierfür in unterschiedlicher Perspektivierung zweifellos geltend zu machen Herbert Spencer, Rudolf Goldscheid, Ferdinand Tönnies, Emile Durkheim, Niklas Luhmann und Bruno Latour. In ihren Schriften geht es letztlich um die Verhaltenszumutungen und Anomien, die vom artifiziellen Konstrukt „Gesellschaft" auf ihre natürliche Substanz, den biologischen Menschen ausgeübt werden, um die Folgen von Differenzen in der Entwicklungsdynamik zwischen biologischer und kultureller (bzw. technologischer)

Evolution, um die Erkenntnis der Notwendigkeit einer bewussten Gestaltung zunehmend hybrider Lebensformen im Zusammenspiel von natürlichen (biologischen) und artifiziellen (gesellschaftlichen, mehr und mehr technologischen) Ressourcen. Damit zusammenhängt heute ein Paradigmenwechsel von der überkommenen akademischen Repräsentations- zur postakademischen Interventionswissenschaft.

Referenztexte

Adorno, Th. W. (1985): Einleitung. In: Durkheim, E.: Soziologie und Philosophie. Frankfurt a.M.: Suhrkamp, S. 7-44 (1970).

Arnsten, A.; Sinha, R.; Mazure, C. (2013): Biologie des Blackouts. Spektrum der Wissenschaft (Spezial Biologie – Medizin – Hirnforschung), Heft 1, S. 36-41.

Asimov, I. (1980): Ich, der Robot. Science Fiction-Roman. München: Heyne.

Auger, R. (2000): Darwinizing Culture. The Status of Memetics as a Science. Oxford: OUP.

Baecker, D. (2014): Neurosoziologie. Ein Versuch. Berlin: Suhrkamp.

Bammé, A. (2009): Nicht Durkheim, sondern Tarde. Grundzüge einer anderen Soziologie. In: Tarde, G.: Die sozialen Gesetze. Skizze einer Soziologie. Marburg: Metropolis, 109-153 (1898).

Bammé, A. (2013): Von der Repräsentation zur Intervention. Variationen über John Dewey. Marburg: Metropolis.

Bammé, A. (Hg.) (2014): Unlösbare Probleme. Warum Gesellschaften kollabieren. München und Wien: Profil.

Bauer, J. (2008): Das Gedächtnis des Körpers. Wie Beziehungen und Lebensstile unsere Gene steuern. München und Zürich: Piper (2002).

Becker, G. (1982): Der ökonomische Ansatz zur Erklärung menschlichen Verhaltens. Tübingen: Mohr (1976).

Bellebaum, A. (2016): Das soziologische System von Ferdinand Tönnies unter besonderer Berücksichtigung seiner soziographischen Untersuchungen. München und Wien: Profil (1966).

Berger, W.; Getzinger, G. (Hg.) (2009): Das Tätigsein der Dinge. Beiträge zur Handlungsträgerschaft der Dinge. München und Wien: Profil.

Bickel, C.; Fechner, R. (Hg.) (1989): Ferdinand Tönnies. Harald Höffding. Briefwechsel. Berlin: Duncker & Humblot.

Blackmore, S. (2000): Die Macht der Meme *oder* Die Evolution von Kultur und Geist. Heidelberg und Berlin: Spektrum.

Brock, D. (2016): Die Soziologie als Teil einer Wissenschaft vom menschlichen Leben? Die Perspektive der Neurosoziologie. Soziologische Revue, Jg. 39, Heft 4, S. 561-570.

Bröckling, U. (2003): Menschenökonomie, Humankapital. Eine Kritik der biopolitischen Ökonomie. In: Mittelweg 36, Heft 1, S. 3-22.

Burawoy, M. (2015): Public Sociology. Öffentliche Soziologie gegen Marktfundamentalismus und globale Ungleichheit. Weinheim und Basel: Beltz Juventa.

Changeux, J.-P. (2004): Die Revolution in den Neurowissenschaften. Spektrum der Wissenschaft. Dossier 6, S. 50-55.

Courtois, St.; Werth, N.; Panné, J.-L.; Paczkowski, A.; Bartošek, K.; Margolin, J.-L. (1998): Das Schwarzbuch des Kommunismus. München und Zürich: Piper (1997).

Crutzen, P. (2011): Die Geologie der Menschheit. In: Crutzen, P.; Davis, M.; Mastrandrea, M. D.; Schneider, St. H.; Sloterdijk, P.: Das Raumschiff Erde hat keinen Notausgang. Berlin: Suhrkamp, S. 7-10.

D'Avis, W. (1994): Können Computer denken? Frankfurt a.M. und New York: Campus.

D'Avis, W. (1999): Der informierte Mensch. Sein Weltbild – Sein Gehirn – Sein Computer. Berlin: edition q.

D'Avis, W. (2016): Physik – Neurobiologie – Psychoanalyse. Vielfalt der Disziplinen – Einheit der Methodologie. Klagenfurter Beiträge zur Technikdiskussion. Heft 133.

Dawkins, R. (1978): Das egoistische Gen. Berlin: Springer (1976).

Dewey, J. (2001): Die Suche nach Gewissheit. Eine Untersuchung des Verhältnisses von Erkenntnis und Handeln. Frankfurt a.M.: Suhrkamp (1929).

Deschner, K. (1986 ff.): Kriminalgeschichte des Christentums. 10 Bände. Reinbek: Rowohlt.

Diamond, J. (2005): Kollaps. Warum Gesellschaften überleben oder untergehen. Frankfurt a.M.: Fischer.

Dressel, G.; Berger, W.; Heimerl, K.; Winiwarter, V. (2014): Interdisziplinär und transdisziplinär forschen. Praktiken und Methoden. Bielefeld: transcript.

Dreyfus, H. L. (1985): Die Grenzen künstlicher Intelligenz. Was Computer nicht können. Königstein: Athenäum (1972).

Dreyfus, H. L.; Dreyfus St. E. (1987): Künstliche Intelligenz. Von den Grenzen der Denkmaschinen und dem Wert der Intuition. Reinbek: Rowohlt (1986).

Durkheim, E. (1984): Die Regeln der soziologischen Methode. Frankfurt a.M.: Suhrkamp (1895).

Durkheim E. (1988): Über soziale Arbeitsteilung. Studie über die Organisation höherer Gesellschaften. Frankfurt a.M.: Suhrkamp (1930).

Dust, M.; Kluge, S.; Liesner, A.; Lohmann, I.; Salomon, D.; Springer, J.-M.; Steffens, G.; Weiß, E. (Hg.) (2014): Menschenverbesserung – Transhumanismus. Frankfurt a.M.: Lang.

Ehlers, E. (2008): Das Anthropozän. Die Erde im Zeitalter des Menschen. Darmstadt: WBG.

Feist, Chr.; Fink, G. A.; Treichler, R. (2014): Was wir vom Krieg nicht sehen wollen. profil, Jg. 45, Heft 34, S. 46-57.

Fischer, A. (2016): Die Epigenetik neuro-degenerativer Erkrankungen. Spektrum der Wissenschaft (Spezial Biologie – Medizin – Hirnforschung), Heft 2, S. 42-50 (2013).

Fleck, Chr. (1990): Rund um „Marienthal“. Von den Anfängen der Soziologie in Österreich bis zur Vertreibung. Wien: Verlag für Gesellschaftskritik.

Flohr, H. (1982): Biopolitics. Versuche jenseits des Kulturismus. Politische Vierteljahreszeitschrift, 1, S. 196-203.

Foster, Ch. (2017): Tiere sind großartige Lehrer. DIE ZEIT, Nr. 8 vom 16.2.2017, S. 39.

Fox, D. (2013): Grenzen der Intelligenz. Spektrum der Wissenschaft (Spezial Biologie – Medizin – Hirnforschung), Heft 1, S. 28-35.

Freud, S. (2000a): Die Zukunft einer Illusion. Studienausgabe, Band IX. Frankfurt a.M.: Fischer (1927), S. 135-189.

Freud, S. (2000b): Das Unbehagen in der Kultur. Studienausgabe, Band IX. Frankfurt a.M.: Fischer (1930), S. 191-270.

Freud, S. (2000c): „Warum Krieg?“ Brief an Albert Einstein im September 1932. Studienausgabe, Band IX. Frankfurt a.M.: Fischer, S. 275-286.

Goldscheid, R. (1902): Zur Ethik des Gesamtwillens. Leipzig: Reisland.

Goldscheid, R. (1905): Grundlinien zu einer Kritik der Willenskraft. Willenstheoretische Betrachtung des biologischen, ökonomischen und sozialen Evolutionismus. Wien und Leipzig: Braumüller.

Goldscheid, R. (1911): Höherentwicklung und Menschenökonomie. Grundlegung der Sozialbiologie. Leipzig: Klinkhardt.

Goldscheid, R. (1913): Soziologie. In: Sarason, D. (Hg.): Das Jahr 1913. Ein Gesamtbild der Kulturentwicklung. Leipzig und Berlin: Teubner, S. 422-433.

Goldscheid, R. (1929): Weltorganisation. In: Strupp, K. (Hg.): Wörterbuch des Völkerrechts und der Diplomatie. Dritter Band. Berlin und Leipzig: de Gruyter, S. 484-496.

Goldscheid, R. (1932): Die Zukunft der Gemeinschaft. In: Festschrift für Carl Grünberg. Leipzig: Hirschfeld, S. 112-151.

Goldscheid, R. (1996): (Äußerung zur Werturteilsdiskussion). In: Nau, H. H. (Hg.): Der Werturteilsstreit. Die Äußerungen zur Werturteilsdiskussion im Ausschuss des Vereins für Sozialpolitik (1913). Marburg: Metropolis, S. 76-88.

Goleman, D. (2005): Emotionale Intelligenz. München: dtv.

Günther, G. (1980): Beiträge zur Grundlegung einer operationsfähigen Dialektik. Band III. Hamburg: Meiner.

Günther, G. (1991): Idee und Grundriss einer Nicht-Aristotelischen Logik. Die Idee und ihre philosophischen Voraussetzungen. Hamburg: Meiner (1959).

Hansmann, U.; Merck, L.; Nicklous, M. S.; Stober, Th. (2003): Pervasive Computing – The Mobile World. Berlin: Springer.

Harari, Y. N. (2013): Eine kurze Geschichte der Menschheit. München: DVA (2012).

Hemminger, H. (1983): Der Mensch – eine Marionette der Natur? Eine Kritik der Soziobiologie. Frankfurt a.M.: Fischer.

Herger, M. (2017): In 13 Jahren ist Autofahren verboten. auto touring, Januar-Heft, S. 36.

Hitzler, R. (2012): Wieviel Popularisierung verträgt die Soziologie? Soziologie, Jg. 41, Heft 4, S. 393-397.

Horkheimer, M. (1932): Hegel und das Problem der Metaphysik. In: Festschrift für Carl Grünberg. Leipzig: Hirschfeld, S. 185-197.

Horkheimer, M. (1988): Traditionelle und kritische Theorie. Gesammelte Schriften. Bd. IV, Frankfurt a.M.: Suhrkamp, S. 162-225 (1937).

Jacoby, E. G. (2013): Die moderne Gesellschaft im sozialwissenschaftlichen Denken von Ferdinand Tönnies. München und Wien: Profil (1971).

Kegel, B. (2009): Epigenetik. Wie Erfahrungen vererbt werden. Köln: DuMont.

Kegel, B. (2016): Das interaktive Buch des Lebens. Spektrum der Wissenschaft (Spezial Biologie, Medizin, Hirnforschung), Heft 2, S. 12-21 (2013).

Kermani, N. (2013): Ausnahmezustand. Reisen in eine beunruhigte Welt. München: Beck.

Klose, O.; Jacoby, E. G.; Fischer, I. (Hg.) (1961): Ferdinand Tönnies. Friedrich Paulsen. Briefwechsel 1876-1908. Kiel: Hirt.

Kohlberg, L. (1996): Die Psychologie der Moralentwicklung. Frankfurt a.M.: Suhrkamp (1968).

Kurz, R. (1999): Schwarzbuch Kapitalismus. Frankfurt a.M.: Eichborn.

Kurzweil, R. (2013): Menschheit 2.0. Die Singularität naht. Berlin: Lola Books (2005).

Latour, B. (1991): Technology is society made durable. In: Law, J. (Hg.): Sociology of Monsters. London: Routledge, S. 103-131.

Latour, B. (1998): Wir sind nie modern gewesen. Frankfurt a.M.: Fischer (1991).

Luhmann, N. (1998): Die Gesellschaft der Gesellschaft. Frankfurt a.M.: Suhrkamp.

Marshall, T. (2016): Die Macht der Geographie. München: dtv (2015).

Masala, C. (2017): Auf dem Rückzug. DIE ZEIT, Nr. 7 vom 9.2.2017, S. 60.

Mikl-Horke, G.; Fritz, W. (2007): Rudolf Goldscheid – Finanzsoziologie und ethische Sozialwissenschaft. Wien: LIT.

Mikl-Horke, G. (2011): Soziologie. Historischer Kontext und soziologische Theorie-Entwürfe. München: Oldenbourg (1989).

Miller, P. (2010): Die Intelligenz des Schwarms. Frankfurt a.M. und New York: Campus.

Moravec, H. (1990): Mind Children. Der Wettlauf zwischen menschlicher und künstlicher Intelligenz. Hamburg: Hoffmann und Campe (1988).

Mohr, H. (1987): Natur und Moral. Darmstadt: WBG.

Mohr, H. (1989): Biologische und kulturelle Evolution der Moral. Naturwissenschaftliche Rundschau, Jg. 42, Heft 4, S. 127-132.

Mohrs, Th. (1995): Vom Weltstaat. Hobbes' Sozialphilosophie, Soziobiologie, Realpolitik. Berlin: Akademie.

Nowotny, H. (1975): Zur gesellschaftlichen Irrelevanz der Sozialwissenschaften. In: Stehr, N.; König, R. (Hg.): Wissenschaftssoziologie – Studien und Materialien. Opladen: Westdeutscher Verlag, S. 445-456.

Odzuck, E. H. (2016): Thomas Hobbes' körperbasierter Liberalismus. Berlin: Duncker & Humblot.

Ort, N. (2007): Reflexionslogische Semiotik. Zu einer nicht-klassischen und reflexionslogisch erweiterten Semiotik im Ausgang von Gotthard Günther und Charles S. Peirce. Weilerswist: Velbrück.

Parsons, T. (1970): Evolutionary Universals in Society. American Sociological Review, 29, S. 321-340.

Penrose, R. (1991): Computerdenken. Die Debatte um Künstliche Intelligenz, Bewusstsein und die Gesetze der Physik. Heidelberg: Spektrum der Wissenschaft (1989).

Pfütze, H. (1991): Antike Logik – moderne Hektik. Zur Tradition subjektloser Denkfiguren in der Soziologie. In: Clausen, L.; Schlüter, C. (Hg.): Hundert Jahre „Gemeinschaft und Gesellschaft". Opladen: Leske + Budrich, S. 171-187.

Piaget, J. (1974): Abriss der genetischen Epistemologie. Stuttgart: Klett-Cotta (1970).

Piaget, J. (1976): Das moralische Urteil beim Kinde. Frankfurt a.M.: Suhrkamp (1973, 1932).

Piaget, J. (1982): Einführung in die genetische Erkenntnistheorie. Frankfurt a.M.: Suhrkamp (1973, 1970).

Riedl, R. (1980): Biologie der Erkenntnis. Hamburg: Parey.

Rinke, A.; Schwägerl, Chr. (2012): Elf drohende Kriege. Künftige Konflikte um Technologien, Rohstoffe, Territorien und Nahrung. München: Bertelsmann.

Rost, D. H. (2009): Intelligenz – Fakten und Mythen. Weinheim und Basel: Beltz.

Schnettler, S. (2016): Evolutionäre Soziologie. Soziologische Revue, Jg. 39, Heft 4, S. 507-536.

Schönberger, A. (2014): Schlachtfeldstudien. Warum führen wir Kriege? profil, Jg. 45, Heft 31, S. 66-74.

Schwarz, G.; Kotrschal, K. (2013): Die Wesensentstehung des Menschen im Naturbezug. Wie archaische Muster unser Verhalten beeinflussen. Klagenfurt: Wieser.

Searle, J. R. (1986): Geist, Hirn und Wissenschaft. Frankfurt a.M.: Suhrkamp (1984).

Simondon, G. (2012): Die Existenzweise technischer Objekte. Zürich: diapaphanes (1958).

Sounders, D. (2011): Arrival City. München: Blessing.

Sperry, R. (1985): Naturwissenschaft und Wertentscheidung. München und Zürich: Piper (1982).

Strasser, P. (2014): Diktatur des Gehirns. Für eine Philosophie des Geistes. Paderborn: Fink.

Szyf, M. (2016): Verankerung frühkindlicher Erfahrung im Erbgut. Spektrum der Wissenschaft (Spezial Biologie Medizin Hirnforschung), Heft 2, S. 30-35.

Tarde, G. (2003): Die Gesetze der Nachahmung. Frankfurt a.M.: Suhrkamp (1890).

Tarde, G. (2009a): Monadologie und Soziologie. Frankfurt a.M.: Suhrkamp (1893).

Tarde, G. (2009b): Die sozialen Gesetze. Marburg: Metropolis (1898).

Taube, M. (1967): Der Mythos der Denkmaschine. Reinbek: Rowohlt (1966).

Tomasello, M. (2017): Eine Invasion von Aliens wäre nötig. profil, Jg. 47, Heft 8, S. 66-72.

Tönnies, F. (1923): Selbstdarstellung. In: Schmidt, R. (Hg.): Die Philosophie der Gegenwart in Selbstdarstellungen. Band III. Leipzig: Meiner (1922), S. 199-235.

Tönnies, F. (1931): Einführung in die Soziologie. Stuttgart: Enke.

Tönnies, F. (2009): Schriften und Rezensionen zur Anthropologie. München und Wien: Profil (1905).

Tönnies, F. (2017): Gemeinschaft und Gesellschaft. München und Wien: Profil (1935, 1887).
Treibel, A. (2012): Soziologie für die Öffentlichkeit – eine Ermunterung angesichts emotionaler, politischer und struktureller Barrieren. Soziologie, Jg. 41, Heft 4, S. 411-421.
Vogd, W. (2010): Gehirn und Gesellschaft. Weilerswist: Velbrück.
Volkmann, U. (2015): Soziologische Zeitdiagnostik. Eine wissenssoziologische Ortsbestimmung. Soziologie, Jg. 44, Heft 2, S. 139-152.
Vollmer, G. (2002): Evolutionäre Erkenntnistheorie. Stuttgart: Hirzel (1987).
Vollmer, G. (2008): Was können wir wissen? Band 1: Die Erkenntnis der Natur, Band 2: Die Natur der Erkenntnis. Stuttgart: Hirzel (1988).
Walter, J.; Hümpel, A. (Hg.) (2017): Epigenetik. Implikationen für die Lebens- und Geisteswissenschaften. Baden-Baden: Nomos.
Weber, M. (1968): Soziologie – Weltgeschichtliche Analysen – Politik. Stuttgart: Kröner, S. 167-185, 311-339 (1919).
Weber, M. (1972): Wirtschaft und Gesellschaft. Grundriss der verstehenden Soziologie. Tübingen: Mohr (1922).
Weizenbaum, J. (1982): Die Macht der Computer und die Ohnmacht der Vernunft. Frankfurt a.M.: Suhrkamp (1976).
Welzer, H. (2008): Klimakriege. Wofür im 21. Jahrhundert getötet wird. Frankfurt a.M.: Fischer.
Welzer, H. (2017): Die meisten Menschen sind potentielle Massenmörder. profil, Jg. 48, Heft 9, S. 74-75.
Wilson, E. O. (1998): Consilience. New York: Knopf.
Witrisal, G. (2004): Der „Soziallamarckismus" Rudolf Goldscheids. Ein milieutheoretischer Denker zwischen humanitärem Engagement und Sozialdarwinismus. Graz: Diplomarbeit.
Wuketits, F. M. (2012): Zivilisation in der Sackgasse. Plädoyer für eine artgerechte Menschenhaltung. Murnau: Mankau.

Kollabierende Gesellschaften

Unlösbare Probleme in sozialhistorischer Perspektive

Probleme kann man niemals mit derselben Denkweise lösen,
durch die sie entstanden sind.
Albert Einstein

Als Bazon Brock in den achtziger Jahren den Begriff der unlösbaren Problem prägte, legte er damit zugleich die Basis für ein Forschungsprogramm, ähnlich wie Ulrich Beck mit dem Begriff der Risikogesellschaft oder Paul Crutzen mit dem des Anthropozäns (programmatisch: Brock 1990, S. 11 ff.). In mehreren Interviews präzisierte er seine Vorstellungen: Wenn Menschen in Zukunft überhaupt noch etwas gemeinsam haben werden, dann sind es nicht Illusionen kultureller Identität, wie gemeinsame Sprache, Religionen, Tischsitten, sondern die Konfrontation aller mit nicht lösbaren Problemen. Zum einen machen Ereignisse, wie sie etwa die Veränderung des Weltklimas darstellt, nicht an den Grenzen kulturell definierter Lebensräume halt. Zum anderen führen Bemühungen, die vordergründig als Problemlösung ausgegeben werden, üblicherweise zu neuen Problemen, so dass die Erweiterung des Wissens auf der einen Seite eine enorme Steigerung des Nichtwissens auf der anderen Seite zur Folge hat. Problem-„Lösungen", durch die neue Probleme geschaffen werden, sollten gesellschaftlich deshalb nur dann akzeptiert werden, wenn die Nachfolgeprobleme kleiner sind als das Ausgangsproblem. Oft ist es sogar sinnvoller, sich von der Allmachtsphantasie endgültiger Lösungen zu verabschieden und stattdessen Alternativen zu entwickeln, wie mit vorläufig oder prinzipiell unlösbaren Problemen dem Menschen dienlicher umzugehen sei (2012). Drei Kernaussagen lassen sich herausschälen: (1) Es gibt heute „Probleme, die keine Kultur lösen kann" (1995). (2) Wir müssen „lernen, mit unlösbaren Problemen sinnvoll umzugehen" (2012). (3) „Folgeprobleme kann man akzeptieren, wenn sie kleiner sind als das Ausgangsproblem" (ebd.). Die erste Aussage ist beschreibender Art, die letzten beiden sind normativ begründete Handlungsanweisungen. Daraus ergeben sich, will man die drei Aussagen operationalisieren, zwei Fragestellungen: (1) Worin besteht der Charakter unlösbarer Probleme, vorausgesetzt, es gibt sie tatsächlich? (2) Wie wäre mit Problemen, die innerhalb einer Kultur unlösbar sind, sinnvoll umzugehen?

Eine Taxonomie möglicher Probleme

Die Formulierungen Bazon Brocks, die ihren gesellschaftspolitischen Stellenwert im Rahmen der von ihm postulierten Notwendigkeit, „Kulturen zu zivilisieren", erhalten, sind zum Teil auf Widerspruch, zum Teil auf Unverständnis gestoßen. So polemisiert Regina Pöll in einer Kolumne der Wiener Tageszeitung „Die Presse" vom 24.2.2012, welchen Sinn es mache, sich mit Problemen zu befassen, die ohnehin nicht lösbar sind: Es mag ja spannend sein, in Berlin über unlösbare Probleme zu sprechen, aber „kann es einen wirklich glücklich machen, wenn man so gar nicht zu einer Lösung kommt?" Und in der Tat ist es der Menschheit manchmal ja auch gelungen, Probleme, die auf den ersten Blick als schier unlösbar galten, einer Lösung zuzuführen.

Die Beantwortung der ersten Frage nach dem Charakter unlösbarer Probleme führt zunächst einmal zu taxonomischen Überlegungen. Hierbei können wir auf Vorarbeiten von Hans Magnus Enzensberger zurückgreifen. In seiner Schrift über „Fortuna und Kalkül" (2009, S. 58 f.) entwickelt er folgendes Schema:

1. Es gibt Probleme.
2. Es gibt zwei Klassen von Problemen: lösbare und unlösbare.

2.1 Es gibt zwei Klassen von lösbaren Problemen.

2.1.1 Es gibt lösbare Probleme, von denen sich beweisen lässt, dass sie lösbar sind

2.1.2. Es gibt lösbare Probleme, von denen sich nicht beweisen lässt, das sie lösbar sind.

2.2. Es gibt zwei Klassen von unlösbaren Problemen.

2.2.1. Es gibt unlösbare Probleme, von denen sich nicht beweisen lässt, dass sie unlösbar sind.

2.2.2. Es gibt unlösbare Probleme, von denen sich beweisen lässt, dass sie unlösbar sind.

3. Diese Probleme sind es, welche die Menschheit seit Menschengedenken zu lösen versucht.

Bezeichnend ist, dass es sich hierbei um eine logische Taxonomie handelt. Sozialwissenschaftlich interessant wird ein solches Strukturschema erst, wenn man es zusätzlich um eine historische Dimension anreichert.

Wie die Geschichte zeigt, werden Probleme nur dadurch „gelöst“, dass neue Probleme geschaffen werden. Nehmen wir als Beispiel die Erfindung des Autos. Zweifellos wurde durch sie die Mobilität des Menschen erhöht. Das Problem der Raum- und Zeitdistanzen war, wenn schon nicht gelöst, so doch marginalisiert. Hingegen ergaben sich nun Folgeprobleme dort, wo sie sich zuvor nicht einmal vermuten ließen. Über kurz oder lang ergab sich als Folgewirkung die Notwendigkeit asphaltierter Straßen und mehrspuriger Autobahnen. Ein raumgreifendes Tankstellennetz wurde erforderlich. Auch Menschen, die über kein Auto verfügen, mussten sich der Disziplin neuer Verkehrsformen unterwerfen. Bislang unbekannte Bedürfnisse wurden geschaffen, aber auch Belastungen, wie Umweltverschmutzung und völlig veränderte Zeitregulative sie darstellen. Als zweites Beispiel sei genannt die „Züchtung von Getreide mit großen Ähren zur besseren Versorgung der Bevölkerung. Größere Erträge aufgrund größerer Ähren gehen auf eine bessere Düngung des Bodens zurück, die aber zugleich auch eine Überdüngung des Bodens bedeutet. Da große Ähren oft die Halme brechen lassen, züchtete man Getreidesorten mit kurzen Halmen. Da die Ähren so dem feuchten Boden näherrückten, wurden sie oft von Pilzen befallen, was den Einsatz von Schädlingsbekämpfungsmitteln nach sich zog, die ihrerseits die Böden noch weiter vergifteten. Das Beispiel zeigt, dass jeder Erfolg mit neuen Problemen behaftet ist, deren Korrektur wieder neue Probleme aufwirft. In diesem Falle hängt das Getreidefeld am Tropf der Chemie“ Gloy, erster Band, 1995, S. 15). Ist das Gleichgewicht gestört, kann es nur schwer und unter großem Aufwand wieder ins rechte Lot gebracht werden.

Wissenschaft und Technik haben den Umfang und die Brisanz unlösbarer Probleme in bislang nicht gekanntem Ausmaß gesteigert. Nichts ist mehr, wie es vorher einmal war. Natur und Tradition haben ihre gesellschaftliche Gestaltungsmacht verloren. Die Ökonomie hat alle Traditionen zur Folklore verkommen lassen. Die Natur ist zum Gestaltungsmaterial einer wissenschaftlichen Technologie geworden. Bewusste Entscheidungen, die von Menschen getroffen werden, sind an ihre Stelle getreten. Ein Beispiel mag diesen Sachverhalt verdeutlichen: Wenn eine Frau vor fünfzig Jahren ein behindertes Kind zur Welt gebracht hat, dann war das ein Schicksalsschlag, eine Laune der Natur. Heute weiß eine werdende Mutter aufgrund von Screening-Tests sehr früh, ob sie ein gesundes oder ein behindertes Kind zu erwarten hat. Es ist kein Schicksalsschlag, keine

Laune der Natur mehr, sondern ihre bewusste Entscheidung, ob sie es zur Welt bringen wird oder nicht.

In diesem Zusammenhang lassen sich, analytisch betrachtet, grundsätzlich drei Arten von Problemen unterscheiden: erstens Probleme, die zu lösen gegen das verstößt, was wir gemeinhin als Naturgesetze bezeichnen, also zum Beispiel ein Perpetuum mobile erster und zweiter Art, sogenannte Scheinprobleme, die auf falschen Fragestellungen beruhen, zweitens die relativ schnell lösbaren Probleme, bei denen es nur eine Frage der Zeit ist, bis sie gelöst sind, typische Alltagsprobleme, wie Hausfrauen, Klempner oder Psychologen sie kennen. Und dann gibt es noch eine dritte Kategorie: jene grundsätzlich unlösbaren Probleme, die nicht auf einer falschen Fragestellung beruhen. Sie sind epistemologisch und gesellschaftspolitisch die interessantesten, weil man nicht von vornherein, sondern nur im Nachhinein sagen kann, ob sie vorläufig oder prinzipiell unlösbar sind. Jedenfalls erleben die Menschen einer gegebenen Kultur- bzw. Gesellschaftsepoche sie in der Regel, unabhängig davon ob sie kultur- bzw. epochenbezogen oder grundsätzlich unlösbar sind, als unlösbar, auch wenn die Wissenschaft, die Politik oder wer auch immer das Gegenteil verspricht.

Für sie vor allem, die sich durch radikale Ungewissheit auszeichnen, stellt sich die Frage, wie mit ihnen in angemessener Weise umzugehen sei. Weil nicht von vornherein klar ist, ob es sich im konkreten Fall nur um ein vorläufig oder um ein prinzipiell unlösbares Problem handelt, mag es deshalb angemessener sein, sich von der Vorstellung, endgültige Lösungen seien möglich, zu verabschieden und stattdessen zeitbezogene Strategien zu entwickeln, wie mit Ungewissheit menschendienlicher umzugehen sei, etwa bei Krankheiten, die nach wie vor als unheilbar gelten. So mag es zeitbezogen hilfreicher sein, gesellschaftliche Ressourcen gezielt umzuwidmen, um die Leiden krebskranker Menschen heute erträglicher zu gestalten, anstatt ausschließlich der Utopie nachzujagen, diese Krankheit in einer fernen Zukunft zu besiegen.

Jede Epoche, jede Gesellschaftsformation erzeugt irgendwann in sich Probleme, die im Rahmen ihrer Systemimperative nicht lösbar sind. So war es den Griechen zur Zeit des legendären Ikarus nicht möglich zu fliegen, weil ihnen das dafür notwendige Wissen und die Technologie fehlten. Ähnlich verhält es sich mit vielen gegenwärtigen Problemen. Sie sind in der Form, in der heute Wissenschaft, Politik und Ökonomie üblicherweise betrieben wird, nicht lösbar, sei es der Klimawandel, das Bevölkerungswachstum oder die aus dem Ruder gelaufenen Finanzmärkte. Zu ihrer Lösung bedarf es neuartiger gesellschaftlicher Institutionen und vor allem soziologischer Phantasie.

Die gesellschaftlichen Probleme, die heute einer Lösung bedürfen, sind durch zwei Kerneigenschaften charakterisiert: Ungewissheit und Wertevielfalt. Radikale Ungewissheit über die Folgewirkungen und eine Vielzahl legitimer Sichtweisen verweisen darauf, dass Lösungen nicht entlang eines idealisierten linearen Pfades gestaltet werden können, der seinen Ausgang in der Erzeugung wissenschaftlichen Wissens nimmt, um dann in seine Anwendung zu münden. Die Methoden der Wissenschaft, derer sie sich bisher im akademischen Umfeld bedient hat, sind in einem Kontext, in dem der Prozess der Entscheidungsfindung ebenso wichtig ist wie das Resultat, das schließlich zustande kommt, nur von begrenzter Wirksamkeit. Im Gegensatz zu dem Eindruck, den die akademische Wissenschaft vermittelt, verfügen die meisten Probleme einer technologisch geprägten Welt über mehr als nur eine plausible Antwort, und auf manche gibt es überhaupt keine Antwort.

Entweder gelingt es einer Gesellschaft, ihre bestandsgefährdenden Krisen durch Umgestaltung und Überschreitung ihrer Systemgrenzen zu bewältigen, wie das im Fall der französischen Revolution geschah, oder sie geht daran zugrunde, wie im Fall der polynesischen Kultur auf der Osterinsel. Ressourcenknappheit wurde für die Bewohner der Osterinsel zum unlösbaren Problem, das im Kannibalismus endete (vgl. Ponting 1991, Diamond 2005). Doch selbst wenn es einer Gesellschaft gelingt, eines ihrer gravierenden Probleme zu lösen, ist die Lösung in der Regel erkauft – man gebe sich da keinen Illusionen hin – um den Preis eines Rattenschwanzes an Folgeproblemen.

Um die zweite Frage zu beantworten, wie mit anscheinend unlösbaren Problemen sinnvoll umzugehen sei, mag es hilfreich sein, sich anzuschauen, woran untergegangene Gesellschaften gescheitert sind. Im Nachhinein lässt sich erkennen, welche Fehler sie gemacht haben, Fehler, die ihnen selbst nicht bewusst waren oder die sie nicht ernst nahmen. Sonst hätten sie einen anderen Weg eingeschlagen, denn der historische Prozess, der sie in die Katastrophe führte, musste nicht zwangsläufig und alternativlos so verlaufen, wie es dann tatsächlich geschah. Dass zum Beispiel die Bewohner der Osterinsel im Kannibalismus endeten oder die Wikinger von Normannisch-Grönland Hungers starben, war keine historische Notwendigkeit. Wären erstere mit ihrer Umwelt sorgfältiger umgegangen und hätten letztere ihre Nahrungsgewohnheiten umgestellt, wären in beiden Fällen andere Geschichtsverläufe möglich gewesen. Soziale Prozesse, die zufällig, mäandernd oder selbstverstärkend entstehen, sich weiterentwickeln und jederzeit immer auch anders verlaufen können, während die Akteure handeln, erscheinen erst nachträglich als kausal, folgerichtig oder gar zwangsläufig. Zu Beginn einer Entwicklung ist die Zukunft offen, und niemand kann wissen, wohin die Reise letztlich geht. Umfang und Vielfalt eines Möglichkeitsraumes übersteigen immer die des realisierten Faktums. Erst im Nachhinein, am Ende einer Entwicklung lassen sich vorgängige Stufen als notwendige Zwischenschritte deuten, die unhintergehbar waren, weil es sonst zu einem anderen Resultat gekommen wäre. Kategorien wie Kausalität, also Ursache und Wirkung, Bedingung und Folge, Struktur und Funktion sind für die Erklärung sozialer Sachverhalte, in denen Zufall und Gefühl eine tragende Rolle spielen, nur von beschränktem Erkenntniswert. Wenn Menschen miteinander verkehren, dann spielen Deutungen, Antizipationen und Vorurteile hinsichtlich der jeweils Anderen und ihrer Absichten eine entscheidendere Rolle. Auch Praktiken wie Macht- und Gewaltgebrauch, Handlungsmodi wie Rationalisierungen und der Wunsch, in Übereinstimmung mit Anderen zu denken und zu handeln, sind konstitutive Bestandteile sozialer Prozesse (Janis 1982). Soziales Handeln ist eher rekursiv denn kausal. Es stellt sich dar nicht als einfache, lineare Folge von Aktion und Reaktion, sondern als ineinander verwobene Entwicklung von Beziehungen. Und ihm liegen keinesfalls immer realistische oder rationale Bilder der jeweils Anderen und ihrer Handlungen zugrunde. Nicht so sehr objektive Bedingungen entscheiden darüber, wie Menschen sich verhalten, sondern die Art und Weise, wie sie diese Bedingungen wahrnehmen und deuten. Deshalb können zufällige Entscheidungen tiefere und nachhaltigere Folgen hervorrufen als planvolles Handeln, und gefühlte Wirklichkeiten können für Entscheidungen wichtiger sein als objektive. Auch können sich die wechselseitigen Wahrnehmungen, Deutungen und Handlungen der Akteure ändern und den Charakter der Beziehungen dadurch massiv beeinflussen. Es macht deshalb wenig Sinn, über Charakter, Stellenwert und Folgen unlösbarer Probleme abstrakt zu sprechen, losgelöst von Raum und Zeit. Immer sind sie Ausdruck ihrer Epoche und eingebunden in die Kultur, die ihnen zu Grunde liegt.

Historische Relativierungen

Der Zusammenbruch einer Gesellschaft ist wie das Sterben eines Menschen immer ein einmaliges, ein singuläres Ereignis. Gleichwohl handelt es sich dabei um einen sozialen Prozess, der nichts Mystisches an sich hat, auch wenn er die Vorstellungskraft der davon Betroffenen oft übersteigt. Nun ist es so, dass sich Sozialwissenschaftler, insbesondere Soziologen, in ihrer Mehrheit kaum mit historischen Einzelereignissen, wie Krieg oder Katastrophen sie darstellen, befassen. „Der soziologischen Alltagsarbeit an den Hochschulen liegen sie ganz fern. Selbst Ulrich Beck hat 1986 mit seiner fulminanten und für die Reaktualisierung der Soziologie so förderlichen ‚Risikogesellschaft‘ dieses Manko nicht behoben; und der eifersüchtige Kampf der Schulen um den hinter ihrem Rücken unangenehm erfolgreichen Term ‚Risiko‘ hat, wie er selbst auch, eine Kenntnisnahme direkt katastrophensoziologischer Empirie und eben Theorie förmlich verschmäht“ (Clausen et al. 2003, S. 2). Während Paläontologen, Ozeanographen, Ethnologen, Historiker oder Meteorologen kein Problem damit haben, Theorien und Modelle für problematische Entwicklungen vorzulegen, die in Katastrophen enden können, haben Soziologen, von Ausnahmen abgesehen (vgl. Perrow 1989, Clausen 1994, Clausen und Dombrowsky 1983), offensichtlich Schwierigkeiten, zu erfassen, welche gesellschaftlichen Folgen zum Beispiel eine Erhöhung der globalen Durchschnittstemperatur um zwei Grad Celsius oder ein Anstieg des Meeresspiegels um fünfzehn Zentimeter hat. Das gleiche gilt, von Ausnahmen abgesehen (vgl. von Martin 1974, Mann 1990), für die Analyse historischer Einzelereignisse. Diese Abstinenz hängt in beiden Fällen mit der Struktur ihrer Disziplin zusammen. Im ersten Fall, so Welzer (2008, S. 208), habe eine seit zwei Generationen anhaltende Friedens- und Prosperitätsphase in den westlichen Ländern, dem vorrangigen Untersuchungsobjekt von Soziologen und mehrheitlich zugleich deren heimatliches Umfeld, dafür gesorgt, dass man Stabilität für das Erwartbare und Instabilität für die Ausnahme hält. „Wenn man in einer Welt aufgewachsen ist, in der nie ein Krieg stattgefunden hat, nie die Infrastruktur durch ein Erdbeben zerstört wurde, nie Hunger geherrscht hat, wird man Massengewalt, Chaos und Armut für ein Problem halten, das für andere vorgesehen ist. Die Referenzrahmen, die in Phasen relativer Stabilität ausgebildet werden, sind nicht auf Krisen oder Katastrophen geeicht, sondern allenfalls auf kleinere Unregelmäßigkeiten wie Waldbrände oder Überschwemmungen. Daher wird in solchen Regionen aus jedem Hochwasser eine ‚Jahrhundertflut‘.“ Auch Soziologen leben, wie gesagt, mehrheitlich in stabilen Welten, und „deshalb ist es nicht verwunderlich, dass ihre Theorien den Zusammenbruch ganzer Systeme, den Ausbruch extremer Gewalt, das Umschlagen sozialer Verhältnisse in ein ganz Anderes nicht vorsehen und es als ‚Ausnahme‘ definieren, wenn es trotzdem geschieht.“ Soziologen „sind Teil der Welt, mit der sie sich wissenschaftlich beschäftigen, und deshalb vermeiden sie Themen, die Gefühle von Bedrohung, Angst, Unsicherheit und Kontrollverlust auslösen können."

Ähnlich verhält es sich im zweiten Fall. Soziologen und Historiker sprechen nicht nur unterschiedliche Sprachen, sie bewegen sich auch in unterschiedlichen Welten. Soziologen lernen es, sich mit Zahlenreihen und Statistiken zu beschäftigen, während Historiker sich eher davor drücken und ihre Schlüsse aus Worten zu ziehen trachten. Soziologen lernen es, Regeln zu erkennen und zu beachten, und neigen oft dazu, Ausnahmen zu ignorieren. Historiker dagegen werden dazu angehalten, sich den Einzelheiten zu widmen, und oft gelingt es ihnen dann nicht, allgemeine Muster darin zu erkennen. Dementsprechend getrübt ist das Verhältnis zwischen beiden Subkulturen. Historiker sehen in Soziologen üblicherweise „Leute, die das, was offen zutage liegt, mit Hilfe eines barbarischen Jargons beschreiben, die für Orte und Zeiten keinen Sinn haben, die Individuen in rigide Kategorien pressen und – dem Ganzen die Krone aufzusetzen – dies auch noch für ‚wissenschaftlich' halten. Die Soziologen ihrerseits betrachten Historiker oft als amateurhafte, kurzsichtige Tatsachensammler ohne Methode. Die Unbestimmtheit ihrer Daten entspricht einzig ihrer Unfähigkeit, sie zu analysieren" (Burke 1989, S. 10 f.).

Historische Einzelstudien sind die unentbehrliche Grundlage, um den Verlauf kollabierender Gesellschaften, ihr Versagen mit Problemen, die für sie offensichtlich unlösbar waren, zu analysieren. Aber aus soziologischer Perspektive sind Einzelstudien nicht hinreichend, um strukturelle Gesetzmäßigkeiten erkennen zu können. So kommt Barbara Tuchman in ihrer brillanten Monographie über die „Torheit der Regierenden" (1984) kaum über deskriptive Verallgemeinerungen hinaus, die sie mit Ausdrücken wie „Festhalten an Fehlern", „Starrköpfigkeit", „Weigerung, Rückschlüsse aus negativen Anzeichen zu ziehen" oder „geistiger Stillstand" belegt. Diamond (2005) schlägt deshalb vor, „vergleichende Untersuchungen" anzustellen oder „natürliche Experimente" zu beobachten, das heißt, man vergleicht „natürliche Situationen, die sich im Hinblick auf die untersuchte Variable unterscheiden" (ebd., S. 33). Verglichen werden können zum einen Gesellschaftsformationen und Kulturen unterschiedlicher Ethnien, die vor identischen, für sie unlösbaren Problemen stehen oder standen, zum anderen unterschiedliche historische Entwicklungsstadien ein und derselben Ethnie. Als Beispiel für einen „kontrollierten experimentellen Zusammenbruch" führt Diamond das lange Zeit von Wikingern und Inuit gemeinsam bewohnte Grönland an. „Zwei Gesellschaften (Norweger und Inuit) teilten sich dieselbe Insel, hatten aber eine ganz unterschiedliche Kultur, sodass die eine Gesellschaft überleben konnte, während die andere zugrunde ging. Aus der Geschichte Grönlands kann man also lernen, dass der Zusammenbruch auch unter widrigen Umweltverhältnissen nicht zwangsläufig eintritt, sondern immer von den Entscheidungen einer Gesellschaft abhängt. Man kann Normannisch-Grönland auch mit fünf anderen Gesellschaften vergleichen, die ebenfalls im Nordatlantikraum von norwegischen Siedlern gegründet wurden; dann verstehen wir, warum es den Norwegern auf den Orkney-Inseln gut ging, während ihre Vettern in Grönland zu leiden hatten. Eine dieser fünf norwegischen Gesellschaften, Island, ist eine herausragende Erfolgsgeschichte; sie zeigt, wie man auch in einer empfindlichen Umwelt ein hohes Maß an modernem Wohlstand erreichen kann" (ebd., S. 38).

Grundlage für solche Vergleiche sind genaue Kenntnisse über die einzelnen Gesellschaften, wie sie von Archäologen, Historikern und anderen Forschern zusammengetragen werden. Sie bilden die unentbehrliche Datenbasis. Aber erst durch den Vergleich mehrerer Gesellschaften lassen sich Schlüsse ziehen, die aus der Analyse einer einzigen Gesellschaft, und sei sie noch so reich an Details, nicht ableitbar sind. „Um beispielsweise den berühmten Zusammenbruch der Maya-Gesellschaft zu verstehen, muss man nicht nur genau über die Geschichte und Umwelt der Maya Bescheid wissen; viel mehr Erkenntnisse kann man gewinnen, wenn man dieses Volk in einem größeren Zusammenhang betrachtet und mit anderen zusammengebrochenen Gesellschaften vergleicht, die den Maya in manchen Aspekten ähnelten und sich in anderen von ihnen unterschieden. Diese zusätzlichen Erkenntnisse sind nur mit der vergleichenden Methode möglich. Ich habe die Notwendigkeit guter Einzeluntersuchungen und guter Vergleiche so stark betont, weil Wissenschaftler, die das eine Verfahren praktizieren, den Beitrag des anderen häufig zu gering einschätzen. Spezialisten für die Geschichte einer Gesellschaft tun Vergleiche häufig als oberflächlich ab, und wer häufig vergleicht, findet die Untersuchung einer einzelnen Gesellschaft vielfach hoffnungslos engstirnig und misst ihr für das Verstehen anderer Gesellschaften nur einen begrenzten Wert bei. Aber wenn wir zuverlässige Kenntnisse gewinnen wollen, brauchen wir Forschungsarbeiten beider Typen. Besonders gefährlich wäre es, wenn man von einer Gesellschaft ausgehen und dann verallgemeinern würde, oder wenn man sich mit der Interpretation eines einzelnen Zusammenbruchs zu sicher wäre" (ebd., S. 34 f.).

Tuchman, deren Studie politische Fehlentscheidungen zum Thema hat, die sie als „Torheit" bezeichnet, präzisiert die Anforderungen, die an eine historische Einzelfallanalyse zu stellen sind. Von „Torheit" spricht sie, wenn die Politik der Regierenden, gemessen am Wohlergehen einer

Gesellschaft, kontraproduktiv ist. Für sie liegt der Fall einer „Missregierung“ dann vor, wenn das politische Handeln der Machtelite dem Eigeninteresse des jeweiligen Staates und seiner Bürger zuwiderläuft: „Mit dem Begriff Torheit soll in dieser Untersuchung eine Politik aber nur dann belegt werden, wenn sie drei Kriterien erfüllt: Erstens muss sie zu ihrer Zeit, und nicht erst im Nachhinein, als kontraproduktiv erkannt worden sein. Dies ist wichtig, denn jede Politik ist abhängig von den Zeitumständen ihrer Epoche. ‚Nichts ist ungerechter‘, hat ein englischer Historiker mit Recht festgestellt, ‚als Menschen der Vergangenheit nach den Ideen der Gegenwart zu beurteilen. Was immer man in dieser Hinsicht über die Moral sagen mag – die politische Weisheit jedenfalls ist dem Wandel der Zeiten unterworfen.‘ … Das zweite Kriterium lautet: eine Politik soll hier nur dann als töricht bezeichnet werden, wenn es zu ihrer Zeit eine praktikable Handlungsalternative gab. Durch Einführung eines dritten Kriteriums schließlich soll eine Fixierung auf das Problem der individuellen Persönlichkeit vermieden werden: die im folgenden erörterte Politik muss demnach von einer Gruppe und nicht von einem einzelnen Regierenden betrieben worden sein und über die politische Laufbahn eines Einzelnen hinaus Bestand gehabt haben“ (Tuchmann 1984, S. 13). Gleichwohl, bei aller Sorgfalt im Einzelfall, vermag sie die Erkenntnisschranken nicht zu überwinden, die in der Struktur des Ansatzes begründet sind: „Nur mit Befunden aus einer *vergleichenden* Untersuchung *verschiedener* Gesellschaften mit *unterschiedlichem* Schicksal kann man darauf hoffen, dass man zu einigermaßen überzeugenden Schlussfolgerungen gelangt“ (Diamond 2005, S. 34 f., Kursivierung hinzugefügt, A. B.).

Unlösbare Probleme in vergleichender Analyse

Im Gegensatz zu den Studien von Tuchman (1984) etwa oder von Tainter (1988) finden sich bei Diamond Schlussfolgerungen über strukturelle Ursachen des Zusammenbruchs gesellschaftlicher Systeme in nahezu taxonomischer Form. Aufgrund von systematisch durchgeführten komparatistischen Analysen gelang es ihm, Faktoren zu isolieren und zu verallgemeinern, die dafür verantwortlich sind, dass gesellschaftspolitische Herausforderungen in einigen Kulturen bewältigt, in anderen zum unlösbaren Problem wurden, an denen sie schließlich zerbrachen. Seine Schlussfolgerungen basieren auf Untersuchungen des Weströmischen Reiches, der Maya-Zivilisation, der Pueblo-Kultur im Südwesten der USA, der Osterinsel, der minoischen und mykenischen Kultur, der Meroe in Afrika, von Angkor Wat, der Harappa-Kultur im Indus-Tal sowie der Wikinger auf Grönland. Am Beispiel des Schicksals der Osterinsel und Normannisch-Grönlands seien zwei Erkenntnisse seiner Analysen kurz skizziert. Ich beginne mit der Osterinsel (Diamond 2005, S. 103 ff.).

Die Herrschaftsform der Osterinsel war eine Theokratie, bei der die Regierungsgewalt religiös legitimiert wird. Die Häuptlinge, die gottähnlichen Status hatten, übten zugleich das Amt des Hohepriesters aus und fungierten als Mittler zwischen Menschen und Gottheiten. Sie regelten die sozialen Beziehungen zwischen den elf bis zwölf Clans, den Häuptlingen untereinander und einzelnen Bewohnern. Seit etwa 1000 nach unserer Zeitrechnung nahm die ursprünglich kleine Ausgangspopulation auf der damals dicht bewaldeten Insel kontinuierlich zu. Die Ausdehnung der Landwirtschaft und wachsender Holzbedarf führten im Laufe weniger hundert Jahre zur vollständigen Abholzung der Palmenwälder. Letzteres hatte seinen Grund in den Steinstatuen, deren Transport und Aufrichtung gewaltige Holzmengen erforderten und die trotz zunehmender Holzknappheit immer größere Dimensionen annahmen, angetrieben durch die Statuskonkurrenz der Häuptlinge. Die letzten Statuen mussten nicht nur wegen ihrer überdimensionierten Ausmaße, sondern auch weil es kein Holz mehr gab, um sie zu transportieren, im Steinbruch verbleiben. Die Entwaldung aber hatte noch weitaus fatalere Konsequenzen. Neben anderen wichtigen Nutzungsmöglichkeiten des Waldes fehlte es nun auch an Holz für Boote und an Material für Netze, so dass weder Fischfang noch ein Verlassen der Insel möglich war. Der Abstieg endete im siebzehnten Jahrhundert, noch bevor die ersten Europäer auf der Insel landeten, in einem selbstverschuldeten Kollaps mit Krieg, Hunger und Kannibalismus sowie wirtschaftlichem, politischem und kulturellem Zusammenbruch, der begleitet war von einem dramatischen Bevölkerungsrückgang. Das Fiasko, das sich damals ereignete, ist nicht nur von historischem Interesse. Clive Ponting weist in seiner Fallanalyse auf die Bedeutung hin, die das Geschehen auf der Osterinsel für uns Heutige haben kann. „Wie die Osterinsel hat die Erde nur begrenzte Ressourcen, um die menschliche Gesellschaft und ihre Bedürfnisse zu befriedigen. Wie die Insulaner hat auch die menschliche Bevölkerung auf der Erde keine Möglichkeit zu entkommen“ (Ponting 1991, S. 7).

Kommen wir zum zweiten Beispiel (Diamond 2005, S. 266 ff.). Im Endstadium ihrer mehrhundertjährigen Anwesenheit auf Grönland verhungerten die Wikinger inmitten einer Fülle ungenutzter Nahrungsressourcen. Wie konnte es zu diesem gesellschaftlichen Kollaps kommen, der im Rückblick und aus heutiger Sicht als reiner Selbstmord anmutet? Diamond (ebd., S. 342 ff.) benennt vier Ursachen: (1) Die Wikinger auf

Grönland waren aufgrund ihrer Herkunft Viehzüchter. Zwar aßen sie auch Karibus und Hasen, aber zusätzlich sorgten sie dafür, dass ihre Kühe, Schafe und Ziegen die Pflanzen der Insel in Milch und Fleisch verwandelten. Dadurch setzten sie eine irreversible Bodenerosion in Gang. Hinzu kam eine Verschlechterung des Klimas, wodurch die Viehhaltung immer problematischer wurde. (2) Die Wikinger kamen nicht mit einem unvoreingenommenen Bewusstsein nach Grönland, das sie für jedes Problem, das sich ihnen stellte, aufgeschlossen gemacht hätte. „Wie alle Völker, die in der Geschichte Kolonien gründeten, brachten sie ihre eigenen Kenntnisse, ihre kulturellen Werte und ihre bevorzugte Lebensweise mit, die sich auf die Erfahrungen vieler Generationen in Norwegen und Island stützten. Sie hielten sich für Milchbauern, Christen, Europäer und insbesondere für Normannen. Ihre norwegischen Vorfahren praktizierten schon seit 3000 Jahren erfolgreich die Milchwirtschaft. Sie waren durch gemeinsame Sprache, Religion und Kultur an Norwegen gebunden.“ So war es den Wikinger-Häuptlingen ganz unvorstellbar, auf ihre traditionelle Rinderzucht zu verzichten, selbst als diese die biologische Produktivität der grönländischen Landschaft zu Nichte machte. Die Werte, an denen die Menschen selbst unter ungeeigneten Bedingungen am hartnäckigsten festhalten, sind gewöhnlich genau jene, durch die sie zuvor ihre größten Triumphe über widrige Umstände gefeiert haben. (3) Wie andere Christen aus dem mittelalterlichen Europa verachteten die Wikinger die nichteuropäischen Heidenvölker, und sie hatten keine Erfahrungen im Umgang mit ihnen. Deshalb weigerten sie sich, von den Inuit zu lernen, und vermutlich verhielten sie sich so, dass die feindseligen Gefühle erwidert und bestätigt wurden. Später gingen auch viele andere Gruppen von Europäern in der Arktis auf ganz ähnliche Weise zugrunde, weil sie die Inuit ignorierten oder bekämpften. Hätten die Wikinger, als es mit der Viehzucht zu Ende ging, nicht nur einige wilde Nahrungsmittel verzehrt, die auch die Ureinwohner in Grönland nutzten (insbesondere Karibus, wandernde Robben und Seehunde), sondern darüber hinaus auch noch die anderen Nahrungsmittel der Ureinwohner ausgebeutet (insbesondere Fisch, Ringelrobben und nicht nur jene Wale, die strandeten), hätten sie wahrscheinlich überlebt. Dass sie auf Ringelrobben, Fische und Wale keine Jagd machten, obwohl sie sahen, dass die Inuit es taten, war eine katastrophale Fehlentscheidung. Die Alternativlosigkeit, die sie empfanden, als ihnen die Nahrung ausging, war selbstverschuldet. Sie hätten nur Fisch zu essen brauchen, aber der galt in ihrer Kultur nicht als essbar. (4) Grundlegend für die Gesellschaftsstruktur der Wikinger war die unüberbrückbare Differenz zwischen den kurzfristigen Interessen der Machtelite und den langfristigen Interessen der Gesamtgesellschaft. Vieles von dem, was die Häuptlinge und Geistlichen schätzten, erwies sich für die Gesellschaft als schädlich. Die Macht in Normannisch-Grönland konzentrierte sich in den Händen der Häuptlinge und der Geistlichkeit. „Ihnen gehörte das meiste Land (darunter ohne Ausnahme die besten Höfe), sie besaßen die Boote, und sie kontrollierten den Handel mit Europa. Ein großer Teil dieses Handels diente dem Import von Waren, die ihnen mehr Prestige verschafften: Luxusgüter für die reichsten Haushalte, Gewänder und Schmuck für die Geistlichen, Glocken und farbiges Glas für die Kirchen. Die wenigen Boote wurden unter anderem für die Jagd in der Nordrseta genutzt, bei der man sich die Luxus-Exportgüter (beispielsweise Elfenbein und Eisbärfelle) zur Bezahlung der Importe beschaffte. Die Häuptlinge hatten zwei Motive, große Schafherden zu halten, die das Land durch Überweidung schädigen konnten: Wolle war Grönlands zweites wichtiges Exportgut, mit dem man die Importe bezahlen konnte, und unabhängige Bauern konnte man auf überweidetem Land leichter in ein Lehensverhältnis zwingen, sodass sie als Gefolgsleute in der Konkurrenz mit anderen Häuptlingen von Nutzen waren. Die Wikinger hätten ihre materiellen Bedingungen durch zahlreiche Neuerungen verbessern können, beispielsweise wenn sie mehr Eisen und weniger Luxusgüter importiert hätten, wenn sie die Boote während längerer Zeit dazu benutzt hätten, nach Markland zu fahren und dort sowohl Eisen als auch Holz zu holen, oder wenn sie die Inuit nachgeahmt oder andere Verfahren für Bootsbau und Jagd entwickelt hätten. Aber solche Neuerungen hätten die Macht, das Ansehen und die eng gefassten Interessen der Häuptlinge bedroht. In der streng kontrollierten, verflochtenen Gesellschaft von Normannisch-Grönland konnten die Häuptlinge verhindern, dass andere solche Neuentwicklungen ausprobierten" (Diamond 2005, S. 344 f.). Am Ende standen sie ohne Gefolgsleute da. Das ultimative Recht, das sie für sich in Anspruch nehmen konnten, war das Recht, als letzte zu verhungern.

Die Vermutung, dass Gesellschaften kollabiert sind, weil sie ihre ökologischen Probleme nicht zu lösen vermochten, gab es schon seit längerem (Tainter 1988, Ponting 1991). Die Menschen hatten die Ressourcen ihrer Umwelt, auf die ihre Gesellschaft angewiesen war, unabsichtlich zerstört. Bestätigt wurde dieser Verdacht des unbewusst herbeigeführten ökologischen Suizids („Ökozid") in den letzten Jahrzehnten durch Untersuchungen von Archäologen, Klimaforschern, Historikern und Paläontologen. Basierend auf diesen Studien, hat Diamond jene Vorgänge, durch die eine Gesellschaft sich die Grundlage ihrer Reproduktion entzieht, in zwölf Kategorien gebündelt, die im konkreten Einzelfall von unterschiedlich großer Bedeutung sind (Diamond 2005, S. 599 ff.). Acht dieser Kategorien lassen sich in nahezu allen Gesellschaftsformationen nachweisen: (1) Entwaldung und Lebensraumzerstörung, (2) Probleme mit dem Boden, (3) Probleme mit der Wasserbeschaffung, (4) übermäßige Jagd, (5) Überfischung, (6) negative Auswirkungen eingeschleppter Tiere und Pflanzen auf die einheimischen Arten, (7) Bevölkerungswachstum, (8) steigender Pro-Kopf-Effekt der Menschen, der zu einer Mehrbelastung der Umwelt führt, selbst wenn die Bevölkerungszahl zurückgeht. Solche Zusammenbrüche aufgrund von Problemen, die sich für die betroffenen Akteure als unlösbar erwiesen, ereigneten sich in früheren Zeiten in ganz unterschiedlichen Ethnien. Sie stellen gewissermaßen Variationen ein und desselben Themas dar: „Das Bevölkerungswachstum zwang die Menschen zur Intensivierung der landwirtschaftlichen Produktion (Bewässerung, doppelte Ernte, Anlage von Terrassen) und zur Ausweitung von Produktionsflächen: Statt gut geeigneter Flächen musste man nun auch weniger gute bewirtschaften, um immer mehr hungrige Münder zu füttern. Nicht-nachhaltige Methoden führten zu den zuvor aufgeführten Umweltschäden, mit der Folge, dass man weniger geeignete landwirtschaftliche Flächen wieder aufgab. Daraus erwuchsen für die Gesellschaft zahlreiche Folgen: Nahrungsknappheit, Hungersnöte, Krieg um knapp bemessene Ressourcen, und die Absetzung der herrschenden Eliten durch enttäuschte Untertanen. Schließlich ging die Bevölkerungszahl durch Hunger, Krieg oder Krankheiten zurück, und die Gesellschaft verlor einen Teil der politischen, wirtschaftlichen und kulturellen Komplexität, die sie in ihrer Blütezeit besessen hatte“ (ebd., S. 19).

Zwei Relativierungen seien in diesem Zusammenhang angemerkt. Diamonds „malthusianische“ Argumentation vernachlässigt zum einen, dass Bevölkerungszuwächse bis zu einem gewissen Grad durch technologische oder andere Entwicklungen kompensiert werden können (vgl. Boserup 1981, Helbling 2006). Häufig bleibt in Zukunftsszenarien, die aus der Vergangenheit extrapoliert werden, unberücksichtigt, dass sich die Gesellschaft, und die Menschen in ihr, mit der Technologie, die sie entwickeln, selbst verändern können. Des weiteren ist zu unterscheiden zwischen den eigentlichen Ursachen, das heißt, den langfristig wirkenden Faktoren, die, lange Zeit unbemerkt, zum allmählichen Kollaps einer Gesellschaft führen, und den unmittelbaren Anlässen, die sich unter anderem darin äußern können, dass die herrschende Elite in einer Revolte durch rebellierende Untertanen davon gejagt wird oder dass die letzten Menschen ums Leben kommen bzw. gezwungen sind, ihre Siedlungen aufzugeben. Die soziale Katastrophe der Osterinsel zum Beispiel begann nicht, als der letzte Baum gefällt wurde, sondern viel früher: als ein falscher Entwicklungspfad („story line“) eingeschlagen wurde, also dort, wo Statusregeln den Verbrauch von Holz für die Skulpturenproduktion unabweisbar machten (Welzer 2008, S. 211).

Heute haben wir es mit denselben acht Gefahren zu tun, die frühere Gesellschaften zu Fall brachten. Aber zusätzlich sind vier neue hinzugekommen, die sich für unsere Kultur gleichermaßen als unlösbare Probleme erweisen könnten: (1) der von Menschen verursachte Klimawandel, (2) die Anhäufung von Umweltgiften, (3) die zunehmende Energieknappheit, (4) die nahezu vollständige Nutzung der weltweiten Photosynthese-Kapazität durch den Menschen. Die meisten dieser zwölf Gefahren werden Diamond zufolge in den kommenden Jahrzehnten eine kritische Phase erreichen: Entweder haben wir die Probleme bis dahin gelöst, oder sie werden die Gesellschaften nicht nur in Somalia, Ruanda und einigen anderen Staaten der Dritten Welt zugrunde richten, sondern auch die Gesellschaften in den Industriestaaten. „Wahrscheinlicher als ein Weltuntergangsszenario, in dem die Menschen aussterben oder die industrielle Zivilisation einen apokalyptischen Zusammenbruch erlebt, ist eine Zukunft mit ‚nur‘ erheblich geringerem Lebensstandard, einer größeren ständigen Gefährdung und dem Verfall dessen, was wir heute für unsere zentralen Werte halten. Ein solcher Zusammenbruch kann sich in verschiedenen Formen ereignen, beispielsweise durch die weltweite Verbreitung von Krankheiten oder aber durch Kriege, die ihre Ursache letztlich in der Knappheit der Umweltressourcen haben“ (Diamond 2005, S. 20).

Diamond (ebd., S. 517 ff.) hat jene Faktoren, die zu fehlerhaften Entscheidungen von gesellschaftlicher Tragweite führen, abschließend in vier Ursachenkomplexe gebündelt: (1) Die beteiligten Akteure begehen katastrophale Handlungen, weil sie ein Problem nicht voraussehen. Sie nehmen es erst wahr, wenn es tatsächlich aufgetreten ist. Entweder weil sie mit dem betreffenden Problem noch keine Erfahrungen gemacht haben, so dass sie dafür nicht sensibilisiert sind. Oder die Erfahrung ist schon so alt, dass sie in Vergessenheit geraten ist. Ein weiterer Grund, warum eine Gesellschaft ein Problem nicht voraussieht, kann auf falschen Analogieschlüssen beruhen. (2) Eine Gesellschaft nimmt ein Problem, das sie nicht vorausgesehen hat, bevor es eingetreten ist, auch dann nicht wahr, nachdem es eingetreten ist. Entweder weil es buchstäblich, das heißt, mit bloßem Auge nicht erkennbar ist. Oder weil es sich in Form eines allmählichen Trends äußert, der sich hinter starken Schwankungen verbirgt. Eine dritte Möglichkeit, die mit der schleichenden Normalität zusammenhängt, ist die „Umwelt“- oder „Landschaftsvergessenheit“: Man hat vergessen, dass die Umwelt bzw. die Landschaft früher einmal ganz anders aussah, weil von Jahr zu Jahr nur ein geringer, kaum wahrnehmbarer Wandel eingetreten ist. Der Grund ist, in sozialpsychologischer Perspektive, dass Menschen immer den Zustand ihrer Umwelt als „natürlich“ wahrnehmen, der mit ihrer Lebens- und Erfahrungszeit zusammenfällt. Sie bemerken nicht, dass sich ihre Wahrnehmungsweise und ihre mentale Landkarte hinsichtlich dessen, was sie als richtig oder falsch, normal oder ungewöhnlich, erwartbar oder unerwartet empfinden, mit den sich verändernden Wirklichkeiten um sie herum selbst verändern („shifting baselines“ bzw. „fließende Referenzlinien“). (3) Eine Gesellschaft bemüht sich selbst dann nicht um die Lösung eines Problems, wenn sie es wahrgenommen hat. Die Ursachen hierfür sind häufig Interessenkonflikte zwischen Menschen und Gruppen. Einigen nützt, was anderen schadet. In der ökonomischen Theorie wird diese Art der (individuellen) Vorteilsmaximierung euphemistisch und affirmativ als „rationales Verhalten“ bezeichnet. Zu Interessenkonflikten durch rationales Verhalten kommt es zum Beispiel dann, wenn die Gesamtgesellschaft ein langfristiges Interesse an der Erhaltung von Umweltressourcen hat, einzelne Akteure aber nicht. Historische Resultate solcher Konflikte, die zu Lasten der Allgemeinheit ausgingen, werden in der einschlägigen Fachliteratur als „Tragödie der Allmende“ oder „Tragödie des Gemeineigentums“ beschrieben (Ostrom 1999). (4) Im Gegensatz zum sogenannten „Rationalverhalten“ kann die Lösung erkannter Probleme auch aufgrund „irrationalen Verhaltens“ unterbleiben. Insbesondere religiöse Werte, die in einer Kultur tief verankert sind, stellen oftmals die Ursache katastrophaler Verhaltensweisen dar. So war die Zerstörung der Wälder auf der Osterinsel religiös motiviert. Man brauchte Balken für den Transport und die Aufrichtung der riesigen Steinstatuen, die Gegenstand der Verehrung waren. Dieser Vorgang verstärkte sich dadurch, dass die Häuptlinge der einzelnen Clans darin wetteiferten, die größten Statuen aufzustellen, und dass die Inselgemeinschaft als ganzes gegen diesen selbstmörderischen Wettlauf erst revoltierte, als es bereits zu spät war. „Im weiteren Verlauf kam es dann zu einer Hungersnot, einem Zusammenbruch der Bevölkerung und einem Niedergang bis hin zum Kannibalismus“ (Diamond 2005, S. 140). Aber auch die moderne Welt bietet genug Beispiele für Wertvorstellungen, an denen festgehalten wird, obwohl sie unter den gegenwärtigen Bedingungen keinen Sinn mehr haben.

In der gesamten überlieferten Geschichte führten Handlungen oder Untätigkeit von Häuptlingen, Königen oder Politikern immer wieder zum Zusammenbruch ganzer Gesellschaften. Dass sozialstrukturelle Differenzen zwischen Oberschicht und Mehrheitsbevölkerung erst spät, wie in der französischen Revolution, oder gar nicht zu einer Veränderung der gesellschaftlichen Verhältnisse führen, liegt unter anderem daran, dass die Zurechenbarkeit der Verantwortung zur herrschenden politischen Elite für die Folgen katastrophaler Entscheidungen oftmals nur sehr schwer erkennbar ist. Am Beispiel der Osterinsel hat Diamond diesen Sachverhalt, der, gemeinsam mit anderen Faktoren, zum Niedergang einer ganzen Kultur und in die ökologische Katastrophe geführt hat, sehr ausführlich analysiert. „Die Häuptlinge der Osterinsel (…) handelten aus Machthunger so, dass die Waldzerstörung nicht verhütet, sondern beschleunigt wurde: Das Ansehen der Mächtigen hing davon ab, dass sie größere Statuen und Denkmäler errichteten als ihre Konkurrenten. Sie waren in einer Konkurrenzspirale gefangen. Jeder Häuptling oder König, der kleinere Statuen oder Denkmäler gebaut hätte, um die Wälder zu schonen, wäre verspottet worden und hätte seine Stellung verloren. Dieses Problem stellt sich immer wieder, wenn es unter Rivalen um das Ansehen geht, denn dieses wird in einem sehr kurzen zeitlichen Rahmen bewertet. Viel seltener unterbleibt die Lösung von Problemen, die auf Interessenkonflikte zwischen Oberschicht und breiter Masse zurückgehen, wenn die Elite sich nicht von den Folgen ihrer Handlungen distanzieren kann“ (ebd., S. 532). Die „großen Männer“ im Hochland von Neuguinea würden sich zum Beispiel mit einer vergleichbaren „törichten Landplanung“ selbst schaden: „Sie wohnen in den gleichen Hütten wie alle anderen, suchen an den gleichen Orten wie alle anderen nach Brenn- und Bauholz, und haben deshalb ein starkes Interesse daran, den Bedarf ihrer Gesellschaft nach nachhaltiger Forstwirtschaft zu befriedigen“ (ebd.). Wegen ihrer isolierten Lage im Pazifik ist die Osterinsel das eindeutigste Beispiel für eine Gesellschaft, die sich durch übermäßige Ausbeutung ihrer eigenen Ressourcen selbst zerstört hat. Zwei Hauptursachenkomplexe haben zum kulturellen Zusammenbruch geführt: „einerseits ökologische Eingriffe des Menschen, insbesondere die Abholzung der Wälder und die Vernichtung der Vogelbestände, und andererseits die politischen, sozialen und religiösen Motive hinter diesen Eingriffen, beispielsweise die abgeschiedene Lage und die damit verbundene Unmöglichkeit, sich den Verhältnissen durch Auswanderung zu entziehen, die bereits erörterte Fixierung auf den Bau von Statuen, und die Konkurrenz zwischen Sippen und Häuptlingen als Beweggrund für den Bau immer größerer Statuen, der immer mehr Holz, Seile und Lebensmittel erforderte“ (ebd., S. 152).

Ursachen unlösbarer Probleme im Anthropozän

Wenn vom Anthropozän die Rede ist, dann ist damit gemeint die Weltgesellschaft, die sich heute auf dem Raumschiff „Erde" zu konstituieren beginnt. Als 1968 die Astronauten der Apollo-8-Mission erstmals ein Photo des blauen Planeten zur Erde sandten, wurde den Menschen klar, wie komplex, beschränkt und gefährdet ihr Lebensraum ist. Das nachtschwarze Weltall darum herum illustrierte auf eindrucksvolle Weise die Einzigartigkeit, Verletzlichkeit und Verlorenheit dieser menschlichen Lebenswelt (Diederichsen und Franke 2013, HKW Berlin 2013). Und so nimmt es nicht wunder, dass die isolierte Lage der Osterinsel fast zwangsläufig dazu verleitet, in ihrem Zusammenbruch eine Metapher, ein schlimmstmögliches Szenario für das zu sehen, was uns selbst in Zukunft bevorstehen könnte (vgl. Welzer 2008). Natürlich, Metaphern sind Metaphern. Mehr nicht. Doch die Parallelen zwischen der Osterinsel und der heutigen Welt, dem Raumschiff „Erde", liegen auf der Hand. „Durch Globalisierung, internationalen Handel, Flugverkehr und Internet teilen sich heute alle Staaten der Erde die Ressourcen, und alle beeinflussen einander genau wie die zwölf Sippen auf der Osterinsel. Die Osterinsel war im Pazifik ebenso isoliert wie die Erde im Weltraum. Wenn ihre Bewohner in Schwierigkeiten gerieten, konnten sie nirgendwohin flüchten, und sie konnten niemanden um Hilfe bitten; ebenso können wir modernen Erdbewohner nirgendwo Unterschlupf finden, wenn unsere Probleme zunehmen" (Diamond 2005, S. 153). Zwar unterscheidet sich die heutige Situation in vielen wichtigen Aspekten von der Lage, in der sich die Bewohner der Osterinsel im siebzehnten Jahrhundert befanden. Aber einige dieser Unterschiede machen die Gefahr für uns heute noch größer: „Wenn es beispielsweise nur einiger tausend Menschen mit Steinwerkzeugen und Muskelkraft bedurfte, um ihre Umwelt und damit auch ihre Gesellschaft zu zerstören, wie können dann mehrere Milliarden Menschen mit Metallwerkzeugen und Maschinen vermeiden, noch Schlimmeres anzurichten?" (ebd.). Denn, vergessen wir eines nicht: „Die Industrieländer erfreuen sich heute nur deshalb eines so großen Wohlstandes, weil sie ihr ökologisches Kapital verbrauchen, das heißt ihr Kapital an nicht erneuerbaren Energiequellen, Fischbeständen, Mutterboden, Wäldern und so weiter" (ebd., S. 628).

Die Synthese, die Einheit der Weltgesellschaft wird heute durch Technologie hergestellt, nicht durch Religion und nicht durch Philosophie. Die technologische Zivilisation stellt die Basis dar, auf der sich ein bunter Strauß postmoderner, zunehmend belangloser werdender Philosophien und Religionen erhebt. Die Zukunft der (Welt-)Gesellschaft wird eine technologisch geprägte sein. Sie erst ermöglicht weltweit eine postmodern gelebte Vielfalt und Beliebigkeit. Man wird sich die Zukunft des Raumschiffs „Erde" deshalb, wenn überhaupt, als einen riesigen Produktionsprozess, als eine „Weltfabrik" (Schwägerl 2010, S. 111 ff.) vorstellen müssen, die nicht so sehr bestimmt sein wird durch die blinden Marktmechanismen und Imperative des eigennützigen „Bereichert Euch!", sondern durch bewusst getroffene politische Entscheidungen und sachnotwendige Vorgaben. Ökonomische Kalkulation und Kostenrechnung wird es nach wir vor geben müssen, in Form einer Ökonomie der Zeit, aber eingebunden in inhaltlich strukturierte politische Projekte. Die bislang nach außen verlagerten sozialen Kosten der Marktökonomie (Kapp 1988) müssen in die zu realisierenden Projekte einberechnet und die Ökonomie, die sich bislang ausschließlich an quantitativen Kriterien orientierte, in die Gesellschaft, die qualitativen Zielen und Verfahren verpflichtet ist, zurückgeholt werden. Beides erfordert, da es hierfür noch keine Erfahrungswerte gibt, ein hohes Maß an soziologischer Phantasie.

Die mittels Wissenschaft und Technik bewirkten Umweltveränderungen, die durch eine schleichende, subkutane Anreicherung von Schadstoffen in Böden und Grundwasser, in Pflanzen oder in der Atmosphäre gekennzeichnet sind, äußern sich nicht nur in Umweltkatastrophen, sondern haben, weit darüber hinaus, die als Holozän bezeichnete zwischeneiszeitliche Epoche mit stabilen Klimaverhältnissen beendet, ein Tatbestand, für den „in den letzten Millionen Jahren keine Entsprechung zu finden sei" (Zalasievicz 2009). Die Menschheit selbst ist inzwischen zu einem geologischen Faktor geworden. Der Nobelpreisträger für Chemie, Paul Crutzen, hat für diese neue geochronologische Epoche den Begriff des Anthropozäns, des Menschenzeitalters geprägt (Crutzen et al. 2011, Ehlers 2008, Schwägerl 2010). Sie umfasst den Zeitabschnitt, in dem der Mensch zu einem der wichtigsten Einflussfaktoren für die biologischen, geologischen und atmosphärischen Prozesse auf der Erde geworden ist, und beginnt etwa um 1800 mit der einsetzenden Industrialisierung. Auch wenn Naturwissenschaftler zuerst darauf aufmerksam gemacht haben, so ist das Anthropozän doch nicht nur oder nicht so sehr ein geologisches Phänomen. So, wie die Eroberung der Welt in der Renaissance nicht primär eine kartographische Angelegenheit war, so ist das Anthropozän in seiner Substanz nicht ein vornehmlich geochronologisches, sondern vor allem ein kulturelles und damit ein sozialhistorisches Ereignis.

In sozialwissenschaftlicher Perspektive ist das Anthropozän, mit Blick auf seine Verursachung, vor allem ein technologisches Projekt. Mit der

Technologie, die der Mensch entwickelt, verändert er nicht nur die Umwelt, sondern darüber hinaus sich selbst und die Gesellschaft, in der er lebt. Nahezu ins Unermessliche vergrößert er durch sie die Eingriffstiefe und -reichweite seiner Handlungen in Raum und Zeit. Damit ist das Anthropozän ein Phänomen, das, um es zu begreifen, an der Schnittstelle von Sozial- und Naturwissenschaft zu verorten ist. In der Verknüpfung beider Forschungstraditionen liegt deshalb das größte wissenschaftlich begründete Innovationspotential in der Gestaltung der Zukunft des Raumschiffs „Erde“. Gelingt sie nicht, drohen Konflikte, die Harald Welzer (2008) als Klimakriege bezeichnet. Denn der Klimawandel ist nicht allein ein meteorologisches Phänomen, sondern weit mehr ein soziologisches. Das schon deshalb, weil auch „die größten Anstrengungen der nächsten Generation nicht ausreichen, um radikale Umwälzungen in den Bereichen Ökologie, Wasservorkommen und Landwirtschaft zu verhindern. Auf einer wärmeren Erde wird sozioökonomische Ungerechtigkeit meteorologische Ursachen haben, und die reichen Länder der nördlichen Hemisphäre, deren Kohlenstoffemissionen für die Zerstörung des klimatischen Gleichgewichts des Holozäns verantwortlich sind, werden sich kaum veranlasst fühlen, die für eine Anpassung der Agrarsysteme nötigen Mittel mit jenen ärmeren, subtropischen Ländern zu teilen, die am stärksten unter Dürren und Überflutungen zu leiden haben“ (Davis 2011, S. 61).

Die Erkenntnis, die der Menschheit des Anthropozäns zur Gewissheit geworden ist, lautet: Es steht ihr nur diese eine Erde zur Verfügung. Sie darf von ihr nicht mehr verlangen, als sie zu geben imstande ist. Es gibt, anders als in vorkolonialen Zeiten, kein Außen mehr, das in einer Epoche größtmöglicher Konflikte, verursacht durch zunehmende Ressourcenknappheit, vor der Selbstzerstörung retten könnte. Für die Menschen früherer Zeiten stellte die Natur ein grenzenloses und darum unendlich belastbares Außen dar, das alle menschlichen Eingriffe ignorierte und absorbierte. Das ist jetzt anders. „Die Gespräche über das Wetter haben aufgehört, harmlose Konversationen zu sein, seit uns die Klimawissenschaftler bewiesen haben, dass die Atmosphäre ein Gedächtnis hat: Sie hat den Rauch aus den Schornsteinen der frühen industriellen Revolution immer noch nicht ganz vergessen, und sie wird auch nichts von alledem ganz vergessen, was die Kohlekraftwerke der entwickelten Länder, die Heizungsanlagen der Mega-Citys, die Flugzeuge, die Schiffe, die Automobile der Wohlhabenden und die unzähligen offenen Feuer der Armen auf allen Kontinenten in sie entlassen, obschon gewöhnlich die Hälfte davon durch Ozeane und Biosphäre gebunden wird“ (Sloterdijk 2011, S. 100). In dieser Situation hilft auch keine Religion mehr. Die Menschheit muss die entscheidenden Lektionen ohne einen gütigen Lehrer lernen. Zu Recht spricht Sloterdijk deshalb von einer Autodidaktik auf Leben und Tod. Der Rückgriff auf religiöse Überlieferungen in diesen Dingen hilft auf dem Raumschiff „Erde" nicht weiter, weil alle sogenannten Weltreligionen ausnahmslos einem vorastronautischen Weltverständnis verhaftet sind. „Selbst Jesus konnte durch seinen Aufstieg in den Himmel zur Bedienungsanleitung des Raumschiffs Erde nichts Nennenswertes beitragen" (ebd., S. 96). Mit der Erkenntnis, dass wir zu „Autodidakten der Raumfahrt" geworden sind, ist ein zweites Novum in der Geschichte des Lernens verbunden: Während bisher für einen Großteil des menschlichen Lernens das Gesetz galt, dass man „aus Schaden klug wird", muss eine Intelligenz, die sich genau in der Lücke zwischen dem „spät" (der Erkenntnis einer sich ankündigenden Katastrophe) und dem „zu spät" (der Erfahrung einer vollzogenen Katastrophe) klug werden, bevor der Schaden eingetreten ist. Um in die Logik solcher Lernprozesse einzudringen, ist eine zeitgemäße Form prophetischer Vernunft vonnöten. Diese darf sich von dem basalen Paradoxon des bisherigen Unheilsprophetismus nicht abschrecken lassen: „Dass er, wenn er erfolgreich war, ex post wie ein überflüssiger Alarm aussehen wird, weil eben aufgrund seines Dazwischentretens nichts passiert sein wird, wovor er warnte" (ebd., S. 96 f.). So gesehen, können nur Apokalyptiker vernünftige Zukunftspolitik betreiben, weil allein sie auch das Schlimmste noch als reale Möglichkeit bedenken (ebd.).

Es gibt fünf Gründe, die für eine hohe Wahrscheinlichkeit sprechen, dass die Gesellschaft des Anthropozäns scheitert, dass sich die Probleme, vor denen sie steht, für sie, zumindest in der Form, in der sie bislang bearbeitet wurden, als unlösbar erweisen. Anlass zur Hoffnung, dass dieser Fall nicht eintritt, besteht insofern, als es sich hierbei um selbst verursachte Probleme handelt. Anders als die Kollision mit einem riesigen Asteroiden, wie er die Erde vor rund hundert Millionen Jahren getroffen hat, entziehen sich selbst verschuldete Gefahren nicht unserer Kontrolle, mögen sie auch noch so groß sein. Wir haben die Wahl, sie weiter zu verursachen oder ihre Lösung in Angriff zu nehmen.

Die Welt regieren ohne Weltregierung?

Klimawandel, Bevölkerungswachstum, Verlust an Biodiversität, Banken-, Währungs- und Finanzkrisen – all diese globalen Probleme sind nicht mehr von Nationalstaaten zu lösen. Wir befinden uns, technologisch induziert und getragen, auf dem Wege zur Weltgesellschaft. Aber eine mit

Gewaltmonopol und Legitimität ausgestattete Zentralregierung existiert nicht. Das Territorium, die räumliche Nähe war die Basis des Nationalstaates. Sie wird in dem Maße belangloser, wie der Anteil der Landwirtschaft und der Industrie am Wirtschaftsleben abnehmen. Durch die Revolution der Telekommunikation lösen sich die Interaktions- und Verkehrswege vom Territorium. Die Welt wird damit abstrakter, immaterieller. Die Technologie gleicht alle Unterschiede, die für das Reproduktionsgeschehen einer Gesellschaft bislang wesentlich waren, aus. Zu Recht spricht Michael Zürn (2013) von einer „Entgrenzung des Raums". Offensichtlich lassen sich Problemlösungen für die sich konstituierende Weltgesellschaft des einundzwanzigsten Jahrhunderts mit Vorstellungen und Strategien, die ihre Wurzeln im nationalstaatlichen Denken des achtzehnten Jahrhunderts haben, nicht sinnvoll gestalten. Nicht von ungefähr hat Dror (1995) seinen Bericht an den Club of Rome mit der Überschrift versehen „Ist die Erde noch regierbar?". Und Höffe (2009) schließlich fragt in seiner umfangreichen Monographie ganz grundsätzlich: „Ist die Demokratie zukunftsfähig?". Zur Disposition steht heute nicht nur der in der abendländischen Tradition wurzelnde Demokratiebegriff, also die Frage nach einer zeitgemäßen Balance zwischen herkömmlicher parlamentarischer Demokratie, Basisdemokratie und Expertenautorität, sondern die fundamentale Frage nach der Regierungsfähigkeit, die sich aus Sachnotwendigkeiten einer sich konstituierenden Weltgesellschaft ergibt. Bezeichnenderweise finden sich Antworten darauf, wenngleich natürlich in visionärer und utopischer Form, eher in den schönen Künsten und in der Belletristik, etwa bei Stanislaw Lem oder Isaac Asimov, als in den dafür zuständigen wissenschaftlichen Fachdisziplinen und den *brain trusts* der etablierten politischen Parteien. Ein sehr schönes Beispiel soziologischer Phantasie findet sich in der neunten Robot-Geschichte bei Asimov (1980, S. 154 ff.): Die Welt der Zukunft zerfällt in vier Regionen, die letztlich von einem zentral gesteuerten Computersystem zum Wohle der gesamten Menschheit regiert werden. Hin und wieder inszeniert das System kleine, relativ harmlose Konflikte, um den Menschen die Illusion zu geben, sie würden autonome Entscheidungen treffen. Regieren in dieser Erzählung heißt: Sachnotwendigkeiten, die sich aus der Reproduktion einer hochkomplexen Gesellschaft ergeben, effizient zu realisieren; die zeitgleich inszenierten Konflikte und Friktionen tragen den destruktiven Irrationalitäten menschlicher Gefühle Rechnung und befriedigen vorhandenes Aggressionspotential dadurch in konstruktiver Weise.

Auf den Einwand eines Skeptikers, dass die Menschen durch den Computer die Entscheidung über ihre Zukunft verloren haben, ein Tatbestand, den er als narzisstische Kränkung empfindet, antwortet die Computerspezialistin Susan Calvin, eine seiner Lieblingsfiguren, die Isaac Asimov geschaffen hat: „Wir hatten sie ja nie. Immer waren wir auf Gnade und Barmherzigkeit ökonomischen und sozialen Kräften ausgeliefert, die wir nicht verstanden haben. Wir waren abhängig von den Launen des Klimas und den Wechselfällen der Kriege.“ Insofern habe sich nicht viel geändert, nur dass jetzt, gesteuert durch ein zentrales Computersystem, alles zivilisierter und friedlicher zugehe.

Auf die gesellschaftspolitischen Herausforderungen, die sich der Menschheit im Anthropozän stellen, sind weder die Gesellschaften in ihren tradierten nationalstaatlichen Grenzen vorbereitet, noch bieten die vorhandenen Regierungsformen die Voraussetzungen, um ihnen gerecht zu werden. Wirtschaft, Politik und Wissenschaft leisten in ihrem Mainstream mehrheitlich keinen Beitrag zur Lösung der anstehenden Probleme. Vielmehr gilt: Sie sind in erheblichem Ausmaß Teil und Ursache dieser Probleme. In seinem Bericht an den Club of Rome (1995) hat Yehezkel Dror zentrale Defizite politischen Handelns benannt und entsprechende Lösungsvorschläge ausgearbeitet. Im Gegensatz zu den global agierenden internationalen Konzernen, die vorrangig am Profit, also an quantitativen Größen interessiert sind, den sie, wie auch immer, zu erwirtschaften trachten, beschränkt sich die qualitativ orientierte Politik der Regierenden nach wie vor weitgehend auf Zielvorgaben im Rahmen überkommener nationalstaatlicher Grenzen. Statt eine „Weltinnenpolitik“ (Beck 2010) zu betreiben, die den globalen Umwelteinflüssen als Folgewirkungen menschlichen Handelns und den Landnahmen international agierender Konzerne entsprechen würde, verharren sie in Denktraditionen und Weltbildern des achtzehnten Jahrhunderts. Dror spricht in diesem Zusammenhang deshalb von der sich abzeichnenden Notwendigkeit einer Weltregierung (Dror 1995, S. 262 ff.). Bezeichnenderweise hat Michael Zürn seine Analyse der Situation mit dem Titel überschrieben „Die Welt regieren ohne Weltregierung“ (2013). Nur in ersten Ansätzen gibt es überstaatliche Organisationen, denen es aber nach wie vor an der demokratischen Legitimation mangelt. Auch fehlen ihnen „sowohl der Wille als auch die Fähigkeit, die Probleme der Menschheit in einer Periode globaler Umwälzungen zu bewältigen. Die globalen Institutionen sind nicht resolut genug, das heißt, es fehlt ihnen an Festigkeit, Bestimmtheit und Entschlusskraft“ (ebd., S. 262).

Soziale Kosten der Marktwirtschaft

Wenn eine Epoche als Anthropozän bezeichnet wird, dann drückt sich darin aus, dass sie in dem, was für sie charakteristisch ist, ein Resultat menschlicher Handlungsfolgen darstellt, seien sie nun beabsichtigt oder nicht. Wenn das Ergebnis dieser Folgen erst in einem bestimmten geochronologischen Zeitabschnitt sich bemerkbar macht, und nicht etwa schon früher oder später, dann schließt sich sofort die Frage nach den Ursachen an, die sich in den Handlungsfolgen äußern. Warum gab es diese Verursachung im neunzehnten Jahrhundert und nicht schon zu Zeiten des Odysseus oder Karls des Großen? Nun, die Frage lässt sich beantworten. Das entscheidende Faktum war die Verwissenschaftlichung einer zuvor handwerklich betriebenen Technik. Wissenschaft und Technik wurden in der neuzeitlichen Technologie zur Synthese gebracht.

Dass Entscheidungen (Schimank 2005) heute zu einem zentralen Fokus sozialwissenschaftlichen Denkens geworden sind, hängt damit zusammen, dass wir gemeinsam handeln müssen, um die Probleme dieser einen Welt zu lösen. Weder gibt es ein Außen, wie es Transzendentalreligionen unterstellen, das uns zu Hilfe käme, noch lassen sich die Probleme dieser Welt partikulär, etwa im Rahmen nationalstaatlicher Strukturen lösen. Denken wir nur an den Klimawandel, die Finanzmarktkrise oder das Bevölkerungswachstum. Zu Recht spricht Ulrich Beck deshalb von der Notwendigkeit einer Weltinnenpolitik (2010). Gemeinsames Handeln aber setzt gemeinsames Entscheiden voraus. Wahrscheinlich war das schon immer so. Aber die Vernetztheit der von uns selbst mittels Wissenschaft und Technik geschaffenen Probleme hat heute ein Ausmaß erreicht, welches die Gemeinsamkeit des Handelns, die Beteiligung sehr vieler Menschen mit ganz unterschiedlichen Kompetenzen, als eine besondere Notwendigkeit unseres Jahrhunderts erscheinen lässt.

Ohne Zweifel war es die Ökonomie der bürgerlichen Gesellschaft, durch die es der abendländischen Zivilisation gelang, von der Welt Besitz zu ergreifen. Dem Handelskapital, den anonymen Mechanismen des Marktes gelang es, verkrustete Feudalstrukturen aufzubrechen, überkommene Privilegien zu beseitigen und die Nebelschleier religiöser Trugbilder zu verdampfen. Die Ökonomie des Marktes war der Treibriemen, der Motor dieser Dynamik; der Profit, die Plusmacherei war das Motiv; beide zugleich waren die großen Quantifizierer. Auch wenn es in der einschlägigen betriebswirtschaftlichen Fachliteratur recht euphemistisch heißt, Ziel einer Unternehmung sei es, „Sachgüter zu produzieren und Dienstleistungen bereitzustellen, um die Bedürfnisse der Bevölkerung zu befriedigen“ (Wöhe 1968, S. 4; ähnlich Gutenberg 1968, S. 1), so ist Profitmaximierung doch ihr eigentlicher Sinn und Zweck. Dem Kapital, dem sich selbst verwertenden Wert ist es völlig gleichgültig, mit welchen Waren es seinen Profit macht, solange sich mit ihnen zumindest der Durchschnittsprofit einer Branche erzielen lässt. Aber dieser Mehrwert muss, um sich als Profit in klingender Münze auszuzahlen, in den produzierten Gütern, in die er inkorporiert war, am Markt realisiert werden. Der Markt aber, wie gesagt, kümmert sich nicht darum, was nützlich oder schädlich ist. Er orientiert sich an den Kriterien von Kaufkraft und Rentabilität. Er stellt einen formalen Funktionsmechanismus dar, der die Entscheidungssituation dramatisch vereinfacht (Kapp 1988, S. XIV). Ob Waffen oder Nahrungsmittel, Rauschgift oder Heilmittel: die inhaltliche Qualität der Marktergebnisse sind ihm völlig egal. Nach wie vor, auch unter den veränderten und erweiterten Möglichkeiten, die der industrielle Produktionsprozess dem Menschen bietet, gilt: Unter dem kalten Stern der Ökonomie reduziert sich letztlich alles auf Rechenhaftigkeit und Zahlung. Sie ist der große Quantifizierer. Gemacht wird, was Profit bringt, egal womit. Was, wofür und wie etwas produziert wird, also die inhaltliche Bestimmung des gesellschaftlich zu erwirtschaftenden Reichtums, tritt zurück hinter das quantifizierende, von allem Inhaltlichen abstrahierende Prinzip der Profitmaximierung. Das mag wenig Probleme verursacht haben, solange in überschaubaren Regionalstrukturen und unter handwerklichen Bedingungen produziert wurde, änderte sich aber in dem Maße, in dem die „große Industrie“ weltweit das Produktionsgeschehen mittels Wissenschaft und Technik umzuwälzen begann und, etwa in der elektrotechnischen und der chemischen Industrie, selbst wissenschaftlichen Charakter annahm. Wissenschaft und Technik begannen nicht nur, die Umwelt massiv zu verändern, die äußere Natur des Menschen, sondern sie griffen, vermittelt über die Biotechnologien, auch in seine innere Natur ein. Das geschah aber, vorangetrieben durch ein Profitstreben, das keine Grenzen und keine Moral kennt, in sehr selektiver Weise. Eine Ökonomie, die sich ausschließlich am kurzsichtigen Ziel des *return of investment* orientiert, abstrahiert zwangsläufig nicht nur von den sozialen Kosten, die sie erzeugt, sondern auch von den Umweltschäden, die sie verursacht (Kapp 1988).

Unter dem Begriff der Sozialkosten versteht Kapp „alle direkten und indirekten Verluste, die Drittpersonen oder die Allgemeinheit als Folge einer uneingeschränkten wirtschaftlichen Tätigkeit zu tragen haben. Die Sozialkosten können in Schädigungen der menschlichen Gesundheit, in der Vernichtung oder Verminderung von Eigentumswerten oder der vorzeitigen Erschöpfung von Naturschätzen zum Ausdruck kommen. Sozialkosten entstehen auf verschiedene Weise. So haben einige ihren Ursprung in bestimmten Industrien und können bis in einzelne Produktionsprozesse und Geschäftspraktikern verfolgt werden. Andere sind die Folge der Wechselwirkung einer ganzen Reihe von Faktoren, die den Kausalprozess komplex und häufig kumulativ gestalten. In einigen Fällen werden die Sozialkosten der Produktion sofort wahrgenommen. In anderen bleiben sie für lange Zeit verborgen, so dass die Betroffenen ihre Schäden nicht sogleich erkennen. Einige Sozialkosten treffen nur eine beschränkte Anzahl von Personen, andere verteilen sich auf die gesamte Gesellschaft. In der Tat können die Schäden so weit verbreitet sein und sich auf so viele Individuen verteilen, dass der Einzelne nur einen verhältnismäßig geringen Verlust oder Schaden zu tragen hat, während die Gesamtverluste beträchtlich sind" (Kapp 1988, S. 10).

Um unter den Begriff der Sozialkosten zu fallen, müssen Schäden und Mängel zwei Eigenschaften aufweisen: (1) Sie müssen eine Folge der wirtschaftlichen Produktion sein und sie müssen auf dritte Personen oder die Allgemeinheit abgewälzt werden können. (2) Es muss die Möglichkeit bestehen, sie zu vermeiden. Die Folgen eines Erdbebens etwa wären keine Sozialkosten in diesem Sinn. Weder ist ein Erdbeben das Resultat einer produktiven menschlichen Tätigkeit, noch lässt es sich vermeiden. Industriell verursachte Luftverunreinigung und Wasserverschmutzung hingegen wären zum Beispiel Sozialkosten. Ursache und Motiv für die Entstehung von Sozialkosten ist in den überwiegenden Fällen die Minimierung der privaten Produktionskosten, um den Profit zu erhöhen. In seiner Kritik der Technologie geht Cornelius Castoriadis noch einen Schritt weiter, indem er ergonomische und psychologische Aspekte bilanziert. Ihm zufolge erscheinen viele Wirtschaftsleistungen gegenwärtig nur deshalb als „ökonomischer" erbracht, weil Beschwerlichkeit, Langeweile und der verstümmelnde Zwang der Arbeit nicht zu den „Unkosten" gerechnet oder sogar mit umgekehrten Vorzeichen verbucht werden, denn je mehr eine Arbeit diese Merkmale trägt, desto schlechter wird sie bezahlt, desto weniger „kostet" sie also (Castoriades 1983, S. 218).

Unternehmer in einer kapitalistisch verfassten Marktwirtschaft kalkulieren ihre Profite unter Ausschluss der Sozialkosten und entziehen darüber hinaus dem „Naturkapital" Substanz, ohne das Problem seiner Wiederherstellung in Betracht zu ziehen. In der Regel bewegen sie sich im Rahmen der bestehenden Gesetze und verhalten sich durchaus legal. Sie folgen den Imperativen des Marktes. „Der Markt als institutionalisiertes Entscheidungssystem hat eine inhärente Tendenz, jene negativen Effekte auf die Umwelt nicht zu berücksichtigen, die ‚außerhalb' der die Entscheidungseinheit selbst betreffenden Wirkungen liegen. Selbst wenn eine einzelne Firma es beabsichtigte (...), negative Auswirkungen der von ihr angewandten Technologie zu vermeiden, kann sie dies nur durch Kostensteigerungen tun, das heißt, indem sie bewusst eine Reduktion ihrer Gewinnspanne und ihrer Einkommenskapazität in Kauf nimmt. Folglich kann von einem Entscheidungssystem, das nach dem Prinzip gewinnorientierter Investitionen arbeitet, nur erwartet werden, dass es seine Kosten wenn immer möglich vermindert und jene Verluste nicht berücksichtigt, die auf Drittpersonen oder auf die Gesellschaft als Ganzes abgewälzt werden können" (Kapp 1988, S. XIV). Dieser Vorgehensweise entspricht voll und ganz die gegenwärtig herrschende Methode, die Leistung und das Wachstum einer Volkswirtschaft zu messen. Insofern kann gesagt werden, dass die Wirtschaftstheorie genau die Fehlentwicklungen affirmativ widerspiegelt, die sich in der Wirtschaft real ereignen (hierzu bereits Albert 1967, insbesondere S. 331 ff.). Indem sie kritiklos bestrebt ist, zeitbedingten Lösungen ökonomischer Probleme in all ihrer Mangelhaftigkeit einen mehr oder minder systematischen Ausdruck zu geben, ist sie die Echostruktur einer höchst problematischen Fehlentwicklung. Entsprechend drastisch fällt die Kritik aus, die Kapp an einer volkswirtschaftlichen Gesamtrechnung übt, wie sie heute gang und gäbe ist. Er bemängelt, „dass die Maximierung des Nettoeinkommens durch mikroökonomische Einheiten – besonders unter Bedingungen von raschem und unkontrolliertem technologischem Wandel – tendenziell Nettoeinkommen (oder Nutzen) anderer wirtschaftlicher Einheiten (Produzenten oder Konsumenten) vermindert und dass die überkommene Methode, ökonomische Leistung und ‚Wachstum' anhand des Volkseinkommens zu messen, unzureichend und daher irreführend ist. So werden wichtige Sozialkosten der Produktion nicht von den Unternehmern, sondern von Drittpersonen, der Gesellschaft und künftigen Generationen getragen. Die heutigen Daten der volkswirtschaftlichen Gesamtrechnung lassen nicht nur keine Abschreibung dieser Sozialkosten zu, sondern schließen monetäre Ausgaben zur Deckung jener Schäden, die durch vergangene und gegenwärtige wirtschaftliche Tätigkeit verursacht werden, ein. Unter diesen Umständen ist es kaum erstaunlich, dass die vorherrschende Nationalökonomie dahin tendiert, konkrete wirtschaftliche Zusammenhänge eher zu verschleiern als aufzudecken: weder die herkömmliche statische Gleichgewichts- noch die moderne Wachstumstheorie stellen einen angemessenen theoretischen Rahmen zur Erfassung des wirtschaftlichen Geschehens dar. Sie sind weder für die Ableitung allgemeingültiger Kriterien für rationale Entscheidungen noch für die Evaluierung von Investitions- und Produktionsstrukturen in einer Marktwirtschaft relevant; darüber hinaus gelingt es ihnen nicht, die Aufrechterhaltung einer angemessenen Beziehung zwischen Wirtschaftswachstum und einer den Anforderungen von Gesundheit, Wohlergehen und Überleben des Menschen genügenden Umwelt sicherzustellen“ (Kapp 1988, S. IX).

Der Fehler liegt für Kapp darin, dass die Logik, die dem gegenwärtigen Verfahren der Reichtumsmessung einer Gesellschaft zugrunde liegt, nicht von den Gesamtkonsequenzen des Wirtschaftens ausgeht, sondern in der Perspektive der Einzelunternehmen erfolgt: „Unter den Bedingungen profitorientierter Investitionsentscheidungen wird der Produktionsprozess – die Wahl der Produktionsfaktoren ebenso wie die Bestimmung dessen, was produziert werden soll – ohne vorherige Abklärung tatsächlicher Kosten und Konsequenzen gelenkt. Dazu gehören eine Reihe von ‚Nebenwirkungen‘, die aus der engen und deshalb falschen betriebswirtschaftlichen Perspektive als ‚externe‘ Kosten oder Gewinne eingestuft werden. Im Grunde genommen war der Kern der Problematik immer diese mikroökonomische Methode, Kosten und Folgen von Investitionsentscheidungen vom Standpunkt des Einzelunternehmens aus einzuschätzen. Diese Entscheidungslogik ist es, die in der Vergangenheit erhebliche Sozialkosten verursacht hat und die nach wie vor dafür verantwortlich ist, dass Produktion und Allokationsprozess nicht einer umfassenden Bestimmung ihrer Gesamtkonsequenzen unterzogen werden, sowohl im Hinblick auf Kosten als auch auf Erträge. Mangelnde Abschätzung sozialer Kosten und Erträge sowie fehlende Kontrolle über Investitionsentscheidungen unter Einschluss der Wahl der zu produzierenden Güter und Dienstleistungen haben nicht nur eine gesellschaftlich ineffiziente Ressourcennutzung zur Folge, sondern ermöglichen es einigen, durch den Schaden anderer Erträge zu erzielen. Dieser Sachverhalt würde es schon aus Gerechtigkeitsgründen erfordern, die Art und Weise, in der Investitionsentscheidungen getroffen werden, grundlegend zu ändern“ (ebd., S. XV f.). Im Prinzip sind Sozialkosten Produktionskosten wie alle anderen auch. Man gebe sich da keinen Illusionen hin: Trifft eine Gesellschaft die politische Entscheidung, dass diese Kosten in der Kalkulation der einzelnen Betriebe Berücksichtigung finden sollen, wird das zwangsläufig zu einer Verteuerung der Produkte führen. Im Sinne einer politisch eingeforderten Kostenwahrheit werden sie letztlich von der Öffentlichkeit zu tragen sein, denn die Unternehmen werden sie logischerweise an die Verbraucher weiterreichen. Von einem Entscheidungssystem, das nach dem Prinzip gewinnorientierter Investitionen arbeitet, kann eine Reduktion der Gewinnspanne auf einzelbetrieblicher Ebene nicht erwartet werden. Eine

Alternative bestünde in der staatlichen Subventionierung der entsprechenden Produkte durch Steuergelder, um die Preise niedrig zu halten, ähnlich wie es in der Europäischen Union zur Zeit bei den Nahrungsmitteln geschieht. So oder so, letztlich wird die Öffentlichkeit dafür aufkommen müssen.

Die Kritik, die Kapp in seiner umfassenden Monographie über die „Sozialen Kosten der Marktwirtschaft" entfaltet, könnte vernichtender nicht sein. Hervorzuheben in unserem Argumentationszusammenhang ist, dass auch er, in vergleichbarer Weise wie John Dewey (2001), die überkommene Zweck-Mittel-Dichotomie abendländischen Denkens als Letztgrund für Fehlentscheidungen auf gesellschaftspolitischer Ebene verantwortlich macht, ein Denkmuster, das sich insbesondere in einer Zeit als äußerst verhängnisvoll erweist, die durch Technik vor allem und Wissenschaft geprägt ist. Denn „verschiedene Technologien und Allokationsentscheidungen im Voraus zu beurteilen, bedeutet mehr als eine einfache instrumentale Angleichung ‚gegebener' Mittel an ‚gegebene' Ziele; es geht um die Ausarbeitung eines dynamischeren und daher relevanteren Rationalitätskonzepts als das der herkömmlichen ökonomischen Theorie eigene statische Konzept. Eine vorhergehende Abklärung vermittelt uns nicht nur die zur Wahl der Technologie und des Standortes notwendigen Informationen, sondern lässt es auch zu, alternative Zielsetzungen in Betracht zu ziehen. Nur wenn wir von vornherein die Konsequenzen der verschiedenen zur Realisierung privater und öffentlicher Ziele zur Verfügung stehenden alternativen Technologien und Techniken (einschließlich ihrer möglichen Nebenwirkungen) in Betracht ziehen, sind wir in der Lage, diese Zielsetzungen selbst einer möglichen Revision zu unterziehen. Auch die bewusste Wahl alternativer Zielsetzungen setzt die vorherige Einschätzung alternativer Technologien beziehungsweise alternativer Allokationsstrukturen voraus. Dies bedeutet letztlich, dass nur die Beurteilung unserer Ziele sowie die Prognose ihrer Implikationen es uns erlauben, den Spielraum unserer Entscheidungsmöglichkeiten zu überblicken. Das heißt nichts anderes, als dass Mittel und Ziele einer wissenschaftlichen Betrachtungsweise unterzogen werden müssen, und dass die traditionelle Unterscheidung zwischen ‚gegebenen' Mitteln und ‚gegebenen' (postulierten) Zielen keinen ausreichenden Rahmen für die Analyse rationalen Handelns bilden kann. Letzteres geht über die Angleichung gegebener Technologien an gegebene Ziele weit hinaus. Rationales Handeln muss als ein kontinuierlicher Prozess der wechselseitigen Anpassung von Zielen und Mitteln auf der Basis von Kenntnissen über die größtmögliche Anzahl vorauszusehender Konsequenzen verstanden werden. Dieser dynamische Rationalitätsbegriff kontrastiert nicht nur mit der Ziel-Mittel-Dichotomie, die die Basis für die Systematisierung der Nationalökonomie bildet, sondern auch mit der Art und Weise, in der mikroökonomische Wirtschaftseinheiten ihr Ziel auf Gewinnmaximierung verfolgen. Tatsächlich ist hier das Ziel gegeben und nie in Frage gestellt, was zur Folge hat, dass eine in eine bestimmte Richtung gehende Handlungsweise so lange weiterverfolgt wird, als sie auf der Basis privatwirtschaftlicher Überlegungen profitabel (oder profitabler als alle Alternativen) erscheint" (Kapp 1988, S. XXI).

Das Reziprozitätsschema des „do ut des", das der gegenwärtigen Ökonomie zugrunde liegt, ist kurzfristiger Natur. Folgekosten gegenwärtiger Aktivitäten, die in der fernen Zukunft anfallen, finden kein Äquivalent im Profitkalkül der heute am Markt miteinander konkurrierenden Unternehmen. So sind zum Beispiel die deutschen Kernkraftwerke nicht haftpflichtversichert für Schäden, die sie in irgendeiner Zukunft verursachen könnten. Den Versicherungsgesellschaften ist das Risiko zu hoch. Müssten sich die Firmen, denen die Kraftwerke gehören, mit einer realistischen Summe versichern, wäre der von ihnen erzeugte Strom so teuer, dass kein Mensch ihn bezahlen könnte. Stattdessen betrachten sie Ereignisse mit so niedriger Eintrittswahrscheinlichkeit, wie eine Kernschmelze sie darstellt, als unmöglich. Und tatsächlich war zum Beispiel der Unfall im Kernreaktor von Tschernobyl im April 1986 eine technische Katastrophe, die, statistisch gesehen, nach den Berechnungen der Eintretenswahrscheinlichkeit einer Kernschmelze nicht hätte passieren können. „Später stellte sich allerdings heraus, dass die statistische Möglichkeit eines solchen Unfalls, die bei einem Ereignis auf 20.000 Jahre lag, über alle existierenden Reaktoren gerechnet war, insofern auch rechnerisch häufiger vorkommen konnte. Außerdem war im Publikum den meisten nicht klar, dass das so unwahrscheinliche Ereignis nach der Wahrscheinlichkeitsrechnung ebenso gut auch am ersten Tag der 20.000 Jahre eintreten könnte" (Welzer 2008, S. 335). Konkret haften die Betreiber der Kernkraftwerke im Rahmen einer Solidargemeinschaft mit einer Summe in Höhe von zweieinhalb Milliarden Euro. Fällt der Schaden höher aus, haftet allein das jeweilige Unternehmen. Im Fall eines GAU wären das mindestens 1.000 Milliarden Euro. Aber das ist reine Theorie, denn nach einem GAU wäre das Unternehmen ohnehin nichts mehr wert. Die von Angelika Merkel ursprünglich ins Auge gefasste Laufzeitverlängerung der deutschen Kernkraftwerke hätte den Betreibern übrigens zusätzliche Gewinne in Höhe von mindestens 119 Milliarden Euro beschert. Das heißt, die Profite werden privat akkumuliert, das Zukunftsrisiko trägt die Gesellschaft (Martenstein 2011).

Im Gegensatz zur Ökonomie, die, so wie sie bislang betrieben wurde, nur ein Motiv, ein in sich homogenes Ziel, kennt, ist die Technologie heterogen, das heißt, inhaltlich strukturiert. Sie kennt kein Ziel aus sich selbst heraus, sondern ist abhängig vom je individuellen Zweck, der mit ihr verfolgt wird. „Es gibt kein technisches Gebot, das uns sagt, dass wir Kraftwerke oder Waffen haben müssen, die mit Kernspaltung oder Kernfusion arbeiten, oder dass wir Organismen erzeugen und auf die Erde loslassen müssen, die ausgelaufenes Erdöl einfach auffressen" (Perrow 1989, S. 26). Die Entscheidung liegt bei uns. Sie kann in zweifacher Weise erfolgen. Entweder ist sie den blinden Gesetzen der Ökonomie überlassen: Gemacht wird, was Profit bringt, egal womit. Oder es wird politisch entschieden, nach inhaltlichen Kriterien, was gemacht wird. Wobei ökonomische Kalküle, an sekundärer Stelle, durchaus zu berücksichtigen sind. Das Beispiel der Atomwirtschaft verdeutlicht, dass in einer zunehmend durch Technologie geprägten Welt eine Entscheidungsvariante der ersten Art nicht mehr zeitgemäß ist. Ihre Folgen, ob beabsichtigt oder nicht, übersteigen alle bisherigen Vorstellungen von Raum und Zeit. Eine ausschließlich an monetärer Rendite interessierte Ökonomie vermag diesem sozialhistorisch neuen Sachverhalt kaum gerecht zu werden. Mit den Folgen dieser Blindheit sieht sich die Menschheit heute konfrontiert. Sie muss den Möglichkeiten und Gefahren der Technologie mehr Aufmerksamkeit schenken. Sie muss die Mittel ebenso wichtig nehmen wie die Zwecke, die mit ihnen verfolgt werden.

Politik ohne Zukunftsvisionen

Wir leben heute nicht nur in einem Zeitalter der Entgrenzung von Raum, sondern auch in einem der Entgrenzung von Zeit. Obwohl wir heute mehr über die langfristigen Effekte von Entscheidungen wissen, ist, daran gemessen, die Zeitleiste einer von Wahlzyklen abhängigen Gesellschaftspolitik nach wie vor zu kurz. „Ganz gleich, ob es sich um die öffentliche Verschuldung, die Vernachlässigung der Bildung oder die Klimafrage handelt – in all diesen Fällen scheint eine Mehrheit der Begünstigten des Status quo notwendige Veränderungen auf Kosten von Minderheiten und zukünftiger Generationen zu verhindern" (Zürn 2013, S. 12).

Die Entgrenzung des Raumes und die Entgrenzung der Zeit fallen nicht wie Manna vom Himmel. Sie sind ein Werk des Menschen, weltweit vorangetrieben zunächst durch die politische Ökonomie des Bürgertums, schließlich sodann manifestiert in Technologie, die gesellschaftliche Entwicklungspfade („story lines") festschreibt. Schirrmacher (2013) hat das am Exempel spieltheoretisch programmierter Computersysteme sehr schön erläutert. Immer weniger gelingt es, Ökonomie und technologische Entwicklung in ein umwelt- und sozialverträgliches Gleichgewicht zu bringen. Allenthalben macht sich das Fehlen politischer Visionen bemerkbar, wie parlamentarische Demokratie, Basisdemokratie und Expertenautorität in eine zeitgemäße Balance zu bringen seien. Stattdessen regiert ein trübes Gemisch aus Wirtschafts-, Politik- und Militärinteressen ohne zurechenbare Verantwortung.

Die Zeiten ändern sich, heute radikaler denn je. Aber die Menschen verharren mental in Weltbildern und Vorstellungen, denen die Realität schon längst den Boden entzogen hat. William Ogburn (1922) hat dieses Phänomen als *cultural lag*, Norbert Elias (1989) als Nachhingeffekt des sozialen Habitus bezeichnet: Die Menschen bleiben in ihrer überkommenen Persönlichkeitsstruktur, in ihrem sozialen Habitus auf einer lebensgeschichtlich oder sozialhistorisch früheren Entwicklungsstufe stehen, obwohl die Veränderungen der sozialen Situation, der politischen Verhältnisse etc. mit Händen greifbar sind. Dieses Verharren führt, weil man von falschen Voraussetzungen ausgeht, auf der politischen Ebene zu irrationalen Schussfolgerungen und Handlungsweisen. Eine Politik, die drohende Übel erst zur Kenntnis nimmt, wenn sie sich überdeutlich abzeichnen, eine Politik, die Gestaltungsräume erst wahrnimmt, wenn sie offen zutage treten, ist verhängnisvoll, weil sie keine Zukunft kennt, die über Gegenwärtiges hinausweist (Höffe 2009, S. 9 ff.).

Die Defizite, die sich der parlamentarischen Demokratie im Anthropozän stellen, sind unübersehbar und in der einschlägigen Fachliteratur auch hinreichend thematisiert worden (Crouch 2008, Agamben et al. 2012, Blühdorn 2013, Höffe 2009). Zum einen verfügen Politiker immer seltener über die sachliche Fähigkeit, um über gravierende Gegenwartsprobleme technologisch induzierter Entwicklungspfade der Zukunftsgesellschaft kompetent entscheiden zu können. Sie folgen zwangsläufig den Vorgaben einer demokratisch nicht legitimierten Expertokratie. Zum anderen liefern sich politische Parteien, die ihre sozialhistorische Berechtigung mehrheitlich im neunzehnten Jahrhundert erfuhren, im Parlament oft Dispute, um ihre aktuelle Daseinsberechtigung zu legitimieren, die mit den Sorgen und Wünschen der Bürger, die sie gewählt haben, immer weniger zu tun haben, so dass sich auch von daher die Frage ihrer Daseinsberechtigung im gesellschaftlichen Willensbildungs- und Entscheidungsprozess stellt. Dass sich die tradierten parteipolitischen Abgrenzungskriterien tatsächlich überlebt haben, wird unter anderem daran deutlich, dass keine einzige der etablierten deutschen Parteien eine andere Gesellschaftsvorstellung vertreten würde als jene, die sich spätestens im zwanzigsten Jahrhundert herausgebildet hat. Damit zusammen hängt ein drittes Problem. Das zentrale Motiv von Parteipolitikern besteht darin, nach einer (in der Regel vierjährigen) Legislaturperiode wiedergewählt zu werden und an der Macht zu bleiben. Folgerichtig ist ihre Politik wesentlich an kurzfristigen Zielen, die unmittelbaren Erfolg versprechen, ausgerichtet. Die gravierenden Probleme der Zukunftsgesellschaft sind aber langfristiger Natur. Sie übersteigen den Horizont der gegenwartsorientierten Politik, und ihre Bearbeitung lässt sich kaum in Augenblickserfolge ummünzen. „Die Politik ist gerade auf diese Weise, da sie so schnell und aktuell sein will, chronisch von gestern. Handlungsfähig wäre sie nur, wenn sie noch etwas zu gestalten vorhätte, aber dafür müsste sie eine Vorstellung von einer wünschbaren Zukunft haben" (Welzer 2013, S. 14). Bezeichnend ist, dass in einer Zeit, die utopisches Denken erfordert, ein verdienter Altkanzler der Bundesrepublik Deutschland jüngst formuliert hat, wer Visionen habe, der solle zum Arzt gehen. Das Selbstmissverständnis einer solchen Utopiekritik könnte kaum größer sein. „Die konservative Utopiekritik, daran ist sie jederzeit leicht erkennbar, bewegt sich im Banne des von ihr erfundenen Dualismus von ‚Realpolitik' und ‚Wunschdenken', der ihr fast identisch ist mit dem von ‚Macht' und ‚Geist'; dass ‚Realpolitik' in Wahrheit ebenso von Wünschen geleitet ist, wie Wünsche politisch wirksam werden können, ist deutlich, der Gegensatz in dieser Form fiktiv. Die konservative Utopiekritik folgt entweder der Betonung des machtvoll Faktischen, das als das Normative selber ausgegeben wird, oder sie gehorcht der Furcht vor der sozialen und politischen Wirkmächtigkeit utopischer Impulse, je nachdem, welche Affektlage die Zeitumstände nahelegen, meist aber beidem zugleich" (Neusüss 1968, S. 39).

Vor diesem Hintergrund formuliert Yehezkel Dror in seinem Bericht an den Club of Rome einen Katalog an „übergeordneten Aufgaben der Regierenden" (Dror 1995, S. 93 ff.): „Erstens müssen sich die Politiker darüber klar werden, welche Möglichkeiten es für die Veränderung der Zukunft der ganzen Menschheit, aber auch bestimmter Gesellschaftssysteme gibt, denn dies ist der Bereich, in dem in erster Linie" Entscheidungen getroffen werden müssen. Politiker sollten im besonderen Maße Langzeitstrategien entfalten. Sie müssen deshalb „mehr Zeit dafür aufbringen, die fundamentalen politischen Fragen zu überdenken" (ebd., S. 219). Dabei sollten sie Optionen entwickeln und Kreativität entfalten (ebd., S. 240). Und sie sollten den „futuribles", den großen Entwürfen und realistischen Visionen mehr Aufmerksamkeit schenken. Sie „sollten sich auf die übergeordneten Aufgaben konzentrieren, mit denen die Zukunft gestaltet wird.

Die mit Problemen, deren sofortige Lösung erforderlich ist, überlasteten Regierungen vernachlässigen gewöhnlich diese Aufgaben“ (ebd., S. 92).

„Das politische Denken sollte die mutmaßlichen historischen und theoretischen Folgen des Aufstiegs und Niedergangs von Nationen, die Langzeitwirkungen von Revolutionen, die Erfolge und Misserfolge sowie das Zerbrechen von Gesellschaften und Zivilisationen und die Auswirkungen anderer ‚großer Ereignisse‘ berücksichtigen“. Dror verweist in diesem Zusammenhang auf die Vorbildwirkung, die gelungene Experimente haben können: „Die Europäische Union ist trotz aller Schwierigkeiten ein gutes Beispiel dafür, dass es eine neue und erfolgreiche Regierung in der Form eines kontinentalen Suprastaates geben kann. Vergleichbare staatliche Strukturen sollten auch in anderen Teilen der Welt entwickelt werden, um für die Unzulänglichkeiten der einzelnen Staaten einen Ausgleich zu schaffen und als Fundament einer künftigen Weltregierung zu dienen. Es muss jedoch dafür gesorgt werden, dass keine Machtblöcke entstehen, die einander widersprechende Ziele verfolgen“ (ebd., S. 255).

„Es ist notwendig, historisch zu denken, ohne sich von der Vergangenheit abhängig zu machen. Das politische Denken gründet sich darauf, dass die Zukunft weniger eine Funktion der Vergangenheit ist als das Produkt dynamischer Prozesse und Wechselwirkungen, also eine Kombination aus Notwendigkeit, bestimmten Tendenzen, Gelegenheiten und Entscheidungen. … Dennoch hat auch die Vergangenheit einen Einfluss auf die Gestaltung der Zukunft und begrenzt in gewisser Weise ihre Möglichkeiten“ (ebd., S. 202 f.).

Politiker sollten neuen gesellschaftlichen Herausforderrungen mehr Aufmerksamkeit widmen, über ihr Tagesgeschäft hinaus, indem sie Intellektuellen, Akademikern, Freiberuflern, Angehörigen von Bürgerbewegungen und Interessengruppen, die an kein Dogma gebunden sind, Gehör schenken und die von ihnen vertretenen Vorstellungen in ihre Überlegungen einbeziehen (ebd., S. 209). Dass sie sich entsprechende Anregungen, etwa aus Castoriadis’ Entwurf einer politischen Philosophie, holen, ist, von wenigen Ausnahmen abgesehen, allerdings wenig wahrscheinlich. Bei Castoriadis (1984, S. 550) wird der Bereich des Visionären unter dem Begriff des (radikal) Imaginären gefasst, psycho- oder idiogenetisch als schöpferische Einbildungskraft des Menschen, sozio- oder koinogenetisch als unerschöpfliche Quelle des Neuen in der Geschichte, als nie erlahmende Triebkraft der Selbstveränderung von Gesellschaften. „Das radikale Imaginäre existiert als Gesellschaftlich-Geschichtliches und als Psyche-Soma. Als Gesellschaftlich-Geschichtliches ist es offenes Strömen des anonymen Kollektivs; als Psyche-Soma ist es Strom von Vorstellungen, Affekten, Strebungen. Was im Gesellschaftlich-Geschichtlichen Setzung, Schöpfung, Seinlassen ist, nennen wir gesellschaftliches Imaginäres im ursprünglichen Sinne oder instituierende Gesellschaft. Was in der Psyche-Soma-Einheit Setzung, Schöpfung, Seinlassen für die Psyche-Soma-Einheit ist, nennen wir radikale Imagination“ (ebd., S. 603). Als instituierende und instituierte ist die Gesellschaft in sich selbst zugleich Geschichte – das heißt Selbstveränderung. „Diese Schöpfung, die sich in und mit jeder Gesellschaft vollzieht, ist immer auch Schöpfung neuer Typen gesellschaftlich-geschichtlicher Entitäten (Objekte, Individuen, Ideen, Institutionen und dergleichen) auf allen Ebenen (Ebenen, die ihrerseits von der Gesellschaft und von dieser Gesellschaft gesetzt bzw. geschöpft worden sind)“ (ebd., S. 607). Dementsprechend entsteht das, was wird, nicht bloß als Neukombination bereits vorhandener Elemente, sondern als ontologische Schöpfung völlig neuer Typen und Gestalten. Die Art und Weise, in der eine Gesellschaft sich selbst, die Natur und die Menschen entwirft, ist das (unvorhersehbare) Ergebnis ihres eigenen Tätigwerdens. Die heute herrschende Ideologie, es gäbe keine Alternative zur „marktkonformen Demokratie“, unterstellt die Unmöglichkeit radikaler Veränderungen. Tatsächlich ereignet sich die Überwindung einer solchen ideologischen Unmöglichkeit nicht durch die Entfetischisierung korrupter „demokratischer Institutionen“, sondern im Bereich des Handelns. Hier nimmt das Unmögliche Gestalt an. Denn, mit Žižek (2010) zu sprechen, eine Handlung ist mehr als ein Eingriff in den Bereich des Möglichen. Eine Handlung verändert die Koordinaten dessen, was möglich ist, und schafft gleichsam rückwirkend Bedingungen für ihr Möglichwerden. Nichts, soweit man sehen kann, rechtfertigt deshalb die Behauptung, eine Selbstverwandlung der Gesellschaft sei unmöglich. Nirgendwo ließe sich für eine solche Behauptung eine Bestätigung finden. „Die Selbstverwandlung der Gesellschaft hängt von dem gesellschaftlichen und also im ursprünglichen Wortsinne politischen Tun der Menschen in der Gesellschaft ab – und von nichts sonst. Ein wesentlicher Bestandteil davon ist das denkende Tun und das politische Denken: das Denken der sich selbst schöpfenden Gesellschaft“ (Castoriadis 1984, S. 609).

In diesem Sinne bedeutet Möglichkeiten erforschen, Denkmodelle von nicht-existierenden Dingen aufzustellen. Jede geschichtliche Epoche hat ihre eigene Zukunft in Gestalt der herrschenden Vorstellung darüber, was auf sie folgt. „Diese Vorstellung ist, bildlich gesprochen, die von einem Spiegel zurückgeworfene Gegenwart. Allerdings bedient sich das antizipierende Denken unterschiedlicher Spiegel. Solange die historischen Veränderungen allmählich und in Zeiträumen vor sich gingen, die die

Lebenszeit einer Generation überstiegen, war der Spiegel flach: die Zukunft musste eine Verlängerung der Gegenwart, deren getreues Abbild sein. Zuweilen benützte man konvexe Spiegel, welche die Bedeutung der jeweiligen Probleme verminderten, zuweilen konkave, die alles vergrößerten" (Lem 1981, S. I). Nicht anders verfahren die Politiker in unserem Jahrhundert, denn um ein Denkmodell aufzustellen, muss man irgendein Ausgangsmuster haben. Sie halten der Welt einen gewaltigen, die Gegenwart vergrößernden Spiegel vor. Als Muster wählten sie die bisherigen Errungenschaften sowie die aktuellen Zustände der irdischen Politik, Wissenschaft, Ökonomie und Technik. Da die ihnen entsprechenden politischen Programmatiken im neunzehnten, spätestens im zwanzigsten Jahrhundert entstanden sind, finden sie „keine Antworten auf die Herausforderungen des einundzwanzigsten Jahrhunderts, die sich in der Frage zusammenfassen lassen, wie sich das errungene zivilisatorische Niveau mit radikal reduziertem Ressourcenverbrauch halten lässt" (Welzer 2013, S. 220). Die Zeiten sind schnelllebiger geworden. Was heute ist, kann morgen ganz anders sein. Deshalb sind die von ihnen zugrunde gelegten Errungenschaften allzu jämmerlich und die aktuellen Zustände allzu unbeständig, als dass man sie in die Zukunft hinein verlängern und zum Fundament einer weitreichenden Vision machen könnte. „Darüber, wie die Zukunft aussehen wird, kann man von den Menschen weder in ihrer Vergangenheit noch in ihren gegenwärtigen Ansichten, Hoffnungen und Ängsten etwas erfahren. Auf der Suche nach Modellen muss man über die Zivilisation, die Gesellschaft und die Kultur hinausgehen. Die Denkmodelle sind in der natürlichen Evolution zu suchen – denn nur so halten wir uns zugleich von Größenwahn und Misanthropie fern" (Lem 1981, S. IV).

Vieles spricht dafür, dass wir am Ende einer Epoche stehen, von dem aus die nächste wegen ihrer Ungewissheit als bedrohliches Dunkel erscheinen mag. „Man kann dieses Dunkel nicht erhellen, doch man kann es zumindest mit Vermutungen so weit durchdringen, wie der begriffliche Horizont reicht, der das Denken begrenzt" (ebd.). Einen anderen Weg gibt es nicht. Die Alternative dazu bestünde in Untätigkeit, im Verzicht auf den Gebrauch der Vernunft.

Der Tunnelblick traditioneller Wissenschaft

Das Aussagesytem, das wir gemeinhin als wissenschaftliches bezeichnen, unterscheidet sich von anderen dadurch, dass es in außerordentlicher Weise isolierend und abstrahierend verfährt, vergleichbar dem Tunnelblick eines alkoholisierten Autolenkers. Einzelne Elemente bzw. Faktoren des zu untersuchenden Gegenstandes bleiben außer Betracht, von ihnen wird abstrahiert. Andere wiederum, die als wesentlich gelten, werden aus ihrem komplexen Umfeld herausgelöst, von anderen Elementen bzw. Faktoren isoliert und hinsichtlich ihrer Erklärungskraft als Konstante behandelt. Beide Verfahren, das der Abstraktion und das der Isolation, führen vom Erfahrungsobjekt weg und konstruieren durch gedankliche Fokussierung bzw. Verallgemeinerung ein theoretisches Erkenntnisobjekt, ein Begriffssystem, das keinen unmittelbaren Bezug mehr hat zur Realität, aus der es abgeleitet wurde. Eine solche Wissenschaft mag geeignet sein, um Diplome und Doktortitel in ihr zu erlangen, aber Probleme, die der Gesellschaft dort draußen, außerhalb des *ivory tower*, auf den Nägeln brennen, vermag sie kaum zu lösen. „Wir müssen die Möglichkeit kritisch in Betracht ziehen, das sich die Universität, ähnlich wie die mönchische Klostergemeinschaft, als nicht mehr zeitgemäße soziale Institution erweist. … Wenn man heute dieser Institution ihre weitgehende Monopolstellung für die Verleihung akademischer Grade und berufsqualifizierender Zertifikate nehmen würde, ohne sonst irgendetwas zu ändern, bräche das scheinbar so unverzichtbare Gebilde sang- und klanglos in sich zusammen“ (Brock 1990, S. 119 f.).

Im Gegensatz dazu ist das, was wir gegenwärtig erleben – wenn man es in traditionellen Begriffen ausdrückt – die Verschmelzung von Forschung, Entwicklung und Anwendung. Externe Zwecksetzungen werden zum Entwicklungsleitfaden der Theoriebildung, ein Sachverhalt, der zweierlei beinhaltet: Zum einen wird die Theoriebildung für spezielle Problembereiche der Gesellschaft – etwa für die Krebsforschung, die Umweltforschung, die Lärmforschung – die allgemeine Form, in der Wissenschaft ihre Beziehung auf externe, sprich: gesellschaftliche Zwecke realisiert. Zum anderen erfolgt hierdurch eine weitere Verwissenschaftlichung der bearbeiteten Gegenstandsbereiche selbst und nicht lediglich eine Anwendung von vorab gewonnenen theoretischen Erkenntnissen auf diese Bereiche. Dieser Transformationsprozess von der traditionellen „academic science“ zur „postacademic science“, wie er verschiedentlich bezeichnet wird (Ziman 2002, S. 80 f.), mündet schließlich in eine „new mode of knowledge production“ (Nowotny et al. 2001). Die „Verwissenschaftlichung gesellschaftlicher Praxis“ geht einher mit einer „Vergesellschaftung wissenschaftlicher Praxis“. Beides führt uns in eine Situation, die nicht mehr dadurch gekennzeichnet ist, dass wir Wahrheiten, die uns umgeben, in der Natur, in der Gesellschaft, kontemplativ entdecken, sondern dadurch, dass wir über die Wirklichkeit von Wahrheiten, die wir selbst produzieren, gesellschaftlich entscheiden müssen. Damit werden kontemplativ produzierte Dichotomien, wie sie in der überkommenen „academic science“ gepflegt werden, hinfällig. Es macht unter den gegenwärtigen Bedingungen wenig Sinn, noch länger zu unterscheiden zwischen Subjekt und Objekt, Natur und Gesellschaft, Handlung und Struktur, Theorie und Praxis. Mit Hilfe von Wissenschaft und Technik sind wir an einem Punkt angelangt, an dem Natur und Gesellschaft, wissenschaftliches und alltägliches Handlungswissen weitgehend ineinander aufgehen, nicht mehr voneinander zu trennen. „Das Ozonloch ist zu sozial,“ fasst Bruno Latour (1998, S. 14) die Situation zusammen, „um wirklich Natur zu sein, die Strategien der Firmen und Staatschefs zu sehr angewiesen auf chemische Reaktionen, um allein auf Macht und Interessen reduziert werden zu können.“ Wissenschaftliche Experimente haben die geschlossenen Räume der Laboratorien verlassen (Groß et al. 2005). Sie werden heute im Maßstab 1:1 und in Echtzeit durchgeführt. Ob Tschernobyl, Ozonloch oder Rinderwahnsinn, in allen diesen Fällen ist, um einige Negativbeispiele zu nennen, die traditionelle Unterscheidung zwischen „wissenschaftlichen Laboratorien“, die drinnen mit Theorien und Phänomenen experimentieren, und einer „politischen Situation“ außerhalb, in der Nicht-Experten mit Werten, Meinungen und Leidenschaften agieren, obsolet geworden. „Wir sind jetzt alle in kollektive Experimente verstrickt, in denen menschliche und nicht-menschliche Wesen zusammengemengt werden – und niemand ist verantwortlich. Über diese Experimente, die mit uns, von uns, für uns durchgeführt werden, wird kein Protokoll geführt. Niemandem ist ausdrücklich die Verantwortung übertragen, sie zu beaufsichtigen. Aus diesem Grund,“ so fordert Latour (2001, S. 31), „brauchen wir eine neue Definition der Souveränität“.

In der Sichtweise der überkommenen akademischen Wissenschaft „folgt das Handeln auf das Wissen, ohne ihm viel hinzuzufügen: Wissen wird angewandt und verwirklicht.Die Experten haben beraten. Sie haben sich auf den besten Weg geeinigt. Handeln ist nicht viel mehr als die Umsetzung des Wissens in der wirklichen Welt draußen.“ Diese Sichtweise entspricht einem Wissenschaftsmodell des achtzehnten und neunzehnten Jahrhunderts, das der gegenwärtigen Situation immer weniger gerecht wird. Heute besteht Handeln nicht mehr „in der Verwirklichung oder Umsetzung eines Planes, sondern in der Erkundung unbeabsichtigter Folgen einer provisorischen und revidierbaren Version eines Projektes“. Wissenschaftspolitik, die bislang ein spezialisierter bürokratischer Bereich war, der einige hundert Leute interessierte, muss deshalb zur Aufgabe und zum Verantwortungsbereich einer neuen Weltbürgerschaft werden. „Die Souveränität über Forschungsprogramme ist zu wichtig, um sie den Spezialisten zu überlassen“ (ebd.).

Die Herausforderungen, vor denen die Wissenschaft heute steht, sind völlig andere als jene, denen sich die traditionelle akademische Wissenschaft widmete. Um ihnen begegnen zu können, „benötigen wir ein neues intellektuelles Handwerkszeug. Ein Bild der Realität, das für kontrolliertes Experimentieren und abstraktes Theoretisieren entworfen wurde, mag bei der Rückführung komplexer Phänomene auf ihre Kernelemente sehr hilfreich sein. Aber es ist nicht sehr geeignet für die Lösung der Probleme, die sich der Wissenschaft heute stellen. Wissenschaftliches Denken befördert eine Vorstellung, dass es in den beobachteten Phänomenen und unseren Interventionen geregelt, einfach und sicher zugehe“ (Funtowicz und Ravetz 2001, S. 15 ff.). Aber eine solche Sichtweise wird dem Zuwachs an Problemverständnis und angemessenen Lösungsmethoden kaum noch gerecht. Die Probleme, die heute einer wissenschaftlichen Lösung bedürfen, zeichnen sich aus durch „Komplexität“, das heißt, durch „Ungewissheit“ und „Wertorientierung“. Diese zwei Kerneigenschaften komplexer Systeme, „radikale Ungewissheit“ und eine „Vielzahl legitimer Sichtweisen“, verweisen darauf, dass „Politik nicht entlang eines idealisierten linearen Pfades gestaltet werden kann, der seinen Ausgang in der Erzeugung wissenschaftlichen Wissens nimmt, um dann in seine Anwendung zu münden. Die Politik selbst ist als ein Subsystem unter anderen eingebettet in ein umfassenderes komplexes Gesamtsystem, in welchem das von der Politik zu lösende Problem nur einen Aspekt darstellt.“ In solchen „komplexen Kontexten fallen der Wissenschaft neue Aufgaben zu“, denn die „Methoden der traditionellen Wissenschaft sind in diesen neuen Kontexten nur von begrenzter Wirksamkeit.“ Heute „müssen gesellschaftspolitische Entscheidungsprozesse den Dialog einschließen zwischen jenen, die ein Interesse an der Lösung der anstehenden Probleme haben, und jenen, denen sie anvertraut sind. Das bedeutet, der Prozess der Entscheidungsfindung ist ebenso wichtig wie das Resultat, das schließlich zustande kommt.“ Zwar ist das, was an der Universität mit Hilfe von Lehrbüchern vermittelt wird, nach wie vor notwendig, aber es ist in Zukunft nicht mehr ausreichend. „Denn es bezieht sich auf eine standardisierte Version der Welt. Im Allgemeinen basiert sie auf den künstlich erzeugten, reinen und stabilen Bedingungen von Labor-Experimenten. Die Welt, mit der wir interagieren, unterscheidet sich davon ganz erheblich. Jene, welche auf Grund eines akademischen Studiums akzeptierte Experten geworden sind, mögen zwar einiges an verwertbarem Wissen hinsichtlich praktisch zu lösender Probleme vorzuweisen haben, aber ebenso unterliegen sie der Notwendigkeit, umzulernen und sich von jenen Sichtweisen zu lösen, die sie während des Studiums unbewusst verinnerlicht haben. Im Gegensatz zu dem Eindruck, den die Lehrbücher vermitteln, verfügen die meisten praktischen Probleme über mehr als nur eine plausible Antwort, und auf manche gibt es überhaupt keine Antwort.“

Das verhängnisvolle Erbe: die Zweck-Mittel-Dichotomie

Die letzte, die fünfte Ursache, die dafür verantwortlich ist, dass es der sich konstituierenden Weltgesellschaft mit hoher Wahrscheinlichkeit nicht gelingt, ihre Reproduktion in sozial- und umweltverträgliche Bahnen zu lenken, ist die gravierendste. Sie äußert sich in einem Weltbild, das charakteristisch ist für die abendländische Kultur und dessen Wurzeln zurückreichen in die Epoche frühgriechischen Philosophierens. Um ihre negativen Auswirkungen für die Gesellschaft des Anthropozäns verständlich zu machen, wird es hilfreich sein, ihre sozialhistorische Genese kurz nachzuzeichnen.

Zwischen 800 und 200 vor unserer Zeitrechnung entstand der Mensch so, wie wir ihn heute kennen. In dieser relativ kurzen Zeitspanne wurden jene Grundkategorien hervorgebracht, in denen wir bis heute denken, und es kristallisierten sich jene Weltreligionen heraus, mit denen die Menschen bis heute leben. Karl Jaspers (1949) hat hierfür den Begriff „Achsenzeit“ geprägt. Das zentrale Merkmal der Achsenzeit, über alle Kulturen hinweg, besteht darin, dass in ihr eine scharfe Trennung zwischen irdischer und überirdischer Welt gezogen wird und dass, damit verbunden, ein Reflexionsprozess in Gang gesetzt wird, im Verlauf dessen ein „Denken zweiter Ordnung“ (Elkana 1987) entsteht und ein Bild des Menschen, der sich, seiner selbst und seiner Grenzen bewusst, einer von ihm getrennten Objektwelt gegenübergestellt sieht. Dieses „Denken zweiter Ordnung“ richtet sich nicht nur darauf, die Welt zu entmystifizieren und religiösen Mythen eine rationale Gestalt zu geben, sondern vor allem darauf, die eigenen Gedanken zu lenken: ein Nachdenken über das Denken. Man kann deshalb über Wissenschaft, in der sich das „Denken zweiter Ordnung“ ebenso manifestiert wie in den Transzendentalreligionen, und über ihr Verhältnis zur Gesellschaft nicht sprechen, ohne Bezug zu nehmen auf mythisches, insbesondere auf außerweltlich gerichtetes Denken, zumindest nicht in sozialhistorischer Perspektive und soweit es das spezifisch abendländische Verhältnis von Wissenschaft und Christentum betrifft. In kaum einer anderen Kultur stehen orientalischer Mythos und okzidentaler

Logos, Glaube und Wissen in einer vergleichbar spannungsreichen und widersprüchlichen Beziehung zueinander.

Im Gegensatz zu den „heidnischen" bzw. „primitiven" Gesellschaften begann man in den „Hochkulturen" der Achsenzeit die Existenz einer höheren, transzendentalen, moralischen oder metaphysischen Ordnung zu postulieren, die jenseits der irdischen Wirklichkeit liegt. Aus der Differenz der zwischen der menschlich-sozialen Realität einerseits und dem Phantasma einer kosmischen Ordnung andererseits ergaben sich alsbald Deutungsprobleme, die zwangsläufig in die Frage mündeten, wie die Kluft zwischen der transzendentalen und der irdischen Ordnung überbrückt werden könne. Das betraf insbesondere das virulent werdende Problem der Erlösung: die Befreiung von bzw. die Errettung aus Zuständen, die dem Einzelnen oder der Gemeinschaft als untragbar erschienen oder, in religiöser Hinsicht, als Übel, als Unheil angesehen wurden. Die Wurzeln dieser Erlösungssehnsucht liegen sowohl im Bewusstsein des Todes wie in der Zufälligkeit menschlichen Handelns und sozialer Institutionen (Eisenstadt 1987, S. 12). In dieser Hinsicht stimmen alle regionalen Hochkulturen überein und darin grenzen sie sich von allen vorgängigen „archaischen" Kulturen ab. Worin sie sich aber voneinander unterscheiden, ist die inhaltliche Ausgestaltung und Begründung dieser Ablösung. In dieser Frage geht die abendländische Kultur einen Sonderweg. Während alle anderen regionalen Hochkulturen in ihren Objektivationsbemühungen im Bereich inhaltlich gebundener Subjektivität verharren und die inhaltlichen Substrate ihrer Kultur in die Umwelt projizieren, ihr in symbolischer oder institutioneller Form, sei es in der Religion, in der Kunst oder im Alltag, Geltung verschaffen, vollzieht sich in der abendländischen Kultur der radikalste Projektionsschritt: die Übertragung des leeren Handlungsschemas aus der subjektiven Erfahrung des tätigen Menschen in die physische Wirklichkeit. Es entsteht die abstrakte Denkform logischer Kalküle, die Basis griechischer (Proto-)Wissenschaft. Dieser mentale Transformationsprozess, der sich im Rahmen der frühgriechischen Kultur vollzieht, zeichnet sich in materieller Hinsicht dadurch aus, dass in zentralen Bereichen der Gesellschaft, insbesondere an ihren Außenrändern, die Reproduktionsform der Geldökonomie, der *Chrematistik*, an die Stelle der Subsistenzwirtschaft, der *Oikonomia*, tritt. Infolgedessen verändern sich die Macht- und Herrschaftsstrukturen auch im Inneren der Gesellschaft. Maine (1977) hat diese Umbruchssituation, die alle bisherigen Selbstverständlichkeiten der Tradition und Sitte in Frage stellte, als „Übergang vom Status zum Vertrag" bezeichnet. Und für Goody (1990), der sein Augenmerk auf die Logik der Schrift in ihrem Wechselverhältnis zur Organisation der Gesellschaft richtet, stellt sich das Charakteristische dieses Vorgangs als Schwerpunktverlagerung vom Produktionsgeschehen zu Kommunikationsprozessen dar, in denen „eine eigentümliche Logik wirksam wird, der eine der wichtigsten Transformationen in menschlichen Gesellschaften geschuldet ist".

Der Mensch, der in einer Welt voller Gefahren lebt, sehnt sich nach Sicherheit. Er möchte Kontrolle erlangen über seine Umwelt. Historisch gesehen, hat er zwei Möglichkeiten entwickelt. Die eine bestand darin, die Mächte, die ihn umgeben und über sein Schicksal entscheiden, gütig zu stimmen. Diese Möglichkeit fand ihren Ausdruck in Bittgebeten, Opfern, zeremoniellen Riten und magischen Kulten. Wenn wir uns als Soziologe die Frage nach Sinn und Bedeutung transzendentaler Mythen stellen, dürfen wir nicht vergessen, dass die Götter, ebenso wie der eine Gott, Ideen des menschlichen Geistes sind. Sie sind Geschöpfe des Menschen, und nicht umgekehrt. Sie wurden gebraucht und erfunden, um dem Rätsel des Lebens auf dieser Erde Sinn und Zweck zu geben, um merkwürdige, außergewöhnliche Naturphänomene, Zufälle und vor allem irrationales menschliches Handeln zu erklären. Sie sind da, um all das auf sich zu nehmen, was sich nicht begreifen lässt, es sei denn durch den Hinweis auf das Wirken oder die Absicht übernatürlicher Kräfte (Tuchman 1984, S. 62). Der andere Weg, den der Mensch einschlug, der profanere, bestand darin, Künste und Techniken zu entwickeln, um sich mit ihrer Hilfe die Naturkräfte nutzbar zu machen. In frühen Zeiten der Menschheitsentwicklung führte der Mangel an Techniken der Naturbeherrschung das Verlangen nach Sicherheit in irrelevante Formen der Praxis. Es äußerte sich, wie gesagt, in Ritus und Kultus. Das Denken kümmerte sich mehr um die Entdeckung von *Omina* als um Zeichen des Bevorstehenden, das es zu bewältigen galt. „Wie ein Ertrinkender angeblich nach einem Strohhalm greift, so griffen Menschen, denen die Werkzeuge und Fähigkeiten fehlten, die in späterer Zeit entwickelt worden sind, nach allem, was in Zeiten der Not mit etwas Phantasie als Hilfsmittel angesehen werden konnte. Die Aufmerksamkeit, das Interesse und die Sorgfalt, die heutzutage auf den Erwerb von Geschicklichkeit beim Gebrauch technischer Hilfsmittel und auf die Erfindung von immer zweckmäßigeren Mitteln aufgewendet werden, wurden der Beobachtung von *Omina* gewidmet, dem Erstellen irrelevanter Prognosen, dem Vollzug ritueller Zeremonien und der Manipulation von Objekten, die magische Macht über natürliche Ereignisse besaßen. In einer solchen Atmosphäre entstand und entwickelte sich die primitive Religion. Genauer, diese Atmosphäre war die religiöse Disposition" (Dewey 2001, S. 14). Es kam zur

Unterscheidung zweier Reiche: eines höheren, in dem die Mächte walten, die das menschliche Schicksal bestimmen. Damit befasste sich die Religion. Das andere bestand aus den prosaischen Angelegenheiten des Alltags, in denen der Mensch sich auf seine eigene Geschicklichkeit und Sachkenntnis verließ. Bei Hegel (1955, S. 376), zwei Millenien später, findet sich diese Lehre von den zwei Welten in unüberbietbarer Weise formuliert: „Nach der Schöpfung der Natur tritt der Mensch auf, und er bildet den Gegensatz zu der natürlichen Welt; er ist das Wesen, das sich in die zweite Welt erhebt. Wir haben in unserm allgemeinen Bewusstsein zwei Reiche, das der Natur und das des Geistes. Das Reich des Geistes ist das, was von dem Menschen hervorgebracht wird.“ Hegel formuliert den vorläufigen Endpunkt einer Entwicklung, in der, veranlasst durch die unübersehbaren Erfolge der technischen Wissenschaften, versucht wurde, „die Ansprüche der natürlichen Vernunft und der moralischen Autorität einander mit Hilfe einer Gebietsteilung anzupassen: die Lehre von der ‚zwiefältigen Natur der Wahrheit‘. Das Reich der Zwecke und Werte, die für das Verhalten bestimmend waren, war das Reich des geoffenbarten Willens Gottes. Das Organ für seine Apprehension war der Glaube. Die Natur ist der Gegenstand der Erkenntnis, und im Hinblick auf sie nehmen die Ansprüche der Vernunft die höchste Stelle ein. Die beiden Reiche sind so voneinander geschieden, dass es zu keinem Konflikt kommen kann. Das Werk Kants steht in dieser Tradition der Methode der Anpassung mittels einer Gebietsaufteilung. Natürlich trennte er das Reich der moralischen Autorität nicht aufgrund des Glaubens an die Offenbarung ab. An dessen Stelle setzte er die Idee des Glaubens, der auf praktischer Vernunft beruhte. Aber er hielt an der älteren Unterscheidung eines Reiches, in dem der Intellekt herrscht, und eines Reiches, in dem die Forderungen des Willens den obersten Platz einnehmen, fest. Ebenso beharrte er auf einer Isolierung der beiden Reiche voneinander, die so vollkommen ist, dass es keine mögliche Überschneidung und daher keine Möglichkeit der Interferenz gibt. Wenn die Reiche der Wissenschaft und der Sittlichkeit sich nirgends berühren, kann es keinen Streit zwischen ihnen geben. Tatsächlich suchte Kant ihre Beziehungen oder ihren Mangel an Beziehungen so einzurichten, dass es nicht nur zu keinerlei Interferenz, sondern zu einem Pakt zumindest wohlwollender Neutralität kommen sollte“ (Dewey 2001, S. 61 f.). Die Wissenschaften erbten diese Teilung. Die philosophischen Geisteswissenschaften, die sich aus religiösen Weltbildern entwickelten, unterscheiden sich noch heute von den technischen Naturwissenschaften, denen die handwerklichen Künste zugrunde liegen. Selbst in den Sozialwissenschaften, die sich weitgehend metaphysikfrei wähnen, hat die aus diesem Dualismus sich ergebende Erkenntnisschranke ihre Spuren hinterlassen. Habermas etwa, indem er das Paradigma der Verständigung zwischen sprach- und handlungsfähigen Subjekten gegenüber dem Paradigma der Erkenntnis von Gegenständen verabsolutiert, stellt dem erfolgskontrollierten, zweckrationalen Handeln, das sich üblicherweise in technologischen Artefakten manifestiert, das interaktive, das eigentlich kommunikative Handeln dichotomisch gegenüber (erstmals 1969). Dabei ist längst erwiesen, dass Technologien keine ihnen inhärente, wie auch immer instrumentell zu fassende Bedeutung haben, sondern das Resultat komplexer Kommunikationsprozesse unterschiedlicher sozialer Gruppen sind. Bijker et al. (1987) haben in empirischen Studien gezeigt, dass es nicht nur einen bzw. den einen besten Weg gibt, um Artefakte zu konstruieren, sondern dass sie, ganz im Sinne der Theorie des kommunikativen Handelns, das Ergebnis langwieriger Aushandlungsprozesse sind. Zu Recht hat Latour deshalb mehr empirische Kompetenz eingefordert, wenn es um gesellschaftliche Zeitdiagnosen geht. Habermas unternehme zwar „eine sympathische Anstrengung, um das Projekt der Moderne zu retten“. Aber, ergänzt er sogleich, wie könnte man ihm beipflichten? Sein „Begriff der instrumentellen Vernunft ist ein Irrweg in der Technikforschung“, um nicht zu sagen, „ein theologisches Verbrechen!“. Weder rege Habermas empirische Untersuchungen an, noch kenne er sie. Worauf Latour anspielt, ist, dass Habermas einer alten deutschen Philosophenfiktion erliegt, wenn er postuliert, Technik sei das Resultat instrumenteller Vernunft. Ähnlich verhält es sich mit der Bielefelder Systemtheorie im Gefolge Luhmanns. Auch sie findet keinen rechten Zugang zur Technik als einem zentralen Faktor, der die Gegenwartsgesellschaft konstituiert und prägt (vgl. Japp 1998). Luhmann beharrt, und darin Habermas durchaus vergleichbar, auf der „antinaturalistischen Attitude“ einer historisch überholten Kulturphilosophie, der die Realität schon längst abhanden gekommen ist. In beiden Fällen, sowohl in dem von Luhmann wie in dem von Habermas, handelt es sich um soziologische Großtheorien, um Gesellschaftstheorien, in denen „Natur“ nicht vorkommt, formuliert zu einem Zeitpunkt, in dem Natur und Gesellschaft, vermittelt über Technologie, untrennbar zu einem Hybrid verschmelzen. So nimmt es nicht wunder, dass sich Latour ähnlich ablehnend äußert gegenüber Luhmanns Theorie autopoietischer Systeme: „Es seien surrealistische Banalitäten“, Repräsentationen, die ihre reale Basis allenfalls, wenn überhaupt, in den fünfziger Jahren oder in einer ganz anderen Welt haben, Phantasmen einer Metatheorie, bar jeglicher Empirie. Eben das sei es, was so „gefällt“ bei Luhmann: dass es „enthebt von der Feldforschung, den Archiven, der

Ethnographie, der Recherche, den Interviews, alles sehr mühselige Dinge". Von daher, aus dieser Sicht, ließen sich beide Großtheorien, sowohl die von Habermas als auch die von Luhmann, um einen Ausdruck von Luhmann selbst zu gebrauchen, als „vormoderne Betrachtungsweisen" bezeichnen, die allenfalls Gültigkeit beanspruchen könnten für die Ära der griechischen *Polis*. Hätten ihre Protagonisten doch Moscovici gelesen! Bereits in den sechziger Jahre hatte er, weit vorausschauend, argumentiert, dass der Gegensatz von Natur und Gesellschaft keinen Sinn mehr mache (Moscovici 1982, S. 503 f.), und seine große Monographie als einen Essay über die menschliche Geschichte der Natur betitelt. Wenn er darin ausführt, dass die Menschen zu einer geologischen Kraft mit erheblicher Wirksamkeit geworden seien (ebd., S. 498), dann nimmt er damit zugleich, in soziologischen Kategorien formuliert, die Kernaussage Crutzens (2002), der Mensch selbst sei zum geologischen Faktor geworden, um Jahrzehnte vorweg. Die Verschmelzung von Natur und Gesellschaft, ein zentrales Charakteristikum der gegenwärtigen Globalisierung, erfolgt durch Technologie, durch die „Welt der Dinge", um Latour zu paraphrasieren. Durch sie erhalten soziale Verhältnisse Konsistenz, Dauer und Festigkeit. Will man die Welt der Menschen verstehen, muss man ihren Artefakten deshalb mehr Aufmerksamkeit widmen. Sie spielen eine viel größere Rolle in der Sozialisation der Menschen, als die Sozialwissenschaften ihnen bisher zugestanden haben. Technologie ist, in den Worten Latours, Gesellschaft auf Dauer gestellt (1991). Indem sich die Geistes- und Sozialwissenschaften in weiten Teilen nach wie vor an einem forschungsleitenden Paradigma orientieren, das letztlich in der Tradition einer dichotomisch konzipierten Bewusstseinsphilosophie wurzelt, befleißigen sie sich der „antinaturalistischen Attitude" einer historisch überholten Kulturphilosophie, die in der Gegenwart des einundzwanzigsten Jahrhunderts kaum noch eine reale Entsprechung findet. Ordnungserfordernisse der Theorie haben dazu geführt, dass sie mit der Realität, die sie auf den Begriff zu bringen suchen, immer weniger zu tun haben. Zukunftsentwürfe, ob radikal oder evolutionär, lassen sich gesellschaftspolitisch nur dann realisieren, wenn in ihnen nicht nur die diskursiven, wie bei Habermas, sondern auch die materiellen Zusammenhänge berücksichtigt werden, seien es naturale, ökonomische oder soziale „Sachzwänge", die gesellschaftliche Transformationen erschweren oder gar verhindern. Imaginationen ohne Realitätsbezug kommen über den Status akademischer Glasperlenspiele nicht hinaus. Sie mögen ihre Autoren befriedigen, zur Lösung realer Probleme tragen sie nur wenig bei. Zum Beispiel verhindern entscheidende ökonomische „Sachzwänge", von denen aus Ordnungserfordernissen der Theorie abstrahiert wird, noch so gut gemeinte und durchdachte Reformvorschläge spätestens dann, wenn das Wirtschaftswachstum eines marktkonform ausgerichteten Staates rückgängig ist, was sich, wie ein Blick auf die gegenwärtige Situation der Staaten Südeuropas zeigt, schlagend unter anderem in steigender Arbeitslosigkeit, Finanzierungsproblemen des Staates und seiner Sozialsysteme sowie in einer Destabilisierung des Bankensektors äußert. Unberücksichtigt bleibt oft die Tatsache, dass Unternehmen, die am Markt agieren, keine gemeinnützigen Einrichtungen darstellen, sondern bei Strafe des Untergangs gezwungen sind, Gewinne einzufahren. Aktiengesellschaften sind sogar verpflichtet, Erträge im Sinne und zu Gunsten ihrer Aktionäre zu maximieren, im Rahmen der bestehenden Gesetze und mit legalen Mitteln. Wenn Manager ihr Unternehmen wissentlich so führen, dass die Profite zurückgehen, machen sie sich der „Untreue“ schuldig. „Der Autohersteller Henry Ford wurde 1919 tatsächlich erfolgreich von Aktionären verklagt, weil er den Mindestlohn der Arbeiter auf fünf Dollar pro Tag angehoben hatte: Das Gericht erklärte, Fords humanitäre Empfindungen gegenüber seinen Angestellten seien zwar lobenswert, aber das Unternehmen sei dazu da, Gewinne für die Aktionäre zu erzielen“ (Diamond 2005, S. 596 f.).

Die Rückkehr zum Mythos

Verantwortlich für die aus dem epistemischen Dualismus sich ergebende Erkenntnisschranke, die nahezu zweitausend Jahre lang ihre unheilvolle Wirkung im abendländischen Denken entfaltete, waren, nicht nur in gesellschaftspolitischer Hinsicht, die Institution der Kirche und der von ihr machtvoll propagierte Offenbarungsmythos. Wie viel Gewaltanwendung zu ihrer Durchsetzung und Aufrechterhaltung notwendig war, ist bei Deschner nachzulesen (1986 ff., für eilige Leser: 1962). Wie Raureif legte sich die Zwei-Welten-Theorie auf das Voranschreiten okzidentaler Vernunft. Vermittelt wurde sie später, etwa, wie erwähnt, bei Hegel, durch die Philosophie, aber entscheidend geprägt war das Verhältnis von Religion und Wissenschaft zunächst und grundlegend von der im Christentum aufgehobenen orientalischen Gnosis in ihrer Beziehung zur okzidentalen Vernunfterkenntnis. „In Griechenland hatten viele Künste einen Entwicklungsstand erreicht, der sie über den Zustand bloßer Routine empor hob; man fand Anzeichen von Maß, Ordnung und Regelmäßigkeit in den bearbeiteten Materialien, die Spuren einer zugrunde liegenden Rationalität zeigten. Dank der Weiterentwicklung der Mathematik entstand auch das Ideal einer rein rationalen Erkenntnis, die als unerschütterlich und wertvoll galt und als das geeignete Mittel angesehen wurde, um im Rahmen der Wissenschaft die Andeutungen von Rationalität in den wechselnden Phänomenen zu verstehen. Die Intellektuellenklasse fand jetzt die Stütze und den Trost, die Garantie der Sicherheit, die bislang von der Religion geliefert worden waren, in dem intellektuellen Nachweis der Realität der Gegenstände eines idealen Reiches" (Dewey 2001, S. 254). Die Religion selbst wurde zunehmend rationalen Kriterien unterworfen. So sind die Philosophien des Platon und des Aristoteles Systematisierungen des Inhalts der religiösen und künstlerischen Anschauungen der Griechen in rationaler Form. Die Systematisierung brachte eine Reinigung mit sich. Die Logik lieferte die Strukturen, denen sich die Gegenstände, seien sie transzendentaler oder empirischer Art, anzubequemen hatten. Mit der Eliminierung von Mythen und gröberen abergläubischen Vorstellungen wurden die Ideale der Vernunft errichtet und gefestigt. Die Religion wurde, besonders deutlich im späteren Christentum, zum Gegenstand einer wissenschaftlich betriebenen Theologie. „Sie ist die Reflexionsstufe von Religion, also dasjenige, was man mit Rationalitätsanspruch in Hinblick auf den Glauben, den man hat und lebt, vertreten zu können meint" (Schnädelbach 2010, S. 8). Die philosophischen Wissenschaften erbten das Reich, mit dem sich die Religion befasst hatte. Ihre Art der Erkenntnis unterschied sich deutlich von jener, die zunächst den empirischen Künsten, später dann auch den empirischen (Natur-)Wissenschaften eigen war, weil sie es, in der Tradition der Religion stehend, mit einem Reich des höheren Seins zu tun hatten. Sie atmeten eine Luft, die reiner war als die, in der das Machen und Tun eine Rolle spielt, ebenso wie die Tätigkeiten, welche die Form von Riten und Zeremonien annehmen, edler und dem Göttlichen näher waren als diejenigen, die in Mühe und Arbeit bestanden.

Bei allem Fortschritt, den der Übergang „vom Mythos zum Logos" (Nestle 1941) brachte, sollten die retardierenden Momente griechischen Denkens nicht übersehen werden, die sich wie Mehltau auf die weitere mentale Entwicklung des Abendlandes bis weit in das siebzehnte, ja sogar bis in das zwanzigste Jahrhundert hinein legten. In ihnen wurden die Idee des Reiches einer unwandelbaren Realität, von der allein wahre Wissenschaft möglich sei, und einer niedrigeren Welt der wandelbaren Dinge, mit denen es Erfahrung und Praxis zu tun haben, festgeschrieben. Sie verherrlichten in geradezu religiöser Weise das Unwandelbare auf Kosten des Wandels, wobei evident ist, dass alle praktische Tätigkeit in den Bereich des Wandels fällt. Sie vermachten uns die Vorstellung, welche das philosophische Denken seit den Zeiten der frühen Griechen unablässig beherrscht hat: dass die Aufgabe des Erkennens darin bestehe, das aller

Erkenntnis vorausgehende Reale zu enthüllen, statt, wie es mit unseren praktischen Urteilen der Fall ist, die Art von Verstehen zu gewinnen, die notwendig ist, um mit den Problemen, wie sie gerade jeweils entstehen, fertig zu werden. Diese tief im abendländischen Denken verankerte Sichtweise wurde selten nur kritisch hinterfragt, weil der Wechsel von der Religion zur Philosophie formal so großartig und einmalig war, dass ihre inhaltliche Identität nur allzu leicht übersehen wurde. Spätestens seit Aristoteles „ist die Form nicht länger die der in phantasie- und gefühlvollem Stil erzählten Geschichte, sondern wird zu der des rationalen Diskurses, der die Regeln der Logik beachtet. Es ist hinlänglich bekannt, dass jenes Stück des aristotelischen Systems, das spätere Generationen ‚Metaphysik' genannt haben, von ihm selbst als ‚Erste Philosophie' bezeichnet wurde. Man kann Sätze von ihm zitieren, in denen er seine ‚Erste Philosophie' beschreibt, die den Anschein erwecken, als wäre dieses philosophische Unternehmen kühl-rational, objektiv und analytisch. So sagt er, sie sei der umfassendste aller Erkenntniszweige, weil sie zu ihrem Gegenstand die Definition der Eigenschaften habe, die allen Formen des Seins zukommen, wie sehr sie sich auch im Detail voneinander unterscheiden. Aber wenn diese Passagen in den Kontext gestellt werden, den sie in Aristoteles' eigenem Denken hatten, wird deutlich, dass Inhaltsreichtum und Universalität der Ersten Philosophie keineswegs von strikt analytischer Art sind. Sie bezeichnen einen Unterschied im Hinblick auf den Grad des Wertes und des Anspruchs auf Verehrung. Denn er identifiziert seine Erste Philosophie – oder Metaphysik – explizit mit Theologie; er sagt, sie stehe höher als andere Wissenschaften. Denn diese handelten von Entstehen und Vergehen, während der Gegenstand der Ersten Philosophie beweisbare, das heißt notwendige Wahrheit erlaube, und ihre Gegenstände göttlich und von solcher Art seien, dass sich selbst Gott mit ihnen abgebe. An anderer Stelle sagt er, dass die Gegenstände der Philosophie so seien, dass sie die Ursachen des Sichtbaren von den göttlichen Dingen seien und dass, wenn sich irgendwo ein Göttliches finde, es sich in Dingen der Art finde, mit denen sich die Philosophie befasse. Die Überlegenheit an Wert und Würde dieser Gegenstände kommt auch in der Aussage zum Ausdruck, dass das Sein, mit dem sich die Philosophie befasse, primär, ewig und selbstgenügsam sei, weil seine Natur das Gute sei, so dass das Gute zu den ersten Prinzipien gehöre, die den Gegenstand der Philosophie bildeten: – aber wohlgemerkt nicht das Gute in dem Sinne, in dem es Bedeutung und Rang im menschlichen Leben hat, sondern das inhärent und ewig Vollkommene, das, was vollständig und selbstgenügsam ist" (Dewey 2001, S. 18 f.).

Der Glaube, das Göttliche umfasse die Welt, wurde aus seinem mythischen Kontext gerissen und zur Basis zunächst der Philosophie, später dann auch zur Grundlage der Naturwissenschaften gemacht. So wurde der Dualismus im griechischen Denken fortgeschrieben. Sowohl Dewey (2001) als auch Feyerabend (2009) sehen in dieser Widersprüchlichkeit das Kernproblem abendländischer Philosophie und Wissenschaft. Selbst Newton, der die Synthese von Axiomatik und Empirie vollzog und damit die Erkenntnistheorie revolutionierte, verharrte in dieser Vorstellung (Bammé 2013, S. 80 ff.). Aber immerhin: Darin, dass die Geschichte des Universums nun in Form eines rationalen Diskurses und nicht, wie bisher, gefühl- und phantasievoll erzählt wurde, äußert sich die Entwicklung einer Logik, die Umwälzung einer Denkungsart, der auch die abendländische Kirche sich auf lange Sicht nicht entziehen konnte. So nimmt es nicht wunder, dass das Christentum, insbesondere in seiner nachapostolischen Phase, durch zwei scharf gezogene Konfliktlinien geprägt ist: Glaube steht gegen Erkenntnis, Selbstvervollkommnung gegen Gnadenspendung. „An diesen Konfliktlinien entzünden sich die wichtigsten Kämpfe, die teilweise mit unglaublicher Härte ausgetragen werden: der Kampf gegen die Gnosis, das Ringen mit der hellenischen Philosophie, aber auch der Kampf des Donatismus gegen den *character indelebilis* des geweihten Priesters, die Loslösung der Gnadengabe von der Würdigkeit der die Gabe spendenden Person" (Schluchter 1988, Bd. 2, S. 254). Gemessen an der griechischen Philosophie aber, bedeutet das frühe Christentum einen Rückschritt in der Entzauberung der Welt: Im arianischen Streit ging es darum, den Glauben gegen den Intellekt zu verteidigen, denn ohne Athanasius wäre die Kirche in die Hände der Philosophen gefallen. „Mit der Ausbreitung des Christentums gewannen die ethisch-religiösen Züge allmählich die Oberhand über die rein rationalen. Die höchsten autoritativen Maßstäbe, die das Verhalten und die Zwecke des menschlichen Willens bestimmten, und die Maßstäbe, die den Forderungen nach notwendiger und universaler Wahrheit genügten, wurden vereinigt. Dazu kam, dass die Autorität des höchsten Seins auf der Erde durch die Kirche repräsentiert wurde; was seiner Natur nach den Intellekt transzendierte, wurde durch eine Offenbarung verbreitet, deren Interpret und Hüter die Kirche war. Dieses System bestand über Jahrhunderte, und solange es währte, ermöglichte es der abendländischen Welt eine Integration von Glauben und Verhalten. Die Einheit von Denken und Handeln erstreckte sich auf jedes Detail der Lebensführung. Die Wirksamkeit dieses Systems hing nicht vom Denken ab. Es wurde durch die mächtigste und autoritativste aller gesellschaftlichen Institutionen garantiert" (Dewey

2001, S. 254 f.). Es hat seine sozialhistorische Wurzel in einem Weltbild, das allenfalls Gültigkeit beanspruchen konnte für die Ära der griechischen *Polis*. Es ignoriert, dass die von den Griechen gezogene Grenze zwischen der „Gesellschaft“, das heißt dem Staat, der *Polis* und der „Natur“ im Gefolge Newtons aufgehoben wurde (Bammé 2008, S. 60 ff.). „Sein scheinbar solides Fundament wurde (…) durch die Schlussfolgerungen der modernen Wissenschaft unterminiert. Sie bewirkten – vor allem im Hinblick auf die neuen Interessen und Tätigkeiten, die sie hervorbrachten – einen Bruch zwischen dem, womit der Mensch hier und jetzt beschäftigt ist, und dem Glauben an eine höchste Realität, die bis dahin seinem hiesigen Leben die Richtung gewiesen hatte, insofern sie sein letztes und ewiges Schicksal bestimmte“ (Dewey 2001, S. 255). Die Gemeinschaft der Menschen, einstmals eine Enklave in einer nichtmenschlichen Umwelt, befindet sich heute auf dem Wege zur Weltgesellschaft und breitet sich über das Ganze der irdischen Natur aus, ihren Platz usurpierend. Der Unterschied zwischen dem Künstlichen und dem Natürlichen, der den frühen Griechen so wichtig war, schwindet. Das Natürliche wird von der Sphäre des Künstlichen verschlungen. Es entsteht eine neue Art von „Natur“, ein Artefakt, das, über Technologie vermittelt, zugleich „Gesellschaft“ ist. Die zur Welt gewordenen Werke des Menschen, die auf ihn und durch ihn wirken, erzwingen aufgrund ihrer Dynamik einen Handlungs- und Entscheidungsbedarf in bislang nicht gekanntem Ausmaß, eine Dynamik, die sowohl zeitliche wie räumliche Grenzen sprengt. Die soziale Gemeinschaft der *Polis* böte heute keinen Schutz mehr gegen die Unbilden einer technologisch umgestalteten Natur, und ihre Gesetze wären nicht länger denkbar als eine Enklave in ihr und gegen sie. Für Aristoteles mochte die theoretische Vernunft im Menschen noch über die Natur hinausragen. Als bloß kontemplative aber blieb sie ihr äußerlich. Der emanzipierte praktische Intellekt hingegen, den die Wissenschaft im Gefolge Newtons, durchaus ein Erbe des theoretischen Intellekts, erzeugt hat, stellt der Natur nicht nur sein Denken, sondern vor allem sein Tun in einer Weise gegenüber, die ihr nicht länger äußerlich bleibt. Es ist mit dem unbewussten Funktionieren des Ganzen, das einer kontemplativen Sichtweise zugrunde liegt, nicht mehr vereinbar, erstreckt sich doch seine Eingriffstiefe und -reichweite inzwischen auf die gesamte Biosphäre (vgl. Bammé 2013, Dewey 2001).

Obwohl die griechische Weltanschauung und die ihr entsprechende Denkform vor langer Zeit entstanden sind und vieles davon heute merkwürdig klingt, sind wesentliche Aspekte daraus für das gegenwärtige Denken noch immer von grundlegender Bedeutung. Denn trotz der gewaltigen Veränderungen in der Bemächtigung der Welt durch Wissenschaft und Technik hat die Haupttradition der abendländischen Kultur den Rahmen des griechischen Denkens unangetastet gelassen. Sie übernahm „den Rahmen der griechischen Vorstellungen von der Natur des Erkennens, obgleich sie deren Schlussfolgerungen über natürliche Gegenstände verwarf. Aber sie übernahm ihn über das Medium der jüdischen und christlichen Religion. In dieser Tradition galt die natürliche Welt als gefallen und verderbt. Bei den Griechen galt das Element der Vernünftigkeit als das Höchste, und das Gute kam durch die verwirklichte Entwicklung der Vernunft in menschlichen Besitz. Die intervenierende religiöse Entwicklung erklärte das Sittliche für grundlegender als das Vernünftige. Die wichtigsten Streitfragen betrafen eher die Beziehung des Willens als die des Intellekts zum höchsten und vollkommenen Sein. Auf diese Weise kam es zu einer Umkehr der Perspektive hinsichtlich der Beziehungen der Eigenschaften, dank deren das vollkommene Sein Gegenstand wahrer Erkenntnis bzw. des vollkommenen Guten und der Seligkeit ist. In Übereinstimmung mit den jüdischen Elementen, die in die christliche Theologie aufgenommen wurden, galt die Sittlichkeit als vorrangig, und rein intellektuelle Eigenschaften galten als zweitrangig. Die Teilhabe des Geistes am vollkommenen Sein konnte vom Intellekt nicht erreicht werden, solange nicht der Intellekt selbst moralisch erlöst und gereinigt war. Der Unterschied zwischen der rein griechischen und der christlichen Tradition wird in einigen Worten von Kardinal Newman deutlich zum Ausdruck gebracht. ‚Die Kirche hält es für besser, dass Sonne und Mond vom Himmel fallen, die Erde zusammenstürzt und all die vielen Millionen, die auf ihr sind, an Hunger und unter äußersten Qualen sterben, als dass eine Seele auch nur eine lässliche Sünde beginge‘." (Dewey 2001, S. 55 f.) Zwar haben Denker, die tief von der modernen Wissenschaft beeinflusst sind, aufgehört, „an die göttliche Offenbarung als höchste Autorität zu glauben und hängen statt dessen der natürlichen Vernunft an. Aber dass das Gute als definierende Eigenschaft des letztlich Realen den höchsten Rang innehat, blieb die gemeinsame Prämisse von Juden, Katholiken und Protestanten. Wenn sie nicht durch die Offenbarung verbürgt wurde, dann durch ‚das natürliche Licht‘ des Intellekts. Dieser Aspekt der religiösen Tradition war so tief in der europäischen Kultur verwurzelt, dass kein Philosoph, außer überzeugten Skeptikern, seinem Einfluss entging" (ebd.).

Der Dualismus, der Geistes- und Naturwissenschaften voneinander trennt, ist im abendländischen Denken tief verankert. Der Mensch als neurobiologisches Wesen aber kommt, anders als die von ihm phantasierten Gottheiten, aus dem Ganzen des Lebens und ist ganz im irdischen Leben verortet. Erst die religiöse Trennung der Welt in eine obere, geistige und eine untere, materielle Sphäre führte dazu, dass Körper und Seele, Diesseits und Jenseits, Natur und Kultur, Schöpfer und Schöpfung in einen unversöhnlichen Widerspruch zueinander gerieten. Sozialhistorisch gesehen, waren Transzendentalreligionen ursprünglich geeignete Weltentwürfe, um dem kurzfristen Denken von Tag zu Tag entgegenzutreten. Sie setzten Lebensziele über Jahrzehnte und transportierten Werte über Jahrhunderte. Sie spendeten Trost in einer unwirtlichen Welt und versprachen Erlösung im Jenseits. Aber dieses Denken, das vor allem die christliche Religion über Jahrhunderte prägte, hat sich überlebt. Es hat sich als unzureichend erwiesen, eine Kultur des Lebens zu erzeugen in einer Welt, die durch Technologie geprägt ist. So wie ein heranwachsendes Kind vor den Herausforderungen des Lebens begreift, dass es keinen Weihnachtsmann gibt, auf den es sich verlassen kann, so wird der Mensch des Anthropozäns gewahr, dass es bei der Bewältigung der Herausforderungen, die das einundzwanzigste Jahrhundert stellt, nichts hilft, die Welt als Schöpfung Gottes zu betrachten. In allen zwei Fällen, dem des lebens- wie dem des gattungsgeschichtlichen, mögen beide Phantasmen eine Zeit lang eine sinnvoll sinnstiftende Funktion gehabt haben. An einem bestimmten Punkt der Entwicklung aber werden sie obsolet. Die Erde primär als Vorraum und Zwischenstation zu begreifen, nicht als geschlossenen Lebensraum; als Sinnestäuschung oder Ablenkung vom Eigentlichen, nicht als das Eigentliche; als sündhaften Leib, der dem reinlichen Geist gefügig werden muss, nicht als materielle Quelle des Geistigen; die Materie als minderwertig einzustufen im Gegensatz zur ewigen Seele – darin besteht die Essenz kirchlicher und in abgewandelter Form geisteswissenschaftlicher Lehren, die den Weg frei gemacht haben für den Raubbau an der Erde. Die Welt von heute ist ihr Ergebnis (Schwägerl 2010, S. 152 f.). Sie wurde als Rastplatz auf dem Weg ins Jenseits besiedelt und nicht als wirkliche Heimat betrachtet.

Weil es sich bei der Ausgestaltung des Anthropozäns nicht nur um ein technologisches, sondern um ein kulturelles Projekt handelt, steht in den christlichen Weltreligionen die tiefgreifendste Erneuerung an. Denn noch immer gehört es zum Mainstream der „westlichen" Denkweise, dass der Mensch weniger in einer biologisch-kulturellen Evolution begriffen ist als in einer immateriellen, geistigen. Das Gute am Menschen muss immer von oben und außen kommen, es darf seinen Ursprung nicht mit Tieren und Pflanzen teilen, sich nicht gemein machen. „Die Lehre von einem Gott, der bei Wohlverhalten gebetete Wünsche erfüllt, hat in den christlichen Kulturen weniger die Gottesfurcht als das Wünschen heranreifen lassen. Das Jenseits half dabei, das Diesseits zu unterwerfen" (ebd., S. 159 f.). Dabei ist allerdings kein Paradies entstanden, denn das Christentum hat zwar das geistige Gerüst für diese Welteroberung geliefert, aber ohne tragfähige Regeln für eine Herrschaft über die Natur zu verbreiten. „Ins Extrem haben dieses Denken Kalvinisten und andere evangelikale Strömungen getrieben, in deren Denken ein Zusammenhang zwischen materiellem und jenseitigem Erfolg besteht. Erarbeiteter Reichtum ist für sie ein Hinweis darauf, dass ein Mensch zu den von Gott Erwählten gehören könnte. In Kombination mit Körperfeindlichkeit und endzeitlichen Erwartungen entstand das Fundament für die heute dominante Kurzzeitlebensweise Amerikas. Es wundert daher auch nicht, dass besonders aus diesen Gemeinden das Argument kommt, es könne gar keinen vom Menschen verursachten Klimawandel geben, da dies nicht in die christliche Schöpfungsgeschichte passe. Die ökologische Weltherrschaft des Menschen wird hier geleugnet, während man sie genau dadurch destruktiver betreibt" (ebd., S. 161).

Zweifellos, die christlichen Kirchen stehen im Zeichen des Anthropozäns unter Erneuerungsdruck: Können sie ihren Glauben auf eine Weise weiterentwickeln, der Geist nicht gegen Materie und Mensch nicht gegen Natur ausspielt? Es geht schon längst nicht mehr nur darum, wie eine christliche Ethik des Anthropozäns auszusehen habe, sondern mit welchen Mitteln sie durchzusetzen sei: „Wo war der Papst als Staatsoberhaupt des Vatikans auf dem Klimagipfel von Kopenhagen, als die Chance bestand, einer Verätzung, Erhitzung und Verarmung der Schöpfung vorzubeugen? Was hat die Bank des Heiligen Geistes getan, als das katholische Ecuador anbot, das Erdöl unter einem der artenreichsten Regenwälder der Welt ungenutzt zu verkaufen, sodass der Wald bestehen bleibt? Und wie sieht es bei den bibeltreuen Evangelikalen Amerikas mit zeitgemäßen Lebensregeln aus, einem vierzigtägigen Autofasten etwa? Nachdem die Kirchen den Verfall ihrer moralischen Autorität beklagen, müssen sie in ihrem weltweiten Filialnetz erneuerte Ideen anbieten. Schon lange ist nicht mehr die Frage, ob die Sonne sich um die Erde dreht oder die Erde um den Menschen. Jetzt steht an, wie der Mensch die Erde dreht" (ebd., S. 161 f.). Der tradierte christliche Dualismus wird in Zeiten des Anthropozäns immer unerträglicher. Statt sich hehren Zwecken im Jenseits zu widmen, gilt es nun, sich den Mitteln, die ihrer Realisierung im Diesseits dienen, mit gleicher Aufmerksamkeit zuzuwenden.

Mittelkausalität und Zweckteleologie

Nicht nur in der Missachtung der empirischen Methode, sondern vor allem auch in der Geringschätzung angewandter Mittel äußert sich eine wesentliche Unzulänglichkeit des in der griechischen Tradition wurzelnden, durch das Christentum weiter transportierten geisteswissenschaftlichen Denkens. Sie macht sich bemerkbar im Versäumnis einer normativen, teleologisch-erkenntniskritischen Analyse der Zwecksetzungen, nach denen die Apparate und Instrumente hergestellt werden, die dann jene Geltungsbedingungen und Reichweiten naturwissenschaftlicher Theorien bestimmen, die mit ihrer Hilfe erzeugt und bestätigt werden. Es handelt sich bei ihnen zwar um Mittel der Erkenntnis, aber in sie sind bestimmte Zwecksetzungen immer schon eingegangen. Experimentelle Erfahrung lediglich als theoriegeleitete Beobachtung zu deuten, verfehlt in systematischer Weise den Status und die Rolle von Experimentierapparaten und Messinstrumenten bei der Wissenserzeugung. Experimentelle Wissensgenerierung ist mehr und etwas völlig anderes als nur eine raffiniertere Form der Beobachtung. In Experimentierapparaten und Messinstrumenten lediglich Verlängerungen und Erweiterungen unserer natürlichen Sinnesorgane, insbesondere des Auges, zu sehen, die ausschließlich dazu dienen, der Beobachtung auch noch das zugänglich zu machen, was, obwohl „objektiv vorhanden“, mit dem „bloßen Auge“ nicht mehr wahrgenommen werden kann, ist ein ontologischer Trugschluss und bedeutet eine völlige Verkennung des konstruktiven und teleologischen Charakters solcher technischen Artefakte. Seine Ursache hat er im kontemplativen Denken griechischer Philosophen von Parmenides bis Aristoteles. Ihnen „galten Mittel als knechtisch und das Nützliche als servil. Mittel wurden als die arme Verwandtschaft angesehen, die man ertragen muss, die aber nicht willkommen ist. Die Bedeutung von ‚Ideal‘ ist bezeichnend für die Scheidung, die zwischen Zwecken und Mitteln bestanden hat. ‚Ideale‘ gelten als fern und unerreichbar; sie sind zu hoch und zu fein, als dass sie durch eine Realisierung beschmutzt werden dürften“ (Dewey 2001, S. 122 f.). Die Folgen der Trennung sind dramatisch. Sie äußern sich im wirklichen Leben durch das Auseinanderdriften von Theorie, moralischem Anspruch und Praxis gelebter Realität. Sentimentales Engagement und subjektive Lobhudelei treten an die Stelle handlungsbezogener Reflexion und ethisch reflektierter Handhabung. Notwendig wäre aber eine Auffassung, die Erkenntnis als ein Mittel der Problembewältigung betrachtet, indem sie die Werkzeuge, die Instrumente der Erkenntnis auf eine Ebene stellt, deren Wert dem der Ziele und Konsequenzen gleich ist, weil ohne sie die letzteren lediglich akzidentell, sporadisch und instabil sind. Dewey formulierte eine solche Forderung bereits im ersten Drittel des vorigen Jahrhunderts. Ihre volle Bedeutung erlangt sie, so scheint es, erst heute – im Zeitalter von Gen- und Nanotechnologie (hierzu Latour 1998 und seine begriffliche Dualität von Vermittlung und Reinigung). Der in der griechischen Philosophie wurzelnde Hiatus hat sich, vermittelt über die Vorstellungen der christlichen Religion, als schweres Erbe für die Gestaltung des Alltags in einer wissenschaftlich-technisch geprägten Welt erwiesen. Der gegenwärtige Zustand des industriellen Lebens ist Dewey zufolge ein Indiz für die an sich überlebte, gleichwohl fortbestehende Trennung von Mitteln und Zwecken. Er äußert sich unter anderem in der Isolierung ökonomischer von idealen Zwecken, seien es Zwecke der Moral oder des organisierten sozialen Lebens. Das industrielle Leben ist „wegen des Versäumnisses, es als gleichwertiges Mittel anzusehen, durch das soziale und kulturelle Werte realisiert werden, verroht. Dass das ökonomische Leben, das auf diese Weise aus dem Reich der höheren Werte vertrieben ist, dadurch Rache nimmt, dass es sich zur einzigen sozialen Realität erklärt und mit Hilfe der Lehre von der materialistischen Determination der Institutionen und des Verhaltens in allen Bereichen einer bewussten Moral und Politik jeden Anteil an einer kausalen Regulierung abspricht, ist deshalb nicht weiter überraschend“ (ebd., S. 282 f.). Diese Einsicht findet gegenwärtig wohl keine aktuellere Bestätigung als in Schirrmachers Studie über „Das Spiel des Lebens“ (2013).

Die Zuschauer-Theorie des Wissens mag, historisch gesehen, unvermeidlich gewesen sein, solange man das Denken als Ausübung einer vom Körper unabhängigen „Vernunft“ ansah, die mittels rein logischer Handlungen Wahrheit erlangte. Heute, wo wir über experimentelle Verfahren der Erkenntnisgewinnung verfügen und uns der Rolle organischer Akte in allen mentalen Prozessen bewusst sind, ist sie ein Anachronismus (Dewey 2001, S. 244 f.). Es ist an der Zeit, sich endgültig von Dogmen zu verabschieden, die unter sozialhistorischen Bedingungen entstanden sind, die mit jenen, unter denen wir heute leben, kaum noch etwas gemein haben. Erkennen ist nicht länger der kontemplative Akt eines außenstehenden Beobachters auf ein „höchstes Sein“, sondern der eines aktiven Teilnehmers auf natürlichen und sozialen Schauplätzen, und der Gegenstand der Erkenntnis ist nicht derjenige, der seine Existenz vor und unabhängig von den Operationen des Erkennens hat, sondern er ergibt sich aus den Konsequenzen einer gelenkten Handlung. Dementsprechend gibt es ebenso viele Arten von erkannten Gegenständen, wie es Arten wirksam durchgeführter Operationen der Forschung gibt, die zu den beabsichtigten Konsequenzen führen. Erkennen unter den Bedingungen einer technologischen Zivilisation ist kein Ergreifen oder Erblicken der Realität, ohne dass etwas getan wird, ihren vorgängigen Zustand zu modifizieren. Eine solche Sichtweise, welche die Quelle der Trennung von Erkenntnis und praktischer Tätigkeit ist, erzeugt wie alle Ablehnungen von Interaktion und wechselseitiger Abhängigkeit letztlich Unverantwortlichkeit. Allerdings, vollkommene Gewissheit, wie es transzendentales, von jeglicher Empirie abgehobenes Denken zu versprechen vermag, kann durch praktisches Tun und Machen nicht garantiert werden. Denn in ihren Folgen werden sie erst in einer ungewissen Zukunft wirksam und führen immer die Gefahr und das Risiko des Scheiterns und des Fehlschlags mit sich, ein Umstand, der die ganz zu Anfang getätigte Aussage, man könne Folgeprobleme, die kleiner sind als das Ausgangsproblem, akzeptieren, stark relativiert. Zum einen kann man sich in der Regel erst im nachhinein mit vollkommener Gewissheit der Größe und Tragweite möglicher Folgeprobleme sicher sein. Dann aber sind sie schon eingetreten. Zum anderen kann niemand, wie insbesondere Perrow (1989) gezeigt hat, die Interaktionen zwischen vielen kleinen Folgeproblemen beherrschen, weil sie zu komplex sind.

Leidensdruck, Aufklärung, Intervention

„Kollaps", schreibt Joseph Tainter, ist ein dehnbarer Begriff, der vieles umfassen kann. Auch er, wie Diamond, Tuchman, Yoffee und Cowgill, vergleicht verschiedene Kulturen und Gesellschaften, die aufgrund der Unfähigkeit, ihre Reproduktionsprobleme zu lösen, zusammengebrochen sind. Für Tainter, als Ergebnis seiner Analysen, ist „Kollaps" wesentlich ein gesellschaftspolitisches Phänomen. Der Zusammenbruch einer Gesellschaft mag zwar Voraussetzungen in ganz unterschiedlichen gesellschaftlichen Bereichen haben, sei es in der Wirtschaft, der Wissenschaft, der Kunst, aber letztlich ist er das Ergebnis einer fehlgeleiteten Gesellschaftspolitik. „Eine Gesellschaft kollabiert, wenn sie sehr schnell einen substantiellen Verlust ihres bestehenden Niveaus an gesellschaftspolitischer Komplexität hinnehmen muss" (Tainter 1988, S. 4). Entscheidend sind für Tainter dabei die Termini „established level", „rapid" und „substantial": Eine Gesellschaft muss ihren Komplexitätsgrad seit mehr als einer oder zwei Generationen erreicht und aufrechterhalten haben. Der Kollaps muss sehr schnell vonstattengehen; er darf nicht länger als ein paar Dekaden in Anspruch nehmen und er muss einen substantiellen Verlust des gesellschaftspolitischen Gefüges zur Folge haben. Verluste, die weniger heftig sind oder längere Zeit in Anspruch nehmen, bezeichnet Tainter als Schwäche oder Verfall. Das Ende der karolingischen Herrschaft zum Beispiel war für ihn kein Kollaps, sondern der missglückte Versuch einer Reichsbildung. Ähnlich argumentiert Yoffee. Er unterscheidet *decline*, *decay* und *decadence* einerseits, *collapse*, *fall*, *fragmentation* und *death* andererseits (Yoffee 1988, S. 14). Auch wenn eine solche Differenzierung nicht hinreichend genau sein mag, um Phänomene wie politische Zerfallserscheinungen, institutionelle Restrukturierungen und soziale Transformationen trennscharf unterscheiden und erklären zu können, so verweisen sie doch, ganz im Sinne Tainters, auf zwei ganz unterschiedliche Modi des Verfalls von Zivilisationen. Bemerkenswert in diesem Zusammenhang ist zweifellos der Hinweis Eisenstadts (1988, S. 243), dass ein Kollaps, weit davon entfernt, eine Anomalie zu sein, nicht zwangsläufig das Ende sozialer Institutionalisierung bedeuten muss, sondern immer auch, wenngleich in dramatischer Form, den Beginn einer neuen Institutionalisierung einleiten kann.

Wenn man die Analysen Diamonds, Tainters, Tuchmans, Yoffees und Cowgills miteinander vergleicht und nach Begriffen sucht, die verdeutlichen, warum einige Gesellschaften an ihren Reproduktionsproblemen gescheitert sind, während es anderen gelang, sie zu bewältigen, so stechen drei Faktoren ins Auge: Leidensdruck, Aufklärung und Intervention, bezogen auf den Zeitpunkt, an dem sie virulent wurden. So war der Leidensdruck der französischen Bevölkerung vor der Revolution von 1789 offensichtlich und mit Händen zu greifen. Aber er war sehr ungleich verteilt. Die politische Elite, insbesondere das Königshaus der Bourbonen, spürte wenig davon. Dementsprechend war die daraus resultierende drohende Anomie der Gesellschaft als politisches Problem auf der mentalen Landkarte der Herrschenden auch nicht präsent. Sie lebten gleichsam in einer anderen Welt. Auf den Hinweis, dem Volk fehle es an Brot, habe die Königin angeblich geantwortet, solle es doch Kuchen („brioche") essen.

Zum Leidensdruck kam ein zweiter Faktor hinzu. Bereits im Vorfeld wiesen Kritiker auf die zerstörerischen Ungleichgewichte in der Gesellschaft hin. Großen Teilen der Bevölkerung wurde durch Aufklärungsschriften nicht nur ein Bewusstsein ihrer Lage vermittelt, sondern auch der Notwendigkeit wie der Möglichkeit, sie zu ändern. Entscheidende Wirkung erzielte Abbé Sieyès mit seinem Pamphlet „Qu'est-ce que le tiers-état?", in dem er auf die Frage, was der Dritte Stand sei, die Antwort gab: alles, nämlich die Nation selbst. Im Gegensatz dazu stellt er fest: „Was ist er bis jetzt in der politischen Ordnung gewesen? Nichts." Und er schließt mit der Forderung: „Was verlangt er? Etwas zu sein."

Ein dritter, gleichfalls entscheidender Faktor kommt hinzu. Provoziert durch den hinhaltenden Widerstand des Königshauses und der mit ihm sympathisierenden Kräfte, der einen evolutionären Wandel verhinderte, radikalisierte sich die Situation. Große Teile der Bevölkerung intervenierten auf beiden Seiten der Konfliktparteien in das politische Geschehen. Es kommt zur Revolution, in deren Verlauf sich ein gesellschaftspolitischer Transformationsprozess entwickelt mit dem Resultat, dass am Ende die Republik an die Stelle der Monarchie tritt.

Der französischen Gesellschaft gelang es, wenngleich unter hohen Kosten an Gut und Leben, ihr Reproduktionsproblem durch Transformation ihrer politischen Struktur zu lösen. Anders sah es auf der Osterinsel aus. Auch hier kam es zu einer Intervention der Bevölkerung. Die herrschende politische Elite wurde gestürzt. Aber die Maßnahmen kamen zu spät. Es gab keine Ressourcen mehr, mit denen man eine neue Gesellschaft hätte formieren können. Die Reaktion auf den Leidensdruck war nicht durch eine Phase der Aufklärung, die der Bevölkerung rechtzeitig ein Bewusstsein ihrer katastrophalen Lage hätte vermitteln können, vorbereitet und begleitet worden. Die überkommenen Sitten und Gebräuche, gestützt durch die Macht der herrschenden Elite, verhinderten jegliche Kritik. So äußerte sich die Intervention, aus reiner Verzweiflung geboren, in purer Destruktion. Der Verfall der Kultur bis hin zum Kannibalismus war die Folge.

Wiederum anders sah es auf Normannisch-Grönland aus. Zwar gab es auch hier einen unerhörten Leidensdruck, aber weder eine Phase der Aufklärung noch eine Intervention der betroffenen Bevölkerung, um die Zustände zu ändern. Gleichsam sehenden Auges begann die Gesellschaft zu verhungern. Die überkommenen Verhaltensmuster und Mentalitäten erwiesen sich als so stark, dass sie jeglichen Transformationsprozess verhinderten. Janis (1982) diskutiert vergleichbare Phänomene als Folge von „groupthink“. Bei Welzer (2008, S. 82) findet sich der Hinweis, dass Menschen in ihren Wohnungen verbrannt sind, statt sich unbekleidet, wie sie waren, auf die Straße zu retten, aus Scham, in der Öffentlichkeit nackt gesehen zu werden.

Wenn man die Kategorien-Trias „Leidensdruck“, „Aufklärung“, „Intervention“ auf heutige Verhältnisse, auf die sich konstituierende Weltgesellschaft, die Gesellschaft des Anthropozäns, überträgt, lässt sich für die erste Kategorie zeigen, dass der Leidensdruck, hervorgerufen durch Klimawandel, unkontrolliertes Bevölkerungswachstum, Finanzmarktdebakel etc., weltweit steigt. Aber er ist sehr ungleich verteilt. Zum einen sind die großen Verursacher zum Beispiel des Klimawandels, die etablierten Industrienationen, weitaus weniger betroffen als der Rest der Welt. Innerhalb der technologisch hoch entwickelten Staaten wiederum sind die Vermögenden und Machteliten den negativen Auswirkungen ungleich weniger ausgesetzt als die Ärmsten der Armen. Auch hier gibt es ein Gefälle der Betroffenheit. Und zum Dritten schließlich werden die Risikofolgen und Gefahren, die den Leidensdruck verursachen, in weiten Teilen der Welt nicht unmittelbar körperlich oder sinnlich erlebt. Sie müssen deshalb mental „erfahrbar" gemacht werden: durch Aufklärung im klassischen, im Kantischen Sinn. Das, was in der Welt aus dem Ruder läuft, muss nachdrücklich, wissenschaftlich, literarisch, künstlerisch, wie auch immer vermittelt, in die Köpfe der Menschen gelangen. Wichtig hierbei ist nicht nur Sachverstand und Problembewusstsein, sondern vor allem die mediale Aufbereitung dessen, was vermittelt werden soll. Gelungene Beispiele zeitgemäßer Aufklärungsaktionen, die sich durch eine Mischung von Provokation, Sprachgewalt und populärer Darstellung auszeichnen, haben seit den sechziger Jahren des zwanzigsten Jahrhunderts in erfreulicher Weise zugenommen. Erinnert sei in diesem Zusammenhang an die spektakulären Gott-und-Müll-Prozessionen 2006 in Karlsruhe, Frankfurt am Main, Hannover und Leipzig, die auf eine Initiative Bazon Brocks zurückgingen. In eine ähnliche Richtung zielt sein Vorschlag, an zentralen Orten in großen Städten Kathedralen zu errichten, in denen der Atom-Müll, seit 1957 eines der größten ungelösten Probleme in Deutschland, öffentlich sichtbar gelagert wird, um allen Menschen deutlich vor Augen zu führen: Das sind die Folgekosten einer gesellschaftspolitischen Entscheidung, die auch anders hätte ausfallen können. Versteckt man den Atom-Müll hingegen wie bisher in alten Bergwerksstollen, macht man es wie kleine Kinder, die ihre Augen schließen, wenn sie Tatsachen nicht zur Kenntnis nehmen wollen, und glauben, damit wären sie sie aus der Welt geschafft.

In einem Zeitungsinterview (2012) hat Bazon Brock vor nicht allzu langer Zeit versichert, die erste Atom-Müll-Kathedrale werde auf dem Moritz-Platz in Berlin stehen. Ich halte die Strategie, entsprechende Anlagen im Zentrum großer Städte zu errichten, nicht für realistisch und habe deshalb eine Modifikation des in seiner Grundstruktur gleichwohl überzeugenden Konzepts vorgeschlagen. Sie wurde den Fraktionsvorsitzenden der im Deutschen Bundestag vertretenen Parteien in Form eines Memorandums zugestellt, verbunden mit der gesellschaftspolitischen Aufforderung, endlich einen seriösen Umgang mit dem seit einem halben Jahrhundert ungelösten Problem der Atom-Müll-Lagerung mutig in die Wege zu leiten. Bei dieser Initiative ging es nicht mehr nur um Aufklärungsarbeit, sondern es handelte sich bereits um einen Schritt weiter, um eine Intervention in das politische Alltagsgeschehen einer hochtechnologisierten Gesellschaft. Zweifellos, in einem ersten Schritt, der Tradition kritischer Aufklärung verpflichtet, sind Lügengeflechte als ideologische Monster zu entlarven und die Interessen, die dahinter stehen in durchaus unterschiedlichen Darstellungsformen der Wissenschaft, der Literatur, der Bildenden Künste ins öffentliche Bewusstsein zu heben (vgl. Radkau und Hahn 2013). Aber Aufklärung allein genügt nicht mehr in einer Zeit, in der unter dem Deckmantel der Demokratie ein trübes Gemisch aus Partei-, Industrie-, Finanz- und Militär-Interessen – politisch, nicht demokratisch – über gesellschaftliche Entwicklungspfade entscheidet, ohne Verantwortung zu übernehmen. Es bedarf der unmittelbaren Einmischung, der Intervention kritischer Intelligenz in gesellschaftliche Problemfelder. Zwar gibt es für keine Gruppierung und für kein Individuum ein „Widerstandsrecht" gegen eine verfassungsmäßige Regierung, die von einer Mehrheit der Bevölkerung getragen wird, das bis zum Umsturz geht. Ein solches Recht kann es auch nicht geben. Aber, so Marcuse in seiner berühmt gewordenen Studie über repressive Toleranz (1966, S. 127), es gibt für unterdrückte und überwältigte Minderheiten ein „Naturrecht" auf Widerstand, außergesetzliche Mittel anzuwenden, sobald die gesetzlichen sich als unzulänglich herausstellen. Damit dieser Ausnahmefall nicht eintritt, wird es mittelfristig zu einer Entfetischisierung tradierter „demokratischer" Institutionen kommen müssen und zu einer völligen Neuordnung des Verhältnisses von parlamentarischer Demokratie, Basisdemokratie und Experten-Autorität, zu institutionellen Formen einer zeitgemäßen gesellschaftlichen Willensbildung.

Wie zu erwarten war, stieß der Kathedralen-Vorschlag auf wenig Resonanz. Offensichtlich wurde er, was naheliegt, als politische Satire gedeutet und abgetan. Doch man vergegenwärtige sich die Relationen, im Rahmen derer die Initiative verortet war. Aus den Medien war zur selben Zeit zu erfahren, dass mit der Sanierung der „Asse", ein leckgeschlagener Bergwerksschacht, in dem Atom-Müll gelagert wird, wohl erst 2036 begonnen werden könne, nachdem zuvor von zehn Jahren die Rede war (Teschner 2012). Dann aber wird die „Asse" längst „abgesoffen" sein. Man erinnere sich: Ende der siebziger Jahre hatten die Hamburgischen Elektrizitätswerke einer beunruhigten Öffentlichkeit noch versichert „Mit der Endlagerung in Salzformationen kann das Problem ‚Atommüll' als gelöst betrachtet werden" (Der Spiegel 1988, 2). Gemessen an dieser Realsatire erscheint der Vorschlag einer Atom-Müll-Lagerung in Kathedralen geradezu als Ausbund an Seriosität. Um die Absurdität des Ganzen noch deutlicher herauszustreichen, sei auf eine Tagung verwiesen, die 1990 an der Technischen Universität in Berlin stattfand. Es ging um die Frage, wie man unsere Nachkommen innerhalb der nächsten zehntausend Jahre verlässlich über die Lagerstätten und Gefahren von Atom-Müll informieren könne. Eines der mit der Lagerung verbundenen Probleme besteht zum Beispiel darin, dass durch plötzliche oder kontinuierliche Veränderungen der geologischen Situation Material, das vorher tief vergraben oder vom Meer bedeckt war, plötzlich zugänglich wird. Eine andere Gefahr liegt in der zufälligen Wiederentdeckung einer zwischenzeitlich in Vergessenheit geratenen Lagerstätte durch Menschen, die nicht auf die Möglichkeit der Strahlung gefasst sind (Bastide und Fabbri 1990, S. 86). Ein weiteres Problem besteht darin, dass sich Sprachen als Vehikel von Informationen, die vor Gefahren warnen, ziemlich schnell verändern. Nehmen wir eine Konstanz von einundachtzig Prozent des Grundwortschatzes über tausend Jahre an, eine Zahl, die in lexiko-statistischen Studien bestimmt wurde, so wird das Englische im Jahr 12000 nur etwa zwölf Prozent seines jetzigen Basisvokabulars enthalten. Man wird also auf ein anderes Medium als das der natürlichen Sprachen ausweichen müssen. Von der technischen Seite her gibt es grundsätzlich zwei Möglichkeiten der Informationsüberlieferung über die Jahrtausende hinweg. Bei der ersten wird erstarrte, erosionsfreie Materie verwendet. Sie ist in jedem Fall sicherer als eine Speicherung der Botschaft auf elektronischen Datenträgern. Bei der zweiten Möglichkeit wird die Gentechnik in die Lösung des Problems einbezogen. Als Zeichenträger der Mitteilungen an die ferne Zukunft wird eine mathematische Kodierung auf lebendigem Trägermaterial benutzt, das sich wie alle Lebewesen selbsttätig erneuert. „Diese Methode darf als das Perfekteste angesehen werden, was uns überhaupt bekannt ist, weil ja der DNA-Kode in seinem Alphabet, seiner Struktur und seiner Semantik heute noch derselbe ist wie vor etwa vier Milliarden Jahren“ (Lem 1990, S. 79 f.). Die von dem Kreis interdisziplinär zusammengesetzter Tagungsteilnehmer favorisierte Möglichkeit, technisches Wissen „auf ewig“ zu erhalten, besteht in seiner eigenen Reproduktion, das heißt, in der Züchtung von Lebewesen, etwa von Tieren, die durch Genmanipulation in die Lage versetzt werden, bedrohliche radioaktive Strahlung zu überstehen und sie dem Menschen durch visuelle Zeichen, zum Beispiel durch Verfärbung ihres Felles, anzuzeigen. „Damit wir einen effektiven Detektor bekommen, sollte das Tier auf eine Zunahme der Strahlung mit einer merklichen Änderung reagieren – allerdings nicht mit dem Tode. Der Tod könnte fälschlicherweise als natürlicher Tod gedeutet werden, der zufällig auftritt“ (Bastide und Fabbri 1990, S. 88). Weil

Reproduktion ohne besondere äußere Motivation eine Eigenschaft von Leben ist, sei ein solcher lebendiger Strahlendetektor die optimale Lösung des Problems. Damit seine Trägerspezies nicht ausstirbt, müsse aber eine passende ökologische Nische geschaffen werden. Und welche Nische sei besser geeignet als die des Menschen selbst. Es sei deshalb eine Wahl zu treffen zwischen den vielen Tieren, die bislang durch den Menschen erhalten worden sind. Aus verschiedenen Gründen sei die Verwendung von Kleinlebewesen, Bakterien oder Viren nicht zielführend, wird argumentiert. Wenn hingegen „der Detektor ein nettes, wenig anspruchsvolles und freundliches Tier wäre, zum Beispiel eine Katze, die als Hausgenossin schon von den alten Ägyptern geschätzt wurde, so ist es wahrscheinlich, dass die Nachkommen seiner Art über die Jahrtausende fortdauern könnten. Die Tierart sollte einen sorgfältig gewählten Namen bekommen, der gleichzeitig suggestiv und rätselhaft ist“ (ebd., S. 89). Sollten sich die Kosten für Raumflüge in Zukunft nicht drastisch senken lassen, so dass es auch mittelfristig nicht möglich ist, den radioaktiven Müll mit der Schubkraft von Raketen ins Weltall zu schleudern, bleibt kaum eine andere Möglichkeit übrig, als solche Zeiten überdauernden Hinweise auf die Gefahrenquelle zu implementieren.

Weitere Beispiele gelungener Aufklärungsaktionen stellen die Veranstaltungen des von Peter Heintel in Klagenfurt begründeten „Vereins zur Verzögerung der Zeit“ dar, auch wenn sie manchmal Anlass zu merkwürdigen Missverständnissen waren. So titelte eine bekannte deutsche Boulevard-Zeitung nach einem Interview mit Thomas Macho, dem Berliner Mitbegründer des Vereins, auf der ersten Seite ihres Blattes in übergroßen Lettern: „Verrückter Universitätsprofessor will die Zeit abschaffen“. Das entsprach zwar nicht den Intentionen des Vereins, sorgte aber für Publicity. Über mangelnde Aufklärung kann sich auch der Religions- und Kirchenkritiker Karlheinz Deschner nicht beklagen. Im Gegenteil: Mit seiner zehn Bände umfassenden „Kriminalgeschichte des Christentums“, die in zahlreiche Kultursprachen übersetzt wurde, erlangte er Weltruhm. Der Erfolg ist begründet in der ihm eigenen Mischung aus Provokation, Sprachgewalt und populärer Darstellungsform. In ihr entwickelte Deschner eine höchst moralische Historik, die ein umso größeres Publikum erreicht und fasziniert, je mehr die akademische Universitätswissenschaft auf ihre Methodendisziplin pocht. Hinzu kommt ein weiteres: „Seit sich alle Formen von selbstreferentiellen Gemeinschaften vernetzen können, wächst neben den etablierten Lehrgebäuden ein Paralleluniversum heran, das aus dem Grundverdacht seine Stoßkraft zieht, dass etablierte Erkenntnis ein Instrument der Manipulation und Herrschaft ist“ (Stark 2013). Eine

Wissenschaft, die nicht wertet, verteidigt Deschner seine moralische Historik und die Empörung, die in ihr zum Ausdruck kommt, unterstützt, ob sie will oder nicht, den Status quo, sie stützt die Herrschenden und schadet den Beherrschten. Sie ist nur Scheinobjektivismus und praktisch gewöhnlich nichts als Rücksichtnahme auf die eigene Ruhe, Sicherheit, die eigene Karriere. Bemerkenswert sind die Reaktionen aus der Institution, die Deschner in seiner monumentalen Philippika so heftig kritisiert. Weder werden die kriminellen Monströsitäten, die Deschner anprangert, widerlegt, noch werden sie entschuldigend gerechtfertigt. Sie zu thematisieren, wird, wie seit Jahrhunderten zuvor, tunlichst vermieden. Stattdessen werden Zweifel am wissenschaftlichen Vorgehen Deschners geäußert. Seine Schriften seien so mangelhaft wie die Referate eines Studenten im ersten Semester. Vor allem entzündete sich ein Streit über die Form der Darstellung, derer sich Deschner bedient und die nicht zuletzt zum Erfolg seiner Aufklärungsschriften beiträgt. Kritisiert wurde unter anderem Deschners Aphoristik, die „hämisch, herabsetzend, fatalistisch, voll Sehnsucht nach Tod und Tötung“ sei (Kahl 2006, S. 230-256). Das wiederum provozierte vehemente Gegenkritik: Eine solche Deutung widerspreche nicht nur inhaltlich dem Großteil der Aphorismen Deschners, sondern verkenne auch das Wesen der Aphoristik (Röwer 2006, S. 257-322). Solche innerakademischen Diskurse tragen zwar zur Rezeption der Schriften Deschners bei, verfehlen aber völlig deren Intention. Zur Frage steht doch: Ist die Institution „Kirche“ von ihrer Struktur und Moral her eine vergleichbar kriminelle Organisation wie die sizilianische Mafia?

Deschner setzt die Tradition einer Literaturgattung fort, die seinerzeit in Gustavus Myers' umfassender, achthundert Seiten starker Aufklärungsschrift über „Die großen amerikanischen Vermögen“ (1916) ihren ersten grellen Höhepunkt erreichte. Was Deschner auf dem Gebiet der Religion und Kirchengeschichte, das vollbringt Myers auf dem Gebiet der Ökonomie und Wirtschaftsgeschichte. Die neoliberale Marktideologie insistiert darauf, dass es im Wirtschaftsleben weitgehend, von einzelnen Ausnahmen abgesehen, ordentlich zugehe, dass alles rechtens sei und dass im übrigen Reziprozität herrsche. Myers belehrt uns, darin Deschner vergleichbar, eines anderen. Er entzaubert einen Mythos. Was Max Schippel der deutschen Übersetzung des Buches von Myers vorausschickt, gilt *mutatis mutandis* auch für die Ausführungen Deschners: „Können wir auch über einen Mangel an Einzelmitteilungen und Einzeleindrücken auf diesem Gebiete wahrlich nicht klagen, so fehlt es trotzdem an zusammenfassenderen Darstellungen, die einerseits ein unbefangener abwägendes Gesamturteil ermöglichen, andererseits die außerordentliche allgemeine

Reichtumsbildung und die noch ungewöhnlicheren Einzelauswüchse in ihrem Zusammenhange mit den Besonderheiten der amerikanischen Wirtschaft klarlegen“ (S. XVIII). Das weitausgreifende Werk von Gustavus Myers bedeute bisher, so fährt Schippel fort, die wohl hervorragendste publizistische Leistung auf diesem Gebiet der Aufklärungsliteratur. Obwohl der leidenschaftlich anklagende, mit allen dunklen Seiten des öffentlichen Lebens vertraute und Partei ergreifende Myers sich auch in seinem letzten großen Werk nicht verleugnet, „ist es dennoch eine Fundgrube für zweifelsfrei feststehende Tatsachen, obwohl sie mitunter unerhört und unglaublich klingen. Zugleich ist es ein politisches Dokument, denn die Auffassung Myers’ über das vergangene Werden und das gegenwärtige Wirken der sichtbarsten Riesenvermögen wird selbst da, wo sie uns einseitig übertrieben vorkommen mag, in allen ihre Wesenszügen seitens vieler Hunderttausender von Farmern, Kleinbürgern und Arbeitern geteilt und in erregten Protesten und Wahlen, in kommunal-, staats- und bundespolitischen Reformbewegungen und Agitationen immer von neuem zu mitunter recht stürmischem und bedrohlichem Ausdruck gebracht“ (S. XIX).

Aufklärung allein, wie gesagt, genügt nicht mehr in einer Zeit postmoderner Beliebigkeit, in der Toleranz repressiv geworden ist (Marcuse 1966) und Kommunikationsrituale der Akzeptanzbeschaffung dienen (Janis 1982) oder, weil sie zum Selbstzweck verkommen sind, folgenlos bleiben. Es bedarf der unmittelbaren Einmischung, der Intervention in gesellschaftliche Problemfelder. „Empört Euch“ lautet der Titel einer der weltweit verbreiteten Streitschriften (Hessel 2010). Auch für solche Einmischungen gibt es gelungene Beispiele. So ist die Energiepolitik der Bundesrepublik Deutschland an einem wichtigen Punkt in wahrscheinlich entscheidender Weise durch die Bürger Nordfrieslands beeinflusst worden. „Anlass dafür war die Carbon capture and storage-Technologie (CCS), die mit ihrem storage-Anteil auch in Nordfriesland zum Einsatz kommen sollte. Hinter der Technologie stehen eigentlich zwei verschiedene Vorhaben: zum einen die Abscheidung von CO_2 aus den Emissionen eines Kraftwerks, in diesem Fall eines Kohlekraftwerks in Hürth bei Köln, und die Verpressung dieses – dann verflüssigten – Gases in bestimmten Gesteinsformationen des Untergrundes, von denen anzunehmen ist, dass sie im nordwestlichen Schleswig-Holstein zu finden sind. Der Transport sollte mit Hilfe einer 530 Kilometer langen Pipeline erfolgen. Vorhabensträger war der RWE-DEA-Konzern, dessen Pläne 2009 in Nordfriesland bekannt wurden und relativ rasch zur Gründung einer Bürgerinitiative führten. Auf den entschlossenen Widerstand der Menschen traf zunächst vor allem die Idee der Verpressung des – in größerer Konzentration – giftigen Gases.

Befürchtungen bestanden und bestehen gegenüber der Sicherheit des Endlagers und einem möglichen größeren oder auch nur schleichenden Austritt. Zudem wird eine Vergiftung des Grundwassers nicht für ausgeschlossen gehalten: CCS nutzt bestimmte Buntsandstein-Formationen im Untergrund (in circa achthundert Metern Tiefe) aus, die von stark salzhaltigen Wasseradern (‚Saline Aquifere') durchzogen werden. Das CO_2 wird dann mit hohem Druck in den Untergrund gepresst und verdrängt das Porenwasser. Befürchtet wurde, dieses Wasser könnte sich, selbst bei genauer Erkundung des Untergrunds, unkalkulierbar verbreiten und Trinkwasserreservoirs vergiften. Im Laufe der Debatte hat sich die Bürgerinitiative, die heute 3000 Mitglieder umfasst, sehr intensiv auch mit den klimapolitischen Implikationen dieser Technologie befasst. Die Idee, ein Kohlekraftwerk zu betreiben, das dann fast keine CO_2-Emissionen mehr aufweist (‚Grüne Kohle'), wird als falsches klimapolitisches Signal verstanden. Bei den sehr gut besuchten Veranstaltungen zu diesem Thema spielten daher auch die Klimapolitik der Großkonzerne zunehmend eine Rolle. Sie setzten weiter auf große und zentral betriebene Kraftwerkseinheiten, während in Nordfriesland längst der Eintritt in eine dezentrale CO_2-arme Energieversorgung gelungen war, die überdies überwiegend in der Hand der lokalen Bevölkerung lag. Deutlich wurde, dass hier nicht nur ‚Vorhabensträger' gegen notorische ‚Bedenkenträger' standen, sondern sich auch zwei energiepolitische Systeme in einer Auseinandersetzung befanden. Bis heute setzt die Bürgerinitiative ihren Einsatz fort und befasst sich seit einiger Zeit auch intensiv mit dem Thema Fracking in all seinen Facetten. Zu ihrem Erfolg gehört es, dass sich die lokalen Kommunen und der Kreis hinter die Forderungen der Initiative stellten und sich später auch die Landesregierung der Kritik anschloss. Ihren Einfluss konnte und kann die Bürgerinitiative bis heute über die Abgeordneten aus Schleswig-Holstein und die Landesregierung bis in den Bund ausüben und sie hat auf Gesetzgebungsverfahren des Bundes auf diese Weise Einfluss gehabt. Die Pläne für CCS jedenfalls sind derzeit eher in weite Ferne gerückt und auch der Bau des Kraftwerks in Hürth ist ‚bis auf Weiteres … eingestellt', wie der Konzern RWE auf seiner Internetseite mitteilt" (Schaack 2014).

Durch spektakuläre Interventionen an der schleswig-holsteinischen Westküste, die begierig sowohl von den audio-visuellen wie von den Print-Medien aufgegriffen wurden, geißelte der norddeutsche Aktionskünstler Hein Hoop Unterlassungen und Fehlentscheidungen der Tagespolitik. Für ihn waren die Realsatiren seiner „Als-ob-Kunst" politische Interventionen in den gesellschaftlichen Alltag hinein. Ein Medienspektakel besonderer Art, das er aus Anlass der Genfer Abrüstungsverhandlungen am Eidersperrwerk inszenierte, war die Stationierung der ersten Mittelstreckenrakete Nordfrieslands, der „Kating I“. Hein Hoop versicherte, sie verfolge ausschließlich friedliche Zwecke. Weder das befreundete Dithmarschen noch das imperialistische Kiel müssten sich bedroht fühlen. Die Stationierung diene allein der Sicherheit Nordfrieslands. Sie sei deshalb, „politisch gesagt, ein Schritt in die richtige Richtung“. Sollte die Rakete beim Testflug versehentlich auf dem Heider Marktplatz oder im Kieler Landeshaus explodieren, sei das nicht beabsichtigt gewesen. „Selbst erfahrene Raketenkonstrukteure der USA sind Fehlschläge dieser Art gewohnt und akzeptieren sie als schicksalhafte Unwägbarkeiten, mit denen man leben bzw. sterben muss.“ Im „Stern“ war dann später nachzulesen, dass sich Hoop schließlich entschlossen habe, „noch vor Ende der Genfer Raketenverhandlungen einseitig abzurüsten“ (Bammé 2012, S. 58 f.).

Ähnlich spektakulär verlief eine zweite Intervention. Im Januar 1980 stellte Hoop bei der Oberpostdirektion in Kiel den „Antrag auf Erteilung oder Bereitstellung einer UKW- bzw. einer Mittelwellenfrequenz für den Raum Nordfriesland“. Er beabsichtigte die Gründung eines Radiosenders „Freies Nordfriesland“. Die angeschriebene Behörde war sich zunächst unsicher, ob es sich um ein ernst gemeintes Ansuchen handelte, war Hein Hoop doch als Aktionskünstler in Norddeutschland weitgehend bekannt und berüchtigt. Schließlich leitete sie den Antrag an das Bundesministerium für das Post- und Fernmeldewesen weiter, wo man ihn umgehend bearbeitete. In einem ausführlichen Schreiben vom 8.4.1980 wurde der Antrag vom Ministerium ablehnend beschieden: Zwar habe „die Landesregierung von Schleswig-Holstein Ihr Vorhaben als ‚sicher interessante Bereicherung der Medienlandschaft‘ bewertet“, gleichzeitig aber „auf die Abhängigkeit Ihres Vorhabens von einer Neuordnung des Rundfunkwesens in Norddeutschland“ hingewiesen. Es werden in dem Ablehnungsschreiben dann noch drei fernmeldetechnische Argumente ins Feld geführt, die der „Realisierbarkeit Ihres Vorhabens“ im Wege stehen (Bammé 2012, S. 59).

Abschließend sei auf eine weitere Intervention hingewiesen, in der die traditionellen Grenzen zwischen Kunst und Politik verschwimmen. Im Vorgriff auf den damals in der Diskussion befindlichen „Naturschutz- bzw. Nationalpark Wattenmeer“ etablierte Hoop im Katinger Watt den „Kulturschmutzpark Wattenmeer“, zum einen um den Entscheidungsprozess zu beschleunigen, zum anderen um auf die gesellschaftspolitische Widersprüchlichkeit des Vorhabens hinzuweisen. Der Besucher betrat das Gelände durch einen Eingang, der mit einem großformatigen, aus Holz geschnitzten Schild gleichen Titels versehen war. Ihn erwartete nicht die durch Ranger begleitete Beobachtung einer bunten, lebendigen Vogel- und Kleintierwelt, sondern im „Kulturdreck“ verendete, auf Wäscheleinen aufgereihte Vögel, eine Exposition der Kadaver, erschreckende Folgelasten einer nach wie vor expandierenden Industriekultur. Durch die Beringung der toten Seevögel machte Hoop auf die industriell verursachten Folgeschäden in der Naturlandschaft des Wattenmeeres aufmerksam. Markiert wurden Kadaver von Tieren, die gesetzlich geschützt sind, vorwiegend Brand- und Eiderenten. Die Metallringe trugen die Inschrift „Letzte Ölung“. Die meisten Vögel waren an der öligen Verschmutzung ihres Gefieders gestorben. Sarkastisch, hart an der Grenze zum Zynismus, äußerte sich Hein Hoop: „Unser Gesetz schützt das Leben selten gewordener Seevögel, auf dass sie draußen im Wattenmeer an den Ausflüssen unserer Zivilisation qualvoll sterben. Ich kann diese stillen Massaker auf der See nicht ungeschehen machen und nicht verhindern, aber ich kann sie zu unserer Entlastung legalisieren, indem ich sie in den übergeordneten Bereich kultureller Funktion erhebe. Meine Helfer und ich verwandeln mit der Beringungsaktion Aas in Kulturgut, das wir als Opfergabe an die Grenzen des Fortschritts legen“ (Bammé 2012, S. 58). Solche und ähnliche Aktionen mögen dazu geführt haben, dass die Tagespolitik Initiativen zum besseren Schutz der Naturstrände ergriffen, allerdings noch längst nicht immer auch umgesetzt hat.

Nicht nur die Gesellschaftspolitik, auch die dafür zuständige Fachwissenschaft, die Soziologie, hat sich von der Produktion visionärer Vorstellungen verabschiedet. Utopien gelten ihr allenfalls als literarisch interessante Gegenstücke zur wissenschaftlichen Analyse sozialer Alltagsphänomene (Mannheim 1985). Dabei müsste analytisches und utopisches Denken überhaupt kein Widerspruch sein. Im Gegenteil. Soziologische Phantasie, die sich nicht in der Bewältigung aktueller Tagesgeschäfte erschöpft, ist nötiger denn je. Und sie bedarf geradezu der strengen Analyse. Wurden im visionären Denken des Zeitalters der Aufklärung einer als verbesserungswürdig empfundenen Gegenwart wünschenswerte Zukunftsbilder unvermittelt entgegengestellt, lassen sich heute, nach der Geburt der Soziologie als Wissenschaft, Visionen einer besseren Gesellschaftsordnung durchaus analytisch aus den kritisierten Mängeln der bestehenden Gesellschaft ableiten und, darauf aufbauend, Vorschläge zu ihrer Überwindung ausarbeiten. Die Probleme sind offensichtlich: ungesteuertes Bevölkerungswachstum, ein Klima, das aus dem Ruder läuft, eine wild gewordene Finanzökonomie, die weltweit mehr Elend als Wohlstand schafft. Was bleibt zu tun? – eine Frage, die sich in den Worten Anthony Giddens’ (1994) reformulieren lässt: „How shall we live after the end of nature and the end of tradition?“, eine Frage, die zunächst und vor allem die Verantwortung des Einzelnen und des Intellektuellen in der heutigen Gesellschaft thematisiert. Dabei geht es um das Erkunden nicht nur wissenschaftlicher, künstlerischer oder literarischer Interventionsmöglichkeiten in die Gesellschaft, das heißt um die Einflussnahme auf ihre weitere Gestaltung. Antworten gäbe es viele. Unhintergehbar aber ist: Die Menschheit entdeckt nicht länger Wahrheiten über die Wirklichkeit, die sie umgibt, sondern sie muss über die Wirklichkeit von Wahrheiten, die sie selbst produziert, entscheiden. Soll der Weltraum erobert, die Kernfusion realisiert und der genetische Code umkonstruiert werden? Die von uns selbst geschaffenen Technologien erzwingen diese Entscheidungen. Unlösbar sind Probleme, wenn man in der Eigenlogik des Systems, dem sie entstammen, verbleibt. Werden Grenzen überschritten, Gegenmodelle entwickelt, könnte auch alles ganz anders sein. Zwei Aufgaben vor allem stellen sich dem Intellektuellen heute: Aufklärung und Intervention. Aber die Relationen müssen gewahrt bleiben, mit Augenmaß, um Enttäuschungen und intellektuelle Hybris zu verhindern: Es sind nicht die Intellektuellen, die Utopien ausbrüten und dadurch revolutionäre Zustände herbeiführen, sondern es sind primär soziale Konflikte, die revolutionäre utopische Ideen allererst entstehen und wirksam werden lassen.

Referenztexte

Agamben, Giorgio et al. (2012): Demokratie? Eine Debatte. Berlin: Suhrkamp

Albert, Hans (1967): Marktsoziologie und Entscheidungslogik. Ökonomische Probleme in soziologischer Perspektive. Neuwied und Berlin: Luchterhand

Asimov, Isaac (1980): Ich, der Robot. Science Fiction-Roman. München: Heyne

Bammé, Arno (2008): Wissenschaft im Wandel. Bruno Latour als Symptom. Marburg: Metropolis

Bammé, Arno (2012): Kunst am Meer. Hein Hoops Damm gegen die Unkultur. Dresden: Verlag der Kunst

Bammé, Arno (2013): Von der Repräsentation zur Intervention. Variationen über John Dewey. Marburg: Metropolis

Bastide, Francoise; Fabbri, Paolo: Lebende Detektoren und komplementäre Zeichen: Strahlenkatze, brechendes Auge und Atomsirene. In: Posner, Roland, a.a.O., S. 85-94

Beck, Ulrich (2010): Nachrichten aus der Weltinnenpolitik. Frankfurt a.M.

Beck, Ulrich (1986): Risikogesellschaft. Frankfurt a.M.: Suhrkamp

Bijker, Wiebe E.; Hughes, Thomas P.; Pinch, Trevor J. (Hg.) (1987): The Social Construction of Technological Systems. New Directions in the Sociology and History of Technology. Cambridge Mass.: MIT Press

Blühdorn, Ingolfur (2013): Simulative Demokratie. Berlin: Suhrkamp

Boserup, Ester (1981): Population and Technological Change. A Study of Long-Term Trends. Chicago: UCP

Brock, Bazon (1986): Ästhetik gegen erzwungene Unmittelbarkeit. Die Gottsucherbande. Schriften 1978-1986. Köln: DuMont

Brock, Bazon (1990): Die Re-Dekade. Kunst und Kultur der 80er Jahre. München: Klinkhardt & Biermann

Brock, Bazon (1995): Die Kultur zivilisieren. In: Der Spiegel, Nr. 16,

Brock, Bazon: „Ich bringe Menschen zum Parallelswingen". Ein Interview. In: taz vom 11.2.2012 (taz-Autor: Alem Grabovac)

Burke, Peter (1989): Soziologie und Geschichte. Hamburg: Junius (1980)

Castoriadis, Cornelius (1983): Durchs Labyrinth. Seele, Vernunft, Gesellschaft. Frankfurt a.M.: Suhrkamp (1978)

Castoriadis, Cornelius (1984): Gesellschaft als imaginäre Institution. Entwurf einer politischen Philosophie. Frankfurt a.M.: Suhrkamp (1975)

Clausen, Lars; Dombrowsky, Wolf R. (1983): Einführung in die Soziologie der Katastrophen. Bonn: Osang

Clausen, Lars (1994): Krasser sozialer Wandel. Opladen: Leske + Budrich

Clausen, Lars et al. (2003): Entsetzliche soziale Prozesse. Theorie und Empirie der Katastrophe. Münster: LIT

Crouch, Colin (2008): Postdemokratie. Frankfurt a.M.: Suhrkamp

Crutzen, P., Davis, Mike, Mastrandrea, Michael D., Schneider, Stephen H., Sloterdijk, Peter (2011): Das Raumschiff Erde hat keinen Notausgang. Berlin: Suhrkamp.

Crutzen, Paul J. (2011): Die Geologie der Menschheit (2002). In: Crutzen et al., a.a.O., S. 7-10

Davis, Mike (2011): Wer wird die Arche bauen? In: Crutzen et al., a.a.O., S. 60-92

„Der Spiegel" Titel: Atommüll. „Kein Land ist darauf vorbereitet". In: Der Spiegel, Nr. 2, 1988, S. 20-28

Deschner, Karlheinz (1962): Abermals krähte der Hahn. Eine kritische Kirchengeschichte. Stuttgart: Günther

Deschner, Günther (1986 ff.): Kriminalgeschichte des Christentums. Zehn Bände. Reinbek: Rowohlt

Dewey, John (2001): Die Suche nach Gewissheit. Eine Untersuchung des Verhältnisses von Erkenntnis und Handeln. Frankfurt a.M.: Suhrkamp (1929)

Diamond, Jared (2005): Kollaps. Warum Gesellschaften überleben oder untergehen. Frankfurt a.M.: Fischer (2005)

Diederichsen, Diedrich; Franke, Anselm (2013): The Whole Earth. Kalifornien und das Verschwinden des Außen. Berlin: Sternberg

Dror, Yehezkel (1995): Ist die Erde noch regierbar? Ein Bericht an den Club of Rome. München: Bertelsmann (1994)

Ehlers, Eckart (2008): Das Anthropozän. Die Erde im Zeitalter des Menschen. Darmstadt: WBG

Eisenstadt, Shmuel N. (Hg.) (1987): Kulturen der Achsenzeit. Ihre Ursprünge und ihre Vielfalt. Teil I: Griechenland, Israel, Mesopotamien. Frankfurt a.M.: Suhrkamp

Eisenstadt, Shmuel N.: Beyond Collapse. In: Yoffee, Norman; Cowgill, George, a.a.O., S. 236-243

Elias, Norbert (1989): Studien über die Deutschen. Machtkämpfe und Habitusentwicklung im 19. und 20. Jahrhundert. Frankfurt a.M.: Suhrkamp

Elkana, Yehuda: Die Entstehung des Denkens zweiter Ordnung im antiken Griechenland. In: Eisenstadt, Shmuel N., a.a.O., S. 52-88

Enzensberger, Hans Magnus (2009): Fortuna und Kalkül. Frankfurt a.M.: Suhrkamp

Feyerabend, Paul (2009): Naturphilosophie. Frankfurt a.M.: Suhrkamp

Funtowicz, Silvio; Ravetz, Jerome (2001): Post-Normal Science. Science and Governance under Conditions of Compexity. In: Decker, Michael (Hg.): Interdisciplinarity in Technology Assessment. Implementation and its Chances and Limits. Berlin, Heidelberg, New York: Springer, S. 15-24

Giddens, Anthony (1994): Beyond left and right. The future of radical policy. Cambridge: Polity Press

Gloy, Karen (1995): Das Verständnis der Natur. Erster Band: Die Geschichte des wissenschaftlichen Denkens. München: Beck

Goody, Jack (1990): Die Logik der Schrift und die Organisation der Gesellschaft. Frankfurt a.M.: Suhrkamp (1986)

Groß, Matthias et al. (2005): Realexperimente. Ökologische Gestaltungsprozesse in der Wissensgesellschaft. Bielefeld: transcript

Gutenberg, Erich (1968): Grundlagen der Betriebswirtschaftslehre. Band 1: Die Produktion. Berlin: Springer

Habermas, Jürgen (1969): Technik und Wissenschaft als „Ideologie". Frankfurt a.M.: Suhrkamp

Häntzschel, Jörg: Das kalifornische Denken. In: Süddeutsche Zeitung, Nr. 102, 3.5. 2013, S. 11

Hegel, Georg Friedrich Wilhelm (1955): Vorlesungen über die Philosophie der Weltgeschichte (in Auszügen). In: Bülow, Friedrich (Hg.): G.W.F.Hegel. Recht – Staat – Geschichte. Eine Auswahl aus seinen Werken. Stuttgart: Kröner, S. 351-443

Helbling, Jürg (2006): Was führt zum Kollaps von Gesellschaften? Krieg als entscheidender Faktor. In: GAIA, 15(4), S. 255-259

Hessel, Stéphane (2013): Empört Euch. Berlin: Ullstein (2010)

HKW Berlin (Haus der Kulturen der Welt): Das Anthropozän-Projekt. Eine Eröffnung 10.-13. Januar 2013 (Detailliertes Programmheft. Druckversion. 65 Seiten)

Höffe, Otfried (2009): Ist die Demokratie zukunftsfähig? Über moderne Politik. München: Beck

Janis, Irving L. (1982): Groupthink. Psychological Studies of Policy Decisions and Fiascos. Boston: Houghtoun Mifflin (1972)

Japp, Klaus P.: Die Technik der Gesellschaft? Ein systemtheoretischer Beitrag. In: Rammert, Werner (Hg.): Technik und Sozialtheorie. Frankfurt a.M. und New York: Campus 1994, S. 225-244

Jaspers, Karl (1949): Vom Ursprung und Ziel der Geschichte. München: Piper

Kahl, Joachim (2006): Deschners Aphorismen. Eine Kritik ihres Menschenbildes sowie ihres Gesellschafts- und Geschichtsverständnisses. In: Gieselbusch, Hermann; Schmidt-Salomon, Michael (Hg.): Aufklärung ist Ärgernis. Aschaffenburg: Alibri, S. 230-256

Kapp, K. William (1988): Soziale Kosten der Marktwirtschaft. Frankfurt a.M.: Fischer (1950)

Latour, Bruno (1991): Technology is Society made durable. In: Law, John (Hg.): Sociology of Monsters. London: Routledge, S. 103-131

Latour, Bruno (1998): Wir sind nie modern gewesen. Versuch einer symmetrischen Anthropologie. Frankfurt a.M.: Fischer (1991)

Latour, Bruno (2001): Das Parlament der Dinge. Für eine politische Ökologie. Frankfurt a.M.: Suhrkamp (1999)

Lem, Stanisław (1981): Summa technologiae. Frankfurt a.M.: Suhrkamp (1964)

Lem, Stanislaw (1990): Kodierung auf lebendem Trägermaterial. In: Posner, Roland, a.a.O., S. 79-83

Maine, Henry S. (1977): Ancient Law. London: Dent (1861)

Mann, Michael (1990): Geschichte der Macht. Erster Band. Von den Anfängen bis zur griechischen Antike. Frankfurt a.M. und New York: Campus (1986)

Mannheim, Karl (1985): Ideologie und Utopie. Frankfurt a.M.: Klostermann (1925)

Marcuse, Herbert (1966): Repressive Toleranz. In: Wolff, Robert Paul et al.: Kritik der reinen Toleranz. Frankfurt a.M.: Suhrkamp, S. 91-128

Martenstein, Harald: Strahlen und Haften. In: Der Tagesspiegel vom 20.3.2011

Martin, Alfred von (1974): Soziologie der Renaissance. München: Beck (1932)

Mastrandrea, Michael D.; Schneider, Stephen H.: Vorbereitungen für den Klimawandel. In: Crutzen et al., a.a.O., S. 1-59

Myers, Gustavus (1979): Money. Die großen amerikanischen Vermögen. Frankfurt a.M.: Zweitausendeins (1916)

Nestle, Wilhelm (1941): Vom Mythos zum Logos. Die Selbstentfaltung des griechischen Denkens von Homer bis auf die Sophistik und Sokrates. Stuttgart: Kröner (1940)

Nowotny, Helga et al. (2002): Re-Thinking Science. Knowledge and the Public in an Age of Uncertainty. Cambridge: Polity Press (2001)

Neusüss, Arnhelm (1968): Schwierigkeiten einer Soziologie des utopischen Denkens. In: Ders.: Utopie. Begriff und Phänomen des Utopischen. Neuwied und Berlin: Luchterhand, S. 13-112

Ogburn, William (1922): Social change with respect to culture and original nature. New York: Huebsch

Ostrom, Elinor (1999): Die Verfassung der Allmende. Jenseits von Staat und Markt. Tübingen: Mohr Siebeck (1990)

Perrow, Charles (1989): Normale Katastrophen. Die unvermeidbaren Risiken der Großtechnik. Frankfurt a.M. und New York: Campus (1984)

Pöll, Regina: Unsere Probleme sind unlösbar. In: Die Presse vom 24.2.2012

Ponting, Clive (1991): A green history of the world. The Environment and the Collapse of Great Civilizations. New York: Penguin

Posner, Roland (Hg.) (1990): Warnungen an die ferne Zukunft. Atommüll als Kommunikationsproblem. München: Raben

Radkau, Joachim; Hahn, Lothar (2013): Aufstieg und Fall der deutschen Atomwirtschaft. München: oekom

Röwer, Gabriele (2006): Wo bleibt das Positive? In: Gieselbusch, Hermann; Schmidt-Salomon, Michael (Hg.): Aufklärung ist Ärgernis. Aschaffenburg: Alibri, S. 257-322

Schaack, Thomas (2014): Globaler Klimaschutz in Schleswig-Holstein. Lokale Beiträge, Experimente und Initiativen für eine große Herausforderung. In: Bammé, Arno (Hg.): Risiko und Entscheidung. Gesellschaft im Anthropozän. München und Wien: Profil, S. 241ff.

Schimank, Uwe (2005): Die Entscheidungsgesellschaft. Komplexität und Rationalität der Moderne. Wiesbaden: VS

Schirrmacher, Frank (2013): Ego. Das Spiel des Lebens. München: Blessing

Schluchter, Wolfgang (1988): Religion und Lebensführung. Studien zu Max Webers Kultur- und Werttheorie. Zwei Bände. Frankfurt a.M.: Suhrkamp

Schnädelbach, Herbert (2009): Religion in der modernen Welt. Frankfurt a.M.: Fischer

Schwägerl, Christian (2010): Menschenzeit. Zerstören oder gestalten? Die entscheidende Epoche unseres Planeten. München: Riemann

Sloterdijk, Peter (2011): Wie groß ist „groß“? In: Crutzen et al., a.a.O., S. 93-110

Stark, Florian: Der Kirchenkritiker holt zum finalen Schlag aus. In: „Die Welt“ vom 28.2.2013

Tainter, Joseph A. (1988): The Collapse of Complex Societies. Cambridge: CUP

Teschner, Katrin (2012): Terminplan: Asse-Müll kann erst 2036 geborgen werden. In: Salzgitter Zeitung, 29.5.2012

Tuchman, Barbara (1984): Die Torheit der Regierenden. Von Troja bis Vietnam. Frankfurt a.M.: Fischer

Welzer, Harald (2008): Klimakriege. Wofür im 21. Jahrhundert getötet wird. Frankfurt a.M.: Fischer

Welzer, Harald (2013): Selbst denken. Eine Anleitung zum Widerstand. Frankfurt a.M.: Fischer

Wöhe, Günter (1968): Allgemeine Betriebswirtschaftslehre. Berlin: Vahlen

Yoffee, Norman; Cowgill, George (Eds.) (1988): The Collapse of Ancient States and Civilizations. Tucson: University of Arizona Press

Zalasiewicz, Jan (2009): Die Erde nach uns. Der Mensch als Fossil der fernen Zukunft. Heidelberg: Spektrum (2008)

Ziman, John M. (1996): Postacademic Science: Constructing Knowledge with Networks and Norms. In: Science Studies, Vol. 9, No. 1, S. 67-80

Žižek, Slavoj (2010): Zeit der Monster. In: Le Monde diplomatique, Nr. 9342 vom 12.11.2010, S. 14-15

Zürn, Michael (2013): Die schwindende Macht der Mehrheiten. In: WZB-Mitteilungen, Heft 139, März, S. 10-13

Zürn, Michael (2013): Die Welt regieren ohne Weltregierung. In: WZB-Mitteilungen, Heft 141, September, S. 6-9

Demokratie! Aber welche Demokratie?

Über Krisensymptome der Parteienherrschaft

Der Mensch lebt aus der Vergangenheit mit Blick in die Zukunft. Von der Politik erwartet er, dass sie für die Zukunft Verantwortung übernimmt und aus der Vergangenheit lernt. Eine Politik, die drohende Übel erst erkennt, wenn sie sich deutlich abzeichnen, verstößt nicht nur gegen diese Erwartung, sondern erfüllt ihre Aufgabe nicht. Dasselbe trifft zu, wenn sie Chancen und Gestaltungsräume erst dann wahrnimmt, wenn sie offen zutage treten (Höffe 2009, S. 9 ff.).

Die Phänomenologie der Krisensymptome

Wirft man einen Blick in die Medienlandschaft, entsteht zwangsläufig der Eindruck, die Politik, die Demokratie als Staats- und Regierungsform seien in eine schwere Krise geraten (exemplarisch: Perterer 2013, Rainer 2013). Vom „Ende der Demokratie“ ist gar die Rede (Guéhenno 1996). In Zweifel gezogen wird, ob die Demokratie in ihrer bisherigen Form überhaupt noch zukunftsfähig sei (Höffe 2009). Eine grundlegende Politikverdrossenheit der Bürger wird allenthalben konstatiert. Menschen, die sich von der Demokratie sozialen Fortschritt und materielle Sicherheit erhofft haben, wenden sich ab und zeigen kein Interesse mehr an politischen Wahlen. Demokratie bietet für sie kein Versprechen, keine Perspektive mehr. Und die Protest-Politik der bürgerlichen Mittelschichten beruft sich zwar auf demokratische Ideale der Freiheit, Gleichheit und Brüderlichkeit, mobilisiert in Wirklichkeit aber das ihr zur Verfügung stehende Kapital (Bildung, soziale Netzwerke, relative materielle Sicherheit, Zugang zu politischen Institutionen etc.) vor allem, um privilegierte und kaum nachhaltige Lebensformen und Selbstverständnisse zu verteidigen (Blühdorn 2013, S. 24). Heftig beklagt wird der Rückgang der Wahlbeteiligung. In Europa gaben 2012 nur noch zwischen 55 und 72 Prozent der Wahlberechtigten bei nationalen Wahlen ihre Stimme ab. 1975 waren es in Westeuropa noch 82 Prozent. In den USA betrug die durchschnittliche Beteiligung an den Kongresswahlen in den letzten zwei Jahrzehnten nicht mehr als 44 Prozent (Merkel 2013, S. 8). Häufig wird deshalb argumentiert, Nichtwähler seien grundsätzlich desinteressiert an Politik und am Geschick des Staates. Aber auch das Gegenteil ist denkbar: In der Wahlenthaltung äußere sich eine fundamentale Kritik an der etablierten Parteienherrschaft. Zwar sind die Parteien im Verlauf des zwanzigsten Jahrhunderts zu den zentralen Vermittlern zwischen der Gesellschaft und dem Staat aufgestiegen. Ihr Auftrag ist es, die Meinungen der Bürger zu aggregieren, zu artikulieren und im Parlament zu repräsentieren. Aber ihnen laufen seit drei Jahrzehnten die Mitglieder davon. „Sie drohen zu mitgliedsarmen Kartellen mit einem monopolistischen parlamentarischen Repräsentationsanspruch zu verkommen“ (Merkel 2013, S. 8).

Statt von Politikverdrossenheit sollte besser von Politikerverdrossenheit gesprochen werden. Das politische Bewusstsein in der Gesamtbevölkerung ist seit den sechziger Jahren erheblich gestiegen, nur äußert es sich nicht mehr ausschließlich in parteipolitisch gebundener Form. Im Gegenteil. Deshalb kann auch keineswegs von einer Krise der Demokratie schlechthin, sondern allenfalls von einer Krise der Parteienherrschaft die Rede sein. Erinnert sei in diesem Zusammenhang an den Aktionskünstler Joseph Beuys, der 1970 öffentlich zur Wahlverweigerung aufrief und eine *Organisation der Nichtwähler,* die „Freie Volksabstimmung“, gründete: „Lasst euch nicht zum Stimmvieh machen! Macht Schluss mit der Scheindemokratie! Gebraucht endlich eure Macht, die ihr habt durch das Recht auf Selbstbestimmung des Volkes, fordert Volksabstimmung! Wählt nie wieder Parteien! Denn Parteien sind die Interessenhüter der wirtschaftlich Mächtigen, Ausbeuter der Produktivkräfte der Mehrheit.“

Es ist bezeichnend, dass „Die Partei“, eine Gründung des deutschen Satirikers Martin Sonneborn, bei den Wahlen in Berlin 2009 auf Anhieb 0,9 Prozent erreichte. Zum Erfolgsgeheimnis eines Politikers gehöre, so Sonneborn, dass er Zufriedenheit ausstrahle und seine Korruptheit nicht zu offen zeige. Auch für Sonneborn gilt: Es gibt keine Politik-, sondern eine Parteienverdrossenheit. Unter Hinweis auf „solche Politclowns wie etwa Peer Steinbrück (SPD) und Philipp Rösler (FDP)“ reklamiert er für seine Politinitiative: „Wir sind die modernste und populistischste aller Parteien“, substanzlos, dabei aber ungemein sympathisch, das heißt: „Wir sind nicht an Inhalte gebunden und vermitteln ein sympathisches Bild, fordern, was dem Volk gefällt und Mehrheiten bringt“ (2013, S. 2). Satire in der Politik, wie „Die Partei“ sie verkörpere, komme deshalb beim Wähler an, weil die Realpolitik bereits selbst zur Satire verkommen sei.

Um die Ursachen und Hintergründe der gegenwärtigen Krisenphänomene analysieren zu können, gilt es zunächst, die Symptome, an denen sich die Kritik festmacht, zu benennen und zu beschreiben. Um dann alternative Organisationsformen entwickeln zu können, die den demokratischen Funktionen gerecht werden, wie sie das 21. Jahrhundert stellt, bedarf es allerdings noch erheblicher soziologischer Phantasie, einer Kompetenz, die in den etablierten Parteiapparaten nur noch selten zu finden ist. Äußerte doch vor nicht allzu langer Zeit ein verdienter deutscher Altpolitiker, wer Visionen habe, der solle zum Arzt gehen.

Grauzonen des „Bereichert euch!"

Muckrakers und *Whistleblowers* eines investigativen Journalismus, wie er unter anderem vom „Spiegel", von der „Süddeutschen Zeitung" und von der „Zeit" betrieben wird und der jedem empirisch arbeitenden Soziologen zur Ehre gereichen würde, haben zweifellos dazu beigetragen, dass viele Bürger „die Parteien" bzw. „die Politiker" nicht mehr für ausreichend führungs- und politikfähig halten und „dass jemand, der in der Gesellschaft etwas bewegen will, sich von der Politik kaum noch sinnvolle Karrieren versprechen kann, das heißt also, nicht in die Politik geht" (Priddat 2013, S. 24). Die Folge davon ist, dass Berufspolitiker nur allzu oft eine Doppelkarriere betreiben oder ihre politische Funktion als Sprungbrett nutzen für spätere lukrative Tätigkeiten. So wurde der ehemalige US-Präsident Clinton, der bei seinem Ausscheiden aus dem Weißen Haus im Januar 2001 etwa elf Millionen Dollar Schulden hatte, danach zum „Autor und Redner". „Innerhalb eines Jahre stieg das Einkommen des Ehepaares Clinton von 358.000 auf sechzehn Millionen Dollar" (Warde 2012, S. 23).

Zweifellos nehmen traditionelle politische Tugenden Schaden, wenn öffentliche Ämter kein Ziel für sich mehr sind, sondern nur noch eine Stufe auf der Karriereleiter, und das Amt zum Mittel einer in die nahe Zukunft verschobenen persönlichen Bereicherung wird. Von „America's most notorious Lobbyist" Jack Abramoff (2011) war vor nicht allzu langer Zeit zu erfahren, dass man einen Politiker am besten korrumpiert, indem man ihm einen lukrativen Posten in Aussicht stellt. Deutlicher als der ehemalige französische Staatspräsident am 3. Juli 2008 kann man es kaum formulieren, dass höchste Staatsämter nur allzu oft als Durchgangsstation dienen und das eigentliche Karriereziel in der Anhäufung eines großen privaten Vermögens liegt: „2012 bin ich 57 Jahre alt, da trete ich nicht noch einmal an. Wenn ich die Milliarden sehe, die Clinton verdient – ich mache das jetzt hier für fünf Jahre, danach gehe ich meiner Wege und stopfe mir die Taschen voll" (zit. bei Warde 2012). Der frühere, dem linken Flügel der *Labour Party* angehörige britische Premierminister Tony Blair steht dem in nichts nach. „Schätzungen zufolge hat Blair nach seinem Ausstieg aus der Politik ein Vermögen zwischen 20 und 60 Millionen Pfund angehäuft." Vom „System Blair" ist in den einschlägigen Medien inzwischen die Rede: „Die Kapitalisierung der Marke Blair verbirgt die Arbeit von hundert Zuarbeitern, von denen einige schon während Blairs Zeit als Premierminister zum engeren Mitarbeiterstab gehörten. Andere kommen aus der Londoner City, von der Wall Street oder von großen *Thinktanks*" (ebd.). Unter anderem berät er „die Investmentbank J. P. Morgan, Zurich Financial Services, die Regierung von Kuwait, den Investmentfonds Mubadala aus Abu Dhabi und weitere Finanzkonzerne und Regierungen" (ebd.) Der Erfolg des „Systems Blair" gründet auf der Verwischung der Grenzen zwischen honorigem politischen Engagement und einem durch Beziehungen perfektionierten Kapitalismus. Zugute kommen ihm dabei zweifellos die vielen Kontakte, die er während der zehn Jahre in der *Downing Street Number 10* geknüpft hat.

Ähnlich liegen die Verhältnisse in Deutschland. Am 10.9. 2012 titelte der „Spiegel" unter Abbildung der Konterfeis ehemaliger Amtsinhaber: „Politik lohnt sich doch! Vom Staatsdiener zum Großverdiener". Die Analyse der Karrieren aller Bundesminister der Jahre 1969 bis 1982 mit denen aus der Zeit ab dem Jahr 2000 zeigt, dass der direkte Wechsel in die Wirtschaft heute wesentlich häufiger stattfindet als in früheren Jahren. Waren es zuvor nur drei von 41 Regierungsmitgliedern, die binnen zweier Jahre wechselten, so gingen zwischen 2000 und heute von 35 Politikern, deren Amtszeit auslief, innerhalb zweier Jahre elf in die Wirtschaft: als Aufsichtsrat, Berater oder Firmenmanager. Die Spiegel-Redakteure vermuten, dass „die neue Beweglichkeit" auch damit zu tun habe, dass Amtsträger anders als in den siebziger Jahren Politik heute nicht mehr als Frage einer Haltung verstehen, sondern als „pragmatische Problemlösungswirtschaft". Entscheidend sei dann nicht mehr, von welcher Seite man Probleme angehe: „Warum also nicht von der anderen, wo besser gezahlt wird?" (Dahlkamp und Schmitt 2012, S. 67).

Das gesellschaftspolitische Problem, das daraus erwächst, besteht nicht so sehr darin, dass Einzelne, ob gerechtfertigt oder nicht, sich bereichern, sondern darin, dass ein trübes Gemisch aus Wirtschafts-, Militär- und Partei-Interessen entsteht, das im vorparlamentarischen Raum politische Entscheidungen trifft, ohne jedoch zurechenbare Verantwortung für die Folgen zu übernehmen. Aus Anlass des jüngsten Finanzmarktdebakels analysierte eine Autorengruppe um Christoph Pauly die persönlichen „Verflechtungen von Politik und Bankensektor in den USA". Das Ergebnis bestätigt, das wir es auch hier mit einem Netzwerk, einem Amalgam zu tun haben, das weder eindeutig nach ökonomischen Prinzipien, noch nach demokratischen Vorgaben funktioniert. Die Autoren sprechen von der Herrschaft eines Oligopols, bestehend aus Politikern und Bankern. Die Mächtigen an der Wall Street und in Washington seien nicht weniger eng verflochten als Premier Wladimir Putin und die Magnaten des russischen Rohstoffimperiums. Und weiter heißt es: „Amerika hat eine Drehtür. Die Leute gehen von der Wall Street ins Finanzministerium und zurück." Der Investment-Gigant Goldman Sachs sei „eine politische Organisation, die sich als Investmentbank tarnt" (Pauly et al. 2009, S. 82 f.). In der Tat sind die persönlichen Verflechtungen beeindruckend: Robert Rubin, früherer Vorstandschef von Goldman Sachs und Verwaltungsrat der City Group, war von 1995 bis 1999 US-Finanzminister, Henry Paulson, früherer Vorstandschef von Goldman Sachs, war von 2006 bis 2009 US-Finanzminister, Joshua Bolten, früherer Direktor bei Goldman Sachs London, war von 2006 bis 2009 Stabschef im Weißen Haus, Lawrence Summurs, unter anderem für den Hedgefonds D. E. Shaw tätig, war von 1999 bis 2001 US-Finanzminister und ist heute Wirtschaftsberater des Präsidenten. Die Liste ließe sich ohne weiteres fortsetzen (im Einzelnen Pauly et al. 2009). Jedenfalls wird an dem Beispiel deutlich, dass sich die Formkraft des politischen (wohlgemerkt: nicht des demokratischen) Prinzips zunehmend des ökonomischen bemächtigt, dieses überformend, ohne es zu ersetzen. Entscheidungen werden politisch getroffen, im vorparlamentarischen Raum, abgewickelt zwar nach den Regeln der Marktwirtschaft, auf den Weg gebracht aber durch politische Vorgaben. „Politik" in diesem Zusammenhang zielt im Sinne Foucaults (2000) auf eine spezifische Form der Machtausübung. Der Begriff beinhaltet ein sehr weites Verständnis von Politik. Er verweist nicht so sehr bzw. nicht ausschließlich auf politische Institutionen im üblichen Sinn, den Staat, die Parteien oder verbandsmäßig organisierte kollektive Akteure. Vielmehr sind alle Arten der Entscheidungsfindung bei Wert- und Interessengegensätzen gemeint, vor allem solche in den Grauzonen des vorparlamentarischen Raumes. Und er berücksichtigt eben auch, dass subjektive Interessen diffuser politischer Gruppierungen und nicht länger mehr die (vorgebliche) Autopoiese des Marktgeschehens den Ausschlag für Investitionen in gesellschaftlich wichtigen Anlagesphären geben (vgl. etwa die jüngsten Skandale um Parteispenden und Bankensanierung: Kuch 2013a und 2013b, Lampl 2013, Sankholkar 2013).

Parteienherrschaft

So paradox es klingen mag: Eine zentrale gesellschaftspolitische Funktion der delegativ-repräsentativen Form von Demokratie besteht darin, die Bürger von der Demokratie zu entlasten. Wer möchte schon, und wer kann es sich in einer hochgradig differenzierten, arbeitsteiligen Gesellschaft erlauben, die aktuellen Geschäfte der Tagespolitik aktiv mit zu betreiben, wenn er selbst eingebunden ist in seine beruflichen und familialen Alltagspflichten. Zum Problem wird diese Form der Demokratie allerdings, wenn es im Parlament nur noch um Machterhalt und Eigenprofilierung der Parteien geht, wenn aus dieser Eigendynamik heraus die wirklich inhaltlichen und systemrelevanten Themen nicht mehr angegangen werden und der Wähler sich mit seinen Bedürfnissen kaum noch in angemessener Weise repräsentiert sieht (Miessen 2013, S. 76). Nur zu oft vermitteln hitzige Debatten im Bundestag den Eindruck, es gehe den Rednern mehr um Parteienprofilierung als um die Sache selbst.

Eine Verstärkung erfährt dieser Machtzuwachs der Berufspolitiker dort, wo parteipolitische Gremien über das Führungspersonal anderer Gesellschaftsinstitutionen entscheiden: bei der Besetzung von Spitzenämtern in „Ministerien, der Justiz, bei Bundes- und Landesbehörden, bei Finanz- und Polizeipräsidien, bei Landesbanken und Bundesbank, bei Rundfunk- und Fernsehsendern, bei Lotto- und Toto-Gesellschaften, selbst bei landeseigenen Firmen wie einer Brauerei." An dieser Landnahme beteiligen sich so gut wie alle Parteien, weshalb sie, zweifellos eine Unterhöhlung der Demokratie, kaum als Wahlthema taugt. Im Resultat „herrschen statt des Volkes Berufspolitiker, die, von Parteiführungen organisiert und von Bürokratien abgeschirmt, Gesetzlichkeiten folgen, denen man die eigentliche Aufgabe, der bloß dem Gewissen verantworteten Vertretung des Volkes, wenig ansieht" (Höffe 2009, S. 85).

Dass es den etablierten Parteien wesentlich um Machterhalt geht, lässt sich an mehreren Symptomen verdeutlichen, die zudem oft genug die Verfassungsvorgaben des Grundgesetzes hart touchieren. So ist vor nicht allzu langer Zeit das Wahlrecht hinsichtlich der Mandatsverteilung im Parlament vom Verfassungsgericht verworfen worden, dem Gerichtsauftrag aber, ein neues Wahlgesetz einzuführen, haben die Parteien erst nach langer Fristüberschreitung entsprochen, und zwar so, dass ihre Partei-Interessen darunter nicht leiden. Streitpunkt waren die sogenannten Überhangsmandate, die dann entstehen, wenn eine Partei mehr Direktmandate gewinnt, als ihr nach dem Verhältnis der Zweitstimmen zustehen. „Es hätte nahegelegen, dass eine solche Partei ein paar Listenmandate abgeben muss, damit die Gesamtzahl ihrer Abgeordneten ihrem tatsächlichen Stimmenanteil wieder entspricht." Aber diese einfache Lösung wurde gar nicht erst ins Auge gefasst, um keine der „kostbaren Listenmandate" zu opfern. Denn: mit den Listenmandaten lassen sich verdiente Parteifreunde ins Parlament hieven, die bei einer direkten Persönlichkeitswahl keine Erfolgschancen hätten. „Die Entscheidung, wer auf die Wahlliste gesetzt wird und wer nicht, ist ein probates innerparteiliches Macht- und Disziplinierungsinstrument, um unbequeme Kandidaten fernzuhalten und wohlangepasste Parteifreunde zu belohnen." Darum hat man diese Listen, auch wenn es zusätzliche Steuergelder kostet, um keinen Preis antasten wollen und in Kauf genommen, das Parlament weiter aufzublähen, „indem die anderen Parteien zusätzliche Mandate erhalten, die das Ungleichgewicht der Überhangmandate ausgleichen – Listenmandate wohlgemerkt, mit denen ein paar weitere Günstlinge der Parteiorganisationen alimentiert werden" (Ropohl 2013, S. 41).

Für Ropohl ergibt sich aus solchen und ähnlichen Fehlentwicklungen, dass schon längst nicht mehr, wie in der Verfassung fortgeschrieben, alle Staatsgewalt vom Volke ausgeht. „Tatsächlich sind es die Parteien, die alle Staatsgewalt übernommen haben." Sie haben sich jahrzehntelang nicht nur gescheut, ein Wahlrecht zu praktizieren, das schließlich für verfassungswidrig erklärt worden ist, auch sonst nehme es die politische Elite mit dem Grundgesetz nicht so genau. „Ganze Kataloge kann man mit Gesetzen und Verordnungen füllen, die, obwohl offenkundig nicht mit der Verfassung vereinbar, erst vom höchsten Gericht kassiert werden mussten." Das ist vor allem deshalb bemerkenswert, weil „es im Parlament selbst eine Vielzahl qualifizierter Juristen gibt, und außerdem steht der Regierungskoalition der geballte juristische Sachverstand der Ministerien zur Verfügung. Es kann sich also kaum um lässliche Irrtümer handeln, wenn inzwischen politische Entscheidungen regelmäßig vom Verfassungsgericht aufgehoben werden müssen" (ebd.).

In diesem Zusammenhang verweist Ropohl auf weitere Merkwürdigkeiten parteipolitischen Gebarens. „So praktiziert man in den Parlamenten den sogenannten Fraktionszwang, obwohl das Grundgesetz eine klare Sprache spricht: die Abgeordneten sind ‚an Aufträge und Weisungen nicht gebunden und nur ihrem Gewissen unterworfen'. Aber was zählt schon die Verfassung, wenn es allein um die Sicherung der Macht geht?" (ebd.). Kaum anders verhalte es sich mit dem Prinzip der Gewaltenteilung, also der strikten Trennung von Gesetzgebung, Verwaltung und Rechtsprechung. Auch diesem Prinzip sprechen die Praktiken der Parteienherrschaft Hohn. „Schon die faktische Verflechtung von Regierung und Parlamentsmehrheit ignoriert die Gewaltenteilung“ (Ropohl 2013, S. 42). Als besonders empörend bezeichnet Ropohl, dass sogar das höchste Amt im Staate, das Amt des Bundespräsidenten, längst zum Spielball parteipolitischer Ranküne geworden sei. „Die Wahl von Christian Wulff, der dann auch selbst dem Amt keine Ehre gemacht hat, ist da nur das ärgste Beispiel. Wer Regierungspräsident oder Verfassungsrichter werden darf, wird durchweg in den Hinterzimmern der Parteizentralen ausgekungelt. Dass vor allem die Verfassungsrichter, die obersten Kontrollorgane der Politik, häufig nur nach beschämendem Hickhack der Parteien ernannt werden können, ist ein öffentlicher Skandal.“ Es sei kaum zu fassen, dass sich das Gemeinwesen mit dieser verfassungswidrigen Ämterpatronage abgefunden hat. Und es komme einem Wunder gleich, dass Richter, die ihr Amt der Gunst der einen oder anderen Partei verdanken, dieses Amt manchmal dann doch unparteilich wahrnehmen (ebd.).

Dadurch dass Parlamentsentscheide immer öfter durch Gerichtsurteile zurückgenommen werden, entsteht eine Verschiebung der Legitimitätsbeschaffung und -begründung, auch und gerade in den Augen der Öffentlichkeit, weg von majoritären demokratischen Verfahren hin zu nichtmajoritärer Fachexpertise. Durch diese Verschiebung von Relevanz und Vertrauen, weg von demokratischen Mehrheitsinstitutionen hin zu primär expertokratisch legitimierten Institutionen, muss zwangsläufig das System der parlamentarischen Demokratie Schaden nehmen. Über kurz oder lang wird sich institutionell die Frage stellen, ob und warum Kompetenzen eines gewählten Parlaments an ein Expertengremium wie das Bundesverfassungsgericht übertragen werden, das durch rechtliche Expertise und nicht durch Mehrheitsentscheid legitimiert ist? Haben wir es hier (nur) mit einem Versagen der Partei-Politik zu tun oder (grundsätzlicher) mit einem Strukturwandel des Politischen schlechthin (vgl. Foucault 2000, Guéhenno 1996).

Der Atommüll-Schwindel. Ein Beispiel

Tatsache ist: Entscheidungen, die der Verfassung nach dem Parlament und dem einzelnen Abgeordneten zustehen, werden mehr und mehr in den Fraktionsvorständen, in den Parteiapparaten und von der staatlichen Bürokratie getroffen. Dieser Funktionsverlust des Parlaments wird zum einen als unentrinnbare Konsequenz der fortschreitenden Komplizierung der Verhältnisse spätmoderner Gesellschaften gedeutet, zum anderen als Verselbständigungsprozess des staatlichen Machtapparates gegenüber dem Willen der Bürger, der im parlamentarischen Repräsentationsprinzip bereits strukturell angelegt sei. Überlagert wird dieser Prozess durch zwei weitere Entwicklungen: durch die technokratische Einengung der Entscheidungsspielräume in Parlament und Exekutive sowie durch die Entstehung korporativistisch organisierter Macht- und Einflussgruppen (Habermas 2013). Mit der zunehmenden Verwissenschaftlichung gesellschaftlicher Entscheidungen führen die politischen Instanzen, etwa im Bereich der Umweltpolitik, bei der Implementation von Großtechnologien und der Wahl ihrer Standorte, nur aus, was wissenschaftliche und technische Gutachten empfehlen. Das Politische ist aus den öffentlichen Arenen des Parlaments und der Regierung abgewandert in die Grauzonen des Korporativismus. Hier wird „das heiße Eisen der politischen Entscheidungen" vorgeschmiedet, das andere dann als ihre eigene Formgebung zu vertreten haben. Diese Unterwanderung des Staates durch private Interessengruppen, die sich wiederum bürokratisch organisierter Funktionsapparate bedienen, erstreckt sich sowohl auf die Entscheidungen der staatlichen Exekutive als auch auf die Willensbildung der politischen Parteien (Beck 1986, S. 307 f.).

De facto entscheiden in allen zentralen Fragen zunehmend (halb-)private Organisationen und Gremien, das heißt, eine Handvoll Gutachter, darüber, welche technologischen Entwicklungspfade gesellschaftlich zulässig sind und wo Grenzwerte liegen. Beck verweist in diesem Zusammenhang auf das Beispiel der Medizin: „Ob Krebs, ob AIDS, jedes Mal sind es zehn bis fünfzehn Leute, die in ihrem Fachgebiet das Sagen haben. Und sie machen wirklich was sie wollen, sie bestimmen sogar die Gesetze, da die Minister sich von ihnen beraten lassen." Das gilt, wie gesagt, nicht nur für die Medizin, sondern auch für die Reaktorsicherheit, die Luftreinhaltung, den Wasser- und Lärmschutz, bis hin zur medizinischen Lebensgestaltung. „Regierung, Parlament und Jurisprudenz entmachten sich selbst und werden in dem Maße, in dem Technikfolgen mehr als alle Gesetzesvorhaben die Gesellschaft verändern und die Tagesordnung der Politik bestimmen, zu Zweigniederlassungen, Ausführungsorganen, bloßen Rechtfertigungsgehilfen der mit dem Zepter des ‚Sachverstandes' und dem Talar ‚technischer Notwendigkeiten' eigentlich regierenden Gutachter und Ingenieursverbände" (Beck 1988, S. 190 ff.)

Die damit verbundenen Gefahren liegen auf der Hand. In ihrer jüngsten Studie über den „Aufstieg und Fall der deutschen Atomwirtschaft" (2013) haben Radkau und Hahn exemplarisch aufgezeigt, wie ein illusionärer Optimismus, vielfältige Machtinteressen und ehrgeizige Spekulationen blind gemacht haben für die unkalkulierbaren Risiken der Technik. „Tarnen und täuschen" – unter diesem Motto ließe sich die Geschichte der Atomwirtschaft zusammenfassen. Ob Adenauers Atombombenpläne oder das Festhalten an angeblich sicheren Endlagern, immer wieder wurde die Öffentlichkeit gezielt belogen oder desinformiert. Man hätte es schon früher wissen können. Im zweiten Januarheft 1988, unter dem Titel „Der Atommüll-Schwindel", berichtete der „Spiegel" vom Bestechungsskandal der Atomfirmen *Nukem* und *Transnuklear*, in den übergeordnete Kontrollinstanzen verwickelt waren. Hatten die Hamburgischen Elektrizitätswerke Ende der siebziger Jahre noch verlauten lassen „Mit der Endlagerung in Salzformationen kann das Problem ‚Atommüll' als gelöst betrachtet werden", stellte sich nun heraus, dass in diesen Zentren des deutschen Brennstoffkreislaufs unglaubliche Schlampereien im Umgang mit Strahlenmaterial aller Art die Regel waren, dass der Bombenstoff Plutonium unkontrolliert über die europäischen Grenzen wanderte und dass in der angeblich so sicherheitsbewussten Atomindustrie ein illegaler Abfallkreislauf in Gang gekommen war. Die in teuren Anzeigenkampagnen beschworene Zuverlässigkeit deutscher Ingenieure, der Hinweis auf das hochqualifizierte und verlässliche Betreiberpersonal der Atommeiler, all das mühsam gewonnene Vertrauen war auf einen Schlag zerronnen. Überall hatten Atommanager, Wissenschaftler und Ingenieure die Hand aufgehalten. Sie hatten sich über moralische Bedenken hinweggesetzt und Millionen Menschen großen gesundheitlichen Risiken ausgesetzt, um sich zu bereichern. Mehr noch: „Nur weil die Entsorgungsfrage verdrängt und ein unverantwortlich lässiger Umgang mit dem radioaktiven Material akzeptiert wurde, konnte die Nuklear-Gemeinde die Stromerzeugungskosten der atomaren Stromfabriken unter die von Steinkohlekraftwerken drücken." In Wahrheit hätten eine der Gefährdung angemessene Behandlung des Atommülls und eine ordentliche Sicherung der Transporte und Lagerplätze den Atomstrom zur teuersten Energie der Welt gemacht. „Billig ist Atomstrom nur, solange die Sicherheit zweitrangig ist; und solange es die Menschheit hinnimmt, für ihre heutige Energieverschwendung die Menschheit über Generationen hinweg mit dem Höllenfeuer des nuklearen Abfalls zu belasten" (Der Spiegel, 2/1988, S. 22, 27).

Die Gefahren, die mit der distanzlosen Abhängigkeit des politischen Sachverstandes von Erkenntnissen einer angeblich objektiven Wissenschaft einhergehen, wurden jüngst wieder deutlich. Unter der Schlagzeile „Wie der Irrtum eines Ökonomen die Krise in Europa verschärfte" rekonstruierte „Die Zeit" am 27.6.2013 in einem umfassenden Dossier, dass der Rechenfehler eines „berühmten Wissenschaftlers" zu gravierenden Fehlhandlungen in der Finanzpolitik Europas führte (Brost et al. 2013).

Deutlich wurde im Verlauf des Atommüllskandals ein weiteres Manko: die strukturelle Unfähigkeit der Parteipolitik, mit Langzeitproblemen in angemessener Weise umzugehen. Die Gestaltungsaufgaben, die sich der Gesellschaft durch die Technologien des 21. Jahrhunderts stellen, übersteigen den Zeithorizont der Tagespolitik, die in Vier-Jahres-Zyklen agiert, bei weitem. Politiker wollen üblicherweise nach einer vierjährigen Legislaturperiode wiedergewählt werden. Das führt dazu, dass Strukturaufgaben *ad hoc* entschieden werden. Besonders deutlich wurde das im Fall der Katastrophe von Fukushima. Vorher beabsichtigte die deutsche Bundeskanzlerin noch, die Laufzeit der Kernkraftwerke zu verlängern. Die politische Diskussion darum wurde von den im Atomforum zusammengeschlossenen Betreibern entsprechend medial begleitet. Nachher, nach der Katastrophe, und unter dem Eindruck der Stimmenverluste in den Landtagswahlen von Baden-Württemberg, unter anderem aus Anlass der Konflikte um „Stuttgart 21“, vollzog sie einen Totalschwenk. Dieser Gesinnungswandel war, wie gesagt, nicht das Resultat strukturell neuer Erkenntnisse oder Argumente, sondern einzig und allein das Ergebnis tagespolitischer Ereignisse und taktischer Kalküle. Er wurde *ad hoc* vollzogen (Radkau und Hahn 2013, S. 353-364).

Technokratie oder Partizipation?

Unter einer politischen Partei wird üblicherweise eine Interessengemeinschaft von Personen verstanden, die die gleichen Ansichten über die wünschenswerte Gestaltung von Staat und Gesellschaft hegen und diese Ziele durch Eroberung der Staatsgewalt oder durch Beeinflussung der Regierung zu verwirklichen suchen. Das moderne Parteiwesen ist im Gefolge der englischen und französischen Revolution entstanden und hat sich im Verlauf der bürgerlichen Gesellschaft fest etabliert. Gemeinhin lassen sich dabei drei Fraktionierungen unterscheiden: die Konservativen, denen es um den Erhalt oder die Restauration vorgängiger Zustände, insbesondere des Ständestaates ging; die Liberalen, denen es um die Durchsetzung der (vor allem ökonomisch motivierten) Interessen des an die Macht gekommenen (Besitz-)Bürgertums ging und um deren Festigung, sowie schließlich und etwas später die Sozialisten, deren Ziel die Erringung der Macht im Staate für die Mehrheitsbevölkerung und eine gerechtere Gesellschaft war. Die von ihnen vertretenen Weltanschauungen und Visionen einer besseren Gesellschaft fanden ihren Rückhalt in der Bevölkerung. Ihre Repräsentation im Parlament entsprach weitgehend der Schichtungsstruktur der Gesellschaft. Entsprechend hart waren die

Auseinandersetzungen. Im Verlauf der weiteren Entwicklung kam es zu Ausdifferenzierungen des Parteiwesens, so dass der Charakter einer bestimmten Partei je nach Zeitumständen durchaus wechseln konnte (vgl. Tönnies 1906). Allen diesen Parteien war, durchaus in unterschiedlicher Weise, eines gemeinsam: Sie hatten, gemessen an den herrschenden Zuständen, Visionen von einer besseren Gesellschaft und von den Wegen, die zu beschreiten waren, um sie Wirklichkeit werden zu lassen. Darin vor allem bestand, im Vergleich zu den Zielen anderer gesellschaftlicher Interessengemeinschaften, ihre Daseinsberechtigung. Das nun hat sich im 21. Jahrhundert völlig geändert. Beispiele dafür lassen sich viele finden. „Wenn man sich die Situation in Deutschland ansieht, die im Parlament abgebildete, kann man (...) feststellen, dass zum Beispiel Positionen der CSU oder der LINKEN eigentlich nur noch Abziehbildchen von sich selbst sind. Es sind keine tatsächlich ausgearbeiteten neuen Positionen. Es handelt sich um neu aufgewärmte Klischees, die die (historische) Existenzberechtigung der eigenen Partei zu sichern versuchen. Dabei wäre gerade diese Auseinandersetzung der Lager heute dringender erforderlich denn je. Im Grunde genommen findet im Bundestag wöchentlich eine Gute-Laune-Veranstaltung statt. Das ist eine Kuschel-Veranstaltung, wenn man sich darüber klar wird, vor welchen Problemen das Land und insbesondere Europa stehen“ (Miessen 2013, S. 75).

Ähnlich sieht es auf Gemeindeebene aus. Ein Beispiel aus einem kleinen Ort an der schleswig-holsteinischen Westküste mag diesen Sachverhalt verdeutlichen. Im Mai 2013 waren zur Wahl angetreten eine freie Wählervereinigung, die CDU, die SPD und der SSW. Die politischen Forderungen, die den Wahlbroschüren zu entnehmen sind, waren parteiübergreifend nahezu identisch: Verbesserung der ländlichen Infrastrukturen, Erhalt der Kindertagesstätte und des Schulstandortes, Stärkung des Tourismus, Förderung der Jugend- und Seniorenarbeit sowie des kulturellem Gemeinschaftslebens, Schaffung neuer Arbeitsplätze, schnelles Internet für alle Einwohner, Forcierung der Energiewende und des Klimaschutzes, keine oberirdische Hochspannungsleitung, keine CO_2-Endlager und kein Fracking, bessere Finanzausstattung der Kommunen. Der SSW, die Vertretung der dänischen Minderheit, forderte darüber hinaus die Gleichstellung der Minderheiten, kulturelle Vielfalt, mehr grenzüberschreitende Zusammenarbeit und die Stärkung der Demokratie vor Ort. Wie man sieht, bezogen sich die meisten Forderungen auf die Lösung von Sachproblemen, völlig unabhängig von der Weltanschauung, die den einzelnen Parteien zugrunde liegt. Sie jedenfalls dürften kaum der Grund dafür gewesen sein, dass beim Wahlentscheid der einen oder anderen

Partei der Vorzug gegeben wurde, ein Sachverhalt, der sich auch im guten Abschneiden der freien Wählervereinigung ausdrückte. Ohnehin erklären Politiker kaum noch, warum man gerade sie wählen soll. Sie glauben, ihr mehr oder weniger geschöntes Konterfei auf Wahlplakaten ersetze jedes Argument (Ropohl 2013, S. 43), etwa wenn das Photo eines Spitzenpolitikers im aktuellen Bundeswahlkampf die erläuternd gemeinte, aber inhaltlich beliebige und darum nichtssagende Unterschrift enthält „In Ihrem Auftrag nach Berlin" oder das eines anderen Politikers den Hinweis, dass er „Die Freiheit in Person" verkörpere. Der Gipfel der Beliebigkeit und Austauschbarkeit wurde jüngst erreicht durch zwei Fernsehspots, in der dieselben Personen, eine Familie mit zwei Kindern auf einer Fahrradtour, zu sehen sind. Einmal wird für die FDP, das andere Mal für die NPD geworben. Die viel beschäftigte Familie, eine slowenische übrigens, ist auch in Finnland zu sehen. Dort wirbt sie für Speisequark (Der Standard, 30.8.2013). Dass es sich hierbei um keinen Einzelfall handelt, geht aus folgender Mitteilung hervor: „In Scharbeutz hat der Bürgermeister einfach die Rede der Bürgermeisterin vom Nachbarort Timmendorf übernommen. Auch in Barmstedt haben sie das so gemacht. Die halten jetzt immer dieselben Reden mit denselben Klischees und denken: Die Leute merken das nicht" (Scheibner 2013, S. 2). Und „wenn Politiker – kaum auf den Plakaten, aber in Presse und Fernsehen manchmal doch – Versprechen abgeben, was sie, wenn sie gewählt worden sind, alles anders machen wollen, dann kann man darauf kaum einen Pfifferling geben. Politiker setzen darauf, dass die Menschen vergesslich sind, und wenn doch einmal jemand das Wahlversprechen anmahnen sollte, wird er mit Ausflüchten abgespeist, die Umstände hätten sich geändert, mit dem Koalitionspartner sei das nicht zu machen, oder was sonst alles anzuführen ist, um zu vertuschen, dass Wahlversprechen allein dem Stimmenfang dienen" (ebd.). So ist das Misstrauen verständlich, das die Bürger den Politikern entgegenbringen. „Nur zehn Prozent der Menschen halten Politiker für vertrauenswürdig" (ebd.). Bezeichnend sind die TV-Rituale nach der Wahl, in denen die Verlierer ihre Stimmenverluste schönreden: Der Wahlsieger habe einen unfairen Wahlkampf geführt, man habe dem Wähler das eigene Programm leider nicht richtig vermitteln können (was unterstellt, es gäbe erkennbar ein solches, das sich von anderen fundamental unterscheidet) etc. (zur Absurdität aktueller Wahlkampfversprechen: Rainer 2013). Um nicht missverstanden zu werden: Es geht in diesem Zusammenhang nicht um defizitäre Persönlichkeitseigenschaften einzelner Politiker, sondern um strukturell bedingte Schieflagen eines politischen Systems. Gerade Spitzenpolitiker sind, insbesondere bei Wahlkampagnen, körperlichen und psychischen Höchstbelastungen ausgesetzt. Das verdient Respekt. Viele brechen darunter zusammen, ohne dass die Öffentlichkeit etwas davon erfährt (Lackner und Schwaiger 2013). Die Ebene intentionalen Handelns unterschiedlicher Akteure ist eine Sache, die Eigendynamik und Widerständigkeit verfestigter Systemstrukturen eine ganz andere. Personifizierungen und persönliche Schuldzuweisungen mögen vordergründig die erregten Gemüter einer skandalisierten Öffentlichkeit befrieden, aber sozialstrukturelle Probleme lösen sie nicht. Deshalb bringt es in der Regel auch nicht viel, einzelne Personen auszutauschen. Sie sind ohnehin jederzeit und überall ersetzbar. Eine solche Auswechslung verändert die Mechanismen, die dem Skandal zugrunde liegen, weder in ihrer Struktur noch in ihrer Selbstläufigkeit.

Die politischen Eliten des Landes leben Miessen zufolge in romantisierten Dogmen, die sich schon längst nicht mehr mit tatsächlichen Inhalten, sondern lediglich mit deren Repräsentationen auseinandersetzen. Die politischen Pole von rechts und links sind, abgesehen von den Extremen, völlig nichtssagend und banal geworden: „Welche tatsächlichen politischen Konzepte werden denn heute noch verhandelt oder diskutiert? Im Grunde genommen geht es nicht mehr um Entwürfe, nicht einmal um kleine, sondern lediglich um die ständige und nimmer endende Problemlösung von kleinen und größeren Problemen. Wann hat man denn zum letzten Mal ein anständiges Manifest gelesen?“ (Miessen 2013, S. 74). Ein Grund für das Versagen der Politik, langfristige Ziele, auch gegen den Widerstand betroffener Akteursgruppen, in Angriff zu nehmen, liegt zweifellos in der opportunistischen Gegenwartsfixiertheit der gewählten Volksvertreter. In der Tagespolitik sind sie abhängig von Meinungsumfragen, innen- und außenpolitischen Kompromissen und den ständig „vor der Tür“ stehenden nächsten Wahlen. „Zusätzlich verlaufen politische Karrieren relativ kurz: Gewählte Politiker stehen selten länger als zwei oder drei Amtsperioden im ersten Glied“ (Höffe 2009, S. 310). Es ist deshalb auch kein Wunder, dass brisante Entscheidungen immer häufiger ausgelagert werden, an *Thinktanks*, Expertengremien oder in die Lobby. Mit diesem „Outsourcing von Verantwortung“ kann nicht nur die eigene Visionslosigkeit und fehlender Mut überdeckt, sondern zugleich Legitimationsoptimierung betrieben werden. Die Situation ist besonders deshalb prekär, weil sich in der politischen Landschaft grundsätzlich etwas ändern müsste. Darin sind sich zunehmend auch und gerade jene einig, die keine Berufspolitiker sind. Andererseits möchte aber „niemand Risiken eingehen, weil viele Protagonisten, die an wichtigen Stellen im System sitzen, denken, dass dies potentiell ihre Situation, ihre Positionen gefährden könnte“ (Miessen 2013, S. 76). Die Folge davon ist, dass als Problem empfundene Sachverhalte „möglichst schnell und möglichst pragmatisch angegangen, aber im Kern nicht gelöst“ werden, vor allem „ohne dabei die längerfristigen Folgen oder daraus resultierenden Realitäten einzubeziehen“ (ebd.).

Die Parteipolitik steht heute vor der für sie prekären Situation, gravierende politische Entscheidungen entweder als technische Sachfragen zu behandeln, deren Lösung eindeutig, gleichsam vorgegeben ist, vorgeblich weil es keine Alternativen gibt, oder sie an das Volk zu delegieren. Im *ersten* Fall, wenn es keine gesellschaftspolitischen Visionen, keine Alternativen gibt, reduziert sich politisches Handeln tatsächlich auf die Administration von Sachzwängen in möglichst effizienter und professioneller Form. Politische Parteien machen dann keinen Sinn mehr. Sie sind historisch überflüssig geworden, weil man das Regieren, wie im Fall Italiens von 2011 bis 2013 unter Ministerpräsident Mario Monti, kompetenteren Experten überlassen kann. In diesem Sinne vermeldete am 28.9.2012 das *Wall Street Journal* zur Politik Montis, der ein Kabinett aus parteilosen Fachleuten leitete: „Dem neuen Technologiekabinett gelang es, in wenigen Monaten epochale Reformen durchzuführen.“

Tatsächlich verlagern sich die Entscheidungsarenen unter der Hand auf deregulierte Märkte, globale Firmen, weltumspannende Banken, finanzstarke Lobbies sowie supranationale Organisationen und Regime. Zwar bleiben die formalen Partizipations- und Entscheidungsverfahren der Demokratie bestehen, gesellschaftlich wirksame Entscheidungen werden aber zunehmend außerhalb demokratischer Institutionen getroffen (vgl. Crouch 2008). Zentrale Politikfelder wie die Finanz- und Fiskalpolitik, aber auch Bereiche wie die Sozial- und Bildungspolitik werden vermehrt von außen bestimmt. Die Regierenden selbst, um sich zu exkulpieren, deklarieren bisweilen zentrale Entscheidungen wie die Bankenrettung, Hilfspakete zur Rettung des Euro oder den Export deutscher Sparpolitik als Sachzwänge, zu denen es keine Alternative gebe. „Wäre dies der Fall, würde die Demokratie tatsächlich eine ihrer zentralen Legitimationsquellen verlieren, nämlich die demokratische Auseinandersetzung darüber, welches die besten Lösungen sind, die dem Gemeinwohl, das heißt den Bürgern dienen.“ Und es wäre dann kein Wunder, dass „der durchschnittliche Wähleranteil der Volksparteien Westeuropas in den letzten fünf Jahrzehnten von sechzig auf vierzig Prozent sank“ (Merkel 2013, S. 8 f.). Alternativlos ist eine solche Politik natürlich nur dann, wenn sie im Denkgebäude und im Rahmen einer, wie Angelika Merkel formuliert, „marktkonformen Demokratie“ verbleibt. Ganz anders sähe die Sache aus, wenn man sie von einem Gegenentwurf „demokratiekonformer Märkte“ aus anginge. Das allerdings käme einer Revolution gleich.

Zweifellos, die Verschiebung von Relevanz und Vertrauen, weg von demokratisch hin zu expertokratisch legitimierten Institutionen, wird durch Entwicklungen jenseits des Nationalstaats verstärkt, durch die Europäische Kommission, die Europäische Zentralbank, den Internationalen Währungsfonds.. „Die Europäische Union zum Beispiel ist längst eine politische Institution geworden, die eigenständig Herrschaft ausübt und dabei im Kern als legitim und notwendig erachtet wird, sich aber nur zweitrangig mit Bezug auf originär demokratische Legitimationsquellen rechtfertigt“ (Zürn 2013, S. 11). Sie beruft sich wie vergleichbare internationale Institutionen zum Zweck ihrer Legitimation auf ihre Expertise und Sachorientierung. Und selbst dort, wo im Rahmen des Nationalstaats die Rechte der Parlamente thematisiert werden, geschieht es immer häufiger durch Verfassungsgerichte, die selbst keine Mehrheitsinstitutionen sind (Merkel et al. 2013, S. 27).

Die *zweite* Option, gravierende politische Entscheidungen an das Volk zurückzuverweisen, ist nicht weniger problematisch als die erste. Zwei Argumente werden im Wesentlichen zur Erklärung der gegenwärtigen Krise des parteipolitischen Systems angeführt: Auf der einen Seite wird behauptet, die Ansprüche der *critical citizens* gegenüber den Institutionen der parlamentarischen Demokratie seien überzogen (Norris 2011). Auf der anderen Seite wird das Versagen, insbesondere die (un-)demokratische Praxis der politischen Eliten, verantwortlich gemacht (Crouch 2008). Einen Ausweg aus diesem Dilemma erhofft man sich durch die Rückverlagerung der politischen Macht an das Volk: „Alle sollen alles mitentscheiden – der Staat ist nur ein ausführendes Verwaltungsorgan“ (Felber 2012). Demokratieausweitung wird als ein Prozess der Kontrolle aufgefasst, die Politik nur das ausführen zu lassen, was die Bürger wünschen.

Dafür, dass das möglich sei, werden im Wesentlichen zwei Gründe angeführt. Zum einen habe die Expansion des höheren Bildungssektors Absolventen und deren Wissen, deren Fertigkeiten und die Fähigkeit, problemorientiert zu arbeiten, in die Gesellschaft hinausgetragen und über viele Institutionen und soziale Räume verteilt. Dadurch sind zahlreiche neue Bereiche anspruchsvoller, zum Teil wissenschaftlicher Tätigkeiten außerhalb der traditionellen akademischen Einrichtungen entstanden mit der Folge, dass dort ebenfalls Kompetenz und Wissen produziert wird. Zum anderen „sind politische Grundsatzentscheidungen in der Regel ethische Entscheidungen, und hier sind alle Menschen ähnlich kompetent

– unabhängig vom Bildungsstand“ (Felber 2012, S. 127). Gleichwohl gibt es Vorbehalte.

Eingewandt wird, dass Forderungen einer extrem ausgeweiteten Partizipation in allen Lebenslagen (Wirtschaft, Banken, Eigentum, Bildung etc.) eine kulturelle Überforderung sowohl des einzelnen Bürgers wie der Gesellschaft insgesamt darstelle. „Der *Homo politicus*, der sich fortwährend mit dem Gemeinwesen befassen würde, ist eine utopische Stilisierung, zumal das staatsbürgerliche Wissen der meisten Menschen äußerst begrenzt und die Urteilsfähigkeit in komplizierten Angelegenheiten höchst dürftig ist“ (Ropohl 2013, S. 35). Ropohl formuliert seinen Vorbehalt noch recht moderat. Weitaus drastischer wendet sich Miessen gegen die Vorstellung, dass „jeder Depp immer überall mitmachen soll“, denn „echte Demokratie erfordert persönliche Verantwortung und Beschäftigung mit einem Thema. Sokrates’ Mahnung an Glaukon gilt noch heute: es ist leichtsinnig, von etwas zu reden oder etwas zu tun, wovon man nichts versteht“. Für Miesssen „ist Partizipation weder ein moralischer Wert an sich, noch liefert sie stets eine Gewinnstrategie“. An verschiedenen Beispielen illustriert er seine Einwände. „Stellen Sie sich das partizipative Utopia vor wie ein Auto, das auf eine Mauer zufährt, und vorne streiten sich zwei, die nie Fahren gelernt haben – über die richtige Abstimmungsform bei Streitfragen. Oder stellen Sie sich einen ‚Edit-War‘ wie bei Wikipedia vor, bei dem das Grundgesetz sekündlich umgeschrieben würde. Oder die Regeln zum Zugang zu Atomkraftwerken. Kaum auszumalen, wie gefährlich falsch verstandene totale Basisdemokratie sein kann. Und wie langsam“ (Miessen 2012, S. 7 ff.).

Dass mangelnde Kompetenz bei politischen Mandataren oftmals auch der Fall ist (Haller 2013, S. 39), entkräftet den Einwand nicht. Vielmehr müsste dafür gesorgt werden, Kompetenzdefizite, die zu Fehlentscheidungen führen können, in angemessener Weise auszugleichen. Modelle hierfür wie die Planungszelle (Dienel 1992) oder die Zukunftswerkstatt (Jungk und Müllert 1981) auf mikrosoziologischer Ebene oder Voraussetzungen, die geschaffen werden müssten wie das Bürgergeld (Wehner 1995) auf makrosoziologischer Ebene, gibt es durchaus (vgl. Bammé 2001). Die aktive und kompetente Teilhabe (potentiell) aller Bürger an politischen Entscheidungsprozessen ist an Voraussetzungen gebunden, die heute im gesamtgesellschaftlichen Durchschnitt noch längst nicht erfüllt sind. Das sind zum einen die Befreiung vom Zwang der Erwerbsarbeit, zum anderen die Hebung des allgemeinen Bildungsniveaus, die Basis kommunikativer und fachlicher Kompetenz überhaupt. Erst auf der Basis einer materiellen Absicherung, einer Grundsicherung wie das Bürgergeld sie darstellt, wird es möglich sein, (potentiell) alle Bürger an der politischen Willensbildung substantiell zu beteiligen und ihnen weniger repressive Möglichkeiten der Weiterbildung zu eröffnen. Den Bürgern Freiheiten und Rechte einzuräumen, ohne ihnen die dafür notwendigen Ressourcen zur Verfügung zu stellen, grenzt ohnehin an Zynismus.

Ein weiterer Einwand ist gleichfalls ernst zu nehmen. Die *hyperdemocracy* der „Heilslehre basisdemokratischer Partizipation" (Miessen) unterschätze, dass ihre egalitärischen Lösungen selbst wieder Eliten herausbilden, die in keiner Weise verfahrenslegitimiert sind. Nicht nur in den Volksabstimmungen des *State of California* wurde unter anderem deutlich, wie einflussreiche Lobbies durch Medieninvestitionen die Abstimmungsergebnisse beeinflussten. Auch das Schweizer Modell basisdemokratischer Politik lässt sich, wie die Erfahrung zeigt, entsprechend instrumentalisieren. Miessen verweist in diesem Zusammenhang auf den Unternehmer Christoph Blocher, der durch seine Medienmacht massiv Einfluss auf die Schweizer „Minarett-Politik" genommen hat (Priddat 2013, S. 95; Miessen 2013, S. 74).

Nicht zu unterschätzen ist weiterhin die Gefahr, dass aktive Minderheiten Plebiszite im Sinne ihres beschränkten Eigeninteresses gegen übergeordnete Gesichtspunkte manipulieren. „An Volksentscheidungen beteiligt sich nämlich nicht das ganze Volk, sondern regelmäßig nur ein ziemlich geringer Anteil, der selten die fünfzig Prozent erreicht, meist aber deutlich darunter liegt." Möglicherweise will ein Großteil des Wahlvolkes gar nicht *mehr* Partizipation am politischen Prozess. Vielleicht wollen die meisten nur gut regiert werden: halbwegs effizient, halbwegs ehrlich, halbwegs korruptionsfrei, halbwegs lösungsorientiert, halbwegs gerecht, auch halbwegs unterhaltend (Rauscher 2013, S. 35). Jedenfalls haben wir es hier mit einem Widerspruch zu tun: „Während man (...) dem parlamentarischen System Demokratiedefizite anlastet, wenn nur noch die Hälfte der Wahlberechtigten ihre Stimme abgibt, redet man einem Plebiszit das Wort, das eine Beteiligung von weniger als einem Drittel akzeptiert" (Ropohl 2013, S. 35). Für Miessen entsteht dadurch nicht nur die Gefahr eines populistischen Missbrauchs, sondern es zeigt zudem die Ideenlosigkeit der etablierten Parteien. „Es kann zum Beispiel sein, dass Volksbefragungen die Demokratie nicht stärken, sondern zu ihrem Verfall beitragen. In der gegenwärtigen ideologischen Krise sind Volksbefragungen bei etablierten Parteien beliebt geworden, die sich vor unpopulären Entscheidungen fürchten. Diese Neigung, die Verantwortung abzuwälzen (*liability-mentality*), ist heute Bestandteil der Politik in Form einer Auslagerung von Entscheidungsfindungsprozessen. Durch eine

Volksbefragung schieben Politiker und gewählte Volksvertreter, die Entscheidungen für die Bevölkerung treffen müssen, die ihnen dazu das Mandat gegeben hat, den Moment, in dem sie die Verantwortung für ihre Handlungen übernehmen müssen, immer weiter hinaus. Wenn sie alle befragen, brauchen sie selbst keine Idee oder Vision. Dummerweise bringt eine Volksbefragung aber auch keine Ideen hervor. Sie zeichnet nur das Verhältnis von Mehrheit und Minderheit nach. Die Erosion der Demokratie kommt von innen und wird durch einen falschen Konsens befördert. Diese Auflösung des demokratischen Modells ist sehr gefährlich, da sie den Aufschwung des politischen Extremismus ermöglicht – und in gewissem Maße – befördert“ (Miessen 2012, S. 37 f.). Wenn Partizipation mehr sein soll als ein nostalgischer Wunsch, dann muss „Schluss sein mit dem modischen cyberdemokratischen Wahn. Auch Entscheidungen gegen die Mehrheit und ohne Beteiligung der allerletzten Schnarchnase können richtig sein. Nicht weil wir an Demokratie zweifeln, sondern damit wir nicht in Harmonistan, einer pseudopartizipativen Scheindemokratie enden, in der Politiker jegliche Verantwortung auf *Online votings* einer anonymen *Crowd* abschieben. Oder in der Bürger hinter der Mitmachfassade entmachtet werden“ (Miessen 2012, S. 10).

Eine andere Form der Partizipation praktizieren Bürgerinitiativen, die sich etwa durch Beteiligung an „runden Tischen“ oder durch „zivilen Ungehorsam“ in das aktuelle politische Tagesgeschehen einmischen. Beck bezeichnet diese Form des Politischen als Subpolitik. Es entsteht eine gedoppelte Welt, die sich nicht aufeinander abbilden lässt: eine Welt der symbolträchtigen politischen Institutionen und eine Welt der politischen Alltagspraxis (Konflikte, Machtspiele, Instrumente und Arenen). Beispiele für letzteres wären die Auseinandersetzungen um „Stuttgart 21“ oder um die Atommülldeponie in Gorleben. Auf der einen Seite entsteht eine Aktionsleere in den überkommenen politischen Institutionen, auf der anderen Seite eine institutionslose Renaissance des Politischen: Die Individuen kehren in die Gesellschaft zurück (Beck 1993, S. 155). Sie bedienen sich dabei durchaus moderner Technologien. So nutzen die „Piraten“ für ihre Abstimmungen Computer, auf denen ein Wahlprogramm namens *Adhocrazy* läuft. „Es bietet die Möglichkeit, in Echtzeit bei Entscheidungen direkt dabei zu sein, wie im Parlament abzustimmen. Die von den Piraten geforderte ‚Liquid Democracy‘ soll die repräsentative Demokratie – in den Augen der Piraten ein halbdemokratischer Kompromiss – ablösen zugunsten ‚echter Teilhabe‘ an der politischen Macht. Kompromisslose Präsenz-Demokratie zu jeder Zeit – für jede Fragestellung eine Volksabstimmung, das ist das partizipative Dogma der Piraten“ (Miessen

2012, S. 8). Aber auch diese Form der Neuerfindung des Politischen ist nicht problemlos. Wird es auf Dauer gestellt, zeichnen sich alsbald Konfliktkonstellationen ab.

Nach wir vor ungeklärt ist die Frage der Organisation des Prozesses zwischen volksnaher Meinungsbildung, Entscheidung und politischer Umsetzung. Wie wird mit Mehrheits- und Minderheitsvoten umgegangen, die auch hier auftreten, nun aber unsortiert, nicht parteigebunden und nicht auf Regierung bedacht? Wie bricht man einen Diskurs der Meinungsbildung ab, um eine Entscheidung herbeizuführen und politisch umzusetzen, wenn die Minderheit im nunmehr direktdemokratisch aufgewerteten Kontext meint, dass ihre Interessen nicht zur Geltung kommen? Delegiert man die Frage, wie eine Minderheit im direkt-demokratischen Prozess organisiert unterliegt, an Führungen, die aber nicht führen, sondern nur mitbestimmt moderieren dürfen? Die historische Delegation politischer Entscheidungen an gewählte Parteien hatte für den einzelnen Bürger Entlastungsfunktion. Dadurch, dass er sich um viele Dinge nun nicht mehr kümmern musste, wurde die Welt für ihn überschaubarer und weniger komplex. Dieser Prozess wird im Rahmen partizipativer Entscheidungsverhältnisse zurückgenommen und stellt sich dar als „neue Unübersichtlichkeit“. Die Folgen sind unübersehbar. „Je mehr Bürger (…) in um so mehr Lebenslagen direkt demokratisch mitbestimmen, desto komplexer wird ihre Welt (die sie aktiv ja vordem noch gar nicht so betrachtet hatten), und um so unklarer wird auch ihre Urteilskompetenz, weil sie plötzlich Dinge gegeneinander abwägen müssen, deren Relationalität sie kaum oder gar nicht kennen. Denn in dieser ‚komplexen Demokratie‘ haben wir es nicht mehr mit einzelnen Entscheidungen zu tun, sondern mit einem hinzu kommenden Nexus externer Effekte einzelner Entscheidungen, die plötzlich Kontexte hervorbringen, die nicht nur die Folgeentscheidungen irritieren, sondern sogar die ersten Entscheidungen neu bedenken und revidieren lassen müssen, wenn man erst mitbekommt, welche engen Dispositionen man sich geschaffen hat (die man im einen Fall will, im anderen aber gerade nicht). Das Konfliktpotential erhöht sich – gegeneinander und in sich selber –, die Diskurse werden nicht klarer, sondern interessenüberfrachteter, so dass sich aus diesem Nexus die Führungsfrage in dem Grade neu stellt, den man als abgeschafft sehen wollte. Es bilden sich, in der Verquickung der Diskurse, Entscheidungen und Meinungen, nach etlichen Erfahrungen Führungseliten heraus, die nicht legitimiert sind, weil sie im Kontext der direkten demokratischen Mitbestimmungen ja gerade nicht gewollt sind, aber aufgrund der kognitiven Überforderung vieler Teilnehmer zugelassen werden. *In processu* bilden sich neue Passivitäten heraus, die diese Führung wieder zulassen, begleitet vom Grundschmerz, genau das eigentlich nicht zulassen zu wollen. Umso schärfer – und persönlicher – werden die Auseinandersetzungen. Die neuen Eliten entstehen durch ‚negative Wahl', nämlich durch Nachlassen der Mitbestimmung wegen Überforderungen. Niemand wollte sie, aber sie bleiben einfach übrig in der Komplexitätserfahrung selbstregierter Mitbestimmungswelten" (Priddat 2013, S. 95).

Strukturelle Ursachen und Hintergründe der Krisenphänomene

Offensichtlich haben wir es mit einem Demokratieparadox zu tun. Der Entscheidungsmodus der parlamentarischen Demokratie, der mehrheitlich bejaht wird, produziert Ergebnisse, die entweder keine befriedigenden Lösungen zeitigen oder normativen Grundüberzeugungen widersprechen. Die Folge davon ist, dass nicht gewählte Gremien und Entscheidungsträger an Bedeutung gewinnen. Die Autorität von internationalen Organisationen und Regimen, von Zentralbanken oder Gerichten bezieht ihre Legitimation entweder technokratisch aus Expertise, Problemlösungskompetenz und Rechenschaftspflicht oder liberal aus dem Schutz von Individualrechten und Legalität. Dieser Sachverhalt, dass auf der Ebene der allgemeinen Herrschaftsordnung das Prinzip parlamentarischer Demokratie nach wie vor bejaht wird, unter der Hand aber politische Institutionen Entscheidungsgewalt übernehmen, die nicht in gleicher Weise demokratisch legitimiert sind, dieser Sachverhalt wird in jüngster Zeit mit dem an Baudrillard (1978) erinnernden Terminus der „simulierten Demokratie" bezeichnet (Blühdorn 2013). Die Ursache dieser Entwicklung ist für Zürn (2013) in zwei strukturellen Defiziten von Mehrheitsentscheidungen begründet, die sich im „Zeitalter der Entgrenzung von Zeit und Raum" zwangsläufig ergeben. *Zum einen* wissen wir heute mehr über die langfristigen Effekte von Entscheidungen. „Wir erleben eine Entgrenzung von Zeit." Gemessen daran, sei der Zeithorizont einer von Wahlen abhängigen Politik zu kurz. „Ganz gleich, ob es sich um die öffentliche Verschuldung, die Vernachlässigung der Bildung oder die Klimafrage handelt – in all diesen Fällen scheint eine Mehrheit der Begünstigten des *Status quo* notwendige Veränderungen auf Kosten von Minderheiten und zukünftiger Generationen zu verhindern" (Zürn 2013, S. 12). Das war bisher, aus welchen Gründen auch immer, anders. Insoweit hat sich hier ein Wandel im Verhältnis von Mehrheitsentscheidung und Problemlösung ergeben. So konnte zum Beispiel in der sozialen Frage, die das 20. Jahrhundert geprägt hat, über die Etablierung von Mehrheitsentscheidungen noch eine

Problemlösung erzielt werden. „Die kurzfristigen Interessen der Mehrheit am Wohlfahrtsstaat deckten sich mit einem langfristig gedachten gesellschaftlichen Gemeinwohl. Genau dieses Verhältnis scheint sich jetzt in Teilen verkehrt zu haben: Die Interessen der Mehrheit sind oft partikulare Bestandsinteressen auf Kosten des Gemeinwohls und zukünftiger Generationen" (ebd.).

Angesichts der Globalisierung von sozialen Handlungszusammenhängen, die Zürn als „Entgrenzung von Raum" bezeichnet, erscheint *zum anderen* der Gemeinwohlhorizont vieler politischer Prozesse auf nationaler Ebene als zu eng. An einem Beispiel erläutert er das daraus resultierende Dilemma. „Nehmen wir einmal an, die Karlsruher Richter hätten (…) für den Europäischen Stabilisierungsmechanismus eine Verfassungsänderung als notwendig erachtet, die durch ein Referendum herbeigeführt werden müsse. Eine solche Entscheidung hätte weitreichende Auswirkungen auf ganz Europa gehabt. Wenn aber demokratische Legitimation heißt, dass alle, die von einer Entscheidung betroffen sind, eine Mitsprachemöglichkeit haben sollten, dann wäre genau dieses Prinzip bei einer solchen unilateralen Entscheidung verletzt worden" (Zürn 2013, S. 12 f.).

An einem weiteren Beispiel erläutert Zürn, dass die nationalen Politiken demokratischer Staaten im Zeitalter der Globalisierung nicht nur an Effektivität verlieren, wenn sie ihre Ziele ohne internationale Kooperation erreichen wollen. Es leidet auch ihre wahrgenommene normative Dignität. „Ist beispielsweise eine Mehrheitsentscheidung in den USA, die CO_2-Emission nicht zu senken, noch demokratisch, wenn als Folge davon Inselbewohner im Pazifik ihre Heimat auf immer verlieren?" (ebd.). Mit anderen Worten: „Mehrheitsentscheidungen in demokratischen Staaten sind (…) nicht nur manchmal fehlerhaft und falsch – das waren sie schon immer, wie alle Entscheidungen – sondern: die Fehlerhaftigkeit ist in einer denationalisierten und verwissenschaftlichten Welt systematisch angelegt." Daraus ergibt sich für Zürn die Erklärung, „warum die originär demokratische Legitimation der Mehrheitsentscheidung weltweit auf dem Rückzug gegenüber der technokratischen und liberalen Legitimation zu sein scheint und weshalb die Schwächung mehrheitsdemokratischer Entscheidungsmodi von den Bevölkerungen scheinbar begrüßt und gleichzeitig die Demokratie als Ordnungsprinzip hochgehalten wird" (ebd.).

Die Entgrenzung des Raumes und die Entgrenzung der Zeit fallen nicht vom Himmel. Sie sind ein Werk des Menschen, weltweit vorangetrieben zunächst durch die politische Ökonomie des Bürgertums, schließlich sodann manifestiert in Technologie, die gesellschaftliche Entwicklungspfade festschreibt. Schirrmacher hat das am Exempel spieltheoretisch programmierter Computersysteme sehr schön erläutert. Immer weniger gelingt es, Ökonomie und technologische Entwicklung in ein umwelt- und sozialverträgliches Gleichgewicht zu bringen. Allenthalben macht sich das Fehlen politischer Visionen bemerkbar, wie parlamentarische Demokratie, Basisdemokratie und Expertenautorität in eine zeitgemäße Balance zu bringen seien. Stattdessen regiert ein trübes Gemisch aus Wirtschafts-, Politik- und Militärinteressen ohne zurechenbare Verantwortung.

Visionen einer anderen Demokratie

Nicht die Demokratie als Staatsform schlechthin ist in der Krise, sondern allenfalls eine bestimmte, historisch konkrete Ausprägung: die von politischen Parteien dominierte parlamentarische bzw., was auf dasselbe hinausläuft, die (neo-)liberale. Bereits Tönnies, der in seinen umfangreichen Studien zur politischen Soziologie analytisch unterschieden hat zwischen dem Begriff der „Demokratie im allgemeinen“ und ihren historischen „Mischformen“, in denen „demokratische Elemente in überlieferte aristokratische und monarchische Formen hineingepflanzt oder ihnen aufgepfropft“ worden sind, weist mit Bezug auf die „Demokratie im allgemeinen“ darauf hin, dass „alle Jahrhunderte der Neuzeit eine *Tendenz* zu dieser Staatsform aufweisen, die sich mehr und mehr verstärkt hat und endlich, wie es heute scheinen muss, unwiderstehlich und unüberwindbar geworden ist. Sie erscheint als die durch Vernunft, also im wissenschaftlichen Sinne, bestbeglaubigte Staatsform, wenigstens in dem Sinne, dass sie als die natürliche, das heißt die einfachste und gewissermaßen selbstverständliche Form eines Staates gedacht wird, wenn davon ausgegangen wird, dass erwachsene Menschen niemand außer sich selber als natürlichen *Herrn* über sich selber, ihren Leib und ihre Seele anerkennen wollen.“ Und mit Blick auf zeitgenössische Ereignisse im europäischen Ausland ergänzt er, dass „eine etwaige Rückkehr zu anderen Staatsformen in einem bestimmten Lande noch nicht als Beweisgrund für den Untergang der Demokratie gelten darf, wenn es Grund genug gibt zu denken, ja vorauszusehen, dass jene Rückkehr nur eine vorübergehende sein wird; selbst eine langwierige Rückkehr in einem oder mehreren Ländern wäre noch nicht beweiskräftig für das Schicksal der Institution als solcher“ (Tönnies 1927, S. 14 f.).

Heute befinden wir uns, wenn auch aus anderen Gründen, in einer vergleichbaren politischen Situation wie seinerzeit Tönnies. Der überkommenen parlamentarischen („marktkonformen“) Demokratie scheint es immer weniger zu gelingen, langfristig angelegte Probleme wie den Klimawandel, das Bevölkerungswachstum oder die Finanzmarktkrise grundlegend in den Griff zu bekommen. Infolgedessen haben sich durchaus ernst zu nehmende Alternativvorschläge herauskristallisiert, wie Politik, Ökonomie, Technik und Wissenschaft in ein neues, zeitgemäßes Verhältnis zu bringen seien. Die Orte, an denen die dafür notwenigen Austausch- und Aushandlungsprozesse stattfinden sollen, werden von Nowotny et al. (2001) mit Fokussierung auf basisdemokratische und partizipative Elemente in Anlehnung an die griechische *Polis* als „Agora" bezeichnet. Nun leben wir nicht mehr im Zeitalter der überschaubaren griechischen *Polis*. Soll der Begriff der *Agora* nicht bloße Metapher bleiben, stellt sich die Frage nach den gesellschaftlichen Voraussetzungen und der institutionellen Verfasstheit einer solchen *Agora*. Mit seinem „Parlament der Dinge" hat Bruno Latour (2001) das Modell einer möglichen *Agora* vorgestellt, einer institutionellen Form, in der den technologischen Notwendigkeiten stärker Rechnung getragen wird dadurch, dass nicht nur Menschen, sondern auch nicht-menschliche Wesen, wie auch immer vermittelt, zu Wort kommen sollen. Denn auch sie seien inzwischen zu gesellschaftlichen Akteuren geworden. So anregend beide Visionen sind, sie verbleiben doch auf einer sehr hohen Abstraktionsstufe. Wesentlich konkreter nehmen sich die Vorschläge Wehners aus. Im Verlauf seiner Studien „über die notwendige Neuordnung des politischen Verfahrens" (1992) entwirft er zugleich „Grundelemente einer neuen Staats- und Gesellschaftstheorie" (1995). In allen diesen alternativen Visionen geht es darum, basisdemokratische Elemente, Expertenkompetenz und Elemente der parlamentarischen Demokratie in ein ausgewogenes institutionelles Verhältnis zueinander zu bringen, das der Komplexität und Dynamik der zu lösenden Gegenwartsprobleme eher gerecht wird. Im Prinzip geht es darum, zeitgemäße, leistungsfähigere Institutionen und Verfahren demokratisch zu entwickeln und zu begründen. Mehr denn je muss ein sowohl rational als auch intuitiv akzeptierter Verfahrenskonsens so gründlich fundiert sein, dass politische Entscheidungen allein wegen ihrer Herkunft aus diesem Verfahren respektiert werden (Luhmann 1969).

Weil sich visionäre Szenarien wie die soeben genannten noch kaum empirisch testen lassen, mag es in diesem Zusammenhang hilfreich sein, auf historisch vorgängige Entwürfe zurückzugreifen, die in einer vergleichbaren Situation entstanden sind. Wenn man einen Blick bekommt für die historische Bedingtheit von Theorien, lässt man sich nicht mehr so leicht vom Suprematsanspruch gerade aktueller Deutungsmuster, wie sie gegenwärtig der Neoliberalismus sowohl in seiner Begründung wie auch in der ihm gegenüber geäußerten Kritik darstellt, beeindrucken.

Vor dem Hintergrund der politischen Probleme, mit der die Weimarer Republik zu kämpfen hatte, stellte Tönnies 1926 auf dem fünften deutschen Soziologentag in Wien den Entwurf einer demokratischen Staatsverfassung zur Diskussion, die in erheblichen Stücken von allem bisher Dagewesenen abweicht und gerade dadurch für heute Bedeutung erlangt. Das Korreferat dazu hielt der Staatsrechtler Hans Kelsen, der 1920 die österreichische Verfassung entworfen hatte.

Tönnies ging in seinem Referat von zwei Voraussetzungen aus, die für ihn zentral waren und die auch heute noch, in einer Welt, deren Zukunft technologisch geprägt und neoliberal gedeutet wird, Interesse beanspruchen können. Tönnies spricht *zum Ersten* „ausschließlich von der *modernen* Demokratie als einer Zeiterscheinung, die nur unzulänglich sich beobachten lässt, die aber jedenfalls so besondere Merkmale in sich trägt, dass sie nicht richtig beurteilt wird, wenn man einfach Folgerungen aus den Erfahrungen ehemaliger, das heißt vorzüglich *städtischer* Demokratien auf sie anwendet. Diese Staatsverfassung muss also als etwas schlechthin Neues gewertet werden; so gut wie die Flugmaschine, die Setzmaschine, das Automobil, das Telefon, der Rundfunk und andere große Neuerungen der Technik, die sogar das Zeitalter der Dampfmaschine noch nicht ahnen ließ. Sie sind der modernen Demokratie nicht nur analog, sondern gehören auch zu ihren Voraussetzungen“ (Tönnies 1927, S. 14). Dieser Bezug zur Technologie in ihren Auswirkungen auf die zwischenmenschlichen Beziehungsgeflechte der modernen Gesellschaft erhält seine aktuelle Brisanz durch das Internet, denken wir nur an den „arabischen Frühling“, und ist unmittelbar anschlussfähig an Überlegungen Latours und Nowotnys. Tönnies, *zum Zweiten*, entwickelt seine allgemeinen Verfassungsnormen aus dem Begriff der *sozialen*, das heißt: in bewusster Abgrenzung zur *liberalen Demokratie*. Auf der Höhe der Zeit reformuliert, könnte man mit der deutschen Bundeskanzlerin sagen: die liberale Demokratie ist eine „marktkonforme Demokratie“. Im Gegensatz dazu zeichnet sich die soziale Demokratie durch „demokratiekonforme Märkte“ aus. Für Tönnies ist die soziale Demokratie der Anwendungsfall eines Staatswesens, das aus der Wechselwirkung sozialer Bezugsgebilde in der modernen Gesellschaft hervorgeht, um das Machtproblem zu lösen. Auch hier ist die Begründung eine historische: die liberale und rationalistische Entwicklung der Volkswirtschaft, des Rechts und des gesamten Geisteslebens in den letzten Jahrhunderten habe den modernen Staat entstehen lassen und seit etwa der Mitte des 19. Jahrhunderts seiner demokratischen Gestaltung die Wege bereitet, nachdem der liberale Staat als eine gemischte Staatsform schon durch den aufgeklärten Absolutismus angebahnt, mit der Revolution *die adäquate politische Gestaltung* des kapitalistischen wirtschaftlichen Systems geworden war. „Die demokratische Staatsform hat infolgedessen auch in ihren Anfängen nur im Zusammenhang mit bedeutenden Modifikationen dieses Schemas, die man als Beginn seines Verfalls mit Grund deuten kann, sich zu entwickeln vermocht." Dieses historische Schema überträgt Tönnies auf die zeitgenössische Situation und folgert: „Wenn die moderne Demokratie als die adäquate Form einer antikapitalistischen sozialen Verfassung sich darstellen will, so wird sie, obschon notwendigerweise überall anknüpfend an die Erzeugnisse der liberalen Ära, doch nur in unablässigem Kampfe gegen den beharrenden Willen zur *liberalen* Staatsform sich behaupten und weiterentwickeln können. In Wahrheit beharren tatsächlich die Gedanken der liberalen Staatsform auch unter der Hülle demokratischer Einrichtungen. Diese begründen zum großen Teile eine ihrem Wesen nach plutokratische *Scheindemokratie*, wodurch offenbar die Idee der Demokratie verneint und verleugnet wird" (Tönnies 1927, S. 26). Deutlicher und radikaler in der Zunft der Soziologen hat es eigentlich nur Karl Marx formuliert. In dieser Hinsicht ist der Text, auch wenn er zeitgeschichtlich gebunden ist, durchaus anschlussfähig an Überlegungen zur „Demokratie als Lebensform", als „irredentistisches Projekt der Neuzeit", wie Günter Dux sie in seiner jüngsten Schrift (2013) zur Diskussion stellt. Dux bezieht sich dabei wesentlich auf Lorenz von Stein, der auch für Tönnies von zentraler Bedeutung war.

Tönnies entwickelt seine Wiener Vorstellungen in zwanzig Leitsätzen und begründet sie ausführlich. Wesentlich konkreter als Latour und Nowotny et al. erläutert er zugleich die günstigen und die weniger günstigen Umstände zur Verwirklichung einer solchen sozialen Demokratie als künftige Staatsform im Vergleich zur „heutigen" Demokratie. Ihre Grundzüge unterscheiden sich von den historischen Demokratien und ihren in Politik und Staatslehre vorherrschenden empirischen Begriffen vor allem in folgenden sechs Punkten:

(1) Die Regierung ist das erste Staatsorgan, dem der souveräne Wille des Volkes in seiner Einheit durch Direktwahl delegiert ist, als eine direkt verantwortliche und absolute Regierung. Eine Regierung soll regieren, das heißt, sie muss handlungsfähig sein. Darin, dass politisch heute immer weniger geschieht, dürfte begründet sein, dass sich die Mehrheit der Bürger in Deutschland laut neuesten Umfragen gegenwärtig, also unmittelbar vor der anstehenden Wahl zum Bundestag, eine große Koalition als Regierung wünscht. Die Mitglieder der von Tönnies vorgeschlagenen etwa zwölf- bis fünfzehnköpfigen Regierung sollten ihm zufolge vom Volk

direkt gewählt werden. Ämterpatronage und Parteienranküne dürften dadurch weitgehend ausgeschlossen sein. „Das wesentliche Merkmal des modernen Staates ist seine Rationalität, und diese prägt sich darin aus, dass seine Herrschaft *erstens* schlechthin unpersönlich, also sachlich sein will und soll; *zweitens*, dass sie auch alle persönliche Herrschaft innerhalb ihres Bereiches, außer soweit solche im Namen und Auftrage des Staates geübt oder wenigstens gutgeheißen wird, ausschließt; *drittens*, dass seine ihrem Wesen nach unbeschränkten Befugnisse, also seine Macht, ausschließlich in seinem förmlich und allgemein ausgesprochenen Willen, das ist in Gesetzen, beruhen will, und nur insofern dies der Fall, rechtmäßig ist“ (Tönnies 1927, S. 28). Diesen Begriff des Staates vermag die Demokratie nur zu vollenden, indem „sie das Verhältnis des Staates zur Gesellschaft zugunsten der Superiorität des Staates abschließend ordnet, das heißt, sie muß danach streben, die soziale Frage zu lösen innerhalb derjenigen Grenzen, wie es durch die Staatstätigkeit möglich ist“ (ebd., S. 31). Die Superiorität des Staates gegenüber der Gesellschaft impliziert Tönnies zufolge, dass „der demokratische Staat ein absoluter Staat ist. Darum muß der Staatswille in ihm schlechthin einheitlich sein“. Deshalb wird eine lebendige Demokratie ihre Regierung selber so unmittelbar wie möglich bilden. Ein Volk, das sich seiner selbst bewusst ist und sich selbst regieren will, wenngleich nur durch delegierte Körperschaften, muss „erkennen, dass auch eine regierende Körperschaft, die großen Minderheiten weniger gefällt, ja sogar nur eine bedingte Mehrheit für sich hat, besser ist, als eine durch tiefe innere Gegensätze zerrissene und folglich des einheitlich gemeinsamen Wollens und Handelns unfähige Regierung“ (ebd., S. 31 f.). Diese Zeilen dürfte Tönnies formuliert haben vor dem Hintergrund der Staatskrisen in Italien und Deutschland, die letztlich zur Herrschaft Mussolinis und Hitlers geführt haben.

(2) Die finanzielle Unabhängigkeit des Staates muss anders als im „Steuerstaat“ sichergestellt sein, und zwar aufgrund einer stark staatssozialistischen Eigentumsordnung, namentlich des Eigentums an Grund und Boden. „Der Kern dieses Problems ist die Eigentumsfrage. Der demokratische Staat hat nicht gleich dem liberalen Staat in erster Linie die Aufgabe, das wie auch immer verteilte, wie auch immer erworbene Privateigentum zu erhalten und zu schützen, sondern er muss von dem gesamten Eigentum an Grund und Boden und seinen Schätzen wie am anderen realen Kapital so viele Teile sich selber vorbehalten, als er zur Ausübung seiner Funktionen nötig hat, und im übrigen die Verteilung dieser Güter, auch die der Einkommensgüter, so überwachen und dahin lenken, wie es die Maxime ‚salus publica suprema lex esto‘ gebietet“ (ebd.). Die gegen-

wärtige Diskussion um Bürgergeld und Grundeinkommen wäre hierunter zu subsumieren (Werner 2006). „Um stark zu sein, muss eine demokratische Regierung finanziell unabhängig sein … Der liberale Staat wurde arm und von der Bewilligung von Steuern abhängig gedacht und gewollt. Der demokratische Staat muß reich sein“ (Tönnies 1927, S. 35).

(3) Zur Kontrolle der Regierung und zur Vermittlung zwischen ihr und öffentlicher Meinung wird die Demokratie eine oberste Aufsichtsbehörde bilden, die als „Ephorat“ Hüter der Staatsform und ihrer Verfassung ist und viel weitere Befugnisse besitzt als ein Verfassungsgerichtshof, so unter anderem das Recht auf Entlassung der Regierung, Anordnung von Plebisziten und Wahlen. „Auch das Ephorat muss durch das souveräne Volk einheitlich gewählt werden. Das Volk wird sich besondere Regeln bilden, die es als Bedingungen der Qualifikation für diese Auswahl bindend sein lässt; denn die Aufgabe des Ephorats wäre nicht sowohl das Handeln als die Kritik“ (ebd., S. 13). Damit wäre der würdelosen Parteienrankünе (wie im Fall der Wahl des Bundespräsidenten in Deutschland) ein Riegel vorgeschoben.

(4) Das von Tönnies vorgeschlagene Regierungssystem ist kein Parlamentarismus, denn „der Parlamentarismus setzt das Volk als Vielheit, nicht als Einheit. Gleichwohl kann ein vielköpfiges Parlament für eine demokratische Regierung sehr nützlich sein, eben weil es das Volk in seiner Mannigfaltigkeit darstellt. Das Parlament wird eine beratende Funktion ausüben.“ Als Volksrat wäre seine (im Habermas'schen Sinn) deliberative Aufgabe, die widersprechenden Interessen, Wünsche und Beschwerden der Bevölkerung, insbesondere von Minderheiten zur Geltung und Kenntnis der Regierung zu bringen. Dadurch wird sie in die Lage versetzt, mit Rücksicht auf die öffentliche Meinung zu handeln (ebd.).

(5) „Die Teilung der Gewalten wäre in diesem System prinzipiell zugunsten der Staatseinheit, die nur ein Ausdruck der Volkseinheit wäre, aufgehoben. Dies schließt nicht aus, dass sie praktisch erhalten bliebe, dass also die Funktionen, vermöge deren die regierende Körperschaft die höchste gesetzgeberische wie die höchste administrative und die höchste gerichtliche Instanz in sich darstellte, durch die Organisation streng geschieden werden“ (ebd., S. 35). In diesem Punkt folgt Tönnies der Argumentation Kelsens, der zufolge „das Prinzip der Trennung der Gewalten undemokratisch ist“ (ebd.). Ein Missbrauch sei zwar nicht grundsätzlich auszuschließen, aber wenig wahrscheinlich, einmal aufgrund der körperschaftlichen Struktur der Regierung mit regelmäßigem Wechsel des Vorsitzenden, zum anderen durch die Trennung von Regierung und Ephorat (ebd.).

(6) „Eine Verfassung von dieser Art setzt einen hohen Grad von allgemeiner und politischer Bildung voraus. Diese wiederum hat eine umfassende und tiefgehende Reform der wirtschaftlichen Grundlagen des sozialen Lebens zur Voraussetzung“ (ebd., S. 13). Ohne Veränderungen in diesem Bereich „dürfte die Demokratie überhaupt nicht lebensfähig sein“ (ebd., S. 36). Diese Schlussfolgerung trifft sich in ihrer Radikalität mit jener, die Günter Dux aktuell aus dem „Scheitern des Sozialstaats in der Bundesrepublik“ zieht (2008).

Im Verlauf des Referats hatte Tönnies einige spezifisch verfassungsrechtliche Punkte teils nur skizziert, teils ausgespart, obwohl er sie in seinen Schriften zur politischen Soziologie oft genug thematisiert hat: die Stellung der politischen Parteien, die Frauenemanzipation, die Bildung der öffentlichen Meinung durch Information, die Reform des Wahlrechts, die Trennung von Staat und Kirche, die bundesstaatliche Problematik, das Verhältnis zwischen Staat und Gemeinden, Majoritätsprinzip und Minderheitenproblem. Mit Jacoby wird man sagen dürfen, dass Tönnies nicht nur einen Weg vorschlug, die in sich widerspruchsvolle, aber beharrende Konzeption einer liberalen Demokratie zu überwinden, sondern darüber hinaus Vorkehrungen traf „gegen eine Tendenz zur Diktatur im allgemeinen; daher auch konkret gegen voraussehbare Ereignisse wie den Untergang der Weimarer Republik: gegen die mit Hilfe des ominösen Artikels 48 der Reichsverfassung in eine Präsidialregierung gesteigerte Stilllegung des parlamentarischen Systems; gegen die Zerreibung der Regierung im kritischen Moment zwischen den widerstreitenden Kräften der Parlamente und der präsidialen Kamarilla; gegen die Hilflosigkeit eines Staatsgerichtshofs, der durch das Republikschutzgesetz mehr kompromittiert als gestärkt worden war; gegen den Schmittschen Dezisionismus und seine die liberalen Reste der Weimarer Verfassung unterwandernde Unterscheidung von Legalität und Legitimität“ (Jacoby 1971, S. 193).

Tönnies hat in seinem Wiener Referat 1926, also zu einem bestimmten historischen Zeitpunkt, soziologische Phantasie zur Anwendung gebracht, um als Soziologe einen Weg aus der politischen Krise zu weisen. Diesen Anwendungsfall von soziologischer Phantasie ernst genommen, wäre es deshalb gegenwärtig, in einer völlig veränderten historischen Situation, weniger angebracht zu fragen, was haben uns seine Ausführungen heute noch zu sagen, sondern vielmehr zu fragen, wie würde er heute entsprechende Vorschläge formulieren: vor dem Hintergrund von Klimawandel, Finanzmarktkrise und überstaatlichen Vergesellschaftungsprozessen. So wie er zukunftsweisende Visionen aus seiner Zeit heraus entwickelte und als Soziologe in gesellschaftspolitische Diskurse intervenierte, so müsste Soziologie, die sich als Krisenwissenschaft in seinem Sinn versteht, Vergleichbares für ihre Zeit heute leisten. Weil wir es heute nicht mehr mit blinden Marktprozessen einer liberalen Ökonomie zu tun haben, sondern mit durchorganisierten strategischen Interventionen politischer Akteure, wären ihre theoretischen Anstrengungen verknüpft mit einer notwendigen Entfetischisierung „demokratischer Institutionen". Die heute herrschende Ideologie, es gäbe keine Alternative zur „marktkonformen Demokratie", unterstellt die Unmöglichkeit radikaler Veränderungen, die Unmöglichkeit einer Demokratie, die nicht auf ein korruptes parlamentarisches Spiel reduziert wäre. Tatsächlich ereignet sich die Überwindung einer solchen ideologischen Unmöglichkeit im Bereich des Handelns. *Hier nimmt das Unmögliche Gestalt an.* Denn, mit Žižek (2010) zu sprechen, eine Handlung ist mehr als ein Eingriff in den Bereich des Möglichen. Eine Handlung verändert die Koordinaten dessen, was möglich ist, und schafft damit rückwirkend Bedingungen für ihr Möglichwerden.

Referenztexte

Abramoff, Jack (2011): Capitol Punishment: The Hard Truth About Washington Corruption from America's Most Notorious Lobbyist. New York: WND Books

Agamben, Giorgio et al. (2012): Demokratie? Eine Debatte. Berlin: Suhrkamp

Bammé, Arno (2001): Institutionen und Verfahren. Rahmenbedingungen und Freiheitsgrade politischen Handelns. In: Kreuzberg, Karla, a.a.O., S. 93-142

Baudrillard, Jean (1978): Agonie des Realen. Berlin: Merve

Beck, Ulrich (1986): Risikogesellschaft. Frankfurt a.M.: Suhrkamp

Beck, Ulrich (1988): Gegengifte. Frankfurt a.M.: Suhrkamp

Beck, Ulrich (1993): Die Erfindung des Politischen. Frankfurt a.M.: Suhrkamp

Beste, Ralf; Dahlkamp, Jürgen (2012): Silberfüchse. In: Der Spiegel, Nr. 37 vom 10.09.2012, S. 63-72

Blühdorn, Ingolfur (2013): Simulative Demokratie. Berlin: Suhrkamp

Bofinger, Gerald (20111): Die Staaten lassen sich von den Finanzmärkten vorführen. In: Der Standard, 19./20.11.2011, S. 9

Bröckling, Ulrich; Krasmann, Susanne; Lemke, Thomas (Hg.) (2000): Gouvernementalität der Gegenwart. Frankfurt a.M.: Suhrkamp

Brost, Marc; Schieritz, Mark; Uchatius, Wolfgang (2013): Verrechnet! In: Die Zeit, Nr. 27, 27.6.2013, S. 17-19

Crouch, Colin (2008): Postdemokratie. Frankfurt a.M.: Suhrkamp

Crouch, Colin (2011): Das befremdliche Überleben des Neoliberalismus. Berlin: Suhrkamp

Der Standard vom 30.8.2013, S. 4: Eine schrecklich nette Wahlkampf-Familie. FDP und rechtsextreme NPD werben in Fersehspots mit denselben Personen

Dienel, Peter C. (1992): Die Planungszelle. Eine Alternative zur Establishment-Demokratie. Opladen: Westdeutscher Verlag

Dux, Günter (2008): Warum denn Gerechtigkeit? Die Logik des Kapitals. Weilerswist: Velbrück

Dux, Günter (2013): Demokratie als Lebensform. Die Welt nach der Krise des Kapitalismus. Weilerswist: Velbrück

Felber, Christian (2012): Gemeinwohlökonomie. Wien: Deuticke

Foucault, Michel (2000): Gouvernementalität. In: Bröckling, Ulrich et al., a.a.O., S. 41-67

Guéhenno, Jean Marie (1996): Das Ende der Demokratie. München: dtv

Habermas, Jürgen (2013): Im Sog der Technokratie. Berlin: Suhrkamp

Haller, Max (2013): Die Diskreditierung der direkten Demokratie. In: Der Standard, 25.4.2013, S. 39

Höffe, Otfried (2009): Ist die Demokratie zukunftsfähig? Über moderne Politik. München: Beck

Jacoby, Eduard G. (1971): Die moderne Gesellschaft im sozialwissenschaftlichen Denken von Ferdinand Tönnies. Stuttgart: Enke

Jungk, Robert; Müllert, Norbert R. (1983): Zukunftswerkstätten. Wege zur Wiederbelebung der Demokratie. München: Goldmann

Kreuzberg, Karla (Hg.) (2001): Die Zukunft der Gesellschaft. Widersprüche einer alternativen Modellbildung. München und Wien: Profil

Kuch, Kurt (2013a): Der Weg des schwarzen Geldes. In: News, Nr. 35, 29.8.2013, S. 30-34

Kuch, Kurt (2013b): Und so kassierten die Roten. In: News, Nr. 35, 29.8.2013, S. 36-37

Lackner, Herbert; Schwaiger, Rosemarie (2013): Knochenmühle Wahlkampf. In: profil, Jg. 44, 26.8.2013, Nr. 35, S. 16-20

Lampl, Andreas (2013): Eine Bank, die ein Bankerl reißt. In: Format, Nr. 35, 30.8.2013, S. 5

Latour, Bruno (2001): Parlament der Dinge. Frankfurt a.M.: Suhrkamp

Luhmann, Niklas (1969): Legitimation durch Verfahren. Neuwied und Berlin: Luchterhand

Merkel, Wolfgang (2013): Gibt es eine Krise der Demokratie? In: WZB Mitteilungen, Heft 139, März, S. 6-9

Merkel, Wolfgang; Krumm, Mattias; Zürn, Michael (im Gespräch) (2013): Und wer hat das Sagen? In: WZB Mitteilungen, Heft 139, März, S. 25-28

Miessen, Markus (2012): Albtraum Partizipation. Berlin: Merve

Miessen, Markus (im Interview mit Tim Vogler) (2013): Albtraum Partizipation. In: Revue, Heft 12, Frühjahr, S. 72-77

Norris, Pippa (2011): Democratic Deficit. Critical Citizens Revisited. Cambridge: CUP

Nowotny, Helga et al. (2001): Re-Thinking Science. Cambridge: Polity Press

Ötsch, Walter Otto; Hirte, Karin; Nordmann, Jürgen (Hg.) (2011): Gesellschaft! Welche Gesellschaft? Marburg: Metropolis

Pauly, Christoph et al. (2009): Wahnsinn 2.0. In: Der Spiegel, Nr. 48 vom 23.11.2009, S. 72-83

Perterer, Manfred (2013): Dieser Wahlkampf ist „abgesandelt". In: Salzburger Nachrichten, Nr. 196, 24.8.2013, S. 1-3

Priddat, Birger (2013): Schwarmdemokratie im Netz? In: Revue, Heft 12, Frühjahr, S. 94-96

Radkau, Joachim; Hahn, Lothar (2013): Aufstieg und Fall der deutschen Atomwirtschaft. München: oekom

Rainer, Christian (2013): Kleinviehmistsuche. Ein Wahlkampf, der seiner Bezeichnung nicht im Ansatz genügt. In: profil, Jg. 44, 26.8.2013, Nr.35, S. 13

Raith, Werner (1998): Die Republik der Scheinheiligen oder Wieviel Korruption braucht die Demokratie? Frankfurt a.M.: Büchergilde Gutenberg

Rauscher, Hans (2013): Der Wunsch nach mehr Demokratie. In: Der Standard, 24.4.2013, S. 35

Ropohl, Günter (2013): Demokratie. Die Defizite der Parteienherrschaft. In: Novo Argumente, 115(I), S. 40-48

Ropohl, Günter (2013): Die Irrtümer der Demokratie-Optimisten. In: Der Standard, 24.4.2013, S. 35

Sankholkar, Ashwien (): Die Hypo-Vertuschung. In: Format, Nr. 35, 30.8.2013, S. 8-11

Scheibner, Hans (2013): Tatsächlich ernst gemeint. In: Husumer Nachrichten, Nr. 209, 7./8.9.2013, S. 2

Schlemermeyer, Jan (2011): Ist der Neoliberalismus ein politisches Projekt? In: Ötsch, Walter Otto et al., a.a.O., S. 157-177

Sonneborn, Martin (im Interview mit Saskia Jungnikl) (2013): Wir nennen es „Faschismus mit menschlichem Antlitz". In: Der Standard, 25.4.2013, S. 2

Spiegel Titel (1988): Atommüll. „Kein Land ist darauf vorbereitet". In: Der Spiegel, Nr. 2, S. 20-28

Steingart, Gabor (2011): Der Angriff auf die Marktwirtschaft. In: Kleine Zeitung, 19.11.2011, S. 2-5

Tönnies, Ferdinand (1906/1907): Die politischen Parteien im Deutschen Reiche. Sozialwissenschaftliche Studie. In: Deutschland, Bd. IX, Oktober 1906 – März 1907, S. 127-148

Tönnies, Ferdinand (1906): Politische Stimmungen und Richtungen in England. In: Das freie Wort, Jg. 6, Nr. 9, 1. Augustheft, S. 337-343

Tönnies, Ferdinand (1906): Zum Verständnis des politischen Parteiwesens. In: Das freie Wort, Jg. 5, Nr. 19, 1. Januarheft, S. 752-759

Tönnies, Ferdinand (1927): Demokratie. In: Verhandlungen des V. Deutschen Soziologentages vom 26.-29.9.1926 in Wien. Tübingen: Mohr, S. 12-36

Warde, Ibrahim (2012): Blair Inc. In: Le Monde diplomatique, Nov., S. 23

Werner, Götz (Hg.) (2006): Ein Grund für die Zukunft: das Grundeinkommen. Stuttgart: Freies Geistesleben

Wehner, Burkhard (1992): Die Katastrophen der Demokratie. Über die notwendige Neuordnung des politischen Verfahrens. Darmstadt: WBG

Wehner, Burkhard (1995): Die Logik der Politik und das Elend der Ökonomie. Grundelemente einer neuen Staats- und Gesellschaftstheorie. Darmstadt: WBG

Wöhl, Stefanie (2011): Die Regierung der Gesellschaft. In: Ötsch, Walter Otto et al., a.a.O., S. 143-155

Žižek, Slavoj (2010): Zeit der Monster. In: Le Monde diplomatique, Nr. 9342 vom 12.11.2010, S. 14-15

Zürn, Michael (2013): Die schwindende Macht der Mehrheiten. In: WZB Mitteilungen, Heft 139, März, S. 10-13

Postfaktische Zeiten

Donald J. Trump als Symptom

Von postfaktischen *Zeiten* wird im Folgenden die Rede sein und nicht von postfaktischer *Zeit*, obwohl die Aufmerksamkeit, die Donald Trump *gegenwärtig* mit seiner Vermischung von Realität und Einbildung, von Wunschdenken und Tatsachen erregt, Letzteres nahelegen würde. Doch die Grenze zwischen Realität und Fiktion, zwischen Tatsache und Meinung, zwischen Information und Kommentar war immer schon eine fließende und ist nicht nur von Politikern unabsichtlich oder mutwillig überschritten worden. Nicht *das* ist neu. *Neu* ist, dass der Präsident eines bedeutenden Staates sich dieser Vermischung *in aller Öffentlichkeit* als *Instrument der Meinungsbildung* bedient, *bewusst* und *ohne Skrupel*; ferner *wie* er sich dessen bedient und dass er *Erfolg* damit hat. Da auch Donald Trump Fakten nicht bestreiten kann, untergräbt er die Glaubwürdigkeit derer, die ihm Fälschung der Fakten, Irreführung und Unwahrheit nachweisen. Den Medien, die seine Fälschungen ans Tageslicht bringen, wirft er genau das vor, was sie ihm nachzuweisen suchen: dass sie *Fake-News* verbreiten. Seit Jahrzehnten würden sie die einfachen Leute belügen, im Dienste des liberalen Establishments (dem er selber angehört). Das Ressentiment gegen „die da oben" ausnutzend, erklärt er, die Medien seien nicht *sein* Feind, sie seien der Feind des amerikanischen Volkes (Köhler 2018, S. 15). Es wäre sehr vordergründig, würde man ihn nun als Betriebsunfall der Demokratie, als Neurotiker, Dummkopf oder Narzissten bezeichnen und von ihm auf eine infantil oder verrückt gewordene US-Gesellschaft schließen. Die Ursachen für seinen Erfolg liegen tiefer. Sie sind begründet in der Eigendynamik sozialer, ökonomischer und technologischer Entwicklungen. Im Milieu einer verarmten weißen Unterschicht, einer um ihren Wohlstand und ihre Sicherheit besorgten Mittelschicht spüren viele, dass sie ihr Schicksal nicht mehr in der Hand haben, und fühlen sich fremden Mächten ausgeliefert, als deren Sprachrohr Medien wahrgenommen werden, die Meldungen verbreiten und kommentieren, welche mit ihren eigenen Lebenserfahrungen immer weniger übereinstimmen. Niemand hat diesen Mechanismus besser und gründlicher durchschaut als der Soziologe Ferdinand Tönnies in seinem Monumentalwerk „Kritik der öffentlichen Meinung“ (1922). Von ihm wird später noch die Rede sein.

In seiner Monographie über die „Philosophie des Krieges in Umrissen“ (1915), die von Tönnies zweimal (1916 und 1917) besprochen wurde, einmal sehr ausführlich (1917), hatte der Philosoph Heinrich Gomperz resümiert, dass sich auf allen Gebieten der Fortschritt der Sittlichkeit vor allem darin zeige, dass unser Handeln weniger und weniger dem zufälligen Spiel unserer Leidenschaften überantwortet bleibe, vielmehr mehr und mehr der Herrschaft der Vernunft und des dieser entspringenden Pflichtbewusstseins unterworfen werde (1915, S. 102). Dem widersprach Tönnies in seiner Rezension von 1917 vehement, weil „verschwiegen und verkannt wird, dass eben dasselbe Merkmal auch den Fortschritt der Unsittlichkeit bezeichnet, dass ebensowohl der schrankenlose Egoismus, in Gestalt von Habsucht und Herrschsucht, ja das grimmige Bosheit das Rüstzeug der Vernunft anzieht und dadurch um so mächtiger und erfolgreicher wird. Nicht nur das Pflichtbewusstsein, sondern auch die gewissenlose Niedertracht entspringt der Vernunft; und nicht dem zufälligen Spiel der Leidenschaften – etwa auch der Menschenliebe, des Mitgefühls – seine Handlungen zu überantworten, sondern immer die kalte Berechnung, die planmäßige Verfolgung seiner Absichten walten zu lassen, gehört zu den notwendigen Maximen des großen *Verbrechers*! Der Machiavellische Fürst sowohl als die Herren Jay Gould[1] und Genossen sind Leute, die sehr viele Vernunft nötig haben, denen auch das Pflichtbewusstsein nicht fehlt, insofern als sie vollkommene Rücksichtslosigkeit gegen das Wohl anderer zum Gesetze ihres Handelns gemacht haben“ (Tönnies 2019, S. 427). Was Tönnies hier unter Rückbezug auf Machiavelli für „Jay Gould und Genossen“ geltend macht, trifft in gleicher Weise, wie zu zeigen sein wird, auf „Donald Trump und Genossen“ zu. Es findet deshalb hier als Leitmotiv Verwendung.

Die Theorie

Erfolgreich, zumindest eine Zeit lang, kann ein Politiker sein, wenn er bestehende Regeln bricht. An sich machen Regeln Politik berechenbar. Sie sind die Grundlage für vertrauensbildende Maßnahmen. Werden sie

[1] Jay Gould (1836-1892), skrupelloser US-amerikanischer Financier und Eigentümer mehrerer Eisenbahnlinien, erwarb durch Spekulationen ein Riesenvermögen und manipulierte vorübergehend den Goldpreis.

gebrochen, entsteht Unsicherheit, zum einen weil der Geprellte nicht weiß, ob den oftmals durchaus nachvollziehbaren Begründungen für die Regelverletzung zu trauen ist, zum anderen weil er nicht selten hofft, durch verständiges Entgegenkommen, Schlimmeres zu verhüten. Wie die Geschichte lehrt, nützt ein solches Entgegenkommen mehrheitlich eher dem, der Regeln bricht, als dem, der sich an sie halten möchte. Die Vertragspolitik Hitlers gegenüber Stalin, die Demütigung Frankreichs und Englands durch das Münchner Abkommen sind geradezu klassische Beispiele einer solchen Politik. Unter Ausnutzung britisch-französischer Gegensätze, der inneren Schwäche Frankreichs und der Appeasement-Politik der britischen Regierung gelang es Hitler, bestehende Vertragsverpflichtungen und geltendes Recht zu durchbrechen, um eine Ausdehnung des deutschen Staatsgebietes zu erreichen, was nach außen als legitime Wahrnehmung des nationalen Selbstbestimmungsprinzips propagiert wurde, faktisch aber eine Vormachtstellung „Großdeutschlands" auf dem europäischen Kontinent zum Ziel hatte.

Nun hat eine solche Politik der bewussten Regelverletzung, um sich Vorteile zu verschaffen, durchaus ihre theoretische Begründung und Legitimation in der europäischen Dogmengeschichte erfahren, auf die Hitler sich ohne weiteres hätte berufen können. Die Rede ist von Machiavellis klassischem Ratgeber „Der Fürst" (1532). Darin schreibt er, es gebe grundsätzlich zwei Arten, politisch zu handeln, um erfolgreich zu sein: die erste sei dem Menschen, die zweite dem Tier eigentümlich. Da die erste, die auf den Waffen des Rechtes beruht, oft nicht ausreicht, muss man gelegentlich zur anderen, zu den Waffen der Gewalt und des Betrugs greifen. Verkörpert sieht Machiavelli sie im Löwen und im Fuchs. Um seine Ziele zu erreichen, muss ein wahrhaft virtuoser Politiker alles tun, was die Notwendigkeit verlangt, sei es im Einzelfall niederträchtiges oder sei es tugendhaftes Handeln (Machiavelli 1961, S. 105). Er muss gelegentlich auch treulos sein, jedenfalls moralisch flexibel. Sein Wort braucht er nur zu halten, wenn es in seinem Interesse ist, sonst nicht. Würde ein Politiker nur tugendhaft handeln, so wäre er bald verloren. Vielmehr muss er schlau sein wie ein Fuchs und wild wie ein Löwe. Aber er muss zugleich Sorge dafür tragen, nicht in den Ruf von Verfehlungen zu geraten, die ihm die Herrschaft rauben könnten (ebd., S. 96). Er muss als tugendhaft *erscheinen*, auch wenn er es nicht *ist*, weil er nicht umhin kommt, sich lasterhaft zu verhalten.

In dem berühmten 18. Kapitel seines Buches mit dem Titel „Inwiefern die Fürsten ihr Wort halten sollen" schreibt Machiavelli, dass die Praxis der Verstellung für einen Politiker nicht nur unverzichtbar ist, sondern ohne allzu große Schwierigkeiten aufrechterhalten werden kann, solange man es für nötig erachtet. Zwei verschiedene Gründe führt er hierfür an. Der eine lautet, dass die meisten Menschen so einfältig sind und dem Selbstbetrug zuneigen, dass sie gewöhnlich auf völlig unkritische Weise nach dem Augenschein urteilen (ebd., S. 105). Der zweite Grund ist, dass dann, wenn es um die Beurteilung des Verhaltens von Politikern geht, selbst die gescheitesten Beobachter weitgehend darauf angewiesen sind, nach dem äußeren Anschein zu urteilen. Isoliert von der Bevölkerung, geschützt durch „die Majestät des Staates", ist die Stellung eines Politikers so, dass jedermann nur sieht, was der Politiker zu sein *scheint*, aber „nur wenige mit Händen greifen können, was er *ist*". Es gebe also keinen Grund anzunehmen, dass die Sünden eines Politikers ihn überführen, im Gegenteil, ein Politiker, „der betrügt", wird „stets einen finden, der sich betrügen lässt"(ebd.). Für Machiavelli ist der klassisch-abendländische, in der griechischen Antike und im Christentum wurzelnde Humanismus ein Mythos; die furchtbare Wirklichkeit gestalte sich tatsächlich völlig anders. In der Realpolitik komme es deshalb entscheidend auf die Wahl der *Mittel* an. Es sei sinnlos, politische Zwecke mit Methoden zu verfolgen, die zum Scheitern verurteilt sind. Ist ein Ziel als gut erkannt, so müssen angemessene Mittel angewandt werden, um es zu erreichen. Die Frage der Mittel lasse sich rein wissenschaftlich behandeln, ohne Rücksicht darauf, ob die Ziele gut oder schlecht sind. „Erfolg" bedeutet, das Ziel erreicht zu haben, welcher Art es auch sein mag. Wenn es eine Wissenschaft des Erfolges gibt, so lässt sie sich an den Erfolgen des Bösen genauso wie an denen des Guten studieren – ja, sogar noch besser, da es weit mehr Beispiele von erfolgreichen Sündern als erfolgreichen Heiligen gebe. Ist eine solche Wissenschaft aber erst einmal begründet, dann wird sie dem Heiligen ebenso nützlich sein wie dem Sünder, denn auch der Heilige muss, wenn er sich auf Politik einlässt, genau wie der Sünder nach Erfolg streben. „Wir sind Machiavelli und anderen sehr verpflichtet, die schreiben, was Menschen tun, und nicht, was sie tun sollten", hatte Bacon einst geschrieben, ein Satz, der wie kaum ein zweiter auf den Politiker Donald J. Trump hätte gemünzt sein können.

Die Praxis

Donald Trump handelt als Politiker, wie er es als Bauunternehmer gewohnt war. Seine Maxime, die dem Ratgeber Machiavellis als Lehrsatz entnommen sein könnte, folgt der ebenso einfachen wie erfolgreichen Strategie, alles sei noch nachverhandelbar. Bestehende Regeln und Vereinbarungen sind das Papier nicht wert, auf dem sie festgeschrieben sind. Sobald eines seiner Bauprojekte fertiggestellt war, bemängelte er die schlechte Qualität der Arbeiten oder suchte eine andere Begründung, um seine Zahlungsverpflichtungen nicht erfüllen zu müssen. Nicht selten setzte er bei laufenden Projekten eigenmächtig neue Konditionen durch, etwa indem er einem Auftragnehmer erklärte: „Ich zahle Ihnen nur fünfundsiebzig Prozent der vereinbarten Summe." Wer seinen Vorschlag ablehnte, konnte ihn gerichtlich verklagen. Damit riskierte er allerdings einen kostspieligen Prozess mit ungewissem Ausgang, denn Trump verfügte über ebenso tüchtige wie hartnäckige Anwälte. Die Androhung von Prozessen setzte er gern als Abschreckungswaffe ein. Die Zahl der Gerichtsverfahren, an denen er als Kläger oder Beklagter beteiligt war, wird von Ibrahim Warde (2018, S. 1) auf 3.500 geschätzt. In seinem 2004 publizierten Buch „Think Like a Billionaire" empfiehlt er seinen Lesern, „bei Rechnungen immer Widerspruch einzulegen". Bei Lieferanten und Banken war er wegen seiner schlechten Zahlungsmoral berüchtigt, und viele weigerten sich, mit ihm zusammenzuarbeiten. 2007 erschien sein zweites Buch „Think Big and Kick Ass: In Business and in Life". Darin schreibt er, dass es ihm Spaß mache, „die Gegenseite plattzumachen und den Profit abzusahnen". Und er macht sich lustig über die Banker, die seine Kredite abschreiben mussten: „Das ist ihr Problem, nicht meines. Ich habe ihnen vorher gesagt, sie sollten mir nichts leihen." Die Deutsche Bank, die als einzige Großbank weiterhin Geschäfte mit dem Trump-Imperium machte, bekam diese Skrupellosigkeit 2008 zu spüren. Auf dem Höhepunkt der Finanzkrise hatte sie den Immobilienunternehmer wegen unbezahlter Forderungen in Höhe von 40 Millionen US-Dollar verklagt. Als Reaktion darauf forderte Trump seinerseits drei Milliarden Dollar Entschädigung, weil die Bank mitverantwortlich sei für die Finanzkrise und damit auch für seine Liquiditätsprobleme. Mit diesem Schachzug erreichte er eine Verlängerung seiner Zahlungsfristen um fünf Jahre (ebd.).

Als Trump in die Politik ging, versprach er, sein Talent als „größter Verhandler der Geschichte" in den Dienst der USA zu stellen. Sein Ziel: *Making America Great Again!* Im Wahlkampf erklärte er, dass er als Präsident das „schreckliche" Abkommen mit dem Iran „zerreißen" würde. Es war ihm dabei völlig gleichgültig, ob andere Unterzeichnerstaaten dem zustimmen oder ob die USA wie im Fall des Pariser Klimaabkommens gegen internationales Recht verstoßen. Drei Dinge kennzeichnen, folgt man der Analyse Ibrahim Wardes, Trumps Politik: (1) „die Methoden eines Unternehmers von Gottes Gnaden", (2) „die Unkenntnis von Geschichte und Diplomatie", (3) „der unbedingte Wunsch, die Hinterlassenschaft seines Amtsvorgängers zu zerstören“. Trump bricht mit allen überlieferten Konventionen; er verlässt sich auf seine Intuition und versucht, die ausgefeilten Techniken, mit denen er als „Baulöwe“, „Immobilienhai“ und Show-Star im Fernsehen agierte, auf die internationale Politik zu übertragen.

Tatsächlich ist Trump nicht nur berüchtigt wegen seiner Geschäftsgebarungen, sondern auch, vor allem seit er in der Politik tätig ist, für seine Strategie, Realität und Fiktion, Wahrheit und Lüge, Richtiges und Falsches bis zur Unkenntlichkeit zu vermischen. Von 168 Behauptungen, die Trump im Wahlkampf um das Präsidentenamt der USA aufgestellt hat, sind siebzig Prozent nachweislich „überwiegend falsch“, „falsch“ oder gar „haarsträubend falsch“ (Köhler 2018, S. 10). Das heißt, von drei Aussagen entsprachen zwei nicht der Wahrheit. Innerhalb seines ersten Amtsjahres brachte es Donald Trump auf über zweitausend „falsche oder irreführende Behauptungen“ (ebd., S. 16). Entweder war er unzureichend informiert und vertraute fehlerhaften Quellen oder er bog Fakten zurecht und verbreitete Lügen. Die Strategie, die er verfolgt, um den Widerspruch zwischen *Fakes* und Fakten aufzulösen, besteht nicht so sehr darin, dass er die Fakten bestreitet, sondern darin, dass er bestreitet, sie würden überhaupt eine Rolle spielen. „Was stattdessen eine Rolle spielt, sind für die einen die Emotionen, die Trump öffentlich befriedigt. Für die anderen sind es handfeste Interessen, die offen oder verdeckt verfolgt werden, die einer reichen Oberschicht und ganz persönliche. Diese Interessen gilt es durchzusetzen, wobei der Zweck die Mittel heiligt“ (ebd.). Der Milliardär Trump agiert als Politiker wie ein Geschäftsmann: „Wer Geschäfte machen will, muss die eigene Verhandlungsposition stärken. Recht hat nicht, wer mit der Wahrheit konform geht, sondern wer sich durchsetzt“ (ebd.). Er ist die auf die Spitze getriebene „Verkörperung des rücksichtslos nach Gewinn strebenden und wegen seines Erfolges beneideten Geschäftsmanns, der das Ideal einer Gesellschaft ist, in der stärker als in anderen Ländern jedes Individuum ganz allein seines Glückes oder Unglückes Schmied ist“. Zwar macht Trump als Politiker so wenig Politik für die große Mehrheit des Volkes, wie er als Kapitalist für ihre Wohlfahrt sorgt, aber als Illusionskünstler gelingt es ihm, der Bevölkerung weiszumachen, es falle auch für sie etwas ab, wenn man den Reichen mehr gibt: Geht es der Wirtschaft (heißt: den Reichen) gut, geht es allen (heißt: auch den Armen) gut. „Trump repräsentiert eine kapitalistische Ökonomie, die außer zum Geld keine ausreichende, geschweige denn eine umfassende Beziehung zur Realität mehr hat. Was zählt, sind der Profit, die Dividende, der Erfolg“ (ebd., S. 17 f.) – was richtig und was falsch ist, spielt, wenn überhaupt, nur eine untergeordnete Rolle. Als Akteur in eigener Sache verkörpert er in seinen furiosen Fernsehauftritten eine „Ökonomie der Aufmerksamkeit“ (Franck 1998), die jedem professionellen Schauspieler zur Ehre gereichen würde.

Zweifellos stellt Donald Trump einen Extremfall in der westeuropäisch geprägten Kulturtradition parlamentarischer Demokratien dar. Gleichwohl ist das Phänomen „Trump“ soziologisch ernst zu nehmen, nicht nur unter politischem Aspekt, was naheliegt, sondern auch in erkenntnistheoretischer Perspektive. Extremfälle lassen sich zum Beispiel, wie es in der Medizin oder in der Psychologie geschieht, nutzen, um aus ihnen Rückschlüsse für das „normale“ Handeln der Menschen zu ziehen bzw., insoweit es sich um *strukturell* bedingte „Entgleisungen“ handelt, zu schauen, wo sich analoge Phänomene finden. Handelt es sich bei Ihnen nur um extreme Ausnahmefälle, um vorübergehende Störungen eines insgesamt einwandfrei funktionierenden Prozederes, das seinen hohen Ansprüchen im Kern genügt, oder offenbaren sich in ihnen, gleichsam als Spitze eines Eisberges, tieferliegende Struktureigenschaften, von deren bislang vernachlässigter Analyse theoretische Weiterentwicklungen der Disziplin zu erwarten seien, zumindest Hinweise für den Bau einer empirisch aussagekräftigeren soziologischen Theorie der Spätmoderne? So ist zum Beispiel zu bemerken, dass in der „Aufmerksamkeitsökonomie“ heute ein Verhalten dominant und zunehmend als positiv honoriert wird, das früher einmal als „abweichend“ gegolten hätte und negativ sanktioniert worden wäre. Menschen, die noch vor nicht allzu langer Zeit ausgegrenzt, unter Umständen sogar eingesperrt worden wären, gelten heute als *cool,* treten im Fernsehen auf und bevölkern die Medien.

Und tatsächlich bleiben die Vermischung von Realität und Fiktion, in der das Wunschdenken über die Wahrheit siegt, und *Fake News*, indem sie gesellschaftliche Wirklichkeiten umzugestalten beginnen und zur „Wahrheit“ werden, nicht auf die Politik beschränkt. Das Phänomen einer „Ökonomie der Aufmerksamkeit“ findet sich ebenso in den Medien, woraus Trump einen großen Teil seiner „Glaubwürdigkeit“ bezieht, wie in der Wissenschaft. Tönnies hat unter anderem am Beispiel der Korruption darauf hingewiesen, dass dieses Phänomen nur der besondere Ausdruck sei eines allgemeineren Zustandes im öffentlichen Leben, der wesentlich durch Tauschhandel und -werte bestimmt werde (2018, S. 247). Eine Gesellschaft, in der „jedermann ein Kaufmann“ ist, beruhe nahezu zwangsläufig auf der Lüge als Verkehrs- und Kommunikationsmittel (2017, S. 216). Zwei Beispiele aus jüngerer Zeit mögen illustrieren, dass davon auch seriöse Medien und selbst die Wissenschaft betroffen sind.

Im Dezember 2018 musste *Der Spiegel* einräumen, dass er in den letzten Jahren zahlreiche Reportagen veröffentlicht hat, die frei erfunden und erlogen waren. Claas Relotius, der Autor der gefälschten Artikel, habe „in großem Umfang eigene Geschichten manipuliert“ und „schön gemachte Märchen erzählt“ (Nr. 52 vom 22. 12. 2018, S. 36 ff.). „Wahrheit und Lüge gehen in seinen Texten durcheinander.“ Einige seiner Geschichten seien „komplett erfunden, und wieder andere wenigstens aufgehübscht mit frisierten Zitaten und sonstiger Tatsachenfantasie“. Nach eigenen Angaben veröffentlichte *Der Spiegel* insgesamt fünfundfünfzig Originaltexte von Relotius, viele davon „ganz oder teilweise erfunden, verfälscht, gefälscht. Relotius hatte sieben Jahre lang für den *Spiegel* gearbeitet, die letzten eineinhalb Jahre als fest angestellter Redakteur. Darüber hinaus hat er zahlreiche Artikel für andere Periodika verfasst, unter anderem für *Cicero*, die *taz*, die *Welt*, das *Magazin* der *Süddeutschen Zeitung*, die *Weltwoche*, *ZEIT online*, *ZEIT Wissen*, die *Frankfurter Allgemeine Sonntagszeitung* und die *Neue Zürcher Zeitung am Sonntag*. Er galt in der Branche als kommender Alpha-Journalist, ein Begriff, der von Weichert und Zabel (2007) geprägt wurde. Relotius wurde für seine Reportagen mit zahlreichen Preisen ausgezeichnet, mit dem Peter-Scholl-Latour-Preis, dem Konrad-Duden-Preis, dem Kindernothilfe-Preis, dem Katholischen und dem Coburger Medienpreis. CNN kürte ihn zum „Journalist of the Year“. Außerdem erhielt er den Reemtsma Liberty Award und den European Press Prize.

Interessant am folgenden Beispiel ist, wie der gleichfalls zahlreicher Fälschungen überführte Journalist Tom Kummer sein Vergehen rechtfertigte. Zwischen 1996 und 2000 arbeitete er als US-Korrespondent für deutsche und Schweizer Zeitungen und Zeitschriften wie den *Spiegel*, *DIE ZEIT*, den *Stern* und den *Tages-Anzeiger*. Insbesondere für das Magazin der *Süddeutschen Zeitung* erfand er zahlreiche Exklusivinterviews mit bekannten Hollywood-Größen und anderen Prominenten, zum Beispiel mit den Schauspielern Charles Bronson, Johnny Depp, Demi Moore, Brad Pitt und Sharon Stone, mit der Pop-Musikerin Courtney Love, dem Boxer Mike Tyson und der Unternehmergattin (und Tochter des jetzigen US-Präsidenten) Ivanka Trump, der er Sätze von Andy Warhol in den Mund legte. „Nachdem das Magazin *Focus* im Mai 2000 die Fälschungen enthüllt hatte, rechtfertigte Tom Kummer seine Arbeitsweise als ‚Borderline-Journalismus‘ und ‚Konzeptkunst‘: Er habe Journalismus und Dichtung verschmelzen, das gängige Verständnis von Realität infrage stellen und durch seine Erfindungen und Zitatmontagen zu einer tieferen Wahrheit vordringen wollen“ (Köhler 2018, S. 42 f.).

Eine ähnliche Rechtfertigung für seine Fälschungen hatte sich bereits zuvor der Anthropologe Carlos Castañeda einfallen lassen, als man ihn seiner *Fakes* überführte. Castañedas Bücher erfreuten sich großer Beliebtheit. Seine (angeblich) anthropologische Feldarbeit in der Sonara-Wüste wurde in Universitätskreisen nicht nur als wissenschaftliche Leistung akzeptiert, sondern, weit darüber hinausgehend, dafür gelobt, dass sie die Brauchbarkeit des phänomenologischen Ansatzes der „teilnehmenden Beobachtung" in der anthropologischen Forschung unter Beweis gestellt habe. Sein drittes Buch, „Journey to Ixtlan", wurde vom Department für Anthropology der University of California sogar als Dissertation angenommen. Tatsächlich spielte sich Castañedas Feldforschung nicht in Mexiko, sondern in der Fantasie des Autors ab. Weil er sich das Basismaterial seiner Schilderungen nicht mittels Feldforschung in sengender Wüstenhitze, sondern mittels Literaturstudium in klimatisierten Universitätsbibliotheken aneignete, unterliefen ihm verschiedene gravierende Fehler, die allerdings erst sehr spät bemerkt wurden. Doch gekauft werden die Bücher wie eh und jeh. Aber sie werden nun, nach Aufdeckung des Skandals, nicht mehr als Sozialwissenschaft gehandelt. Wurden sie anfangs noch als Tatsachenberichte ausgegeben, später als feine Allegorien gerühmt, so ist schließlich eine okkulte Belletristik aus ihnen geworden, die sich als trockene Sachprosa tarnt. Bestand Castañeda ursprünglich darauf, einen Tatsachenbericht geliefert zu haben, und offerierte er seine Geschichte als authentische „Feldarbeit", so heißt es heute, jeglicher wissenschaftliche oder zumindest ethnologische Bericht sei Fiktion und von Castañeda auch so gemeint gewesen. Castañeda sei zwar nicht authentisch, aber doch „gültig" (Bammé 2015, S. 57 f.). Castañeda, darin Kummer vergleichbar, entschuldigte sein Vergehen damit, dass er das gängige Verständnis von Realität infrage stellen wollte, um zu einer tieferen Wahrheit zu gelangen.

Castañeda war kein Einzelfall. Insbesondere in den Kulturwissenschaften der achtziger Jahre verwischten sich die Grenzen zwischen Realität und Fiktion, Analyse und Intuition, Wissensproduktion und Wissensvermittlung. Die Legitimationsbasis wissenschaftlichen Wissens verschob sich vom denotativen Prüfkriterium (wahr/falsch) hin zum performativen (wirksam/unwirksam). Die Art und Weise, in der die Gültigkeit von Wissen legitimiert wird, konnte zwei Formen annehmen, je nachdem, ob sie das Subjekt als einen „Helden der Erkenntnis" unter das „Kriterium der Wahrheit" stellte oder als einen „Helden der Freiheit", das heißt, des Wollens begriff, der die ethische, soziale und politische Praxis bestimmt (Bammé 2015, S. 213 ff.). Die Diskussion zeitigte zum Teil völlig absurde

Ergebnisse. Die an sich richtige Einsicht, dass Worte und Zeichen arbiträr seien, wurde dahingehend missverstanden, sie seien folgenlos und beliebig. Die Erkenntnisse, dass Texte unterschiedlich ausgelegt werden können, wurde zu einer Theorie der Lesarten hochstilisiert und als Paradigmenwechsel gefeiert (ebd., S. 218 ff.). Ihren absurden Höhepunkt erreichte die Diskussion in der sogenannten Sokal-Affäre (ebd., S. 123 ff.). Der Physiker Alan Sokal hatte der kulturwissenschaftlichen Zeitschrift *Social Text* im Scherz einen Artikel zur Veröffentlichung angeboten, der lediglich physikalischen Humbug, mathematischen Nonsense, angereichert durch zahlreiche Fußnoten und Formulierungen, in denen die postmoderne Kulturwissenschaft plagiiert wurde. Der Text wurde von der Redaktion angenommen und veröffentlicht.

Die Kritik

Wer *Fake News* in Umlauf bringt, beabsichtigt, die öffentliche Meinung in seinem Sinne zu beeinflussen. Er betreibt ein Spiel, das bestimmten Regeln folgt (Machiavelli 1532), die, um es zu durchschauen, ihre Kenntnis voraussetzt. Der bereits erwähnte Soziologe Ferdinand Tönnies hat diesen Regeln in seinem Monumentalwerk „Kritik der öffentlichen Meinung“ (1922) nachgespürt. Nicht ohne Grund wird es in der Zunft der Soziologen als Schlüsseltext ihrer Disziplin bezeichnet (Papcke und Oesterdiekhoff 2001, S. 491 ff.). Es gibt wohl keinen vergleichbar anspruchsvollen Text, der sich in dieser Tiefe und Breite mit dem Verhältnis von Macht, Wert, Wahrheit und Formen der öffentlichen Meinung sowohl theoretisch als auch empirisch auseinandergesetzt hat. Tönnies zufolge übernimmt in der *Gesellschaft* der Neuzeit die öffentliche Meinung jene regulierende Kraft, die in der *Gemeinschaft* der Vormoderne die Religion innehatte (2018, S. 308). Im Ausmaß der rationalen Ausgestaltung dieser öffentlichen Meinung entscheidet sich die Zukunft der menschlichen Kultur.

Tönnies stellt nicht nur den Begriff der öffentlichen Meinung (und der Öffentlichen Meinung) dem der Religion, sondern, durchaus aktuell, dem der Stimmung gegenüber (Tönnies 2018a, S. 9). Während Volksstimmungen und Gefühle impulsiv, dumpf und undifferenziert sind, ist öffentliches Meinen aufgrund seines rationaleren Charakters, zumindest vom Anspruch her, durchsichtig, nachvollziehbar und kritikfähig. Dabei unterscheidet er zwei Ausprägungsformen der öffentlichen Meinung, die er strikt voneinander trennt. Die erste, die er mit der Minuskel „ö“ schreibt, tritt als Pluralität veröffentlichter Meinungen, als „Konglomerat mannigfacher und widersprechender Ansichten, Wünsche und Absichten“ in Erscheinung, die zweite, die er mit der Majuskel „Ö“ beginnen lässt, gilt ihm als „einheitliche Potenz, als Ausdruck gemeinsamen Willens“ (ebd.). Er wollte damit die „Öffentliche Meinung in ihrem historisch bedeutsamen und politisch maßgebenden Sinne von den beliebigen öffentlichen Meinungen abheben, die zwar einheitlich, aber von beschränkter, teils lokaler, teils unpolitischer Bedeutung überall im sozialen Leben sich geltend machen“ (ebd.). Ferner unterscheidet er drei Aggregatzustände der öffentlichen Meinung, die er für „das soziale und ökonomische Gebiet“ (ebd., S. 339 ff.), „das politische und rechtliche Gebiet“ (ebd., S. 353 ff.) und „das geistige und sittliche Gebiet“ (ebd., S. 366 ff.) jeweils unterteilt in einen luftartigen, flüssigen und festen Aggregatzustand. Die Idee der persönlichen Freiheit, worauf die abendländische Kultur der Neuzeit mit großer Übereinstimmung sich festgelegt („fixiert“) hat, führt Tönnies als Beispiel einer *festen* öffentlichen Meinung an. Sie wirkt als Schlagwort mit umso größerer Gewalt, je mannigfacher und je unbestimmter die daran hängenden Gedanken sind (ebd., S. 339 f.). Hingegen ist die *flüssige* öffentliche Meinung der Bearbeitung zugänglich wie Eisenerze, wenn sie in Fluss gebracht werden, so wie fest gewordene Vorurteile und Ansichten sich erschüttern und aufweichen lassen, wenn gehörige Kraft dazu angewandt wird (ebd., S. 358). Als *luftartig* bezeichnet Tönnies die öffentliche Meinung des Tages, wie sie sich unter anderem in der Presse als ihr Organ oder Instrument darstellt, indem sie der Aufregung der Gemüter, dem wüsten Durcheinander des Geschreis Raum gibt (ebd., S. 362).

Weil nun die Öffentliche Meinung in der Neuzeit das „Subjekt der Moralität“ ist, also die Verkörperung und Anwendung des „sittlichen Bewusstseins“ einer Gesellschaft (Tönnies 2018, S. 267), muss sich für Tönnies zwangsläufig die Frage nach der Wahrheit stellen, die in der Öffentlichen Meinung zum Ausdruck kommt: nämlich *ob* und *wie weit* und *unter welchen Bedingungen* die *Wahrheit* Aussicht habe, sich in der Öffentlichen Meinung durchzusetzen. Da es sich hierbei vornehmlich um ein Problem des „sozialen Lebens“ handelt, das durch Meinungen geprägt und gestaltet wird, stellt sich ihm die Frage nahezu zwangsläufig als genuin soziologische. „Ihr begegnet zunächst der Pilatus-Zweifel: ‚Was ist Wahrheit?‘ Vielfach *gilt* als Wahrheit eben das, was sich in der öffentlichen Meinung durchgesetzt *hat.* Wenn aber dem, was für Wahrheit gilt, das, was Wahrheit ist, entgegengesetzt wird, so muss man im Besitz eines anderen Erkenntnisgrades sein für das, was Wahrheit ist. In einigen Beziehungen wird die Wahrheit von Tatsachen niemals bestritten. Auch manche Ansichten haben von je her, und ohne dass für sie gekämpft werden musste, als wahr gegolten. Jene Frage meint solche Fälle nicht. Sie meint vielmehr, ob und so weiter es möglich sei, dass das, was in Wirklichkeit wahr *ist*, obwohl es zunächst nicht dafür gilt, gegen den Widerstand, der ihm geleistet wird, „in der öffentlichen Meinung sich durchsetzt". Als öffentliche Meinung wird hier offenbar das übereinstimmende Urteil maßgebender Personen, und als mögliches oder unmögliches Endergebnis wird gedacht, dass die wirkliche Wahrheit und die geltende Wahrheit sich decken, während sie vorher, eine bestimmte oder unbestimmte Zeit hindurch, voneinander getrennt und geschieden waren" (Tönnies 2018b, S. 43). Als „wirkliche Wahrheit" versteht Tönnies, „in Übereinstimmung mit dem, was die wissenschaftliche Arbeit der Jahrhunderte als ihr Wesen und als ihr Merkmal festgesetzt hat, das, was für den normalen menschlichen Verstand bewiesen worden ist und mit zureichenden Gründen bewiesen werden kann." Als „normal" gilt ihm „der unbefangene, das heißt durch Vorgefühl und Vorurteil nicht getrübte Verstand, der aber für manche Arten von Wahrheit einer besonderen Schulung bedarf und immer einer durch Übung gewonnenen Reife, um solche Wahrheiten zu begreifen, zu verstehen, einzusehen – um dem Beweise zugänglich zu sein und sich von der Wahrheit überzeugen zu lassen" (ebd., S. 43 f.).

Die Frage, *ob* die Wahrheit Aussicht habe, sich in der öffentlichen Meinung durchzusetzen, bejaht Tönnies uneingeschränkt. Tönnies erläutert seine Antwort am Beispiel eines Justizirrtums, der in Kenntnis neuer Fakten im Nachhinein aufgeklärt wird. Allerdings stellt sich ihm die Frage, ob es solche Umwandlungen geltender Urteile „auch in Fragen von soziologischer Tragweite, also in Bezug auf historisch oder politisch wirksame Wahrheiten von Tatsachen gibt". Auch diese Frage bejaht er. Es gebe heute eine erkleckliche Anzahl von Aussagen über Tatsachen oder Ereignisse, „die in der öffentlichen Meinung schlechthin feststehen und sich ihres Schutzes erfreuen, obgleich sie mehr oder weniger lange um ihr Dasein, das heißt um ihre Geltung, haben ringen müssen. Schopenhauer spricht von dem kurzen Siegesfest, dass der Wahrheit beschieden sei zwischen den beiden langen Zeiträumen, wo sie als paradox verdammt und als trivial gering geschätzt wurde" (ebd., S. 44).

Die Frage, *wie weit* die Wahrheit sich durchsetzen könne, wird von Tönnies durch Verweis auf seine zuvor dargestellten Beispiele dahingehend beantwortet, „dass in der Tat ein vollkommener Sieg der Wahrheit möglich ist. Man muss aber zugleich sagen, dass auch hier die Annäherung an das Vollkommene umso seltener und unwahrscheinlicher ist, je größer die Widerstände, je größer die Macht der Unwahrheit. Die Macht der Unwahrheit ist in neuerer Zeit durch die planmäßige Organisation einer auf einfältige Seelen berechneten ‚Propaganda' unermesslich gesteigert worden, die, mit den raffiniertesten Mitteln arbeitend, sich zutrauen kann, einen wahren Feldzug der Lüge und Verleumdung zu unternehmen" (ebd., S. 45 f.). Wie weit sich die Wahrheit durchsetzen wird, ist unter anderem wesentlich mitbedingt durch sozialpolitische Konstellationen, durch Macht- und Parteienverhältnisse.

Die Frage, *unter welchen Bedingungen* es der Wahrheit gelingen möge, in der öffentlichen Meinung zum Siege zu gelangen, sieht Tönnies zum Teil schon durch seine bisherigen Ausführungen als beantwortet an, „denn es lässt sich daraus ableiten, dass dieses Gelingen umso wahrscheinlicher ist, je mehr die Leidenschaften des Tages und der Unwahrheit sich abgekühlt haben, und je weniger sie also durch fortdauernde oder immer sich erneuernde Ursachen frische Nahrung erhalten; je mehr andererseits das Licht der Wahrheit durch emsige Forschung und planmäßige Tätigkeit ausgebreitet wird: sei es dass diese Forschung nur durch wissenschaftliche Beweggründe getragen und gefördert, oder dass sie durch persönliche und sachliche Interessen anderer Art unterstützt werde. Insonders nützlich ist offenbar der etwanige Fall, dass jene Leidenschaften, die der Unwahrheit ihre Kraft, der Unwahrhaftigkeit ihren Mut gaben, in Enttäuschungen und Ekel umschlagen, weil das Ziel, um dessentwillen sie angefacht wurden, als nicht erreicht den Blicken entschwindet" (ebd., S. 49).

Tönnies nennt vier Bedingungen, die für die Durchsetzung der Wahrheit günstig und hilfreich sind: (1) „dass die zu beweisende Sache auch innerlich wahrscheinlich, also die ihr entgegenstehende Unwahrheit innerlich unwahrscheinlich sei. Denn sobald als ein nicht völlig verblendetes Urteil einsieht, dass es den Eindruck der Torheit und Einfalt macht, etwas zu glauben, was kluge Leute für unglaubwürdig halten und belächeln, so regt sich alsbald das Selbstgefühl in Gestalt der Scham, und zuletzt will es niemand gewesen sein, der ‚einen solchen Unsinn' für wahr gehalten hat"; (2) „dass die innere Wahrscheinlichkeit durch äußere Zeugnisse unterstützt werde", ist eine weitere „natürliche und wichtige Bedingung. Diese Zeugnisse wirken umso stärker, je mehr sie innere Überzeugungskräfte in sich tragen, denn die öffentliche Meinung lässt sich nicht auf eine kunstreiche und verwickelte Beweisführung ein. Schlussfolgerungen sind überhaupt nicht ihre Sache. Sie will sehen und greifen, um zu *be*greifen. Zeugnisse müssen, um ihr glaubhaft zu erscheinen, klarer als das Tageslicht sein; sie müssen einen tiefen Eindruck machen, und dieser Eindruck ist umso sicherer, je mehr er nicht nur die Erkenntnis, sondern ein elementares moralisches Gefühl trifft". (3) „Das Gewicht dieser Zeugnisse wird verstärkt durch das Ansehen der Personen, die im gleichen Sinne ihre Stimme erhoben haben und erheben." Zwar „haben vornehme Namen und geistliche Würdenträger in den Ländern heutiger Zivilisation nur noch eine verhältnismäßig schwache, wenn auch keineswegs eine unbedeutende Geltung – zumal in moralischen Fragen. Ihre Autorität wird aber übertroffen durch diejenige von berühmten Männern – zuweilen auch von Frauen – der Kunst und (zumal) der Wissenschaft. Ihnen traut das Publikum ein Urteil zu, das viele andere Urteile aufwiegt" und so dazu beitragen kann, dass mancher, der zuvor unbedacht seine „unmaßgebliche Meinung" aussprach, darin erschüttert wird (ebd., S. 51 f.). (4) Zu den Bedingungen des Sieges der Wahrheit gehört des Weiteren, dass für sie gearbeitet und gekämpft wird, eine Voraussetzung, die nicht nur Mittel geistiger, sondern auch materieller Art erfordert. In diesem Zusammenhang greift Tönnies, sich der Ambivalenz dieser Bedingung, der er an anderer Stelle deutlicheren Ausdruck verleiht, mehr oder weniger bewusst auf Einsichten Machiavellis zurück. Auch er anerkennt, dass „es für den Erfolg keinen wesentlichen Unterschied macht, aus welchen Beweggründen der Kampf aufgenommen und geführt wird. Es ist denkbar, dass rein egoistische Interessen von Individuen oder Gruppen oder Parteien ihn leiten, ja es können unlautere Gründe dabei mitwirken. Aber gewiss ist, dass ein solcher Kampf nicht nur seinen Charakter, sondern auch die Wahrscheinlichkeiten seines Sieges verbessert, je mehr er von idealen Motiven, und also von einem guten Gewissen, dem Glauben an eine gute Sache, gehoben und inspiriert wird. Dieser Glaube stärkt Kraft und Mut jedes Kämpfers. Was nun in einem solchen Kampfe ein einzelner Mensch zu leisten und durchzusetzen vermag, dafür bieten die Beispiele Voltaires und Zolas gute Gewähr" (ebd., S. 52 ff.). Gleichwohl, auch der beste Kämpfer muss für seine Wahrheit Hilfskräfte um sich versammeln. Planmäßiges Zusammenwirken ist erforderlich. Die öffentliche Meinung muss von verschiedenen Seiten angegriffen und der Bearbeitung unterworfen (...) werden. Und zwar muss dies durchaus mit Beschleunigung geschehen: Ehe das feindliche Urteil feste Wurzel geschlagen hat, lässt es mit desto geringerer Mühe sich ausreuten. Zugleich aber muss diese Arbeit mit Vorsicht und mit Takt unternommen werden. Das Publikum darf die Absicht nicht zu peinlich empfinden, um nicht verstimmt zu werden" (ebd., S. 53).

Tönnies äußert hier eine Erkenntnis, die fast wortwörtlich von Machiavelli stammen könnte, und er fährt fort mit dem Verweis auf das Zeitungswesen und die Filmindustrie seiner Zeit als Instrument der Massenbeeinflussung, als Werkzeug aller Mächtigen, der Geldmächtigen, der politisch Mächtigen, der Geistmächtigen. Jede dieser Gruppen „ist umso mächtiger, je mehr sie durch die beiden anderen, oder wenigstens durch eine von diesen, unterstützt wird, aber für sich allein ist in der Regel die erste, zuweilen, aber recht selten, die dritte die mächtigste. Die Presse, wie die gesamte Literatur, gehört ihrem Wesen nach zu den Geistmächten, aber sie steht tatsächlich, und mit ihr ein großer Teil der wissenschaftlichen Literatur, im Dienste der ökonomischen Mächte; was nicht notwendigerweise, aber allzu leicht, ihre Verderbnis, die ‚Korruption', im Gefolge hat. Mit den politischen Mächten sind die geistigen Mächte ihrer Natur nach näher verwandt, aber auch hier entstehen Abhängigkeiten, die zu Fesseln werden. Auch der Kampf um die Wahrheit, und die Chancen ihres Sieges, sind an diese Bedingungen und Umstände des sozialen Lebens gebunden. Es erhellt daraus, dass der abstrakte Kampf um die Wahrheit zugleich ein Kampf um die Freiheit, die Unabhängigkeit und Würde des geistigen Lebens ist" (ebd.).

Als Ferdinand Tönnies seine „Kritik der öffentlichen Meinung" veröffentlichte, hatte der Hugenberg-Konzern, der auf den Gebieten des Nachrichten-, Presse- und Filmwesens aktiv war, eine marktbeherrschende Stellung inne und übte einen großen Einfluss auf die öffentliche Meinung aus. Unübersehbar wurde deutlich, wie sich durch Nachrichten Meinungen bilden lassen, wie sie sich an ihnen orientieren und durch sie verändert werden. Denn wer „die Meinung für sich hat, hat einen Bundesgenossen im Streite für seine Angelegenheiten; und wenn er schon Kampfgenossen *hat*, so ist deren Meinung in vielen Hinsichten für ihn wichtig: ihre Meinung von seiner Stärke und Tüchtigkeit, von den Leistungen des Gegners oder Konkurrenten, von ihren eigenen Aussichten auf Vorteil und Gewinn. Dies gilt für alle Arten des Kampfes und ist insonderheit wichtig für die Erkenntnis der politischen Parteikämpfe, die zum großen Teil mit Worten, gesprochenen und geschriebenen, also gedruckten, geführt werden. Auch für sie sind die Nachrichten, von entscheidendem Werte. Die schiere Erfindung ist das einfachste, leichteste, aber auch das gefährlichste und auch sonst wohl in inneren Kämpfen mit einigem Widerstreben angewandte Mittel, um einen Gegner bloßzustellen und ihn mit Flecken behaftet erscheinen zu lassen, die allen missfallen" (Tönnies 2018a, S. 142). Und so darf es nicht verwundern, „dass nur ein Teil der Nachrichten, insbesondere der politischen, aus wahren und richtigen Nachrichten besteht. Sie werden gefälscht durch Irrtümer, Missverständnisse, Nachlässigkeiten, aber auch, und zwar in hohem Maße, durch Absichten. Die Täuschung durch Lüge ist hier, wie sonst im Verkehre der Menschen, ein Mittel für mannigfache Zwecke. Am stärksten und deutlichsten treten diese im Kriege hervor. Hier ist ins Ungeheure und Gewaltsame gesteigert, was sonst in jedem Parteikampfe auch beobachtet wird“ (ebd., S. 140). Tönnies verweist in diesem Zusammenhang sehr ausführlich auf die Vereinnahmung der Presse durch die Politik im ersten Weltkrieg (ebd., S. 645 ff.). Aber nicht nur dort, sondern auch „im Gebiete der Handelsnachrichten haben Fälschung und Lüge ihre sehr bedeutenden Wirkungen. Politische Nachrichten werden zu Handelsnachrichten verwandt, um im Sinne des Käufers oder Verkäufers zu wirken. Man will verkaufen: so wünscht man Höhe der Preise (Hausse). Man will kaufen: so wünscht man tiefe der Preise (Baisse). Auf beides kann mit Kunst und Künsten hingearbeitet werden. Genügen dazu wahre Nachrichten, gut; genügen sie nicht, so werden Gerüchte für Wahrheiten ausgegeben, unbedeutende Tatsachen durch Übertreibung in gewaltige verwandelt, oder endlich erschütternde Begebenheiten einfach erfunden“ (ebd., S. 141).

Entscheidend ist dabei für Tönnies, dass all diese Vorkommnisse in ihrer jeweiligen Besonderung und Eigentümlichkeit nur Ausdruck allgemeinerer, grundlegenderer Verkehrsformen und Verhaltensmuster sind, die der modernen bürgerlichen Gesellschaft ihre Prägung geben. Für ihn besteht gar kein Zweifel daran, dass die Lüge eines ihrer charakteristischen Merkmale ist (Tönnies 2017, S. 216). In der ersten Auflage von „Gemeinschaft und Gesellschaft“ hieß es an derselben Stelle im Text noch viel dramatischer, „dass *die Lüge Grundlage der Gesellschaft ist*“ (Hervorhebung durch Tönnies). Diese Zuschreibung erklärt und begründet er aus der Struktur des ihr zugrunde liegenden, sie konstituierenden Warentauschs, die in der Person des Händlers ihren idealtypischen Repräsentanten findet. Zwar „kann der Handel, wie jedes andere Gewerbe, redlich und in gewissenhafter Weise betrieben werden. Aber er führt und verführt, je mehr er planmäßig, also im großen Stile sich geltend macht, umso mehr zu Listen und Lügen, als mannigfach wirksamen Mitteln zur Erzielung hoher Gewinne oder zur Deckung von Schaden. Der unbedingte Wille, sich zu bereichern, macht den Kaufmann rücksichtslos und zum Typus des egoistisch-willkürlichen Individuums, dem auch alle Mitmenschen – wenigstens außerhalb seiner nächsten Freundschaft – nur Mittel und Werkzeuge für seine Zwecke sind; er ist der eigentlich gesellschaftliche Mensch. ... Die Worte, die er wählt, sind berechnet für ihre Wirkung; daher gehen auch die wahren, wenn minder wirksam, so leicht in die Lüge als die wirksamere Methode über. Diejenige Lüge gilt innerhalb des Handels nicht als unzulässig, weil nicht als Betrug, die da bloß bestimmt ist, die Kauflust zu erregen und nicht, die Ware über ihrem Werte zu verkaufen. Aber manches, was an berechneten Worten im Systeme des Handels notwendig, ist, wenn nicht eigentlich Lüge, so doch seinem Wesen nach Unwahrheit, weil das Wort seine Qualitäten eingebüßt hat und (gleich allen möglichen Sachen) zu einer bloßen Quantität angewandter Mittel erniedrigt wird. So wird in ihrem weiteren Sinne die Lüge ein charakteristisches Element der Gesellschaft" (ebd., S. 215 f.)

Der Händler, die Personifizierung dieses Prinzips, oder der „Streber", als den Tönnies diesen Typus auch bezeichnet, „darf kein Bedenken tragen, irgendwelchen Schein anzunehmen, dessen Wirkung diejenige eines gleichen Wirklichen sein kann. Was das wahrgesprochene Wort vereiteln würde, kann die Lüge verbessern. Seine Gefühle zurückzuhalten, wenn sie hässlich und abscheulich sind, lehrt das Gewissen. Sie zu verbergen, wo ihre Offenbarung schädlich sein kann, ist Begriff und Regel gemeiner Lebensklugheit. Aber ihre Äußerungen anzunehmen und abzulegen, je nach Forderung der Umstände, ja oft die Zeichen entgegengesetzter Empfindungen vor sich herzutragen, als der wirklich gehegten, vor allem aber seine *Absichten* zu verstecken, oder doch Ungewissheit darüber auszubreiten: das ist einer Handlungsweise eigen, die durch *Berechnung* geleitet wird … Der Streber will nichts umsonst tun; alles, was er tut, soll ihm etwas eintragen; was er ausgibt, soll in anderer Gestalt zu ihm zurückkehren, er ist stets auf seinen Vorteil bedacht; er ist interessiert. Der Berechnende will nur ein endliches Ergebnis: er tut vieles scheinbar umsonst, aber in seinem Kalkül ist es vorgesehen und nach seinem Werte verzeichnet; und der Abschluss seiner Handlungen soll nicht bloß allen Verlust wieder aufheben, sondern dazu einen Gewinn ergeben, dem kein Teil des ursprünglichen Aufwandes entspricht – dieser Gewinn ist der Zweck, und darf keine besonderen Mittel gekostet haben, sondern nur durch richtige Dispositionen der vorhandenen, durch Berechnung und Vorbereitung ihres Gebrauches, nach Zeit und Ort, erzielt werden" (ebd., S. 151 f.). „Bestrebung", „Berechnung", „Bewusstheit" führt Tönnies als Charaktereigenschaft dieses Typs an, die sein Wollen, Denken und Handeln bestimmen.

Der Roman

Wenn ein Ereignis von historischer Tragweite in seiner Struktur durchschaut und auf den Begriff gebracht worden ist, dann lässt es sich in didaktisch aufbereiteter Form, etwa in der eines Romans, als Lehrstück einer breiteren Öffentlichkeit zugänglich machen. Mit dem Buch „Das ist bei uns nicht möglich" hat Sinclair Lewis einen solchen Versuch unternommen. Er entsprach damit dem von Thom Wolfe 1989 publizierten „Manifest für den großen, wahren Roman", in dem er von Schriftstellern journalistische Arbeitsweisen, vor allem mehr Realismus durch intensive Recherche verlangte. Erzählt wird in dem Buch von Lewis die Geschichte des durch merkwürdige Umstände an die Macht gekommenen US-Präsidenten Berzelius „Buzz" Windrip und seines Chefstrategen Lee Sarason. Windrip misst der Außenpolitik seines Landes wenig Bedeutung zu, sieht sich aber gleichwohl als „Dirigent des Weltorchesters". Von der Presse hält er nicht viel; die Verleger seien „stets besessen von der Sorge, wie sie ihre Lügen den Leuten noch besser aufschwatzen … und ihre gierigen Brieftaschen durch Verleumdung von Staatsmännern füllen" können. Er spricht mit seinen Mitarbeitern in einem äußerst ruppigen Befehlston und weiß nach den Reden, die er oft und gern hält, häufig selbst nicht mehr, ob er sich für oder gegen eine Sache ausgesprochen hat. Im Hintergrund agiert als graue Eminenz ein geheimnisvoller Mann, eben jener Lee Sarason, von dem man nur weiß, das er Chefredakteur einer Zeitung gewesen ist. Angetreten ist Windrip, der vor der Wahl zum Präsidenten enge Wirtschaftsbeziehungen zu Russland unterhalten hat, mit dem Versprechen, die Gesellschaft der Vereinigten Staaten gerechter und „aus Amerika wieder ein stolzes, reiches Land zu machen".

Dem Leser, der Leserin des Romans dürfte es nicht schwer fallen, in Berzelius Windrip Donald J. Trump und in Lee Sarason Stephen „Steve" Bannon wiederzuerkennen. Einzelne Szenen des Romans zum Beispiel lesen sich wie Paraphrasierungen der Verlautbarungen Trumps und seiner Pressesprecher. So hatte Trump nach den Feierlichkeiten aus Anlass seines Wahlsieges verkündet, in Washington hätten sich Hundertausende von Menschen versammelt, um ihm zuzujubeln, eine Zahl, die, wie sich herausstellte, viel zu hoch gegriffen war, von seinen Pressesprechern aber, davon unbeeindruckt, weiterhin verteidigt wurde. Im Roman heißt es in vergleichbarer Weise unter anderem, dass der Satz „Die fünfzigtausendköpfige Menge, die Präsident Windrip im Universitätsstadion von Iowa-City grüßte, war ein eindrucksvoller Beweis für das beständig wachsende Interesse aller Amerikaner am politischen Leben" von der Zensur abgeändert wurde in „Die gewaltige und begeisterte Menge von siebzigtausend treuen Bewunderern, die dem Chef (d. i. Präsident Windrip, A. B.), anlässlich seiner packenden Ansprache im herrlichen Universitätsstadion des schönen Iowa-City, Iowa, stürmisch zujubelten, ist ein eindrucksvoller, aber bereits typischer Beweis für die wachsende Inbrunst, mit der sich alle echten Amerikaner dem Studium der Politik unter der befruchtenden Ägide der Korpo-Regierung (d. i. die Regierung Windrips, A. B.) hingeben" (Lewis 2017, S. 236). Auch die im Buch geschilderten Rahmenbedingungen, die den Wahlsieg Windrips ermöglichten, finden ihre Entsprechung in der sozialen Realität der Vereinigten Staaten Donald Trumps: der Hass auf die politische Elite, auf den „hochnäsigen Intellektualismus" und den ganzen „Geistbetrieb". Die weiße Mittelschicht im Mittleren Westen fühlt sich vernachlässigt und hat sich in der „Liga der Vergessenen Männer" organisiert. Das Establishment empfindet das Verhalten des neuen Präsidenten als überaus rüpelhaft und unschicklich. Es war deshalb ursprünglich davon ausgegangen, dass der „anständige und geradezu gespenstisch ehrliche" Gegenkandidat der anderen Partei (eine Figur, die sofort an den realen Bernie Sanders denken lässt) die Wahl gewinnen und alles beim Alten bleiben werde. Zum Erstaunen aller aber ist es völlig anders gekommen.

Sinclair Lewis schildert nicht nur den Machtmissbrauch und die Korruption Einzelner, sondern, viel grundlegender, die Krise eines plutokratisch verkommenen Liberalismus (vgl. Streeck 2015, Zielonka 2019), versinnbildlicht im Erschrecken und in der Hilflosigkeit eines sich als aufgeklärt, gebildet und gut informiert verstehenden Bürgertums, das sich einem stetig steigernden und immer aggressiver werdenden Zorn der Massen ausgesetzt sieht, wie er aktuell in soziologischer Diktion bei Mishra (2017) geschildert wird.

Assoziationen zur jüngsten Entwicklung in den USA unter der Trump-Regierung stellen sich beim Lesen des Buches nahezu zwangsläufig ein, etwa bei der Schilderung des täglichen Kampfes um Wahrheit und Deutungshoheit in der öffentlichen Meinung, der nicht selten zur Folge hat, dass aus *Fake News* politische Taten folgen. Entsprechende Hinweise finden sich in der Autobiographie Berzelius Windrips „Die Stunde null", die unmittelbar an Tönnies' zweite Bedingung zur Durchsetzung von Wahrheiten denken lässt: „Der rechtschaffene Propagandist einer Sache, das heißt ein Mann, der sich rechtschaffen den Kopf darüber zerbricht, wie er seine Weisheit am wirksamsten an den Mann bringt, wird früh genug dahinterkommen, dass es nicht guttut, den Durchschnittsmenschen mit Fakten zu füttern, die der Gebildete ohne weiteres verdauen mag. Und er wird um eine scheinbar kleine, aber unschätzbare Einsicht reicher sein, wenn er, etwa bei häufigem Sprechen, die Erfahrung gemacht hat, dass seine beste Zeit der Abend ist, wenn die Menschen müde von der Arbeit sind und weniger imstande, ihm zu widerstehen" (Lewis 2017, S. 210).

Tatsächlich hat Sinclair Lewis seinen Roman nicht 2017 oder 2018, sondern 1935 vollendet. Von der politischen Praxis eines Donald J. Trump, die offensichtlich der äußere Anlass war, dass der Roman neu aufgelegt wurde, konnte er noch nichts wissen. Wohl aber dürfte er die Theorie Machiavellis gekannt haben, weniger hingegen die „Kritik der öffentlichen Meinung“ von Tönnies, dafür aber umso mehr die gleichfalls kritischen Schriften und Romane Upton Sinclairs, den er in seinem Buch auch des Öfteren nennt. All das spricht dafür, dass es sich bei dem Phänomen „Trump“ weniger um einen Ausnahmezustand der parlamentarischen Demokratie, um einen Ausrutscher in deren Geschichte handelt, sondern um den momentanen Ausdruck einer lang andauernden Strukturkrise eines plutokratischen Liberalismus (aktuell und exemplarisch: Blühdorn 2013, Crouch 2008. Guéhenno 1994). Wenn heute in sozialhistorischer Perspektive von einer „Welt im Zwiespalt“ (Wolfrum 2017), von einem „Zeitalter des Zorns“ (Mishra 2017) gesprochen wird, dann ist es Sinclair Lewis zweifellos in überzeugender Weise gelungen, die vielfältigen Krisenerscheinungen *dieser* Welt und *dieser* Zeit in seinem Roman zu bündeln und einer größeren Öffentlichkeit näherzubringen.

Das Romangeschehen nimmt kein gutes Ende. Schleichend werden die Mechanismen der parlamentarischen Demokratie außer Kraft gesetzt, und an ihre Stelle treten nach und nach die Regulative einer cäsaristischen Diktatur von Windrips Gnaden. Insofern ist der Analogieschluss von Windrip zu Trump, den Jan Brandt in seinem Nachwort zum Buch stark überzieht, nur von sehr begrenzter Aussagekraft. Sinclair Lewis, Nobelpreisträger für Literatur von 1930, hatte seinerzeit zweifellos die politischen Entwicklungen in Deutschland und Italien vor Augen, eine Situation, die in ihrer Dramatik auf den Alltag der USA unter Trump kaum zutrifft. Was er aber deutlich machte, ist, wie aus *strukturell* angelegten Möglichkeiten Realität werden kann, wie das politische Versagen und die politische Naivität des sogenannten aufgeklärten, des gebildeten Bürgertums einem Windrip ermöglicht, legal an die Macht zu kommen. Einer der liberaldemokratischen und toleranten Protagonisten des Romangeschehens, der Journalist Doremus Jessup, muss sich, nachdem er im Gefängnis gelandet ist, selbstkritisch eingestehen: „Die Tyrannei dieser Diktatur ist nicht so sehr das Werk des Großkapitals oder der Demagogen, die ihr schmutziges Geschäft betreiben, sondern sie ist das Werk des Doremus Jessup! All der gewissenhaften, ehrbaren, nachsichtigen Doremus Jessups, die den Demagogen das Tor geöffnet haben, weil sie sich nicht heftig genug widersetzten. … Die bürgerliche Oberschicht, die sich für überlegen hielt, weil sie wohlhabend war und das, was sie ‚gebildet‘ nannte – ja, *wir* haben die faschistische Diktatur verschuldet. … Ich habe kein Recht … Buzz Windrip zu beschuldigen, nur meine eigene feige Seele und mein träges Herz“ (Lewis 2017, S. 216 f.).

Das Resümee

In den Verkehrsformen und Verhaltensmustern, die Trump in aller Öffentlichkeit an den Tag legt, konkretisieren sich empirisch

- taktische Handlungsanleitungen, die Machiavelli als politische Strategie theoretisch entworfen und begründet hat, vergleichbar den Handlungsempfehlungen heutiger Management- und Unternehmensberater;
- sozialpsychologische Verhaltensdispositionen, denen Bewegungsgesetze und Strukturmerkmale einer Gesellschaftsformation zugrunde liegen, die Tönnies auf den Begriff gebracht und kritisiert hat;
- persönlichkeitsprägende Charakterprofile, gesellschaftliche Normen und sozialökonomische Regulative, die Sinclair Lewis gewissermaßen didaktisch in eine belletristische Form überführt hat und so für eine größere Leserschaft in ihren Ursachen, Voraussetzungen und Folgen verständlich und emotional nachvollziehbar gemacht hat.

Machiavellis Handlungsanweisungen sind insofern ambivalent, weil sich in ihnen die Widersprüchlichkeiten einer Epochenwende ausdrücken (König 1979), in der bislang unhinterfragte Selbstverständlichkeiten zunehmend verloren gehen, neue Regulative sich aber noch nicht gefestigt haben. Einerseits wurden sie formuliert zu einer Zeit, die noch weitgehend feudalistisch geprägt war. Die Macht der Herrschenden legitimierte sich überwiegend durch Geburt, Abstammung und Gottesgnade. Andererseits basierten sie auf rationalen Einsichten und beanspruchten für sich wissenschaftliche Autorität. Letzteres war gerechtfertigt, weil sie auf Erfahrungen gründeten und sich an Fürsten in Stadtstaaten richteten, in denen aufgrund der aufkommenden Handels- und Bankgeschäfte sich ansatzweise bürgerliche Verkehrsformen und die ihnen entsprechenden Rationalitätsmuster entfalteten. Republikanische Regierungsformen traten in Konkurrenz zu tradierten Herrschaftssystemen. Es entwickelte sich ein aufgeklärter Absolutismus, und damit kam der öffentlichen Meinung, die eine wesentliche Rolle in den Ratschlägen Machiavellis spielt, eine hohe Bedeutung zu (Tönnies 2018a, S. 197 f.).

Nun gibt es gute Gründe, anzunehmen, dass wir uns heute in einer vergleichbaren Umbruchssituation befinden (Bammé 2011, S. 237 ff., S. 686 ff.), allerdings mit umgekehrten Vorzeichen. Die Erwartung, dass eine liberale Gesellschaftsordnung, vermittelt über den Automatismus des Marktes, von selbst die erforderlichen sittlichen Grundlagen für ein gedeihliches Zusammenleben der Menschen auf diesem Planeten schaffen werde, hat sich als irrig erwiesen (Lessenich 2016), eine Einsicht im Übrigen, die schon sehr früh zur Geburt des *Ordo*-Liberalismus führte (Dietze et al. 2008, S. 106). Denn unter der Hand verwandelt sich die parlamentarische Demokratie in ihrem Kern mehr und mehr in eine Plutokratie, in eine politische Herrschaft des Geldes. Verschleiert wird das Geschehen durch spektakuläre Wahlkampfmanöver, ein Metier, das Donald Trump hervorragend beherrscht, sowie die Beeinflussung der öffentlichen Meinung durch die Medien. Hinter dem Geld stehen Magnaten und Konzerne (Bode 2018), so dass die tagespolitischen Auseinandersetzungen der Parteien im Parlament zur bloßen Fassade der eigentlichen Interessenkämpfe kleiner kapitalistischer Eliten zu verkommen drohen. Für die hinter den Kulissen agierenden Plutokraten und ihre Lobbyisten bildet diese inszenierte Öffentlichkeit eine von außen undurchschaubare Nebelwand, hinter der ein nackter Kampf um Macht und Einfluss stattfindet. Sie wird aber in dem Maße durchschaubar, in dem die herrschenden Ideologien brüchig werden und an Glaubwürdigkeit verlieren (Blühdorn 2013, Couch 2008). Die zunehmend entwurzelten, von den gesellschaftlichen Eliten abgekoppelten Massen, deren Lage aufgrund der ökonomischen und technischen Entwicklung immer unerträglicher wird, rebellieren gegen ihr Los, ohne jedoch fähig zu sein, eine alternative Gesellschaftsordnung zu entwickeln. Rückwärts gewandte rechtspopulistische Bewegungen gewinnen dadurch zunehmend an Einfluss, so dass die Gefahr entsteht, dass am Ende die Macht in reiner, klarer Form das politische Tagesgeschehen an sich reißt: als Cäsarismus, wie er bei Max Weber (1968, S. 159 ff.; 1985, S. 554 f.), Oswald Spengler (1986, S. 1101 ff.) oder Ferdinand Tönnies (2018a, S. 210 ff.) beschrieben wird. Cäsarismus, bezogen auf heutige Verhältnisse, bedeutet dann die Refeudalisierung des Kapitalismus, ein Prozessgeschehen, das sich durchaus in unterschiedlichen Formen vollziehen kann, in den USA anders als in Russland oder in China. Trump wäre dabei nur der Repräsentant eines möglichen Prototyps unter anderen bzw. die Vorform eines solchen Prototyps. Dieser neue Feudalismus beruht nicht auf Geburt, Abstammung und Gottesgnade, sondern auf der Macht des Geldes. Seine Repräsentanten sind heute nicht mehr so sehr einzelne Feudalherren, deren reale Macht sich aus vererbtem oder erworbenem Grundbesitz herleitet, sondern global agierende Konzerne und ihre Manager.

Die Möglichkeit der Rückkehr zu quasi-feudalistischen Zuständen wird in der Soziologie heute noch kaum diskutiert. Schlagworte wie „mentaler Kapitalismus“ (Franck 2005), „Kulturalisierung des Kapitalismus“ (Reckwitz 2017, S. 25), „Ökonomie der Aufmerksamkeit“ (Franck 1998) prägen stattdessen die Diskussion. Was sich dahinter verbirgt, ist die Kapitalisierung der Kultur, nicht so sehr die Kulturalisierung des Kapitalismus. Die im deutschen Sprachraum tradierte Differenz zwischen Kultur und Zivilisation wird eingeebnet. Der *cultural lag* (Ogburn 1922) wird aufgehoben. Zu Recht konnte Dieter Claessens bereits 1973 sehr hellsichtig vom „Kapitalismus als Kultur", das heißt, von der Kultur des Kapitalismus sprechen, was bedeutet, dass es keine Kultur mehr oberhalb oder außerhalb des Kapitalismus geben wird, die ihren Ursprung aus der Vormoderne bezieht und von daher eine ihr eigene Authentizität abzuleiten und zu bewahren vermag. Nichts anderes beinhalten die eben genannten Schlagworte. Es ist diese Spätphase der abendländischen Kultur im Übergang zum quasi-feudalistischen Cäsarismus, die Tönnies *in the long run* immer wieder – darin, wenngleich in völlig anderer Begründung, mit Spengler übereinstimmend (Tönnies 2017, S. 429) – als nicht überlebensfähig bezeichnet hat (1923, S. 235; 1925, S. 74; 2017, S. 323, S. 329).

Referenztexte

Bacon, Francis (1901): The Advancement of Learning. New York: Collier and Son (1605)

Bammé, Arno (2011): Homo occidentalis. Von der Anschauung zur Bemächtigung der Welt. Zäsuren abendländischer Epistemologie. Weilerswist: Velbrück

Bammé, Arno (2015): Science Wars. Von der akademischen zur postakademischen Wissenschaft. Marburg: Metropolis (2004)

Bammé, Arno (2018): Ferdinand Tönnies. Eine Einführung. Marburg: Metropolis

Blühdorn, Ingolfur (2013): Simulative Demokratie. Neue Politik nach der postdemokratischen Wende. Frankfurt a.M.: Suhrkamp

Bode, Thilo (2018): Die Diktatur der Konzerne. Wie globale Unternehmen uns schaden und die Demokratie zerstören. Frankfurt a.M.: Fischer

Claessens, Dieter (1973): Kapitalismus als Kultur. Düsseldorf und Köln: Diederichs

Crouch, Colin (2008): Postdemokratie. Frankfurt a.M.: Suhrkamp (2004)

Dietze, Constantin von; Eucken, Walter; Lampe, Adolf (2008): Wirtschafts- und Sozialordnung (1943). In: Goldschmidt, Nils; Wolgemuth, Michael (Hg.): Grundtexte zur Freiburger Tradition der Ordnungsökonomik. Tübingen: Mohr, S. 99-115

Franck, Georg (1998): Ökonomie der Aufmerksamkeit. Ein Entwurf. München: und Wien: Hanser

Franck, Georg (2005): Mentaler Kapitalismus. Eine politische Ökonomie des Geistes. München und Wien: Hanser

Gomperz, Heinrich (1915): Philosophie des Krieges in Umrissen. Gotha: Perthes

Guéhenno, Jean-Marie (1994): Das Ende der Demokratie. München und Zürich: Artemis & Winkler (1993)

Haas, Hannes; Wallisch, Gian-Luca (1991): Literarischer Journalismus oder journalistische Literatur. In: Publizistik, Jg. 36, Heft 3, S. 298-314

Köhler, Peter (2018): Leonardos Fahrrad. Die berühmtesten Fake News von Ramses bis Trump. München: Beck

König, René (1979): Machiavelli. Krisenanalyse einer Zeitenwende. München und Wien: Hanser

Lessenich, Stephan (2016): Neben uns die Sintflut. Die Externalisierungsgesellschaft und ihr Preis. Berlin: Hanser

Lewis, Sinclair (2017): Das ist bei uns nicht möglich. Roman. Berlin: Aufbau (1935)

Longerich, Peter (1992): Nationalsozialistische Propaganda. In: Bracher, Karl Dietrich; Funke, Manfred; Jacobsen, Hans-Adolf (Hg.): Deutschland 1933-1945. Neue Studien zur nationalsozialistischen Herrschaft. Düsseldorf: Droste, S. 291-314

Machiavelli, Niccolò (1961): Der Fürst. Stuttgart: Reclam (1532)

Mishra, Pankaj (2017): Das Zeitalter des Zorns. Eine Geschichte der Gegenwart. Frankfurt a.M.: Fischer

Ogburn, William F. (1922): Social change with respect to culture and original nature. New York: Huebsch

Reckwitz, Andreas (2017): Die Gesellschaft der Singularitäten. Zum Strukturwandel der Moderne. Berlin: Suhrkamp

Sagen, was ist. In: Der Spiegel vom 22.12.2018, Nr. 53, S. 36-58

Sanders, Bernie (2017): Unsere Revolution. Wir brauchen eine gerechte Gesellschaft. Berlin: Ullstein (2016)

Sinclair, Upton (1978): Der Dschungel. Roman. Frankfurt a.M.: MÄRZ (1906)

Spengler, Oswald (1986): Der Untergang des Abendlandes. Umrisse einer Morphologie der Weltgeschichte. München: dtv (1923)

Streeck, Wolfgang (2015): Gekaufte Zeit. Die vertagte Krise des demokratischen Kapitalismus. Berlin: Suhrkamp (2013)

Tönnies, Ferdinand (1923): Selbstdarstellung. In: Schmidt, Raymund (Hg.): Die Philosophie der Gegenwart in Selbstdarstellungen. Leipzig: Meiner (1922)

Tönnies, Ferdinand (1925): Soziologische Studien und Kritiken. Erste Sammlung. Jena: Fischer

Tönnies, Ferdinand (2017): Gemeinschaft und Gesellschaft. Grundbegriffe der reinen Soziologie. München und Wien: Profil (1887) (ebenfalls in: Ferdinand-Tönnies-Gesamtausgabe Band 2. Berlin und New York: de Gruyter 2019)

Tönnies, Ferdinand (2018): Einführung in die Soziologie. München und Wien: Profil (1931)

Tönnies, Ferdinand (2018a): Kritik der öffentlichen Meinung. München und Wien: Profil (1922) (ebenfalls in: Ferdinand-Tönnies-Gesamtausgabe Band 14. Berlin und New York: de Gruyter 2002)

Tönnies, Ferdinand (2018b): Schriften zur Kritik der öffentlichen Meinung. München und Wien: Profil

Tönnies, Ferdinand (2019): Soziologische Schriften 1916-1920. München und Wien: Profil

Trump, Donald J. (2004): Think Like a Billionaire. New York: Ballantine Books

Trump, Donald J. (2007): Think Big and Kick Ass: In Business and in Life. New York: HarperCollins

Trump, Donald J. (2015): Crippled America: How to Make America Great Again. New York: Threshold Editions

Warde, Ibrahim (2018): Das Trump'sche Gesetz. In: Le Monde diplomatique, Jg. 24, Nr. 6, S. 1 und 6

Weber, Max (1968): Soziologie. Weltgeschichtliche Analysen. Politik. Stuttgart: Kröner

Weber, Max (1985): Wirtschaft und Gesellschaft. Grundriss der verstehenden Soziologie. Tübingen: Mohr (1922)

Weichert, Stephan; Zabel, Christian (Hg.) (2007): Die Alpha-Journalisten. Deutschlands Wortführer im Porträt. Köln: Halem

Wolfe, Tom (1990): Dichter in den Dreck. Manifest für den großen, wahren Roman (1989). In: TransAtlantik, Heft 3, S. 14-22

Wolff, Michael (2018): Fire and Fury: Inside the Trump White House. New York: Henry Holt

Wolfrum, Edgar (2017): Welt im Zwiespalt. Eine andere Geschichte des 20. Jahrhunderts. Frankfurt a.M.: Fischer

Zielonka, Jan (2019): Konterevolution. Der Rückzug des liberalen Europa. Frankfurt a.M. und New York: Campus

Die Normalität des Krieges

Ein blinder Fleck der Soziologie

I.

Alle Menschen möchten in Frieden leben. Und doch werden ständig Kriege geführt. Offensichtlich gehört der Krieg zu den Elementarerscheinungen zwischenmenschlichen Zusammenlebens und ist, unabhängig von Raum und Zeit, im tiefsten Wesen des Menschen verankert (Mohrs 1995). Auf die Frage, warum es keine kulturelle Überformung, wie Bildung und Erziehung sie darstellen, bislang vermochte, die Menschen von Krieg und Massenmord abzuhalten, obwohl doch alle Menschen für den Frieden und gegen den Krieg sind, lautet die Antwort der Evolutionstheorie (Mohr 1987): Der Mensch sei genetisch auf das Überleben in überschaubaren Kleingruppen unter den Überlebensbedingungen des Pleistozäns eingerichtet. Sein evolutionäres Erbe, insbesondere seine „kollektive Aggressionskompetenz", der Destruktionstrieb „zum Hassen und Vernichten", wie Freud ihn bezeichnet, setze seinem Verhalten noch auf lange Sicht bestimmte, nicht überschreitbare Grenzen. Merkwürdigerweise ist Krieg, anders als in der Evolutionstheorie, nie zu einem Thema der Soziologie geworden. „Kriegsverdrängung" und „Kriegsvergessenheit" (Joas und Knöbl 2008) sind geradezu ein Charakteristikum moderner Gesellschaftstheorien. Während die Darstellung des Krieges sowohl in der Belletristik (exemplarisch Jünger 2008) als auch in der Publizistik (exemplarisch Bartsch et al. 2008, Schönberger 2014) einen breiten Raum einnimmt, ist er als Thema in der Soziologie kaum präsent. Dabei hätte sich ja angeboten, die extremen Verhaltensweisen und Erfahrungen des Kriegsgeschehens zu nutzen, um beispielsweise herkömmliche handlungstheoretische Modelle darauf hin zu überprüfen, was aus Extremsituationen für das „normale" Handeln der Menschen gelernt werden kann, wie wichtig etwa Sicherheit, Eindeutigkeit und Vertrauen für die reibungslose Bewältigung von Alltagssituationen sind.

Für Welzer (2008) hängt diese Abstinenz mit der Struktur sozialwissenschaftlicher Disziplinen zusammen. Eine seit zwei Generationen anhaltende Friedens- und Prosperitätsphase in den westlichen Ländern, dem vorrangigen Untersuchungsobjekt von Soziologen und mehrheitlich zugleich deren heimatliches Umfeld, habe dafür gesorgt, dass man Stabilität für das Erwartbare und Instabilität für die Ausnahme hält. Auch für Joas und Knöbl hat die innere Widersprüchlichkeit der Moderne, wie sie sich in zwei Weltkriegen und staatlich organisiertem Massenmord äußerte, in den gegenwärtigen Gesellschaftstheorien von Habermas über Luhmann und Bourdieu bis Foucault keinen Niederschlag gefunden, der ihrer Bedeutung angemessen wäre. Im Gegenteil, Kriege werden als extreme Ausnahmen, als vorübergehende Störungen eines insgesamt gewaltfreien zivilisatorischen Prozesses wahrgenommen. Joas und Knöbl führen diese, mit Freud zu sprechen, „Verdrängungsleistung" auf das Weltbild des in der europäischen Aufklärung wurzelnden Liberalismus zurück, das all diesen Theorien mehr oder weniger zugrunde liegt und nur gesellschaftlichen Fortschritt kennt. Eine dritte Deutungsvariante findet sich bei Mühlmann (1996). Für ihn äußert sich in der Neigung, nicht über den Krieg zu sprechen, ein spezifisches Charakteristikum kultur- und geisteswissenschaftlichen Denkens, das Distanz hält zu den „Banalitäten des Alltags". Es sei bezeichnend, dass die für den Westen prototypische Philosophie nicht über die aggressive, unterdrückende, kolonisierende Außenseite ihrer eigenen Kultur spreche. Diese Sprachlosigkeit gegenüber dem Krieg ließe sich als neue Definition der Philosophie benutzen. „Danach wäre Philosophie ein genau definierter Kommunikationsbereich innerhalb von Kriegskulturen, dessen Symbolsystem so manipuliert worden ist, dass es sich nicht auf den Krieg beziehen kann". Ja, man könnte noch einen Schritt weiter gehen und „epidemologische Landkarten der Staaten Europas anfertigen und auf ihnen eintragen, wie stark in den verschiedenen Staaten die Kultur von der autonomen Philosophie geprägt ist und wie sehr sich die Nationen auf dem Gebiet des Krieges, der Kriegsverbrechen und des Völkermords hervorgetan haben".

II.

Die menschliche, insbesondere auch die abendländische Kultur ist massiv durch kriegerische Auseinandersetzungen geprägt worden. Nicht selten stellte der Krieg eine überaus wirksame kulturelle Triebkraft dar. Aber Kämpfe und Konflikte haben als nie und nirgendwo fehlende Begleiterscheinung der menschlichen und sozialen Entwicklung in der soziologischen Begriffsarchitektur keine nennenswerte Berücksichtigung gefunden. Joas und Knöbl vermuten, „dass diese merkwürdige Aufmerksamkeitsverteilung aus der Bindung der westlichen Sozialwissenschaften an das Weltbild des Liberalismus herrührt.“ Für die Mehrzahl ihrer Theoretiker galt und gilt nach wie vor, dass sie, selbst wenn sie versuchten, eine systematisch angelegte Interpretation der Moderne vorzulegen, überraschenderweise fast immer dem Phänomen des Krieges vollständig oder weitgehend ausgewichen sind. Stattdessen erscheint „bei ihnen, sofern sie an historischen Analysen überhaupt interessiert sind und sich nicht auf Momentaufnahmen der Gesellschaft oder flüchtige Zeitdiagnosen beschränken, die Geschichte der letzten Jahrhunderte als ein mehr oder weniger linearer Differenzierungs- und Rationalisierungsprozess, ganz so, als ob der soziale Wandel stets ein friedliches, geradezu harmonisches Fortschreiten gewesen wäre und es in der Moderne nicht immer wieder Phasen massiver zwischenstaatlicher Gewalt gegeben hätte“ (Joas und Knöbl 2008, S. 11 f.). Das ist umso verwunderlicher, als es zum Beispiel kaum einen Nationalstaat gibt, der seine Entstehung nicht kriegerischen Auseinandersetzungen verdankt. Oder, um ein anderes, ein zunehmend aktueller werdendes Beispiel zu nennen: Es gibt kaum soziologische Analysen über die sozialen Auswirkungen in der Kohärenz von Gesellschaften, wenn der Meeresspiegel um fünf Zentimeter steigen würde, also darüber, wie sich meteorologische Ereignisse als soziale Ereignisse darstellen (Migration, Ressourcenverknappung etc.). Nach Angaben der UNO befinden sich gegenwärtig 48 Millionen Menschen weltweit auf der Flucht. Die Wanderungsbewegungen sind offensichtlich Vorboten für Dutzende von Kriegen (Rinke und Schwägerl 2012), aber es gibt keine soziologisch fundierten Vorschläge zur Ordnung der Welt für die Zeit nach diesen Wanderungsbewegungen. Dass der Krieg als gewaltige Transformationskraft, dass der Sachverhalt kriegerischer Überformungen von Gesellschaften in Sozialtheorien nicht vorkommt, erschwert es, blutige Auseinandersetzungen und unblutige Rivalitäten von Ethnien, Kulturen, etwa in Frankreich, als Hinweis auf die mögliche Zukunft permanenter Bürgerkriege in Europa (Enzensberger 1993) zu beschreiben und vernünftige, soziologisch durchdachte Gegenstrategien zu entwickeln. Noch bis Ende April 2014 hielten es 98 Prozent der Bevölkerung in Deutschland für völlig ausgeschlossen, dass es in Europa jemals wieder zu einem Krieg kommen könnte. Irritationen ergaben sich erst seit den Vorgängen in der Ukraine und in Nahost.

Würde man hingegen den Krieg in all seinen Erscheinungsformen vorbehaltlos als systematisches soziales Geschehen reflektieren, das heißt, nicht als Unglücksfall der Geschichte oder Rückfall in die Barbarei, sondern als strategische, periodische Veranstaltung, käme man zu einem vergleichbaren Verständnis der gesellschaftlichen Entwicklung wie Ulrich Beck mit dem Begriff des Risikos (1986). Für Joas und Knöbl ist der Krieg deshalb, insbesondere auch unter gesellschaftstheoretischen Gesichtspunkten, ein unhintergehbares Desiderat, weil die Beschäftigung mit ihm zweifellos zu Revisionen und Umorientierungen von Grundannahmen führen würde, die ihre Wurzeln im westlichen Denken haben, das seit dem 19. Jahrhundert durch tiefsitzende liberale Vorstellungen geprägt ist, ein Denken, das dazu führte und noch immer führt, Gewaltphänomene auszublenden. Deshalb sei die Auseinandersetzung mit Formen zwischenstaatlicher Gewalt nicht etwas, das man getrost der Subdisziplin „Militärsoziologie“ überlassen und damit hinsichtlich ihrer Bedeutung für die Sozialtheorie „exotisieren“ könne. „Vielmehr sind von der eingehenden Reflexion auf das Thema Krieg theoretische Weiterentwicklungen der Disziplin zu erwarten, zumindest Hinweise für den Bau einer empirisch aussagekräftigeren soziologischen Theorie und Theorie der Moderne. Denn ohne Einbeziehung des Krieges ist die nationalstaatliche – und nicht etwa: transnationale – Konstitution der Moderne ebenso wenig zu verstehen wie zahlreiche in der Neuzeit auftretende soziale und kulturelle Wandlungsprozesse. Revolutionen, Verschiebungen im Klassengefüge von Gesellschaften, die Ausdehnung und Universalisierung von Rechten oder Umbrüche in künstlerischen und ästhetischen Feldern sind Phänomene, die oft sehr eng mit den Folgen von Kriegen zu tun haben. Ignoriert man die Frage, welche Rolle militärische Konflikte für Entstehung und Gestalt der Moderne gespielt haben, muss das zwangsläufig zu Blindstellen in der soziologischen Analyse führen: Krieg, der vermutlich auch in Zukunft nicht verschwinden wird, lässt sich dann nämlich – wie dies eben immer wieder von liberalen Theoretikern suggeriert wurde – lediglich als barbarisches Relikt, als ‚Rückfall‘ zivilisierter Gesellschaften auf längst überwunden geglaubte Kulturstufen begreifen und nicht als konstitutives Element der Neuzeit, als folgenreicher, das heißt den Geschichtsverlauf ändernder Einschnitt. Wenn die Soziologie weiterhin so argumentieren sollte, wenn sie die Bedeutung von Kriegen nicht begreift und diese weiterhin verdrängt, dann verschenkt sie einen wesentlichen Teil zeitdiagnostischen Potentials mit weitreichenden Folgen für die Zukunft der Disziplin“ (Joas und Knöbl 2008, S. 14 f.).

III.

Doch eine Ausnahme gibt es, noch kaum zur Kenntnis genommen, auch von Joas und Knöbl nicht, oder längst wieder vergessen: die 1929 erschienene, 703 Seiten starke „Soziologie des Krieges“ von Rudolf Steinmetz (1862-1940), dem Begründer der Soziologie in den Niederlanden („Amsterdamer Schule“) und der Soziographie. Für ihn ist der Krieg „eine der entsetzlichsten Erscheinungen der Menschheitsgeschichte“ und zugleich „eine große Kulturmacht“. Leidenschaftslos und mit Distanz analysiert er „den Krieg in seinen Ursachen, seiner Entwicklung und seinen Folgen“, um „seine Regelmäßigkeiten aufzudecken“ (Steinmetz 2014, S. VI f.; alle weiteren Zitate, soweit nicht anders ausgewiesen, ebenfalls aus diesem Werk). Dabei gilt ihm der erste Weltkrieg als „das bedeutendste Experiment, das je angestellt wurde, für die Prüfung aller Theorien und Auffassungen über den Krieg“. In seinen Analysen grenzt er sich ab sowohl von den „naiven Illusionen“ gut meinender Friedensapostel, denen er einen „getrübten Blick für die Tatsachen“ vorhält, als auch von den Bellizisten, die er als „Panegyriker des Krieges“ bezeichnet und denen er Leichtfertigkeit und Verherrlichung der Gewalt vorwirft. Bereits 1899 hatte Steinmetz in seiner 59 Seiten umfassenden Monographie „Der Krieg als soziologisches Problem“ auf entsprechende Desiderate und Versäumnisse der Sozialwissenschaften hingewiesen, Ermahnungen, die er nun, dreißig Jahre später, wiederholt, wenn er schreibt: „Dass der Krieg eine soziale Erscheinung ist, wenn auch von einer besonderen, antagonistischen Natur, lässt sich nicht leugnen, ebenso wenig, dass er eine ungeheure Rolle gespielt hat und noch spielt, und dass er direkt und indirekt in verschiedenster Richtung unzählige Einflüsse ausgeübt hat. Merkwürdig, ja unglaublich ist es aber, dass die Soziologie, ich meine die wissenschaftliche, sich so wenig mit ihm beschäftigt hat“ (Steinmetz 2014, S. 1).

Wie bei vielen Autoren seiner Zeit entsprechen Steinmetz‘ Äußerungen nicht immer den Standards der heute üblichen *political correctness.* Was seine Studie aber besonders interessant macht, ist, dass sie zwar auf dem Erfahrungshintergrund des ersten, jedoch vor Beginn des zweiten Weltkriegs geschrieben wurde. Dadurch treten die Geburtswehen der sich konstituierenden Soziologie als Krisenwissenschaft noch deutlich hervor, weil in ihr, selbst in der Krise geboren, Themen mit einer beispiellosen Unbefangenheit diskutiert werden, was, zumindest im deutschen Sprachraum, nach den Erfahrungen des „Dritten Reiches“ aus verständlichen Gründen auf lange Zeit kaum noch möglich scheint (vgl. Singer 1991). Für Steinmetz steht außer Zweifel, dass es auch in Zukunft Kriege geben wird (Steinmetz 2014, S. 276). Es wird sie geben, solange sich die Mentalitätsstruktur der Menschheit, die im Pleistozän ihre Wurzeln haben mag, nicht grundlegend ändert. Der Krieg ist ihm „nichts anderes als der Ausdruck, das Ergebnis der Menschenart, welche ungefähr dieselbe blieb und ist in allen Rassen, in allen Perioden der Entwicklung bis heute. Alle Religionen, alle Kultur und Moral, alle Umwälzungen, alle Erfindungen haben sie gar wenig geändert“ (ebd., S. 698). Und so steht für ihn außer Zweifel, dass mit dem Friedensvertrag von Versailles die Weichen gestellt wurden für den Ausbruch des nächsten, noch weitaus furchtbareren Krieges (ebd., S. 611, 551). Dieser „künftige große Krieg wird noch rationeller, technischer und wohl auch intensiver geführt werden“ als der frühere (ebd., S. 532). Zweifellos konnte Steinmetz nicht die Irrationalitäten der nationalsozialistischen Kriegsführung voraussehen, aber dass sie ihren Ausgang zu einem wesentlichen Teil im Friedensschluss haben würde, in der Unfähigkeit der Politik der Siegermächte, die nichts anderes als eine „Fortsetzung des Krieges im Frieden“ bedeutete, war für ihn keine Frage.

Der erste Weltkrieg war für Steinmetz kein Rückfall in die Barbarei, sondern Ausdruck eben jener Zivilisation, im Rahmen derer er stattfand. Er wurde geführt „wie ein moderner technischer Großbetrieb: wissenschaftlich und rationell“. Er hatte „alle Züge dieser Zivilisation angenommen: der Geist, der ihn beseelte und seinen Charakter bestimmte, war derselbe, der unsere heutige Gesellschaft und unsere Wirtschaft im Prinzip beherrscht“. Die Intensität, durch die er sich auszeichnete, war „eine Folge seines kaufmännischen Charakters. Geschäft und Technik kennen keine Romantik, kein Erbarmen, keine Ermattung, so wenig wie Maschinen“ (ebd., S. 505-517, hier S. 517). Das Resümee, das Steinmetz aus seinen Analysen zieht, ist eindeutig: „Der Geist unserer kapitalistischen Gesellschaft ist rationell, kalkulierend, technisch und kommerziell. Der Weltkrieg war seine kollektive, restlose Offenbarung. Wie wir, so er. Kaufmann, Großindustrieller und Bankier drücken unserem Gesamtleben den Stempel auf. Der Weltkrieg war ein Kampf aufs Äußerste zwischen zwei Riesentrusts“ (ebd.).

IV.

Neben den traditionellen „großen Kriegen“ wird es in Zukunft vermehrt zu „kleinen Kriegen“ kommen (aktuell dazu: Creveld 1998, Waldmann 2003). Sie werden in bürgerkriegsähnlicher Form, zum Beispiel durch Anwerbung von „Mietsoldaten“, terroristisch geführt oder durch Einsatz von Hochtechnologie mit „kleinen Heeren“ (aktuell hierzu: Kaldor 2000, Münkler 2002). Nicht länger steht „Zahl gegen Zahl“, sondern „Intellekt gegen Intellekt“ (Steinmetz 2014, S. 553). Gleichermaßen entscheidend für Sieg oder Niederlage ist für Steinmetz „die Höhe der Widerstandsschwelle“ der in den Krieg involvierten Bevölkerung. Sie werde einen tiefgreifenden Einfluss auf die Dauer zukünftiger Kriege haben. Schmerzhaft mussten das die USA vier Dezennien später in Vietnam erfahren.

Verglichen mit früheren Kriegen, wird der moderne Krieg intensiver, technischer und rationeller geführt werden, „ganz so wie unsere produktive Arbeit“ (ebd., S. 532). Im modernen Krieg geht es nicht mehr darum, den Gegner zu vernichten, sondern ihn „dahin zu bringen, dass man ihm seinen Willen auferlegen kann. Sobald das erreicht ist, hört der Krieg auf“ (ebd., S. 524). Deshalb wird er intelligent geführt werden und sich in verstärktem Maße gegen die Zivilbevölkerung richten, gegen „die Zentren der Volkskraft, die Hauptstädte“. Deren „Widerstandsschwelle“ zu brechen, einen „im Voraus nicht bekannten Prozentsatz der Bevölkerung“ zu töten, einen „Teil des materiellen Besitzes“ zu vernichten, den Mut zu brechen, den Siegeswillen zu lähmen, darin besteht das Ziel erfolgreicher Kriegführung. Die „Widerstandsschwelle“ muss in kürzest möglicher Zeit, das heißt, mit dem „größtmöglichen, verbreitetsten Schrecken“ überwunden werden. Der „ungeheure Schrecken des ganzen Krieges mit all seinem Jammer und Elend“ könnte, dieser Logik folgend, „mit einem Mal beendet“ werden, wenn es zum Beispiel gleich „zu Beginn des Feldzuges“ gelänge, mit einer „verborgenen Mine 100.000 Mann in die Luft zu sprengen“ (ebd., S. 533). Es ist, als ob Steinmetz in diesem Szenario die Atombomben-Abwürfe über Hiroshima und Nagasaki vorausgeahnt hätte.

Überlegungen, die heute aus aktuellem Anlass auf der Tagesordnung stehen, finden bei Steinmetz, auch wenn er naturgemäß in den Denkmöglichkeiten seiner Epoche verbleibt, ihre ansatzweise Vorwegnahme, etwa wenn er die Möglichkeit diskutiert, dass an die Stelle der überkommenen Staaten „freie Vereinigungen“ treten, um Kriege zu führen. Der Wandel des Verhältnisses von Markt und Staat durch die Entstehung hybrider Mischstrukturen hat den Charakter und die Funktion von Kriegen tatsächlich entscheidend verändert. Der Zusammenbruch staatlicher Ordnung zum Beispiel in Teilen „Schwarzafrikas“ und der arabischen Welt (Kippenberg 2008) führte eine Situation des Hobbes’schen „Naturzustands“ herbei (Hobbes 1984, 1991) mit Formen eines Gewaltgeschehens, das sich mit dem herkömmlichen Begriff des Krieges kaum noch fassen lässt (Enzensberger 1993). In dem Maße, wie die Sanktionsmöglichkeiten funktionierender Staatlichkeit fehlen, das heißt: ein durchsetzungsfähiges Gewaltmonopol, eine durchorganisierte Verwaltung, ein beherrschbares Staatsgebiet, in dem Maße ist auch keine geordnete Ökonomie als Basis gesellschaftlicher Reproduktion mehr möglich. In einer gewaltgeschädigten Wirtschaft ist der Raub die einzig mögliche Tätigkeit, die Gewinn verspricht (Jean und Rufin 1999). Individuelle und kollektive Akteure setzen in einer solchen historischen Situation Gewalt durchaus rational ein und haben keinerlei Interesse daran, diesem Zustand, von dem sie profitieren, ein Ende zu setzen.

Begleitet wird diese Entwicklung durch einen massiven Abbau stehender Massenheere in den hochentwickelten Industriegesellschaften des Westens zugunsten kleinerer schlagkräftiger Berufsheere, wodurch erhebliches militärisches Potential freigesetzt wird, das nun auf dem Weltmarkt frei flottiert. Das betrifft nicht nur überzählig gewordene Waffen, sondern vor allem auch ausgebildetes Militärpersonal, das in großer Zahl neue Betätigungsfelder sucht. Hinzu kommt, dass in diesen Staaten die Kriegsführung sich immer stärker verwissenschaftlicht, also ohne Unterstützung durch zivile Spezialisten kaum mehr möglich ist. Der jüngste Militäreinsatz der USA und ihrer Verbündeten im Irak hat gezeigt, in welch hohem Ausmaß die kriegführenden Staat des Westens auf den militärischen „Input" von privaten Firmen angewiesen waren. Sowohl der Abschied von der Wehrpflicht wie die zunehmende Privatisierung und Vermarktung militärischer Gewalt dürften eine offensivere Kriegführung westlicher Industriestaaten zur Folge haben und militärische Gewalt als probates Mittel der Politik wahrscheinlicher machen. Im Resultat wird es kaum noch zu Kriegen zwischen Staaten in Form von Massenschlachten kommen, sondern in sogenannten „Low Intensity Conflicts", in denen nichtstaatliche Gruppen versuchen, einen waffentechnisch überlegenen staatlichen Gegner mit flexibel gehandhabten Strategien, die vom Partisanenkrieg bis zum Terrorismus reichen, herauszufordern. An die Stelle der tradierten großen Kriege treten, wie gegenwärtig im Irak oder im Jemen, kleine, aber nicht weniger grausame bürgerkriegsähnliche Scharmützel, die von den regulären staatlichen Streitkräften kaum zu gewinnen sind (Creveld 1998, Waldmann 2007).

Kriege, die in dieser Form geführt werden, bieten „Vorteile" für beide Konfliktparteien. Die nichtstaatlichen „Warlords" haben keinerlei Interesse ihn zu beenden, weil Raub bzw. der ihnen von Dritten gezahlte Sold die ökonomische Quelle ihrer machtpolitischen Reproduktion darstellt. Und für die westlichen Industriestaaten hat der Einsatz privater militärischer Kombattanten in Kampfsituationen, die Menschenleben kosten, selbst wenn das „Outsourcing“ logistischer Leistungen finanziell nicht kostengünstiger ist, den Vorteil, dass sie in zweierlei Hinsicht von Legitimationsproblemen entlastet sind: Weder haben sie die durch den Einsatz privater Firmen verursachten Opfer unter der Zivilbevölkerung zu verantworten, noch sind tote Firmenangehörige gefallene Soldaten, um die man öffentlich trauern müsste (Joas und Knöbl 2008, S. 313).

In der neueren Diskussion sind insbesondere die negativen Effekte, die sich mit dem Begriff der „neuen Kriege“ verbinden, in den Blick gekommen. Während Kriege in Europa früher auch positive Effekte nach sich zogen, weil zum Zwecke der Kriegsführung beispielsweise die Infrastrukturen ausgebaut werden mussten, ist derartiges in den „neuen Kriegen“ kaum noch zu beobachten. Die Konflikte werden mit vergleichsweise billigen Waffen ausgetragen und die Finanzmittel kommen meistens von außen. Es wird keine zusätzliche Ökonomie für die Kriegsführung aufgebaut, vielmehr wird die bestehende Ökonomie gewalttätig. „In den neuen Kriegen (…) wird die Gewalt zum beherrschenden Element der Tauschbeziehungen selbst – sei es, dass sie gekauft wird, um bestimmte Ergebnisse zu erzwingen, sei es, dass der Äquivalententausch durch erpresserischen Zwang oder offene Gewaltandrohung überlagert oder ersetzt wird. Während die klassischen Staatenkriege sich nicht mehr lohnen, weil die Gewaltanwendung für jeden der Beteiligten mehr kostet, als sie einbringt, sind die neuen Kriege für viele der Beteiligten so lukrativ, weil die Gewalt in ihnen kurzfristig mehr einbringt, als sie kostet – die langfristigen Kosten haben andere zu tragen“ (Münkler 2002, S. 136).

Die Ermöglichung eines dauerhaften Friedens sieht Steinmetz letztlich an zwei Bedingungen geknüpft: an die Durchsetzung eines mit voller Souveränität ausgestatteten Weltstaates und an eine völlig veränderte Mentalstruktur der Menschheit (Steinmetz 2014, S. 296 f., 503, 663, 678). Ihre Realisierung hält er auf absehbare Zeit für unwahrscheinlich. In dieser resignativen Einschätzung trifft er sich mit Sigmund Freud. Dieser hatte 1932 in einem Brief an Albert Einstein formuliert: „Warum empören wir uns so sehr gegen den Krieg, Sie und ich und so viele andere, warum nehmen wir ihn nicht hin wie eine andere der vielen peinlichen Notlagen des Lebens? Er scheint doch naturgemäß, biologisch wohlbegründet, praktisch kaum vermeidbar“ (Freud 2000, S. 284).

V.

Krankheiten gehören zum Leben wie der Tod. Vieles spricht dafür, dass es sich mit kriegerischen Konflikten im Zusammenleben der Völker nicht anders verhält. Die im liberalen Denken der europäischen Frühmoderne wurzelnde Wunschvorstellung, dass friedliche Handelsbeziehungen nach und nach an die Stelle kriegerischer Auseinandersetzungen treten, hat sich als Illusion erwiesen. Ein Blick in die Geschichte der letzten zweihundert Jahre offenbart das genaue Gegenteil. Nur zu oft wurden Kriege gerade zwischen Handelsnationen geführt: um Absatzgebiete zu erobern und Einflusssphären zu sichern. Zudem hat sich die Produktion von Rüstungsgütern, die früher oder später zum Einsatz gelangen, und der Handel mit ihnen nicht nur als ein wesentlicher Innovationsfaktor in Wissenschaft und Technik erwiesen, sondern zugleich als einer der lukrativsten Investitionsbereiche der Weltwirtschaft. Der Krieg ist zu einem Geschäft geworden wie jedes andere auch. Eine Sozialtheorie der Moderne, die den Krieg als wesentliche Kulturerscheinung ausblendet, mag über alles Mögliche reden, aber nicht über die Realität und Dynamik gesellschaftlicher Entwicklungsprozesse. Steinmetz ist da ganz eindeutig. Vehement wendet er sich gegen die von Adam Ferguson und Herbert Spencer vertretene und bis auf den heutigen Tag tradierte Ansicht des Liberalismus, das Handel und Industrialisierung an die Stelle „militärischer Neigungen, Grausamkeiten und Gewalttätigkeiten" treten würden (Steinmetz 2014, S. 602 ff.). „Höchste wirtschaftliche Entwicklung und mächtige Kriegsgelüste sind (…) vereinbar, ja das erste führt bis jetzt das zweite notwendig mit sich… Die moderne Kultur hat bis jetzt nicht den Krieg unmöglich gemacht, den kriegerischen Sinn in keinem seiner Komponenten vernichtet. Industrialismus ist so gut wie Imperialismus eine moderne Erscheinung. Auf der Suche nach Rohstoffen und Absatzgebieten greift jedes große Volk zum Kriege: Frankreich, England, Deutschland, Amerika, Italien" (ebd., S. 611).

Zweifellos, der Krieg, das ist kein appetitliches Thema, auch für Soziologen nicht. Aber eine dem Oberlehrer-Humanismus des ausgehenden 19. Jahrhunderts verpflichtete Kultur- und Sozialtheorie, die davon abstrahiert, mag zwar dem schöngeistigen Seelenleben ihrer Schöpfer schmeicheln, mit der wirklichen Welt dort draußen hat sie jedoch kaum etwas zu tun. Das österreichische Nachrichtenmagazin „profil", in Vielem dem deutschen „Spiegel" vergleichbar, hat am 18. August 2014 ein Schwerpunktheft zum Thema „Was wir vom Krieg nicht sehen wollen" veröffentlicht. Zur Schau gestellt werden darin Farbfotos „aus Gaza, Syrien, dem

Irak, der Ukraine und von anderen Konflikt-Schauplätzen", die „die Öffentlichkeit nie zu Gesicht bekommt, weil sie grausam, blutig und verstörend sind. profil zeigt, wie Kriege aussehen, wenn die Gewalt nicht nur indirekt dargestellt wird" (Feist et al. 2014, S. 46 ff.). Dem Editorial angeschlossen ist ein kurzer Hinweis: „Auf den folgenden Seiten sind Kriegsfotos abgebildet, die aufgrund ihrer Drastik verstören können. Deshalb wurden die Seiten ungeschnitten belassen und müssen mit der Schere geöffnet werden" (ebd., S. 47). Am 2. April 2015 brachte ORF II in der Nachrichtensendung „Zeit im Bild" um 19.30 Uhr einen Fernsehbericht über die kriegerischen Auseinandersetzungen zwischen Kenia und Somalia mit dem Hinweis, dass wegen der Brutalität des Geschehens nicht das gesamte zur Verfügung stehende Filmmaterial gezeigt werden würde.

Dass Abscheuliches, Ekelhaftes und Verstörendes Teil der menschlichen und gesellschaftlichen Realität ist, stellt nicht nur für Soziologen eine Verhaltenszumutung dar, sondern trifft auch andere Professionen in ihrem Selbstverständnis. Ein Arzt etwa, der sich einem übel riechenden Krebsgeschwür konfrontiert sieht, wird, um in seinem Beruf handlungsfähig zu bleiben, relativ leidenschaftslos und distanziert zur Diagnose, Anamnese und Therapie schreiten müssen, unbeschadet seiner momentanen emotionalen Verfasstheit. Vergleichbare Professionalität wäre auch von einer realistischen Soziologie hinsichtlich des Krieges als regelhaft und systematisch betriebenem gesellschaftlichem Konfliktgeschehen, seiner Voraussetzungen und Folgen zu erwarten. Wie sonst auch sollten sich sozialwissenschaftlich fundierte Friedensinitiativen und vergleichbare Interventionen begründen lassen: ohne Diagnose, ohne Anamnese, ohne theoretisch begründete und empirisch fundierte Analyse? Gottfried Benn, zugleich Arzt und Lyriker, hat die Differenz zwischen handlungsfähiger Professionalität und emotionaler Betroffenheit, zwischen dem kalten analytischen Blick des Mediziners und der emotionalen persönlichen Abscheu vor dieser Welt der Krankheit und Verwesung in seinem Gedicht „Mann und Frau gehen durch die Krebsbaracke" eindrucksvoll zur Geltung gebracht (Benn 1959, S. 96).

VI.

Man wird davon ausgehen können, dass die „Kriegsvergessenheit" der Soziologie mehrheitlich kein bewusst gesetzter Akt, sondern Folge einer Verdrängungsleistung ist. Doch einen Klassiker der Soziologie gibt es, der den Krieg als Thema seiner Disziplin bewusst ausschließt: Ferdinand

Tönnies. Bei ihm entsteht das Soziale „nur aus dem gemeinsamen Wollen, also aus gegenseitiger Bejahung“ (1931). Konflikte im sozialen Leben verweist er in die Sozialpsychologie. Diese „Ausgrenzung“ bedeutet allerdings nicht, dass Konflikte, Streit, Kampf, Krieg, negative Beziehungen überhaupt, aus der Soziologie verbannt werden müssen, wie es die Kritik unter Absehung der spezifischen Begriffsarchitektur bei Tönnies nicht selten deutete. Tönnies erkennt die Realität destruktiver Beziehungen zwischen Menschen durchaus an, aber erst die Verneinung dieser „asozialen“ Verhaltensweisen begründet für ihn das „Soziale“. „Der Streit gehört ebenso wie die Einmütigkeit zur psychologischen Seite des menschlichen Zusammenlebens, die Zwietracht wie die Eintracht, der Krieg wie der Frieden, die Konkurrenz wie der Lohnkampf, wie der Vertrag und die Kooperation, gegenseitige Verneinung so gut wie gegenseitige Bejahung. Ja, insofern als gegenseitige Bejahung immer auf Soziologie hinweist, wenngleich in dieser immer neue Elemente hinzukommen, so ist gegenseitige Verneinung, Zank und Zwietracht, Krieg und Hader, sogar das besondere abgeschlossene Gebiet der Sozial-Psychologie, ein Gebiet das die Soziologie als ihren dialektischen Mutterschoß betrachten darf, durch dessen Verneinung sie zu ihrem Leben gelangt“ (Tönnies 1926, S. 240). In der Auseinandersetzung mit dem Philosophen und Sozialwissenschaftler Franz Staudinger, der Tönnies darin korrigieren und ergänzen wollte, verdeutlicht Tönnies noch einmal, dass er seine Theorie ausdrücklich auf die Verhältnisse gegenseitiger Bejahung eingeschränkt habe: „Das reine Gewaltverhältnis kommt daher bei mir nicht vor, es ist nach meinem Leitgedanken eben kein wirklich soziales Verhältnis. Nichts hat mir natürlich ferner gelegen, als die ungeheure Bedeutung zu verkennen, die Gewalt, Zwang (auch rechtloser), Feindschaft, Kampf von jeher und – wahrlich – bis auf den heutigen Tag und solange Menschen Menschen sind, in ihrem Zusammenleben haben und haben werden. Es ist eben die negative, antisoziale Seite dieses Zusammenlebens. Das Zusammenleben selbst ist der Widerstand gegen diese Elemente, wie (…) das Leben die Gesamtheit der Funktionen, die dem Tode Widerstand leisten, ist“ (Tönnies 1922, S. 69; ferner bereits 1921, S. 557 ff.). Nun mag es aus Ordnungserfordernissen der Theoriebildung in sich konsistent und logisch sein, den Krieg konzeptionell auszuschließen; aufgrund seiner sozialen Bedeutung scheint die Position von Steinmetz einleuchtender, Kämpfe und Konflikte, „ohne Rücksicht auf ihre Folge- und Begleiterscheinungen“, als eine zunehmend technologisch inszenierte Kulturerscheinung prominenter in die soziologische Begriffsarchitektur einzubauen.

Referenztexte

Bartsch, Matthias et al. (2008): Exempel des Bösen. Junge Männer: Die gefährlichste Spezies der Welt. In: Der Spiegel, Nr. 2 vom 7.1.2008, S. 20-38

Beck, Ulrich (1986): Risikogesellschaft. Frankfurt a.M.: Suhrkamp

Benn, Gottfried (1959): Mann und Frau gehen durch die Krebsbaracke. In: Pinthus, Kurt (Hg.): Menschheitsdämmerung. Ein Dokument des Expressionismus. Hamburg: Rowohlt, S. 96

Creveld, Martin van (1998): Die Zukunft des Krieges. München: Gerling (1991)

Enzensberger, Hans Magnus (1993): Aussichten auf den Bürgerkrieg. Frankfurt a.M.: Suhrkamp

Feist, Christina et al. (2014): Was wir vom Krieg nicht sehen wollen. In: profil, Jg. 45, Nr. 34, S. 46-57

Freud, Sigmund (2000): „Warum Krieg?". Brief an Albert Einstein im September 1932. In: Studienausgabe. Band IX. Frankfurt a.M.: Fischer

Hobbes, Thomas (1984): Leviathan oder Stoff, Form und Gewalt eines bürgerlichen und kirchlichen Staates. Hrsg. von Iring Fetscher. Frankfurt a.M.: Suhrkamp (1651)

Hobbes, Thomas (1991): Behemoth oder das Lange Parlament. Hrsg. von Herfried Münkler. Frankfurt a.M.: Fischer

Jean, François; Rufin, Jean-Christoph (Hg.) (1999): Ökonomie der Bürgerkriege. Hamburg: Hamburger Edition (1996)

Joas, Hans; Knöbl, Wolfgang (2008): Kriegsverdrängung. Frankfurt a.M.: Suhrkamp

Jünger, Ernst (2008): In Stahlgewittern. Suttgart: Clett-Cotta (1920)

Kaldor, Mary (2000): Neue und alte Kriege. Frankfurt a.M.: Suhrkamp (1999)

Mohr, Hans (1987): Natur und Moral. Darmstadt: WBG

Mohrs, Thomas (1995): Vom Weltstaat. Berlin: Akademie

Mühlmann, Heiner (1996): Die Natur der Kulturen. Wien und New York: Springer

Münkler, Herfried (2002): Die neuen Kriege. Reinbek: Rowohlt

Rinke, Andreas; Schwägerl, Christian (2012): Elf drohende Kriege: Künftige Konflikte um Technologien, Rohstoffe, Territorien und Nahrung. München: Bertelsmann

Schönberger, Alwin (2014): Schlachtfeldstudien. Warum führen wir Kriege? In: profil, Jg. 45, Nr. 31, S. 66-74

Singer, Peter (1991): On being silenced in Germany. In: The New York Review of Books, 15.8.1991

Steinmetz, Sebald Rudolf (2014): Soziologie des Krieges. Hg. und mit einem Nachwort von Arno Bammé. Marburg: Metropolis (1929)

Steinmetz, Sebald Rudolf (1899): Der Krieg als soziologisches Problem. Amsterdam: Versluys

Tönnies, Ferdinand (1921): Franz Staudinger. In: Konsumgenossenschaftliche Rundschau, 18.12.1921, Nr. 52

Tönnies, Ferdinand (1922): Zum Gedächtnis an Franz Staudinger. In: Kölner Vierteljahreshefte für Sozialwissenschaften, 2, Heft 1

Tönnies, Ferdinand (1926): Soziologische Studien und Kritiken. Zweite Sammlung. Jena: Fischer

Tönnies, Ferdinand (1931): Einführung in die Soziologie. Stuttgart: Enke

Waldmann, Peter (2003): Terrorismus und Bürgerkrieg. München: Gerling

Welzer, Harald (2008): Klimakriege. Wofür im 21. Jahrhundert getötet wird. Frankfurt a.M.: Fischer

Hobbes, Dewey, Tönnies, Goldscheid – Ursprünge soziologischen Denkens

Letztlich ist es immer ein Körper, durch den sich etwas denkt

Über die Aktualität der Begriffsarchitektur des Thomas Hobbes

Anders als Descartes und im Gegensatz zu ihm hat Hobbes mit seiner Theorie der Leidenschaften den Menschen dort verortet, wo er lebt und leidet: in der Welt (Baruzzi 1973). Getrieben von seinen animalischen Begierden, ist der Mensch, will er überleben, gezwungen, sich dort draußen in der Welt einzurichten und, durch soziale Vernunft gebändigt, die Zukunft seines Soziotops umwelt- und sozialverträglich zu gestalten. Darum geht es Hobbes: mittels Wissenschaft im Konstrukt des Staates einen gesellschaftlichen Rahmen zu schaffen, der dem Menschen Halt und Sicherheit gibt. Die damit einhergehenden Probleme im Verhältnis von Vernunft und Leidenschaft bündelt Hobbes im Faktum des Körpers. Darin vor allem besteht die Revolution seiner Denkungsart, die, folgt man seiner Intention, nach wie vor Gültigkeit beanspruchen kann.

1. Vom Körper

Die den drei „Elementen der Philosophie" des Hobbes (1994, 1997) zugrunde liegende Struktur ist durchgängig das Körperhafte, das sich äußert in der Daseinsweise des *natürlichen*, des *menschlichen* und des *staatlichen* Körpers. Alle drei Daseinsweisen des Körperlichen gehen ineinander über. Interessanterweise ordnet Hobbes ihnen nur zwei Teilbereiche der Philosophie zu: die Natur- und die Staatsphilosophie. Soziologisch am bedeutendsten ist heute die mittlere Existenzform des Körperlichen: der Mensch. Sie steht im Zentrum von Biopolitik und *Life Sciences* (Bammé 2011). Sie überschneidet sich, zwischen ihnen vermittelnd, mit den beiden anderen Daseinsweisen, der des Staates und der Natur. Den drei körperlichen Existenzformen bei Hobbes entspricht, worauf Baruzzi (1986) aufmerksam macht, eine zweifache Körperstrukturierung: Der reine Naturkörper ist das Werk der Natur, der Staatskörper ist das Werk des Menschen. Das eine ist Naturwerk, das andere ist Kunstwerk, ist Artefakt. Der Mensch hingegen ist beides, er ist zugleich Hersteller und Hergestelltes. In ihm kommt die Produktion der Natur, wie Baruzzi es bezeichnet, zur „Selbstproduktion“. Neben die Natur tritt die Kunst, neben den natürlichen Menschen der künstliche. Dieser zweite Mensch tritt nicht nur neben den ersten Menschen, sondern als Bürger (Hobbes 1994, S. 124 ff.) erzeugt er eine zweite, eine künstliche Realität: die Gesellschaft, die sich schließlich im Souverän des mit Macht und Legitimität ausgestatteten Staates verkörpert (Hobbes 1976). Er befriedet die Gesellschaft nach innen und vertritt ihre Interessen nach außen.

2. *Von Metaphern und Begriffen*

Verschiedentlich wurde Hobbes eine metaphorische Redeweise zum Vorwurf gemacht. Er verwische die Grenze zwischen Natur- und Sozialwissenschaft und erliege einem naturalistischen Fehlschluss. Das nun ist ein Einwand, der, wie die jüngere Diskussion zeigt (Lüdemann 2004), Geltung beanspruchen kann gegenüber der Wissenschaft, insbesondere der Geistes- und Sozialwissenschaft, schlechthin. Üblicherweise werden Metaphern als vorläufige, oft auch als mangelhaft empfundene Ausdrücke verwendet, um etwas zu erläutern, von dem man noch nicht so recht weiß, was es sei, um es in präzisere Begriffe fassen zu können. Im überkommenen Selbstbild der Wissenschaft führt der Weg vom Mythos zum Logos (Hübner 1985), von der Metapher zum Begriff (Paul-Horn 2015). In der Soziologie zum Beispiel wurde (und wird) *das* Soziale oder *die* Gesellschaft als eine immer schon vorhandene Wirklichkeit betrachtet, die es auf den Begriff zu bringen gilt. Auf dem Wege dorthin bediente man sich, zum Teil bewusst, zum Teil unbewusst, organischer oder biologischer Metaphern wie Sprossen einer Leiter, die man hinter sich lässt, sobald das Ziel erreicht ist. In der jüngeren Diskussion, die an Überlegungen von Hans Blumenberg anknüpft (1998) und an den Begriff des gesellschaftlich Imaginären von Cornelius Castoriadis (1984), wird dieser von den Sozialwissenschaften gepflegte „Repräsentationismus“ als Illusion erklärt und der Bedeutung von Metaphern ein anderer, ein durchaus funktionaler epistemischer Stellenwert zugewiesen.

Zum einen besteht Erkenntnis nicht in einer passiven Vergegenständlichung der Dinge, also in einer bloß begrifflichen Reformulierung von etwas Vorgegebenem, sondern in einem aktiven Konstruktionsprozess, bei dem, zweitens, metaphorische Mittel unverzichtbar sind, weil das Ergebnis nicht vorab bekannt ist. Das heißt, Metaphern sind nicht sekundär und vorläufig gegenüber exakten Begriffen, sondern sie schaffen überhaupt erst die Möglichkeit, etwas zu erkennen. Wenn in diesem Zusammenhang von einem „aktiven Konstruktionsprozess“ gesprochen wird, dann gleichfalls in einem zweifachen Sinn: epistemisch und real. Sozialwissenschaftler arbeiten mit an der Produktion von sozialem Sinn und sind daher nicht einfach deskriptiv, sondern in hohem Maß präskriptiv und performativ tätig. Sie bringen Begriffe und Bilder der Gesellschaft in Umlauf, die für die sozialen Akteure handlungsleitend sind (oder zumindest sein können). Wissenschaft in diesem Sinn ist „integrativer und produktiver Bestandteil des sozialen Imaginären. Sie produziert Imagines der Gesellschaft in Gestalt von Ordnungsmodellen, die im gesellschaftlichen Feld performative Kraft entfalten und so zur Selbstkonstitution der Gesellschaft beitragen“ (Lüdemann 2004, S. 109). Durch sie und über sie vermittelt, wird Gesellschaft gestaltet und umgestaltet. Lüdemann bezeichnet diesen Prozess der Realitätswerdung als eine „Illusion der Buchstäblichkeit“, in dessen Verlauf jener *effet de réel* erzeugt wird, der dann in der Wissenschaft als reine, bildlose Wahrheit der Erkenntnis genommen wird. „Die Metapher ‚stirbt‘ *als Metapher* in dem Augenblick, in dem die durch sie konstituierte sprachliche Realität für natürliche materielle Realität gehalten wird“ (ebd., S. 44). Über diese realitätskonstituierende Rolle sozialwissenschaftlicher Aussagen sind sich ihre Urheber in der Regel allerdings nicht bewusst (ebd., S. 11). Sie ignorieren die metaphorische Verfasstheit ihrer Begriffsbildung und nehmen die Modellierungen für bare Münze. Wenn dem aber so ist, dann, schlussfolgert Lüdemann, verliere die Unterscheidung von Begriffen und Metaphern, wie sie im Selbstverständnis der Sozialwissenschaften gängig ist, ihren Wert, genauer: ihren ontologischen Wert. Denn gerade in sozialen Umbruchssituationen wie zu Zeiten Hobbes’, in der Zukunft gestaltet wird, aber nicht vorausgesehen werden kann, lassen sich „Begriffe und Metaphern nicht dadurch unterscheiden, dass die einen das ‚Seiende selbst‘ aussagen, ‚wie es ist‘ (also ‚buchstäblich‘, *à la limite* ‚wissenschaftlich‘), während die anderen es bloß ‚im übertragenen Sinn‘ (‚poetisch‘) umschreiben. Beide sind metaphorisch in dem präzisen Sinn, dass sie unsere Vorstellungen von den Dingen durch die Kombination von Kontexten prägen“ (ebd., S. 36). Begriffe müssen deshalb auch als „Metaphern der Erfahrung“ und nicht bloß als „Abbilder des Realen“ verstanden werden. Gleichwohl „kann die Unterscheidung von Begriffen und Metaphern einen heuristischen Wert behalten: dass sie nämlich überhaupt getroffen wird, sagt etwas darüber aus, was zu einem bestimmten Zeitpunkt von einem bestimmten Leser (oder einer Gruppe von Lesern) als ‚buchstäblich wahre‘, was dagegen als ‚bloß übertragene‘ Sprechweise ohne ontologischen Gehalt (entweder als ‚Poesie‘ oder als ‚falsche Wissenschaft‘) *wahrgenommen* wird“ (ebd., S. 37).

Die Argumentation Lüdemanns ist insbesondere für Soziologen von Interesse, weil sie nicht abstrakt-theoretisch entwickelt wird, sondern am konkreten Beispiel dreier Gründungsväter des Faches: Hobbes, Durkheim und Tönnies. Lüdemann argumentiert entlang zweier Leitmetaphern, die für die Soziologie von großer Bedeutung wurden: die Metapher des sozialen *Körpers* und die des Gesellschafts*vertrages*. Erstere steht für Natürlichkeit, letztere für Künstlichkeit. Beide entwerfen ein Bild der Gesellschaft als Ganzes und damit für die Totalität der gesellschaftlichen Beziehungen, das bis heute Gültigkeit hat, auch wenn es, in der Tradition von Tarde bis hin zu Latour, nicht unwidersprochen blieb.

Dem Bild des sozialen Organismus als Körper liegt ein hierarchisches Gesellschaftsmodell zugrunde, das sich durch eine interne Gliederung, funktionale Arbeitsteilung und asymmetrische Partizipationschancen auszeichnet. Die organische Metaphorik entwirft „Gesellschaft“ als Naturzusammenhang und befestigt damit die Vorstellung einer unmittelbaren, einer vorsymbolischen substanziellen Einheit, die fundamentaler ist als alle Differenzierungen und Spaltungen der Gesellschaft. Dieses Bild prägt die Entstehung der Soziologie als Fachdisziplin bis heute. Die organische Metaphorik erlaubte es den frühen Soziologen zum einen, gesellschaftliche Ordnung als Naturzusammenhang vorzustellen und die Konflikthaftigkeit und Kontingenz sozialer Verhältnisse zu marginalisieren. Indem sie Gesellschaft als Naturordnung imaginierten, konnten sie zum anderen die Soziologie als positive Wissenschaft in Analogie zu den Naturwissenschaften begründen (ebd., S. 123).

Der organischen Körpermetapher stellt Lüdemann die voluntaristische des Gesellschaftsvertrages gegenüber. Während in ersterer vorgegeben wird, einen Lebenszusammenhang und natürliche Gesetzmäßigkeiten zu konstatieren, wird in letzterer der Prozess der aktiven Herstellung des sozialen Bandes, seiner Künstlichkeit betont. Bemüht die Organismus-Metapher die Autorität von unveränderlichen, jedem Gestaltungswillen entzogenen Naturgesetzen, stellt die Vertragsmetapher die Beliebigkeit und den Voluntarismus gesellschaftlicher Normen heraus. Als Repräsentant der ersteren gilt Emile Durkheim, als Vertreter der letzteren Ferdinand Tönnies. Was bei Durkheim und Tönnies später als getrennt erscheint, wird von Hobbes drei Jahrhunderte zuvor noch zusammengedacht (grundlegend hierzu Tönnies 2014). Durkheim war prägend für die weitere soziologische Theoriebildung bis hin zu Parsons’ Strukturfunktionalismus und Luhmanns Systemtheorie. Im Unterschied zum Vertragskonzept entwickelte er ein Bild der Gesellschaft mit Hilfe von Analogien, die er mit Blick auf die Biologie konstruierte. Sein Gesellschaft synthetisierendes Prinzip der „organischen Solidarität", das die Gesellschaft zusammenhält, überträgt die Vorstellung eines in sich funktional differenzierten und arbeitsteilig organisierten Organismus auf das Soziale und erklärt Gesellschaft als Naturzusammenhang. Betont Durkheim die Möglichkeit des sozialen Fortschritts und der Weiterentwicklung im Rahmen einer „organischen Gesellschaftsordnung", sieht Tönnies in der „Gesellschaft" eher ihre Widersprüchlichkeit als Verfallsprodukt einer vergangenen „Gemeinschaft". Er kontrastiert die affektive Bindekraft einer als ursprünglich imaginierten Gemeinschaft mit den unpersönlichen und funktionalen Sozialbeziehungen einer auf vertraglichen Bindungen basierenden Gesellschaft. Sie gilt ihm, Hobbes und Marx paraphrasierend, als mechanisches Artefakt.

Entscheidend ist nun, dass Lüdemann die gewählte Metaphorik nicht als falsch oder unzutreffend zurückweist bzw. den Gebrauch von Metaphern überhaupt als unzureichend für eine begriffliche Durchdringung des zugrundeliegenden Sachverhalts ansieht. Vielmehr geht es ihr darum, die semantische Erzeugung von „Gesellschaft" nachzuweisen und eine Herangehensweise zu kritisieren, die von sich meint, ihren Gegenstand lediglich passiv nachzuvollziehen und auf den Begriff zu bringen. Soziologische Metaphern bilden Ähnlichkeiten nicht ab, sondern stellen sie überhaupt erst her. Die metaphorische Konzeption von Gesellschaft, sei es als Organismus oder durch Vertrag, wird in dem Maße zu einer Eigenschaft des Realen, in dem sie gerade nicht mehr als Metapher wahrgenommen wird, sondern die Illusion der Buchstäblichkeit erzeugt (Lüdemann 2004, S. 40 ff.).

Mit anderen Worten und in radikalisierter Schreibweise: „Gesellschaft" würde es gar nicht geben, wenn sie nicht zuvor in Texten von Hobbes, Durkheim oder Tönnies metaphorisch entworfen worden wäre. „Gesellschaft an sich", so Lüdemann, habe keine Realität. Darum sei sie prinzipiell undarstellbar, woraus sich die unausweichliche Notwendigkeit der Konstruktion und der Kontingenz soziologischer Grundbegriffe ergibt. Gerade in diesem Sachverhalt bestehen für Lüdemann die produktiven und innovativen Elemente gesellschaftlicher Einbildungskraft, mit deren Hilfe sich eine Gesellschaft repräsentiert und immer wieder neu entwirft. Sie stellen die Grundlage dar für die kreativen Dimensionen soziologischen Denkens und Handelns. Sie sind es letztlich, die neue gesellschaftliche Regeln, Dinge und Formen hervorbringen.

3. Hobbes und Tönnies im Zusammenhang

Wenn Thomas Hobbes heute international als ein zentraler Denker der europäischen Frühmoderne gilt, ist das zweifellos ein Verdienst von Ferdinand Tönnies. Ihm zufolge steht Hobbes auf der Höhe und gleichsam im Mittelpunkt eines Zeitbogens, der gebildet wird von drei Jahrhunderten, die für ihn eine Einheit darstellen: Im 17. Jahrhundert „wurden die entscheidenden Kämpfe und Siege der neuen Wissenschaften durchgefochten, die im 16. Jahrhundert sich langsam und mühevoll vorbereitet hatten. Das 18. Jahrhundert ruht schon auf diesen Siegen aus; es verallgemeinert, verbreitert und verflacht das Gewonnene [...]“ (Tönnies 2014, S. 297). Als Wissenschaftsphilosoph und Methodologe ist Hobbes oft missverstanden worden. Man warf ihm vor, dass er die Methode der Naturwissenschaft auf die Sozialwissenschaft übertragen habe. Er sei einem naturalistischen Fehlschluss erlegen, denn die Naturwissenschaft sei deskriptiv, Hobbes' Staatswissenschaft hingegen normativ. Tatsächlich aber, und das übersehen die Kritiker, ist die Naturwissenschaft, auch wenn sie sich dessen nicht immer bewusst war, spätestens seit Newton operativ konstruierend. Die Übereinstimmung von Theorie und Realität erfolgt von zwei Seiten her. Die Theorie wird nicht einfach der Realität angepasst, sondern es wird zugleich eine Realität, die der Theorie entspricht, künstlich erzeugt: zunächst im Experiment, später dann in der industriellen Produktion (Dewey 2001).

Auch Hobbes bedient sich eines solchen Vorgehens. Baruzzi spricht in seinem Essay über Hobbes gar von einer technisch-praktischen Methode. Es handle „sich bei dieser Art von Wissenschaft nicht um eine Theorie der Dinge, vielmehr um eine Technik des Gegenstandes“, um „eine Art von Praxis“ (Baruzzi 1986, S. 89). Mit ihr sei die Scheidung von Theorie und Praxis bzw. von Natur- und Sozialphilosophie von vornherein unterlaufen worden. Der bis dahin vorherrschende „humanistische Blick geht zurück auf eine klassische Epoche. Ihr Ort ist die Vergangenheit. Die Naturwissenschaft blickt auf das augenscheinlich zeitlos Gegebene. Ihre Zeit ist die reine Gegenwart, in der sich ewige Gesetze abspielen, wie ein Galilei meint und die Naturgesetze mit den platonischen Ideen vergleicht. Gegenüber der Ruhe dieser Betrachtungsweise gerät Hobbes mit dem Blick auf die Politik in ein bewegtes Blickfeld. Indem er sich seiner Zeit stellen will, geht es ihm um den Einblick nicht in das, was war oder ist, vielmehr in das, was sein wird. Die Perspektive heißt Zukunft. Seit Hobbes wird Zukunft als das Grundproblem politischer Wissenschaft erfahren. Er zielt darauf, mit den Mitteln der Wissenschaft endlich eine Politik zu konstruieren und zu garantieren, welche in die offene Dimension der Zukunft Halt und Struktur einbringt“ (ebd., S. 75). Im Prinzip nimmt er damit Newtons operational konstruierende Methode, zumindest vom Anspruch her, für die Sozialwissenschaft vorweg. Insofern war es „schnurriger“ Unsinn – und Tönnies hat oft genug darauf hingewiesen (Tönnies 2014, S. 13, 19, 133 f., 172, 278, 349 ff.) – Hobbes als Schüler Bacons zu bezeichnen. Im Gegenteil, Hobbes hegte die größten Vorbehalte gegenüber einem bloß induktiv betriebenen Empirismus, wie er in den ersten Experimenten zu Beginn der *Royal Society* betrieben wurde (vgl. Shapin/Schaffer 1985, Latour 1998, S. 25 ff.). Es war Newton, dem schließlich die Synthese von Axiomatik und Empirie im messenden Experiment gelang, womit er zugleich den durchschlagenden Welterfolg der abendländischen Wissenschaft begründete und die „industrielle Revolution“ ermöglichte (Tetens 1987; Pulte 2005). „Es ist ein Denken, das ganz auf Praxis beruht, auf einer bestimmten Art: der Herstellung“ (Baruzzi 1986, S. 88). Philosophen bleiben gern bei der reinen Methodologie oder der Wissenschaftstheorie stehen. „Für Hobbes wäre dies keine Philosophie gewesen, gerade weil er genügend Methodologe war. Er musste den Schritt bis zur Konstruktion des Staatskörpers machen, weil jedes Stehenbleiben bei einem Schritt vorher überhaupt kein Fortschritt der Wissenschaft gewesen wäre“ (ebd., S. 90). Hobbes verstand sein Denken als ein Teilnehmen am Erzeugungsprozess der Welt. Nur dort galt ihm Philosophie als ein Erkennen, wo es um *generatio* geht. Baruzzi zitiert Hobbes’ berühmte Philosophieformel, die verkürzt lauten könnte, der Mensch versteht nur, was er macht. Descartes, der große Kontrahent des Hobbes, hatte, im Gegensatz zu jenem, den Schritt zur praktischen Philosophie nicht gewagt. „Er dachte theoretische und praktische Philosophie noch getrennt, die methodisch-systematische Verbindung erschien ihm unmöglich“ (ebd., S. 92). Hobbes hingegen hat das Problem einer praktischen Philosophie wie kein anderer in der Neuzeit vorangetrieben und darin die Tragweite des auf das *Cogito* zentrierten Cartesischen Prinzips weit übertroffen. Hobbes’ philosophische Prinzipien entsprachen in dieser Hinsicht den Grundsätzen der modernen Wissenschaft weit mehr als die jedes anderen Theoretikers seiner Zeit. „Anders als Descartes war Hobbes in der Lage, die Existenz einer bewußtseinsunabhängigen Außenwelt auch ohne Rekurs auf spitzfindige theologische Annahmen zu erklären, was der säkularen Geisteshaltung der heutigen Wissenschaft weit eher entgegenkommt. Dennoch hat Hobbes auf dem Gebiet der Naturwissenschaften bislang nur selten die Anerkennung als maßgeblicher Wegbereiter der Moderne gefunden, die er verdient (und auch selbst für sich beanspruch hat) – ein Umstand, der zeigt, wie fragwürdig die gängige These vom historischen Zusammenhang zwischen dem Entstehen der modernen Naturwissenschaften und dem Prozess der Säkularisierung […] ist“ (Tuck 1999, S. 83). Es blieb Tönnies vorbehalten, Hobbes’ rationalistische Methodologie und Wissenschaftstheorie zu würdigen.

Tönnies war es auch, der auf Hobbes als einen frühen Theoretiker der bürgerlich-kapitalistischen Gesellschaft aufmerksam machte. Während der moderne Mensch der Neuzeit aber für Hobbes-Forscher wie Macpherson seinem Wesen nach bereits durch und durch ein Bourgeois ist, weiß „ein Denker mit einem ausgeprägten historischen Gespür wie Tönnies, dass der Neuzeit und der Moderne sehr wohl auch andere, den besitzbürgerlichen Elementen widerstreitende Einflüsse zugehörig waren“ (ebd., S. 158 f.). Wie ja überhaupt die Klassiker soziologischen Denkens ein deutlicheres Bewusstsein für die Ambivalenzen der Moderne hatten.

Zur Zeit des Hobbes kündigt sich der Kapitalismus in ersten Vorboten an, aber er ist noch weit entfernt davon, eine sichtbare Gestalt anzunehmen. Das erklärt die Widersprüchlichkeit im Werk dieses Denkers der Frühmoderne. „Hobbes verkündet das Herannahen des Reiches der Vernunft, des Lichts, der Aufklärung. Aber er bemerkt auch das Emporkommen der kommerziellen Gesellschaft, der wilden Konkurrenz, der kapitalistischen Ausbeutung. Seine Ausdrücke ‚der Mensch dem Menschen ein Wolf‘ und ‚Krieg aller gegen Alle‘ werden oft gebraucht, um diesen Zustand innerhalb der modernen Gesellschaft zu bezeichnen […] Um so mehr – würde Hobbes sagen – ist die Vernunft des Gesetzgebers, die konzentrierte Gewalt des Staates notwendig, um den Frieden zu erhalten, um die Schwachen gegen die Mächtigen, die Armen gegen die Habsüchtigen zu schützen. Aber nicht nur dadurch allein will er das soziale Problem, das er doch nur im Dämmerlichte erblickt, lösen. Mehr noch erwartet er von der wissenschaftlichen Einsicht, von der Aufklärung nicht nur der Herrscher, sondern auch des Volkes“ (Tönnies 2014, S. 301 f.).

Von entscheidender Bedeutung für Tönnies waren nicht nur, wie allgemein üblich, die staatspolitischen, sondern vor allem auch die erkenntnistheoretischen Aspekte des von ihm gewürdigten „Begründers der Moderne“. Ohne sie wären Tönnies’ spätere Programmatik einer „reinen Soziologie“ und sein Hauptwerk „Gemeinschaft und Gesellschaft“ gar nicht vorstellbar. Bickel hat darauf hingewiesen (Bickel 2010, S. 28 f.), dass sich in der Hinwendung sowohl zu Hobbes als auch zu Spinoza eine folgenreiche Unabhängigkeit des Soziologen Tönnies gegenüber dem Zeitgeist ausdrückt. Üblich wäre eine Orientierung am Neukantianismus gewesen, der damals den akademischen Diskurs in den Geisteswissenschaften beherrschte. „Unabhängigkeit gegenüber dem Zeitgeist, das Geistergespräch mit den großen Denkern über die Epochengrenzen hinweg zu suchen und weniger mit den Augenblicksgrößen der Gegenwart, philosophisch-literarische Bildung mit aufklärerischer Akzentuierung, dadurch Immunität gegenüber den vernunftkritischen Strömungen des *fin de siècle* – das sind Tendenzen der geistigen Existenzformen von Tönnies“ (ebd., S. 27). Vor diesem ideengeschichtlichen Hintergrund gewinnen Tönnies’ Vorhaben einer Synthese von Rationalismus und Historismus, seine Verknüpfung des Erkenntnisinteresses der Soziologie mit dem Erkenntnisideal der Naturwissenschaften ihre Bedeutung. Es war der Versuch, die westeuropäische Aufklärungstraditionen eines Hobbes oder eines Spinoza mit der spezifisch deutschen Tradition des historischen Denkens zu verbinden, so wie es bereits zuvor Karl Marx in seiner Kritik der politischen Ökonomie unternommen hatte. Der damit einhergehende Erkenntnisoptimismus steht dabei in merkwürdigem Kontrast zur pessimistischen Einschätzung des gesamten Entwicklungsganges der modernen Gesellschaft. Sensibilität für die Ambivalenzen des Modernisierungsprozesses ist, anders als im unbeirrbaren Fortschrittsglauben des liberalen Aufklärungsdenkens jener Zeit, charakteristisch für Tönnies’ Position (Bickel 1994, S. 259 f.). Sie äußert sich in der Fähigkeit, Widersprüche zur Kenntnis zu nehmen und auszuhalten, ohne sie vorschnell auf der Ebene theoretischer Vermittlungen „aufzuheben“. Tönnies ist meistens mit der einen oder anderen Seite seiner Position identifiziert worden. Selten dagegen ist das wechselseitige Bedingungsverhältnis seiner Abwägungen und Einschätzungen wahrgenommen worden. Ihm ist durchaus bewusst, dass die Vorzüge des gesellschaftlichen Rationalisierungsprozesses nicht ohne seine destruktiven Folgewirkungen zu haben sind: daher Sympathie für die „Gemeinschaft“, aber Nachweis ihrer Unmöglichkeit unter den Bedingungen der modernen „Gesellschaft“; Hochschätzung der Erfolge des Rationalisierungsprozesses mit seinen Leistungen auf dem Gebiet der wissenschaftlichen Aufklärung und der Schaffung institutioneller Voraussetzungen zur Lösung der „sozialen Frage“, aber zugleich Kenntnisnahme der Verluste, die mit „tragischer“ Notwendigkeit diesen Prozess begleiten (Bickel 2010, S. 34 f.).

Nicht zu Unrecht wird man Hobbes als einen der ersten, wenn nicht gar als den ersten Soziologen bezeichnen dürfen, lange bevor Jahrhunderte später Namen auftauchen wie Tönnies, Durkheim oder Spencer, denen die Dogmengeschichte eine solche Ehre, neben anderen, zuweist. Im Staat, ein zentrales Thema in den Schriften Hobbes, drückt sich der kodifizierte Wille einer Gesellschaft aus, als Handlungssubjekt gestaltend tätig zu werden. Das war nicht immer so. Mit der Umschichtung der Sozialstruktur im Verlauf der bürgerlichen Revolutionen beginnt, zunächst in England, später in Frankreich und Nordamerika, eine Neuordnung des Verhältnisses von Staat und Gesellschaft, im Rahmen derer „Staat“ und „Gesellschaft“ als eigenständige Sozialformen ausdifferenziert und getrennt wahrgenommen werden. Hobbes ist die Personifizierung der neuzeitlichen, der revolutionären Denkungsart, die mit der scholastischen Philosophie endgültig bricht. Vehement allerdings wendet sich Tönnies in diesem Zusammenhang gegen die durch nichts gerechtfertigte Überschätzung Francis Bacons in der deutschsprachigen Philosophie seiner Zeit, die einherging mit einer völligen Verkennung der Bedeutung des Thomas Hobbes. Dieser wurde gar als gelehriger Schüler des ersteren missverstanden, indem er dessen „Empirismus“ fortgebildet und durch eine politische Philosophie ergänzt habe. Tönnies nennt das eine „schnurrige Fabel“. Tatsächlich könnte das Missverständnis, das weitgehend auf Unkenntnis der Originaltexte beruhte, kaum größer sein: Die Zentralfrage der Erkenntnistheorie jener Zeit lautete, wie eine Wissenschaft möglich sei, die der aus Definitionen und Axiomen deduzierten Geometrie an Gewissheit gleichkomme? Hobbes war einer der ersten, die um ihre Lösung bemüht waren. Dass er es unter den Einschränkungen der sozialhistorischen Bedingungen und erkenntnistheoretischen Voraussetzungen seiner Zeit tun musste, wird man ihm kaum vorhalten können.

Diesen Faden aufgreifend, macht Jacoby in seiner Tönnies-Biographie, die nach wie vor als das Standardwerk der Tönnies-Forschung gilt, auf einen Sachverhalt aufmerksam, der von der Fachsoziologie nach wie vor kaum wahrgenommen wird, nämlich dass der Hauptertrag der auf die Lehren des Thomas Hobbes konzentrierten wissenschaftsgeschichtlichen Untersuchungen von Tönnies nicht so sehr in der Staats-, sondern, wie bereits erwähnt, in der Erkenntnistheorie liegt (Jacoby 2013, S. 28). Im Logik-Kapitel seiner Hobbes-Monographie formuliert Tönnies gleichsam als Resümee seiner epistemischen Überlegungen den denkwürdigen Satz: „*Wissenschaft* ist, im Unterschiede von allem Wissen von Tatsachen, Wissen von Ursachen oder von der Entstehung von Tatsachen. Wissenschaft in eigentlichem Sinne, nämlich als *a priori* demonstrierbare, ist daher nur möglich von Gegenständen, deren Entstehung wir kennen und gewiss wissen: ihre Ursache muss schon in den Definitionen enthalten sein, sonst kann sie auch in den abgeleiteten Sätzen nicht vorkommen“ (Tönnies 2014, S. 145 f.). Für Hobbes kann es Wissenschaft nur geben von zwei Dingen: von den mathematischen Identitäten geometrischer Figuren und von den aus menschlichem Denken hervorgegangenen Prinzipien sozialer Institutionen. Hier lag für Tönnies das erkenntnistheoretische Problem, an das „Hobbes immer von neuem mit dem Fuße anstößt", dessen Lösung ihm aber durch seinen Nominalismus verwehrt war: „In die letzten Tiefen der Erkenntnistheorie ist er nicht hineingedrungen; auch ringt er noch zuletzt nach einer anderen Gestaltung seiner Ideen als er gefunden hat. Er will eigentlich darauf hinaus, dass reine Wissenschaft nur möglich sei von Gedankendingen: abstrakten Gegenständen, ideellen Ereignissen; daher auch von einem ‚politischen' Körper, der mit keinen Sinnen wahrnehmbar ist, dessen Typus wir konstruieren" (ebd., S. 146). Ähnlich formuliert Tönnies dann in seiner Vorrede zu *Gemeinschaft und Gesellschaft*: „Diese ganze Betrachtung [...] gehört einem Denken an, welches seinen Principien nach dem religiösen Glauben und volksthümlichen Anschauungen entgegengesetzt ist, wie sehr es auch noch die Spuren seiner Herkunft aus diesen Quellen tragen mag. Diese Principien entwickeln sich, bis sie auf sich selber stehen und gänzlich von ihrem Ursprunge unabhängig zu sein scheinen, mit ihres gleichen sich begegnend, welche auf den natürlichen Gebieten dieses Denkens, von seinen Anfängen her, frei geschaltet haben. Es ist *wissenschaftliches* Denken. Dieses hat dort, wo es zuerst und am leichtesten in seiner Reinheit erscheint, nicht mit den Ursachen der Erscheinungen und am wenigsten mit menschlichem und göttlichem Willen zu thun, sondern es geht aus den Künsten des Vergleichens und Messens von Größen und Mengen, als ihre allgemeine Hülfs-Kunst, die des Rechnens hervor, d. i. des Trennens und Zusammensetzens, des Theilens in gleiche Stücke, der Vervielfältigung gegebener Stücke, welche Operationen darum so leicht im bloßen Gedanken vollzogen werden, weil dieser ein geordnetes System von Namen dafür bereit hat und keine Verschiedenheit der wahrgenommenen Objecte die gedachte Setzung gleicher Einheiten als beliebig combinierbar stört. [...] Alles wissenschaftliche Denken, wie das Rechnen, will [...] Gleichheit zum Behufe irgendwelcher Messungen, da Messung, entweder Gleichheit oder das Allgemeine, wovon Gleichheit ein besonderer Fall ist, nämlich ein exactes Verhältniß ergeben muß, welchem wiederum Gleichheit als Maasstab dient" (Tönnies 1979, S. XVIIf.). Was dort nur angedeutet ist, findet sich später vertieft in seiner sprachanalytischen Studie zur *Philosophischen Terminologie* (2011), eine Schrift, die als Beitrag zur sozialwissenschaftlichen Erkenntnistheorie noch kaum die ihr zukommende Würdigung gefunden hat. Tönnies selbst bezeichnete sie als „eine Tochter jenes Werkes", das dann unter dem Titel *Gemeinschaft und Gesellschaft* Weltgeltung weit über die Soziologie hinaus erlangen sollte.

Die Bedeutung der *Anmerkungen über die Philosophie des Hobbes*, die Tönnies zwischen 1879 und 1881 publiziert hat, kann kaum überschätzt werden. Sie geben einen Einblick in Tönnies' Bemühungen um das damals häufig missverstandene, seriös noch kaum erforschte Gedankensystem des Thomas Hobbes. Tönnies zeigt nicht nur in den *Anmerkungen*, sondern auch in seinen weiteren Hobbes-Schriften „die enge Verwobenheit, ja Einheitlichkeit der Grundkonzeption im natur- und sozialwissenschaftlichen Philosophieren des 17. Jahrhunderts über ganz Europa; zugleich die Vielfalt der Versuche einer Befreiung des geistigen Lebens überhaupt von den Fesseln der scholastischen Philosophie, und damit den Vorstoß auf Neuland im sozialwissenschaftlichen Gebiet" (Jacoby 1975, S. 10). Mit seiner Hobbes-Interpretation befand sich Tönnies in Opposition vor allem zur damals vorherrschenden Deutung in der deutschsprachigen Philosophie. Weil die *Anmerkungen* eine völlige Kehrtwendung einleiteten, mutet ihr Titel als eine durch nichts gerechtfertigte Untertreibung an. Schließlich war mit ihnen in knappstem Aufriss alles gesagt: „die Überwindung der Scholastik; die mechanistischen Erklärungsversuche durch das abstrakte Prinzip der Bewegung; das Verhältnis zu Galilei; [...] die Unabhängigkeit von und das spätere Verhältnis zu Descartes; der charakteristisch starke Nominalismus; die Ausweitung auf die Sozialwissenschaft, vermittelt durch die Anthropologie; die Notwendigkeit abstrakter Konstruktion des reinen Verhältnisses"(Jacoby 2013, S. 15). Erreicht wurde eine korrekte Darstellung der gedanklichen Entwicklung der Naturrechtslehre, die auf genauer Textanalyse der Quellen beruhte; ein in sich konsistenter Nachvollzug der Entwicklungsphasen von den *Elements* bis zum *Leviathan* und schließlich eine Beurteilung des von Hobbes nicht Erreichten.

Die *Anmerkungen* wurden 1881 von der Philosophischen Fakultät der Kieler Universität als Habilitationsschrift angenommen (vgl. Carstens 2005, S. 88 f.). Bemerkenswert ist, dass Tönnies am Schluss seiner Ausführungen erstmals das Begriffspaar „Gemeinschaft und Gesellschaft" einführt. Zweierlei wird daran deutlich: zum einen wieviel er der Gegenüberstellung von „*status*" und „*contract*" (durch Maines) für die Konzeption der Dualität von „Gemeinschaft" und „Gesellschaft" verdankt, zum anderen dass er die Überwindung der Mechanik dieses Dualismus durch Kritik und Fortführung der Gedanken des Hobbes erreichte. Das gelingt, zunächst durchaus im Anschluss an Hobbes, über die konstruktiv-begriffliche Grundlegung theoretischen Denkens, im Gegensatz zum mehr oder weniger vorherrschenden Empirismus sowohl in den Naturwissenschaften als auch in den historischen Wissenschaften. Sodann ist von Wichtigkeit das Denken in Kontrasten, das vermag, was Hobbes nicht gelungen war, die Enge der tradierten Schullogik zu überwinden: durch Dialektik (vgl. Jacoby 2013, S. 16 f.).

1889 veröffentlichte Tönnies in der „Deutschen Rundschau" einen relativ umfangreichen Aufsatz mit dem Titel *Thomas Hobbes*. Anlass war die 300-jährige Wiederkehr von dessen Geburtstag im Jahr 1588. In kurzen und knappen Worten skizziert Tönnies das Menschenbild, das der Theorie des Hobbes zugrunde liegt und das geprägt wird durch Wettbewerb, Misstrauen und Eitelkeit, Eigenschaften, die in der sich abzeichnenden bürgerlichen Gesellschaft eine hohe Bedeutung erlangen sollten. Um die hieraus sich ergebenden Konflikte zu befrieden, leitet Hobbes die Notwendigkeit eines mit Gewaltmonopol versehenen Souveräns ab: des „Leviathan". Er versucht, der Staatskunst in vergleichbarer Weise wissenschaftlichen Charakter zu verleihen, wie Galilei, Descartes und Newton das hinsichtlich der Naturerkenntnis getan haben. Aktualität bekommt seine Theorie heute im Zeichen der Globalisierung dadurch, dass nicht nur Individuen, sondern auch Staaten in einem konfliktreichen „Naturzustand" miteinander leben, also im latenten Kriegszustand sich befinden, der nur durch Vereinbarung einer Weltregierung aufgehoben werden könnte, ein Gedanke, den Tönnies unter anderem in seinem Essay über den „Staatsgedanken des Hobbes" (1918) wieder aufgreift.

Veranlasst durch die seinerzeit nach wie vor bestehenden Missdeutungen des Werkes von Hobbes, bemüht Tönnies sich in diesem Aufsatz, die Quintessenz der Argumentation, die bei Hobbes vom „Naturrecht" schließlich zum „Leviathan" führt, herauszuarbeiten, wobei er insbesondere darauf hinweist, dass der Philosoph über erste Kenntnisse der Anfänge kapitalistischer Produktion im Verlagssystem und eine deutliche Einsicht in dessen Wesen verfügt, wenn er die Redensart von den Wohltaten der Kaufleute dadurch, dass sie armen Leuten Arbeit geben, dahin kritisiert, dass er erklärt, es bedeute nichts anderes, als dass sie die Armen veranlassen, ihre Arbeit zu verkaufen zu ihren eigenen, der Kaufleute, Preisen: „so dass in der Regel arme Leute einen besseren Lebensunterhalt erlangen könnten durch Arbeit in einem Zucht- und Spinnhause als durch Spinnen, Weben und andere dergleichen Arbeit, wie sie leisten, außer dass sie durch nachlässige Arbeit sich ein wenig helfen, zur Schande unserer Manufaktur". In der vorliegenden Kürze kann der Essay wohl als eine der gelungensten didaktischen Einführungen in die Staatslehre des Hobbes bezeichnet werden

Hobbes und das Zoon Politikon stellt eine weitere wesentliche Ergänzung zur Hobbes-Monographie dar (Tönnies 1912). In deren zweiter Auflage (1912) hatte Tönnies die Darstellung der politischen Theorie ausgebaut „angesichts der Aufmerksamkeit, die seither von den Lehrern des Staatsrechts diesen Theoremen zugewandt worden ist". Diese Erweiterung hat, wie Ilting in der Einleitung zur Neuausgabe der dritten Auflage (1971) betont (Ilting 1971), zu einer Verlagerung des Schwerpunkts in der Hobbes-Rezeption beigetragen. Ähnlich argumentiert Jacoby: „Es ist der eigentlich revolutionäre Charakter der neuen Theorie des Naturzustandes in der Dialektik des Begriffs des Politischen. Die Idee des ‚Krieges aller gegen alle' erhielt bei Hobbes diesen Charakter, weil sie eine Umstülpung der herrschenden Lehre vom ursprünglichen, natürlichen und göttlichen Friedenszustand involvierte" (Jacoby 1975, S. 11 f.). Die Argumentation des Hobbes blieb nicht beschränkt auf die Naturphilosophie und die neuen Begriffe der Physik, sondern tastete sich heran an die Theorie der zwischenmenschlichen Beziehungen. Ihre Wirkung allerdings hielt sich zu Zeiten des Hobbes in Grenzen. „Den revolutionären Charakter dieses Denkgebildes, gerichtet wie es war gegen die in die scholastische Tradition eingegangene aristotelische Lehre, wird man indessen guttun, von seiner etwaigen Wirkung getrennt zu halten. Die Wirkung war und blieb negativ, bestenfalls akkommodierend. Sie war es nicht nur angesichts des restaurativen Geistes der Englischen Revolution, sondern auch weil dem Zeitalter ebenso wie Hobbes selbst die Frage der begrifflichen Unterscheidung von Staat und Gesellschaft", den unentwickelten Verhältnissen jener Epoche geschuldet, in ihrer heutigen Tragweite noch nicht klar sein konnte (ebd.).

In dem Aufsatz *Die Lehre von den Volksversammlungen und die Urversammlung in Hobbes' Leviathan* (1930) weist Tönnies nicht nur die Entwicklung des völlig neuen Versammlungs-Theorems in den einschlägigen Kapiteln des *Leviathan* nach, sondern erläutert auch sein soziologisches Rahmengefüge, um schließlich seine historische Bedeutung für die Ausgestaltung des modernen Staatsgedankens zu skizzieren. „Das Paradigma des Vertrags, als Muster oder Modell der Staatsgründung, ist im Leviathan völlig aufgegeben worden. Hobbes hat es ersetzt durch das zukunftsträchtige Paradigma der Versammlung. Damit tritt an die Stelle der beim Vertragsmodell unabweisbaren Frage nach den Vertragsparteien die Idee einer Beschlussfassung durch eine Versammlung; an die Stelle des Aushandelns gegenseitiger Rechte und Pflichten das Prinzip einer bewusst gewollten Gemeinsamkeit als der Grundlage des öffentlichen Lebens" (ebd., S. 13).

Die Epoche, in der Hobbes seine Begriffsarchitektur entwarf, war eine Zeit des Umbruchs. Entsprechend widersprüchlich musste sein Gedankengebäude ausfallen, das zum einen aus der wissenschaftstheoretischen Tradition der Scholastik heraus entstand, sich von dieser abgrenzend, aber die neuen sozialhistorischen Gegebenheiten, die sich undeutlich abzuzeichnen begannen, bereits reflektierend. So ist es nicht verwunderlich, wenn er heute bald dieser, bald jener Denktradition zugeordnet wird.

4. Vom Liberalismus

In einer materialreichen Studie kritisiert Odzuck „die Körpervergessenheit der Hobbes-Forschung" und plädiert für eine Lesart (Odzuck 2016, S. 35 ff.), die von einem *körperbasierten Liberalismus* bei Hobbes auszugehen habe. Die Kritik ist völlig berechtigt. Bis auf wenige Ausnahmen (Baruzzi, Tuck, Tönnies) stieß die Körperfundierung der Argumentation des Hobbes unter Sozialwissenschaftlern auf wenig Interesse. Doch die sich anschließende weitergehende Forderung Odzucks bedarf der Erörterung. Denn abgesehen von dem Problem, ob Hobbes wirklich so eindeutig dem Liberalismus zuzurechnen ist, stellt sich die Frage, ob ein „körperbasierter Liberalismus" nicht eine *Contradictio in adjecto* darstellt. Die Weltanschauung des Liberalismus ist der theoretische Reflex und die gesellschaftspolitische Legitimation der kapitalistischen Marktgesellschaft. Die „angeborenen" Menschenrechte, Freiheit, Gleichheit, Eigentum, finden im Marktgeschehen ihre materielle Basis. Hier hat die Gerechtigkeitsperspektive formal argumentierender Moraltheorien etwa eines Kohlberg (1996), eines Rawls (1975) oder eines Habermas (1983), anders als bei ihren kommunitarischen Gegenspielern (MacIntyre 1987, Etzioni 1997), ihren materiellen Ursprung. Das Charakteristikum des gesellschaftlichen Syntheseprinzips, das sich im quantifizierenden Tauschgeschehen des Marktes realisiert, Identität, Äquivalenz, Reversibilität, Reziprozität, besteht darin, dass es von Qualitäten, also von Natürlichem und Körperlichem abstrahiert. Auf dem Markt werden, durch Kontrakte vermittelt und abgesichert, abstrakte Eigentumstitel übertragen, ohne das, was ihnen als Tauschgut konkret zugrunde liegt, substantiell, das heißt in ihrer Eigenschaft als Gebrauchsgut, zu verändern. Aus diesen Realabstraktionen haben sich die für das Abendland typischen Denkabstraktionen entwickelt, die in den Aufklärungspostulaten des bürgerlichen Liberalismus ihre höchste Weihe empfangen haben – allerdings um den Preis abstrakter Allgemeinheit, abgehoben von den tatsächlich empirisch vorfindbaren Gegebenheiten (Sohn-Rethel 1989, Müller 1981). Darin unterscheidet sich die Integrationsleistung der *Gesellschaft* von jener der *Gemeinschaft*: dass sie über sozial verbindliche *Fiktionen*, die von allem Stofflichen absehen, hergestellt wird, üblicherweise vermittelt durch das Medium *Geld.* Dass diese gesellschaftlichen Fiktionen, denen die Realabstraktionen des Warentausches zugrunde liegen, weitgehend widerspruchslos akzeptiert werden, wird durch die Vorstellung erleichtert, bei ihnen handele es sich um allgemein menschliche Gebräuche, Vorstellungen und Verhaltensnormen (Tönnies 1979, S. 34 ff.).

Sozialtheorien, die im Verlauf des Liberalismus entstanden und ihm verpflichtet sind, basieren auf einem kommunikationsorientierten und nicht, wie etwa bei Marx, auf einem produktionsorientierten Paradigma. Von biologischen, ethologischen, technologischen etc. Aspekten, die für die gesellschaftliche Reproduktion, insbesondere heute im Zeichen aktueller ökologischer Krisen, gleichfalls von Bedeutung sind, wird weitgehend abgesehen (Krüger 1990). Die entkörperlichte Stimme, das vernünftige Gespräch und das Leitbild einer von irrationalen Begleitumständen gereinigten Deliberation kennzeichnen das kommunikationstheoretische Paradigma dieser Denkansätze bis hinein in dominierende soziologische Großtheorien etwa eines Habermas (1984).

Ein weiteres kommt hinzu: Man wird unterscheiden müssen zwischen dem klassischen Liberalismus um die Mitte des 19. Jahrhunderts, dem es wesentlich noch darum ging, das, was sich vor seinen Augen sozialhistorisch zu ereignen begann, auf den Begriff zu bringen, und dem Neoliberalismus des 21. Jahrhunderts, dem es nicht mehr um die Erkenntnis dessen, was ist, geht, sondern um die marktkonforme Umgestaltung der Gesellschaft, indem er performative Präskriptionen als deskriptive Analysen ausgibt (Bammé 2016). Die metaphysischen Weltbilder des Neoliberalismus entfalten unter dem Deckmantel wissenschaftlicher Objektivität eine gesellschaftliche Realitäten massiv umgestaltende Wirkung. Normative Fiktionen erzeugen so neue gesellschaftliche Regeln, Gegenstände und Formen. Die in einer solchen Konzeption imaginierte Gesellschaft wird in dem Maße zur Realität, in dem sie nicht mehr als metaphysische Fiktion und damit nicht mehr als eine auch anders vorstellbare wahrgenommen wird: *There ist no alternative* (*TINA*). Indem die wissenschaftsbegründende Metapher sich (zum Beispiel in der soziologischen Analyse) selbständig macht, das heißt, „vergessen wird", erhält sie als „vergessene", beabsichtigt oder nicht, ihren (ideologischen) Zweck, die Kontingenz sozialer Ordnung und damit die Möglichkeit der Realisierung alternativer sozialer Entwürfe zu verleugnen (Lüdemann 2004, S. 44). Wohlgemerkt: Nicht so sehr die Metapher an sich oder die imaginierte Fiktion ist problematisch, sondern ihre „spezifisch immunitäre Färbung", die wie im Falle des Neoliberalismus Alternativen ausschließt. Entscheidend ist, *wie*

Gesellschaft imaginiert wird, so dass Modelle für ein anderes Denken von Gesellschaft möglich oder eben nicht möglich bleiben. Was am Beispiel des Neoliberalismus deutlich wird, ist, dass die Bilder der Gesellschaft, die in den Sozialwissenschaften zirkulieren, keine bloßen Repräsentationen gesellschaftlicher Realitäten darstellen, sondern dass es sich bei ihnen um wissenschaftlich argumentierte Fiktionen handelt. Tatsächlich ist dem Neoliberalismus in seinem vermeintlichen Anspruch, die Welt *nur* zu *erklären*, die Realität schon längst abhandengekommen (Crouch 2011). Ihm zufolge soll die Marktwirtschaft eine herrschaftsfreie Abstimmung von Angebot und Nachfrage darstellen und, besser noch als die politische Demokratie, die Freiheit der Menschen garantieren. So jedenfalls propagieren es überzeugte Marktfundamentalisten wie Ludwig von Mises, Friedrich von Hayek und Milton Friedman, die, ungeachtet der unübersehbaren Differenzen zwischen theoretischem Anspruch und empirischer Wirklichkeit, den „Markt" geradezu als Apotheose der Freiheit feiern. Das wirkliche Wirtschaftsgeschehen ist weit von diesem Ideal entfernt. Tatsächlich existiert es nur als Phantasma in ihren Köpfen (Ropohl 2015, S. 145).

Tönnies äußert sich in dieser Frage ganz eindeutig, sowohl in den Schriften zu Hobbes (2014, 2015) und Marx (2013) als auch in den Beiträgen zur Kritik des Liberalismus (unter anderem 1908, 1912, 1928). Die auf Hobbes und Locke zurückgehende liberale Naturrechtstheorie versteht er als Sieg der individuellen Vernunft. Zweierlei jedoch hat er an ihr auszusetzen. Zum einen sei ihre mechanistische Begriffsarchitektur völlig unrealistisch. Sie übersehe sowohl den organischen bzw. biologischen Ursprung als auch die historische Bedingtheit des menschlichen Zusammenlebens. Zum anderen ignoriere sie, weil sie zeitlich vor der Marx'schen Mehrwert-Theorie entstanden ist, in der Begründung ihrer materiellen Normen die Ungerechtigkeit der Verteilung des gesellschaftlich erwirtschafteten Reichtums im Kapitalismus. Realität und Realitätsdeutung stimmen nicht überein. Die Freiheits- und Gleichheitspostulate der Zirkulationssphäre enden in der Produktionssphäre vor dem Fabriktor.

5. Von der Natur

Anders als Odzuck, der es darum geht, „Körperlichkeit" im liberalen Denken verankert zu wissen, versucht Mohrs, die Berechtigung des körperbasierten „Materialismus" bei Hobbes aus Erkenntnissen der Evolutionstheorie und Soziobiologie zu begründen, und zwar unter explizitem Bezug auf die frühe Diskussion bei Tönnies (1976, S. 187 ff., 197 ff.,

208 ff.). Dem Theorem des Descartes vom transmateriellen menschlichen Geist steht unversöhnlich gegenüber die Auffassung des Hobbes, wonach „das denkende Ding etwas Körperliches sei; denn die Subjekte aller Tätigkeiten sind, wie es scheint, allein unter dem Begriff von etwas Körperlichem oder Materiellen zu denken“ (Hobbes, Einwände 2, Co, S. 165; zit. bei Mohrs 1995, S. 81). Und wenig später fügt Hobbes hinzu: „Da also die Kenntnis des Satzes ‚ich existiere‘ von der des anderen ‚ich denke‘ abhängt und wir in diesem das Denken von einer denkenden Materie nicht trennen können, scheint die Annahme, dass die denkende Substanz materiell ist, berechtigter zu sein als die andere, dass sie immateriell ist“ (ebd.). Die Argumentation Mohrs’, die sich weitgehend auf Zitate des Hobbes stützt, ist leicht nachzuvollziehen. In der Tat korrespondiert der explizit gegen Descartes’ Lehre vom immateriellen „res cogitans“ gewendeten These des Hobbes aus Sicht der modernen Soziobiologie die Auffassung, „dass jedem Bewusstseinsinhalt ein kausaler neurophysiologischer Vorgang entspricht. (…) Geist, Seele, Bewusstsein werden als Funktionen des strikt kausal funktionierenden Zentralnervensystems, insbesondere des Gehirns aufgefasst. Diese ‚Identitätstheorie‘ ist wohlbegründet. Zahllose Experimente und kontrollierte Beobachtungen haben gezeigt, wie eng in der Tat die Beziehungen zwischen Gehirn- und Bewusstseinsprozessen sind. (…) Allem Anschein nach ist Bewusstsein ein Korrelat hoher Systemkomplexität, eine reale *System*eigenschaft“ (Mohr 1987, S. 14). Doch ist diese Einsicht noch längst nicht Allgemeingut einfacheinsichtiger Vernunft geworden.

Viele Missverständnisse und Deutungsprobleme in der sozial- und umweltverträglichen Zukunftsgestaltung der Welt, in der wir leben, haben ihre Ursache in der antinaturalistischen Attitude einer Sozialwissenschaft, wie sie Hobbes noch völlig fremd war. Die Sozial- und Geisteswissenschaften, zumindest in den sozialphilosophischen Großtheorien deutschsprachiger Provenienz, verhalten sich seltsam spröde gegenüber den Einflüssen der Natur auf die Gesellschaft. Luhmann, in der Tradition Durkheims stehend, kennt keine „Natur“ der Gesellschaft. Sie ist, abgeschoben in die Umwelt, das Andere der Gesellschaft. Pikanterweise thematisiert Luhmann die „Gesellschaft“ der Gesellschaft (1997) just in dem Moment, in dem sie sich, über Technologie vermittelt, in die Natur hinein aufzulösen beginnt. Auch bei Habermas bleibt die „Natur“ außen vor. Sie wird kommunikativ nicht erreicht. Allenfalls wird sie durch Arbeit affiziert (1969). In dem einen wie in dem anderen Fall handelt es sich, bei aller Differenz im Detail, um Kommunikations-, nicht um Produktionstheorien. Vor dem Hintergrund des gegenwärtigen Ineinanderaufgehens von

Natur und Gesellschaft befindet sich eine solchermaßen konzipierte Sozialwissenschaft kaum auf der Höhe der Zeit (Latour 1998). Sie pflegt ihre antinaturalistische Attitude und hält am überkommenen Dogma fest, soziale, kulturelle und moralische Tatsachen seien eine Realität *sui generis*. Indem sie sich nach wie vor an einem forschungsleitenden Paradigma orientiert, das letztlich in der kulturalistischen Tradition einer dichotomisch konzipierten Bewusstseinsphilosophie wurzelt (Windelband, Rickert), ignoriert sie nicht nur den Erkenntnistand der zeitgenössischen *life sciences* von der Molekularbiologie über die Hirnforschung bis zur Ethologie, sondern liefert zugleich ein Lehrstück dafür, wie das tradierte Selbstverständnis einer Wissenschaftsdisziplin, das historisch durchaus seine Berechtigung gehabt haben mag, an einem bestimmten Punkt ihrer Entwicklung zur Selbstfesselung führt. Diese antinaturalistische Attitude zielt nicht nur an den aktuellen Problemen einer durch Technologie geprägten Welt völlig vorbei, sondern ist auch umso erstaunlicher, als sie den Gründungsvätern der Sozialwissenschaften, Hobbes, Marx oder Spencer, völlig fremd war.

Dieses Defizit lässt sich dogmenhistorisch bis in die aktuelle Rezeption eben jener Klassiker nachweisen. Es ist bezeichnend, dass ein an Hobbes geschulter Philosoph heute das naturwissenschaftlich begründete Menschenbild, wie es von Hobbes im 17. Jahrhundert gezeichnet wurde, „für die Zwecke der Philosophie wie auch der Sozialwissenschaften gänzlich uninteressant" findet (Kersting 1992, S. 96). Für ihn „ist Hobbes' Methoden- und Erkenntniskonzeption nur noch von geisteswissenschaftlichem Interesse. Sie wirft ein helles Licht auf die szientistische Mentalität des 17. Jahrhunderts, enthält jedoch keine Elemente, die in den methodologischen Diskussionen der politischen Philosophie der Gegenwart nützlich sein könnten" (ebd., S. 59). Darin, und das muss nicht extra hervorgehoben werden, ist Kersting Recht zu geben. Zweifellos ist Hobbes von einem Wissenschaftsmodell ausgegangen, das heute nicht mehr aktuell ist. Er bezog sich auf den Wissensstand seiner Zeit. Das wird man ihm nicht vorwerfen können. Darwin, Einstein oder Heisenberg haben das mechanistische Weltbild Newtons erst Jahrhunderte später revolutioniert. Aber die Berechtigung des Anspruchs, wie er von Hobbes formuliert worden ist, den Menschen und sein Verhalten in dieser Welt nach einer einheitlichen Methode streng wissenschaftlich zu analysieren, bleibt davon unberührt. Es ist unmittelbar evident, dass eine Sozialwissenschaft, die davon ausgeht, dass Menschen körperliche Lebewesen (und damit sterblich) sind, in ihren Grundzügen anders aussieht als eine Sozialwissenschaft, die davon abstrahiert, dass menschliches (und damit gesellschaftliches)

Handeln, Denken, Fühlen und Wahrnehmen konstitutiv durch biologische Faktoren beeinflusst werden. Im Gegensatz zum kulturalistischen Fehlschluss, der die Sozial- und Geisteswissenschaften bis heute prägt, war Tönnies bemüht, anknüpfend an das Prinzip der Bewegung bei Hobbes, den „ideengeschichtlichen Zusammenhang zu wahren, der als Ausgangspunkt sowohl für die Quantumphysik als auch moderne theoretische Biologie noch gültig sein dürfte" (Jacoby 2013, S. 48).

6. Vom Krieg

Ein ähnliches, in der Tradition liberalen sozialwissenschaftlichen Denkens wurzelndes Defizit lässt sich, bis auf wenige Ausnahmen (exemplarisch: Steinmetz 1929), im Umgang mit dem Phänomen von Krieg und Gewalt nachweisen (Bammé 2015). Alle Menschen möchten in Frieden leben. Und doch werden ständig Kriege geführt. Offensichtlich gehört der Krieg zu den Elementarerscheinungen zwischenmenschlichen Zusammenlebens und ist, unabhängig von Raum und Zeit, im tiefsten Wesen des Menschen verankert. Merkwürdigerweise ist Krieg fast nie zu einem Thema der Soziologie geworden. „Kriegsverdrängung" und „Kriegsvergessenheit" (Joas und Knöbl 2008) sind geradezu ein Charakteristikum moderner Gesellschaftstheorien. Dabei hätte sich ja angeboten, die extremen Verhaltensweisen und Erfahrungen des Kriegsgeschehens zu nutzen, um beispielsweise herkömmliche handlungstheoretische Modelle darauf hin zu überprüfen, was aus Extremsituationen für das „normale" Handeln der Menschen gelernt werden kann. Stattdessen hat die innere Widersprüchlichkeit der Moderne, wie sie sich in zwei Weltkriegen und staatlich organisiertem Massenmord äußerte, auch in den gegenwärtigen Gesellschaftstheorien von Habermas über Luhmann und Bourdieu bis hin zu Foucault keinen Niederschlag gefunden, der ihrer Bedeutung angemessen wäre. Im Gegenteil, Kriege werden als extreme Ausnahmen, als vorübergehende Störungen eines insgesamt gewaltfreien zivilisatorischen Prozesses wahrgenommen. Joas und Knöbl führen diese „Verdrängungsleistung" auf das Weltbild des in der europäischen Aufklärung wurzelnden Liberalismus zurück, das all diesen Theorien mehr oder weniger zugrunde liegt und nur gesellschaftlichen Fortschritt kennt. Würde man hingegen den Krieg in all seinen Erscheinungsformen vorbehaltlos als systematisches soziales Geschehen reflektieren, das heißt, nicht als Unglücksfall der Geschichte oder Rückfall in die Barbarei, sondern als strategische, periodische Veranstaltung, käme man zu einem vergleichbaren Verständnis der gesellschaftlichen Entwicklung wie Ulrich Beck mit dem Begriff des Risikos (1986). Der im liberalen Denken wurzelnde Geschichtsoptimismus eines Adam Ferguson oder Herbert Spencer, dass Handel und Industrialisierung an die Stelle „militärischer Neigungen, Grausamkeiten und Gewalttätigkeiten“ treten würden, wäre längst zu den Akten gelegt worden, hätte man nur einen Blick auf die durch Kriege verursachten Friedhofslandschaften Europas geworfen. Denn der Grund, auf dem Europa gebaut ist, sind seine Toten. Man muss nur ein wenig an der Oberfläche kratzen

Krankheiten gehören zum Leben wie der Tod. Vieles spricht dafür, dass es sich mit kriegerischen Konflikten im Zusammenleben der Völker nicht anders verhält. Niemand hat das deutlicher formuliert als Hobbes (1991). Ohne Frieden ist Freiheit nichts. Die im liberalen Denken der europäischen Frühmoderne wurzelnde Wunschvorstellung, dass friedliche Handelsbeziehungen nach und nach an die Stelle kriegerischer Auseinandersetzungen treten, hat sich als Illusion erwiesen. Ein Blick in die Geschichte der letzten zweihundert Jahre offenbart das genaue Gegenteil. Nur zu oft wurden Kriege gerade zwischen Handelsnationen geführt, um Absatzgebiete zu erobern und Einflusssphären zu sichern. Der Krieg ist zu einem Geschäft geworden wie jedes andere auch. Eine Sozialtheorie der Moderne, die den Krieg als wesentliche Kulturerscheinung ausblendet, mag über alles Mögliche reden, aber nicht über die Realität und Dynamik gesellschaftlicher Entwicklungsprozesse.

Die Ermöglichung eines dauerhaften Friedens wird heute im Gefolge der neueren Hobbes-Diskussion letztlich an zwei Bedingungen geknüpft: an die Durchsetzung eines mit voller Souveränität ausgestatteten Weltstaates und an eine durch Wissenschaft und Bildung völlig veränderte Mentalstruktur der Menschheit (Mohrs 1995, hierzu bereits Tönnies 2015, S. 301 f.). Ihre Realisierung jedoch erscheint auf absehbare Zeit als unwahrscheinlich.

7. *Vom Weltstaat*

Hobbes hat seine Theorie in einer Epoche sozialhistorischer Umbrüche entwickelt. Den anomischen Charakter des Zustandes, in den eine Gesellschaft zu versinken droht, wenn sie über keinen mit Gewaltmonopol ausgestatteten Staat verfügt, bezeichnete er als „Krieg eines Jeden gegen Jeden“. In einer vergleichbaren Situation befinden wir uns heute. Ihre Dramatik besteht darin, dass die Menschheit sich auf dem Wege zur Weltgesellschaft befindet (Albrow 1998), dass sie selbst inzwischen zu einem geologischen Faktor geworden ist, aber weder über eine mit realer politischer Zwangsgewalt ausgestattete Institution noch über Verfahrensweisen verfügt, die den damit verbundenen Herausforderungen gerecht werden. Der Nobelpreisträger für Chemie, Paul Crutzen, hat für diese neue erdgeschichtliche Epoche den Begriff des Anthropozäns, des Menschenzeitalters geprägt (2011). Er wollte damit deutlich machen, dass die Erde kein natürliches Ökosystem mehr ist, das vom Menschen gestört wird, sondern dass sie zu einem Humansystem geworden ist, mit darin eingebetteten natürlichen Ökotopen. Die mittels Wissenschaft und Technik bewirkten Umweltveränderungen äußern sich nicht mehr nur in regionalen Umweltkatastrophen, sondern haben, weit darüber hinaus, die als Holozän bezeichnete zwischeneiszeitliche Epoche mit stabilen Klimaverhältnissen beendet (Ehlers 2008). Dadurch wird die „soziale Frage" des 19. und 20. Jahrhunderts, obwohl sie noch längst nicht gelöst ist, im 21. Jahrhundert von der „ökologischen Frage" überlagert. Die „pathologische Sorglosigkeit" (Mohr), mit der die Menschheit die Belastbarkeit des Raumschiffs „Erde" überfordert, so dass es als Soziotop für das Überleben der Gattung in absehbarer Zeit nicht mehr geeignet sein könnte, verweist, im übertragenen Sinn, auf einen „Naturzustand", der ungeregelt seinen Lauf nimmt. Die Lösung der damit verbundenen Probleme erfordert sowohl sozial-, wie naturwissenschaftliche Kompetenz. „Das Ozonloch ist zu sozial", hatte Latour (1998, S. 14) formuliert, „um wirklich Natur zu sein, die Strategie der Firmen und Staatschefs zu sehr angewiesen auf chemische Reaktionen, um allein auf Macht und Interessen reduziert werden zu können."

Eine Sozialwissenschaft, die heute, zu Beginn des 21. Jahrhunderts, das Problem, vor dem Hobbes in seiner Epoche stand, für sich auf der Höhe der Zeit reformuliert, kann sinnvollerweise nicht mehr von einer Fragestellung ausgehen, wie das Verhältnis des sich konstituierenden Nationalstaats zur Vielheit seiner Bürger zu regeln sei, sondern muss zum einen das Verhältnis der sich konstituierenden Weltgesellschaft zur Vielheit ihrer Nationalstaaten antizipierend in den Blick nehmen, um „Weltinnenpolitik" (Beck 2010) beraten und begleiten zu können. Und sie muss zum anderen zur Kenntnis nehmen, dass sie es nicht mehr nur mit metaphysischen Fiktionen, sondern mit Interventionen und Folgeproblemen physischer Art zu tun hat, die, ganz im ursprünglichen Sinne des Thomas Hobbes, in die reale körperliche Integrität des Menschen und seiner Umwelt, beides verändernd, eingreifen (Mohrs 1995). Drei grundlegenden Sachverhalten ist dabei Rechnung zu tragen: (1) Der Gestaltungsraum, auf den eine Wissenschaft sich heute bezieht, ist nicht mehr die Einheitsgesellschaft in den überkommenen Grenzen des Nationalstaats, sondern die am Horizont sich abzeichnende „Weltgesellschaft“ in der Vielheit ihrer Kulturen und Traditionen. (2) Der Planet „Erde“, dessen Zukunft es zu gestalten gilt, ist Gegenstand nicht nur von Kommunikations-, sondern vor allem von Produktionsprozessen. Er ist Soziotop und Biotop zugleich, zwei Aspekte, die den Stoffwechselprozess des Menschen mit der ihn umgebenden Umwelt gleichermaßen prägen. Mit den Technologien, die der Mensch entwickelt, verändert er nicht nur sich selbst und die Gesellschaft, in der er lebt und kommuniziert, sondern vor allem die Stofflichkeit der (einstmals) natürlichen Umwelt, in der er lebt, die Basis von beidem. Man wird sich die Zukunft des Raumschiffs „Erde“ deshalb als einen riesigen Produktionsprozess, als eine Art „Weltfabrik“ (Schwägerl 2010) vorzustellen haben. (3) Beide Sachverhalte werden sowohl die Forschungsinhalte als auch die Darstellungsformen jener Wissenschaften verändern, die zu ihrer Gestaltung in maßgeblicher Weise beitragen wollen. Problemorientierte Hybridwissenschaften werden an die Stelle der bisherigen disziplinorientierten Fachwissenschaften treten.

Antworten auf die Frage, warum es keine kulturelle Überformung, wie Bildung und Erziehung sie darstellen, bislang vermochte, den Menschen dauerhaft zu zivilisieren, ihn von Krieg und Massenmord abzuhalten, finden sich vor allem in den Erklärungen der Evolutionstheorie (Mohr 1989): Der Mensch sei genetisch auf das Überleben in überschaubaren Kleingruppen unter den Umweltbedingungen des Pleistozäns eingerichtet (also auf das, was der Soziologe Tönnies allgemein als Beziehungsgeflecht der „Gemeinschaft“ bezeichnet hat) und stehe den Anforderungen der ihn heute umgebenden, von ihm selbst geschaffenen kulturellen Artefakte (mithin das, was Tönnies unter dem Begriff „Gesellschaft“ zusammengefasst hat) hilflos gegenüber. Er sei schlichtweg überfordert. Sein evolutionäres Erbe setze seinem Verhalten noch auf lange Sicht bestimmte, nicht überspielbare Grenzen. Das Zusammenleben der Menschen habe Größenordnungen erreicht, deren Organisation durch die überkommenen, in der Mentalstruktur verankerten gruppendynamischen Integrationsmechanismen nicht mehr zu bewältigen ist (Wuketits 2012). Dass der kleingruppenzentrierte Mensch den modernen Institutionen und Verkehrsformen großräumiger Soziotope weitgehend mit Unverständnis begegnet, wird unter anderem daran deutlich, dass er dem von ihm selbstgeschaffenen Integrationsmechanismus der Gegenwartsgesellschaft, dem Markt, nach wie vor hilflos ausgeliefert ist, statt ihn zu beherrschen; und dort, wo er versuchte, der bewussten Politik, wie auch immer begründet, Priorität gegenüber dem blinden Marktmechanismus einzuräumen, wie im russischen und im deutschen Gesellschaftsexperiment in der ersten

Hälfte des 20. Jahrhunderts, endeten die Versuche in einer unbeschreiblichen Katastrophe. Nicht nur muss deshalb in Betracht gezogen werden, dass die kulturelle Evolution menschlicher Gesellschaftsformen suboptimale Lösungen des Zusammenlebens hervorbringt, sondern dass sie in einer Katastrophe unvorstellbaren Ausmaßes enden können.

8. Vom Geist

Das menschliche Gehirn umfasst verschiedene, ganz unterschiedliche Funktionsareale. Durch das Gehirn erhalten wir, vermittelt über unsere Sinnesorgane, Kenntnis von der Welt „dort draußen". Korrekterweise wäre zu sagen: von Teilen der Welt. Denn unsere Sinnesorgane vermögen lediglich, einen bestimmten, relativ kleinen Teilbereich zu erfassen. So ist die Netzhaut des menschlichen Auges nur für die Aufnahme eines Bereichs von 400 bis 700 Nanometern, also eines infinitesimalen Ausschnitts der elektromagnetischen Strahlung ausgestattet. Alles andere entzieht sich unserer Wahrnehmung. Was für das Sehen gilt, gilt auch für das Hören. Die natürliche Gehörspanne des Menschen umfasst 20 bis 20.000 Hertz. Von allem, was darüber hinausgeht, wusste der Mensch lange Zeit nichts. Erst seit den fünfziger Jahren des letzten Jahrhunderts hat er mit Hilfe von technischen Instrumenten gelernt, sich diese Makro- und Mikrowelten zu erschließen (Wilson 1998, S. 45 ff.). Doch oft übersteigt das, was sich dort ereignet, sein Verständnisvermögen, das genetisch an eine Welt des mittleren Spektrums angepasst ist. Wenn wir also meinen, über die Welt „dort draußen" zu sprechen, müssten wir uns korrekterweise eingestehen, dass wir eigentlich nicht über die Welt, sondern lediglich über die *Beziehungen* unseres Körpers zu ihr sprechen (Heisenberg 1955). Hobbes, im 21. Jahrhundert auf die Höhe der Zeit gebracht, hätte wahrscheinlich nichts anderes formuliert.

Das, was das Gehirn über die Sinnesorgane vermittelt bekommt, mental verarbeitet und gegebenenfalls in Aktivitäten des Körpers umsetzt, bezieht sich auf eine real existierende Welt, auf die *irdische* Welt um uns herum. Aber das Gehirn ist darüber hinaus in der Lage, eine *transzendentale* Welt zu erzeugen, ein „inneres" Phantasma, dem „dort draußen" in der irdischen Welt nichts entspricht. Hierbei handelt es sich, losgelöst von den Sinnesorganen, um reine Kopfgeburten. Sie können sich äußern in Form logischer Gesetze auf der Grundlage mathematischer Symbole ebenso gut wie in Vorstellungen von einer transzendenten Götterwelt. In beiden Fällen werden die Grenzen der Erfahrung und der sinnlich erkennbaren Welt überschritten. Es ist wichtig, sich klar zu machen, dass es sich hierbei um Phantasmagorien handelt, dass es neben der real existierenden irdischen Welt eine überirdische Welt *nicht* gibt. Es ist der Mensch selbst, der sich in seinem Kopf ein solches „Jenseits" konstruiert. Nicht Götter „offenbaren" sich ihm, indem sie ihm im Traum erscheinen oder sich in ihm denken, sondern er selbst ist, mehr unbewusst als bewusst, der Schöpfer solcher Phantasmen. Heute wissen wir, dass es letztlich immer ein Körper ist, durch den sich etwas denkt, sei es ein Gehirn oder ein Computer. Aber solange man sich der Rolle und Funktion organischer Akte in mentalen Prozessen nicht bewusst war, glaubten die Menschen tatsächlich an die Existenz einer transzendenten Welt und daran, dass, ausgehend von „dort oben", Götter sich ihnen offenbaren konnten, sofern sie auserwählt waren.

Entscheidend ist nun, dass die phantasmagorischen Weltbilder, die der körpergebundene Geist subjektiv erzeugt, sich verselbständigen, objektive Gestalt annehmen und auf die irdische Welt zurückwirken können, diese umformend und neu gestaltend. Dabei geht es heute nicht mehr nur bzw. nicht mehr so sehr um sakrale Weltbilder, sondern mit Beginn der Neuzeit zunehmend um säkulare Weltanschauungen, gleichfalls reine Kopfgeburten, die allerdings nicht mehr auf ein Paradies im Jenseits vertrösten, sondern es im Diesseits verwirklicht sehen wollen. An die Stelle der Absolutheit eines Gottes tritt in der Säkularreligion des Neoliberalismus die Absolutheit des *Homo oeconomicus*, in der des Nationalsozialismus die Absolutheit des rassereinen Ariers, in der des real (nicht mehr) existierenden Sozialismus die Absolutheit der allseitig entwickelten sozialistischen Persönlichkeit. In allen diesen Fällen handelt es sich um Kopfgeburten des menschlichen Gehirns, denen in der irdischen Realität nichts Vergleichbares entspricht; es sei denn, sie werden in die Tat umgesetzt und, den normativen Vorgaben entsprechend, wirklich hergestellt.

Dass organische Gegebenheiten und Begleitumstände in allen mentalen und sozialen Prozessen menschlichen Handelns eine wesentliche Rolle spielen, wird von den Geistes- und Sozialwissenschaftlern beständig ignoriert. Wenn sie in ihren Theorieentwürfen nicht vorkommen, dann nicht weil die ihnen korrespondierenden Erkenntnisse in Biologie und Ethologie als falsch erkannt wurden und widerlegt sind, sondern weil sie, anders als bei Hobbes oder Tönnies, in ihrer Bedeutung für Sozialwissenschaft und Wissenschaftstheorie mehrheitlich einfach nicht zur Kenntnis genommen werden. Offensichtlich wird ein naturwissenschaftlich begründetes Menschenbild für die Erkenntnisziele der Philosophie, Theologie und weite Bereiche der Sozialwissenschaften als gänzlich uninteressant und wenig zielführend empfunden. Sie verharren hinsichtlich ihres Forschungsgegenstandes „Mensch" immer noch in einem unhaltbaren Dualismus, der den intelligiblen, rationalen, bewussten Menschen von seinen körperlichen und triebhaften Anteilen fein säuberlich trennt. In Wirklichkeit aber sind Menschen Lebewesen, die in den Rahmen des Natürlichen und damit auch der natürlichen Evolution eingebunden sind, so dass ihr Handeln, Denken, Fühlen und Wahrnehmen durch biologische Faktoren beeinflusst wird (Bauer 2008). Eine rein soziogene Interpretation des Menschen als nahezu vollständigem Kulturwesen erscheint vor diesem Hintergrund als unhaltbar und stellt, sofern sie die Relevanz der Biologie für die Erkenntnis und Erklärung menschlichen Verhaltens leugnet, einen kulturalistischen Fehlschluss dar. Tatsächlich verhält es sich so, dass kulturelle Werte „von Natur aus Eigenschaften der Gehirnaktivität" sind, die in keiner Weise „ein unabhängiges, vom funktionierenden Gehirn künstlich getrenntes Dasein" führen (Sperry 1985, S. 97 f.). Es scheint, dass gegenwärtige Geistes- und Sozialwissenschaftler aus der Not der Vergangenheit, dass nämlich frühere Denker sich ihr jeweiliges Menschenbild allein auf der Basis philosophischer Vorurteile und eigener, mehr oder weniger zufälliger Beobachtungen zusammenbasteln mussten, die fragwürdige Tugend biowissenschaftlicher Abstinenz abgeleitet haben (Flohr 1982, S. 202). Stattdessen wird man neuere Erkenntnisse der Evolutionstheorie, der Neurobiologie und Ethologie in Betracht ziehen müssen. Insbesondere geht es dabei um (1) die genetische Verankerung menschheitsgeschichtlich früh erworbener Verhaltensmuster, um (2) die begrenzte Leistungsfähigkeit des menschlichen Wahrnehmungsvermögens sowie um (3) die archaischen, vorrationale Verhaltensmuster aktivierenden Anteile des menschlichen Gehirns.

(1) Die Vertreter der Evolutionstheorie gehen davon aus, dass „unsere Verhaltens- und Antriebsstruktur, auch unsere Neigung und Fähigkeit zur sozialen Organisation, zu einem guten Teil genetisch determiniert und deshalb durch Erziehung und soziale Konditionierung nicht beliebig zu überspielen ist. Statt von einer extremen Plastizität des Menschen auszugehen, rechnet man dementsprechend mit (engen) Grenzen der Formbarkeit und auch der Belastbarkeit durch moralische Vorschriften (kulturelle Normen). Diese Grenzen der Kulturfähigkeit werden darauf zurückgeführt, dass unsere ‚erste Natur' – und damit die vorrationalen Dispositionen des Handelns – im Wesentlichen eine in unserer Stammesgeschichte entwickelte Anpassung an die Lebensverhältnisse des Pliozäns und Pleistozäns (Jäger und Sammler) und des postglazialen Neolithikums (Anfänge von Ackerbau und Viehzucht) darstellt" (Mohr 1987, S. 2 f.). Kompetenzen, die der Mensch im Pleistozän erworben hat, um die Widrigkeiten

seiner frühen Evolutionsgeschichte zu überleben, sind im Verlauf der kulturellen Evolution anachronistisch geworden. Darin besteht das Dilemma, das sich aus der Differenz von biologischer und kultureller Evolution ergibt: Weder lässt sich unsere evolutionär erworbene Neigungsstruktur beliebig überspielen, noch kann das für unsere Zeit notwendige Ethos mit dem in unseren Genen verankerten problemlos realisiert werden (ebd., S. 84 f.). Offensichtlich reicht die Struktur des menschlichen Verstandes nicht aus, um dieses Erbe konstruktiv zu bewältigen, und schon gar nicht reicht sie aus, so steht zu befürchten, um die dynamischen Strukturprobleme der modernen Welt zu lösen.

(2) Der Raubbau, mit dem die Menschen die Belastungskapazität der Erde in existentiell bedrohlichem Ausmaß überfordern und den Planeten in einer Weise ausplündern, dass er als ökologische Nische für das Überleben der Gattung in absehbarer Zeit, zumindest in weiten Teilen, nicht mehr geeignet sein wird, ist maßgeblich auf die genetisch bedingte Beschränktheit ihres ratiomorphen Apparates zurückzuführen, die es den Menschen zum einen nahezu unmöglich macht, etwa exponentielles Wachstum, chaotische Strukturen, schwache Kausalität und nichtlineare Prozesse intuitiv zu verstehen bzw. überhaupt wahrzunehmen, und der sie zum Zweiten darauf beschränkt, sich in ihrem Denken und Verhalten innerhalb eines relativ eng begrenzten Nahbereichs zu bewegen. Bei den intellektuellen Eigenschaften des Menschen handelt es sich der Evolutionstheorie zufolge um partiell isomorphe Anpassungen an den „Mesokosmos" der Wirklichkeit, die bisher ausreichten, das heißt, adaptiv genug waren, das Überleben der Menschen zu ermöglichen. Ähnlich wie sie Licht nur in einem bestimmten Wellenbereich sehen, akustische Signale nur in einem bestimmten Frequenzbereich hören können, so rechnen sie auch aufgrund dieser spezifischen Angepasstheit ihrer genetisch implementierten Strukturen der Wirklichkeitserkenntnis beispielsweise stets automatisch mit Kategorien wie starker Kausalität, Regelmäßigkeit und Stetigkeit, während es für andere, nichtlineare Phänomene wie auch für die Wahrnehmung komplexer sozialer Strukturen jenseits des ursprünglichen Nahbereichs keineswegs in gleichem Maße entsprechend „passende" isomorphe Strukturen im menschlichen Erkenntnisapparat gibt (Mohrs 1995, S. 343 f.).

Als im Fortschreiten der Wissenschaften einige Disziplinen den Mesokosmos verließen und in die Makro- und Mikrowelt vorstießen, ergaben sich zum Beispiel in der Physik der kleinen und großen Dimensionen erschreckende erkenntnistheoretische Probleme, die bis heute ungelöst geblieben sind: die Unschärferelation, das scheinbare „Versagen" des Kausalitätsprinzips in der Mikrophysik, die unbegreiflichen Konsequenzen des zweiten Hauptsatzes der Thermodynamik bei seiner Anwendung auf das Universum, die unüberwindlichen Schwierigkeiten mit den uns vertrauten Ideen (oder „Anschauungsformen") von Raum und Zeit in der Relativitätstheorie. Auch wenn die nicht-euklidische Welt in ihren mathematischen Strukturen noch erkennbar sein sollte, sie ist definitiv nicht mehr vorstellbar. „Wenn sich unser kognitiver Apparat in Anpassung an die Welt der mittleren Dimensionen entwickelt hat, müssen wir damit rechnen, dass es Grenzen unseres Erkenntnisvermögens geben wird, und damit Grenzen der Wissenschaft, die auf einer prinzipiellen Limitierung unserer kognitiven Strukturen beruhen. Die Probleme, auf die wir beim Vorstoß in die kleinen und großen Dimensionen treffen, bestätigen diese Erwartung. Unser ererbtes kategoriales Vorwissen über die Welt – Raum, Zeit, Substantialität, Kausalität, Quantität – bezieht sich lediglich auf die mittlere Dimension, auf jenen Mesokosmos, auf jene kognitive Nische, an die sich unser Stamm im Lauf der genetischen Evolution angepasst hat" (Mohr 1987, S. 27 f.). Dieser naive Realismus wird außerhalb der mittleren Dimension zum Problem, auch für die Wissenschaft. „Die plumpen kategorialen Schachteln, in die wir unsere Außenwelt packen müssen, ‚um sie als Erfahrungen buchstabieren zu können' (Kant), sie können keine autonome und keine absolute Gültigkeit beanspruchen. Wir sind von Natur aus lediglich an die Welt der mittleren Dimensionen adaptiert. Dieser Mesokosmos ist deterministisch – im Sinne der klassischen Mechanik und in Übereinstimmung mit dem gesunden Menschenverstand. Hier können wir uns uneingeschränkt auf Raum und Zeit, auf Substantialität, Quantität und Kausalität verlassen. Bei unserem Urteil über die Welt der großen und der kleinen Dimensionen hingegen verheddern wir uns in unlösbare epistemologische Probleme. In der Makrophysik werden Raum und Zeit, in der Mikrophysik werden Kausalität und Substantialität problematisch. Nur in der Welt der mittleren Dimensionen bewährt sich unser pragmatischer Realismus" (ebd.).

Das aus der Evolution der Hominiden überkommene apriorische Wissen hat zwar ausgereicht, den Mesokosmos dieser Welt allmählich durch und durch zu verändern, aber es scheint nicht auszureichen, die geänderte, durch menschliche Aktivität umgeformte Welt zu verstehen und aus diesem Verstehen heraus eine Überlebensstrategie zu schaffen. Die Menschen haben zwar „neue, fast gottähnliche Möglichkeiten der Kontrolle über die Natur erlangt", sie nutzen „diese Möglichkeiten aber weiterhin mit Hilfe einer relativ kurzsichtigen, ganz und gar nicht göttlichen Wertskala", einer Wertskala, „deren Wurzeln einerseits in überlebten biologischen Rudimenten der steinzeitlichen Evolutionsphase und andererseits in verschiedenen Mythologien und Ideologien liegen, die auf nicht viel mehr als Glauben, Phantasie, Wunschdenken, veränderten Bewusstseinszuständen und Intuition beruhen“ (Sperry 1985, S. 22 f.).

(3) Die Überforderung des Menschen der Gegenwart durch seine eigenen kulturellen Schöpfungen hat aber noch einen dritten, einen weiteren organischen Grund. Nicht nur dass der spezifisch menschliche Wahrnehmungsapparat die Erkenntnismöglichkeiten des Gehirns beschränkt, sondern das Gehirn selbst, seiner biologischen Evolution geschuldet, setzt der rationalen Durchdringung menschlicher Lebenswelten ständig Schranken und konterkariert die in ihm angelegten Möglichkeiten.

Das menschliche Gehirn besteht aus mehreren Funktionsarealen, die gattungsgeschichtlich zu unterschiedlichen Zeiten entstanden sind. Im Laufe von Millionen Jahren hat sich das Gehirn vergrößert und aus dem ältesten Teil, dem Hirnstamm, weiterentwickelt. Es bildeten sich Schichten des emotionalen Gehirns, die den Hirnstamm wie einen unabgeschlossenen Ring umgeben: das limbische System. Es besteht vor allem aus dem Mandelkern (der Amygdala) und dem Hippocampus und ist Sitz menschlicher Grundgefühle wie Angst, Wut, Freude etc., die noch vorverbal, aber schon bewusstseinsähnlich erfasst werden. Mächtige Faserverbindungen reichen in das Reptiliengehirn bzw. den Hirnstamm, dort wiederum in den Hypothalamus und weiter zur Hypophyse, einer wichtigen Hormondrüse, so dass blitzartig Hormone wie Adrenalin (Flucht, Kampf) ausgeschüttet werden können. Weitere Schichten von Hirnzellen entwickelten sich. Es entstand der Neokortex, der Ausgangspunkt des Denkens. In ihm fügen sich alle Sinne zusammen und in ihm entscheidet sich, was wir denken, welche Strategien wir entwerfen, wie wir unsere Zivilisation aufrechterhalten oder unsere Kultur weitervermitteln. Instinkthafte Reaktionen entstehen im Reptiliengehirn, primäre Gefühle im limbischen System und die kognitive Verarbeitung, das Erleben und Benennen zum Beispiel von Emotionen findet im Großhirn statt.

Durch heftige Affekte können Funktionen des Kortex ausfallen, wodurch ein Regressionsverhalten und ein Zurückfallen auf archaische Verhaltensmuster ausgelöst werden. Es handelt sich dabei um kaum steuerbare Reaktionen, die in gattungsgeschichtlich frühen Zeiten durchaus angemessen waren, um Gefahren durch Kampf, Flucht oder dergleichen zu begegnen, die heute in der Regel aber nur wenig Sinn machen.

Das neurologische Netzwerk des Menschen ist sehr langsam, über Millionen von Jahre aufgebaut worden. Seit etwa hunderttausend Jahren hat es sich nicht mehr wesentlich geändert. Die jüngeren Areale sind daher sehr störanfällig. Schon bei geringen Gefahrsignalen fällt der Mensch in archaische Verhaltensmuster zurück. „So erklären sich die überdimensionalen Kriegswaffen wie Bomben und Raketen etc., die völlig unsinnig in Kriegshandlungen eingesetzt werden. Krieg scheint mir ein klarer Rückfall auf Aggression, Kampf und Verteidigung zu sein und ist daher heute eine völlig ungeeignete Form, Probleme oder Konflikte zu lösen. Da regiert nicht die Vernunft, sondern blanker Hass oder blanke Angst" (Schwarz 2013, S. 58). Vor diesem Hintergrund mögen zwar Fragen wie „Können Computer denken wie Menschen?" (Searle 1986, D'Avis 1994) oder Versicherungen darüber „Was Computer nicht können" (Dreyfus 1985) spannenden Diskussionsstoff liefern für endlose Prozeduren akademischer Begründungsesoterik, doch letztlich gehen sie am eigentlichen Problem vorbei. Eine sinnvollere Fragestellung wäre hingegen, welche Funktionsareale des Gehirns vom Computer sinnvollerweise übernommen werden könnten und wie dadurch ein soziales Zurückfallen in archaische Verhaltensweisen ausgeschlossen bzw. unter Kontrolle gebracht werden kann. Die neunte Robot-Geschichte des Isaac Asimov entwirft ein solches denkmögliches Szenario in belletristischer Form (1980, S. 154 ff.).

Die Amygdala spricht, wie wir wissen, auf emotionale Reize an, ehe wir diese bewusst wahrnehmen. So kann der Körper schnell auf Bedrohungen reagieren. Emotionale Reize werden aber noch auf einem zweiten Weg weitergeleitet, der nicht über die Amygdala, sondern durch kortikale Bereiche führt. Dort wird bewusste Aufmerksamkeit und eine bedächtigere Reaktion generiert. Die Amygdala arbeitet unbewusst und macht oft Fehler. Goleman (2005) bezeichnet solche Fehler als „emotionale Explosionen", als „neurale Überfälle". Weil solche „Entgleisungen" überfallartig geschehen, hat der Neokortex, das denkende Gehirn, kaum Gelegenheit, sich kontrollierend einzuschalten. Für einen organischen Körper wie den Menschen mag das in bestimmten Gefahrensituationen auch heute noch sinnvoll sein, für einen unorganischen Körper wie den Computer, der solche Gefahren nicht kennt und allein auf rationaler, auf nicht-emotionaler Basis funktioniert und ganz anderen Aufgabestellungen folgt, gilt das nicht. Bei ihm wäre von solchen Funktionsarealen des menschlichen Gehirns tunlichst abzusehen. Die Funktion intelligenter Computersysteme bestünde darin, solche Aufgaben, die der Mensch aufgrund seines limbischen Systems nur unzureichend oder gar nicht erfüllen kann, zu übernehmen. Weil die kulturelle Evolution schneller von statten geht als die biologische Evolution, wäre zu überlegen, Aufgaben gesellschaftlicher Synthesis, die den Menschen aufgrund seiner biologischen Grenzen überfordern, an Artefakte, die ein Resultat dieser kulturellen Evolution sind, zu delegieren. Die Frage, ob der Computer denken könne wie ein Mensch, stellt sich vor diesem Hintergrund als ziemlich belanglos heraus. Die Konstruktionsaufgabe bestünde ja gerade darin, ihn von den Schranken, die menschlichem Denken gesetzt sind, freizuhalten.

Das, was Philosophen gemeinhin als „Geist" bezeichnen, ist immer körperlich vermittelt, üblicherweise durch ein menschliches Gehirn, neuerdings zunehmend durch technologische Artefakte, wie Computersysteme sie darstellen. Im ersten Fall ist jedes geistige Phänomen, ob bewusst oder unbewusst, visuell oder auditiv, Schmerzen, Kitzel, Jucken, Gedanken, ja tatsächlich die Gesamtheit unseres geistigen Lebens, von Vorgängen im Gehirn verursacht. Im zweiten Fall wird ein Computerprogramm in seiner formalen bzw. syntaktischen Struktur abgearbeitet, dem wir einen gewissen semantischen Inhalt zusprechen. Geisteszustände im ersten Fall sind, neben all dem, was sie sonst noch sein können, vor allem biologische Phänomene. „Bewusstsein, Intentionalität, Subjektivität und geistige Verursachung gehören allesamt zu unserer biologischen Lebensgeschichte, genau wie Wachstum, Fortpflanzung, die Absonderung von Galle und die Verdauung" (Searle 1986, S. 40). Im zweiten Fall, dem eines Computers, der über keine biologische Lebens- und Gattungsgeschichte verfügt, kann es sich deshalb nur, bisher wenigstens, um objektivierte, von subjektiver Befindlichkeit abgelöste Geisteszustände handeln. Um diesem Sachverhalt Rechnung zu tragen, hat Gotthard Günther (1991), tradierte Vorstellungen der Bewusstseinsphilosophie korrigierend und ergänzend, eine Aufspaltung der überkommenen Denkfigur des „Subjekts" vorgenommen. Das Subjekt, die klassische Denkfigur der Philosophie, beinhaltet als real agierendes tatsächlich zwei Komponenten, eine subjektive und eine objektive. Denk- und Verhaltensroutinen der objektiven Komponente, des objektiven Subjekts, wie Günther es nennt, lassen sich im Gegensatz zur subjektiven Komponente auf Maschinen implementieren. Dabei kann es sich, in neurophysiologischer Diktion gesprochen, nur um solche Geisteszustände handeln, die ihren ursprünglichen (biologischen) Sitz im Kortex, nicht im limbischen System und nicht im Reptilienhirn haben, also nicht in vorrationalen Funktionsarealen des menschlichen Gehirns. Die Beantwortung der Frage, welche der Anteile des objektiven Subjekts auf Maschinen implementierbar sind, steht nicht mehr, und das unterscheidet unsere von der Epoche des Thomas Hobbes, als besinnliches, sondern als technologisches Problem auf der Tagesordnung. Es geht um mehr als um philosophische Kontemplation. Wahrheit stellt sich nicht in endloser Begründungsesoterik her, sondern ganz handlungspraktisch: im Konstruktionserfolg des angestrebten Artefakts.

Vor diesem Hintergrund lässt sich die überkommene Geist-Körper-Dichotomie zeitgemäß reformulieren: Körper und Geist des Menschen (*mutatis mutandis* des Computers) interagieren zwar miteinander, sind aber nicht zwei verschiedene Dinge. Geistige Dinge sind, auch wenn sie über einen Eigensinn verfügen, Eigenschaften, Äußerungen, Kreationen des Gehirns (bzw. des Computers). Der traditionelle Dualismus zwischen naivem Physikalismus und naivem Mentalismus, der schon dem Thomas Hobbes ein Gräuel war, lässt sich dadurch auflösen, dass beiden Anschauungen eine relative Berechtigung zugestanden wird: Die Auffassung des naiven Physikalismus, derzufolge in der Welt ausschließlich Materieteilchen mit ihren je spezifischen Eigenschaften und Beziehungen existieren, ist so evident und machtvoll, dass sie ernsthaft kaum in Frage gestellt werden kann. Aber auch die Auffassung, dass gewisse geistige Phänomene wirklich existieren, ist kaum zu bestreiten. Nicht erst seit der Konstruktion intelligenter Computersysteme ist evident: Geisteszustände gibt es wirklich. Einige davon sind bewusst, viele sind intentional; alle sind, sofern es sich um genuin menschliche Äußerungen handelt, subjektiv; und viele haben kausalen Einfluss auf materielle Ereignisse in der Welt. „Der naive Mentalismus und der naive Physikalismus sind vollkommen miteinander verträglich. In der Tat, soweit wir überhaupt etwas darüber wissen, wie die Welt funktioniert: Sie sind nicht nur miteinander verträglich, sie sind beide wahr“ (Searle 1986, S. 26).

Der Mensch ist kein transanimalisches Wesen. Trotz aller digitalen Vernetzung weltweit lebt er körperlich in einem konkreten Raum-Zeit-Gefüge, das er nicht überspringen kann und das den vorläufigen Endpunkt seiner Lebensgeschichte markiert; trotz aller Vergeistigungen hat er animalische Bedürfnisse, die nicht hintergehbar sind. Von seiner „Natur“ her ist er nach wie vor ein Kleingruppenwesen, das durch die Herausforderungen einer technologisch geprägten Weltgesellschaft latent überfordert ist. „Die in anonymen Großgesellschaften von politischen (und religiösen) Führern dekretierten Normen programmieren den Konflikt zwischen den Erfordernissen jener Gesellschaften und der Natur des Menschen als Kleingruppenwesen“ (Wuketits 2012, S. 23).

Es scheint, dass der Mensch sich fortbewegt hat von dem, was er für ein gutes Leben tatsächlich braucht; dass die moderne Lebens- und Arbeitswelt dem Mensch-Sein, das heißt dem, was dem Menschen gemäß seiner Art gut tut und er seinen Bedürfnissen entsprechend benötigt, nicht mehr entspricht. Betrachtet man den Menschen aus der Perspektive eines Säugetiers der Gattung „Primaten“, müsste man zu dem Schluss kommen, dass er wenig „artgerecht“ lebt. Es mag sein, dass die künftige Auslagerung der objektiven Anteile menschlicher Subjektivität, also jene, die nicht an die Biologie des menschlichen Körpers gebunden sind, an intelligente, autonom sich vernetzende Computersysteme ihn von den unmittelbaren Verhaltenszumutungen der modernen Industriegesellschaft entlastet und die Rückkehr auf eine artgerechte Lebensweise, durchaus auf der Höhe der Zeit, ermöglicht. Die Dramatik einer solchen Utopie besteht darin, dass sie als folgenreiche technologische Herausforderung der Naturwissenschaften, nicht als folgenloses metaphysisches Geplänkel der Geisteswissenschaften auf der Tagesordnung steht.

Literatur

Albrow, Martin (1998): Abschied vom Nationalstaat. Staat und Gesellschaft im Globalen Zeitalter. Frankfurt a.M.

Asimov, Isaac (1980): Ich, Robot. Science Fiction-Roman. München.

Bammé, Arno (Hg.) (2011): Life Sciences. Die Neukonstruktion des Menschen? München/Wien.

Bammé, Arno (2015): Die Normalität des Krieges. Ein blinder Fleck der Soziologie. In: Soziologie, 44. Jg, Heft 3, S. 277-291.

Bammé, Arno (2016): Geosoziologie. Gesellschaft neu denken. Marburg.

Baruzzi, Arno (1973): Mensch und Maschine. Das Denken sub specie machinae. München.

Baruzzi, Arno (1983): Einführung in die politische Philosophie der Neuzeit. Darmstadt: WBG

Baruzzi, Arno (1986): Thomas Hobbes. Strukturelle Einheit von Körper und Methode. In: Speck, Josef (Hg.): Grundprobleme der großen Philosophen. Philosophie der Neuzeit I. Göttingen: UTB Vandenhoeck, S. 74-100

Bauer, Joachim (2008): Das Gedächtnis des Körpers (2002). München: Piper

Beck, Ulrich (1986): Risikogesellschaft. Frankfurt a.M.: Suhrkamp

Beck, Ulrich (2010): Nachrichten aus der Weltinnenpolitik. Frankfurt a.M.: Suhrkamp

Bickel, Cornelius (1994): Soziologie und Ethik bei Tönnies. Seine Auseinandersetzung mit zeitgenössischen Strömungen der Sozialethik. In: Holzhey, Helmut (Hg.): Ethischer Sozialismus. Zur politischen Philosophie des Neukantianismus. Frankfurt a.M.: Suhrkamp, S. 238-282

Bickel, Cornelius (2010): Tönnies im Lichte meiner Erfahrungen. In: Tönnies-Forum, Jg. 19, Heft 1, S. 25-35

Blumenberg, Hans (1998): Paradigmen zu einer Metaphorologie. Frankfurt a.M.: Suhrkamp

Carstens, Uwe (2005): Ferdinand Tönnies. Friese und Weltbürger. Eine Biographie. Norderstedt: BoD

Castoriadis, Cornelius (1984): Gesellschaft als imaginäre Institution. Entwurf einer politischen Philosophie (1975). Frankfurt a.M.: Suhrkamp

Crouch, Colin (2011): Das befremdliche Überleben des Neoliberalismus. Berlin: Suhrkamp

Crutzen, Paul (2011): Die Geologie der Menschheit. In: Crutzen, Paul et al. (Hg.): Das Raumschiff Erde hat keinen Notausgang. Berlin: Suhrkamp, S. 7-10

D'Avis, Winfried (1994): Können Computer denken? Eine bedeutungs- und zeittheoretische Analyse von KI-Maschinen. Frankfurt a.M. und New York. Campus

Dewey, John (2001): Die Suche nach Gewissheit. Eine Untersuchung des Verhältnisses von Erkenntnis und Handeln (1929). Frankfurt a.M.: Suhrkamp

Dreyfus, Hubert L. (1985): Die Grenzen künstlicher Intelligenz. Was Computer nicht können (1972). Königstein: Athenäum

Ehlers, Eckart (2008): Das Anthropozän. Die Erde im Zeitalter des Menschen. Darmstadt: WBG

Etzioni, Amitai (1997): Die Verantwortungsgesellschaft. Individualismus und Moral in der heutigen Demokratie (1996). Frankfurt a.M. und New York: Campus

Flohr, Heiner (1982): Biopolitics. Versuche jenseits des Kulturismus. In: Politische Vierteiljahreszeitschrift, 1, S. 196-203

Goleman, Daniel (2005): Emotionale Intelligenz (1995). München: dtv

Günther, Gotthard (1991): Idee und Grundriss einer nicht-Aristotelischen Logik. Die Idee und ihre philosophischen Voraussetzungen (1959). Hamburg: Meiner

Habermas, Jürgen (1969): Technik und Wissenschaft als „Ideologie". Frankfurt a.M.: Suhrkamp

Habermas, Jürgen (1983): Moralbewusstsein und kommunikatives Handeln. Frankfurt a.M.: Suhrkamp

Habermas, Jürgen (1984): Vorstudien und Ergänzungen zur Theorie des kommunikativen Handelns. Frankfurt a.M.: Suhrkamp

Heisenberg, Werner (1955): Das Naturbild der heutigen Physik. Reinbek: Rowohlt

Hobbes, Thomas (1997): Elemente der Philosophie. Erste Abteilung. Der Körper (1655). Hamburg. Meiner

Hobbes, Thomas (1966): Vom Menschen. Vom Bürger. Elemente der Philosophie II und III (1647, 1658). Hamburg: Meiner

Hobbes, Thomas (1984): Leviathan oder Stoff, Form und Gewalt eines bürgerlichen und kirchlichen Staates (1651). Frankfurt a.M.: Suhrkamp

Hobbes, Thomas (1991): Behemoth oder Das lange Parlament (1668). Frankfurt a.M.: Fischer

Hübner, Kurt (1985): Die Wahrheit des Mythos. München: Beck

Ilting, Karl-Heinz (1971): Der verrufene und umstrittene Autor. In: Tönnies, Ferdinand: Thomas Hobbes. Leben und Lehre. Stuttgart: Frommann

Jacoby, E. Georg (Hg.) (1975): Ferdinand Tönnies. Studien zur Philosophie und Gesellschaftslehre im 17. Jahrhundert. Stuttgart: Frommann

Jacoby, E. Georg (2013): Die moderne Gesellschaft im sozialwissenschaftlichen Denken von Ferdinand Tönnies. Eine biographische Einführung (1971). München und Wien: Profil

Joas, Hans; Knöbl, Wolfgang (2008): Kriegsverdrängung. Ein Problem in der Geschichte der Sozialtheorie. Frankfurt a.M.: Suhrkamp

Kersting, Wolfgang (1992): Thomas Hobbes zur Einführung. Hamburg: Junius

Kohlberg, Lawrence (1996): Die Psychologie der Moralentwicklung 1968). Frankfurt a.M.: Suhrkamp

Krüger, Hans-Peter (1990): Kritik der kommunikativen Vernunft. Kommunikationsorientierte Wissenschaftsforschung im Streit mit Sohn-Rethel, Toulmin und Habermas. Berlin: Akademie

Latour, Bruno (1998): Wir sind nie modern gewesen. Versuch einer symmetrischen Anthropologie (1991). Frankfurt a.M.: Fischer

Lüdemann, Susanne (2004): Metaphern der Gesellschaft. Studien zum soziologischen und politischen Imaginären. München: Fink

Luhmann, Niklas (1997): Die Gesellschaft der Gesellschaft. Zwei Teilbände. Frankfurt a.M.: Suhrkamp

MacIntyre, Alasdair (2006): Der Verlust der Tugend. Zur moralischen Krise der Gegenwart (1987, 1981). Frankfurt a.M. und New York: Campus

Macpherson, Crawford B. (1996): Naturzustand und Marktgesellschaft (1962): In: Kersting, Wolfgang (Hg.): Leviathan. Berlin: Akademie, S. 131-154

Mohr, Hans (1987): Natur und Moral. Ethik in der Biologie. Darmstadt: WBG

Mohr, Hans (1989): Biologische und kulturelle Evolution der Moral. In: Naturwissenschaftliche Rundschau, Jg. 42, Heft 4, S. 127-132

Mohrs, Thomas (1995): Vom Weltstaat. Hobbes' Sozialphilosophie, Soziobiologie, Realpolitik. Berlin: Akademie

Müller, Rudolf Wolfgang (1981): Geld und Geist. Zur Entstehungsgeschichte von Identitätsbewusstsein und Rationalität seit der Antike (1977). Frankfurt a.M. und New York: Campus

Odzuck, Eva Helene (2016): Thomas Hobbes' körperbasierter Liberalismus. Eine kritische Analyse des Leviathan. Berlin: Duncker & Humblot

Paul-Horn, Ina (2015): Aktualität der Metapher. Frankfurt a.M.: Lang.

Pulte, Helmut (2005): Axiomatik und Empirie. Eine wissenschaftstheoriegeschichtliche Untersuchung zur mathematischen Naturphilosophie von Newton bis Neumann. Darmstadt: WBG

Rawls, John (1975): Eine Theorie der Gerechtigkeit (1971). Frankfurt a.M.: Suhrkamp

Ropohl, Günter (2015): Das Wesen der Wirtschaft. Und das Unwesen der Ökonomen. Baden-Baden: Nomos

Schwägerl, Christian (2010): Menschenzeit. Zerstören oder gestalten. München: Riemann

Schwarz, Gerhard (2013): Die archaischen Muster im Leben des modernen Menschen. In: Kotrschal, Kurt; Schwarz, Gerhard: Die Wesensentstehung des Menschen im Naturbezug. Klagenfurt: Wieser, S. 47-98

Searle, John R. (1986): Geist, Hirn und Wissenschaft (1984). Frankfurt a.M.: Suhrkamp

Shapin, Steven; Schaffer, Simon (1985): Leviathan and the Air-Pump: Hobbes, Boyle, and the Experimental Life. Princeton: PUP

Sohn-Rethel, Alfred (1989): Geistige und körperliche Arbeit. Revidierte und ergänzte Neuauflage (1970). Weinheim: VCH

Sperry, Roger (1985): Naturwissenschaft und Wertentscheidung (1982). München und Zürich: Piper

Steinmetz, Sebald Rudolf (2014): Soziologie des Krieges (1929). Marburg: Metropolis

Tetens, Holm (1987): Experimentelle Erfahrung. Eine wissenschaftstheoretische Studie über die Rolle des Experiments in der Begriffs- und Theoriebildung der Physik. Hamburg: Meiner

Tönnies, Ferdinand (1976): Studien zur Philosophie und Gesellschaftslehre im 17. Jahrhundert. Stuttgart: Frommann

Tönnies, Ferdinand (1979): Gemeinschaft und Gesellschaft. Grundbegriffe der reinen Soziologie. Darmstadt: WBG

Tönnies, Ferdinand (2010): Schriften zur Staatswissenschaft. München und Wien: Profil (darin unter anderem: Liberalismus und Demokratie 1908, Bürgerliche und politische Freiheit 1912, Demokratie und Plutokratie 1918)

Tönnies, Ferdinand (2011): Philosophische Terminologie in psychologisch-soziologischer Ansicht (1899). München und Wien: Profil

Tönnies, Ferdinand (2013): Marx. Leben und Werk (1921). München und Wien: Profil

Tönnies, Ferdinand,(2014): Thomas Hobbes. Leben und Lehre (1896). München und Wien: Profil

Tönnies, Ferdinand (2015): Schriften zu Thomas Hobbes. München und Wien: Profil (darin unter anderem: Anmerkungen über die Philosophie des Hobbes 1879-1881, Thomas Hobbes 1889, Der Staatsgedanke des Hobbes 1918, Hobbes und das Zoon Politikon 1923, Die Lehre von den Volksversammlungen und die Urversammlung in Hobbes' Leviathan 1930)

Tuck, Richard (1999): Hobbes. Freiburg: Herder

Wilson, Edward O. (1998): Consilience. New York: Knopf

Wuketits, Franz M. (2012): Zivilisation in der Sackgasse. Plädoyer für eine artgerechte Menschenhaltung. Murnau: Mankau:

Erkenntnis durch Handeln

John Deweys soziologische Erneuerung der Philosophie

... die drei bedeutendsten Philosophen unseres Jahrhunderts:
Wittgenstein, Heidegger, Dewey
Richard Rorty

John Dewey (20.10.1859 – 1.6.1952), US-amerikanischer Philosoph und Pädagoge, war Professor an Universitäten in Chicago und New York, ferner Präsident der American Psychological Association und der American Philosophical Association. Ursprünglich beeinflusst von Kant und Hegel, wendete er sich schließlich dem Pragmatismus zu bzw. dem, wie er ihn selbst nannte, Instrumentalismus, dessen Hauptvertreter er wurde (neben Charles S. Peirce, William James und George Herbert Mead).

Von der Statik zur Dynamik

Dewey hat zentrale Argumentationsmuster, wie sie heute von Bruno Latour in seiner „symmetrischen Anthropologie“ (1998) oder von Paul Feyerabend in seiner „Naturphilosophie“ (2009) vertreten werden, vorweggenommen. „Erkennen“ heißt für Dewey „umgestalten“, ist also nicht so sehr kontemplative Anschauung, sondern praktisches, Tun, Machen, Handeln. Nur in einer schon fertigen, in einer statischen Welt könnte, ihm zu Folge, Erkennen auf bloßes Anschauen reduziert werden. In einer dynamischen, durch Technik und Wissenschaft ständig umgeformten Welt, in einer Welt des Werdens hat Erkennen hingegen eine vermittelnde Funktion: Weil der Gegenstand der Erkenntnis kein fertiges Objekt ist, sondern in den Konsequenzen einer Handlung besteht, bekommt der Erkenntnisvorgang Experimentalcharakter.

Für Dewey ist die typisch abendländische Vorstellung, die eine Trennung macht zwischen dem betrachtenden Subjekt einerseits und einer an sich bestehenden objektiven Welt andererseits, die erkannt werden soll,

Ausdruck einer dualistischen Ideologie vorwissenschaftlicher, vorindustrieller und vordemokratischer Klassengesellschaften, die ihre Wurzeln im frühen Griechentum hat. Aus dieser dualistischen Tradition heraus, die nicht zu vermitteln vermag zwischen Subjekt und Objekt, Geist und Körper, Zweck und Mittel, Vernunft und Erfahrung, speisen sich letztlich alle wesentlichen Probleme abendländischer Philosophie. Zu ihrer Lösung kann sie nichts beitragen, weil sie selbst das Problem *ist*. Es geht heute deshalb nicht mehr darum, sie zu widerlegen, sondern sich von ihr zu verabschieden. Für Dewey ist klar: „In der langen Perspektive der Zukunft gesehen, ist die Gesamtheit der europäischen Philosophie eine provinzielle Episode“ (Dewey 2001, S. 213).

Eine verfehlte Rezeptionsgeschichte

Der damit einher gehende „intellektuelle Skandal“ hat bei Dewey eine Entwicklung ausgelöst, die zu dem führte, was er „in Ermangelung eines besseren Begriffs“ *Instrumentalismus* nannte (2001, S. 209). Es war vor allem dieser Begriff, der ihm im deutschen Sprachraum eine weitgehend auf Missdeutungen beruhende Kritik eingetragen hat, der es fast zwanghaft darum ging, die absichtlich, bei Dewey aber zu Unrecht herausgelesene „Identifizierung von Mensch und Unternehmer zu widerlegen“ (Marcuse 1959, S. 140). Kaum ein Philosoph und Sozialwissenschaftler ist in diesem Zusammenhang so lange ignoriert bzw. negativ konnotiert worden wie John Dewey. Wenn er zustimmend wahrgenommen wurde, dann allenfalls als Pädagoge (Dewey 2000). Schuld daran mag sein zum einen, dass die Mehrzahl seiner Werke erst sehr spät ins Deutsche übersetzt wurde (Dewey 1980, 1989, 1995, 1998, 2002, 2003, 2004, 2010), zum anderen die vernichtende, wenngleich völlig unberechtigte Kritik Max Horkheimers (1947). Bei ihr handelt es sich keineswegs um ein persönliches Missverständnis, sondern vielmehr um eine strukturell bedingte Fehlwahrnehmung traditioneller deutscher Bewusstseinsphilosophie, möglicherweise gar um ein uneingestandenes Ressentiment gegenüber Deweys Kritik an Inhalt und Form solcher Philosophie (Suhr 1994, S. 179 ff.). Immerhin ist Dewey schon sehr früh öffentlich gegen den Nationalsozialismus und seine Personifizierung in der Gestalt Hitlers aufgetreten und hat in diesem Zusammenhang, ähnlich wie Georg Lukács (1988), auf Wahlverwandtschaften zwischen deutscher Politik und deutscher Philosophie, insbesondere deutscher Moral- und Staatsphilosophie, hingewiesen (1954).

Mythos und Logos

In seinen zentralen Schriften, die von der deutschsprachigen sozialwissenschaftlichen Kritik in ihrem *Mainstream* nach wie vor noch kaum zur Kenntnis genommen worden sind, geht es Dewey darum, die Ursachen dieser Fehlentwicklung zu analysieren. Dabei unterscheidet er drei sozialhistorische Zäsuren: den Übergang „vom Mythos zum Logos“ (Nestle 1941) in der nachhomerischen Epoche des frühen Griechentums, die Geburt der exakten Naturwissenschaft im Gefolge der europäischen Nachrenaissance des 17. Jahrhunderts sowie die Umwälzungen des physikalischen Weltbildes zu Beginn des 20. Jahrhunderts.

Ausgangspunkt der Analysen Deweys ist zunächst ein anthropologischer Sachverhalt: das menschliche Streben nach Sicherheit, das Bedürfnis des Menschen, Kontrolle über seine Umwelt zu erlangen. Sozialgeschichtlich lassen sich grundsätzlich zwei Möglichkeiten, Sicherheit zu erlangen, ausmachen. Die eine besteht darin, die Mächte, die den Menschen umgeben und über sein Schicksal entscheiden, gütig zu stimmen. Dieser Versuch findet seinen Ausdruck in Bittgesuchen, Opfern, zeremoniellen Riten und magischen Kulten. Insbesondere die Menschen der Vormoderne, denen die Werkzeuge und Fähigkeiten fehlten, die in späterer Zeit entwickelt wurden, bedienten sich ihrer. „Die Aufmerksamkeit, das Interesse und die Sorgfalt, die heutzutage auf den Erwerb von Geschicklichkeit beim Gebrauch technischer Hilfsmittel und auf die Erfindung von immer zweckmäßigeren Mitteln aufgewendet werden, wurden der Beobachtung von Omina gewidmet, dem Erstellen irrelevanter Prognosen, dem Vollzug ritueller Zeremonien und der Manipulation von Objekten, die magische Macht über natürliche Ereignisse besaßen“ (Dewey 2001, S. 14). Dewey spricht in diesem Zusammenhang von der „religiösen Disposition“ des Menschen. Im Gegensatz dazu besteht die zweite Möglichkeit darin, „Künste“ zu erfinden, um sich mit ihrer Hilfe die Umwelt nutzbar zu machen. Während die erste, die phantasmagorische Methode lediglich das „Gefühl und Denken des Ich“ tangiert, ist die zweite tatsächlich geeignet, die „Welt durch das Handeln zu verändern“ (ebd., S. 7).

Die Metaphysik des Parmenides und ihre Folgen

Zentrale Verfahrensvorschriften und Charakteristika dessen, was wir heute „Wissenschaft“ nennen, die Vorstellung des mit sich selbst identischen Subjekts und Objekts, die Grundlagen der formalen Logik und des abstrakten Denkens, der Kritik und des systematischen Zweifels sowie die

Prinzipien und Mechanismen, nach denen sie funktionieren und die ihnen zugrunde liegen, Abstraktion und Isolation, Deduktion und Reduktion, Kausalität und Wahrscheinlichkeit, all jene Denkformen und -methoden haben ihren Ursprung im Denken der Vorsokratiker, insbesondere des Parmenides. Das Verfahren der isolierenden Abstraktion und die Argumentationsfigur des Beweises, wie sie die nachhomerischen Griechen entwickelt haben, sind zentrale Erkenntnismittel und Konstruktionsprinzipien der zeitgenössischen Wissenschaft und Technologie geworden. Allerdings verblieb das griechische Philosophieren, dem Klassencharakter der *Polis* geschuldet, auf einer kontemplativen, vom unmittelbaren Reproduktionsgeschehen der Gesellschaft abgehobenen Ebene des Wissens, ein Sachverhalt, der sich erst im Gefolge der europäischen Renaissance ändern sollte, in der sich das „griechische Mirakel" als „europäisches" zu wiederholen begann. Die Denkfigur des Beweises etwa, so wie wir sie heute kennen: als Instrument der Wahrheitsfindung, war bei den Griechen, die dieses Instrument erfunden haben, ein rhetorisches Mittel der Überzeugung, nicht so sehr der Wahrheitsfindung. Dementsprechend handelte das „lang andauernde Symposion" der griechischen Philosophie weniger von den Verhältnissen zwischen Menschen und Dingen als von den Beziehungen der Menschen untereinander. Nicht die Techniken der Bearbeitung der natürlichen Welt, sondern die Verfahren der Kommunikation, mittels derer die Menschen Einfluss aufeinander nehmen, waren ihr Thema. Der Beobachtung von Naturerscheinungen haben die griechischen Philosophen nur wenig systematisches Wissen entnommen. In ihrem Denken haben sie sich der physikalischen Wirklichkeit der Natur nicht sehr weit angenähert. Es blieb eng mit ihren sozialen, mit ihren politischen Vorstellungen verbunden. Der Begriff des Experiments etwa ist ihnen fremd geblieben. Sie haben eine Mathematik geschaffen, ohne sie bei der Erforschung der Natur anzuwenden. Es bestand für sie auch überhaupt keine Notwendigkeit, sich empirisch mit der Natur zu befassen, weil ihr Dasein als Vollbürger der *Polis* durch Sklavenarbeit sichergestellt war. Die sich daraus ergebende Erkenntnisschranke bildet einen der thematischen Schwerpunkte in der Argumentation Deweys. „Arbeit war lästig und mühsam, und auf ihr lastete ein ursprünglicher Fluch. Sie wurde unter dem Zwang und Druck der Notwendigkeit verrichtet, während geistige Tätigkeit mit Muße verbunden ist. Aufgrund ihrer Unannehmlichkeit wurde so viel wie möglich an praktischer Tätigkeit Sklaven und Leibeigenen aufgebürdet. Auf diese Weise wurde die soziale Missachtung, in der diese Klasse stand, auf die Arbeit ausgedehnt, die sie tat" (Dewey 2001, S. 8 f.). Diese „Abwertung des Handelns, des Tuns und Machens, ist von den Philosophen kultiviert worden“ (ebd.). Deshalb dürfen bei allen Erkenntnisfortschritten, die uns die griechische Philosophie beschert hat, deren Begleitumstände, die sich als folgenschwere Erkenntnisschranke erweisen sollten, nicht vergessen werden. „Sie führten zur Idee eines höheren Reichs einer unwandelbaren Realität, von der allein wahre Wissenschaft möglich ist, und einer niedrigeren Welt der wandelbaren Dinge, mit denen es Erfahrung und Praxis zu tun haben. Sie verherrlichten das Unwandelbare auf Kosten des Wandels, wobei evident ist, dass alle praktische Tätigkeit in den Bereich des Wandels fällt. Sie vermachten uns die Vorstellung, welche die Philosophie seit den Zeiten der Griechen unablässig beherrscht hat, dass die Aufgabe des Erkennens darin bestehe, das aller Erkenntnis vorausgehende Reale zu enthüllen, statt, wie es mit unseren Urteilen der Fall ist, die Art von Verstehen zu gewinnen, die notwendig ist, um mit den Problemen, wie sie jeweils gerade entstehen, fertig zu werden“ (ebd., S. 20 f.).

Hellenisiertes Christentum: Europas Rückkehr zum Mythos

Die Pointe der Argumentation Deweys besteht darin, dass nicht der zeitbezogene spezifische Inhalt des griechischen Denkens für die moderne Philosophie und Wissenschaft von Bedeutung und somit zum Verhängnis geworden ist, sondern „dessen Insistenz, dass Sicherheit sich an der Gewissheit des Erkennens bemisst, während die Erkenntnis selbst durch die Treue zu unbewegten und unwandelbaren Gegenständen gemessen wird, die deshalb unabhängig von dem sind, was Menschen praktisch tun“ (ebd., S. 33 f.). Entscheidend ist, dass dieser Sündenfall, die Flucht in die Transzendenz, das Fortschreiten abendländischer Vernunft, das im griechischen Denken seinen Anfang genommen hatte, vermittelt über die Religion des Christentums, zwei Jahrtausende blockierte. Institutionalisiert in der katholischen Kirche des römischen Weltreichs gewann ein orientalischer Mythos wieder Macht über das Denken der Menschen, und eine christliche Theologie legte sich wie Raureif auf das in ersten Ansätzen entstandene wissenschaftliche Denken. Die im Christentum aufgehobene orientalische Gnosis entzog sich der Vernunft. Sie ist übernatürlicher Art. Sie wird dem irrenden und vergeblich den Heilsweg suchenden Menschen durch einen Gnadenakt, durch Offenbarung, von der Gottheit gewährt. Sie verlangt willenlose Unterordnung und Hingabe. Nicht der Verstand, der nur auf hoffnungslose Irrwege, aber niemals zu richtiger Erkenntnis führen kann, ist das Maßgebende, sondern das Gefühl und das mystische Ahnen des Gemüts, das vom „Geist“ der Gottheit ergriffen wird.

Mit seiner Ausbreitung „gewannen die ethisch-religiösen Züge allmählich die Oberhand über die rein rationalen. Die höchsten autoritativen Maßstäbe, die das Verhalten und die Zwecke des menschlichen Willens bestimmten, und die Maßstäbe, die den Forderungen nach notwendiger und universaler Wahrheit genügten, wurden vereinigt“ (ebd., S. 254). Erst die wissenschaftliche Revolution des 17. Jahrhunderts bewirkte hier eine einschneidende Veränderung.

Newtons experimentelle Empirie und ihre Folgen

Als einer der ganz wenigen Philosophen bzw. Sozialwissenschaftler hat Dewey, abgesehen von Ernst Cassirer (1991, S. 401 ff.), schon sehr früh auf die überragende Bedeutung Newtons nicht so sehr als Entdecker des Gravitationsgesetzes, sondern als Begründer einer neuen Erkenntnistheorie hingewiesen. Newton vollzieht die Integration von mathematischer Methode und sinnlicher Empirie, indem er beide Momente durch Messregeln miteinander verknüpft: im Experiment, handlungspraktisch. Der Status, den die Mathematik im Rahmen der Naturerkenntnis bei Newton einnimmt, ist nicht mehr, wie noch bei Galilei, grundlegendes Prinzip der Natur selbst, sondern ein Hilfsmittel der Darstellungsweise. Und anders als bei Bacon wird die Empirie, im Experiment, systematisch unter die Bedingungen apriorischer Annahmen gestellt. Im messenden Experiment quantifizierender Naturerfassung wird die Theorie, und das ist das alles entscheidende Novum in der Synthese, die Newton vornimmt, nicht als Mittel zur Bearbeitung fertiger Tatsachen verwendet, sondern, umgekehrt, durch theoretische Kriterien wird allererst ermittelt und entschieden, was als empirische Tatsache anzusehen ist. Durch die messende Vermittlung von theoretischer Physik und empirischem Experiment verliert die Theorie ihren ontologischen Begriffsapparat und das Experiment seine Abhängigkeit von den Sinneswahrnehmungen. Es geht nicht mehr so sehr um das „Warum“, sondern um das „Wie“. Darin besteht die gemeinsame Basis sowohl der exakten Naturwissenschaften als auch der industriellen Produktionstechniken, die, zunächst noch organisatorisch und institutionell getrennt, etwa ab 1880 beginnen, auch real miteinander zu verschmelzen (Jones 1992, Mokyr 2002). Die Natur hat als reales Phänomen Eingang in die wissenschaftliche Analyse gefunden in einer Weise, dass durch die angewendeten Messregeln jene empirischen Grundlagen erst erzeugt werden, die eine identische Reproduktion von Naturerscheinungen als Naturgesetze theoretisch formulierbar und mittels Maschinen praktisch anwendbar werden lassen (Tetens 1987, Pulte 2005). Durch sie entstehen überhaupt erst die absolut gültigen, „objektiven" Naturgesetze (Dingler 1952, S. 21). Damit sind die Basiskriterien der technisch-instrumentellen Verfügung über die Natur formuliert, die in der Technologie des ausgehenden 19. Jahrhunderts dann umfassend zur Anwendung gelangen (Dewey 2001, S. 82). Das messende Experiment Newtons ist, so gesehen, die modellhafte Antizipation industrieller Produktionspraxis, ein Phänomen, das, als „europäisches Mirakel" bezeichnet, seinen Ausgang in England genommen hat (Perkin 1969, Crafts 1977). Es ist an zwei sozialökonomische Voraussetzungen gebunden, die im frühen Griechenland nicht gegeben waren: (1) Es entsteht ein „innerer" Warenmarkt, in den auch die menschliche Arbeitskraft sowie Grund und Boden einbezogen sind. Sklaverei, Kolonentum und Leibeigenschaft haben ihre sozialhistorische Bedeutung verloren. (2) Geld wird nicht mehr thesauriert bzw. unproduktiv konsumiert, sondern Profit bringend investiert. In der „ursprünglichen Akkumulation" (Marx 1967, S. 741 ff.) schafft sich das Kaufmannskapital seine eigene technologische Grundlage und mutiert zur „großen Industrie".

Die erkenntnistheoretische Revolution, die mit Newton zu einem vorläufigen Ende gekommen ist, bezeichnet Dewey als Übergang von der *empirischen* zur *experimentellen* Erfahrung. Erstere umfasste „die in der Erinnerung an eine Vielzahl vergangener Taten und Leiden angehäuften Resultate, die man ohne Kontrolle durch die Einsicht besaß, wenn dieser Erfahrungsbestand beim Umgang mit aktuellen Situationen sich als praktisch tauglich erwies. Sowohl die ursprünglichen Wahrnehmungen und Verwendungen wie die Anwendung von deren Ergebnis auf das gegenwärtige Tun waren akzidentell – das heißt, keines war durch ein Verständnis der Beziehungen von Ursache und Wirkung, von Mittel und Folge, die dabei im Spiel waren, determiniert. In diesem Sinne waren sie nicht-rational, unwissenschaftlich" (Dewey 2001, S. 84). So war die ästhetische Einstellung der Griechen auf das gerichtet, was schon da war, auf das, was vollendet, beendet war. Die empirische Erfahrung, derer sie sich bedienten, war eine Kunst, Dinge so hinzunehmen, wie sie genossen und erlitten wurden. Die moderne experimentelle Erfahrung hingegen ist eine Kunst der Beherrschung. Sie ist durch drei herausragende Merkmale charakterisiert. „Das erste Merkmal ist offenkundig: Alles Experimentieren impliziert offenes Tun; es bewirkt bestimmte Veränderungen in der Umwelt oder in unserem Verhältnis zu ihr. Das zweite Merkmal besteht darin, dass ein Experiment keine Zufallsaktivität ist, sondern von Ideen gelenkt wird, die den Bedingungen genügen müssen, welche die Erfordernisse des Problems, das die Forschungstätigkeit in Gang gesetzt hat, stellen. Das dritte und letzte Merkmal, in dem die beiden anderen erst ihren Sinn haben, besteht darin, dass das Ergebnis dieser gelenkten Tätigkeit in der Schaffung einer neuen empirischen Situation besteht, in der Gegenstände auf verschiedene Weise aufeinander bezogen sind, und zwar so, dass die Konsequenzen der gelenkten Handlungen die Gegenstände bilden, die die Eigenschaft haben, erkannt zu sein" (ebd., S. 89).

So wie das „griechische Mirakel" einen kulturellen Epochenbruch darstellte, so markiert das „Newtonian Age" in vergleichbarer Weise einen grundlegenden Wandel im Verhältnis der Menschen mit ihrer Umwelt. „Der entscheidende Unterschied zwischen der Einstellung, welche die Gegenstände der gewöhnlichen Wahrnehmung, des Gebrauchs und des Genusses als endgültig, als Kulminationen natürlicher Prozesse hinnimmt, und der, welche sie zu Ausgangspunkten für die Reflexion und die Forschung macht, geht weit über die technischen Fragen der Wissenschaft hinaus. Er bedeutet eine Revolution des Lebensgefühls, der gesamten Einstellung zur Wirklichkeit als ganzer" (ebd., S. 102).

Dewey anerkennt, dass Newton mit seiner experimentellen Empirie die Wissenschaft auf eine neue Stufe der Erkenntnis gehoben hat. Aber er kritisiert ihn zugleich vehement dafür, dass er diesen Schritt nur halbherzig vollzogen hat, dass er in seiner Metaphysik, ganz im Gegensatz zu seinem praktischen Tun als Naturforscher, der tradierten Vorstellung verhaftet blieb, Erkenntnis sei eine Enthüllung der Realität, einer Realität, die der Erkenntnis vorangeht und von ihr unabhängig ist. Durch Newton wurde zwar das niedrige Reich der Veränderungen, das Gegenstand der Meinung und Praxis gewesen war, endgültig zum einzigen und alleinigen Gegenstand der Naturwissenschaft. Aber trotz dieser Revolution, die er faktisch vollzog, behielt er die alte Auffassung bei, die ihre Wurzeln im griechischen Denken hat und durch die Kirche des Abendlandes tradiert worden war: „dass Erkenntnis sich auf eine vorgängige Realität beziehe und die moralische Lenkung von den Eigenschaften dieser Realität abgeleitet sei" (ebd., S. 98). Der für die abendländische Philosophie so typische Dualismus von Theorie und Praxis, von Geist und Körper, von Vernunft und Erfahrung blieb weiterhin bestehen.

Tatsächlich aber war die „Zuschauer-Theorie des Wissens" seit Newtons messenden Experimenten am Ende. Sie mochte, historisch gesehen, unvermeidlich gewesen sein, solange man das Denken als Ausübung einer vom Körper unabhängigen „Vernunft" ansah, die mittels logischer Handlungen Wahrheit erlangte. Nun aber, wo experimentelle Verfahren des Erkenntnisgewinns zur Verfügung standen und die Rolle der organischen Akte in allen mentalen Prozessen zunehmend ins Bewusstsein drang, wurde sie zum Anachronismus. „Es war logisch unvermeidlich, dass bei einem weiteren Fortschritt der Wissenschaft auf dem experimentellen Weg früher oder später klar werden würde, dass alle Begriffe, alle intellektuellen Darstellungen auf der Basis wirklicher oder in der Vorstellungskraft möglicher Operationen formuliert werden müssen. Es sind keine Methoden denkbar, mittels experimenteller Operationen bis zur Existenz letzter unwandelbarer Substanzen vorzustoßen, die miteinander in Wechselwirkung treten, ohne eine Veränderung an sich zu erfahren. Infolgedessen haben sie keinen empirischen, keinen experimentellen Rang; sie sind rein dialektische Erfindungen. Sie waren nicht einmal nötig für die Anwendung der mathematischen Methode Newtons. Der größte Teil seiner analytischen Arbeit in der *Principia* bliebe unverändert, wenn (sie) fallengelassen würden“ (ebd., S. 121). Hinzu kommt ein Weiteres. Im Gefolge und im Zusammenhang mit der wissenschaftlichen Revolution Newtons entstand eine technische Industrie und eine Geldökonomie, durch die sich die nun anbrechende Epoche fundamental von den früheren abhebt.

Dewey wird nicht müde, immer wieder darauf hin zu weisen, dass sich „die Geschichte der Konstruktion zweckmäßiger Operationen auf wissenschaftlichem Gebiet im Prinzip nicht von der Geschichte ihrer Evolution in der Industrie unterscheidet“ (ebd., S. 116 f.). Die Methode der Wissenschaft ist dieselbe, die in der Technologie angewendet wird. Beide „sind dadurch charakterisiert, dass sie Beziehungen enthüllen“ (ebd., S. 127), dass „dieselbe Art bewusster Herstellung und Beherrschung von Veränderungen, die im Laboratorium stattfindet, auch in der Fabrik, auf der Schiene und im Kraftwerk angestrebt wird“ (ebd., S. 87 f.). Wenn es überhaupt einen Unterschied gibt, dann ist er „lediglich praktischer Natur; er liegt in der Größenordnung der verrichteten Handlungen, dem geringen Grad an Kontrolle durch Isolierung wirksamer Bedingungen und besonders in dem Zweck, um dessentwillen die Beherrschung der Modifikationen natürlicher Realitäten und Energien angestrebt wird; besonders, da das beherrschende Motiv für die umfassende Regelung des Ganges der Veränderung materieller Komfort oder finanzieller Gewinn ist“ (ebd.). In diesem Punkt trifft Dewey sich mit Heidegger, für den die Technik nicht nur der letzte Ausläufer und Vollender der abendländischen Metaphysik ist, sondern zugleich ihr innerster Wesenskern (Heidegger 1962). Und er zeigt sich verwundert: „Angesichts dieses Wandels in der Zivilisation ist es erstaunlich, dass immer noch dieselben Vorstellungen vom Geist und seinen Erkenntnisorganen bestehen, zusammen mit der Vorstellung von der Unterlegenheit der Praxis gegenüber dem Intellekt, die sich in der

Antike angesichts einer gänzlich anderen Situation entwickelt haben" (Dewey 2001, S. 88). Die Gesellschaft selbst, als Ganzes, ist inzwischen zum Labor geworden (Latour 1998). Handeln besteht heute nicht mehr so sehr „in der Verwirklichung oder Umsetzung eines Plans, sondern in der Erkundung unbeabsichtigter Folgen einer provisorischen und revidierbaren Version eines Projekts" (Latour 2001, S. 31). Im Gegensatz zum klassischen Labor zeichnen sich die Fragestellungen, die heute im Rahmen der Verwissenschaftlichung gesellschaftlicher Problemfelder einer „sozial robusten" und „nachhaltigen Lösung" bedürfen, durch zwei Kerneigenschaften aus: Ungewissheit und Wertorientierung. „Infolge dieser Transformation (muss) der Maßstab des Urteils von den Vorbedingungen auf die Folgen übergehen, von der trägen Abhängigkeit von der Vergangenheit auf die bewusste Konstruktion der Zukunft" (Dewey 2001, S. 290). Eine dem entsprechende empirische Philosophie hätte „eher prophetisch als deskriptiv" zu sein (ebd., S. 80). Deweys weitere Ausführungen sind unmittelbar anschlussfähig an zentrale Kernaussagen Bruno Latours, denen zu Folge Gesellschaft und Natur, vermittelt durch Technologie, zu einem Hybrid verschmelzen. Es gibt kein „Außerhalb" mehr, das den Dualismus abendländischen Denkens rechtfertigen könnte.

Für Dewey ergibt sich hieraus die Notwendigkeit eines Denkens, das sich auf der Höhe der Zeit befindet: das ernst macht mit dem Wandel, der durch Newtons experimentelle Empirie stattgefunden hat. Im Vollzug dieses Vorhabens, worin für Dewey die wirkliche „kopernikanische Wende" besteht, findet eine intensive Auseinandersetzung mit der „Halbherzigkeit" Kantischer Dualismen statt. Damit gibt er einen Weg vor, den Bruno Latour in seiner berühmten Philippika knapp sechs Dezennien später wieder aufgreifen wird: „Down with Kant! Down with the Critique! Let us go back to the world still unknown and despised". Darüber, welcher Weg dabei zu beschreiten sei, lässt er keinen Zweifel: „that of the world, not the word" (Latour 1988, S. 173). Bereits für Heidegger, in „Sein und Zeit", bestand der „Skandal der Philosophie" nicht darin, dass der Beweis für das „Dasein der Dinge außer mir" bislang noch aussteht, sondern *„darin, daß solche Beweise immer wieder erwartet und versucht werden.* Dergleichen Erwartungen, Absichten und Forderungen erwachsen einer ontologisch unzureichenden Ansetzung *dessen, davon* unabhängig und ‚außerhalb' eine ‚Welt' als vorhandene bewiesen werden soll" (Heidegger 1986, S. 205). Deutlicher kann es auch Dewey nicht formulieren, wenn er schreibt: Es ist nicht die Aufgabe des Denkens, sich den Merkmalen anzupassen, welche die Gegenstände schon besitzen, sie in Worte zu fassen und zu reproduzieren, sondern sie „als Möglichkeiten dessen zu beurteilen, was sie durch eine angezeigte Operation werden" (Dewey 2001, S. 140). Denkt man die Welt in Gestalt mathematischer Formeln von Raum, Zeit und Bewegung, so bedeutet das nicht, ein Bild des unabhängigen und festen Wesens des Universums zu haben, wie es die Metaphysik Newtons unterstellt. Vielmehr bedeutet es, wie Newton es in seiner experimentellen Empirie faktisch vollzogen und demonstriert hat, erfahrbare Gegenstände als Material zu bezeichnen, an dem gewisse Operationen durchgeführt werden. „Eine Erkenntnis, die lediglich eine Verdoppelung dessen, was ohnehin schon in der Welt existiert, in Gestalt von Ideen ist, gewährt uns vielleicht die Befriedigung, die eine Photographie bietet, aber das ist auch alles. Ideen zu bilden, deren Wert danach zu beurteilen ist, was unabhängig von ihnen existiert, ist keine Funktion, die (selbst wenn dies überprüft werden könnte, was unmöglich scheint) innerhalb der Natur weiterführt oder dort irgendetwas verändert. Aber Ideen, die Pläne von zu vollziehenden Operationen sind, sind integrale Faktoren in Handlungen, die das Gesicht der Welt verändern" (ebd.).

Die Welt als Labor: das Ende der „Zuschauertheorie"

Als es den Griechen gelang, natürliche Phänomene mit rationalen Ideen zu identifizieren, und sie von dieser Identifikation entzückt waren, weil sie sich wegen ihres ästhetischen Interesses in einer Welt von Harmonie und Ordnung zu Hause fühlten, zu der diese Identifikation führte, nannten sie das Ergebnis euphorisch „Wissenschaft", obwohl es in Wirklichkeit über fast zweitausend Jahre falsche Auffassungen von der Natur in Europa festschrieb. Auch die Newton'sche Erkenntnistheorie nahm trotz der methodischen Revolution, die sie durchführte, weiterhin an, dass ihre Objekte unabhängig von unserem Erkennen, von unseren Experimenten und Beobachtungen in der Natur da seien und dass wir wissenschaftliche Erkenntnis in dem Maße besitzen, in dem wir sie exakt ermitteln. Zukunft und Vergangenheit gehören ihr zufolge in dasselbe vollständig determinierte und fixierte Schema. Beobachtungen, vorausgesetzt, sie werden korrekt durchgeführt, registrieren lediglich diesen fixierten Status gesetzmäßiger Veränderungen von Gegenständen, deren wesentliche Eigenschaften feststehen. Auf diese Weise hielt die Newton'sche Metaphysik uneingeschränkt an der Vorstellung fest, dass Erkennen einen Prozess der Identifikation bezeichne. Es bedurfte mehr als zweier Jahrhunderte, bis die experimentelle Methode einen Punkt erreichte, an dem die Menschen dazu *gezwungen* waren zu erkennen, dass der Fortschritt der Wissenschaft von der Wahl der vollzogenen Operationen abhängt und nicht von den Eigenschaften von Gegenständen, die als so sicher und unveränderlich gelten, dass alle detaillierten Phänomene auf sie reduziert werden können. Einsteins spezielle Relativitätstheorie und Heisenbergs „Unschärferelation“ haben diese „Philosophie“ endgültig umgestürzt (Dewey 2001, S. 186 f., 202 f.). Folgerichtig verwendet Dewey viel Mühe darauf, die Theorien Einsteins und Heisenbergs als Konsequenz, die notwendiger Weise aus der experimentellen Empirie Newtons folgen musste, darzustellen.

Newton hatte von Henry More, dem Führer der Cambridger Schule, nicht nur dessen religiösen Platonismus übernommen, sondern auch dessen Auffassung vom Raum als „Sensorium Gottes“, des Organs der Wirkung Gottes in der Körperwelt. Aus ihr entwickelte er seine in die Physik übergegangene Lehre vom absoluten Raum und von der absoluten Zeit, die im Großen und Ganzen bis zur Relativitäts- und Quantentheorie Geltung beanspruchen konnte. Durch diese letzte Entwicklung zu Beginn des zwanzigsten Jahrhunderts wurden die metaphysischen Auffassungen Newtons weitgehend fallengelassen, während seine methodischen Grundsätze experimenteller Empirie im Großen und Ganzen beibehalten wurden.

Bis zur Verbreitung der speziellen Relativitätstheorie Einsteins wurden Ereignisgrößen wie Masse, Zeit und Bewegung als inhärente und wesentliche Eigenschaften letzter fester und unabhängiger Substanzen angesehen. Das änderte sich nun radikal. Hinzu kam, dass Heisenberg mit seiner Entdeckung der Unschärferelation nachweisen konnte, dass durch Wechselwirkungen erzeugte Unbestimmtheiten keine Unzulänglichkeiten der Beobachtungsmethode sind, sondern zum Wesen der Sache selbst gehören. Was erkannt wird, ist ein Produkt, bei dem der Akt der Beobachtung eine notwendige Rolle spielt. Anders formuliert: Erkenntnis ist aktiv beteiligt an dem, was erkannt wird. Die Tragweite der Entdeckung Heisenbergs vermochte auf den ersten Blick kaum einen Philosophen aufzuregen, schien sie doch für makroskopische Objekte ohne Belang. Tatsächlich erwies sie sich auf lange Sicht für die Philosophie und Logik des Weltbildes, das nicht nur der Metaphysik des Newtonschen Systems zugrunde lag, als revolutionär. Einsteins und Heisenbergs Denken veränderte nicht nur die Physik, sondern wirkte auch in die Philosophie, die Politik, die Literatur, die Kunst und sogar in die Soziologie und Pädagogik hinein. Es veränderte unser Weltbild. Unsere Begriffe von Raum und Zeit, unsere Anschauung von der Entstehung und Struktur des Kosmos, unser Bild von den Prozessen im atomaren Bereich, unsere Auffassung von der Methode der Wissenschaft – all das wurde durch die Arbeiten Einsteins und Heisenbergs tiefgreifend beeinflusst.

Für Dewey ist nun entscheidend, dass die durch Einstein und Heisenberg bewirkte Veränderung im Weltbild der Physik „zu dem Zeitpunkt, als sie stattfand, trotz ihrer revolutionären Wirkungen auf die Grundlagen der Newtonschen Philosophie der Wissenschaft und der Natur, unter logischen Gesichtspunkten nur eine klare Anerkennung dessen war, was schon die ganze Zeit über das treibende Prinzip der Entwicklung der wissenschaftlichen Methode gewesen war“ (ebd., S. 129). Die Wissenschaftler hatten nur aufgehört, etwas zu leugnen, was ohnehin jeder wusste (Prigogine 1981). Mit anderen Worten: Das, was in der Welt experimenteller Empirie tagtäglich passierte, nämlich Gegenstände nicht als Substanzen, sondern als Ereignisse in ihren Relationen und Konsequenzen wahrzunehmen, war erkenntnistheoretisch nicht länger zu ignorieren, sondern wurde zum methodischen Standard erhoben.

Das Problem, das der modernen Philosophie so viele Sorgen bereitet, nämlich die Realität der physikalischen Gegenstände der Wissenschaft mit dem reichen qualitativen Gegenstand der gewöhnlichen Erfahrung zu versöhnen, ist für Dewey ein künstlich erzeugtes, das seinen historischen Ursprung in einer Zeitepoche hat, als man glaubte, Erkenntnis ausschließlich mittels der rationalen Kräfte des Geistes erlangen zu können (vgl. ebenso Feyerabend 2009, S. 186 f.). Die älteren Philosophien, die entstanden, bevor das experimentelle Erkennen irgendeinen signifikanten Fortschritt gemacht hatte, zogen einen scharfen Trennstrich zwischen der Welt, in welcher der Mensch denkt und erkennt, und der Welt, in der er lebt und handelt. Heute aber ist der Geist nicht länger ein Zuschauer, der die Welt von außen betrachtet und seine höchste Befriedigung im Genuss einer sich selbst genügenden Kontemplation findet. „Um zu verstehen, dass die wissenschaftliche Erkenntnis als eine Form aktiver Operation ein potentieller Verbündeter der Formen des Handelns ist, welche Werte verwirklichen, braucht man nur die traditionelle Vorstellung aufzugeben, Erkenntnis sei der Besitz der inneren Natur der Dinge und der einzige Weg, sie so zu erfahren, wie sie ‚wirklich‘ sind“ (Dewey 2001, S. 134). In einer sehr schönen Metapher fasst Dewey die Quintessenz seiner Argumentation zusammen: Da die Korrelationen, die durch wissenschaftliche Operationen erzeugt werden, „das sind, was die Naturforschung wirklich erkennt, ist es gerechtfertigt zu schließen, dass sie das sind, was sie zu erkennen beabsichtigt oder meint: in Analogie zu der Rechtsmaxime, dass jede vernünftige Person die wahrscheinlichen Konsequenzen ihres Tuns auch beabsichtigt“ (ebd., S. 133 f.).

Heisenbergs Prinzip sowie die Entdeckung, dass die Masse mit der Geschwindigkeit variiert, läutete, experimentell und empirisch begründet, einen metaphysischen Wandel im abendländisch geprägten Weltbild ein, der sich allerdings nur zögerlich durchsetzt. Zu stark noch sind die in der griechischen Antike wurzelnden Vorstellungen, um einzusehen, dass die Existenz von Kontingenzen ein Merkmal der Ereignisse selbst ist und dass es sich bei der wissenschaftlichen Abschätzung ihrer Folgen allenfalls um Voraussagen von Wahrscheinlichkeiten handeln kann. Eine mechanisch exakte Wissenschaft singulärer Ereignisse, seien es Individuen, Gruppen oder Gesellschaften, ist nicht möglich. Um die Bewältigung solcher singulären Ereignisse wird es in Zukunft aber vor allem gehen. Bei ihnen handelt es sich immer um eine Geschichte von einzigartigem Charakter, die zwangsläufig Unsicherheiten beinhaltet. Aber ihre Konstituentien sind im Allgemeinen bekannt, sofern man sie nicht als qualitative, sondern als statistische Konstanten ansieht, die aus einer Reihe von Operationen abgeleitet werden. Entscheidungen treffen, Verantwortung übernehmen, moralisch handeln – all das steht nun ohne Rückbezug auf eine wie immer geartete „höhere Wesenheit“ erneut zur Disposition, eine historische Situation, vergleichbar jener „Achsenzeit“ (Jaspers 1949, Weber 1950), in der Transzendentalreligion und Protowissenschaft entstanden, nur mit umgekehrten Vorzeichen. Für Dewey hat diese Tatsache „eine offensichtliche Auswirkung auf die Freiheit des Handelns. Kontingenz ist eine notwendige, wenngleich keine, in mathematischer Redeweise, hinreichende Bedingung von Freiheit. In einer Welt, die in all ihren Konstituentien vollkommen dicht und exakt wäre, wäre für Freiheit kein Raum. Kontingenz gibt der Freiheit zwar Raum, füllt aber diesen Raum nicht aus. Freiheit ist eine Realität, wenn die Erkenntnis von Relationen, des stabilen Elements, mit dem ungewissen Element verbunden wird, in dem Erkennen, das Voraussicht möglich macht und absichtliche Vorbereitung auf wahrscheinliche Konsequenzen sichert. Wir sind frei in dem Grade, in dem wir in der Erkenntnis dessen handeln, woran wir sind“ (Dewey 2001, S. 249 f.). Das Erkennen enthüllt nicht eine Welt, sondern „verschafft uns die Mittel, um durch unsere Entscheidungen beim Errichten einer Zukunft durch vorsichtiges und vorbereitetes Handeln klug oder bewusst vorgehen zu können.“ Die hierfür notwendige Kenntnis der je spezifischen Bedingungen und Relationen ist ein Werkzeug für das Handeln, das seinerseits ein Instrument der Produktion von Situationen ist, die Qualitäten zusätzlicher Bedeutsamkeit und Ordnung haben. „Frei zu sein heißt, zu solchem Handeln fähig zu sein“ (ebd.). Das Problem der historischen Trennung von Erkennen und Handeln, Theorie und Praxis, Zwecken und Mitteln, Geist und Körper *in der Form*, in der es zum Gegenstand der modernen Philosophie wurde, ist künstlich, weil es auf dem Festhalten an

Prämissen beruht, die in einer früheren Periode der Geschichte gebildet worden sind und heute jegliche Relevanz verloren haben

Referenztexte

Cassirer, Ernst (1991): Das Erkenntnisproblem in der Philosophie und Wissenschaft der neueren Zeit. Zweiter Band. Darmstadt: WBG

Crafts, Nicholas F. R. (1977): Industrial Revolution in England and France: Some Thoughts on the Question „Why was England first?". In: Economic History Review, 30, 3, S. 429-441

Dewey, John (1954): Deutsche Philosophie und deutsche Politik. Meisenheim: Hain

Dewey, John (1980): Kunst als Erfahrung. Frankfurt a.M.: Suhrkamp

Dewey, John (1989): Die Erneuerung der Philosophie. Hamburg: Junius

Dewey, John (1995): Erfahrung und Natur. Frankfurt a.M.: Suhrkamp

Dewey, John (2000): Demokratie und Erziehung. Weinheim: Beltz

Dewey, John (2001): Die Suche nach Gewissheit. Eine Untersuchung des Verhältnisses von Erkenntnis und Handeln. Frankfurt a.M.: Suhrkamp

Dewey, John (2001): Vom Absolutismus zum Experimentalismus. In: Suhr, Martin, a.a.O., S. 195-213

Dewey, John (2002): Logik. Die Theorie der Forschung. Frankfurt a.M.: Suhrkamp

Dewey, John (2003): Philosophie und Zivilisation. Frankfurt a.M.: Suhrkamp

Dewey, John (2004): Erfahrung, Erkenntnis und Wert. Frankfurt a.M.: Suhrkamp

Dewey, John (2010): Liberalismus und gesellschaftliches Handeln. Gesammelte Aufsätze 1888 bis 1937. Tübingen: Mohr

Dingler, Hugo (1952): Über die Geschichte und das Wesen des Experiments. München: Eidos

Feyerabend, Paul (2009): Naturphilosophie. Frankfurt a.M.: Suhrkamp

Heidegger, Martin (1962): Die Technik und die Kehre. Pfullingen: Neske

Heidegger, Martin (1986): Sein und Zeit. Tübingen: Niemeyer

Horkheimer, Max (1947): Eclipse of Reason. Oxford: OUP

Jaspers, Karl (1949): Vom Ursprung und Ziel der Geschichte. München: Piper

Jones, Eric L. (1992): The European Miracle. Environments, Economics, and Geopolitics in the History of Europe and Asia. Cambridge: CUP

Latour, Bruno (1988): The Politics of Explanation: An Alternative. In: Woolgar, Steve (Hg.): Knowledge and Reflexivity. New Frontiers in the Sociology of Knowledge. London: Sage, S. 155-176

Latour, Bruno (2001): Das Parlament der Dinge. Für eine politische Ökologie. Frankfurt a.M.: Suhrkamp

Latour, Bruno (1998): Wir sind nie modern gewesen. Versuch einer symmetrischen Anthropologie. Frankfurt a.M.: Fischer

Lukács, Georg (1988): Die Zerstörung der Vernunft. Berlin und Weimar: Aufbau

Marcuse, Ludwig (1959): Amerikanisches Philosophieren. Reinbek: Rowohlt

Marx, Karl (1967): Das Kapital. Kritik der politischen Ökonomie. Erster Band. Berlin: Dietz

Mokyr, Joel (2002): The Gifts of Athena. Historical Origins of the Knowledge Economy. Princetown: PUP

Nestle, Wilhelm (1941): Vom Mythos zum Logos. Stuttgart: Kröner

Perkin, Harold (1969): The Origins of Modern English Society. 1780-1880. London: Routledge & Kegan

Prigogine, Ilya; Stengers, Isabella (1981): Dialog mit der Natur. München und Zürich: Piper

Pulte, Helmut (2005): Axiomatik und Empirie. Eine wissenschaftstheoriegeschichtliche Untersuchung zur mathematischen Naturphilosophie von Newton bis Neumann. Darmstadt: WBG

Rorty, Richard (1987): Der Spiegel der Natur. Eine Kritik der Philosophie. Frankfurt a.M.: Suhrkamp

Suhr, Martin (1994): John Dewey zur Einführung. Hamburg: Junius

Tetens, Holm (1987): Experimentelle Erfahrung. Eine wissenschaftstheoretische Studie über die Rolle des Experiments in der Begriffs- und Theoriebildung der Physik. Hamburg: Meiner

Weber, Alfred (1950): Kulturgeschichte als Kultursoziologie. München: Piper

Leviathan und Behemoth im Anthropozän

Nach wie vor zeitgemäß: Tönnies' Leitsätze zur Transformation der liberalen in eine soziale Demokratie

Problemaufriss

Als 1968 die Astronauten der Apollo-8-Mission erstmals ein Photo des blauen Planeten zur Erde sandten, wurde den Menschen klar, wie komplex, beschränkt und gefährdet ihr Lebensraum ist. Das nachtschwarze Weltall darum herum illustrierte auf eindrucksvolle Weise die Einzigartigkeit, Verletzlichkeit und Verlorenheit dieser menschlichen Lebenswelt. Vom Raumschiff „Erde" war plötzlich die Rede (Crutzen et al. 2011). Spektakuläre Ereignisse wie Ozonloch und Klimawandel machten deutlich, dass die Folgewirkungen menschlichen Handelns in einer durch Technologie geprägten Welt nicht nur regionale Auswirkungen haben, sondern zunehmend globale Dimensionen annehmen. Grenzen werden nicht nur überschritten im Raum, sondern auch in der Zeit. Atommüll, den die Menschheit heute produziert, gefährdet die Umwelt und die Gesundheit nachfolgender Generationen noch in mehreren tausend Jahren. Die mittels Wissenschaft und Technik bewirkten Umweltveränderungen, die durch eine schleichende, subkutane Anreicherung von Schadstoffen in Böden und Grundwasser, in Pflanzen oder in der Atmosphäre gekennzeichnet sind, äußern sich nicht nur in Umweltkatastrophen, sondern haben, weit darüber hinaus, die als Holozän bezeichnete zwischeneiszeitliche Epoche mit stabilen Klimaverhältnissen beendet, ein Tatbestand, für den in den letzten Millionen Jahren keine Entsprechung zu finden ist. Die Menschheit selbst ist inzwischen zu einem geologischen Faktor geworden. Der Nobelpreisträger für Chemie, Paul Crutzen, hat für diese neue geochronologische Epoche den Begriff des *Anthropozäns*, des Menschenzeitalters geprägt (Crutzen 2011, Ehlers 2008, Schwägerl 2010). Er hat deutlich gemacht, dass die Erde kein natürliches Ökosystem mehr ist, das vom Menschen gestört wird, sondern dass sie zu einem Humansystem geworden ist, mit darin eingebetteten natürlichen Ökotopen. Evolutionstheoretiker vergleichen die Dramatik der damit einher gehenden Veränderungen mit jener, die sich in den Umwälzungen der „Neolithischen Revolution“ äußerte, also vor 10.000 bis 12.000 Jahren, als die Menschen zu völlig neuartigen Lebens-, Wirtschafts- und Organisationsformen übergingen (Ehlers 2008, S. 37 ff.). Die Dramatik der gegenwärtigen Situation besteht darin, dass wir uns auf dem Weg zur Weltgesellschaft befinden, aber weder über Institutionen noch über Verfahrensweisen verfügen, die den damit verbundenen Herausforderungen gerecht werden. Die „pathologische Sorglosigkeit“, mit der wir die Tragekapazität des Raumschiffs „Erde“ überfordern, indem wir den Planeten in einer Weise ausplündern, dass er als ökologisches Soziotop für das Überleben der Gattung „Mensch“ in absehbarer Zeit nicht mehr geeignet sein könnte, verweist auf mentale Strukturen, die, im übertragenen Sinne, nicht einmal ausgereicht hätten, um das Überleben eines „Höhlenmenschen“ an der Wende vom Pleistozän zum Holozän sicher zu stellen (Mohr 1986, S. 8 ff.).

Die Menschheit sieht sich heute mit „Problemen konfrontiert, denen kein Staat mehr ausweichen, gegen die sich kein Staat wirksam abschotten kann und vor denen keine Flucht in unterbesiedelte und bewohnbare Gebiete mehr möglich ist. Die Verletzung der ökologischen ‚Gesetze der Vernunft‘, gleichgültig an welchem Ort der Erde und von welchem Staat sie begangen wird, hat unmittelbare oder mittelbare Folgen für den Rest der ‚Weltgesellschaft‘; die Abholzung der Regenwälder in Brasilien ist für Europa ebenso relevant wie die Schadstoffemissionen Europas für die Staaten Südamerikas; die Bevölkerungsexplosion in der Dritten Welt stellt – zumindest mittelbar – auch für die Wohlstandsinseln des ‚Nordens‘ eine reale Bedrohung dar“ (Mohrs 1995, S. 356). In dieser Situation gibt es zwei radikale Optionen: Resignation, verbunden mit der Hoffnung, dass es doch nicht zum Schlimmsten kommen werde, oder die Einsetzung einer internationalen Rechtsinstitution mit „realer Zwangsgewalt“. Die Realisierung der Vision einer funktionsfähigen „Weltinnenpolitik“ (Beck), die den Zuständigkeitsbereich der tradierten Nationalstaaten bei weitem überschreiten würde, ist begründet und wird legitimiert durch den globalen „Ausnahmezustand“ (Schmitt), der im geochronologischen Begriff des Anthropozäns seinen zeitgemäßen Ausdruck findet: dass es, worüber uns entsprechende Zukunftsszenarien belehren (Emmott 2013, Rinke und Schwägerl 2012, Welzer 2008), katastrophal wäre, wenn die gegenwärtigen Trends von der Umweltzerstörung bis zur Bevölkerungsexplosion ungebremst fortschreiten würden.

In einer durchaus vergleichbaren Krisensituation befand sich etwa dreihundert Jahre zuvor Thomas Hobbes. Kaum ein politischer Denker hat, ausgehend von einem als katastrophal erlebten Bürgerkrieg, ein so umfassend und systematisch durchdachtes, in sich schlüssiges anthropologisches Theoriegebäude ausgearbeitet wie er (vgl. Höffe 2010, Tuck 1999). Es ist „das erste säkularisierte und dezentrierte abendländische Erkenntnissystem". Anders als Machiavelli war Hobbes nicht so sehr ein Theoretiker der Macht, sondern ein Theoretiker des Friedens (Kersting 1992, S. 40 ff.). Seine auf Gründlichkeit und Vollständigkeit abzielende argumentative Kohärenz bildet die Basis moralphilosophischer und staatstheoretischer Empfehlungen, die, obwohl im Horizont seiner Zeit formuliert, nach wie vor Geltung beanspruchen können. Im Ergebnis lauten sie zusammengefasst, dass die Existenz einer mit realer politischer Zwangsgewalt ausgestatteten Institution die notwendige Bedingung für das friedliche Zusammenleben von Menschen in größeren sozialen Verbänden ist. Mit ihr lasse sich die Leib und Leben gefährdende Anarchie des „Naturzustandes" überwinden. Dass eine solche Institution, weil auch sie aus Menschen besteht, ihre Macht missbrauchen kann, schien ihm das geringere Übel, ein Problem, dem sich später Locke, Mill und Montesquieu gewidmet haben.

Hobbes' Fragestellung, warum und in welcher Form es eine institutionalisierte Friedensordnung, einen Nationalstaat brauche, bezieht sich, wie gesagt, auf die Zeit des englischen Bürgerkrieges, auf das zu regelnde Verhältnis der einzelnen Bürger untereinander und zu ihrem Staat. Hobbes argumentiert auf der Basis einer „Heuristik der Furcht" (Jonas): Das Ziel des Staates bestehe letztlich in der Vermeidung des größten Übels, das einen Menschen ereilen könne, in der Vermeidung seines gewaltsam herbeigeführten Todes. Er ermögliche es, den im „Naturzustand" durch Furcht, Ruhmsucht und Unsicherheit geprägten Leidensdruck zu überwinden. Erst die dadurch erreichte Sicherung von Leib und Leben erlaube eine rationale Verfolgung weiterer Bedürfnisse und Interessen: Gütererwerb, Anerkennung, was auch immer (Mohrs 1995, S. 263 f.). Vergleichbare Überlegungen hinsichtlich eines zu schaffenden Weltstaates ergaben sich für Hobbes nicht, weil zu seiner Zeit noch keine globalen Bedrohungen im Sinne der heutigen erkennbar waren. Ohne allgemeinen Leidensdruck aber stellt sich eine Furcht, die zur Überwindung des „Naturzustands" motiviert, nicht ein. Es gab keinen Anlass, die „Logik des Leviathan" über den innergesellschaftlichen Bereich hinaus auf die zwischenstaatliche Ebene auszudehnen. Die Situation ist heute eine andere, und die Frage stellt sich, ob und inwieweit sich die Überlegungen Hobbes' auf sie anwenden lassen.

Zwei Faktoren hielt Hobbes für unverzichtbar zur Befriedung der Gesellschaft: die Existenz einer mit realer politischer Zwangsgewalt ausgestatteten Institution, die er Leviathan nannte, sowie Bildung und Wissenschaft. Zur Diskussion steht heute aufgrund neuerer Erkenntnisse der Evolutionstheorie und biopolitischer Interventionsmöglichkeiten ein dritter Faktor: die phylogenetische Grundausstattung des Menschen als Gattungswesen (vgl. Phocas 1986; Vollmer 1987, 1988; Wilson 1998; Wuketits 1997; kritisch: Hemminger 1983; aus soziologischer Perspektive: Homans 1968; Giesen 1980; grundlegend: Claessens 1980). Als Frage reformuliert: Ist unser ratiomorpher Apparat in seiner genetisch bestimmten Ausstattung durch das Weltsystem, das wir, mehr unbewusst als bewusst, selbst geschaffen haben, strukturell überfordert? Warum vermochte es bislang keine kulturelle Überformung, die Menschen vom Krieg und Gruppenkampf abzuhalten, und warum will uns der gesittete, vernünftige Umgang mit der Natur und mit der technologischen Zivilisation nicht gelingen, obwohl man doch davon ausgehen kann, dass alle Menschen für den Frieden und gegen den Krieg, für ein glückliches Leben in einer gesunden Umwelt und gegen die Zerstörung, Hunger und Elend sind? (Mohr 1992, S. 4).

Leviathan oder Behemoth?

Es kann gar kein Zweifel daran bestehen, dass Galilei, Descartes und Hobbes in der ersten Hälfte des 17. Jahrhunderts die weltanschaulichen Grundlagen eines neuen Zeitalters geschaffen haben. Mit den „Elements of Law, natural und politic“ (1640), mit seiner Schrift „De Cive“ (1642) und schließlich mit dem „Leviathan or the Matter, Forme and Power of a Commonwealth, Ecclesiasticall and Civill“ (1651) hat Hobbes die grundlegende Theorie des modernen Staates formuliert. Zwei zentrale Kategorien, die sich durch sein gesamtes Werk hindurchziehen, sind die „Furcht“ (vor einem gewaltsam zu erleidenden Tod) und der „Friede“ (als ein Zustand, der dieser Bedrohung ein Ende setzt). Man muss sich die Zeit vergegenwärtigen, in der Hobbes seine Schriften verfasste. In England tobte der Bürgerkrieg. Die drei Hugenottenkriege, die Frankreich zwischen 1562 und 1570 verwüsteten und den Zerfall der Zentralgewalt heraufbeschworen, waren noch in aller Bewusstsein. Und als Hobbes' Hauptwerk, der „Leviathan“, erschien, war es gerade drei Jahre her, dass der Westfälische Friedensschluss den Dreißigjährigen Krieg in Deutschland beendete. In allen drei Fällen waren religiöse Differenzen der äußere Anlass der Konflikte.

Anders als zuvor, etwa bei Aristoteles, den er heftig kritisierte, begründet Hobbes den vertraglich geregelten Zusammenschluss der Menschen zu einem politischen Gemeinwesen nicht mit einem irgendwie gearteten Wesensmerkmal der Gattung, sondern ganz profan mit einem durch Furcht gelenkten rationalen Nutzenkalkül. Ihm zufolge ist ein geordneter Zustand, in dem Alle ohne Ausnahme der Gewalt eines mit Regierungsvollmacht ausgestatteten Souveräns unterworfen sind und ein Mindestmaß an Rechtssicherheit genießen, einem ungeordneten Zustand vorzuziehen, in dem Jeder befürchten muss, ein Opfer des Misstrauens oder der Habgier seines Nächsten zu werden. Es sei im wohlverstandenen Interesse jedes Einzelnen, im Rahmen einer vertraglichen Regelung auf die ungehinderte Ausübung seiner natürlichen Rechte zugunsten des Souveräns zu verzichten und diesen, ausgestattet mit einem uneingeschränkten Machtmonopol, zum Garanten der allgemeinen Sicherheit und Wohlfahrt Aller zu erklären. Mit dem Abschluss eines solchen Gesellschaftsvertrages und der Unterwerfung Aller unter seine Macht erhält der Souverän nicht nur das legitime Gewaltmonopol, sondern auch das uneingeschränkte Recht, alle zur Durchsetzung und Aufrechterhaltung des inneren Friedens erforderlichen Maßnahmen zu ergreifen und durchzusetzen. Aber diese Bevollmächtigung ist nicht voraussetzungslos. Sie ist an die Erfüllung bestimmter Bedingungen geknüpft. Dem Souverän obliegen die Gewährleistung der inneren und äußeren Sicherheit und der Schutz des Lebens der Staatsbürger. Kommt er diesen Verpflichtungen nicht nach, so erlischt deren Gehorsamspflicht, und die Gesellschaft sinkt zurück in den Naturzustand, in dem jeder sein eigener Herr ist und für die Wahrung seiner natürlichen Rechte, auf die er zeitweilig verzichtet hat, wieder selbst Sorge tragen muss. Hobbes ist in dieser Hinsicht ganz eindeutig: „Die Verpflichtung der Untertanen gegen den Souverän dauert nur so lange, wie er sie auf Grund seiner Macht schützen kann, und nicht länger. Denn das natürliche Recht des Menschen, sich selbst zu schützen, wenn niemand anderes dazu in der Lage ist, kann durch keinen Vertrag aufgegeben werden" (1989, S. 171).

Natürlich geht es Hobbes nicht nur um den Schutz des „nackten Lebens" (Agamben). Die Erhaltung des Lebens der Untertanen ist ihm lediglich die unhintergehbare Voraussetzung für „ihre Wohlfahrt und ihr Bestes im Allgemeinen". Denn die eigentliche „Annehmlichkeit des Lebens besteht in Freiheit und Wohlstand. Unter Freiheit verstehe ich, dass keinem Menschen irgendetwas unnötigerweise gesetzlich verboten sei, was ihm nach dem Naturgesetz erlaubt war, das heißt, dass die natürliche Freiheit nicht eingeschränkt werde, außer wenn es für das Wohl des Gemeinwesens nötig ist, und dass wohlmeinende Männer nicht in die Schlingen des Gesetzes fallen wie in einen Fallstrick, ehe sie sich dessen versehen. Zu dieser Freiheit gehört auch, dass ein Mann leicht von einem Ort zum anderen gelangen kann, dass er nicht eingekerkert und nicht aufgehalten werde durch unwegsame Straßen und durch den Mangel an Mitteln zum Befördern der notwendigen Sachen. Und was den Volkswohlstand betrifft, so besteht er aus drei Stücken: wohlgeordnetem Handelsverkehr, Arbeitsgelegenheit und Verbot des überflüssigen Verbrauchs von Nahrungsmitteln und Hausrat" (1926, S. 200 f.).

Das, was Hobbes einander kontrastierend als Natur- und Gesellschaftszustand bezeichnet, sind idealtypische Konstrukte, etwa im Sinne der Gedankenexperimente Galileis, die zwar auf sozialhistorische Entwicklungen bezogen werden können, mit denen sie aber niemals identisch sind (vgl. hierzu und im Folgenden: Münkler 2001). Der „Naturzustand" bezeichnet bei Hobbes keine geschichtlich überwundene Entwicklungsphase aus den Anfangsgründen der Menschheit, sondern die logische Alternative zu dem durch Macht und Gewalt des Souveräns gesicherten „Gesellschaftszustand", die bei Infragestellung dieser Macht und Gewalt jederzeit Wirklichkeit werden kann. Ist der Gesellschaftszustand für Hobbes wesentlich bestimmt durch die Fähigkeit des Souveräns, die Menschen zu zwingen, ihre je individuellen Interessen ausschließlich mit sozialverträglichen Mitteln zu verfolgen, so besteht das entscheidende Charakteristikum des Naturzustands im vollständigen Fehlen einer solchen Ordnungsmacht. Diese Ordnungsmacht bezeichnet Hobbes als „Leviathan". Im Gegensatz dazu beschreibt er den anomischen Charakter des Naturzustands, in dem die Gesellschaft in Anarchie zu versinken droht, als einen „*bellum omnium in omnes*", als „Krieg eines Jeden gegen Jeden" (1989, S. 96) und belegt ihn mit dem Namen „Behemoth". „Leviathan" bedeutet nicht unbedingt, wie oft kolportiert wird, dass der Staat selbst, als Institution, ein Ungeheuer sei. Vielmehr verweist der Begriff auf „die ungeheuren Schwierigkeiten der Durchführung des Staatsgedankens", die Hobbes stets vor Augen hatte, je länger er sich mit ihnen beschäftigte. „Das hebräische Wort bezeichnet im Alten Testament einen fabelhaften Wal- oder wohl eher Haifisch, jedenfalls ein Seeungeheuer – also ein trefflicher Name gerade für Großbritannien –, und das soll bedeuten, dass schweres Ungemach mit der Staatseinrichtung, welche auch immer die Staatsform, vermacht ist. Aber dieses Ungemach ist ein notwendiges Übel, denn das Ungeheuer ist notwendig, um ein schlimmeres Ungeheuer, den

'Behemoth', zu bezwingen, das heißt die Anarchie, den Bürgerkrieg, den Krieg aller gegen alle: Hobbes würde heute sagen, auch um den *Klassenkampf* zu dämpfen – nicht durch gewaltsame Unterdrückung von Meinungen, die er nie befürwortet hat, sondern durch Ausbreitung richtiger Wissenschaft, und vor allem durch Institutionen. Dass der Begriff des Naturzustands und seiner Anarchie für ihn ein *allgemeiner* Begriff ist, der also auch die Anarchie der Produktionsweise in sich begreifen würde, unterliegt keinem Zweifel" (Tönnies 2010, S. 210).

Verstanden als Ausdruck einer blind und willkürlich wütenden Gewalt, stellt der Naturzustand für Hobbes eine latente Bedrohung des sozialen Friedens dar, die jederzeit manifest werden kann, sobald die Autorität des Souveräns in Frage gestellt und untergraben wird. Entscheidend dabei ist, dass dem von Hobbes als Naturzustand bezeichneten Sachverhalt nicht *tatsächlich* beobachtbare Handlungen einzelner Menschen zu Grunde liegen müssen; es genügen schon die im Umgang mit Anderen angestellten Antizipationen, erfahrungsgesättigte Unterstellungen und Vorurteile. Dass der Mensch des Menschen Wolf sei, heißt nicht, dass die Menschen einander tatsächlich zerfleischen, sondern, viel subtiler, dass sie sich so verhalten, *als ob* sie einander jederzeit zerfleischen würden. Die bloße Möglichkeit, dass es einige böse Menschen gibt, reicht aus, um alle Menschen zu einem Handeln zu zwingen, das grundsätzlich von der Schlechtigkeit aller Anderen ausgeht und ein dem entsprechendes Verhalten vorbeugend vorwegnimmt. Diese für das soziale Leben lähmende Misstrauensstruktur hat ihren Grund im unhintergehbaren Verlangen, um nicht zu sagen, im Trieb des Menschen nach Selbsterhaltung, ein Verlangen, das die Bereitschaft einschließt, alle zur Verwirklichung dieses Ziels erforderlichen oder förderlichen Mittel zu erwerben und anzuwenden. Damit rückt Hobbes das menschliche Streben nach Macht, das sich aus dieser Konstellation ergibt, ins Zentrum der politischen Theorie.

Die Frage der Gestaltung politischer Ordnung, der Form staatlicher Eingriffe in die Gesellschaft wird zum Problem der richtigen Ausübung von Macht. Entgegen einem weit verbreiteten Hobbes-Bild, das ihn als Ideologen der absolutistischen Monarchie zeichnet, geht Hobbes tatsächlich von drei möglichen Verfassungsformen aus: der Demokratie, der Aristokratie und der Monarchie. Alle drei sind für ihn prinzipiell gleichwertige Staatsformen, mit den ihnen je eigenen Vor- und Nachteilen. Sie unterscheiden sich lediglich hinsichtlich ihrer „Angemessenheit oder Eignung für den Frieden und die Sicherheit des Volkes, dem Zweck, zu dem sie eingesetzt werden" (1989, S. 146). Seine persönliche Präferenz für die Monarchie mag ihre Ursache im historischen Kontext jener Zeit gehabt haben, in der er lebte und arbeitete und auf den er sich mit seinen politischen Schriften ausdrücklich bezog: den konfessionellen Bürgerkrieg in England. Für Hobbes stellte sich die innenpolitische Situation Englands als ein Übergangszustand dar, „der in sich so unhaltbar war, dass er nur durch eine große Eindeutigkeit, nämlich die Souveränität, wieder zu stabilen, lebbaren Verhältnissen, zu einem Normalzustand als der Voraussetzung auch für die Entfaltung des Rechtssystems, (...) des Friedens und der Sicherheit des einzelnen gemacht werden konnte" (Willms 1992, S. 9 f.). Die Errichtung einer machtvollen monarchischen Ordnung mochte noch am ehesten in der Lage sein, den sozialen Frieden und die individuelle Rechtssicherheit in einer solchen Extremsituation zu gewährleisten. Grundsätzlich aber geht für Hobbes jegliche Staatsgewalt, sofern es sich um eine „politisch" begründete, das heißt, um eine konstitutionelle handelt, vom Volke aus. In den „Elements" (1926, S. 141 f.) formuliert er unmissverständlich: Von den drei Regierungsarten müsse die Demokratie „der Zeit nach" notwendig die erste sein, da die Ernennung eines Monarchen oder einer aristokratischen Versammlung einen Akt der Übereinstimmung bzw. Verständigung voraussetze. „Diese Verständigung unter einer großen Menge von Menschen muss in der Zustimmung des größeren Teils bestehen, und wo die Stimmen der Majorität die Stimmen der übrigen in sich schließen, da ist tatsächlich Demokratie". Und in „De Cive" (1994, S. 153) heißt es über die Aristokratie: „Eine Aristokratie oder die Versammlung der Vornehmsten, welche die höchste Staatsgewalt innehat, nimmt ihren Ursprung von einer Demokratie, die ihre Rechte auf jene überträgt". Anschließend in entsprechender Weise: „Eine Monarchie leitet sich ebenso wie eine Aristokratie aus der Gewalt des Volkes ab, das sein Recht, das heißt die höchste Gewalt, auf *einen* Menschen überträgt" (1994, S. 154). Noch in seinem Alterswerk, im „Behemoth" (1991, S. 151 ff.), beharrt Hobbes darauf, dass „nach Gott der Ursprung aller Gesetze im Volke" liegt.

Der Staat ist für Hobbes die einzige Möglichkeit, dem „armseligen, ekelhaften und tierischen" Naturzustand zu entrinnen (1989, S. 96). Zu Recht weist Kersting (1992) wiederholt darauf hin, dass der „Leviathan" für Hobbes in erster Linie ein „Friedensinstrument" ist. Erst im Staat, dessen wichtigste Aufgabe darin besteht, das „freie" Ausleben der Selbstentfaltung seiner Untertanen zu bändigen, ihre „Natürlichkeit" durch seine „Künstlichkeit" zu mäßigen und so den gewaltsamen, brachialen „Krieg aller gegen alle" zu verhindern, ist ein wahrhaft menschenwürdiges Dasein möglich. Als Realist ist sich Hobbes natürlich über den fiktionalen Charakter seines individualistischen Naturzustandstheorems durchaus im

Klaren, ebenso über die historische Tatsache, dass die meisten real existierenden Staaten durch Aneignung, durch Gewalt und nicht durch Vertrag zustande gekommen sind. So betont er im Schlusskapitel des „Leviathan“, es gebe „kaum einen Staat auf der Welt, dessen Anfänge mit gutem Gewissen zu rechtfertigen sind“ (1989, S. 539).

Hobbes’ Anspruch, eine Staatstheorie zu entwerfen, ohne normative Voraussetzungen und ohne Rückgriff auf die spezifisch soziokulturellen Bedingungen einer bestimmten Gesellschaft, allein begründet auf dem kalkülhaften Interesse der einzelnen Bürger und dem durch eine Urversammlung zu beschließenden Kontrakt, macht ihn zeitlos und nach wie vor aktuell. Zwar aus der konkreten historischen Erfahrung des englischen Bürgerkrieges entstanden, stellt er die nach wie vor aktuelle Frage nach den Erfordernissen und dem Umfang einer Verstaatlichung gesellschaftlicher Machtressourcen und ihrer Konzentration in den Händen des Souveräns und beansprucht damit eine Geltung seiner Argumente über die Umstände ihrer Entstehung hinaus. Vor dem Hintergrund der Erkenntnisse neuerer evolutionstheoretischer Forschungen, denen zufolge der Mensch weder als isoliertes Einzelwesen noch für ein Überleben in staatlichen Großorganisationen geschaffen ist, stellt sich allerdings die Frage nach der Ursache und Sinnhaftigkeit der Hobbes’schen „Fiktion eines radikalen Einzelkämpfertums im Naturzustand“ (Mohrs 1995, S. 32). Aus der Sicht der Humanethologie, Paläontologie und Soziobiologie ist der Mensch „von seiner Natur her“ ein Kleingruppenwesen, geschaffen für ein Leben in überschaubaren Verbänden. So wenig wie er ein nomadischer Einzelgänger ist, so wenig ist er von Natur aus ein staatenbildendes Lebewesen. Die Hobbes’sche Anthropologie ist daher in einem fundamentalen Sinne falsch. Gleichwohl ist die Triftigkeit seines staatstheoretischen Ansatzes nicht von der Hand zu weisen. Wie wäre das zu erklären? Antworten finden sich bereits bei Tönnies (1971), neuerdings auch bei Macpherson (1974). In einer Synopse hat Münkler (2001, S. 105) die Argumentation beider zusammengefasst: Hobbes habe den Menschen als das Tier bezeichnet, das „sogar der künftige Hunger hungrig macht“ (1994, S. 17). Er habe damit das historisch Neue an der Wahrnehmung von Not und Mangel, nämlich die bürgerliche Ökonomie des beginnenden Kapitalismus, historisch entgrenzt und generalisiert. „Eine historisch belehrte Anthropologie weiß durchaus, in welchem Maße Not und Mangel in der menschlichen Erfahrung bedrängender werden, wenn sie nicht nur auf den je gegenwärtigen Augenblick bezogen, sondern obendrein mit der Sorge für die Zukunft verbunden werden. Dies aber ist um so mehr der Fall, je stärker die Wirtschaftsweise einer Gesellschaft über einen anonymen Markt vermittelt ist, wodurch verwandtschaftliche Verbindungen und moralische Verpflichtungen als Element der Integration der Gemeinschaft und der persönlichen Absicherung zunehmend relativiert und zum Verschwinden gebracht werden." Dieser Transformationsprozess, das sei an dieser Stelle angemerkt, steht im Zentrum des *opus magnum* von Tönnies (1991), und Vieles von dem, worüber er in „Gemeinschaft und Gesellschaft" schreibt, dürfte er seinen intensiven Studien und seiner historisch relativierenden Kritik der Schriften des Hobbes verdanken. Denn, um mit Münkler fortzufahren, „in diesem Übergang von einer ‚moral economy' zur ‚market economy' liegen die sozialhistorischen Grundlagen dafür, dass Hobbes glaubte, die alte Naturrechtsformel, der zufolge die Natur allen alles gegeben habe, in ihr Gegenteil verkehren zu müssen, indem er an die Stelle der mit ‚alle' apostrophierten Gemeinschaft den mit ‚jeden' bezeichneten Einzelnen setzte. Damit hat er den Zusammenhang der zu Solidarität verpflichteten Gemeinschaftsbildner durch die Gesellschaft der interessefixierten Nutzenmaximierer ersetzt. Die These Macphersons, Hobbes' Theorie sei nur konsistent vor dem Hintergrund eines Besitzindividualismus, der sich im Rahmen der Eigentumsmarktgesellschaft herausgebildet habe, hat zumindest darin ihre Berechtigung, dass zentrale Umbesetzungen des semantischen Feldes, die von Hobbes vorgenommen werden, in bemerkenswerter Form mit Veränderungen im sozioökonomischen Feld korrespondieren und aus dieser Korrespondenz ihre Plausibilität beziehen" (Münkler 2001, S. 105 f.). In Hobbes' Menschenbild ist, von ihm bemerkt oder unbemerkt, die Weltsicht der Kaufleute bzw. die Dynamik des Kapitalismus eingeschlossen. Jedenfalls hat er diese externen Rahmenbedingungen seiner Theoriebildung nicht als solche kenntlich gemacht, sondern sie, indem er sie in sein Menschenbild integrierte und als generellen Ausgangspunkt eines jeden politischen Ordnungsentwurfs setzte, unsichtbar gemacht. Tatsächlich sind es die Wechselfälle und Unwägbarkeiten einer marktvermittelten Gesellschaft, in der es keine dauerhaften Sicherheiten und stabilen Erwartungen mehr gibt, die jene präventive Machtakkumulation zur Folge haben, wenn er schreibt: „So halte ich an erster Stelle ein fortwährendes und rastloses Verlangen nach immer neuer Macht für einen allgemeinen Trieb der gesamten Menschheit, der nur mit dem Tode endet. Und der Grund hierfür liegt nicht immer darin, dass sich ein Mensch einen größeren Genuss erhofft als den bereits erlangten, oder dass er mit einer bescheidenen Macht nicht zufrieden sein kann, sondern darin, dass er die gegenwärtige Macht und die Mittel zu einem angenehmen Leben ohne den Erwerb von zusätzlicher Macht nicht sicherstellen kann" (Hobbes 1989, S. 75). Zu Recht bemerkt Münkler (2001, S. 93): „Was Folge gesellschaftlichen Wandels ist, die Verankerung der gesellschaftlichen Synthesis in den Mechanismen des Marktes, die an die Stelle persönlicher Bindungen und einer bedarfsorientierten Produktion treten, wird von Hobbes als Produkt der menschlichen Natur dargestellt: Die Dynamik des Machtkampfs ist in seiner Darstellung das Resultat dessen, was den Menschen vom Tier unterscheidet: Zukunftsangst.“ Nur schwer sei zu übersehen, dass sich in Hobbes’ Menschenbild die Unrast und Zügellosigkeit der frühkapitalistischen Gesellschaft reproduziert, in der es kein abschließendes Ziel, keinen End- und Ruhepunkt mehr gibt, sondern gemäß der Logik der Kapitalverwertung jedes gerade erfolgreich abgeschlossene Geschäft zum Ausgangspunkt eines neuen Projekts wird, wenn er in „De Homine“ (1994, S. 17) feststellt, der Mensch sei „raublustiger und grausamer als Wölfe, Bären und Schlangen, deren Raubgier nicht länger dauert als ihr Hunger“, während ihn „sogar der künftige Hunger hungrig macht“.

Tönnies bereits, wie gesagt, hatte, Macpherson vorwegnehmend, bemerkt, Hobbes verkünde „das Herannahen des Reiches der Vernunft, des Lichtes, der Aufklärung. Aber er bemerkt auch das Emporkommen der kommerziellen Gesellschaft, der wilden Konkurrenz, der kapitalistischen Ausbeutung. *Seine* Ausdrücke ‚der Mensch dem Menschen ein Wolf‘ und ‚Krieg Aller gegen Alle‘ werden oft gebraucht, um diesen Zustand innerhalb der modernen Gesellschaft zu bezeichnen. Und es wäre auch ganz seinem Denken gemäß, wenn wir sagen: der habsüchtige Mensch wird durch entwickelte Vernunft nicht besser, sondern schlechter, oder: das Denken selber entwickelt unter gegebenen Bedingungen – wenn einmal die Rennbahn eröffnet ist – die Habsucht. Um so mehr – würde Hobbes sagen – ist die Vernunft des Gesetzgebers, die konzentrierte Gewalt des Staates notwendig, um den Frieden zu erhalten, um die Schwachen gegen die Mächtigen, die Armen gegen die Habsüchtigen zu schützen. Aber nicht dadurch allein will er das soziale Problem, das er doch nur im Dämmerlichte erblickt, lösen. Mehr noch erwartet er von der wissenschaftlichen Einsicht, von der Aufklärung nicht nur der Herrscher, sondern auch des Volkes“ (Tönnies 1971, S. 275 f.).

Zwar ist es falsch, wenn Hobbes behauptet, der Mensch sei „zur Gesellschaft von Natur aus unfähig“ (1994, S. 76), denn allein die Tatsache, dass Menschen in relativ stabilen Gesellschaften leben, beweist das Gegenteil. Recht hat er aber insofern, als der Mensch nicht von Natur aus für ein Leben in einer Großgesellschaft disponiert ist. Die Herausbildung und Erhaltung größerer sozialer Gebilde bis hin zu den modernen Nationalstaaten ist kein natürliches Phänomen, sondern das Ergebnis einer höchst artifiziellen, kulturellen Leistung. In humanethologischer Perspektive stellt sich diese Künstlichkeit als „selektiver Zwang“ allerdings erst auf einer bestimmten Stufe der evolutionären Entwicklung des Menschen dar (Claessens 1980; Leroi-Gourhan 1980). Erst unter dem Druck von Bevölkerungswachstum und Ressourcenverknappung sowie dem dauerhaften Versagen der „natürlichen“, der ursprünglichen Verhaltensmechanismen entwickelte sich der Mensch gleichsam über sein biologisches Potential hinaus, ohne sich allerdings je von dieser Basis lösen zu können (Mohrs 1995, S. 191). Erst diese „natürliche Künstlichkeit“ des Menschen, die sich im Verlauf seiner Evolution herausbildete, ermöglichte es ihm letztlich, seine scheiternde „natürliche“ Selbsterhaltung durch „Kultur“ und insbesondere durch ein sozialhistorisch in spezifischer Weise erzeugtes „Kunstprodukt“, den Staat, abzusichern. Die Existenz des Staates beruht auf dem „vernünftigen Willen der Menschen“, dass sie in einem Staat leben wollen.

Die historische Relativierung des „Naturrechts“ durch Tönnies

Die von Tönnies verfasste Monographie zu Leben und Werk des Thomas Hobbes gilt bis auf den heutigen Tag als die maßgebliche und detaillierteste Arbeit auf diesem Gebiet (Tuck 1999, S. 152, 173). Im Kapitel über das „Naturrecht“ der ersten Auflage, das in den späteren Auflagen entfallen ist (dazu und im Folgenden: Ilting 1971, S. 14 ff.), verweist Tönnies darauf, dass der Staat des Hobbes eine vorhandene Verteilung des Eigentums voraussetze. Insofern sei die Gesellschaft als der Inbegriff aller privatrechtlichen Eigentums- und Vertragsverhältnisse „ihrem Wesen nach (das heißt begrifflich) früher als der Staat“ anzusetzen, auch wenn das Eigentum die Garantie des Staates brauche. Diese Unabhängigkeit der Gesellschaft vom Staat in der Theorie des Hobbes rechtfertige es, dessen Gedankenwelt als ein „System des Liberalismus“ zu bezeichnen. Das Naturrecht, das der Staat nach der Lehre des Hobbes verwirklichen soll, sei nichts anderes als das geltende Privatrecht der modernen Staaten, das die rechtliche Grundlage der kapitalistischen bürgerlichen Gesellschaft des 19. Jahrhundert bildet. „In diesem Sinne ist es zu verstehen, wenn die Freiheit der Bürger im Staate des Hobbes nicht als ein politisches Recht, an der Gestaltung des Staates mitzuwirken, sondern als das Recht geschildert wird, ungestört von staatlichen Eingriffen – also frei *vom* Staat –, innerhalb jenes freien Raumes, den die Gesetze übrig gelassen haben, nach eigenem Gutdünken seinen privaten Interessen nachgehen zu dürfen. Aus dem Naturrecht und aus dem Staatszweck deduziert Hobbes daher die Grenzen der staatlichen Gesetzgebung und das Recht zum Ungehorsam, wenn die Grenzen durch Handlungen staatlicher Organe verletzt werden. Die Freiheiten, die sich aus dieser Beschränkung der Staatsgewalt für den Bürger ergeben, bezeichnet Tönnies einmal sogar als ‚Erklärung der unveräußerlichen Menschenrechte'." (Ilting 1971, S. 32 f.). Grundsätzlich aber stimmt Tönnies mit Hobbes darin überein, dass „mit der möglichen Geltung der Rechtssätze" zugleich „ihre mögliche Sanktion" vorausgesetzt ist. Nur das garantiert die Durchsetzungsfähigkeit eines starken Staates. „Der Fehler, den er Hobbes in diesem Zusammenhang vorwirft, ist lediglich, dass Hobbes geglaubt hat, die Sanktionen könnten allein von einer staatlichen Zwangsgewalt verhängt werden; Hobbes habe nicht bemerkt, ‚dass im Sinne des Rechts ... auch andere Potenzen kollektiven Willens wirksam sein können und tatsächlich ... wirksam sind'." (Ilting 1971, S. 27). Ilting weist in der Diskussion des später entfallenen Naturrechtskapitels darauf hin, dass Tönnies hier vor allem jene „gemeinschaftlichen Verhältnisse und Verbände" oder jene „kooperativen Bildungen" im Sinn hat, die er in seinem theoretischen Hauptwerk („Gemeinschaft und Gesellschaft") zum Thema macht. Den Fehler, den Hobbes in seiner Lehre von der Geltung des Naturrechts begangen hat, sieht Tönnies also vor allem darin, dass er angenommen habe, von allen Sanktionen gemeinschaftlicher oder gesellschaftlicher Verbände sei „nur diejenige durch den Staatswillen und seine Gewalt" wirksam. „Tönnies spielt damit auf den Zusammenhang zwischen dem Naturrecht des Hobbes und den modernen Produktionsverhältnissen an, den er wohl als erster klar erkannt und herausgestellt hat". Der wahre Sinn dieses Naturrechts liegt darin, „dass Individuum gegen Individuum als Macht stehe, und zwar prinzipiell auf dem Fuße der Freiheit und Gleichheit, oder der gleichen und allgemeinen Freiheit". Seine soziale Funktion besteht darin, die Produktionsverhältnisse der entwickelten Arbeitsteilung und des regulären Verkehrs mit Tauschwerten, also der Geld- und Kapitalwirtschaft zu regeln. Der antagonistische Charakter der modernen, „entfesselten" Gesellschaft ist im Naturrecht des Hobbes antizipiert. Aufgrund dieses Zusammenhangs von Naturrecht und Produktionsverhältnissen konnte Hobbes zum Begründer des modernen Naturrechts werden. Die Tendenz der neuzeitlichen Sozialgeschichte, zu deren Anwalt sich Hobbes gemacht hat, besteht für Tönnies in der „Auflösung aller gemeinschaftlichen Verhältnisse und Verbände in Individuen, die sich mit ihren Vermögen und Fähigkeiten, also mit ihren Interessen als vertrags- und streitfähige Mächte gegenüberstehen". Die Entwicklung, die „der modernen Gesellschafts- und Staatsbildung zugrunde liegt", ist gekennzeichnet durch „die Isolierung der Individuen gegeneinander, und die des Staates gegen die Individuen". Sie beinhaltet die Tendenz, dass der Staat alle „gemeinschaftlichen Sphären" und „alle korporativen Bildungen, die nicht einen ausgesprochen privatrechtlichen Charakter haben, zerstört, unterdrückt oder von sich abhängig macht. Für Ilting kann es sich bei ihnen nur um jene „Gemeinschaften" handeln, die Tönnies in seinem theoretischen Hauptwerk der modernen, liberalen „Gesellschaft" und ihrer politischen Organisationsform, dem Staat, gegenübergestellt hat. „Die Widersprüche in der politischen Philosophie des Hobbes erweisen sich in dieser Interpretation daher letztlich als eine Folge der Tatsache, dass Hobbes nur die ‚Gesellschaft' zum Thema seiner Theorie gemacht und die ‚Gemeinschaft' aus seiner Betrachtung ausgeschlossen hat" (Ilting 1971, S. 39 f.).

In weiteren Verlauf seiner Diskussion des später entfallenen Naturrechtskapitels weist Ilting (1971, S. 12) nicht nur auf die Zusammenhänge zwischen Tönnies' Hauptwerk (1887) und seiner Hobbes-Rezeption (1881) hin, worauf bereits Jacoby (2013, S. 16 ff.) aufmerksam gemacht hatte, sondern vor allem auch darauf, dass es heute nicht mehr nur um die von Tönnies beklagte Ausschließlichkeit des Gegensatzes zwischen Individuum und Staat geht, sondern dass der „neuzeitliche Staat sich in einen Zweckverband gesellschaftlicher Gruppen, die ‚pluralistische Gesellschaft', zu verwandeln droht". Dass eine am Souveränitätsmodell orientierte Staatlichkeit mit fortschreitender Diversifizierung der Staatsaufgaben zunehmend obsolet und durch neoliberale Vernetzungszusammenhänge abgelöst werde, dieses Ereignis steht im Zentrum der späteren Arbeiten Foucaults zur Gouvernementalität (2000, 2004). Ausgangspunkt seiner Fragestellung ist nicht mehr der als einheitliches Subjekt gedachte Staat, sondern eine zwar am Souveränitätsmodell orientierte, aber wie auch immer geartete, modifizierte Form von Staatlichkeit. Dem diametral gegenüber steht auf der anderen Seite eine Sichtweise, die unter den Bedingungen einer ökologisch verursachten Güterknappheit, deren Folge für die politische Ordnung nicht länger durch perspektivisches Wirtschaftswachstum abgemildert werden kann, der staatlichen Macht als repressivem Friedenserzwinger im Sinne des Thomas Hobbes wieder eine erhöhte Bedeutung zuweist. Münkler (2001, S. 144 f.) hat diese beiden aktuellen Positionen auf zwei Hauptstränge in der Hobbes-Rezeption des 20. Jahrhunderts zurückgeführt. „Sie unterscheiden sich darin, die Historizität der Hobbesschen Theorie auf unterschiedliche Weise zu bestimmen: Der eine Strang stellt den Bürgerkrieg, und zwar begriffen als Verfall der zentralen Macht nach vorangegangenem Werteverlust, ins Zentrum und macht ihn zum prägenden Hintergrund der Hobbesschen Theoriebildung; der andere hebt stärker auf die sozio-ökonomischen Veränderungen in England seit Mitte des 16. Jahrhunderts ab und stellt den Bürgerkrieg, begriffen als eine sozio-ökonomisch verursachte Revolution, in die Kontinuität dieses gesellschaftlichen Wandels, in dessen Verlauf eine zuvor über persönliche Beziehungen organisierte Gesellschaft sich in eine über einen anonymen Markt vermittelte Gesellschaft verwandelt hat. Für den ersten Strang der Hobbes-Rezeption steht die Macht- und Souveränitätsfrage im Mittelpunkt des Interesses, und daher begreift er Hobbes als einen Theoretiker, der unter dem Eindruck des Bürgerkrieges die Notwendigkeit von staatlicher Ordnung und souveräner Macht überzeugend nachgewiesen hat." Diesem Strang lassen sich die Arbeiten von Carl Schmitt (1982), Helmut Schelsky (1981) und Bernard Willms (1970) zurechnen. „Der andere Strang geht dagegen aus von der für Hobbes' Theorie zentralen Voraussetzung, dass jeder Mensch der Eigentümer seiner selbst ist und dass aus diesem Eigentum eines Jeden an sich selbst eine Reihe von Konsequenzen erwächst, die eine gesteigerte Konflikthaftigkeit der Menschen untereinander erwarten lasse, so dass es notwendig werde, qua Übereinkunft eine ordnungsstiftende Macht zu konstituieren; für diesen Strang, in dessen Mittelpunkt die Analyse des Naturzustands und der Vertragskonstruktion mit ihren systematischen Implikationen steht, sind stellvertretend die Arbeiten von Ferdinand Tönnies und Crawford B. Macpherson zu nennen."

Liberale oder soziale Demokratie?

Tönnies, gut 300 Jahre nach Hobbes, geht davon aus, dass die Demokratie als Regierungsform sich historisch durchsetzen wird. Allerdings trifft er in seinen umfangreichen Studien zur politischen Soziologie (2010) eine analytische Unterscheidung zwischen dem idealtypischen Begriff der „Demokratie im allgemeinen" und ihren historischen „Mischformen", in denen „demokratische Elemente in überlieferte aristokratische und monarchische Formen hineingepflanzt oder ihnen aufgepfropft" worden sind. Doch trotz dieser konkreten Unterschiede im Detail, die den abstrakten Demokratie-Begriff in je spezifischer Weise modifizieren und verwässern, sei unabweisbar, dass „alle Jahrhunderte der Neuzeit eine *Tendenz* zu dieser Staatsform aufweisen, die sich mehr und mehr verstärkt hat und endlich, wie es heute scheinen muss, unwiderstehlich und unüberwindbar geworden ist. Sie erscheint als die durch Vernunft, also im wissenschaftlichen Sinne, bestbeglaubigte Staatsform, wenigstens in dem Sinne, dass sie als die natürliche, das heißt die einfachste und gewissermaßen selbstverständliche Form eines Staates gedacht wird, wenn davon ausgegangen wird, dass erwachsene Menschen niemand außer sich selber als natürlichen *Herrn* über sich selber, ihren Leib und ihre Seele anerkennen wollen." Und mit Blick auf zeitgenössische Ereignisse im europäischen Ausland ergänzt er, dass „eine etwaige Rückkehr zu anderen Staatsformen in einem bestimmten Lande noch nicht als Beweisgrund für den Untergang der Demokratie gelten darf, wenn es Grund genug gibt zu denken, ja vorauszusehen, dass jene Rückkehr nur eine vorübergehende sein wird; selbst eine langwierige Rückkehr in einem oder mehreren Ländern wäre noch nicht beweiskräftig für das Schicksal der Institution als solcher" (2010, S. 431).

Die Herausforderungen, denen sich Tönnies als Soziologe gegenübergestellt sah, waren natürlich andere als jene, denen die Aufmerksamkeit Hobbes' galt. Das liberale Bürgertum hatte sich weitgehend durchgesetzt, der Verfassungsstaat war etabliert, die Religionskonflikte hatten an Bedeutung verloren. Die Widersprüche, die der politischen Lösung bedurften, ergaben sich *zwischenstaatlich* aus der imperialistischen Durchkapitalisierung der Welt und *innerstaatlich* aus dem Klassenkonflikt zwischen Kapital und Lohnarbeit. Gleichwohl sind die Bezüge zur Staatstheorie des Hobbes, auch wenn sie nicht immer explizit hergestellt werden, unverkennbar. Das mag seinen Grund darin haben, dass sich die politische Situation der Weimarer Republik einem Zustand annäherte, den Hobbes metaphorisch mit dem Namen des Behemoth bezeichnet hatte. Also nicht nur dass sich erkenntnistheoretische Spuren der Werke des Hobbes in Tönnies' „Gemeinschaft und Gesellschaft" wiederfinden, sondern dass auch er sich einer politischen Situation konfrontiert sah, die wie zu Hobbes' Zeiten die Gefahr eines Bürgerkrieges heraufbeschwor und deshalb nach einem starken Staat verlangte.

Vor dem Hintergrund der politischen Probleme, mit der die Weimarer Republik zu kämpfen hatte, stellte Tönnies 1926 auf dem fünften deutschen Soziologentag in Wien den Entwurf einer demokratischen Staatsverfassung zur Diskussion, die in erheblichen Stücken von allem bisher Dagewesenen abweicht und gerade dadurch für heute Bedeutung erlangt. Tönnies ging in seinem Referat von zwei Voraussetzungen aus, die für ihn zentral waren und die auch heute noch, in einer Welt, deren Zukunft technologisch geprägt und neoliberal gedeutet wird, Interesse beanspruchen können. Tönnies spricht *zum Ersten* „ausschließlich von der *modernen* Demokratie als einer Zeiterscheinung, die nur unzulänglich sich beobachten lässt, die aber jedenfalls so besondere Merkmale in sich trägt, dass sie nicht richtig beurteilt wird, wenn man einfach Folgerungen aus den

Erfahrungen ehemaliger, das heißt vorzüglich *städtischer* Demokratien auf sie anwendet. Diese Staatsverfassung muss also als etwas schlechthin Neues gewertet werden; so gut wie die Flugmaschine, die Setzmaschine, das Automobil, das Telefon, der Rundfunk und andere große Neuerungen der Technik, die sogar das Zeitalter der Dampfmaschine noch nicht ahnen ließ. Sie sind der modernen Demokratie nicht nur analog, sondern gehören auch zu ihren Voraussetzungen" (2010, S. 431). Tönnies, *zum Zweiten*, entwickelt seine allgemeinen Verfassungsnormen aus dem Begriff der *sozialen*, das heißt: in bewusster Abgrenzung zur *liberalen Demokratie*. Die liberale Demokratie ist eine „marktkonforme Demokratie", orientiert an den Interessen der Kapitalverwertung. Die soziale Demokratie hingegen zeichnet sich durch demokratiekonforme Märkte aus, orientiert an den Interessen der Mehrheit des Volkes. Ziel ist die Wiedereinbettung der Ökonomie in die Gesellschaft (Polanyi 1978). Für Tönnies ist die soziale Demokratie der Anwendungsfall eines Staatswesens, das aus der Wechselwirkung sozialer Bezugsgebilde in der modernen Gesellschaft hervorgeht, um das Machtproblem im Sinne der Herrschaft des Volkes zu lösen. Auch hier ist die Begründung eine historische: die liberale und rationalistische Entwicklung der Volkswirtschaft, des Rechts und des gesamten Geisteslebens in den letzten Jahrhunderten habe den modernen Staat entstehen lassen und seit etwa der Mitte des 19. Jahrhunderts seiner *demokratischen* Gestaltung die Wege bereitet, nachdem der *liberale* Staat als eine gemischte Staatsform schon durch den aufgeklärten Absolutismus angebahnt, mit der Revolution *die adäquate politische Gestaltung* des kapitalistischen wirtschaftlichen Systems geworden war. „Die demokratische Staatsform hat infolgedessen auch in ihren Anfängen nur im Zusammenhang mit bedeutenden Modifikationen dieses Schemas, die man als Beginn seines Verfalls mit Grund deuten kann, sich zu entwickeln vermocht." Dieses historische Schema (des Übergangs vom Feudalismus zum Kapitalismus) überträgt Tönnies auf die zeitgenössische Situation und folgert: „Wenn die moderne Demokratie als die adäquate Form einer antikapitalistischen sozialen Verfassung sich darstellen will, so wird sie, obschon notwendigerweise überall anknüpfend an die Erzeugnisse der liberalen Ära, doch nur in unablässigem Kampfe gegen den beharrenden Willen zur *liberalen* Staatsform sich behaupten und weiterentwickeln können. In Wahrheit beharren tatsächlich die Gedanken der liberalen Staatsform auch unter der Hülle demokratischer Einrichtungen. Diese begründen zum großen Teile eine ihrem Wesen nach plutokratische *Scheindemokratie*, wodurch offenbar die Idee der Demokratie verneint und verleugnet wird" (Tönnies 2010, S. 442 f.). Deutlicher und radikaler in der Zunft der Soziologen hat es eigentlich nur Karl Marx formuliert. In dieser Hinsicht ist der Text, auch wenn er zeitgeschichtlich gebunden ist, durchaus anschlussfähig an Überlegungen zur „Demokratie als Lebensform“, als „irredentistisches Projekt der Neuzeit“, wie Günter Dux sie in seiner jüngsten Schrift (2013) zur Diskussion stellt. Dux bezieht sich dabei wesentlich auf Lorenz von Stein, der auch für Tönnies von zentraler Bedeutung war.

Tönnies entwickelt seine Wiener Vorstellungen in zwanzig Leitsätzen und erläutert zugleich die günstigen und die weniger günstigen Umstände zur Verwirklichung einer solchen sozialen Demokratie als künftige Staatsform. Ihre Grundzüge unterscheiden sich von den historischen Demokratien und ihren in Politik und Staatslehre vorherrschenden empirischen Begriffen vor allem in folgenden sechs Punkten:

(1) Die Regierung ist das erste Staatsorgan, dem der souveräne Wille des Volkes in seiner Einheit durch Direktwahl delegiert ist, als eine direkt verantwortliche und absolute Regierung. Eine Regierung soll regieren, das heißt, sie muss handlungsfähig sein. Der implizite Bezug zu Hobbes’ unbeschränkter Bevollmächtigung des Souveräns ist unverkennbar. Die Mitglieder der von Tönnies vorgeschlagenen etwa zwölf- bis fünfzehnköpfigen Regierung sollten ihm zufolge vom Volk direkt gewählt werden. Ämterpatronage und Parteienranküne dürften dadurch weitgehend ausgeschlossen sein. „Das wesentliche Merkmal des modernen Staates ist seine Rationalität, und diese prägt sich darin aus, dass seine Herrschaft *erstens* schlechthin unpersönlich, also sachlich sein will und soll; *zweitens*, dass sie auch alle persönliche Herrschaft innerhalb ihres Bereiches, außer soweit solche im Namen und Auftrage des Staates geübt oder wenigstens gutgeheißen wird, ausschließt; *drittens*, dass seine ihrem Wesen nach unbeschränkten Befugnisse, also seine Macht, ausschließlich in seinem förmlich und allgemein ausgesprochenen Willen, das ist in Gesetzen, beruhen will, und nur insofern dies der Fall, rechtmäßig ist“ (2010, S. 445). Diesen Begriff des Staates vermag die Demokratie nur zu vollenden, indem „sie das Verhältnis des Staates zur Gesellschaft zugunsten der Superiorität des Staates abschließend ordnet, das heißt, sie muss danach streben, die soziale Frage zu lösen innerhalb derjenigen Grenzen, wie es durch die Staatstätigkeit möglich ist“ (2010, S. 447 f.). Die Superiorität des Staates gegenüber der Gesellschaft impliziert Tönnies zufolge, dass „der demokratische Staat ein absoluter Staat ist. Darum muss der Staatswille in ihm schlechthin einheitlich sein“. Deshalb wird eine lebendige Demokratie ihre Regierung selber so unmittelbar wie möglich bilden. Ein Volk, das sich seiner selbst bewusst ist und sich selbst regieren

will, wenngleich nur durch delegierte Körperschaften, muss „erkennen, dass auch eine regierende Körperschaft, die großen Minderheiten weniger gefällt, ja sogar nur eine bedingte Mehrheit für sich hat, besser ist, als eine durch tiefe innere Gegensätze zerrissene und folglich des einheitlich gemeinsamen Wollens und Handelns unfähige Regierung" (2010, S. 448 f.). Diese Zeilen dürfte Tönnies formuliert haben vor dem Hintergrund der Staatskrisen in Italien und Deutschland, die letztlich zur Herrschaft Mussolinis und Hitlers geführt haben.

(2) Die finanzielle Unabhängigkeit des Staates muss anders als im „Steuerstaat" sichergestellt sein, und zwar aufgrund einer stark staatssozialistischen Eigentumsordnung, namentlich des Eigentums an Grund und Boden. „Der Kern dieses Problems ist die Eigentumsfrage. Der demokratische Staat hat nicht gleich dem liberalen Staat in erster Linie die Aufgabe, das wie auch immer verteilte, wie auch immer erworbene Privateigentum zu erhalten und zu schützen, sondern er muss von dem gesamten Eigentum an Grund und Boden und seinen Schätzen wie am anderen realen Kapital so viele Teile sich selber vorbehalten, als er zur Ausübung seiner Funktionen nötig hat, und im Übrigen die Verteilung dieser Güter, auch die der Einkommensgüter, so überwachen und dahin lenken, wie es die Maxime ‚salus publica suprema lex esto' gebietet" (ebd.). Die gegenwärtige Diskussion um Bürgergeld und Grundeinkommen wäre hierunter zu subsumieren (Werner 2006). „Um stark zu sein, muss eine demokratische Regierung finanziell unabhängig sein ... Der liberale Staat wurde arm und von der Bewilligung von Steuern abhängig gedacht und gewollt. Der demokratische Staat muss reich sein" (2010, S. 452).

(3) Zur Kontrolle der Regierung und zur Vermittlung zwischen ihr und öffentlicher Meinung wird die Demokratie eine oberste Aufsichtsbehörde bilden, die als „Ephorat" Hüter der Staatsform und ihrer Verfassung ist und viel weitere Befugnisse besitzt als ein Verfassungsgerichtshof, so unter anderem das Recht auf Entlassung der Regierung, Anordnung von Plebisziten und Wahlen. „Auch das Ephorat muss durch das souveräne Volk einheitlich gewählt werden. Das Volk wird sich besondere Regeln bilden, die es als Bedingungen der Qualifikation für diese Auswahl bindend sein lässt; denn die Aufgabe des Ephorats wäre nicht sowohl das Handeln als die Kritik" (2010, S. 429 f.). Damit wäre der würdelosen Parteienranküne (wie im Fall der Wahl des Bundespräsidenten in Deutschland) ein Riegel vorgeschoben.

(4) Das von Tönnies vorgeschlagene Regierungssystem ist kein Parlamentarismus, denn „der Parlamentarismus setzt das Volk als Vielheit, nicht als Einheit. Gleichwohl kann ein vielköpfiges Parlament für eine

demokratische Regierung sehr nützlich sein, eben weil es das Volk in seiner Mannigfaltigkeit darstellt. Das Parlament wird eine beratende Funktion ausüben.“ Als Volksrat wäre seine (im Habermas'schen Sinn) deliberative Aufgabe, die widersprechenden Interessen, Wünsche und Beschwerden der Bevölkerung, insbesondere von Minderheiten zur Geltung und Kenntnis der Regierung zu bringen. Dadurch wird sie in die Lage versetzt, mit Rücksicht auf die öffentliche Meinung zu handeln (2010, S. 430).

(5) „Die Teilung der Gewalten wäre in diesem System prinzipiell zugunsten der Staatseinheit, die nur ein Ausdruck der Volkseinheit wäre, aufgehoben. Dies schließt nicht aus, dass sie praktisch erhalten bliebe, dass also die Funktionen, vermöge deren die regierende Körperschaft die höchste gesetzgeberische wie die höchste administrative und die höchste gerichtliche Instanz in sich darstellte, durch die Organisation streng geschieden werden“ (2010, S. 452). In diesem Punkt folgt Tönnies der Argumentation Kelsens, der zufolge „das Prinzip der Trennung der Gewalten undemokratisch ist“ (ebd.). Ein Missbrauch sei zwar nicht grundsätzlich auszuschließen, aber wenig wahrscheinlich, einmal aufgrund der körperschaftlichen Struktur der Regierung mit regelmäßigem Wechsel des Vorsitzenden, zum anderen durch die Trennung von Regierung und Ephorat (ebd.).

(6) „Eine Verfassung von dieser Art setzt einen hohen Grad von allgemeiner und politischer Bildung voraus. Diese wiederum hat eine umfassende und tiefgehende Reform der wirtschaftlichen Grundlagen des sozialen Lebens zur Voraussetzung“ (2010, S. 430). Ohne Veränderungen in diesem Bereich „dürfte die Demokratie überhaupt nicht lebensfähig sein“ (2010, S. 453). Diese Schlussfolgerung trifft sich in ihrer Radikalität mit jener, die Günter Dux aktuell aus dem „Scheitern des Sozialstaats in der Bundesrepublik“ zieht (2008).

Im Verlauf des Referats hatte Tönnies einige spezifisch verfassungsrechtliche Punkte teils nur skizziert, teils ausgespart, obwohl er sie in seinen Schriften zur politischen Soziologie oft genug thematisiert hat: die Stellung der politischen Parteien, die Frauenemanzipation, die Bildung der öffentlichen Meinung durch Information, die Reform des Wahlrechts, die Trennung von Staat und Kirche, die bundesstaatliche Problematik, das Verhältnis zwischen Staat und Gemeinden, Majoritätsprinzip und Minderheitenproblem. Mit Jacoby wird man sagen dürfen, dass Tönnies nicht nur einen Weg vorschlug, die in sich widerspruchsvolle, aber beharrende Konzeption einer liberalen Demokratie zu überwinden, sondern darüber hinaus Vorkehrungen traf „gegen eine Tendenz zur Diktatur im allgemeinen; daher auch konkret gegen voraussehbare Ereignisse wie den Untergang der Weimarer Republik: gegen die mit Hilfe des ominösen Artikels 48 der Reichsverfassung in eine Präsidialregierung gesteigerte Stilllegung des parlamentarischen Systems; gegen die Zerreibung der Regierung im kritischen Moment zwischen den widerstreitenden Kräften der Parlamente und der präsidialen Kamarilla; gegen die Hilflosigkeit eines Staatsgerichtshofs, der durch das Republikschutzgesetz mehr kompromittiert als gestärkt worden war; gegen den Schmittschen Dezisionismus und seine die liberalen Reste der Weimarer Verfassung unterwandernde Unterscheidung von Legalität und Legitimität" (2013, S. 193).

Das deutsche und das russische Experiment

Den Begriff des Experiments auf die Realisierung von Gesellschaftsentwürfen anzuwenden, wie das sowjetische System des „Sozialismus in einem Lande" oder das Herrschaftssystem des „Nationalsozialismus" in Deutschland sie darstellten, geht, soweit ich es überblicke, auf Gotthard Günther (2000) zurück und wird später dann auch von Zygmunt Bauman (1992) in diesem Sinne vollzogen, um den spezifischen Charakter jener sozialhistorisch völlig neuen und bislang einmaligen Ereignisse deutlich zu machen.

Von einem Experiment (Dingler 1952, Tetens 1987, Pulte 2005), insbesondere von einem nach wissenschaftlichen Kriterien durchgeführten, wird seit Galilei und Newton dann gesprochen, wenn ein planmäßig angestelltes und angeleitetes Prozessgeschehen in Gang gesetzt wird, dass auf Grund theoretischer Vorüberlegungen eine empirische Situation herstellt, in der ganz bestimmte, in der Regel beabsichtigte Folgewirkungen beobachtet werden. Das Ergebnis eines jeden Experiments gilt, streng genommen, nur für die Situation, im Rahmen derer es eintritt. Einen allgemeinen, darüber hinausgehenden Erkenntniswert erhält das Experiment erst dann, wenn das Vorhandensein vieler gleichartiger Fälle solcher Situationen vorausgesetzt werden kann. Diese Voraussetzung lässt sich experimentell in sehr hohem Grade wahrscheinlich machen, niemals jedoch absolut beweisen.

Lassen sich bei Experimenten, die in eigens dafür konstruierten Laboratorien, also unter „künstlichen" Bedingungen durchgeführt werden, Umwelteinwirkungen („Kontaminationen"), die das Ergebnis beeinflussen, noch weitgehend ausschließen, so verhält es sich bei Freilandexperimenten, die in einer „natürlichen" Umgebung stattfinden, anders. Hier kann es zu Folgewirkungen kommen, die sich nicht eindeutig auf die in der

Versuchsanordnung durchgeführten Manipulationen zurückführen lassen. Entscheidend ist nun, worauf insbesondere Bruno Latour (1998) aufmerksam gemacht hat, dass experimentelle Verfahren inzwischen nicht nur eine immer größere Bedeutung für die Gesellschaft erlangten, zunächst in der „großen Industrie“ (Marx), heute weit darüber hinaus gehend, etwa im Rahmen gentechnologischer Feldexperimente, sondern vor allem auch ihren Charakter veränderten (Mc Laughlin 1993, Groß et al. 2005). Indem sich die Wissenschaft den Problemen der Gesellschaft öffnet und die Gesellschaft sich in ihren Reproduktionszyklen verwissenschaftlicht (Ziman 1966), finden Experimente, ob intendiert oder nicht, zunehmend innerhalb der Gesellschaft selbst und nicht mehr nur in den geschützten Räumen hermetisch abgeriegelter Laboratorien statt, das heißt, im Maßstab 1:1 und in Echtzeit. Ob Tschernobyl, Ozonloch, Contergan oder Rinderwahnsinn, in allen diesen Fällen ist die traditionelle Unterscheidung zwischen „wissenschaftlichen Laboratorien“, die drinnen mit Theorien und Phänomenen experimentieren, und einer politischen Situation außerhalb, in der Nicht-Experten mit Werten, Meinungen und Leidenschaften agieren, in Frage gestellt (Latour 1998). Es mutet deshalb auch keineswegs als übertrieben an, wenn Günther (2000) vom Nationalsozialismus unter Hitler als deutschem Experiment und vom Sozialismus der Sowjetunion unter Lenin und Stalin als russischem Experiment spricht. Ihr Ziel war in beiden Fällen die Realisierung der Vision einer „besseren Gesellschaft“, in dem einen Fall eine rassisch reine, in dem anderen Fall eine klassenlose. Und in beiden Fällen ging es darum, die Dynamik ökonomischer Selbstläufe in die bewussten Vorgaben politischer Entscheidungen einzubinden.

Einer der wenigen Wissenschaftler, die sich diesem Phänomen in soziologischer Perspektive angenähert haben, ist, wie bereits erwähnt, Zygmunt Bauman. Es muss an dieser Stelle nicht betont werden, dass ihn sowohl sein Lebenslauf als auch seine Schriften von jeglichem Verdacht des Zynismus freisprechen, dass es in diesem Zusammenhang nicht um moralische Empörung, sondern, ganz im Sinne des aufklärerischen Thomas Hobbes, um leidenschaftslose, um wissenschaftliche Analyse geht. Der Holocaust habe Merkmale unserer Gesellschaft freigelegt, schreibt Zygmunt Bauman, die sich unter „nicht-experimentellen“ Bedingungen kaum hätten beobachten und empirisch nachweisen lassen. Durch ihn können wir einen Einblick in die üblicherweise ignorierten „andersartigen Aspekte“ jener gesellschaftlichen Prinzipien erhalten, die in die Entwicklung der Moderne, wie er es nennt, eingebettet sind. Durch seine Analyse lassen sich Rückschlüsse ziehen auf die sozialgeschichtlichen Rahmenbedingungen, die vorliegen müssen, um aus einem virtuellen ein reales Ereignis werden zu lassen. Der Holocaust, inzwischen zum Gegenstand ernsthafter historischer Forschung aufgerückt, sei als einzigartiger, aber signifikanter und zuverlässiger „Test" des latenten Potentials der modernen Gesellschaft zu betrachten, die historische Perspektive sei durch den soziologischen Blick zu ergänzen. Er erlaube es, den Holocaust gewissermaßen als soziologischen „Versuchsaufbau" zu analysieren (1992, S. 25). „Der Holocaust", schreibt er, „wurde inmitten der modernen, rationalen Gesellschaft konzipiert und durchgeführt, in einer hochentwickelten Zivilisation und im Umfeld außergewöhnlicher kultureller Leistungen." Die Schlussfolgerung, die er daraus zieht, ist so naheliegend wie einleuchtend: Er muss daher als Problem dieser Gesellschaft, dieser Zivilisation und dieser Kultur analysiert werden (1992, S. 10). Immer wieder betont Bauman, dass es sich bei Holocaust und Gulag nicht um Rückfälle in historisch überholte Zustände der Barbarei, um Unglücksfälle der Geschichte, sondern um strukturell angelegte Begleitumstände des modernen Zivilisationsprozesses handelt. „Die beiden berüchtigsten und extremsten Fälle des modernen Genozids waren nicht Verrat am Geist der Moderne, nicht Verirrung vom geraden Pfad des Zivilisationsprozesses – sie waren der konsequente, ungehemmte Ausdruck dieses Geistes. Der moderne Genozid war der ehrgeizige Versuch, Ziele des Zivilisationsprozesses zu verwirklichen, zu denen man nie zuvor den Mut gehabt hatte" (1992, S. 108). Bauman bemüht in diesem Zusammenhang die Metapher des Gärtners, dessen Handeln, nach planerischen Maßstäben beurteilt, *per se* zielgerichtet ist, um etwas zu bewirken oder zu verhindern. In diesem Sinne verfolgt der moderne Genozid durchaus keine destruktive, sondern eine kreative Tat, sozusagen eine unangenehme Pflicht. An kaum einer Stelle tritt dieser Sachverhalt deutlicher hervor als in Himmlers berüchtigter Posener Rede vor SS-Leuten: „Jeder hier im Raum weiß, was es bedeutet, wenn 100, 500, 1000 Leichen daliegen. Dies durchgehalten zu haben und dabei, abgesehen von menschlichen Ausnahmeschwächen, anständig geblieben zu sein, das hat uns hart gemacht. Das ist ein niemals genanntes und niemals zu nennendes Ruhmesblatt …" (vgl. Mohr 2001, S. 196). „Die Opfer Stalins und Hitlers … fielen einem dumpf-mechanischen Tötungsprozess zum Opfer, in dem die Emotionen und der Hass der Täter keine große Rolle spielten. Sie mussten sterben, weil sie nicht in das Bild der perfekten Gesellschaft passten. Der Massenmord war kein Werk der Zerstörung, sondern ein schöpferisches Werk. Die bessere Welt, effizienter, moralischer, schöner, der die Vernichtung diente, war der Kommunismus oder die rassisch reine, arische Welt, eine harmonische, konfliktfreie

Welt, leicht zu lenken, geordnet, kontrollierbar“ (1992, S. 107). In dieser Perspektive erscheint das Böse, das begangen wird, so schauerlich es klingt, als eine Teilmenge des Guten. „Der Mensch kann Böses (Mord) ins Auge fassen, doch ausgeführt wird es mit einer anderen Absicht (vielleicht aus Rache, aus einem subjektiven Gerechtigkeitsgefühl heraus – Gerechtigkeit ist ja gut). Selbst die großen Übel (wie der Holocaust und die Hexenverbrennungen) wurden unter dem Vorwand (rhetorisch, aber auch aus der Überzeugung vieler heraus) begangen, dass hinter diesem Bösen ein größeres Gut steht (die Nazis führten an, das deutsche Volk brauche einen größeren Lebensraum, die Inquisitoren, sie würden die Welt durch ihr Handeln vom Bösen befreien). So beging der Mensch irrtümlicherweise die größten denkbaren Gräueltaten, doch immer in dem (wenn auch verzerrten) Bemühen, *irgendetwas* Gutes zu bewirken“ (Sedlácek 2012, S. 202).

Sowohl das russische wie das deutsche Experiment stellen Reaktionen dar auf die Anarchie des aus dem Ruder laufenden Weltkapitalismus, wie Marx ihn beschrieben hat, sozusagen der Behemoth der Neuzeit. Leviathan war die Antwort. Beide Experimente scheiterten. In beiden Fällen ging es darum, der Politik Priorität gegenüber der Ökonomie einzuräumen, die Ökonomie wieder in die Gesellschaft einzubetten. Während die Vision einer klassenlosen Gesellschaft durchaus Chancen auf Realisierung gehabt hätte, weil ihr Adressat die Mehrheit der arbeitenden Weltbevölkerung darstellt, war die Vision, die sich in der Überlegenheit der germanisch-arischen Rasse gründet, über kurz oder lang zum Scheitern verurteilt, weil sie sich auf die Wohlfahrt nur einer verschwindend geringen Anzahl der Weltbevölkerung bezieht. Das russische Experiment scheiterte denn auch nicht so sehr an einer falschen Zielsetzung, sondern daran, dass es, an ihm gemessen, am falschen Ort zur falschen Zeit begonnen wurde. Erst wenn die Produktivkräfte der Gesellschaft die menschliche Arbeitskraft als wertschöpfende Potenz überflüssig gemacht bzw. marginalisiert haben, lassen sich tiefgreifende Veränderungen in den gesellschaftlichen Reproduktionsverhältnissen dauerhaft realisieren. Marx ist in dieser Hinsicht ganz eindeutig. Für ihn besteht die „wirkliche Ökonomie“ in der „Ersparung von Arbeitszeit“: „Ökonomie der Zeit, darein löst sich schließlich alle Ökonomie auf“ (1953, S. 89). Diese Ersparung fällt für ihn zusammen mit der „Entwicklung der Produktivkraft“ und impliziert, was wichtig ist, „keineswegs Entsagen von Genuss“, sondern ganz im Gegenteil, das „Entwickeln von *power*, von Fähigkeiten zur Produktion und daher sowohl der Fähigkeiten, wie der Mittel des Genusses. Die Fähigkeit des Genusses ist die Bedingung für denselben, also erstes Mittel desselben und diese Fähigkeit ist Entwicklung einer individuellen Anlage, Produktivkraft (…). Sie kann vom Standpunkt des unmittelbaren Produktionsprozesses aus betrachtet werden als Produktion von *capital fixe*; dieses *capital fixe being man himself*" (1953, S. 599). Am Ende dieses historischen Prozesses steht ein anderer Mensch als der dumpfe Lohnarbeiter der frühbürgerlichen Gesellschaft: „Die freie Zeit – die sowohl Mußezeit als Zeit für höhere Tätigkeit ist – hat ihren Besitzer natürlich in ein anderes Subjekt verwandelt und als dies andere Subjekt tritt er dann auch in den unmittelbaren Produktionsprozess. Es ist dieser zugleich Disziplin, mit Bezug auf den werdenden Menschen betrachtet, wie Ausübung, Experimentalwissenschaft, materiell schöpferische und sich vergegenständlichende Wissenschaft mit Bezug auf den gewordenen Menschen, in dessen Kopf das akkumulierte Wissen der Gesellschaft existiert" (ebd.). In dieser Situation ist die „Schöpfung des wirklichen Reichtums abhängig weniger von der Arbeitszeit und dem Quantum angewandter Arbeit, als von der Macht der Agentien, die während der Arbeitszeit in Bewegung gesetzt werden und die selbst wieder – deren *powerful effectiveness* – (…) in keinem Verhältnis steht zur unmittelbaren Arbeitszeit, die ihre Produktion kostet, sondern abhängt vom allgemeinen Stand der Wissenschaft und dem Fortschritt der Technologie, oder der Anwendung dieser Wissenschaft auf die Produktion" (1953, S. 500). Und er fährt fort: „Die Arbeit erscheint nicht mehr so sehr als in den Produktionsprozess eingeschlossen, als sich der Mensch vielmehr als Wächter und Regulator zum Produktionsprozess selbst verhält (…). Es ist nicht mehr der Arbeiter, der den modifizierten Natur*gegenstand* zwischen das Objekt und sich selbst einschiebt; sondern den Natur*prozess*, den er in einen industriellen umwandelt, schiebt er als Mittel zwischen sich und die unorganische Natur, deren er sich bemeistert. Er tritt *neben* den Produktionsprozess, statt sein Hauptagent zu sein. In dieser Umwandlung ist es weder die unmittelbare Arbeit, die der Mensch selbst verrichtet, noch die Zeit, die er arbeitet, sondern die Aneignung seiner eigenen allgemeinen Produktivkraft, sein Verständnis der Natur und die Beherrschung derselben durch sein Dasein als Gesellschaftskörper – in einem Wort die Entwicklung des *gesellschaftlichen* Individuums, die als der große Grundpfeiler der Produktion und des Reichtums erscheint" (1953, S. 593, Hervorhebung durch mich).

Die kapitalistische Produktionsweise kann nur unter zwei *praktischen* Voraussetzungen aufgehoben werden, die für Russland zu Beginn des zwanzigsten Jahrhunderts in keiner Weise erfüllt waren. Marx sagt es an anderer Stelle ganz deutlich: Damit sie als „unerträglich" empfunden wird, das heißt, als ein Zustand, gegen den man revoltiert, muss sie *erstens* die Mehrheit der Menschen als „eigentumslos" erzeugt haben und sich zugleich im Widerspruch zur vorhandenen Welt des *Reichtums* und der *Bildung* befinden. *Zweitens* setzt es, und zwar im „weltgeschichtlichen", nicht nur im lokalen Maßstab, eine große Steigerung der Produktivkräfte, einen hohen Grad ihrer Entwicklung voraus, das auch deshalb, „weil ohne sie nur der *Mangel* verallgemeinert, also mit der *Notdurft* auch der Streit um das Notwendige wieder beginnen und die ganze alte Scheiße sich wieder herstellen müsste, weil ferner mit dieser universellen Entwicklung der Produktivkräfte ein *universeller* Verkehr der Menschen gesetzt ist, daher einerseits das Phänomen der *eigentumslosen* Masse in *allen* Völkern gleichzeitig erzeugt (allgemeine Konkurrenz), jedes derselben von den Umwälzungen der anderen abhängig macht, und endlich *weltgeschichtliche*, empirisch universelle Individuen an die Stelle der lokalen gesetzt hat" (Marx/Engels 1953, S. 31 f.). Russland war weit entfernt von einer solchen Situation. Weder gab es eine sich ihrer selbst bewusste Arbeiterschaft als revolutionäres Subjekt, noch waren die Produktivkräfte so weit entwickelt, dass von einer „großen Industrie" die Rede sein konnte. Im Gegenteil: Unter „sozialistischen" Vorzeichen musste eine Entwicklung nachgeholt werden, die Marx im ersten Band des „Kapital" (1971, S. 741 ff.) als „ursprüngliche Akkumulation" mit all ihren schauerlichen Begleiterscheinungen so eindrucksvoll beschrieben hat. Ihre ideologische Rechtfertigung fand sie im „Gesetz der ursprünglichen sozialistischen Akkumulation" (Preobraženskij 1971, S. 99 ff.). Die sich daran anschließende Lehre vom „Sozialismus in einem Lande", die während der stalinistischen Periode den allgemeinen theoretischen Rahmen des Sowjetmarxismus bildete, lieferte dann die welthistorische Rechtfertigung der repressiven Funktionen des Sowjetstaates. Sie stellte nicht zuletzt eine notwendig gewordene Reaktion dar sowohl auf die inneren Widersprüche des stalinistischen Systems als auch auf die immer prekärer werdende internationale Situation. „Die ursprüngliche Isolierung der bolschewistischen Revolution, die Beschränkung des Sozialismus auf rückständige Gebiete sowie die erneute Konsolidierung des Kapitalismus in internationalem Maßstab werden für die inneren ebenso wie für die äußeren Widersprüche verantwortlich gemacht, von denen die Sowjetgesellschaft geplagt wird. Die stalinistische Lehre behauptet, dass die ersteren durch die Sowjetunion und in ihr gelöst werden können, mittels der ‚leitenden' Rolle des Staates, während die letzteren endgültig nur durch den internationalen Prozess beseitigt werden können – durch eine Revolution innerhalb der kapitalistischen Welt. In Wirklichkeit verewigen jedoch die äußeren Widersprüche die inneren und *vice versa*, so dass die Unterscheidung ihre absolute Gültigkeit verliert; durch seine eigene Entwicklung löst sich der ‚Sozialismus in einem Lande' in eine umfassendere Konzeption auf, die die wesentlichen Bindeglieder zwischen dem Aufbau der Sowjetgesellschaft und der kapitalistischen Entwicklung wiederherstellt" (Marcuse 1964, S. 101).

Im Gegensatz zur Theorie des „Sozialismus in einem Lande" stellt sich die politische Lehre des „Nationalsozialismus" wesentlich uneinheitlicher dar. Auch sie ist grundsätzlich gegen den (Welt-) Kapitalismus, gegen Parlamentarismus und Liberalismus gerichtet, möchte aber auf die produktive Kreativität, die sich volkswirtschaftlich aus dem Profitstreben der Einzelkapitale ergibt, nicht verzichten. Ihr geht es also eher um eine politische Einbindung und Bändigung der ökonomischen Eigengesetzlichkeiten, die sich aus diesem Prinzip des „Bereichert Euch" ergeben. Zudem befindet sie sich, was die Wohlfahrt der von Lohnarbeit abhängigen Bevölkerung betrifft, in ideologischer Konkurrenz zum international ausgerichteten Marxismus. Diese Widersprüchlichkeit in all ihren Facetten wird deutlich in den öffentlichen Verlautbarungen der Partei sowie in der grundlegenden Programmatik Hitlers, wie er sie in „Mein Kampf" formuliert hat. So lautet in den „25 Punkten des Programms der NSDAP" unter Ziffer 11 eine der zentralen Forderungen auf „Abschaffung des arbeits- und mühelosen Einkommens, *Brechung der Zinsknechtschaft*". Weitere Eingriffe in das Wirtschaftsgeschehen werden angekündigt: „13. Wir fordern die Verstaatlichung aller (bisher) bereits vergesellschafteten (Trusts) Betriebe. 14. Wir fordern Gewinnbeteiligung an Großbetrieben. 15. Wir fordern einen großzügigen Ausbau der Altersversorgung. 16. Wir fordern die Schaffung eines gesunden Mittelstandes und seine Erhaltung, sofortige Kommunalisierung der Groß-Warenhäuser und ihre Vermietung zu billigen Preisen an kleine Gewerbetreibende, schärfste Berücksichtigung aller kleinen Gewerbetreibenden bei Lieferung an den Staat, die Länder oder Gemeinden. 17. Wir fordern eine unseren nationalen Bedürfnissen angepasste Bodenreform, Schaffung eines Gesetzes zur unentgeltlichen Enteignung von Boden für gemeinnützige Zwecke, Abschaffung des Bodenzinses und Verhinderung jeder Bodenspekulation" (Hofer 1962, S. 29). Die Zielrichtung ist klar: „Der Kampf gegen das internationale Finanz- und Leihkapital ist zum wichtigsten Programmpunkt des Kampfes der deutschen Nation um ihre wirtschaftliche Unabhängigkeit und Freiheit geworden" (Hitler 1938, S. 233). „Die scharfe Scheidung des Börsenkapitals von der nationalen Wirtschaft" bietet der NSDAP „die Möglichkeit, der Verinternationalisierung der deutschen Wirtschaft entgegenzutreten, ohne zugleich mit dem Kampf gegen das Kapital überhaupt die Grundlage einer unabhängigen völkischen Selbsterhaltung zu bedrohen. Mir stand die Entwicklung Deutschlands schon viel zu klar vor Augen, als dass ich nicht gewusst hätte, dass der schwerste Kampf nicht mehr gegen die feindlichen Völker, sondern gegen das internationale Kapital ausgefochten werden musste" (ebd.). Letztlich sei es „die Herrschaft des Geldes", das „über den Umwege der Aktie" zur Entfremdung von Arbeitgeber und Arbeitnehmer führt: „Eine schwere wirtschaftliche Verfallserscheinung" sieht Hitler im „langsamen Ausscheiden des persönlichen Besitzrechtes und allmählichen Übergehens der gesamten Wirtschaft in das Eigentum von Aktiengesellschaften. Damit erst war die Arbeit so recht zum Spekulationsobjekt gewissenloser Schacherer herabgesunken; die Entfremdung des Besitzes gegenüber dem Arbeitnehmer aber wurde in das Unendliche gesteigert. Die Börse begann zu triumphieren und schickte sich an, langsam, aber sicher das Leben der Nation in ihre Obhut und Kontrolle zu nehmen" (1938, S. 256 f.). Sie zerstört „immer gründlicher die Grundlagen einer wahrhaft volkstümlichen Wirtschaft. Über dem Umwege der Aktie schiebt (sie) sich in den Kreislauf der nationalen Produktion ein, macht diese zum käuflichen, besser wandelbaren Schacherobjekt und raubt damit den Betrieben die Grundlagen einer persönlichen Besitzerschaft. Damit erst tritt zwischen Arbeitsgeber und Arbeitnehmer jene innere Entfremdung ein, die zur späteren politischen Klassenspaltung hinüberleitet" (1938, S. 344 f.).

Aufschlussreich sind auch die Abgrenzungsversuche gegenüber dem Internationalismus der marxistischen Arbeiterbewegung. Drei Begriffe sind fundamental: Sozialismus, Nation, Rasse. Sie finden sich symbolhaft vereinigt im Fahnenemblem der NSDAP. „Als nationale Sozialisten sehen wir in unserer Flagge unser Programm. Im *Rot* sehen wir den sozialen Gedanken der Bewegung, im *Weiß* den nationalistischen, im *Hakenkreuz* die Mission des Kampfes für den Sieg des arischen Menschen und zugleich mit ihm auch den Sieg des Gedankens der schaffenden Arbeit, die selbst ewig antisemitisch war und antisemitisch sein wird" (1938, S. 557). Amüsiert berichtet Hitler, zu welchen Missverständnissen es deshalb aus der Anfangszeit der „Bewegung" gekommen sei. „Das normale Bürgertum war ja ganz entsetzt darüber, dass auch wir zum Rot der Bolschewisten gegriffen hatten, und man sah darin eine sehr zweideutige Sache. Die deutschnationalen Geister flüsterten sich im Stillen immer wieder den Verdacht zu, dass wir im Grunde genommen auch nur eine Spielart des Marxismus wären, vielleicht überhaupt nur verkappte Marxisten oder besser Sozialisten. Denn den Unterschied zwischen Sozialismus und

Marxismus haben diese Köpfe bis heute noch nicht begriffen. Besonders als man auch noch entdeckte, dass wir in unseren Versammlungen grundsätzlich keine ‚Damen und Herren', sondern nur ‚Volksgenossen und -genossinnen' begrüßten und unter uns nur von Parteigenossen sprachen, da schien das marxistische Gespenst für viele unserer Gegner erwiesen. Wie oft haben wir uns geschüttelt vor Lachen über diese einfältigen bürgerlichen Angsthasen angesichts des geistvollen Rätselratens über unsere Herkunft, unsere Absichten und unser Ziel!" (1938, S. 541 f.).

Den Begriff der Nation, den er in seiner programmatischen Schrift „Mein Kampf" noch verwendet, wird Hitler später zu Gunsten des Begriffs der Rasse, der die Grundlage der Volksgemeinschaft bildet, auflösen. Die Versöhnung zwischen Kapital und Arbeit soll im Rahmen einer als korporativ gedachten Volksgemeinschaft erfolgen. „Eine Bewegung, die den deutschen Arbeiter in ehrlicher Weise seinem Volk wiedergeben und dem internationalen Wahn entreißen will, muss auf das Schärfste Front machen gegen eine vor allem in Unternehmerkreisen herrschende Auffassung, die unter Volksgemeinschaft die widerstandslose wirtschaftliche Auslieferung des Arbeitnehmers dem Arbeitgeber gegenüber versteht, und die in jedem Versuch der Wahrung selbst berechtigter wirtschaftlicher Existenz-Interessen des Arbeitnehmers einen Angriff auf die Volksgemeinschaft sehen will. Das Vertreten dieser Auffassung stellt das Vertreten einer bewussten Lüge dar; die Volksgemeinschaft legt ja nicht nur der einen Seite, sondern auch der anderen ihre Verpflichtungen auf. So sicher ein Arbeiter wider den Geist einer wirklichen Volksgemeinschaft sündigt, wenn er ohne Rücksicht auf das gemeinsame Wohl und den Bestand einer nationalen Wirtschaft, gestützt auf seine Macht, erpresserisch Forderungen stellt, so sehr aber bricht auch ein Unternehmer diese Gemeinschaft, wenn er durch unmenschliche und ausbeuterische Art seiner Betriebsführung die nationale Arbeitskraft missbraucht und aus ihrem Schweiße Millionen erwuchert. Er hat dann kein Recht, sich als national zu bezeichnen, kein Recht, von einer Volksgemeinschaft zu sprechen, sondern er ist ein egoistischer Lump, der durch das Hereintragen des sozialen Unfriedens spätere Kämpfe provoziert, die so oder so der Nation zum Schaden gereichen müssen. Das Reservoir, aus dem die junge Bewegung (des Nationalsozialismus) ihre Anhänger schöpfen soll, wird also in erster Linie die Masse unserer Arbeitnehmer sein. Diese gilt es dem internationalen Wahne zu entreißen, aus ihrer sozialen Not zu befreien, dem kulturellen Elend zu entheben und als geschlossenen, wertvollen, national fühlenden und national sein wollenden Faktor in die Volksgemeinschaft zu überführen" (1938, S. 374).

Die Volksgemeinschaft bezeichnet offensichtlich einen dritten Weg zwischen anarchischem Liberalismus und egalitärem Kommunismus. Ihr Fundament ist die Rasse. „Der Mensch steht biologisch gesehen deutlich an einem Scheidepunkt. Eine neue Menschenspielart beginnt sich abzuzeichnen. Durchaus im naturwissenschaftlichen Sinne einer Mutation. Die alte bisherige Gattung Mensch gerät damit unweigerlich in das biologische Stadium der Verkümmerung. Der Altmensch wird sein Leben nur noch in Kümmerformen fristen. Die ganze Schöpferkraft aber wird sich in der neuen Menschenspielart konzentrieren. Die beiden Spielarten werden sich sehr schnell voneinander fort in entgegengesetzter Richtung entwickeln. Die eine wird unter den Menschen heruntersinken, die andere wird weit über den heutigen Menschen hinaussteigen" (Rauschning 1973, S. 231). Aufgabe des Staates sei es, „diesen Prozess der Auslese durch politische Mittel zu beschleunigen (1973, S. 232). „Die Politik ist heute, ohne biologische Begründung und ohne biologische Ziele völlig blind. Nur der Nationalsozialismus hat die volle Erkenntnis der notwendigen Aufgaben. Meine Politik ist nicht im landläufigen Sinne eine nationale Politik. Ihre Maßstäbe und Ziele nimmt sie von einer allseitigen und umfassenden Erkenntnis vom Wesen des Lebens" (1973, S. 233).

In den Gesprächen mit Rauschning begründet Hitler, warum er den Begriff der Nation, den er in seiner Programmatik über die nationalsozialistische Bewegung noch verwendet hat, für obsolet hält. „Der Begriff der Nation ist leer geworden. Ich habe mit ihm aus zeitgeschichtlich bedingten Gründen noch beginnen müssen. Aber ich bin mir von vornherein darüber klar gewesen, dass dies nur vorübergehende Geltung beanspruchen konnte. Die ‚Nation' ist ein politisches Hilfsmittel der Demokratie und des Liberalismus. Wir müssen diesen falschen Begriff wieder auflösen und ihn durch den politisch noch nicht verbrauchten der Rasse ersetzen. Nicht die historisch gewordenen Völker sind der Ordnungsbegriff der Zukunft – und alles Herumordnen und Zurechtschneiden von Grenzen und Siedlungsgebieten ist ein müßiges Unterfangen – sondern der von ihm überdeckte Rassebegriff" (Rauschning 1973, S. 218). Auf den Einwand, dass es in Europa, insbesondere auch in Deutschland doch kaum reinrassige Vertreter dieses Idealtypus gebe und seine politische Umsetzung deshalb große Schwierigkeiten bereiten würde, antwortet Hitler: „Ich weiß natürlich so gut wie alle diese neunmal klugen Intellektuellen, dass es im wissenschaftlichen Sinne keine Rasse gibt. Aber Sie als Landwirt und Züchter kommen ohne den Begriff der Rasse zur Ordnung Ihrer Züchtungsergebnisse nicht aus. Und ich als Politiker brauche einen Begriff, der es erlaubt, die bisher auf geschichtlichen Zusammenhängen beruhende Ordnung aufzulösen, und eine ganz neue antihistorische Ordnung zu erzwingen und gedanklich zu unterstützen (...). Ich muss die Welt von ihrer historischen Vergangenheit befreien. Die Nationen sind die manifesten Formen unserer Geschichte. Also muss ich die Nationen in eine höhere Ordnung umschmelzen, wenn ich den Wust einer absurd gewordenen geschichtlichen Vergangenheit abstreifen will. Und dafür ist mir der Rassebegriff gut. Er löst das Alte auf und gibt die Möglichkeit neuer Verbindungen. Mit dem Begriff der Nation hat Frankreich seine große Revolution über seine Grenzen geführt. Mit dem Begriff der Rasse wird der Nationalsozialismus seine Revolution bis zur Neuordnung der Welt durchführen. Wie schon der Begriff der Nation etwas Revolutionäres war gegenüber diesen rein dynastisch-historischen Feudalstaaten, wie er einen biologischen Begriff, das Volk, einführte, so ist unsere Revolution ein weiterer Schritt oder vielmehr der endgültige Schritt zur Überwindung des Historismus und zur Anerkennung rein biologischer Werte. Und ich werde durch ganz Europa und die ganze Welt diese neue Auslese in Gang bringen, wie sie in Deutschland der Nationalsozialismus darstellt (...). Von dem landläufigen Nationalismus wird dann nicht viel übrig geblieben sein, auch bei uns Deutschen nicht“ (1973, S. 218 ff.).

In dem Verlangen, sich einerseits vom anarchischen Weltkapitalismus und zugleich vom Sozialismus Marxscher Prägung abzugrenzen, andererseits den unhintergehbaren Widerspruch zwischen Lohnarbeit und Kapital im eigenen Herrschaftsbereich einzuebnen, stilisiert der Nationalsozialismus mit dem Begriff der Volksgemeinschaft ein Ideal des sozialen Zusammenlebens, ohne die historischen Voraussetzungen und Grenzen seiner Realisierung zu berücksichtigen. Er überträgt das Bild der „organischen“ Bande, wie es zwischen Menschen in Kleingruppen existieren mag und für das Tönnies in einem völlig anderen Sinnzusammenhang den Begriff der „Gemeinschaft“ im Gegensatz zu dem der „Gesellschaft“ geprägt hat, in ungerechtfertigter Weise auf die soziale Großorganisation des Staates. Dass diese Übertragung, soziologisch gesprochen, ungerechtfertigt ist und zur Ideologie verkommt, heißt aber nicht, dass sie funktionslos wäre, erlaubt sie doch, wie es für Kleingruppen typisch ist, zwischen dem „reziproken Altruismus“ innerhalb der „Ingroup“ und der latenten Aggressivität gegenüber der „Outgroup“ klare Grenzen zu ziehen und diese Differenz politisch zu manipulieren. Beides sind, in evolutionstheoretischer Perspektive betrachtet, durchaus funktionale Verhaltensweisen. Während gegenüber der eigenen Gruppe, die für das einzelne Individuum Schutz und Hilfe bietet, kooperative Verhaltensformen einen hohen adaptiven Stellenwert haben, weil der Überlebenserfolg der „Ingroup“ dem einzelnen Individuum zu Gute kommt, ist gegenüber Artgenossen, die einer „Outgroup“ angehören, prinzipiell eher ein aggressives oder zumindest indifferentes Verhalten angezeigt. Diesen archaischen Sachverhalt, wonach „Aggressionskompetenz“ auch im Genom des rezenten Menschen vorhanden ist und nicht beliebig überspielt und ausgeschaltet werden kann, macht sich die nationalsozialistische Ideologie zunutze. Und tatsächlich ist ja die Geschichte des Menschen, aller ethischen Reflexion und christlichen Verkündigung zum Trotz, durchsetzt, ja erfüllt von Aggression und Totschlag, von Krieg und Völkermord, so dass die Aussage einer genetisch implementierten „(kollektiven) Aggressionskompetenz“, eine Kernthese der Soziobiologie, durchaus Plausibilität beanspruchen kann (Mohr 1987, S. 78, 83 f.). Es nimmt deshalb nicht wunder, dass Carl Schmitt (1991, S. 26 ff.), einer der führenden Staatsrechtstheoretiker jener Zeit, das Wesen der Politik als Entscheidung über Freund oder Feind bezeichnete und damit die staatsrechtliche Entwicklung maßgeblich beeinflusste.

Der nationalsozialistische Staat hat die Biopolitik zum Thema gemacht und praktiziert, lange bevor die Sozialwissenschaften im Gefolge Foucaults bemerkt haben, dass es sich hierbei um einen Problembereich der *Life Sciences* handelt, der sie unmittelbar tangiert. Interessanterweise hatte Tönnies sich bereits 1905 und in den Folgejahren *als Soziologe* zu Fragen der Eugenik und Rassentheorie in profunder Weise geäußert (2009, S. 57 ff., 363 ff.).

Franz Neumann hat seine 1941 abgeschlossene Studie über das nationalsozialistische Herrschaftssystem mit Bezug auf Hobbes’ Staatstheorie „Behemoth“ betitelt. Er wollte damit zum Ausdruck bringen, „dass der Nationalsozialismus ein Unstaat ist oder sich dazu entwickelt, ein Chaos, eine Herrschaft der Gesetzlosigkeit und Anarchie“ (1977, S. 16). Für ihn unterschied sich die Verfassung Deutschlands von der Italiens unter Mussolini durch ihre absolute Strukturlosigkeit (1977, S. 554). Das Deutschland des „Dritten Reiches“ könne nicht als Staat bezeichnet werden. Vielmehr handle es sich um die Gangsterregierung einer zur Macht gekommenen Clique. Wenn „die politische Gewalt so stark konzentriert ist, wie das im faschistischen Staat der Fall ist, so empfiehlt es sich, den Begriff der Staatsperson und den der Souveränität zu beseitigen und durch die vom Führer geführte Gemeinschaft zu ersetzen. Der Staat wird nunmehr ‚Gestalt‘, er wird als die ‚politische Gestalt des deutschen Volkes‘ bezeichnet“ (1977, S. 521). Nun ist es jedem unbenommen, Metaphern in der ihm je eigenen Weise zu verwenden, aber der Bedeutung, die Thomas Hobbes den Namen des „Leviathan“ und des „Behemoth“ beigegeben hat, entsprechen sie sicher nicht. Eher ließe sich die Endphase der Weimarer Republik, vergleichbar der des „Langen Parlaments“, als „Behemoth“ bezeichnen, wohingegen sich in der Machtergreifung des Nationalsozialismus, der durchaus legal und mit der Zustimmung der Mehrheit des Volkes die Regierungsgewalt übernahm, die Gestalt des „Leviathan“ verkörperte. Wolfgang Abendroth bezeichnete das „dritte Reich“ deshalb als „den am konsequentesten organisierten Staat, den die bisherige Geschichte kennt“ (1967, S. 519). Carl Schmitt, dessen Affinitäten zum nationalsozialistischen Herrschaftssystem unübersehbar waren und zweifellos ein intimer Kenner der Schriften des Thomas Hobbes, wird sich denn auch wohl eher als Theoretiker des „Leviathan“ verstanden haben denn als Repräsentant des „Behemoth“. Selbst Hannah Arendt spricht mit Bezug auf Neumanns „Behemoth“ von einer Fehlinterpretation: „So wie ein naheliegendes Missverständnis des Führerprinzips dazu verführt, die totale Herrschaft im Sinne der Tyrannis misszuverstehen, so kann man leicht durch eine Überschätzung der ‚alten Kameraden‘ oder ‚Genossen‘, mit denen zusammen der Führer an die Macht kommt, auf die Idee kommen, dass es sich hier um ein Gangster- oder Cliquenregime handelt“ (1995, S. 631).

Recht hat Neumann zweifellos darin, dass sich Theorie und Realität des nationalsozialistischen Herrschaftssystems unterschieden und dass die faschistische Machtergreifung in Deutschland andere Ursachen hatte als in Italien. Eine dieser Ursachen bestand in der haarsträubend defizitären sozialen Integrationsleistung des ökonomischen Systems der Weimarer Republik. Die nationalsozialistische Propaganda zielte äußerst erfolgreich auf die innerste Schwachstelle des „Systems von Weimar“, auf die der liberalen Marktgesellschaft eigene, vom System der Ökonomie bewirkte Anomie im Zusammenleben der Menschen. Mit dem Theorem der Einheit versprechenden Volksgemeinschaft richtete sich die Propaganda auf die existentielle Bedrohung eines großen Teils des Bürgertums ebenso wie der Arbeiter und Angestellten. Die Aussichtslosigkeit, dieser Bedrohung aus dem Innern des Weimarer Systems zu begegnen, war es, die den Nationalsozialisten zum Erfolg verhalf. Nicht die schiere Anzahl der arbeitslosen Menschen war das eigentliche Problem, sondern die Tatsache, dass sie mit dem Verlust der Arbeitsstelle versorgungslos regelrecht in Hunger und Elend stürzten. Auch wenn sich in der nationalsozialistischen Propaganda noch andere Gründe finden lassen, die dazu beigetragen haben, den Nationalsozialisten zum Erfolg zu verhelfen, die Bedrohung, der sich die Menschen durch Hunger und Elend ausgesetzt sahen, bleibt der harte Kern ihrer Motivation, den Nationalsozialisten ihre Stimme zu geben (Dux 2008, S. 187 f.).

Einer dieser anderen Gründe war zweifellos die Missachtung des 14-Punkte-Katalogs von Woodrow Wilsons „Neuem Frieden“ durch den Vertrag von Versailles. Obwohl als Vertrag deklariert, waren die Kriegsverlierer, anders als zum Beispiel auf dem Wiener Kongress, von den Verhandlungen ausgeschlossen. „Die Idee der Selbstbestimmung des Volkes ist nicht von der Weimarer Republik, sondern von den Westmächten verraten worden“ (Neumann 1977, S. 549). Das „Diktat von Versailles“ war „ein höchst außergewöhnliches Ereignis, das ziemlich direkt und unvermeidlich zum Zweiten Weltkrieg führte. Es führte auch (und das ist vielleicht interessanter als die Tatsache, dass es zum Zweiten Weltkrieg führte) zur vollkommenen Demoralisierung der deutschen Politik ... Nicht nur war der Zweite Weltkrieg die angemessene Antwort einer Nation, die in dieser besonderen Weise betrogen wurde; noch wichtiger ist die Tatsache, dass die Demoralisierung dieser Nation aufgrund dieser Behandlungsweise zu erwarten war“ (Bateson 1985, S. 606 f.).

Ein weiterer, ganz banaler Grund für den Aufstieg und das Beharrungsvermögen der nationalsozialistischen Herrschaft war, dass sie jungen, ehrgeizigen Aufsteigern, nicht nur aus deklassierten Schichten der Bevölkerung, in den neu geschaffenen Institutionen der Partei und durch den Austausch der überkommenen Eliten das Erreichen sozialer Positionen ermöglichte, die ihnen zuvor verschlossen waren. Etwas Zusätzliches kam hinzu, worauf Neumann bereits 1942 hinwies: „Die auf Befehl der Nazis von immer breiteren Schichten des deutschen Volkes praktizierte Verfolgung der Juden verwickelt diese Schichten in eine kollektive Schuld. Die Teilnahme an einem so ungeheuren Verbrechen wie der Ausrottung der Ostjuden macht die deutsche Wehrmacht, das deutsche Beamtentum und breite Massen zu Mittätern und Helfern dieses Verbrechens und macht es ihnen daher unmöglich, das Naziboot zu verlassen“ (1977, S. 583).

Gouvernementalité, Neoliberalismus und Biopolitik

Tönnies (1971, S. 204) hatte bei weitgehender Übereinstimmung mit Hobbes gleichwohl einen zentralen Vorbehalt geäußert: „Es fehlt bei Hobbes und nicht minder bei den meisten, wenn nicht bei allen seinen Nachfolgern, nur die *eine* klare Erkenntnis: dass im Sinne des Rechts, außer der staatlichen Zwangsgewalt, also dem Strafrecht, auch, wenngleich mit geringerer Kraft, *andere Potenzen kollektiven Willens* wirksam sein können, und tatsächlich, sowohl in Konkurrenz mit jener, als außerhalb ihrer Sphäre, innerhalb und außerhalb der Staaten, wirksam *sind*:

nötigend oder wenigstens veranlassend; hemmend oder wenigstens erschwerend; jedenfalls dazu dienend, eine gegebene oder gewünschte Ordnung, wenn auch auf minder vollkommene Art als durch eine souveräne Willensmacht geschieht, zu erhalten.“ Bei Foucault (2004), gut hundert Jahre später, ist diese Einsicht zum Ausgangspunkt der Analyse politischer Macht geworden. Sein Forschungsinteresse verschiebt sich vom Objekt „Staat“ hin zu den Regierungspraktiken, in denen und durch die der Staat, neben anderen Akteuren, wirksam wird. Foucault vollzieht gleichsam eine Umkehr der herkömmlichen Perspektive. Er begreift Staatlichkeit in zweifacher Weise von der Gesellschaft her: als den Effekt sozialer Praktiken und als Ausübung von Technologien des Regierens. Ihm „geht es darum, von außen her das Problem des Staates zu befragen, es geht darum, das Problem des Staates von den Praktiken der Gouvernementalität her zu erkunden“, denn „der Staat ist nichts anderes als der bewegliche Effekt eines Regimes vielfältiger Gouvernementalität“ (Foucault 2000, S. 70). Der Begriff der Gouvernementalität verweist auf unterschiedliche Handlungsformen und Praxisfelder des Regierens, der Ausübung von Macht jenseits von nackter Gewalt und Unterwerfung, die in vielfältiger Weise auf die Lenkung und Leitung von Individuen und Kollektiven zielen. Zum einen eröffnet er einen sozialhistorisch begründeten Zugang zu dem für den Neoliberalismus so zentral gewordenen Implikationszusammenhang zwischen Macht und Subjektivität, in dem sich Herrschaftstechniken mit „Praktiken des Selbst“ verknüpfen und postmoderne Formen politischer Regierung zunehmend auf Techniken des „Sich-selbst-Regierens“ angewiesen sind (Lemke 2007, S. 13). Zum anderen nimmt er das Phänomen der politischen Macht „jenseits des Staates“ ernst. Für beides gilt, reformuliert in den Worten Carl Schmitts: „Der Begriff des Staates setzt den Begriff des Politischen voraus“ (1991, S. 20). Die schlichte Gleichsetzung von Souveränität und staatlicher Macht ist aufgehoben. „Statt die politischen Praktiken ausgehend vom Staat zu erklären (im Sinne einer Funktionalität, Teleologie, Finalität, Reproduktion, Adäquanz etc.) untersucht die Analytik der Regierung den ‚Staatseffekt‘ und betrachtet den Staat als ‚Korrelat‘.“ (Lemke 2007, S. 52). Foucault unterscheidet zwischen den beiden Machttypen der Souveränität als der Verkörperung einer autorisierten Gewalt und der Gouvernementalität als einer Form der Macht, die nicht mittels Gewalt und Zwang, sondern über Freiheit regiert, indem sie Wahrscheinlichkeiten erzeugt, Handlungsmöglichkeiten herstellt, strukturiert und begrenzt.

Nun fällt eine solche Differenzierung der Begrifflichkeit nicht vom Himmel. Sie ist das Ergebnis der erkenntnistheoretischen Reflexion von

Veränderungen in der Welt dort draußen. Nachdem sowohl das deutsche wie das russische Experiment gescheitert waren, hat sich der Neoliberalismus als herrschende Ideologie zur Gestaltung der Welt unangefochten durchgesetzt. Folgerichtig nahm die Analyse des deutschen Ordoliberalismus einen zentralen Stellenwert in den Gouvernementalitätsstudien Foucaults ein (2004, Bd. II) und die Folgediskussionen, insbesondere auch im deutschen Sprachraum, setzten den Fokus zunehmend auf die „Ökonomisierung des Sozialen" (Bröckling et al. 2000; Hesse 2007). Der Ordoliberalismus stellt für Foucault eine Weiterentwicklung und Ausweitung des klassischen Liberalismus dar. Er ist als ein strategischer Zwischenschritt auf dem Wege zum heutigen Neoliberalismus zu verstehen, der seine Forderung nach freien Märkten und Konkurrenz nicht mehr auf den ursprünglichen Geltungsbereich des Ökonomischen beschränkt, sondern auf die Gesellschaft als Ganzes und den Staat ausdehnt. Er markiert den Übergang zum Leitbild eines permanent im Wettbewerb stehenden Individuums, das mit Anderen um Macht, Ansehen und Reichtum konkurriert. Ein solcher Akteur ist nicht mehr nur neutrale Fiktion wie in Hobbes' „Naturzustand", den es zu zivilisieren gilt, sondern zentrale Voraussetzung für eine funktionsfähige Gesellschaft, in der idealtypisch nur noch „Unternehmer ihrer selbst" existieren, die sich auf Grund des (verinnerlichten) Zwangs, ihre „Produkte" verkaufen zu müssen, gegenseitig anstacheln und bedrohen. Das in diesem Sinne vollständig eigenverantwortliche Individuum ist nicht mehr so sehr am Tausch, sondern am Wettbewerb interessiert. „Der *homo oeconomicus*, den man wieder herstellen will, ist nicht der Mensch des Tauschs, nicht der Mensch des Konsums, sondern der Mensch des Unternehmens und der Produktion" (Foucault 2004, S. 208). Foucaults Begrifflichkeit thematisiert Transformationen von Staatlichkeit jenseits etablierter und vermeintlich universaler Kategorien, die mit dem Verständnis vom Staat als Herrschaft über ein bestimmtes Territorium und rechtlich abgesichertem Gewaltmonopol als Ausdruck souveräner Macht nicht mehr übereinstimmen. Diese Unterscheidung zwischen den Machttypen der traditionellen Souveränität als Verkörperung eines wie immer gearteten Gewaltmonopols einerseits und der Gouvernementalität als einer postmodernen Form von Macht, die nicht mittels Gewalt und Zwang, sondern über „Freiheit" regiert andererseits, ermöglicht es zum Beispiel bei der Analyse transnationaler Kooperationsformen, in die staatliche und nicht-staatliche Akteure heute gleichermaßen eingebunden sind, die spezifischen Formen von Zwang und Gewalt, die hier systematisch neu entstehen, in ihrer sozialhistorischen Bedeutung präziser zu erfassen.

Folgt man dem späten Foucault, so bezeichnet die postmoderne Form der „gouvernementalité" weniger das tendenzielle Ende, sondern eher die Transformation des Politischen, mittels derer die gesellschaftlichen Kräfteverhältnisse neu strukturiert werden. Sie lässt sich als durch und durch politisches Projekt dechiffrieren, dass nicht so sehr durch eine Abnahme staatlicher Souveränität gekennzeichnet ist, sondern vielmehr durch eine Verschiebung von formellen zu informellen Strukturen der „gouvernementalité". In dieser politisch, nicht ökonomisch zu definierenden Herrschaftsstruktur ist der Staat einer der Akteure, nach wie vor, aber mit veränderter Rollenzuweisung. Sie ist charakterisiert durch die Verlagerung von nationalstaatlich definierten Handlungsmustern auf suprastaatliche Ebenen („world polity" in der Diktion Meyers) ebenso wie durch die Etablierung neuer Formen von „Subpolitik" (um mit Beck zu sprechen) oder „life politics" (in den Worten von Giddens), Formen, die zugleich oberhalb wie unterhalb dessen operieren, was traditionellerweise das Politische ausmachte.

In der post-Foucault-Diskussion wird diese Verschiebung oft so dargestellt, als ob das Ökonomische das Politische, also auch den Staat überfremde und kolonisiere. Sowohl von den Protagonisten des Neoliberalismus als auch von deren Kritikern wird eine prinzipielle Trennung von Staat und Markt, von Politik und Ökonomie unterstellt. In Wirklichkeit existiert kein Markt unabhängig vom Staat, und Ökonomie ist stets politische Ökonomie. Vor allem heute, in einer Zeit technologischer Formierung, noch von der Herrschaft des Marktes zu sprechen, heißt, die gesellschaftlichen Konturen der gegenwärtigen Umstrukturierung zu verfehlen und die neoliberale Ideologie einer Trennung von Politik und Ökonomie unhinterfragt zu reproduzieren. Statt von der dichotomisch geprägten Vorstellung eines Nullsummenspiels auszugehen, demzufolge mehr Markt weniger Staat bedeutet und *vice versa*, gilt es, eine qualitativ veränderte Topologie des Sozialen ins Auge zu fassen, in der die Bedeutung dessen, was Ökonomie bzw. Politik heißt, neu festgelegt wird.

Zum einen bedeutet „Ökonomie" das Haushalten mit knappen Ressourcen, gleichsam eine überzeitliche, eine anthropologische Grundgröße. Ökonomie der Zeit, darin löst sich schließlich alle Ökonomie auf, hatte Karl Marx gesagt (1953, S. 89). Zwar liegt dieser Sachverhalt den Modellen der Wirtschaftswissenschaften zugrunde, in besonders strenger Form in der Denkfigur des *homo oeconomicus*, als durchschlagendes Rationalprinzip abendländischer Kultur sind seine Imperative aber nicht auf die eigentliche Ökonomie beschränkt, sondern es hat sämtliche Bereiche der Gesellschaft durchdrungen. Es findet sich ebenso, und heute in weitaus höherem Maße, in den Konstruktionsentwürfen technologischer Artefakte verankert, in gesellschaftlichen Organisations- und individuellen Psychostrukturen. Dagegen ist auch kaum etwas einzuwenden. Vor dem Hintergrund knapper werdender ökologischer Ressourcen macht es zum Beispiel Sinn, ein Auto zu konstruieren, dass mit zwei statt mit zwölf Litern Benzin auskommt, oder eine Arbeit in zwei statt in vier Stunden zu erledigen, um sich dann mit der gewonnenen Zeit anschließend in die Sonne legen zu können. Davon zu unterscheiden ist allerdings, und darum geht es vornehmlich, in welcher *Form* sich dieses Prinzip in der bürgerlichen Gesellschaft historisch durchgesetzt hat: in der des grenzenlosen „Bereichert Euch!". Beides wird in der post-Foucault-Diskussion oft miteinander vermischt. Die katastrophalen Folgen des ungebremsten Wirtschaftswachstums, die heute zur Diskussion stehen, haben ihre Ursache nicht in einer Ökonomie, verstanden als ein Haushalten mit knappen Ressourcen, sondern in einer Ökonomie der maßlosen Mehrwertproduktion bzw. Profitanhäufung, die im Neoliberalismus durch Vermischung beider Prinzipien ideologisch verschleiert wird. Erstere bezeichnete, um den Unterschied wohl wissend, Aristoteles als *Oikonomia*, als vorsorgende Subsistenzwirtschaft, letztere als *Chrematistik*, als eine Reproduktionsform, die in grenzenloser Gier nach immer noch „Mehr" keine Rücksicht nimmt auf die Folgen dessen, was sie anrichtet. Die Lösung des Problems grenzenloser Profitmaximierung bestünde, da hat Karl Marx vermutlich nach wie vor Recht, in einer Entkommodifizierung der menschlichen Arbeitskraft, das heißt in einer zumindest partiellen Unterbrechung bzw. sozialen Regulierung des Nexus von Geld und Arbeitskraft. Die Folgewirkung einer solchen Maßnahme darf freilich nicht verschwiegen werden: Es gäbe keine offene, dynamische Wirtschaft mehr, sondern ein System, das sich auf einem gegebenen Niveau einrichtet bzw. in seiner Aktivität nur geringfügig um dieses Niveau herumpendelt. Geld könnte dann nicht länger als Kapital fungieren, sondern würde sich in ein öffentliches Gut verwandeln, das dann so ähnlich funktioniert, wie die Tauschmitteltheorie der ökonomischen Lehrbücher behaupten.

In der post-Foucault-Diskussion wird häufig vernachlässigt, dass die neoliberale Gesellschaft, anders als die liberalen Gesellschaften früherer Epochen, kein Produkt einer spontanen, naturwüchsigen Entwicklung ist, wie Marx sie noch in Kategorien der politischen Ökonomie beschrieben hat, sondern eine bewusst herbeigeführte politische Inszenierung: das Resultat des systematischen Versuchs, eine Idee, die Fiktion einer Gesellschaft, in die Tat umzusetzen. Die neoliberale Ideologie vermittelt den Anschein einer leidenschaftslosen, wertneutralen Wissenschaft, der zufolge objektiv wirkende, unbekannte Kräfte verantwortlich seien dafür, dass sich die Tendenzen der Privatisierung, der Liberalisierung und der finanzmarktgetriebenen Globalisierung durchsetzen, Tendenzen, die durch politische Eingriffe allenfalls begleitet, aber letztlich zum Wohle Aller nicht gestört werden sollten. Tatsächlich hat sich in der neoliberalen Gesellschaft das Verhältnis von bewusster Gestaltung und naturwüchsiger Entwicklung umgekehrt. Während sich die Protagonisten in früheren Jahrhunderten als Akteure begriffen, die, wenn überhaupt, eine an sich und „hinter ihrem Rücken" ablaufende Entwicklung zu beschleunigen oder ihre „Geburtswehen abzukürzen" suchten, inszenieren die Protagonisten des Neoliberalismus ein sozialhistorisches Projekt, das dem des deutschen und des russischen Experiments im Anspruch, Gesellschaft zu gestalten, vergleichbar ist, ohne allerdings die Verantwortung dafür zu übernehmen. Fehlentwicklungen werden dem Marktgeschehen oder unzulässigen Eingriffen der Politik zugeschrieben (vgl. Thomasberger 2011, S. 61 f.). Man muss nicht gleich von einer „dritten Diktatur" nach Kommunismus und Nationalsozialismus sprechen, wie Dorothee Sölle das tut (NZZ Online vom 15.3.2003), aber gleichwohl handelt es sich um ein sozialpolitisches Projekt, das von einer Minderheit inszeniert und getragen wird.

Das Ideologem des Marktes als gesellschaftliche Steuerungsinstanz, liebstes Kind des Neoliberalismus, ist nicht länger der unreflektierte Ausdruck eines „notwendig falschen Bewusstseins" (Marx), Reflex einer Realität, die ihm zu Grunde liegt, sondern ein inszeniertes Trugbild im Sinne Baudrillards (1982). Es ist ein „Simulakrum", ein Blendwerk in betrügerischer Absicht. Nur allzu oft wird die neoliberale Ideologie des Marktes für bare Münze genommen. Tatsächlich hat aber schon längst eine Entgrenzung stattgefunden zwischen realem Marktgeschehen und steuernden politischen Interventionen. Ein trübes Gemisch aus Industrie-, Finanz-, Militär- und Parteiinteressen, eine anonyme Form plutokratischer Oligarchie trifft im vorparlamentarischen Raum politische Entscheidungen, die dann zwar nach den „Gesetzen" des Marktes abgewickelt werden, die aber nicht, wie noch zu Zeiten des klassischen Liberalismus, in den Imperativen der Autopoiese des Marktes ihre Ursache haben (vgl. Hardt/Negri 2002). Die gesellschaftssynthetisierende Kraft des Tausches ist längst zerbröselt; die auf Reziprozität basierende bürgerliche Moral des gerechten Tausches von Äquivalenten ist zur Farce verkommen. Und selbst dort, wo die neoliberale Marktideologie noch am ehesten Berechtigung für sich reklamieren könnte, im Bereich der Konsumgüter- und Nahrungsmittelindustrie, folgt das Angebot nicht einfach der Nachfrage, sondern auch dort werden Märkte inszeniert, werden Preise manipuliert und künstlich Nachfrage erzeugt. Jedes Brot, jedes Stück Butter, das ein Konsument heute kauft, bezahlt er zwei Mal, einmal über den Ladenpreis, der durch simulierte Konkurrenzszenarien künstlich niedrig gehalten wird, zum anderen über die Steuergelder, die zur staatlichen Subventionierung dieser Produkte und ihrer Produzenten kompensatorisch eingesetzt werden. Daran wird deutlich, dass in Zeiten des Neoliberalismus Entscheidungen politisch (nicht demokratisch) getroffen werden, im vorparlamentarischen Raum der Lobby, abgewickelt zwar nach den Regeln der Marktökonomie, auf den Weg gebracht aber durch politische Vorgaben. Die Formkraft des politischen Prinzips hat sich, anders als in der archaischen Ideologie des Neoliberalismus, zunehmend des ökonomischen bemächtigt, dieses überformend, ohne es zu ersetzen. In einer solchen politisch, nicht ökonomisch zu definierenden Herrschaftsstruktur – nenne man sie „Empire" (Hardt/Negri) oder „drittes Rom" (Guéhenno) – zielt „Gouvernementalität" im Sinne Foucaults (2000) auf eine spezifisch (post-) moderne Form des Machtdiskurses, der Kontrolle und Ausübung von Macht.

Eine zentrale Bedeutung kommt in diesem Zusammenhang dem Konzept der Biopolitik zu, das die gezielte Einflussnahme auf die Lebensverhältnisse, den Wohlstand und das Wachstum der Bevölkerung in den Blick nimmt. Grundsätzlich bezeichnet „Biopolitik" das Phänomen der gesellschaftlichen Anwendung moderner Naturwissenschaft und Technik auf den Menschen selbst, zum Beispiel in der Fortpflanzungsmedizin und Humangenetik, in der Hirnforschung sowie in der kosmetischen Chirurgie. „Biopolitik reagiert auf Grenzüberschreitungen. Sie reagiert darauf, dass Randbedingungen der menschlichen Natur, die bislang fraglos galten, weil sie jenseits unseres technischen Könnens lagen, verfügbar werden. Und sie reagiert darauf, das kulturell verankerte Deutungen des Menschen durch konkurrierende wissenschaftliche Konzepte in Frage gestellt werden" (van den Daele 2005, S. 7). Ebenso wie der Begriff der Gouvernementalität stammt der in der gegenwärtigen Diskussion verwendete Begriff der Biopolitik von Foucault. Der Sachverhalt, den er bezeichnete, war bereits zu Beginn des 20. Jahrhunderts ein brisantes Thema auch unter Sozialwissenschaftlern (vgl. Tönnies 2009). Während er im deutschsprachigen Raum nach dem Zweiten Weltkrieg aus verständlichen Gründen zunächst diskreditiert war, erlebte er in den sechziger Jahren im angelsächsischen Sprachraum mit dem Forschungsfeld der „biopolitics" eine bemerkenswerte Renaissance. Ihr zu Folge beruht politisches Handeln auf fundamentalen biologischen Gesetzmäßigkeiten, denen die politikwissenschaftliche Forschung Rechnung zu tragen habe. Bei der Analyse politischer Strukturen und Prozesse seien Erkenntnisse aus der Ethologie, der Soziobiologie, der Humanökologie und der Evolutionstheorie zu berücksichtigen. Im Gegensatz zu diesen Versuchen, die Natur der Politik auf biologische Determinanten zurückzuführen, und in Ergänzung dazu, rekonstruiert Foucault jenen historischen Prozess, in dem das Leben als politischer Einsatz, als Gegenstand politischer Strategien auftaucht. Statt von natürlichen und überzeitlichen Gesetzmäßigkeiten der Politik auszugehen, macht Foucaults Konzept der Biopolitik eine historische Zäsur, eine Diskontinuität in der Praxis der Politik kenntlich. Biopolitik bezieht sich nicht nur auf das Leben, sondern funktioniert in einem ganz bestimmten Sinne wie das Leben, sie nimmt seine innere Dynamik auf. Biopolitik unterscheidet sich von anderen Machtformen durch ihren wesentlich positiven und nicht repressiven Bezug auf das Leben. Bei ihr handelt es sich um eine spezifisch (post-) moderne Form der Macht. In dieser Perspektive war Politik nicht immer Biopolitik. Insbesondere institutionell komplexe „Regime der Gouvernementalität", die sich um universale Menschenrechte herum organisieren, tragen als neue politische Subjekte zur Entstehung von global und nicht länger nationalstaatlich geprägten „hybriden Dispositiven der Biomacht" in Verbindung mit Formen von Souveränität bei und damit auch zu einer Transnationalisierung von souveräner Macht (vgl. Krassmann und Volkmer 2007, S. 12 ff.; Lemke 2007, S. 13 f.; Muhle 2008, S. 10 ff.). Der Begriff der Biopolitik markiert in substanzieller, weil das unmittelbare Leben einbeziehender Weise den Übergang von der Moderne zur Postmoderne. Er verweist zugleich auf die Auflösung der Grenzen zwischen Ökonomie und Politik, Produktion und Reproduktion und bezeichnet neue Regulative, ein neues Regime der Existenz des Einzelnen und seines Lebens in der Gesellschaft. „Foucaults Begriff der Biomacht schärft nicht nur unseren Blick für die alles durchdringenden Techniken der Kontrolle und Überwachung einschließlich denen der Selbstkontrolle, sondern führt uns vor allem die paradoxe Nähe der Biomacht zu sozialen Praktiken vor Augen, die mit dem Tod im Sinne von Eliminierung, Ausschluss und Ausrottung zu tun haben. Denn die Politik der Biomacht bezieht sich sowohl auf diejenigen, denen erlaubt wird zu überleben, als auch auf diejenigen, die dem Tod geweiht sind" (Braidotti 2009, S. 110).

Die Brisanz der Biopolitik ergibt sich aus der Geschwindigkeit, mit der sich die Biotechnologien heute entwickeln und die für die Geistes- und Sozialwissenschaften eine kaum zu bewältigende Herausforderung darstellt. Es verwundert deshalb nicht, dass insbesondere Donna Haraway (1997) kritisiert, Foucaults Analyse der Biomacht beruhe auf einer veralteten Vorstellung der Funktionsweise von Technologie, einer Vorstellung, die heute völlig überholt sei. Zwar habe Foucault das Problem der Biopolitik sozialhistorisch relativiert, aber er orientiere sich dabei an einem ganz bestimmten Augenblick der geschichtlichen Entwicklung, der heute bereits der Vergangenheit angehöre. Die gegenwärtigen Technologien markieren einen systematischen Zusammenbruch bisheriger Grenzziehungen im Verhältnis nicht nur von Mensch und Maschine, sondern auch von Mensch und Tier (Haraway 1995). Der Schlüssel zum Verständnis der biogenetischen Wende liege in der Überwindung des Anthropozentrismus. „Elektronische und digitale Maschinen und ihre posthumanen Körper sind jetzt Sinnbild der Komplexität, der Vermischung, Hybridität und Interkonnektivität" (Braidotti 2009, S. 116). Bereits Leroi-Gourhan hatte im Abschnitt über die „Biologie der Gesellschaften" (1980, S. 187 f.) darauf hingewiesen, dass der *homo sapiens* seine gattungsgeschichtlichen Transformationen im Rhythmus der technischen Entwicklung vollziehe. Zwar sei die gängige Formel vom Menschen, den seine Techniken überholen, ungenau, aber die Zusammenhänge zwischen Paläontologie und technologischem Fortschritt seien unbestreitbar. Leroi-Gourhan zufolge „variiert das Verhältnis zwischen Individuum und Gesellschaft in direkter Abhängigkeit von den techno-ökonomischen Strukturen, und es ist wichtig, diese Strukturen zu bestimmen, damit einige der Eigenschaften des sozialen Körpers in den verschiedenen Phasen der Evolution verständlich werden." Die unmittelbarste Auswirkung des technischen Niveaus auf eine soziale Gruppierung betrifft ihre innere Kohärenz. An einem bestimmten Punkt der Geschichte wird das Verhältnis des technischen Niveaus zur Struktur der Gesellschaft zum wichtigsten Entwicklungsfaktor des *homo sapiens*.

In der Weimarer Zeit, eine Zeit, in der Technik zum ersten Mal nicht mehr nur als Instrument eines wie immer gearteten Willens, sondern als Ordnung *sui generis* wahrgenommen wurde, in einer solchen Zeit konnte man sich als Steuerungsmechanismus an Stelle blindwütiger Ökonomie eigentlich nur einen umsichtig waltenden Staat vorstellen. Ihm sei die technische Apparatur nicht bloß ein Mittel zur Deckung der Lebensbedürfnisse, sondern ein politisches „Instrument der Macht" (Freyer 1925, S. 176 f.). Heute stellen sich die Dinge ein bisschen anders dar: Zwar vergrößere sich mit fortschreitender Technisierung die Kontrollkapazität und damit die Macht des Staates, aber mit jedem Akt der Technisierung schiebt die Technik ihren kausalen Mechanismus in den Staat hinein und verändert das Wesen des Staates: Staatliche Gesetze werden zu Rezepten, das Recht zur Methode, die Nationalstaaten zum juristischen Raum. Das

Abgleiten des Rechts zur bloßen Verfahrensweise, mit der die Tätigkeiten der Menschen nach funktionalen Gesichtspunkten in Teilgebieten geregelt werden, untergräbt die Autonomie staatlicher Politik. In einer Welt voller Rituale und Verfahrensregeln, in einer solchen Welt der Algorithmen erlangen Maschinen jene Bedeutung, die Priester in einer Welt der Götter gehabt haben (Guéhenno 1994, S. 130).

Technologie, diese Synthese aus Wissenschaft und Technik, ist ein sozialhistorisch spezifisches Artefakt, ein Sozialkonstrukt, in das bestimmte Zwecke und Herrschaftsinteressen nicht erst nachträglich und von außen hinein getragen werden, sondern von Anfang an in seine Konstruktion mit eingehen. Es handelt sich hierbei um sedimentierte Formen dessen, was der späte Foucault als „gouvernementalité" bezeichnet (2000, S. 41-67), was sich in wesentlichen Grundzügen aber bereits bei Marcuse findet (1965, S. 107-131). Diese Einsicht ist nicht selbstverständlich, denn üblicherweise wird vernachlässigt, dass die Technologie, die sich, etwa in Gestalt eines Computers, in Raum und Zeit manifestiert, nur der vorläufige Schlusspunkt einer vorgängigen Entwicklung ist, das vorläufig letzte Glied einer Kette von Ereignissen, deren sozialhistorischer Ursprung viel weiter zurückliegt. Technische Artefakte sind Versteinerungen menschlichen Handelns, Verhaltens und Denkens, gegenständlich gewordene Abstraktionen zwischenmenschlicher Kommunikation. Es ist genau dieser Sachverhalt, den Latour meint, wenn er formuliert: „Technology is society made durable" (1991, S. 103-131). In einer hybriden Welt, die gleichermaßen von menschlichen und nicht-menschlichen Akteuren geprägt sei, mache der klassische Gesellschaftsbegriff der Soziologie keinen Sinn mehr. Latour spricht stattdessen von (hybriden) Kollektiven und Assoziationen, um diesem Sachverhalt begrifflich gerecht zu werden. In diesem Zusammenhang sei darauf hingewiesen, dass Charles Loomis den Begriff der Gesellschaft bei Tönnies, ganz im Sinne der Kategorienbildung Latours, nicht mit „society", sondern mit „association" ins Englische übersetzt hat (Gross 2006, S. 173). Der Begriff trägt damit, auf der Höhe der Zeit reformuliert, der Intention Rechnung, die Tönnies mit seinem Kontrastbegriff zu dem der Gemeinschaft ausdrücken wollte: Die Vergesellschaftung zwischenmenschlicher Lebens- und Arbeitsbereiche ist heute nicht mehr nur durch berechnenden Verstand, Abstraktion und mechanische Beziehungen geprägt, sondern erfolgt zunehmend auf der Basis technologischer Artefakte, vermittelt und vorangetrieben vor allem durch die modernen Informations- und Kommunikationstechnologien. Soweit ich es überblicke, ist Tönnies der erste Soziologe, der dem Implikationsverhältnis von Staat, Gesellschaft und Technik sehr früh schon Beachtung geschenkt hat, eine Beachtung, die er in einem sehr schönen Gleichnis bereits 1905 zum Ausdruck bringt: „Die moderne Großindustrie ist ein Kind, das der Staat mit der Gesellschaft erzeugt hat. Freilich ist die soziale Vaterschaft nur von accidenteller Bedeutung. Abgelöst von den tatsächlichen historischen Bedingungen ihres Daseins hätte die Gesellschaft auch ‚parthenogenetisch‘ die Großindustrie hervorbringen können. Diese gesellschaftliche Entstehung aber, die durch die Aktivität des Staates nur modifiziert wird, lässt sich vielleicht an einem *chemischen* Gleichnis verdeutlichen, und man dürfte dann sagen: die Basis *Handel* verbindet sich mit der Säure *Wissenschaft* zum Salze *Großindustrie.* Besonders ist es gerade die *Technik*, dies konstituierende Element der Großindustrie, das von der Wissenschaft erfüllt ist und in immer innigere Verbindung mit, dadurch zugleich in immer größere Abhängigkeit *von* ihr tritt. Mit der Wissenschaft zusammen spielt die industrielle Technik in der neueren Kulturgeschichte eine *revolutionäre* Rolle“ (Tönnies 2008, S. 308).

Die Welt regieren ohne Weltregierung?

Die Synthese, die Einheit der sich konstituierenden Weltgesellschaft wird durch Technologie hergestellt, nicht durch Religion und nicht durch Philosophie. Die technologische Zivilisation stellt die Basis dar, auf der sich ein bunter Strauß postmoderner, zunehmend belangloser werdender Philosophien und Religionen erhebt. Man wird sich die Zukunft des Raumschiffs „Erde“ deshalb als einen riesigen Produktionsprozess, als eine „Weltfabrik“ (Schwägerl 2010, S. 111 ff.) vorstellen müssen, die nicht so sehr bestimmt sein wird durch die blinden Marktmechanismen und Imperative des eigennützigen „Bereichert Euch!“, sondern durch bewusst getroffene Entscheidungen und sachnotwendige Vorgaben. Aber es ist niemand da, der die damit verbundenen Probleme managed. Statt eine „Weltinnenpolitik“ (Beck 2010) zu betreiben, die den globalen Umwelteinflüssen als Folgewirkungen menschlichen Handelns und den Landnahmen international agierender Konzerne entsprechen würde, verharrt die Politik in den überlieferten Denktraditionen und Weltbildern des achtzehnten Jahrhunderts. Obwohl die Herausforderungen mit Händen greifbar sind, schlingert das Raumschiff, sich selbst überlassen, von einer Krisensituation in die nächste. Bezeichnenderweise hat Michael Zürn seine Analyse dieser Situation mit dem Titel überschrieben „Die Welt regieren ohne Weltregierung“ (2013). Es gibt fünf Gründe, die dafür sprechen, dass sich die Probleme, vor denen die Gesellschaft des Anthropozäns steht, in der Form, in der heute Politik, Wissenschaft und Ökonomie betrieben werden, nicht lösen lassen, sei es der Klimawandel, das Bevölkerungswachstum oder die aus dem Ruder laufenden Finanzmärkte.

(1) Auf die gesellschaftspolitischen Herausforderungen, die sich der Menschheit im Anthropozän stellen, sind weder die Gesellschaften in ihren tradierten nationalstaatlichen Grenzen vorbereitet, noch bieten die vorhandenen Regierungsformen die Voraussetzungen, um ihnen gerecht zu werden. Politik, Wirtschaft und Wissenschaft leisten in ihrem *Mainstream* mehrheitlich keinen Beitrag zur Lösung der anstehenden Probleme. Vielmehr gilt: Sie sind in erheblichem Ausmaß Teil und Ursache dieser Probleme. Klimawandel, Bevölkerungswachstum, Verlust an Biodiversität, Banken-, Währungs- und Finanzkrisen – all diesen globalen Herausforderungen ist nicht mehr im Rahmen der tradierten Nationalstaaten zu begegnen. Wir befinden uns, technologisch induziert und getragen, auf dem Weg zur Weltgesellschaft. Aber eine mit Gewaltmonopol und Legitimität ausgestattete Zentralregierung existiert nicht. Offensichtlich lassen sich Problemlösungen für die sich konstituierende Weltgesellschaft des einundzwanzigsten Jahrhunderts mit Vorstellungen und Strategien, die ihre Wurzeln im nationalstaatlichen Denken geopolitischer *Räume* des achtzehnten Jahrhunderts haben, nicht sinnvoll gestalten. Nicht von ungefähr hat Dror (1995) seinen Bericht an den *Club of Rome* mit der Überschrift versehen „Ist die Erde noch regierbar?". Und Höffe (2009) schließlich fragt in seiner umfangreichen Monographie ganz grundsätzlich „Ist die Demokratie zukunftsfähig?".

(2) Unternehmer in einer kapitalistisch verfassten Marktwirtschaft kalkulieren ihre Profite unter Ausschluss der *Sozialkosten* und entziehen darüber hinaus dem „Naturkapital" Substanz, ohne das Problem seiner Wiederherstellung in Betracht zu ziehen. In der Regel bewegen sie sich im Rahmen der bestehenden Gesetze und verhalten sich durchaus legal. Sie folgen den Imperativen des zum Simulakrum verkommenen Marktes. Der Markt als institutionalisiertes Entscheidungssystem hat eine inhärente Tendenz, jene negativen Effekte auf die Umwelt nicht zu berücksichtigen, die „außerhalb" der die Entscheidungseinheit selbst betreffenden Wirkungen liegen (Kapp 1988, S. XIV). Unter dem Begriff der Sozialkosten sind alle direkten und indirekten Verluste zu verstehen, die Drittpersonen oder die Allgemeinheit als Folge einer uneingeschränkten wirtschaftlichen Tätigkeit zu tragen haben. Sie können in Schädigungen der menschlichen Gesundheit, in der Vernichtung oder Verminderung von Eigentumswerten oder der vorzeitigen Erschöpfung von Naturschätzen zum Ausdruck kommen. Ihr Problem besteht darin, dass die Logik, die dem gegenwärtigen Verfahren der Reichtumsmessung einer Gesellschaft

zugrunde liegt, nicht von den Gesamtkonsequenzen des Wirtschaftens ausgeht, sondern in der Perspektive der Einzelunternehmen erfolgt.

(3) Wir leben heute nicht nur in einem Zeitalter der Entgrenzung von Raum, sondern auch in einem der Entgrenzung von *Zeit*. Obwohl wir heute mehr über die langfristigen Effekte von Entscheidungen wissen, ist, daran gemessen, die Zeitleiste einer von Wahlzyklen abhängigen Gesellschaftspolitik nach wie vor zu kurz. Ganz gleich, ob es sich um die öffentliche Verschuldung, die Vernachlässigung der Bildung oder die Klimafrage handelt – in all diesen Fällen scheint eine Mehrheit der Begünstigten des *Status quo* notwendige Veränderungen auf Kosten zukünftiger Generationen zu verhindern (Zürn 2013, S. 12). Das zentrale Motiv von Parteipolitikern besteht darin, nach einer (in der Regel vierjährigen) Legislaturperiode wiedergewählt zu werden und an der Macht zu bleiben. Folgerichtig ist ihre Politik wesentlich an kurzfristigen Zielen, die unmittelbaren Erfolg versprechen, ausgerichtet. Die gravierenden Probleme der Zukunftsgesellschaft sind aber langfristiger Natur. Sie übersteigen den Horizont der gegenwartsorientierten Politik, und ihre Bearbeitung lässt sich kaum in Augenblickserfolge ummünzen.

(4) Das Aussagesystem, das wir gemeinhin als wissenschaftliches bezeichnen, unterscheidet sich von anderen dadurch, dass es in außerordentlicher Weise isolierend und abstrahierend verfährt, vergleichbar dem *Tunnelblick* eines alkoholisierten Autolenkers. Beide Verfahren, das der Abstraktion und der Isolation, führen vom Erfahrungsobjekt weg und konstruieren durch gedankliche Fokussierung bzw. Verallgemeinerung ein theoretisches Objekt, ein Begriffssystem, das keinen unmittelbaren Bezug mehr hat zur Realität, aus der es abgeleitet wurde. Eine solche Wissenschaft mag geeignet sein, um Diplome und Doktortitel in ihr zu erlangen, aber Probleme, die der Gesellschaft dort draußen, außerhalb des *ivory tower*, auf den Nägeln brennen, vermag sie kaum zu lösen. Die Herausforderungen, vor denen die Wissenschaft heute steht, sind völlig andere als jene, denen sich die traditionelle akademische Wissenschaft widmete. Die Probleme, die heute einer wissenschaftlichen Lösung bedürfen, zeichnen sich aus durch Komplexität, das heißt, durch Ungewissheit und Wertorientierung. In einer solchen Situation fallen der Wissenschaft neue Aufgaben zu, denn die Methoden der traditionellen Wissenschaft sind in diesen neuen Kontexten nur von begrenzter Wirksamkeit. Heute müssen wissenschaftlich begleitete Entscheidungsprozesse den Dialog einschließen zwischen jenen, die ein Interesse an der Lösung der anstehenden Probleme haben, und jenen, denen sie anvertraut sind. Das bedeutet, der Prozess der Entscheidungsfindung ist ebenso wichtig wie

das Resultat, das schließlich zustande kommt. Zwar ist das, was an der Universität mit Hilfe von Lehrbüchern vermittelt wird, nach wie vor notwendig, aber es ist in Zukunft nicht mehr ausreichend, denn es bezieht sich auf eine standardisierte Version der Welt. Die Welt aber, mit der wir interagieren, unterscheidet sich davon ganz erheblich.

(5) Die letzte, die fünfte Ursache, die dafür verantwortlich ist, dass es der sich konstituierenden Weltgesellschaft mit hoher Wahrscheinlichkeit nicht gelingt, ihre Reproduktion in sozial- und umweltverträgliche Bahnen zu lenken, ist die gravierendste. Sie äußert sich in einem *Weltbild*, das charakteristisch ist für die abendländische Kultur und dessen Wurzeln zurückreichen in die Epoche frühgriechischen Philosophierens, ein Weltbild, das allenfalls Gültigkeit beanspruchen konnte für die Ära der griechischen *Polis*. Es ignoriert, dass die von den Griechen gezogene Grenze zwischen der „Gesellschaft", das heißt dem Staat, der *Polis* und der „Natur" im Gefolge Newtons aufgehoben wurde. Aus dieser Erblast, dem Zwang, in Dualismen zu denken, der nicht zu vermitteln vermag zwischen Subjekt und Objekt, Geist und Körper, Zweck und Mittel, Vernunft und Erfahrung speisen sich letztlich alle Probleme abendländischer Philosophie und Wissenschaftstheorie. Sie ist die Manifestation einer Ideologie vorwissenschaftlicher, vorindustrieller und vordemokratischer Klassengesellschaften (Dewey 2001, S. 213). Mag sie aufgrund ihrer legitimatorischen Funktion im frühen Griechentum oder im europäischen Mittelalter durchaus eine gewisse sozialhistorische Berechtigung gehabt haben, so führt sie zu Problemen in einer Gesellschaft, die sich spätestens seit dem achtzehnten Jahrhundert zunehmend dadurch auszeichnet, dass die uneingeschränkte Verwendung experimenteller Methoden, die den Griechen und dem europäischen Mittelalter unbekannt waren, nicht mehr nur in den Naturwissenschaften, im Rahmen abgeschotteter Laboratorien, stattfindet, sondern auch und vor allem in der industriellen Produktion, eine Interventionsform, die unmittelbar gesellschaftlich wirksam ist, so dass die Gesellschaft als Ganzes zum Laboratorium wird.

Die Gemeinschaft der Menschen, einstmals eine Enklave in einer nichtmenschlichen Umwelt, befindet sich heute auf dem Wege zur Weltgesellschaft und breitet sich über das Ganze der irdischen Natur aus, ihren Platz usurpierend. Der Unterschied zwischen dem Künstlichen und dem Natürlichen, der den frühen Griechen so wichtig war, schwindet. Das Natürliche wird von der Sphäre des Künstlichen verschlungen. Es entsteht eine neue Art von „Natur", ein Artefakt, das, über Technologie vermittelt, zugleich „Gesellschaft" ist. Für Aristoteles mochte die *theoretische* Vernunft im Menschen noch über die Natur hinausragen. Als bloß kontemplative aber blieb sie ihr äußerlich. Der emanzipierte *praktische* Intellekt hingegen, den die Wissenschaft im Gefolge Newtons, durchaus ein Erbe dieses theoretischen Intellekts, erzeugt hat, stellt der Natur nicht nur sein Denken, sondern vor allem sein *Tun* in einer Weise gegenüber, die ihr nicht länger äußerlich bleibt, erstreckt sich seine Eingriffstiefe und -reichweite doch inzwischen auf die gesamte Biosphäre. Die Zuschauer-Theorie des Wissens mag, historisch gesehen, unvermeidlich gewesen sein, solange man das Denken als Ausübung einer vom Körper unabhängigen „Vernunft" ansah, die mittels rein logischer Handlungen Wahrheit erlangte. Heute, wo wir über experimentelle Verfahren der Erkenntnisgewinnung verfügen und uns der Rolle organischer Akte in allen mentalen Prozessen bewusst sind, ist sie ein Anachronismus (Dewey 2001, S. 244 f.). Es ist an der Zeit, sich endgültig von Dogmen zu verabschieden, die unter sozialhistorischen Bedingungen entstanden sind, die mit jenen, unter denen wir heute leben, kaum noch etwas gemein haben.

Die zentralen politischen Probleme der Vergangenheit hatten ihre Ursache in den Konflikten zwischen Rassen, Nationen und Klassen. Das zentrale politische Problem des Anthropozäns wird im Überleben des Menschen als Gattungswesen bestehen. Hobbes hat in einer vergleichbar prekären Situation für ein friedliches Zusammenleben der Menschen zwei Voraussetzungen genannt: die Existenz einer mit realer politischer Zwangsgewalt ausgestatteten Institution einerseits, Bildung und Wissenschaft andererseits. Die Wirksamkeit letzterer wird durch die Erkenntnisse der Evolutionstheorie, wie sie sich in den zeitgenössischen Konzepten der Humanökologie, der Ethologie und der Soziobiologie niedergeschlagen haben, in Frage gestellt. Anders als Soziologen, die bis auf wenige Ausnahmen offensichtlich Schwierigkeiten haben, Kriege, Massengewalt und andere Katastrophen als normale soziale Ereignisse zwischenmenschlichen Zusammenlebens wahrzunehmen, die nichts Mystisches an sich haben, auch wenn sie die Vorstellungskraft der davon Betroffenen oftmals übersteigen, verfügen Paläontologen, Soziobiologen oder Ethnologen über elaborierte Theorien und Modelle zur Erklärung solcher Ereignisse. Auf die Frage, warum es keine kulturelle Überformung, wie Bildung und Erziehung sie darstellen, bislang vermochte, die Menschen von Krieg und Massenmord abzuhalten, obwohl doch alle Menschen für den Frieden und gegen den Krieg seien, lautet die Antwort der Soziobiologie (Mohr 1992, S. 4, 19 f.): Der Mensch sei genetisch auf das Überleben in überschaubaren Kleingruppen unter den Überlebensbedingungen des Pleistozäns eingerichtet und stehe den Anforderungen der ihn heute umgebenden, von ihm selbst geschaffenen Umwelt hilflos gegenüber. Er sei schlichtweg überfordert. Sein evolutionäres Erbe setze seinem Verhalten noch auf lange Sicht bestimmte, nicht beliebig überspielbare Grenzen. Dass der kleingruppenzentrierte Mensch den modernen Institutionen und Verkehrsformen großräumiger Soziotope weitgehend mit Unverständnis begegnet, wird unter anderem daran deutlich, dass er dem überkommenen Integrationsmechanismus der Gegenwartsgesellschaft, dem Markt, nach wie vor hilflos ausgeliefert scheint, statt ihn zu beherrschen, und dort, wo er versuchte, der bewussten Politik Priorität gegenüber dem anonymen Marktmechanismus einzuräumen, wie im deutschen und im russischen Experiment in der ersten Hälfte des zwanzigsten Jahrhunderts, endeten die Versuche in einer unbeschreiblichen Katastrophe.

Hinzu kommt, dass der Mensch mit seinen natürlichen, mit seinen sinnlichen Wahrnehmungsorganen nur einen sehr begrenzten Ausschnitt der Welt erfassen kann. Die Welt der ganz kleinen und die Welt der ganz großen Dinge sind ihm verschlossen. Mit Hilfe seiner Technologie greift er aber immer stärker in sie ein, oftmals mit katastrophalen Folgen, weil er keinerlei genetisch verankerte Sensibilität ihnen gegenüber verfügt. Die Soziobiologie erklärt unser sinnliches Wahrnehmungsvermögen und, darauf aufbauend, unsere intellektuellen Fähigkeiten als partiell isomorphe Anpassungen an den „Mesokosmos“ der uns umgebenden Wirklichkeit (Wilson 1998). Sie reichten bisher aus, das heißt, sie waren adaptiv genug, um unser Überleben zu ermöglichen. Ähnlich wie wir Licht nur in einem bestimmten Wellenbereich „sehen“, akustische Signale nur in einem bestimmten Frequenzbereich „hören““ können, so agieren wir auf Grund dieser spezifischen „Angepasstheit“ unserer genetisch implementierten Strukturen der Wirklichkeitserkenntnis gleichsam „automatisch“ mit Kategorien wie starker Kausalität, Regelmäßigkeit und Stetigkeit, während es für die Wahrnehmung anderer, nichtlinearer Phänomene, zum Beispiel komplexer, technologisch vermittelter sozialer Strukturen jenseits des ursprünglichen Nahbereichs keine im gleichen Maße entsprechende isomorphe, das heißt, „passende“ Strukturen in unserem Erkenntnisapparat gibt (Bammé 2009, S. 101 ff.). Dieser Deutung zufolge wäre die offensichtliche Unfähigkeit des Menschen, mit der ihn umgebenden Natur und der von ihm selbst produzierten technologischen Zivilisation gesittet und vernünftig umzugehen, maßgeblich auf die phylogenetisch überlieferte Beschränktheit seines „ratiomorphen Apparates“ zurückzuführen, die es nahezu unmöglich mache, exponentielles Wachstum, chaotische Strukturen, schwache Kausalität und nichtlineare Prozesse intuitiv zu verstehen, geschweige denn überhaupt wahrzunehmen (Mohrs 1995, S. 343 f.). Es ist nicht nötig, sich mit der „Philosophie“, die dieser soziobiologischen

Sichtweise zu Grunde liegt, zu identifizieren. Aber bürstet man die Erkenntnisse, die sie zu Tage fördert, gegen den Strich, so ergeben sich durchaus interessante, weniger geläufige Facetten im üblicherweise dichotomisch gedachten Verhältnis zwischen Natur und Gesellschaft.

Wenn der Mensch hinsichtlich seiner phylogenetischen Prägung ein Kleingruppenwesen ist, ursprünglich ausgerichtet auf das Überleben in einer überschaubaren Gemeinschaft, die in hohem Maße einer als gefährlich erlebten Umwelt ausgesetzt war, dann sind soziale, kooperative Verhaltensformen gegenüber dieser Gruppe, die dem Einzelnen Schutz und Hilfe bietet, von hohem adaptiven Wert („reziproker Altruismus"), weil der Überlebenserfolg dieser „Ingroup" jedem einzelnen Mitglied zu Gute kommt. Anders sieht es aus bei Artgenossen, die einer „Outgroup", einer fremden Gemeinschaft angehören. Ihnen gegenüber ist eher ein aggressives oder zumindest ein indifferentes Verhalten angebracht, kann es sich dabei doch um potentielle Feinde handeln, welche die eigenen Chancen im Überlebenskampf beeinträchtigen. Diese Situation dürfte Hobbes vor Augen gehabt haben, als er den Begriff des Naturzustands prägte. Die Tatsache, dass die „Geschichte der Menschen, aller ethischen Reflexion und christlichen Verkündung zum Trotz, durchsetzt, ja erfüllt ist von Aggression und Totschlag, von Krieg und Völkermord", lässt sich evolutionstheoretisch plausibel auf diese „kollektive Aggressionskompetenz" des Menschen gegenüber der „Outgroup" zurückführen (Mohr 1987, S. 78, 83 f.). Eine solche Prägung musste allerdings in dem Maße zum Problem werden, in dem, nicht zuletzt verursacht durch die exponentielle Zunahme des Bevölkerungswachstums, das Zusammenleben der Menschen Größenordnungen erreichte, deren Organisation durch die überkommenen gruppendynamischen Integrationsmechanismen nicht mehr zu bewältigen war. Tönnies hat diesen Zivilisationsbruch als Übergang von *gemeinschaftlichen* zu *gesellschaftlichen* Lebensformen bezeichnet.

In evolutionstheoretischer Perspektive besteht das sich daraus ergebende Problem nicht darin, soziale Tugenden wie Wohlwollen, Fairness, Wohltätigkeit und Ehrlichkeit neu zu erfinden, sondern darin, diese Prinzipien, die im Milieu der jeweiligen „Ingroup" schon immer praktiziert wurden, in einem erweiterten Rahmen zu reformulieren und den Bereich ihrer Geltung auf der Basis von Grundsätzen, die freie und vernünftige Menschen in ihrem eigenen Interesse anerkennen, künstlich auszudehnen (grundlegend: Mohrs 1995). In besonders dramatischer Weise stellt sich dieses Problem heute, am Beginn der sich konstituierenden Weltgesellschaft des Anthropozäns. Nicht nur muss in Betracht gezogen werden, dass die Evolution menschlicher Gesellschaftsformen suboptimale Lösungen des Zusammenlebens hervorbringt, sondern dass sie in einer Katastrophe unvorstellbaren Ausmaßes enden können. In dieser Hinsicht sind Natur- und Sozialwissenschaften gleichermaßen gefordert. Lässt sich die im Pleistozän erworbene Aggressionskompetenz ohne massive und in ihrem Erfolg völlig unkalkulierbare Manipulationen am menschlichen Genom verändern oder beseitigen? Sind Strategien denkbar, die auf der Ebene pädagogischer, sozialer und kultureller Maßnahmen auf eine neue Definition von „Ingroup“ und „Outgroup“ abzielen? Wenn man zum Beispiel plausibel machen könnte, dass der „Fremde“ insofern Mitglied der eigenen „Ingroup“ ist, als die eigenen Überlebensinteressen mit den seinen notwendig verknüpft sind, dann könnte die Kalkulation der Klugheit im Sinne des Hobbes zu dem Ergebnis führen, die Strategie der Aggressivität sei weniger erfolgversprechend als die Strategie des Altruismus, der Partnerschaft, der sozialen Kooperation (Mohrs 1995, S. 20).

Referenztexte

Abendroth, Wolfgang (1967): Antagonistische Gesellschaft und politische Demokratie. Aufsätze zur politischen Soziologie. Neuwied und Berlin: Luchterhand

Agamben, Giorgio (2002): Homo sacer. Die souveräne Macht und das nackte Leben. Frankfurt a.M.: Suhrkamp (1995)

Arendt, Hannah (1995): Elemente und Ursprünge totaler Herrschaft (1951)

Bammé, Arno (2009): Wahrnehmen, Deuten, Handeln. In: Berger, Wilhelm; Getzinger, Günter (Hg.): Das Tätigsein der Dinge. München und Wien: Profil, S. 93-147

Bateson, Gregory (1985): Ökologie des Geistes. Anthropologische, psychologische, biologische und epistemologische Perspektiven. Frankfurt a.M.: Suhrkamp (1972)

Baudrillard, Jean (1982): Der symbolische Tausch und der Tod. München: Matthes & Seitz (1976)

Baumann, Zygmunt (1992): Dialektik und Ordnung. Die Moderne und der Holocaust. Hamburg: EVA

Bauman, Zygmunt (1992): Moderne und Ambivalenz. Frankfurt a.M.: Fischer (1991)

Beck, Ulrich (1993): Die Erfindung des Politischen. Frankfurt a.M.: Suhrkamp

Beck, Ulrich (2010): Nachrichten aus der Weltinnenpolitik. Frankfurt a.M.: Suhrkamp

Braidotti, Rosi (2009): Zur Transposition des Lebens im Zeitalter des genetischen Biokapitalismus. In: Weiß, Martin G. (Hg.): Bios und Zoë. Die menschliche Natur im Zeitalter ihrer technischen Reproduzierbarkeit. Frankfurt a.M.: Suhrkamp, S. 108-135

Bröckling, Ulrich et al. (Hg.) (2000): Gouvernementalität der Gegenwart. Studien zur Ökonomisierung des Sozialen. Frankfurt a.M.: Suhrkamp

Carstens Uwe (2005): Ferdinand Tönnies. Friese und Weltbürger. Eine Biographie. Norderstedt: BoD

Claessens, Dieter (1980): Das Konkrete und das Abstrakte. Frankfurt a.M.: Suhrkamp

Crutzen, P., Davis, Mike, Mastrandrea, Michael D., Schneider, Stephen H., Sloterdijk, Peter (2011): Das Raumschiff Erde hat keinen Notausgang. Berlin: Suhrkamp

Crutzen, Paul (2011): Die Geologie der Menschheit. In: Crutzen, P. et al. (Hg.): Das Raumschiff Erde hat keinen Notausgang. Berlin: Suhrkamp, S. 7-10

Daele, Wolfgang van den (Hg.) (2005): Biopolitik. Leviathan Sonderheft 23. Wiesbaden: VS

Dewey, John (1998): Die Suche nach Gewissheit. Eine Untersuchung des Verhältnisses von Erkenntnis und Handeln. Frankfurt a.M.: Suhrkamp (1929)

Dingler, Hugo (1928): Das Experiment. Sein Wesen und seine Geschichte. München: Reinhard

Dror, Yehezkel (1995): Ist die Erde noch regierbar? Ein Bericht an den Club of Rome. München: Bertelsmann (1994)

Dux, Günter (2008): Warum denn Gerechtigkeit? Die Logik des Kapitals. Weilerswist: Velbrück

Dux, Günter (2013): Demokratie als Lebensform. Die Welt nach der Krise des Kapitalismus. Weilerswist: Velbrück

Ehlers, Eckart (2008): Das Anthropozän. Die Erde im Zeitalter des Menschen. Darmstadt: WBG

Emmott, Stephen (2013): Zehn Milliarden. Berlin: Suhrkamp (2013)

Foucault, Michel (2000): Staatsphobie. In: Bröckling, Ulrich et al. (Hg.): Gouvernementalität der Gegenwart. Frankfurt a.M.: Suhrkamp, S. 68-71

Foucault, Michel (2000): Gouvernementalität. In: Bröckling, Ulrich et al. (Hg.): Gouvernementalität der Gegenwart. Frankfurt a.M.: Suhrkamp, S. 41-67

Foucault, Michel (2004): Die Geschichte der Gouvernementalität I: Sicherheit, Territorium, Bevölkerung. Frankfurt a.M.: Suhrkamp

Foucault, Michel (2004): Geschichte der Gouvernementalität II: Die Geburt der Biopolitik. Frankfurt a.M.: Suhrkamp

Freyer, Hans (1925): Der Staat. Leipzig: Wiegandt

Giddens, Anthony (1991): Modernity and Self-Identity. Self and Society in the Late Modern Age. Cambridge: Polity Press

Giesen, Bernhard (1980): Makrosoziologie. Eine Einführung. Hamburg: Hoffmann und Campe

Groß, Matthias; Hoffmann-Riem, Holger; Kron, Wolfgang (2005): Realexperimente. Bielefeld: transcript

Groß, Matthias (2006): Kollektive Experimente im gesellschaftlichen Labor – Bruno Latours tastende Neuordnung des Sozialen. In: Voss, Martin; Peuker, Birgit (Hg.): Verschwindet die Natur? Bielefeld: transcript

Guéhenno, Jean-Marie (1994): Das Ende der Demokratie. München und Zürich: Artemis & Winkler

Günther, Gotthard (2000): Die amerikanische Apokalypse. Aus dem Nachlass hg. und eingeleitet von Kurt Klagenfurt. München und Wien: Profil

Haraway, Donna (1995): Die Neuerfindung der Natur. Primaten, Cyborgs und Frauen. Frankfurt a.M.: Campus

Haraway, Donna (1997): Modest Witness@Second Millennium. FemaleMan©Meets™ OncoMouse. London and New York: Routledge

Hardt, Michael; Negri, Antonio (2002): Empire. Die neue Weltordnung. Frankfurt a.M.: Campus (2000)

Hemminger, Hansjörg (1983): Der Mensch – eine Marionette der Natur? Eine Kritik an der Soziobiologie. Frankfurt a.M.: Fischer

Hesse, Jan-Otmar (2007): Der Staat unter der Aufsicht der Marktes. Michel Foucaults Lektüren des Ordoliberalismus. In: Krassmann, Susanne; Volkmer, Michael (Hg.): Michel Foucaults „Geschichte der Gouvernementalität" in den Sozialwissenschaften. Bielefeld: transcript

Hitler, Adolf (1938): Mein Kampf. Zwei Bände in einem Band. Ungekürzte Ausgabe. München: Eher (1925, 1927)

Hobbes, Thomas (1926): Naturrecht und allgemeines Staatsrecht in den Anfangsgründen. Hg. mit einer Einführung von Ferdinand Tönnies. Berlin: Hobbing (1640, 1889)

Hobbes, Thomas (1989): Leviathan oder Stoff, Form und Gewalt eines kirchlichen und bürgerlichen Staates. Hg. und eingeleitet von Iring Fetscher. Frankfurt a.M.: Suhrkamp (1651)

Hobbes, Thomas (1991): Behemoth oder Das Lange Parlament. Hg. und mit einem Essay von Herfried Münkler. Frankfurt a.M.: Fischer (1682)

Hobbes, Thomas (1992): Dialog zwischen einem Philosophen und einem Juristen über das englische Recht. Hg. und kommentiert von Bernard Willms. Weinheim: VCH

Hobbes, Thomas (1994): Vom Menschen. Vom Bürger. Hg. und eingeleitet von Günter Gawlik. Hamburg: Meiner (1642)

Hobbes, Thomas (1997): Der Körper. Hg. und eingeleitet von Karl Schumann. Hamburg: Meiner (1655)

Hofer, Walther (Hg.) (1962): Der Nationalsozialismus. Dokumente 1933-1945. Frankfurt a.M.: Fischer (1957)

Höffe, Otfried (2009): Ist die Demokratie zukunftsfähig? Über moderne Politik. München: Beck

Höffe, Otfried (2010): Thomas Hobbes. München: Beck

Homans, George Caspar (1968): Theorie der sozialen Gruppe. Köln und Opladen: Westdeutscher Verlag (1950)

Jacoby, E. Georg (2013): Die moderne Gesellschaft im sozialwissenschaftlichen Denken von Ferdinand Tönnies. München und Wien: Profil (1971)

Kapp, K. William (1988): Soziale Kosten der Marktwirtschaft. Frankfurt a.M.: Fischer

Kersting, Wolfgang (1992): Thomas Hobbes zur Einführung. Hamburg: Junius

Latour, Bruno (1991): Technology is Society made durable. In: Law, John (Hg.): Sociology of Monsters. London. Routledge, S. 103-131

Latour, Bruno (1998): Wir sind nie modern gewesen. Versuch einer symmetrischen Anthropologie. Frankfurt a.M.: Fischer (1991)
Lemke, Thomas (2007): Gouvernementalität und Biopolitik. Wiesbaden: VS
Leroi-Gourhan, André (1980): Hand und Wort. Die Evolution von Technik, Sprache und Kunst. Frankfurt a.M.: Suhrkamp (1965)
Macpherson, Crawford B. (1962): The Political Theory of Possessive Individualism: Hobbes to Locke. Oxford: Clarendon
Marcuse, Herbert (1964): Die Gesellschaftslehre des sowjetischen Marxismus. Neuwied und Berlin: Luchterhand (1957)
Marcuse, Herbert (1967): Der eindimensionale Mensch. Studien zur Ideologie der fortgeschrittenen Industriegesellschaft. Neuwied und Berlin: Luchterhand (1964)
Marx, Karl (1953): Grundrisse der Kritik der politischen Ökonomie. Berlin: Dietz (1939)
Marx, Karl (1971): Das Kapital. Erster Band. Berlin: Dietz (1890)
Marx, Karl/Engels, Friedrich (1953): Die deutsche Ideologie. Berlin: Dietz (1932)
McLaughlin, Peter (1993): Der neue Experimentalismus in der Wissenschaftstheorie. In: Rheinberger, Hans-Jörg; Hagner, Michael (Hg.): Die Experimentalisierung des Lebens. Berlin: Akademie
Meyer, John W. (2005): Weltkultur. Frankfurt a.M.: Suhrkamp (1997)
Mohr, Hans (1987): Natur und Moral. Ethik in der Biologie. Darmstadt: WBG
Mohr, Reinhard (2001): Das Innere des Wahns. In: Der Spiegel, Nr. 44, S. 196-197
Mohrs, Thomas (1995): Vom Weltstaat. Hobbes' Sozialphilosophie, Soziobiologie, Realpolitik. Berlin: Akademie
Muhle, Maria (2008): Eine Genealogie der Biopolitik. Bielefeld: transcript
Münkler, Herfried (2001): Thomas Hobbes. Frankfurt a.M.: Campus (1993)
Neumann, Franz (1977): Behemoth. Struktur und Praxis des Nationalsozialismus 1933-1944. Köln: EVA (1942, 1944)
Phocas, Andreas (1986): Biologische Aspekte politischen Verhaltens. München: Tudur
Polanyi, Karl (1978): The Great Transformation. Politische und ökonomische Ursprünge von Gesellschaften und Wirtschaftssystemen. Frankfurt a.M.: Suhrkamp (1944)
Preobrženskij, Evgenij A. (1971): Die neue Ökonomik. Berlin: Verlag Neuer Kurs (1926)
Pulte, Helmut (2005): Axiomatik und Empirie. Darmstadt: WBG
Rauschning, Hermann (1973): Gespräche mit Hitler. Wien: Europa (1940)
Rinke, Andreas; Schwägerl, Christian (2012): Elf drohende Kriege. Künftige Konflikte um Technologien, Rohstoffe, Territorien und Nahrung. München: Bertelsmann
Schelsky, Helmut (1981): Thomas Hobbes. Eine politische Lehre. Berlin: Duncker & Humblot
Schmitt, Carl (1982): Der Leviathan in der Staatslehre des Thomas Hobbes. Sinn und Fehlschlag eines politischen Symbols. Köln: Hohenheim (1938)
Schmitt, Carl (1991): Der Begriff des Politischen. Berlin: Humblot & Duncker (1927)

Schwägerl, Christian (2010): Menschenzeit: Zerstören oder Gestalten? München: Riemann

Sedláček, Tomáš (2012): Die Ökonomie von Gut und Böse. München: Hanser (2009)

Tetens, Holm (1987): Experimentelle Erfahrung. Hamburg: Meiner

Thomasberger, Claus (2011): „Sein und Bewusstsein". Propaganda und „objektive Realität" in den neoliberalen Gesellschaften. In: Ötsch, Walter Otto et al. (Hg.): Gesellschaft! Welche Gesellschaft? Marburg: Metropolis, S. 61-91

Tönnies, Ferdinand (1955): Community and Association. Übersetzt von Charles P. Loomis. London: Routledge

Tönnies, Ferdinand (1971): Thomas Hobbes. Leben und Lehre. Hg. und eingeleitet von Karl-Heinz Ilting. Stuttgart. Frommann (1896)

Tönnies, Ferdinand (1975): Studien zur Philosophie und Gesellschaftslehre im 17. Jahrhundert. Hg. von E. Georg Jacoby. Stuttgart: Frommann (darin u. a. „Anmerkungen über die Philosophie des Hobbes" 1879 ff.)

Tönnies, Ferdinand (1991): Gemeinschaft und Gesellschaft. Darmstadt: WBG (1887)

Tönnies, Ferdinand (2008): Soziologische Schriften 1891-1905. Hg. von Rolf Fechner. München und Wien: Profil (darin u. a. „Die Entwicklung der Technik" 1905)

Tönnies, Ferdinand (2009): Schriften und Rezensionen zur Anthropologie. Hg. von Rolf Fechner. München und Wien: Profil (darin u. a. „Eugenik" 1905, „Zur naturwissenschaftlichen Gesellschaftslehre" 1905 ff., „Der allgemeine Rassen-Kongreß" 1910, „Über Anlagen und Anpassung" 1911)

Tönnies, Ferdinand (2010): Schriften zur Staatswissenschaft. Hg. von Rolf Fechner. München und Wien: Profil (darin u. a. „Die Politik des Hobbes" 1897, „Der Staatsgedanke des Hobbes" 1918, „Hobbes und das Zoon Politicon" 1923, „Die Lehre von den Volksversammlungen und die Urversammlung in Hobbes' Leviathan" 1930)

Tönnies, Ferdinand (2010): Schriften und Rezensionen zur Religion. Hg. von Rolf Fechner. München und Wien (darin u. a. „Hobbes' Religionsphilosophie" 1929)

Tuck, Richard (1999): Hobbes. Freiburg: Herder (1989)

Vollmer, Gerhard (1987): Evolutionäre Erkenntnistheorie. Stuttgart: Hirzel

Vollmer, Gerhard (1988): Was können wir wissen? Zwei Bände. Stuttgart: Hirzel

Welzer, Harald (2008): Klimakriege. Wofür im 21. Jahrhundert getötet wird. Frankfurt a.M.: Fischer

Werner Götz (Hg.) (2006): Ein Grund für die Zukunft: das Grundeinkommen. Stuttgart: Freies Geistesleben

Willms, Bernard (1970): Die Antwort des Leviathan. Thomas Hobbes' politische Theorie. Neuwied und Berlin: Luchterhand

Wilson, Edward O. (1998): Die Einheit des Wissens. Berlin: Siedler

Wuketits, Franz (1997): Soziobiologie. Die Macht der Gene und die Evolution. Heidelberg: Spektrum

Ziman, John M. (1966): Postacademic Science. In: Science Studies, Jg. 9, Nr. 1, S. 67-80

Zürn, Michael (2013): Die Welt regieren ohne Weltregierung. In: WZB-Mitteilungen, Heft 5, S. 6-9

Die Gruppe – Nukleus der Gemeinschaft

Die Argumentation des vorliegenden Essays bewegt sich auf der abstrakten Ebene dessen, was Ferdinand Tönnies als „reine Soziologie“ bezeichnet hat. Es geht um die Bildung von Begriffen, um Gedankenkonstrukte, die (zunächst noch) keine empirische Entsprechung in der Realität dort draußen haben (müssen). Um Missverständnisse zu vermeiden, denen die Begriffsarchitektur von Tönnies nur allzu oft ausgesetzt war, sei der Sachverhalt zu Beginn an einem etwas längeren Beispiel erläutert.

Abstraktion, Isolation und Zuschreibung

So etwas wie einen Wald, von dem wir gewöhnlich sprechen, ohne lange darüber nachzudenken, gibt es an sich nicht, es sei denn, wir konstruieren ihn uns begrifflich im Kopf oder pflanzen ihn als reales Artefakt künstlich an. Natürlicherweise gibt es *einzelne* unverwechselbare Buchen oder Birken oder was weiß ich; zum Wald werden sie aber erst, wenn wir uns darauf einigen, zum Beispiel sechzig oder mehr von ihnen als Wald zu *bezeichnen*. Haben wir erst einmal einen solchen abstrakten Begriff durch Konvention, also künstlich geschaffen, lässt er sich weiter ausdifferenzieren in isolierende Unterbegriffe, zum Beispiel in naturwüchsige Urwälder und artifizielle Plantagen. Der Begriff des Waldes, das Bezeichnende, entsteht also nicht aus sich selbst heraus, aus dem Bezeichneten, sondern durch Zuschreibung, durch Attribuierung (Lüdemann 2004). Ähnlich verhält es sich mit dem Begriff der Gesellschaft. Eine Gesellschaft an sich, aus sich selbst heraus, gibt es nicht. Es gibt hier Herrn Meyer und dort Frau Schulze und wen weiß ich noch alles. Zu dem, was wir „Gesellschaft“ nennen, werden sie aber erst, wenn sie als Individuen über einen längeren Zeitraum, anders als in der Gemeinschaft, akzidentell in *punktuelle* Kontakte zueinander treten und wir das Phänomen, das dadurch entsteht, als Gesellschaft bezeichnen (Klose et al. 1961, S. 273). Das Problem ist hier insofern etwas komplizierter als im Falle des Waldes, weil, vermittelt über intelligente Kommunikationstechnologien, Gesellschaft heute auch ohne das Zutun von Menschen in substantieller Weise dauerhaft etabliert werden kann (Bammé 2017). Nicht zu Unrecht hat Bruno Latour (1991) deshalb davon gesprochen, dass Technologie nichts anderes sei als Gesellschaft, auf Dauer gestellt.

Die Argumentation des vorliegenden Essays bewegt sich auf zwei Abstraktionsebenen zugleich, auf einer makro- und auf einer mikrosoziologischen. Auf der makrosoziologischen Ebene werden die Begriffe der „Gemeinschaft" sowie der „Gesellschaft" verhandelt, auf der mikrosoziologischen die der „Gruppe" und des „Individuums". Man kann endlos darüber streiten, ob eine solche Entgegensetzung sinnvoll ist oder nicht, weil in der Realität ohnehin Alles mit Allem zusammenhängt. Zweifellos lässt sich individuelles Verhalten aus strukturellen Notwendigkeiten der Gesellschaft ableiten (Durkheim 1984) und makrosoziologisch erklären (Soziologie des Seins); genau so richtig ist aber auch, dass sich individuelles Verhalten gesellschaftsverändernd auswirken kann und in dieser dynamisierenden Funktion gleichfalls einer Erklärung zugänglich ist (Tarde 2009), zum Beispiel einer mikrosoziologischen (Soziologie des Werdens). Es ist einer der gefährlichsten Trugschlüsse in der Soziologie, zu glauben, dass x keine Funktion von y sein könne, weil y eine Funktion von x ist. Ein Fehler wäre es deshalb, sich die Gesellschaft monokausal als eine Einrichtung vorzustellen, die den Individuen ihren Stempel aufdrückt, und die komplementäre Frage, wie der Stempel, also die Kultur, zu dem wird, was er ist, zu vernachlässigen (Homans 1969, S. 315). Aus erkenntnistheoretischen Gründen ist es deshalb durchaus sinnvoll, analytische Trennungen wie die oben genannten zu vollziehen, solange man sich bewusst bleibt, dass es sich hierbei um ideelle Artefakte handelt, die in der Realität keine Entsprechung haben (müssen).

Den Kategorien „Gemeinschaft" und „Gesellschaft" auf der makrosoziologischen Ebene entsprechen als Pendant auf der mikrosoziologischen die Begriffe „Gruppe" und „Individuum". Folgen wir der Diktion von Tönnies (2017), so entsteht „Gesellschaft", indem vereinzelte, voneinander isolierte Individuen in punktuelle Kontakte zueinander treten. Er spricht deshalb von einem artifiziellen Konstrukt. Hingegen ist die „Gemeinschaft" mit den darin Involvierten als dauerhafte immer schon gegeben. Ihre Strukturprinzipien sind gleichsam als „erste Natur" in der Psyche des Menschen verankert; der Mensch ist sowohl in ethnologischer (phylogenetisch) wie in sozialpsychologischer Sicht (ontogenetisch) ein Kleingruppenwesen (Mohr 1987, Wuketits 1997, Schurz 2011). Aber auch hier ist das Problem komplizierter, als soeben dargestellt, denn in der

Rottweiler-Gesellschaft des 21. Jahrhunderts[1] werden Gruppen inzwischen artifiziell erzeugt so wie Gefühle, eine Basiskategorie gemeinschaftlicher Lebenszusammenhänge, instrumentalisiert und profitbringend vermarktet werden (Illouz 2007). Gleichwohl, grundsätzlich gehen die (mikrosoziologische) Gruppe wie die (makrosoziologische) Gemeinschaft dem (mikrosoziologischen) Individuum und der (makrosoziologischen) Gesellschaft sowohl sozialhistorisch (phylogenetisch) als auch lebensgeschichtlich (ontogenetisch) voraus, denn die erste und unmittelbarste soziale Erfahrung der Menschheit ist die Erfahrung der kleinen Gruppe. Damit sind sie gleichermaßen Forschungsgegenstand sowohl der Ethnologie wie der Soziologie. Eine scharfe Grenze zwischen beiden Wissenschaftsdisziplinen lässt sich ohnehin kaum ziehen. Der Ethnologe ist gleichsam ein Soziologe „primitiver" (oder besser: schriftloser) Gemeinschaften, der Soziologe hingegen ein Ethnologe „zivilisierter" Gesellschaften; beide könnte man unter dem Oberbegriff der Sozialanthropologie zusammenfassen, der *Sozial*anthropologie deshalb, weil die dem Menschen wesentliche Fähigkeit zur Kooperation auf der Grundlage geteilter Intentionen mit einem methodischen Individualismus, wie er von der klassischen, in der Tradition abendländischer Bewusstseinsphilosophie wurzelnden Anthropologie vertreten wird, nicht oder nur schwer erklärbar wäre. Um die Sackgassen des methodischen Solipsismus in der philosophischen Anthropologie, wie er sich in der abstrakten Denkfigur *des* Menschen, das heißt, im Singular erhalten hat, zu vermeiden, ist es erkenntnistheoretisch geboten, von einem methodischen Kollektivismus auszugehen (Thyen 2010, S. 266 f.).

Begriffskontexte und Verweisungszusammenhänge

Um die zwei grundsätzlichen Sozialformen, innerhalb derer Menschen ihr Leben gestalten können, zu bezeichnen, prägte Tönnies die abstrakten, von jeglicher Empirie losgelösten Begriffe „Gemeinschaft" und „Ge-

[1] Der Begriff der „Rottweiler-Gesellschaft" bzw. der „Rottweiler-Mentalität", ein Synonym für den entfesselten Kapitalismus, stammt nicht von mir, sondern von Paul Collier (2019). Die Hunderasse der Rottweiler gilt einerseits als „freundlich, friedlich, kinderliebend, anhänglich, gehorsam, führig und arbeitsfreudig", andererseits weisen mehrere Studien darauf hin, „dass Hunde vom Typ Pit Bull sowie Rottweiler in den USA zusammen mehr als die Hälfte aller Todesfälle durch Hundebisse verursachten", „dass Hunde vom Typ Rottweiler verglichen mit ihrer Häufigkeit in der Hundepopulation überdurchschnittlich oft beißen", „dass dem Rottweiler (hinter dem *Deutschen Schäferhund*) eine hohe *Auffälligkeitsrate*" zukomme.

sellschaft", „zwischen denen sich das wirkliche soziale Leben bewegt" (2017, S. 436) und auf die sich *alle* zwischenmenschlichen Beziehungsformen zurückführen lassen (deshalb „reine Soziologie"). Mit „Gemeinschaft" bezeichnet er traditionale, vorbewusste („natürliche") Lebens- und Verkehrsformen, die für die darin involvierten Menschen um ihrer selbst willen bedeutsam sind (2017, S. 25 ff.), und nicht, wie es im Gegensatz dazu für die („künstliche") Sozialform der „Gesellschaft" gilt, nur um eines Zweckes willen bewusst eingegangen werden (2017, S. 64 ff.). Beide Sozialformen sind jeweils mit einer spezifischen Willensform verknüpft (2017, S. 121 ff.). Der ganzheitlich-expressive „Wesenwille" prägt die Gemeinschaft, der zweckrationale „Kürwille" die Gesellschaft. Im Wesenwillen bilden Vernunft und Wille eine Einheit, beim Kürwillen dominiert der Intellekt den Willen.

Komplementär zur Vergesellschaftung des Menschen in der Neuzeit („Sozialismus") entwickelt sich eine spezifische Form seiner Vereinzelung („Individualismus"). Beides geht Hand in Hand. „In und aus den gemeinschaftlichen Zusammenhängen und Verbänden, mehr noch neben ihnen her, entwickelt sich das Individuum und der Individualismus" (2019, S. 14). Sie sind die Träger der Gesellschaft. „Individualismus" und „Sozialismus" sind zwei Seiten ein und derselben Medaille. Tönnies spricht deshalb auch von einem „individualistisch-sozialistischem Zeitalter" (2019, S. 43). Im Gegensatz zur Gemeinschaft begegnen sich die Individuen in der Gesellschaft als isolierte. Erst hier, in der Gesellschaft, im „Sozialismus" entfaltet sich das „Individuum" in dem besonderen Sinne, durch den es zum soziologischen Begriff geworden ist (2019, S. 11). Folgerichtig verortet Tönnies im Verhältnis des vereinzelten Menschen zur Gesellschaft eines der grundlegenden Probleme der Soziologie, das „sich nur im Lichte soziologischer Begriffe richtig verstehen lässt" (2019, S. 7).

Während ihm als Nukleus, als Zentralfigur der Gesellschaft das isolierte, autonome Individuum gilt, hat Tönnies für die Sozialform der Gemeinschaft keinen vergleichbar präzisen Einheitsbegriff gewählt. Hier bediente er sich der Taxonomie einer topologisch angeordneten Wortwahl, um zu verdeutlichen, was die tragenden Säulen dieser Sozialform sind. Ihre „Keimform" findet er in der „Familie" (2017, S. 25), die sich Raum und Zeit übergreifend weiterentwickelt zur „Gemeinschaft des Blutes" („Verwandtschaft"), „des Ortes" („Dorf") und „des Geistes" („Freundschaft"), denen entsprechende psychische Verfassungen („Gefallen", „Gewohnheit", „Gedächtnis") und Willensäußerungen („vegetativ", „animalisch", „mental") zugeordnet sind (2017, S. 32 ff., 126 ff.). Diese auf die „Gemeinschaft" bezogenen Kategorien, die er vor 130 Jahren zu Papier brachte, entziehen sich heute aus zwei Gründen einer voraussetzungslosen Übernahme bzw. Verwendung. Zum einen bedeuten Begriffe wie „*die* Familie“ heute zu wesentlichen Teilen etwas völlig anderes, als Tönnies mit ihnen ausdrücken wollte. Zum anderen ist der Zerfall der von ihnen bezeichneten Einrichtungen bzw. Institutionen so weit fortgeschritten, ein Prozess, der von Tönnies in aller Klarheit prognostiziert wurde, dass sie die ihnen zugeschriebene soziale Synthesefunktion kaum noch erfüllen können, so dass sich auch von daher die Frage stellt, ob und, wenn nicht, welche Einrichtungen an ihre Stelle getreten sind, um in der „Gesellschaft“ jene nach wie vor bestehenden anthropologischen Grundbedürfnisse eines „gemeinschaftlich“ strukturierten Lebens zu erfüllen und wie diese zu benennen seien.

Tönnies hatte die Begriffe seiner „reinen Soziologie“ *zwar* als Abstrakta konzipiert, als Basiskategorien einer soziologischen Axiomatik, die ihre universale, gleichsam anthropologische Bedeutung dadurch erweisen, dass sie nicht nur das soziale Leben in seiner jeweils *aktuellen* Gegebenheit zu erklären beanspruchen, sondern auch in seinen *historischen* Wandlungsprozessen zu erfassen suchen. Es sind reine Gedankenkonstrukte, die, anders als bei Marx (1971, S. 27), nicht vom Konkreten ausgehen und durch Abstraktion zu Verallgemeinerungen fortschreiten, sondern sich aus einem Willkürakt ergeben, ohne *fundamentum in re* (2017, S. 178). „Ihre Anwendbarkeit auf die Wirklichkeit“, schreibt er am 28. Dezember 1889 in einem Brief an Paulsen, „ist ihnen, so zu sagen (theoretisch) nur akzidentell, wenn auch für die Praxis das Wichtigste“ (Klose et al. 1961, S. 273). *Aber* sie sind natürlich nicht vom Himmel gefallen. Mehr unbewusst als bewusst, dürfte er die prosaischen Erfahrungen seiner Kindheit in ihnen verdichtet, um nicht zu sagen: sublimiert haben. Aufgewachsen ist er auf einem Marschenhof, auf einem der für die Halbinsel Eiderstedt typischen „Haubarge“, die zu den größten Bauernhäusern der Welt gehören (Carstens 2005). Sie lagen auf einer erhöhten Warft isoliert in der Landschaft, umgeben von einem oder einem doppelten Wassergraben. Wohnungen, Stallungen, Geräteschuppen, all das befand sich unter einem riesigen Walmdach aus Reet. Die Nordseite des Hauses war als Schutz gegen die Unbilden des Wetters üblicherweise mit immergrünen Nadelbäumen bepflanzt, die anderen Seiten mit Laubbäumen, in der Regel mit Ulmen, die in der Lage sind, dem rauen Nordseewind zu widerstehen, im Sommer Schatten spenden und im Winter die Sonne durchscheinen lassen. Jeder Haubarg stellte im Prinzip ein in sich geschlossenes Soziotop dar, ein „großes Haus“, in dem mehrere Generationen, Herrschaft und Gesinde, unter einem Dach zusammenlebten. Nicht von ungefähr kann

Tönnies deshalb im Rahmen seiner Topologie „Verwandtschaft/Haus", „Nachbarschaft/Dorf" und „Freundschaft/Stadt" formulieren: Die „*Verwandtschaft* hat *das Haus* als ihre Stätte und gleichsam als ihren Leib; hier ist das Zusammenwohnen unter *einem* schützenden Dache; gemeinsamer Besitz und Genuss der guten Dinge, insonderheit Ernährung aus demselben Vorrate, Zusammensitzen an demselben Tische" (2017, S. 33). Knechte und Mägde zählen dazu. Tatsächlich war es im östlichen Eiderstedt durchaus üblich, dass Herrschaft und Gesinde an einem Tisch zusammen ihre Mahlzeiten einnahmen[2], so dass „der Knechtesstand selber der Kindschaft ähnlich werden kann", so wie „Kinder als Nachkommen und Abhängige eine Vermittlung und Zwischenstand von Herrschaft und Knechtschaft bilden" (2017, S. 47 f.). Wenn Tönnies also von „Familie" spricht, dann genau in diesem Sinne.

Dass Tönnies die Familie als Nukleus der Gemeinschaft darstellt, macht insofern Sinn, als die Familie (oder die Ehe) die erfolgreichste aller menschlichen Einrichtungen bzw. Institutionen ist, unabhängig von den Wandlungen, die sie über die Zeiten hinweg durchlaufen hat. Das muss durchaus nicht im Widerspruch stehen dazu, dass gerade in der modernen Gesellschaft viele Familien bzw. Ehen unglücklich verlaufen, sondern soll nur darauf hinweisen, dass sie offensichtlich ein universales menschliches Bedürfnis zu erfüllen verspricht, dem sie auch in ihrer neuzeitlichen Form als „Kernfamilie", das heißt, bestehend aus einem Mann, einer Frau und durchschnittlich zwei Kindern, gerecht zu werden versucht. Selbst einige der über eine Seitenlinie mit dem Menschen verwandten höheren Primaten weisen deutlich erkennbare Familienstrukturen auf. Demselben Wunsch nach zwischenmenschlicher Nähe dürfte die heute in vielen Staaten juristisch legalisierte Ehe gleichgeschlechtlicher Partner nachkommen. Deshalb gilt es bei Texten von Tönnies, sich zu vergewissern, in welchem Verhältnis Bezeichnetes und Bezeichnendes zueinander stehen und wie dieses Verhältnis heute zeitgemäß zu reformulieren wäre. Wenn er zum Beispiel von der attischen *Polis*-Gemeinschaft spricht (2017,

[2] An sich war es üblich, dass „Herrschaft" und „Leute" ihre Mahlzeit getrennt einnahmen. Allerdings waren die Verhältnisse zum Beispiel auf Herrnhallig im östlichen Eiderstedt anders. „Wir kennen keinen Fall von Herrnhallig, wo Bauer und Gesinde nicht an einem Tisch gesessen hätten. Selbst der reiche Jacob Jessen, dessen Hof 120 Hektar Land umfasste, hat mit seiner Familie, dem Gesinde und den Tagelöhnern immer an einem Tisch gesessen", weiß der Landwirt und Regionalforscher Jan Dau zu berichten (Realität und Fiktion in K. v. d. Eiders Dorfroman „Kihrwedder". Veröffentlichungen aus den Forschungsprojekt „Literatur und Soziologie", Alpen-Adria-Universität Klagenfurt, Heft 4, Oktober 1983, S. 7 f.).

S. 329) und sich dabei auf Aristoteles bezieht, muss man sich klarmachen, dass Athen für Aristoteles[3], auch wenn bei ihm selbst vom „Staat“ die Rede ist, einen *gemeinschaftlichen* Lebenszusammenhang darstellte, der dem, was Tönnies „Dorf“ oder (provinzielle) „Kleinstadt“ nennt, näher steht als das, was er mit dem Begriff der Groß- oder Weltstadt bezeichnet. Zumindest die Angehörigen der regierenden Schichten Athens konnten bis zu einem gewissen Grade unmittelbar in Beziehung zueinander treten, so dass für sie dieser Stadt*staat* die vertrauteste und zugleich wichtigste organisierte Menschengruppe war und vieles von dem, was Aristoteles über ihn sagte, dem gleichkommt, was Tönnies unter dem Begriff der Gemeinschaft subsumierte.

Bedeutungsverschiebungen und Rekontextualisierungen

Geschlechtsbefriedigung, Kinderaufzucht und Beschaffung von Nahrung und Unterkunft sind zweifellos für die Bestimmung der Konstitution menschlicher Familien von höchster Bedeutung. Zwar weichen die Praktiken des Geschlechtsverkehrs und der Kinderaufzucht in vielen menschlichen Gesellschaften voneinander ab, aber sie stehen weniger unter dem Einfluss der in Umwelt und Technologie vor sich gehenden Veränderungen, als dies bei den wirtschaftlichen Aktivitäten der Fall ist. Wenn es darum geht, den Unterschieden Rechnung zu tragen zwischen dem Familientyp, den Tönnies im Auge hatte, und der heutigen „Kernfamilie“, dann sind es vor allem diese wirtschaftlichen Aktivitäten, die ins Blickfeld zu nehmen sind. Was zum Beispiel die Größe der miteinander agierenden Gruppenmitglieder betrifft, so muss man sich vergegenwärtigen, dass in wirtschaftlicher Hinsicht bei Tönnies nicht die „Kernfamilie“, sondern der „Haushalt“ die entscheidende Grundeinheit ist, die neben dem Mann, seiner Frau und ihren Kindern auch noch mehrere Verwandte und das Gesinde umfasst. Sie alle sind über eine komplizierte, räumlich und zeitlich aufeinander abgestimmte Arbeitsteilung miteinander verbunden. Ihrem Verhalten liegen Prinzipien zugrunde, wie es allem kooperativen Handeln zugrunde liegt. Mit anderen Worten: Wir haben es hier mit einer *Arbeitsgemeinschaft* zu tun, die bestimmte Aufgaben zu erfüllen hat, und nicht so sehr mit einer *Familie*, wie wir sie heute als etwas Einzigartiges

[3] Bei Aristoteles heißt es: „... der Staat ist eine Gemeinschaft, ... die um des Lebens willen entstanden ist und um des vollkommenen Lebens willen besteht“ (Politik, 3. durchgesehene Auflage, unveränderter Abdruck, Leipzig (Phil. Bibl., Bd. 7), Buch I, Kap. 1, 1252 b 12, S. 4).

verstehen, weil es sich bei ihr um eine Beziehungskonstellation handelt, in der ein Mann und eine Frau aus Gründen der Geschlechtsbefriedigung und Kinderaufzucht zusammenkommen.

Im Übergang von der Sozialform der Gemeinschaft zu jener der Gesellschaft hat die Entwicklung dazu geführt, dass die Aktivitäten, wie sie für das „große Haus“ charakteristisch sind, immer mehr der Familie entzogen und anderen Einrichtungen bzw. Institutionen übertragen wurden, so dass ihr von den einstmals vielen Aktivitäten heute nur noch die Sexualbeziehungen zwischen Ehemann und -frau, die Sorge für die kleineren Kinder und die Führung des Haushaltes übrigblieben. Landwirtschaft, Fischerei, Kleiderherstellung, Erziehung und religiöses Ritual wurden ihr genommen, und sogar das Kochen und die Sorge für die Kinder werden zunehmend ausgelagert. Damit gerät die Familie als Institution in eine Krise, die um so besser zu verstehen ist, wenn wir davon ausgehen, dass es sich bei ihr um eine Beziehungskonstellation handelt, die sie strukturell und funktional mit anderen menschlichen *Gruppen* teilt: Grundsätzlich findet in ihr derselbe Prozess wie in jeder anderen Organisation statt, das heißt, es kommt zur Errichtung einer Arbeitsteilung; die Gesamtaktivität der Familie wird in Einzelaktivitäten aufgeteilt; manche Arbeiten werden von der Gruppe als Ganzes verrichtet, andere werden von Untergruppen oder von Einzelpersonen durchgeführt; dadurch entstehen Koordinationsaufgaben und Leitungsnotwendigkeiten. Die emotionalen Bindungen zwischen den daran beteiligten und davon betroffenen Menschen entwickeln sich nicht im luftleeren Raum, sondern ergeben sich aus der Funktion der gemeinsam ausgeübten Tätigkeiten und der Art, wie diese organisiert werden. So ist die Gefühlsverbindung zwischen Ehemann und -frau auf den Aktivitäten gegründet, die sie zu dem gemeinsamen Unternehmen beisteuern. All das aber ist, anders als im „großen Haus“, in der modernen Kleinfamilie heute nicht mehr der Fall.

„Heute gibt es nur noch sehr wenige von einem Ehepaar zusammen verrichtete Arbeiten. Die Partner wählen einander aus Gründen romantischer Liebe, weil das soziale System sonst nichts anzubieten hat, was ihre Wahl leiten könnte, aber wenn dieser romantische Traum vergangen ist, wie er notwendig vergehen wird, so müssen sie allein auf die Sexualbeziehungen und auf bloße Gefährtenschaft bauen, um ihrer Ehe eine Grundlage zu geben. Doch die Sexualbeziehungen für sich sind eine schwache Basis für eine dauerhafte Verbindung“ (Homans 1969, S. 267). Homans verweist in diesem Zusammenhang darauf, dass in den USA jeweils eine von vier Ehen durch Scheidung ihr Ende findet, und fährt fort: „Wenn Mann und Frau Gefährten sein wollen, so müssen sie Tätigkeiten finden, in denen sie das sein können. Bei der Familie alten Typs brauchten solche Aktivitäten nicht extra erfunden zu werden: sie waren gegeben. Kommt es außerdem auf dem Gebiete der Sexualbeziehungen oder Gefährtenschaft zu Schwierigkeiten, dann werden diese leicht zum Unheil führen, falls es zwischen Ehemann und -frau keine anderen Bindungen gibt, welche die Spannungen aufnehmen können“ (ebd.). In der Familie alten Typs, den Tönnies vor Augen hatte, wurden die ausgeübten Aktivitäten durch die Normen der Gemeinschaft gebilligt. Ein Mann kam zu seinem Rang, indem er ein guter Bauer oder Handwerker, eine Frau, indem sie eine gute Hausfrau und Wirtschafterin war, und so hatte jeder Anlass zur Selbstachtung und zur Achtung anderer. Diese Einheit ging verloren, als sich die Gesellschaft und ihre Verkehrsformen entwickelten. Heute wird ein Ehemann nach der Stellung eingeschätzt, die er außerhalb der Familie innehat, aber diese nützt ihm zu Hause wenig, wo er allenfalls ein Spielkamerad und Dauergast ist. Die Frau wiederum stellte zunehmend fest, dass sich eine gute Haushaltsführung nicht länger bezahlt macht, und Frauentätigkeiten, bei denen eine gute Leistung belohnt wird, außerhalb der Familie verrichtet werden.

Die für die „Gesellschaft alten Typs“ (Tönnies würde von „Gemeinschaft“ sprechen) auf der ganzen Welt charakteristischen erweiterten Verwandtschaftsbande haben sich gleichfalls aufgelöst. Sie bestanden nur so lange, wie sie zum äußeren System der Gemeinschaft rückgekoppelt waren. Die Kernfamilie verließ zunächst den Haushalt und dann auch die Nachbarschaft der übrigen Verwandten, und zwar deshalb, weil sie es sich leisten konnte und weil ein jungverheiratetes Paar dem Reiz erlag, den Tanten und anderen alten Leuten zu entkommen. Sie wurden mit staatlichen Pensionen in Altersheime abgeschoben, wo sie als mürrische Verstoßene leben, weil sie sich nicht länger der Sicherheit erfreuen, die aus dem Zusammensein mit Verwandten und Freunden entspringt, denen man bis in die letzten Lebenstage hinein etwas bei der Arbeit beistehen kann. Während sie früher mit Großmüttern, Tanten und gleichaltrigen Vettern und Basen spielten, müssen Kinder heute, mit der Mutter oder mit Bruder und Schwester allein gelassen, mit intensiven Gefühlsbindungen zu wenigen statt mit lockeren zu vielen Personen auskommen. Die Folge davon ist, dass Mütter ihre Augenblicke haben, wo sie dem Kind grollen, während sie gleichzeitig oft überängstlich und besorgt sind. Ebenso wie die Verwandten fehlen der Familie auch die Nachbarn. Die berufliche und räumliche Mobilität der Familie, insbesondere des Vaters, ist manchmal so groß, dass dauerhafte Bindungen zu Nachbarn, die der Familie etwas von ihrer Verlassenheit nehmen könnten, nicht zustande kommen (Sennett

1998). Erschwert wird die Situation dadurch, dass sich die überkommenen Normen der Familie alten Typs langsamer verändern als die ihnen zugrunde liegende Realität. So überleben in großen Teilen unserer Literatur, in unserer Religion, ja sogar im Familienbild der Heiligen Schrift tradierte Muster einer altertümlichen Familie, wie sie wirklich für Jahrtausende *die* Realität schlechthin darstellten und verursachen Schuldgefühle, wenn das tatsächliche Verhalten heute nicht an das so beredt als musterhaft hingestellte Vorbild heranreicht. Zwar weisen Soziologen und Psychologen zunehmend auf die verminderte Gültigkeit der alten Muster hin, aber neue Normen, die mit gleicher Verbindlichkeit die volatiler werdenden Eltern-Kinder-Beziehungen regeln, sind noch nicht zustande gekommen.

Pathogene Sozialstrukturen und Entwicklungsdynamiken

Zwar ist der Mensch von seiner „ersten Natur" her ein soziales Lebewesen, also kein nomadischer Einzelgänger; aber, darin stimmen nahezu alle ethnologischen Studien weitgehend überein, er ist ein *Kleingruppenwesen*, disponiert auf das Überleben in einer überschaubaren kleinen Gruppe, das heißt, kein von sich aus staatenbildendes Lebewesen wie etwa Bienen oder Ameisen. Er ist ein natürliches *Oikos*-Wesen, kein natürliches *Polis*-Wesen. Er ist gesellschafts*fähig*, er verfügt über natürliche „Vergesellschaftungsressourcen". Aber er ist nicht von Natur aus zur Großgesellschaft (jenseits der genetischen *Ingroup*) disponiert oder gar determiniert. Die Herausbildung und Erhaltung größerer sozialer Gebilde bis hin zu den modernen Nationalstaaten ist kein natürliches Phänomen, sondern das Ergebnis einer höchst artifiziellen kulturellen Leistung (Mohrs 1995, S. 39 f.). Um den Gefahren einer Vereinzelung und Isolation, wie sie Großgesellschaften mit sich bringen (Dreitzel 1972, Ottomeyer 1980, Reckwitz 2017), zu entgehen, müssen Menschen in der Lage sein, sich einer Gruppe anzuschließen. Die Fähigkeit dazu ist nicht angeboren, sondern ist das Ergebnis von Erfahrung, von Erziehung und Sozialisation. Beides beginnt früh in der Familie. In ihr lernt das Kind die Grunderfordernisse seiner Gesellschaft kennen. *Familie* und *Verwandtschaft* stellen zweifellos die bedeutsamste *Gruppenform* der Menschheit dar, deren Ursprung überdies älter ist als der aller anderen lokalen Gruppen (König 1962, S. 63; hierzu auch Homans 1969, S. 193). Doch auch wenn der Prozess des Erlernens der wesentlichen sozialen Imperative in der Familie von überragender Bedeutung ist, so muss er in anderen Gruppen, die gleichfalls über stark ausgebildete Normen verfügen, weitergeführt werden. Die Prozesse der Erziehung und Sozialisation beginnen zwar in der Familie, es kann aber unheilvolle Folgen haben, wenn sie zu lange in dieser andauern. Das Kind, indem es älter wird, muss den intensiven, aber beschränkten Gefühlsbindungen der Familie, insbesondere den Engführungen der neuzeitlichen Kernfamilie entkommen und Mitglied einer Gruppe von Gleichaltrigen werden, in der es eine Art der Moralität lernen kann, die für das Leben eines Erwachsenen ebenso wichtig ist wie das durch die Autorität der Eltern vermittelte Gewissen, das heißt, kein von einer absoluten Macht wie dem Vater auferlegtes Absolutum, sondern eine Konvention, ähnlich einer Spielregel, die von einer Gesamtheit Gleicher als die erste Bedingung einer Kooperation anerkannt wird (Homans 1969, S. 300). Vorausgesetzt ist, was immer weniger als gegeben angenommen werden kann, dass beide Gruppen ihren Aufgaben auch entsprechen können. Wenn die Familie aus irgendwelchen Gründen das nicht leisten kann, zum Beispiel weil sie sich in ihrem Gemeinwesen in einer solchen Isolation befindet, dass der notwendige Übergang des Kindes von der Familie zur Gruppe Gleichaltriger erschwert wird, oder wenn die betreffende Gemeinde so zerrüttet ist, dass sich solche Gleichaltrigengruppen nur schwer oder aber in äußerster Opposition zur Gesamtgesellschaft bilden, dann werden die sozialen Integrationsprozesse zwangsläufig darunter leiden. „Die Krankheit der Gesellschaft führt dann zur Krankheit des Individuums, aber die letztere wirkt ihrerseits wiederum auf die Gesellschaft zurück. Der Mensch wird so mit einer verminderten Fähigkeit zur Kooperation mit anderen in sein Reifestadium treten und weniger leicht in der Lage sein, eine Familie zu gründen oder eine Gemeinschaft aufzubauen, das heißt, die Bedingungen zu schaffen, in denen seine Kinder ihrerseits zu innerlich starken Menschen heranwachsen können. Dieser Zirkel kann leicht bösartig werden und ist es vielleicht in weiten Teilen der westlichen Gesellschaft schon geworden“ (ebd.). Das Resultat wäre, euphemistisch formuliert, eine „Gesellschaft der Singularitäten“ (Reckwitz 2017) oder, weniger freundlich ausgedrückt, eine „Rottweilergesellschaft“ (Collier 2019).

Homans bedient sich, um die Tragweite der Situation zu verdeutlichen, einer metaphorischen Redeweise: „Ein soziales System hat zumindest ein Merkmal mit einem biologischen System gemein, wie es zum Beispiel ein Lebewesen darstellt: es ist ein aus Einheiten bestehendes organisiertes Ganzes, welche Einheiten selbst wieder organisiert sind. Das Individuum oder – um ein besseres Wort zu gebrauchen – die Person in der Gruppe gleicht in dieser Hinsicht der Zelle eines Körpers. Seiner ganzen Reichweite nach ist das Problem der Beziehung zwischen Individuum und Gruppe ungeheuer groß und umfasst die ganze Sozialpsychologie." Beide, Individuum und Gruppe, bestimmen und prägen einander wechselseitig. Wenn nun „ein Körper nicht gesund ist, wenn seine Zellen nicht gesund sind, so trifft auch das Umgekehrte zu: die Zelle gedeiht nicht, wenn der Körper nicht gedeiht. In gleicher Weise bedeuten kranke Individuen eine kranke Gesellschaft und eine kranke Gesellschaft kranke Individuen. Beide Probleme sind … in der Tat unentwirrbar miteinander verknüpft. Wenn es eine von der modernen Psychologie entdeckte Wahrheit gibt, so ist es die Tatsache, dass ein sozial *isoliertes* Individuum krank ist, und zwar krank an der Seele: es wird Störungen in seinem Verhalten, seinen Gefühlen, seinen Gedanken an den Tag legen, und es kann außerdem – wie die psychosomatische Medizin lehrt – auch körperlich krank sein. Vielleicht sagt man hier besser, dass seine Fähigkeit beeinträchtigt ist, unter den gewöhnlichen Erschütterungen des Lebens das Gleichgewicht seiner Persönlichkeit aufrecht zu erhalten. Das heißt nicht, dass es aus Gründen seelischer Gesundheit Mitglied einer beliebigen Gruppe sein muss, denn nicht jede Gruppe ist hier gut. Vielmehr soll gesagt werden, dass es sich in Schwierigkeiten befindet, wenn es nicht ein voll anerkanntes Mitglied einer *bestimmten* Gruppe ist, wie zum Beispiel einer Familie, eines Freundeskreises, einer Gruppe von Arbeitskollegen. Und vielleicht brauchen wir auch nicht die voll anerkannte Mitgliedschaft für eine bestimmte Zeitspanne, sondern nur für *irgendeine* Zeit seines Lebens zu fordern. Eine Person, die immer isoliert gewesen ist, kann unter Umständen eine fortgesetzte Isolation weniger gut ertragen als ein Mensch, der einst einen anderen Zustand erfahren hat" (Homans 1969, S. 299 f.).

Bezeichnendes und Bezeichnetes

Tönnies wählte als empirisches Beispiel für die Sozialform der Gemeinschaft die Verwandtschaft, insbesondere die Familie. Das machte Sinn insofern, als sich durch familienähnliche Beziehungen Bestandteile der Gemeinschaft auch in der modernen Gesellschaft der Neuzeit erhalten haben und systemstabilisierende Funktionen erfüllen. Er selbst hat verschiedentlich darauf hingewiesen, dass es, um ein lebenswertes Leben führen zu können, in der unwirtlicher werdenden Gesellschaft Nischen gemeinschaftlicher Sozialformen geben muss: „Ich kenne keinen Kulturzustand, in dem nicht Elemente der Gemeinschaft und Elemente der Gesellschaft gleichzeitig vorhanden, also gemischt wären; überdies beide immer mit Feindschaft legiert" (2018, S. 444). Die gegenwärtige Gesellschaft, die bislang extremste Ausprägung der historischen Sozialform „Gesellschaft“ wäre sofort zum Untergang verurteilt, wenn sie nicht auf vorkapitalistische Ressourcen, Milieus und andere Äußerungsformen *gemeinschaftlicher* Lebensverhältnisse wie die Familie, die Nachbarschaft, die Caritas o. ä. zurückgreifen könnte. „Gesellschaft“ kann nur existieren, soweit „Gemeinschaft“, zumindest partiell, in ihr präsent bleibt. Aber, so lautet die Frage, in welchen Formen soll das in Zukunft geschehen? Antworten auf diese Frage sowie experimentelle Versuche, alternative Lebensformen auszuprobieren, wurden in dieser Hinsicht Mitte der sechziger Jahre unternommen, unter anderem in Form von Wohngemeinschaften, wobei die spektakuläre Berliner Kommune-Bewegung überregionale Beachtung fand und Aufsehen erregte.

Das Bedürfnis, neue, das heißt, zeitgemäße Formen der Vergemeinschaftung innerhalb der Gesellschaft zu finden, ist nach wie vor aktuell und provoziert zugleich die Frage, ob und inwieweit die Kategorien, wie Tönnies sie seinerzeit entworfen hat, um gemeinschaftliche Lebensformen auf den Begriff zu bringen, den heutigen Verhältnissen und Vorstellungen noch gerecht werden. Ob nicht abstraktere, umfassendere Begriffe als die der Familie und des Dorfes entworfen werden müssen, die sowohl den tradierten Beziehungsstrukturen der Verwandtschaft, der Nachbarschaft und Freundschaft wie auch neueren Formen gemeinschaftlichen Zusammenlebens Rechnung tragen, die so „queer“ sind, dass sie sich unter die alten nicht subsumieren lassen (Groß und Winkler 2007). In dieser Hinsicht gilt es, tradierte Denkmuster, auch der eigenen Zunft, aufzubrechen. Von Bedeutung in diesem Zusammenhang dürfte zum Beispiel sein, dass es sich bei der Familie nicht nur bzw. nicht so sehr um eine soziale Institution handelt, die eigenen Strukturnotwendigkeiten folgt (soziologische Perspektive und Diktion), sondern um die konkrete Ausprägung einer umfassenderen Lebensform, nämlich der Kleingruppe, die ihren sozialhistorischen Ursprung im Pleistozän hat, also in einer Epoche, in der sich die Sozialform der Gemeinschaft phylogenetisch ausgeprägt hat (ethnologische Perspektive und Diktion). In diesem Zusammenhang sieht Homans sich genötigt, „eine dringende Warnung“ an die Kollegen von der soziologischen Zunft auszusprechen: „Vor allem müssen wir eines tun, um die Eigentümlichkeiten von Familien zu verstehen, nämlich vergessen, dass es sich um Familien handelt, und uns vielmehr fragen, was sie mit allen menschlichen Gruppen gemein haben. Das heißt, wir müssen uns von der unbewussten Voraussetzung freimachen, dass die Familie etwas Einzigartiges ist, nur weil es sich bei ihr um eine Gruppe handelt, in der ein Mann und eine Frau hinsichtlich der Geschlechtsbeziehungen und Kinderaufzucht zusammenarbeiten. Eine Familie ist eine Gruppe, welche bestimmte Aufgaben zu erfüllen hat, und ihrem Verhalten liegen daher die Prinzipien allen kooperativen Handelns zugrunde. Insbesondere steht in der Familie das Schema der Aktivitäten mit dem der Interaktionen zwischen ihren Angehörigen in gegenseitiger Abhängigkeit. Das heißt, in der Familie findet derselbe Prozess wie in jeder anderen Organisation statt: es kommt zur Errichtung einer Arbeitsteilung und einer Befehlskette. Die Gesamtaktivität der Familie wird in Einzelaktivitäten aufgegliedert: das Aufziehen der Kinder, das Fangen von Fischen, das Anfertigen des Tuchs, das Tragen von Wasser und so weiter. Es mag mehr als eine Möglichkeit zur Durchführung dieser Aufteilung geben, genau wie eine Firma auf mehr als eine Weise in Abteilungen aufgegliedert werden kann, aber wenn sie erst einmal vorgenommen ist, bestimmt die Art der Aufteilung und die für die verschiedenen Einzelaktivitäten erforderliche menschliche Arbeitskraft die Häufigkeit der zwischen den verschiedenen Familienangehörigen vor sich gehenden Interaktion. Manche Arbeiten werden von der Gruppe im ganzen verrichtet, und bei diesen stehen alle Mitglieder gegenseitig in Interaktion. Andere werden von Untergruppen durchgeführt, und bei diesen ist die Interaktion zwischen den Untergruppenmitgliedern häufiger als die zwischen diesen und den übrigen Familienangehörigen. Und wiederum andere werden nur von Einzelpersonen vollzogen. Außerdem geht die Koordination der verschiedenen Aktivitäten auf die Interaktion zwischen den Führern und den Untergebenen zurück. Und endlich, wenn wir sagen, Aktivitäts- und Interaktionsschema seien gegenseitig voneinander abhängig, so meinen wir damit, dass, wenn sich eines der beiden dabei ändert, im allgemeinen auch eine Veränderung im anderen vor sich geht.“ Ausdrücklich weist Homans darauf hin, dass in diesem Sinn auch die Befriedigung des Sexualverlangens eine Kooperation zwischen Mann und Frau gemäß einer bestimmten Technik erforderlich macht. Und für die Aktivitäten des Kindergroßziehens und der Beschaffung von Nahrung und Unterkunft sei das kaum weniger auffällig. Zwar „wird bei der Familie die Organisationsmethode von Generation zu Generation überliefert, in der Industrie dagegen bewusst geplant, um dadurch besondere Anforderungen zu erfüllen. Aber in beiden Fällen ist die Art der erzielten Resultate dieselbe“ (1969, S. 230 f.).

Nicht erst seit dem Fall der Berliner Mauer, also innerhalb eines Zeitraumes von dreißig Jahren, der sich durch grenzenlose Egozentrik, durch zunehmende Gewaltbereitschaft, rigorosen Sozialdarwinismus und mangelnde Empathie auszeichnet, sind die in ihrer Funktionalität reduzierten Strukturen der Verwandtschaft, der Nachbarschaft und Freundschaft, wie sie sich über Hunderttausende von Jahren entwickelt haben, immer weniger in der Lage, ihre historisch überkommenen sozialintegrativen Aufgaben zu erfüllen. Zu Recht ist deshalb von einer „Gesellschaft der Singularitäten“ (Reckwitz 2017) oder, weniger beschönigend, von einer „Rottweilergesellschaft“ (Collier 2019) die Rede. In der anspruchsvolleren zeitgenössischen Heimatliteratur findet dieser Sachverhalt seinen adäquaten belletristischen Ausdruck (Zeh 2016, Hansen 2018). In den Dorfromanen dieses Genres wird auf der einen Seite sehr anschaulich der Zerfall tradierter nachbarschaftlicher Lebenswelten registriert und im Kontext dazu andererseits der Zuzug neuer, in der Regel gut betuchter Bewohner aus den Metropolen, die, um der Anonymität und Unwirtlichkeit ihrer Städte (Mitscherlich 1965) zu entfliehen, hier, in den Dörfern, eine Idylle zu finden vermeinen, die tatsächlich seit längerem schon im Verschwinden begriffen ist.

In der Terminologie von Tönnies finden sich Begriffe wie „Familie“, „Selbst“, „Sozialismus“, „Person“, „Kultur“, die einer langen philosophischen Theorietradition entwachsen sind und damit nicht nur ihre je eigene dogmenhistorische Verankerung aufweisen, sondern auch ihre je eigenen Konnotationen mit sich führen. Bei Tönnies aber erhalten sie oft eine eigenwillige, ihm eigentümliche Bedeutung, ohne auf ihre begriffsgeschichtliche Herkunft Rücksicht zu nehmen, so dass sich ein nicht zu übersehendes Spannungsverhältnis ergibt zwischen den Polen ihrer klassischen Herkunft und jenen der Bedeutung, die sich aus der kontextuellen Verankerung innerhalb seiner Begriffsarchitektur ergibt. Erschwerend hinzu kommen Bedeutungsverschiebungen in der Semantik zwischen den frühen und den späteren Texten, auf die Tönnies allerdings an verschiedenen Orten selbst oft hinweist. Ein sehr schönes Beispiel dafür, wie er einerseits mit scharfen begrifflichen Abgrenzungen, andererseits mit wohlkalkulierten Ambiguitäten arbeitet, auch mit verfremdenden sprachlichen Neuschöpfungen, deren Sinn sich, zumal für den heutigen Leser, die heutige Leserin, nicht immer leicht erschließt, ein solches Beispiel „liefern die beiden Zentralbegriffe des Wesenwillens und des Kürwillens oder die den Kürwillen explizierende Stufung von *Bedacht, Belieben und Begriff* sowie von *Bestrebung, Berechnung und Bewusstheit*“ (Zingerle 1989, S. 17). Dadurch erhält der Text eine semantische Komplexität, die es den heutigen Lesern nicht gerade leicht macht, zum gemeinten Inhalt vorzudringen. Wenn deshalb versucht werden soll, mit Hilfe der Kategorien des soziologischen Systems von Ferdinand Tönnies, Probleme der gegenwärtigen Umbruchssituation, des „Age of Uncertainty“ (Nowotny et al. 2002) zu deuten, also entsprechend seinem Anspruch, mit Hilfe von

Begriffen der „reinen Soziologie“ Objektbereiche der „angewandten Soziologie“, der Sozialbiologie und -psychologie, theoretisch begründet, besser zu verstehen, muss es zunächst darum gehen, die Begrifflichkeit, die Tönnies seinem System der „reinen“ und „angewandten Soziologie“ 1887 zugrunde gelegt hat, auf der Höhe der Zeit „neu zu entfalten“ (Merz-Benz 2017, S. 67).

Für Tönnies selbst war die *begriffliche* Erfassung und Durchdringung sozialer Realitäten ein zentrales, wenn nicht gar *das* zentrale Desideratum seiner soziologischen Axiomatik, die ihre universale, gleichsam anthropologische Bedeutung dadurch erweist, dass sie nicht nur das soziale Leben in seiner jeweils *aktuellen* Gegebenheit zu erklären beansprucht, sondern auch in seinen *historischen* Wandlungsprozessen zu erfassen sucht. Darin, in dieser *gesellschaftstheoretischen* Forderung, die er *erkenntnistheoretisch* fundiert hat (2011, S. 27 ff., 2014, 2015, 2016), ist er ganz eindeutig. In seinen Analysen bleibt er nicht beschränkt auf die Untersuchung sozialer Ist-Zustände, sondern schreitet fort zur Untersuchung sozialer Entwicklungsprozesse (2019). Die Statik gilt ihm, orientiert an Hobbes, in der Soziologie wie in der Mechanik nur als ein Sonderfall der Dynamik. Nicht nur bzw. nicht so sehr die Struktur des sozialen Geschehens interessiert ihn, sondern ebenso bzw. viel mehr die Kräfte, die sie erzeugen. So paradox es klingen mag: Die Stabilität eines sozialen Systems, das immer auch ein organisches ist, lässt sich nur in Begriffen der Veränderung beschreiben, weil sie nur zu erreichen ist dadurch, dass es auf äußere Einflüsse aktiv Bezug nimmt. Stabil wird es dadurch, dass es wandlungsfähig ist. Eine gewisse Instabilität ist sozusagen die notwendige Bedingung für seine Zeiten überdauernde Stabilität. Im Prinzip vertritt Tönnies, darin dem ihm verbundenen Rudolf Goldscheid vergleichbar (2018), eine *Soziologie des Werdens*.

Für Tönnies „ist die Soziologie in erster Linie eine philosophische Lehre. Als solche hat sie es wesentlich mit Begriffen zu tun, mit dem Begriffe des sozialen Lebens, mit den Begriffen sozialer Verhältnisse, sozialer Willensformen und sozialer Werte, sozialer Verbindungen, also unter anderen den Begriffen der Sitte und des Rechtes, der Religion und der öffentlichen Meinung, der Kirche und des Staates; sie muss diese Begriffe bilden, das heißt sie für den Gebrauch zurecht machen, sie schmieden und behauen, um die Tatsachen der Erfahrung wie an Nägel daran zu hängen oder wie mit Klammern zu ergreifen; sie hat in diesem Bereiche nicht sowohl direkt die Erkenntnis der Tatsachen, sondern die zweckmäßigsten, tauglichsten Geräte für solche Erkenntnis herzustellen: eine überaus wichtige, von den bloßen Empiristen oft sehr zu ihrem Schaden gering geschätzte Aufgabe“ (2018, S. 100 f.). Denn um „etwas zu *wissen,* muss man nicht nur einen wahren Satz *kennen*, sondern auch seinen Inhalt *begreifen*, das heißt sich der Bedeutung der Namen erinnern, sie auf den Gegenstand beziehen und auf die Empfindungen, die man von dem Gegenstande hatte, deren Zeichen jeder Name sein muss, um nicht sinnlos zu sein. Wissenschaftliches Wissen, dem diese Merkmale wesentlich sind, beruht also im letzten Grunde auf Erfahrung und Erinnerung, gleich dem gemeinen Wissen in bezug auf Tatsachen, dessen auch das Tier fähig ist; und dem Tiere gleich wird der Mensch durch Erfahrung klug, das heißt, lernt Vergangenes vermuten, Zukünftiges erwarten. Dem Menschen aber hilft dazu das System der Namen oder die Sprache; sie fixiert Erinnerungen. *Wissenschaft* ist, im Unterschiede von allem Wissen von Tatsachen, Wissen von Ursachen oder von der Entstehung von Tatsachen. Wissenschaft in eigentlichem Sinne, nämlich *a priori* demonstrierbare, ist daher nur möglich von Gegenständen, deren Entstehung wir kennen und gewiss wissen: ihre Ursache muss schon in den Definitionen enthalten sein, sonst kann sie auch in den abgeleiteten Sätzen nicht vorkommen“ (2014, S. 145 f.).

Gruppe und Gemeinschaft – Individuum und Gesellschaft

Durkheim (1984), der große Gegenspieler Tardes (2009), verkannte, dass es „Soziales“ gibt, das sich durch „Soziales“ allein nicht erklären lässt. Darunter leidet die Soziologie noch heute (Homans 1969, S. 299 ff.). Der Mensch, die Substanz des „Sozialen“ und Verursacher der „Gesellschaft“, ist kein transanimalisches Wesen (Fox 2013). Trotz aller digitalen Vernetzung weltweit lebt er körperlich in einem konkreten Raum-Zeit-Gefüge, das er nicht überspringen kann und das den vorläufigen Endpunkt seiner Lebensgeschichte markiert. Von seiner „ersten Natur“ her ist er nach wie vor ein Kleingruppenwesen, das durch die Herausforderungen einer sich abzeichnenden Weltgesellschaft überfordert zu werden droht. Seit der neolithischen Revolution ist die kulturelle Evolution der genetischen Ausstattung des Menschen in einem beängstigenden Ausmaß davongelaufen. Den Menschen und seine Vorgänger gibt es schon seit einigen Millionen von Jahren, Ackerbau und Viehzucht erst seit etwa 10.000 Jahren, Industrialisierung erst seit etwa 250 Jahren. In Relation zur gesamten Evolution ist das nur ein Augenblicksmoment. In Zahlen gesprochen, waren die Menschen zu 99,7% ihrer Existenz Sammler und Jäger, zu 0,3% Ackerbauer und Viehzüchter und zu 0,000075% dieser Zeit moderne Menschen. Die Genetik und der Instinkt, in denen die Informationen von drei Millionen Jahren gespeichert sind, verändern sich nur langsam. Selbst in 50.000 Jahren werden die Menschen, soweit es ihre sozialbiologische Konstitution betrifft, noch die Genetik und den Instinkt von Sammlern und Jägern in sich haben.

Entscheidend für die zwischenmenschlichen Beziehungsprobleme, die sich aus dem Transformationsgeschehen im Übergang von gemeinschaftlichen zu gesellschaftlichen Lebensformen heute ergeben, ist zu wesentlichen Teilen, „dass der Mensch die längste Zeit seiner Evolution, für die etwa fünf Jahrmillionen zu veranschlagen sind, als Jäger und Sammler in kleinen Gruppen von dreißig, vierzig oder fünfzig Individuen lebte. In diesen kleinen Gruppen wurden die Grundmuster seines sozialen (einschließlich moralischen) Verhaltens gelegt. ... Seine soziale Welt umfasst heute zwar eine etwas größere Zahl von Individuen als die sozialen Welten seiner stammesgeschichtlichen Ahnen oder der anderen (rezenten) Primaten, geht aber über hundertfünfzig bis zweihundert Individuen nicht hinaus. Das gilt auch für diejenigen von uns, die in Großstädten leben. Die Zahl flüchtiger Begegnungen, die Zahl der Menschen, mit denen wir aus beruflichen Gründen per E-Mail korrespondieren und so weiter, kann natürlich um Größenordnungen darüber liegen, aber wir können zu den allermeisten dieser Menschen keine wirklichen sozialen Kontakte aufbauen und pflegen. Schon von den hundertfünfzig bis zweihundert Individuen nimmt nicht jedes einen größeren Platz in unserem Kopf ein, mit manchen verbindet uns mehr als mit anderen. Und wie viele Menschen kann jeder von uns mit Fug und Recht als seine *Freunde* bezeichnen? Wohl etwa ein Dutzend, oder noch weniger. Die Sympathiegruppe einer Person umfasst im Allgemeinen durchschnittlich knapp elf Individuen. ... Die Intensität sozialer Beziehungen nimmt mit der zunehmenden Zahl der interagierenden Individuen ab. Auch aus soziologischer Sicht ist dieses Phänomen empirisch nachvollziehbar. Wächst die Mitgliederzahl irgendwelcher Gruppierungen über eine bestimmte Größenordnung hinaus, so sind die Beteiligten nicht mehr in der Lage, den vertrauten, intimen Charakter der Interaktionen aufrechtzuerhalten“ (Wuketits 2012, S. 22 f.).

In diesem Zusammenhang stellt die Institution der Familie zweifellos die bislang erfolgreichste Gruppierung menschlichen Zusammenlebens dar. Sie kann, in unterschiedlichen Ausprägungen, auf eine Geschichte von vielen hunderttausend Jahren zurückblicken. In jüngerer Zeit allerdings hat sie Funktionsverluste hinnehmen müssen, so dass sich die Frage stellt, ob und inwieweit andere Gruppenformen an ihre Stelle treten und Aufgaben, soweit sie notwendige gemeinschaftliche Prinzipien erfüllen, übernehmen können, Aufgaben und Prinzipien, denen zwar biologische Erfordernisse zugrunde liegen (Tönnies 2009, S. 540 f.), die vielleicht aber auch im Rahmen anderer Gruppierungen ihre Erfüllung finden könnten. Aus Ordnungserfordernissen einer zeitgemäßen Theoriebildung stellt sich dann zugleich die Frage nach einer Taxonomie begrifflicher Zuordnungen, nach einer Gliederungshierarchie von über- und untergeordneten Kategorien: Müsste nicht an die Stelle der Bezeichnung „Familie“ innerhalb der Begriffsarchitektur von Tönnies die der „Gruppe“ (als räumlich und zeitlich übergeordnete Kategorie) treten? Und würde sie dann nicht, bezogen auf die Sozialform der Gemeinschaft, denselben Status und Stellenwert einnehmen wie das „Individuum“ hinsichtlich der Sozialform „Gesellschaft“? Tönnies selbst verhält sich dazu wenig eindeutig.

Einerseits gibt es Textpassagen, in denen er „Gruppe“ und „Gemeinschaft“ synonym verwendet und dem „selbständigen Menschen“, also dem vereinzelten „Individuum“ kontrastierend gegenüberstellt (2017, S. 313). Es liegt nahe, eine solche Äußerung als „nur so daher gesagt“ abzutun, denn bei der „Gruppe“, so wie bei der „Familie“, kann es sich in taxonomischer Perspektive nur um eine konkrete Ausprägung der übergreifenden Sozialform „Gemeinschaft“, also um eine *Unterkategorie* der in ihr und durch sie verkörperten gemeinschaftlichen Prinzipien handeln. Eine solche Deutung, die den Inhalt der Aussage von Tönnies nicht wirklich ernst nimmt, wird durch anderslautende Textpassagen bei Tönnies gestützt, zum Beispiel wenn er „Familie“, „Clan“, „das ganze Haus“ und „das ganze Dorf“ gleichsetzt mit einer „Gruppe von Personen“, die „eins sind mit ihrem Heim“ und „sich als eine mehrere Generationen überdauernde Gruppe“ vorstellen (2009, S. 539). Hier gelten ihm die „Gruppe“ ebenso wie die „Dorfgemeinschaft“ etc. offensichtlich als „ein kollektives Wesen“, in dem sich zentrale Eigenschaften der Sozialform „Gemeinschaft“ in sozialhistorisch spezifischer Weise ausdrücken (ähnlich S. 540 und 552). Das heißt, „Gemeinschaft“ wäre in diesem Fall, anders als in dem vorstehend genannten, der Oberbegriff; die anderen Kategorien sind dann, inhaltlich gesehen, Ableitungen daraus; in formallogischer Perspektive haben sie als untergeordnete Konkretisierungen zu gelten.

Auf der anderen Seite distanziert sich Tönnies, obwohl er sich ihrer immer wieder bedient, von der Verwendung der Kategorie „Gruppe“ innerhalb seiner Begriffsarchitektur. So vermerkt er in der sehr differenzierten Auseinandersetzung mit Vierkandts Begriff der Gruppe, dass er sich mit vielem von dem, was Vierkandt im Rahmen dieser Begrifflichkeit inhaltlich ausführt, sehr wohl identifizieren kann, dass er aber „die Bezeichnung Gruppe ablehne“ (2019, S. 483). Allerdings ist zu beachten, und hier haben wir es mit einem grundsätzlichen Problem der Tönnies-Rezeption zu tun, dass er dem Begriff hier eine völlig andere Bedeutung unterlegt, nämlich die des zusammenhanglosen „Haufens“, also gerade von der Bedeutung absieht, die sie in der Soziologie heute hat und sich zu seiner Zeit herauszukristallisieren begann (Sumner 1906, Cooley 1909, Ellwood 1912), eine Bedeutung, die er seinem später ausgeführten Begriff der „Wesenheit“ vorbehalten will, eine Kategorie, die, soweit ich es sehe, in dieser elaborierten Form in „Gemeinschaft und Gesellschaft“ (1887) noch nicht vorkommt: „Nachdem ich so drei Arten von Verbundenheiten (Verhältnisse, Samtschaften, Verbände bzw. Körperschaften, A.B.) unterschieden hatte, wird man mich fragen, warum ich diese nicht, wie es mehrere andere angesehene Soziologen getan haben, unter dem Namen der *Gruppe* zusammengefasst habe. Ich glaube starke Gründe zu haben, diesen Namen zu verwerfen. Im Gebrauche dieses Namens verrät sich die Unbekanntschaft mit oder die Abweichung von dem Grundgedanken, der meine Theorie dieser Verbundenheiten bestimmt; dass sie nämlich *von innen* gesehen und erkannt werden müssen, wovon in der äußeren Gruppierung oder Haufenbildung nichts enthalten ist. Eine Gruppe von Menschen gewahre ich auf der Straße, wenn ein Dutzend oder mehr Individuen um die Stätte eines Unfalles oder einer Schlägerei sich gesammelt haben; man mag eine solche Erscheinung auch soziologisch betrachten, aber soziologische *Wesenheiten* – diesen Terminus hatte ich nun gefunden – sind sie nicht. Ich lasse dahingestellt sein, ob es nicht noch zweckmäßiger sei, den Ausdruck soziale Gestalten an die Stelle zu setzen; ich habe zunächst Wesenheit vorgezogen, weil er mir besser darauf hinzudeuten scheint, dass daran gelegen ist, die *subjektive Begründung* aller Verbundenheiten zu betonen, denn diese ist der Kardinalpunkt meiner Theorie“ (2018, S. 441).

In ähnlicher Weise, und darin äußert sich die Akribie, mit der er seine Begriffsarchitektur entworfen hat, hatte Tönnies bereits in der „Vorrede zur sechsten und siebenten Auflage“ von „Gemeinschaft und Gesellschaft“ mit Bezug auf den in diesem Zusammenhang wichtigen § 13 des Dritten Buches (2017, S. 257 ff.) argumentiert: „Auf *einen* Punkt werde hingewiesen: dass ich die den § 13 des Dritten Buchs beherrschende Terminologie (Verbindung und Bündnis) nicht festgehalten habe. Was die sozialen Wesenheiten, die ich jetzt so nenne und als Verhältnisse, Samtschaften und Körperschaften unterscheide, betrifft, so fehlt in der gegenwärtigen Schrift, worauf ich nunmehr sehr starkes Gewicht lege, die deutliche Unterscheidung des *äußeren* Aspekts einer äußerlich verbundenen Anzahl oder Menge von Menschen – die das jetzt in der deutschen Soziologie sonderlich beliebte Wort ‚Gruppe' bezeichnet – und hingegen der inneren Beschaffenheit der Verhältnisse, Samtschaften, Körperschaften, die nur mit den Augen des Geistes gesehen werden kann, nämlich aus dem Bewusstsein und Wollen der sie bildenden Menschen selbst gedeutet werden muss: an diese ihre originäre Daseinsform knüpfe ich als zweite die Erkennung, als dritte die Anerkennung durch andere, insbesondere durch ihresgleichen, welche Anerkennung für Körperschaften und Verbände eine besondere Bedeutung hat; als vierte endlich die theoretische Vorstellung und Begreifung, die auch statthaben kann, wenn die zweite und dritte Daseinsform fehlen (zum Beispiel bei geheimen Gesellschaften, die begrifflich erkannt und dargestellt werden können, ohne dass man Erfahrung eines konkreten Falles hat)" (2017, S. 441). Tönnies definiert hier den Begriff der „Gruppe" in einer Weise um, nämlich als „Haufen", die gerade das ausschließt, was heute damit, etwa im Wort bzw. in der Unterkategorie „Primärgruppe" (Cooley 1909, S. 23), gemeint ist, um es dem Begriff der „sozialen Wesenheit" vorzubehalten, ein taxonomischer Schritt, der in der logischen Stimmigkeit seiner Begriffsarchitektur sicher Sinn macht, aber nicht notwendig hätte erfolgen müssen, weil Ordnungserfordernisse der Theoriebildung begrifflich, wie die Dogmengeschichte lehrt, auch auf anderem Wege gelöst werden können.

Cooleys Primärgruppe, Sumners Eigengruppe, Ellwoods genetische Gruppe

Im Rahmen seiner Studie beschreibt Homans den Zerfall zwischenmenschlicher Beziehungsstrukturen einer US-amerikanischen Industriestadt und bedient sich dabei inhaltlich derselben Strukturdichotomie wie Tönnies, nur dass er dabei nicht begrifflich differenziert, sondern sich ausschließlich des Wortes „Gesellschaft" bedient, selbst dort, wo er von „Gemeinschaft" sprechen müsste: „In der alten Gesellschaft war der Mensch noch mit dem Menschen verbunden. In dem neuen Haufen – man kann ihn nicht als Gesellschaft bezeichnen – ist er allein" (1969, S. 421). Wenn das Wort „Gemeinschaft" bei Homans überhaupt vorkommt, hat es keinen Theorie prägenden Stellenwert, und Tönnies wird kein einziges Mal erwähnt. Die zwei Sätze von Homans in den Worten von Tönnies reformuliert, würden lauten: „In der Gemeinschaft (= alte Gesellschaft) war der Mensch noch mit dem Menschen verbunden. In dem neuen Haufen (= Resultat der Gesellschaft) – man kann ihn nicht als Gemeinschaft bezeichnen – ist er allein."

Im Gegensatz zu Tönnies, der unter dem Begriff der Gruppe ab 1932 dezidiert eine zusammenhanglose Ansammlung von Menschen verstehen will, einen „Haufen“, wird in der Soziologie heute mehrheitlich von einer Gruppe dann gesprochen, wenn „die Beziehungen zwischen zwei oder mehr Individuen soweit als regelmäßig und zeitlich überdauernd betrachtet werden können, dass man von einer integrierten sozialen Struktur sprechen kann, es sich also nicht lediglich um eine bloße Menge oder Kategorie oder um eine momentane Ansammlung von Individuen handelt“ (Fuchs et al. 1978, S. 291). Als ein zusätzliches Definitionsmerkmal wird häufig das Vorhandensein eines Bewusstseins der Zusammengehörigkeit der miteinander in Beziehung stehenden Individuen genannt, eines Bewusstseins der Zugehörigkeit zu einer gemeinsamen sozialen Einheit und des Unterschieds zwischen „Mitgliedern“ und „Nicht-Mitgliedern“ (Gruppenbewusstsein, „Wir-Gefühl“). Als weitere Merkmale werden verschiedentlich angeführt das Vorhandensein eines gemeinsamen Gruppenzieles, die Institutionalisierung spezifischer Gruppennormen, Statusdifferenzierung und die Ausprägung eines Systems differenzierter Rollen. Autoren wie Homans grenzen den Begriff der Gruppe darüber hinaus ein „auf eine Anzahl von Personen, die miteinander direkte Kontakte unterhalten (‚face-to-face-groups‘). Da solche allseitigen direkten Interaktionsbeziehungen nur zwischen den Mitgliedern von Kollektiven möglich sind, die einen gewissen Umfang nicht überschreiten, wird die Gruppe durch diese Definition gleichzeitig gegen größere Kollektive (Institutionen, Gesellschaften) abgegrenzt“ (ebd.).

Im zweiten Teil seiner groß angelegten soziologischen Trilogie, in der er sich unter dem Einfluss Darwins in ähnlicher Weise wie Tönnies, und darin Latour (2016) vorwegnehmend, von der Bewusstseinsphilosophie seiner Zeit löste, entwickelte Charles Cooley (1909, S. 23-31) den Begriff der Primärgruppe, eine Bezeichnung für Gruppen, deren Mitglieder in relativ intimen, vorwiegend emotional bestimmten, direkten und häufigen persönlichen Beziehungen zueinander stehen, sich gegenseitig stark beeinflussen und so relativ ähnliche Einstellungen, Wertvorstellungen und Normen entwickeln. Als „primär“ bezeichnet er sie, weil sich in ihnen, und darin gelten sie ihm als universal, die frühesten Grundlagen der „sozialen Natur“ des Menschen herausbilden, spezifisch menschliche Gefühle wie Sympathie, Gerechtigkeit, Loyalität. Primärgruppen gestalten sich vor allem in „face-to-face-Beziehungen“: in der Familie, der Nachbarschaft, der Freundschaft und anderen Gemeinschaftsformen wie die der ländlichen Gemeinde. Die Nähe zu Tönnies ist hier unverkennbar. Als „Sekundärgruppe“ bezeichnet Cooley im Gegensatz dazu solche Gruppierungen, deren Mitglieder in relativ unpersönlichen und spezifischen, wenig emotionalen Beziehungen zueinander stehen und die durch bewusste Zweck- und Zielorientierung des Zusammenschlusses und durch rationale Organisation gekennzeichnet sind.

Bereits drei Jahre zuvor (1906) hatte William Sumner die insbesondere in der Ethnologie auch heute noch bedeutende Unterscheidung zwischen dem Begriff der „Eigengruppe" („in-group") und dem der „Fremdgruppe" („out-group") getroffen. Die Eigengruppe wird geprägt und zusammengehalten durch „Wir-Gefühle", die verstärkt werden durch eine mehr oder weniger bewusste Abgrenzung gegenüber allen anderen („Ethnozentrismus"). Gruppen, die den Nukleus gemeinschaftlicher Lebensformen bilden, werden durch Bindungskräfte zusammengehalten, die vor allem emotionaler, nicht so sehr instrumenteller Art sind, obwohl auch sie eine Rolle spielen können, wie etwa auf dem Hof eines Marschenbauern auf der Halbinsel Eiderstedt zu Zeiten von Tönnies, der natürlich rentabel geführt werden musste. Diese Bindungen können auch heute noch unterschiedlich intensiv sein, von der emotionalen Bindung an die Familie bis hin zur Bindung an eine kurzfristige Projektgruppe. Im ersten Fall handelt es sich um „natürliche" Primärgruppen, die ein Leben lang Bestand haben und in denen „biologische" Einflüsse eine wesentliche Rolle spielen; im zweiten Fall handelt es sich um „artifizielle" Sekundärgruppen, die in der Regel mit der funktionalen Erledigung einer „sozial" vorgegebenen Aufgabe betraut sind.

In seiner Studie von 1912, die von Tönnies (1914) ausführlich besprochen wird, unterscheidet Ellwood zwei Typen von Gruppen, erstens natürliche (*genetische*) Gruppen, deren Mitglieder mehr oder weniger durch die Bande physischer Vererbung sowie durch die natürliche Umgebung, in der sie leben, miteinander verknüpft sind, zweitens künstliche (*zweckdienliche*) Gruppen, deren Mitglieder auf der Basis eines mehr oder weniger bewussten und durch ihn determinierten Vorsatzes verbunden sind. In seiner Argumentation bezieht sich Ellwood auf Tönnies' „Gemeinschaft und Gesellschaft", deren Berechtigung Tönnies allerdings zurückweist, obwohl er die Unterscheidung selbst für nützlich hält (1999, S. 619).

Homans' Theorie der sozialen Gruppe

Was die Aneignung der Texte von Tönnies für uns Heutige unter anderem so schwierig macht, beruht wesentlich auch auf der Begrifflichkeit, derer er sich bedient. Es mag deshalb hilfreich sein, die Kernaussagen seiner „reinen Soziologie" in zeitgenössischer Diktion zu paraphrasieren und empirisch zu unterfüttern. Hierfür kommt vor allem eine Studie in Frage, die sich dadurch auszeichnet, dass in ihr, allerdings ohne expliziten Bezug auf Tönnies, versucht wird, Theorie und Empirie ganz im Sinne des Autors von „Gemeinschaft und Gesellschaft" miteinander zu vermitteln. Die Rede ist von George Caspar Homans' „Theorie der sozialen Gruppe". Ihm zufolge besteht die Aufgabe der *theoretischen* Forschung darin, die Form zu schaffen, in der die Resultate der *empirischen* Forschung auf den Begriff gebracht werden können (Homans 1969, S. 31). Die Kategorien, mit der er die Struktur- und Verhaltensprinzipien der Gruppenmitglieder (er nennt sie „Personen") systematisch zu erschließen sucht, lauten „Aktivität", „Interaktion" und „Gefühl". Aktivität gilt ihm als ein Element des sozialen Verhaltens im weitesten Sinne des Wortes, wie es in der Alltagssprache gebraucht wird und in Abgrenzung zu den enger gefassten Begriffen „Handlung" und „Arbeit" (ebd., S. 59). Wenn „eine bestimmte Einheit der Aktivität eines Menschen der bestimmten Einheit der Aktivität eines anderen folgt oder, falls wir den Ausdruck vorziehen, von dieser angeregt wird, und zwar unabhängig von der Frage, aus was diese Einheiten bestehen", so spricht Homans von einer „Interaktion". Während Homans den heute gängigen Begriff der „Kommunikation" auf verbale Interaktionen beschränkt wissen will, versteht er unter dem der „Interaktion" sowohl die verbale als auch die nichtverbale Kommunikation (ebd., S. 60 f.). Unter dem Begriff des „Gefühls" fasst er Äußerungen bzw. Zeichen (Körperhaltung, Mienenspiel, Handbewegungen, Untertöne der Stimme etc.) zusammen, die sich auf innere Zustände des menschlichen Körpers beziehen: Sympathie und Milde, Anteilnahme, Respekt, Stolz, Spannung, Verachtung, Heimweh, Hunger, Durst etc., also Äußerungsformen, die im gesellschaftlichen Alltag und in der Wissenschaft mit verschiedenen Namen bezeichnet werden, wie Triebe, Emotionen, Empfindungen, Gemütszustände, Haltungen etc. (ebd., S. 60). Des weiteren unterscheidet Homans in seiner Studie ein *inneres* System, das die Beziehungen zwischen Aktivität, Interaktion und Gefühl innerhalb einer Gruppe regelt, von einem *äußeren* System, das die Beziehungen der Gruppe gegenüber ihrer Außenwelt regelt. Diese Unterscheidung von inneren und äußeren Einflussfaktoren ist unter anderem auch deshalb von Bedeutung, weil sie Tönnies, der als Berater des „American Journal of Sociology" die Anfangsgründe der Gruppensoziologie sehr wohl gekannt haben dürfte, in der Vorrede zur sechsten und siebenten Auflage von „Gemeinschaft und Gesellschaft" (1926) zu dem Eingeständnis nötigte, dass in dieser „Schrift fehlt, worauf ich nunmehr sehr starkes Gewicht lege, die deutliche Unterscheidung des *äußeren* Aspekts einer äußerlich verbundenen Anzahl oder Menge von Menschen – die das jetzt in der deutschen Soziologie sonderlich beliebte Wort ‚Gruppe' bezeichnet – und hingegen der inneren Beschaffenheit der Verhältnisse, Samtschaften, Körperschaften, die nur mit den Augen des Geistes gesehen werden kann, nämlich aus dem Bewusstsein und Wollen der sie bildenden Menschen selbst gedeutet werden muss" (Tönnies 2017, S. 441).

Neben Aktivität, Interaktion, Gefühl, innerem und äußerem System sind für die Analyse der Verhaltensmuster einer Gruppe zwei weitere Begriffe von Bedeutung: die *Normen*, an denen sich ihr Verhalten orientiert, und die *soziale Kontrolle*[4], die das Einhalten dieser Normen sicherstellt. Während in einer Gesellschaft der vereinzelten Individuen die Einhaltung der sozialen Normen durch kodifiziertes Recht und Gesetz geregelt und mittels staatlichem Gewaltmonopol durchgesetzt werden muss, erfolgt die Kontrolle der wechselseitigen Beziehungen zwischen Aktivität, Interaktion und Gefühl im inneren System einer Gemeinschaftsgruppe gleichsam von selbst. Wollen, Denken und Handeln bilden in ihr eine Einheit, die es dem Einzelnen, der sich ohnehin nicht als Singularität, sondern als Teil der Gruppe versteht, kaum erlaubt, überkommene Sitten und Bräuche in Frage zu stellen. Selbst der *Führer* einer Gruppe, eine weitere wichtige Kategorie in der Studie von Homans, ist in dieses reziproke Beziehungsgeflecht fest eingebunden. Auch er muss die Normen seiner Gruppe einhalten; vor allem muss er sie der Gruppe vorleben. Seine Aufgabe besteht denn auch weniger darin, sich mit der Verhängung von Strafen zu befassen, als vielmehr mit der Schaffung von Bedingungen, unter denen sich die Gruppe selbst disziplinieren kann (Homans 1969, S. 393 ff.).

Sowohl in phylogenetischer wie in ontogenetischer Perspektive ist die Gruppe das tragende Element menschlichen Zusammenlebens. Das gilt uneingeschränkt für die Sozialform der „Gemeinschaft" und in modifizierter, eingeschränkter und weitaus problematischer Weise auch für die

[4] In der deutschen Fassung der Studie von Homans wird „social control" mit „sozialer Kontrolle" übersetzt, was natürlich problematisch ist. Im Englischen bedeutet „to control" im Allgemeinen „verwalten", „leiten", „steuern" oder „beherrschen" etc. und nur selten „kontrollieren" oder „überprüfen", dem im Englischen eher „to check" entspricht. Der Übersetzer fühlt sich deshalb verpflichtet, darauf hinzuweisen, „dass im Deutschen das Wort ‚Kontrolle' eigentlich ‚Prüfung' bedeutet und in diesem Sinn hier nicht anwendbar ist, denn bei der ‚social control' handelt es sich um die Regulierung sozialen Verhaltens, gleichzeitig aber auch um die Prinzipien der Regulierung. Dieser Doppelaspekt kann jedoch auf Deutsch nicht oder nur sehr umständlich ausgedrückt werden, weshalb die obige Lösung trotz allem als die bestmögliche erschien" (1969, S. 26).

der „Gesellschaft". Homans hat, theoretisch und methodisch begründet, fünf Gruppen in unterschiedlichen Kontexten in vergleichender Weise untersucht und ist zu dem Ergebnis gekommen, dass in jeder zwischenmenschlichen Assoziation, also kontextübergreifend, die Bindungskraft und Beharrlichkeit der Gruppe, wie sie sich in ihren „Aktivitäten", „Interaktionen" und „Gefühlen" äußern, das letztlich stabilisierende Element des Zusammenlebens der Menschen in ihr ausmacht. Eine Sozialform wie die der modernen Gesellschaft, in der diese „natürlichen" Bindungskräfte, welche den Menschen die Bildung eng zusammenhaltender Gruppenstrukturen ermöglichen, innerhalb derer sie ein gemeinsames Leben führen und wesentliche Bereiche ihrer Erfahrungen miteinander teilen, beschnitten und geschwächt werden, unterliegt der Gefahr, sich selbst aufzulösen. In diesem Resümee der Studie von Homans findet Tönnies' sozialhistorischer Pessimismus gegenüber der modernen Sozialform „Gesellschaft", auf den Homans merkwürdiger Weise keinerlei Bezug nimmt, ihre aktuelle empirische Begründung. Homans gewinnt seine Erkenntnisse, wie gesagt, aus einem sekundäranalytischen Vergleich der Struktur- und Verhaltensdispositionen fünf unterschiedlicher Kleingruppen. In der ersten Studie geht es um eine Gruppe von Arbeitern im „Bank Wiring Observation Room" einer US-amerikanischen Fabrik, der Western Electric Company in Chicago, zu Beginn der dreißiger Jahre (S. 72 ff.). Die zweite Einzelfallstudie befasst sich mit der Analyse einer Straßengang im US-amerikanischen Cornerville, einem Elendsbezirk von Eastern City, gegen Ende der dreißiger Jahre (S. 164 ff.). Im Kontrast dazu analysiert Homans die zwischenmenschlichen Gruppenbeziehungen in „primitiven Gesellschaften" am Beispiel der Familienstrukturen auf der Südseeinsel Tikopia gegen Ende der zwanziger Jahre (S. 193 ff.). Im Zentrum der vierten Studie stehen soziale Desintegrationsprozesse im Verlauf eines „krassen sozialen Wandels" (Clausen 1994), wie er sich im neuenglischen Hilltown Mitte der vierziger Jahre ereignet hat (Homans 1969, S. 317 ff.). In der fünften Studie schließlich geht es um soziale Konflikte in einer US-amerikanischen Elektrogerätefirma gegen Ende der dreißiger Jahre.

Homans konnte zeigen, dass sich in allen fünf Gruppen, die er untersucht hat, jene Kräfte, die das Verhalten der darin involvierten Menschen steuern, in einem konstanten Zustand gegenseitiger (Tönnies würde sagen: positiv empfundener) Abhängigkeit befinden. Ihre „Interaktionen" und vor allem ihre „Gefühle" hängen wechselseitig voneinander ab und konstituieren ein Beziehungsverhältnis, das sich prozessual entwickelt und festigt: „Je häufiger A und B Dinge zusammen tun, um so mehr werden sie zu gegenseitiger Zuneigung tendieren; aber je größer ihre Zuneigung ist, um so mehr werden sie auch zur gemeinsamen Verrichtung von Dingen neigen; und beide Tendenzen beeinflussen ihr Verhalten und das ihrer Gruppe, doch ist jede auch gleichzeitig von all den all den anderen betrachteten Elementen, Personen und Beziehungen abhängig. Wenn die von A für B empfundene Neigung oder die Art, in der sie gemeinsam Dinge tun, irgendeine beträchtliche Abweichung von dem aufweist, was die Gruppe als richtiges Verhalten ansieht, so wird eine Reaktion eingeleitet, um sie wieder in Reih und Glied zurückzubringen, und dies wiederum beeinflusst die anderen Beziehungen und das Gruppenverhalten im ganzen“ (Homans 1969, S. 16). Zwar werde dieses Verhalten mitgeprägt durch die Anforderungen, die von außen an die Gruppe herangetragen werden, sei es, dass bestimmte Arbeitsaufgaben zu erfüllen sind, oder Verpflichtungen anderer Art, doch seien Wesen, Grad und Umfang der dadurch erforderlichen Gruppenhandlung und der sie unterstützenden internen Einzelhandlungen wesentlich geprägt durch die in der Gruppe bestehenden Gefühle, welche auf das Verhältnis der Gruppe zur Umwelt keinen direkten Bezug haben, das heißt durch Untergruppen und Cliquen, durch Eifersüchte, Rivalitäten und Bewunderungen. Zusätzlich wird dieses System abhängiger Beziehungen, welches als Ganzes auf die Umwelt einwirkt und diese bis zu einem gewissen Grade verändern kann, durch die erwähnten Außenbeziehungen seinerseits zu einem Teil von der Umwelt modifiziert, so dass in ihm ein sich stets erneuernder Prozess der Anpassung vor sich geht.

Die von Homans untersuchten Kleingruppen stellen in ihrer Grundstruktur ein soziales System dar, „welches auf seine Umwelt als eine sich selbst regulierende Organisation zurückwirkt, deren Teile alle gegenseitig voneinander abhängig sind. Was hier agiert und reagiert ist nicht ein einzelner Teil oder eine Funktion des sozialen Systems und auch keine Kombination von Teilen oder Funktionen, sondern das System als Ganzes, als Totalität, dessen gegenseitige Abhängigkeit das System selbst *ausmacht*“ (ebd.). Eine „Gruppe“ in diesem Sinn stellt ein dynamisches soziales Gleichgewicht dar: „Sie bringt *organisch* ihre eigenen Reaktionen hervor, bestimmt ihre eigenen Kontrollmaßnahmen, schafft sich ihre eigenen Möglichkeiten der Anpassung, Entfaltung und Veränderung“ (Hervorhebung durch mich). So kann zum Beispiel „einer Gruppe nur in dem Maße Leitung oder Führerschaft auferlegt werden, als sie als solche bereit ist, das eine oder andere zu akzeptieren. Sie wird sie aber nur annehmen, wenn sie in ihr eigenes Muster der Gruppen-Erfordernisse hineinpassen, und nur bis zu dem Grade, in welchem sie ihrer eigenen Vorstellung dessen entsprechen, was *nach den von ihr selbst gesetzten Bedin-*

gungen angemessen ist. Das ist eine überraschende Bestätigung der uns allen vertrauten These, wonach ‚Herrschaft stets auf der Zustimmung der Beherrschten' beruht" (ebd., S. 17), ein Satz, der sich *mutatis mutandis* wiederfindet in der Aussage von Tönnies, wonach Sozialformen wie die Gemeinschaft oder die Gesellschaft positiv gewollt sein müssen – sonst existieren sie auf Dauer nicht. Auf der makrosoziologischen Ebene der „Gemeinschaft" stellt die mikrosoziologische Einheit der „Gruppe" jenen Akteur dar, den auf derselben Abstraktionsebene in der „Gesellschaft" die mikrosoziologische Einheit des „Individuums" wahrnimmt.

Sozialhistorischer Pessimismus

Im weiteren Verlauf seiner Argumentation verallgemeinert Homans die Resultate seiner empirischen Ergebnisse und hebt sie auf eine sozialhistorische Ebene, die sie unmittelbar anschlussfähig macht an die kulturpessimistischen Überlegungen von Tönnies. „Auf der Stufe des Stammes, des Dorfes, der kleinen Gruppe (Tönnies würde hier von einer *gemeinschaftlichen* Sozialform sprechen, A. B.), das heißt auf der Stufe eines Sozialgebildes (gleichgültig mit welchem Namen wir es nun bezeichnen), bei dem jedes Mitglied bis zu einem gewissen Grade direkt mit jedem anderen bekannt ist, war der menschlichen Gesellschaft viele Jahrtausende hinter die geschriebene Geschichte zurück der Zusammenhalt möglich. Gewiss ist diese Kohäsion zu einem hohen Preis erzielt worden. Intelligente Menschen haben das Kleinstadtleben immer als stumpfsinnig empfunden, und die innere Solidarität der Gruppe hat Hass und Misstrauen gegenüber Außenstehenden mit sich gebracht. Aber der Gesellschaft (Tönnies würde in diesem Fall präziser von „Gemeinschaft" sprechen, A. B.) ist wenigstens die Kohäsion möglich gewesen. Zwar sind viele Gruppen der Härte der Umwelt und Macht ihrer Feinde erlegen, aber sie haben zur selben Zeit nur mit wenig Schwierigkeiten der inneren sozialen Organisation zu kämpfen gehabt" (Homans 1969, S. 418). Homans weist hier, ganz im Sinne von Tönnies, der das gegenüber seinen Kritikern immer wieder betont hat, auf die *Ambivalenzen* der zwischenmenschlichen Beziehungen hin. In ihnen gibt es nicht nur Licht-, sondern auch Schattenseiten. Die innere Kohärenz einer Gruppe, der *Ingroup*, wird zum Beispiel wesentlich durch die Aus- und Abgrenzung von allem Fremden stabilisiert.

Im Verlauf der kulturellen Evolution (Schurz 2011) ist es einigen Gruppen gelungen, der Natur Überschüsse abzuringen, am erfolgreichsten zunächst in breiten Flusstälern, so dass Zivilisationen in unserem heutigen Sinne entstehen konnten, im alten Ägypten und Mesopotamien etwa oder am Gelben Fluss in China. Da aber eine Stammesorganisation, wie sie Homans am Beispiel der Tikopia-*Gemeinschaft* schildert, „kein Weltreich kontrollieren kann, hat jede Zivilisation auch neue formale Organisationen auf den Gebieten des Rechts, der Regierung, Kriegführung und Religion entwickeln müssen, welche die Stämme an den neuen Mittelpunkt (ihrer *Gesellschaft* würde Tönnies sagen, A. B.) banden. Und fast eine jede Zivilisation arbeitete auch einen zusammenhängenden Komplex von Werten und Glaubensinhalten aus, die bis zu einem gewissen Grade von allen Bürgern geteilt wurden“ (Homans 1969, S. 419 f.).

Aber wie die Sozialform der Gemeinschaft so wird auch die der Gesellschaft von Licht- und Schattenseiten geprägt. So wie Tönnies nicht den naiven Fortschrittsoptimismus eines Herbert Spencer (1887) teilte, sondern sehr hellsichtig auf die dunklen Seiten des kulturellen Evolutionsgeschehens verwies, so macht Homans unter Rückbezug auf seine empirischen Erkenntnisse aus den Gruppenstudien deutlich, dass „erschreckenderweise bisher jede Zivilisation – bis auf eine (die abendländische, A. B.) – nach einer Zeit der Blüte zusammengebrochen ist. Die herrschende Klasse, falls eine solche vorhanden war, hatte dann ihre Fähigkeit zur Führung verloren. Die das Ganze zusammenfügenden formalen Organisationen waren zerfallen. Die Treupflicht der Bürger wurde nicht mehr durch den Gauben gebunden. Die Technologie war zu einem großen Teil aus Mangel an großräumiger Kooperation, die sie allein wirksam werden lassen konnte, in Vergessenheit geraten. Und nach einer letzten und unvermeidlich nutzlosen Anstrengung, die Gesellschaft durch Gewalt zusammenzuhalten, sank dann die Zivilisation langsam wieder in ein dunkles Zeitalter, in einen Zustand zurück, der dem sehr ähnlich war, von welchem sie einst ihren Weg nach oben begonnen hatte, und in dem die gegenseitige Feindschaft kleiner Gruppen die Bedingung ihres inneren Zusammenhaltes darstellte“ (ebd., S. 420).

Wie Tönnies bezieht auch Homans sich in seiner Argumentation im Wesentlichen auf das Schicksal der abendländischen Kultur, vom Aufstieg des frühen Griechentums bis zum Zerfall des Römischen Reiches, und er fügt in großer Besorgnis hinzu, dass die heutige „westliche“ Zivilisation zwar die einzige bisher nicht völlig zerfallene sei, aber man in großer Sorge sein müsse, ob es ihr gelingen werde, den Weg zu verlassen, auf dem die anderen zu Fall gekommen sind (grundlegend hierzu: Diamond 2005). Eine Analyse der Ursachen ihres Scheiterns könne helfen, dieselben Fehler zu vermeiden. Darin bestünde eine an Dringlichkeit kaum zu überbietende Aufgabe, derer sich auch die Soziologie heute annehmen müsse. Zwar „haben die Historiker schon viele Versuche zur Erklärung dieses Niedergangs gemacht, einer immer angemessener als der andere, aber vielleicht können die Soziologen trotz allem hier noch einen Beitrag leisten. Unsere eigene Theorie würde in den Hauptumrissen etwa wie folgt lauten: Auf der Stufe des Stammes oder der Gruppe (also, wie Tönnies sagen würde, in der Sozialform der Gemeinschaft, A. B.) vermochte die Gesellschaft (also die Gemeinschaft, A. B.) immer zusammenzuhalten. Daraus schließen wir, dass eine Zivilisation, will sie ihrerseits weiterbestehen, wenigstens einige Merkmale der Gruppe (also der Gemeinschaft, A. B.) am Leben lassen muss, obwohl notwendigerweise in einem viel größeren Maßstab. Zivilisationen haben versagt, indem sie bei der Lösung dieses Problems versagten. Ja, bisher hat gerade der Prozess, durch den eine Zivilisation entsteht, dieses Versagen unvermeidlich gemacht" (Homans 1969, S. 420). Dieser letzte Satz könnte geradezu von Tönnies selbst stammen, demzufolge der Untergang einer Kultur bereits in ihrer Geburt angelegt sei. Dieselben Prinzipien und Grundmuster zum Beispiel, die den Kapitalismus, die bislang extremste Ausprägung der Sozialform „Gesellschaft", so erfolgreich werden ließen, sind dieselben, die seinen Untergang herbeiführen.

Die Auflösung der Gruppe als Nukleus der Gemeinschaft durch die Gesellschaft bewirkt auf lange Sicht zugleich den Zerfall der Gesellschaft. Die entsprechenden Textstellen bei Homans lesen sich geradezu als Paraphrasierungen der ihnen korrespondierenden Passagen bei Tönnies, obwohl er namentlich nie genannt wird: „Zivilisatorische Entwicklung bedeutete technische Veränderung, wirtschaftliche Expansion und Kriegführung, und zwar gewöhnlich alles zusammen. Alles hat aber auch die Wirkung, alte Sozialgebilde zu zerstören, ohne an deren Stelle etwas Neues zu setzen. Ein sehr charakteristisches Ergebnis dieser Entwicklung waren die großen Städte des Römischen Reiches, besonders jene im Nahen Osten, angefüllt mit Händlern, Handwerkern und Sklaven, die man aus ihrer angestammten Heimat, aus Ägypten, Kanaan, Griechenland, Gallien oder Spanien herausgerissen hatte und welche nun mit anderen Menschen des verschiedenen Herkommens zusammengedrängt in den Elendsvierteln lebten. Heute stellen unsere großen Städte eine Folge dieses Prozesses dar, wie Detroit oder Los Angeles, in denen abgesehen von einigen Unterschieden der physischen Umgebung überall dieselben Zustände herrschen. (Man vergleiche einmal die verblüffenden Übereinstimmungen dieser Textpassage mit den Ausführungen von Tönnies, die er in den Paragraphen 8 und 9 des Anhangs zu „Gemeinschaft und Gesellschaft" zu Papier gebracht hat, A. B.). Die Untersuchung Hilltowns zeigte uns dabei die typische Kehrseite der Medaille, die verfallende Gesellschaft, aus der die Entwurzelten stammen. In der alten Gesellschaft (in der Diktion von Tönnies: Gemeinschaft, A. B.) war der Mensch noch mit dem Menschen verbunden. In dem neuen Haufen (ein Terminus, den, wie gesagt, auch Tönnies benutzt, A. B.) – man kann ihn nicht als Gesellschaft (also als Gemeinschaft, A. B.) bezeichnen – ist er allein. Und er hat nicht die Zeit gehabt, etwas anderes zu sein“ (ebd., S. 421).

Gründe des Scheiterns

Um seine Argumentation abzustützen, bezieht sich Homans auf Erkenntnisse der Psychiatrie, denen zufolge „erst die Zugehörigkeit zu einer Gruppe den Menschen trägt, ihm die Aufrechterhaltung seines inneren Gleichgewichts unter den gewöhnlichen Lebensschlägen ermöglicht und ihm zur Aufzucht von Kindern verhilft, die ihrerseits glücklich und widerstandsfähig sind. Wenn aber die Gruppe um ihn zerstört ist, wenn er die Gruppe verlässt, deren geschätztes Mitglied er war, und wenn er vor allem keine neue Gruppe findet, der er sich anschließen kann, so wird er unter der seelischen Belastung in seinem Denken, Fühlen und Verhalten Störungen zeigen. Sein Denken wird von fixen Ideen heimgesucht, die ohne genügende Berücksichtigung der Realität entwickelt werden. Er ist voller Angst und Ärger, sich und anderen zum Verderben. Sein Verhalten ist zwanghaft, nicht beherrscht. Und wenn wir den Erziehungsprozess, der einem Menschen den leichten Anschluss an andere ermöglicht, selbst als sozial ansehen dürfen, so wird er als einsamer Mensch auch Kinder aufziehen, die ihrerseits nur verminderte soziale Fähigkeiten besitzen. Der Kreislauf ist bösartig, und der Verlust der Gruppenmitgliedschaft in einer Generation kann die Menschen in der nächsten zur Gruppenzugehörigkeit noch weniger geeignet machen. Die Zivilisation, die durch ihren bloßen Wachstumsprozess das Leben der kleinen Gruppen zerstört, lässt einsame und unglückliche Männer und Frauen an ihrem Wege zurück“ (Homans 1969, S. 421).

Man muss sich vor Augen halten, dass Homans diese Zeilen in den sechziger Jahren zu Papier brachte. Er konnte noch nichts wissen vom aktuellen Pflegenotstand vereinsamter alter Menschen, von der zunehmenden Gewaltbereitschaft in der Gesellschaft und davon, dass zwischenmenschliche Kommunikationsprozesse immer mehr durch Mensch-Maschine-Interaktionen ersetzt werden. Vorausschauend, um Schaden abzuwenden, plädiert er für eine Strategie, neue Gruppen entstehen zu lassen, die den Platz der alten einnehmen, „neue Gruppen, die einige Merkmale der alten besitzen.“ Er räumt zwar ein, „dass sich solche

Gruppen in der Tat auch immer bilden", aber es könne „geschehen, dass zeitweise das Wachstum des Neuen mit dem Absterben des Alten nicht Schritt hält und die Anzahl der isolierten Individuen absolut zunimmt, die zwar an das nackte Skelett formaler Organisationen gebunden sind, des alten Zugehörigkeitsgefühls jedoch ermangeln" (ebd.). Dieser Prozess dürfe deshalb nicht ungeregelt und ungehindert ins Unendliche laufen, denn „die Gesellschaft löst sich nicht ohne Kampf auf." Sie „erzeugt Schutzstoffe, um den Verfall aufzuhalten. Die Reaktion nimmt dabei oft religiöse Formen an. Unter den Entwurzelten der großen Städte – Antiochia, Alexandria, Ephesus, Rom, Detroit, Los Angeles – schießen alle Arten von Religionen empor. Nur selten sind es die Religionen der Stämme, aus denen die Entwurzelten kamen, und niemals die Religionen der Zivilisation selbst, denn wenn die Menschen eine Gesellschaft nicht zufriedenstellend finden, so kann ihnen auch ihr Glauben nicht genügen. Welche geistige Einheit die Zivilisation auch einst gehabt haben mag, sie ist dann zerbrochen. Die Religionen sind außerordentlich gefühlsbetont: Sie sorgen für die übersteigerte Emotionalität der sozial Isolierten, und ihre sorgfältig ausgearbeitete Theologie ist ein Tribut an deren Besessenheit. Aber sie haben etwas viel Bedeutenderes anzubieten als die Freisetzung von Gefühlen und einen Gegenstand der Metaphysik. Jede Religion stellt auch eine neue Gesellschaft dar. Jede besteht aus Zellen oder Gemeinden, die dem isolierten Menschen wieder etwas von dem verlorenen Gefühl voller Zugehörigkeit zu etwas vermitteln" (ebd., S. 422). Homans erläutert das am Beispiel des frühen Christentums und der Mysterienkulte des Römischen Reiches, um es dann hinsichtlich der Situation der „westlichen", der Nachfolgerin der klassischen Zivilisation zu reformulieren. Zwar seien die Menschen „in den letzten vierhundert Jahren allmählich von den Einschränkungen der traditionalen Gesellschaft befreit worden. Mit dem Verlust dieser Fesseln haben sie aber auch die Empfindung verloren, einer Gruppe anzugehören, deren Mitglieder zur Befriedigung der innersten Interessen eines jeden zusammenwirken. Wenn Freiheit nicht mehr als emotionale Isolation bedeuten soll, so wird sie sich nicht am Leben erhalten können. Die Menschen begehen jede Torheit, sie verschmelzen sogar unter dem Schwert eines Tyrannen zur gesichtslosen Masse, nur um der Freiheit dieser Art zu entgehen. Jede Religion, jede revolutionäre Bewegung behauptet, die Brüderlichkeit der Menschen wiederherzustellen, und hat das manchmal auch tatsächlich in Gestalt der Gemeinde oder Zelle getan. Und Brüderlichkeit von der Art, wie man sie in der kleinen und erfolgreichen Gruppe findet, brauchen die Menschen nötig. Aber auf der Ebene der Zivilisation kann die Suche nach der verlorenen Brüderlichkeit Spannungen schaffen, die nur durch Gewalt zu lösen sind, und dadurch zur schlimmsten Tyrannei führen“ (ebd., S. 423).

Führen und Gestalten

Homans’ fünf Vergleichsstudien haben gezeigt, dass in der Kleingruppe, anders als in Großorganisationen, die Kontrolle über Personen, die von den Gruppennormen abweichen, zwar außerordentlich wirksam, aber nicht von außen auferlegt ist, sondern vielmehr dem gesamten Beziehungssystem der Gruppe innewohnt. Sie haben ferner gezeigt, dass der in enger Kooperation mit den anderen Mitgliedern der Gruppe stehende Führer, diese nicht zu Handlungen auffordert, welche nicht eine spontane Ausführung zur Folge haben. All das ändert sich im Übergang von gemeinschaftlichen zu gesellschaftlichen Lebensformen, ein Transformationsprozess, der auch unter etablierten Gesellschaftsstrukturen nicht aufhört, sich vielmehr in Krisen und Anomien äußert und fortsetzt, die zu bewältigen nur allzu oft, letztendlich aber vergebens durch Gewaltanwendung versucht wird: „Mit der Entwicklung der Zivilisation, der Auflösung der Gruppen, dem Zerfall der Gesellschaft in sich einander befehdende Gebilde und der Vermehrung der Schwierigkeiten bei der zwischen Führer und Anhänger vor sich gehenden Kommunikation besteht die Tendenz, dass sich diese spontane zugunsten einer durch Zwang und zentrale Gewalt auferlegten Kontrolle verliert. Natürlich muss zu einem bestimmten Grade zur Kontrolle einer Gesellschaft stets Zwang angewandt werden, aber wir sprechen jetzt über eine Zivilisation, die das Stadium erreicht hat, in dem sie nach Auffassung ihrer Führer nur noch mit Gewalt zusammengehalten werden kann“, ein Zustand also, der eintritt, „wenn die Auflösung der Gruppen weit genug fortgeschritten ist und die Konflikte groß genug geworden sind.“ Was aber die Gewalt als ein Heilmittel auf lange Sicht angeht, beweise die Geschichte, dass diese Phase den Anfang vom Ende einer Zivilisation anzeigt. „Erzwungene Kooperation beschleunigt nur den Niedergang, der auf jeden Fall stattgefunden haben würde“ (Homans 1969, S. 426).

Anders als in der Gemeinschaft stellt der Prozess, durch den fähige Führer in verantwortungsvolle Positionen gebracht werden, in einer fortschreitenden Zivilisation ein zentrales Problem dar. Es resultiert „aus dem Umstand, dass die unmittelbare soziale Kontrolle, wie sie in Kleingruppen recht gut funktioniert, nicht mehr hinreicht, so dass abstrakte, für den Einzelnen immer weniger nachvollziehbare Normen durchgesetzt werden, und zwar von politischen Führern, die sich ihrerseits der unmittelbaren Kontrolle durch die ‚Bürger' entziehen (und allenfalls, in demokratischen Gesellschaften, in Abständen von einigen Jahren abgewählt werden können). Die in anonymen Großgesellschaften von politischen (und religiösen) Führern dekretierten Normen programmieren den Konflikt zwischen den Erfordernissen jener Gesellschaften und der Natur des Menschen als Kleingruppenwesen" (Wuketits 2012, S. 22 f.). Daraus ergeben sich zentrale Dilemmata, die typisch sind für unsere Gegenwartsgesellschaften. Werden die Grenzen der Belastbarkeit durch kulturelle Normen, die sich aus der Notwendigkeit des Funktionierens gesellschaftlicher Systemzusammenhänge ergeben, überspannt, unterläuft der Mensch erfahrungsgemäß diese Normen, seien es moralische Vorschriften oder in der Sache begründete Anweisungen, durch Korruption oder etwas Ähnlichem, eine verständliche Strategie, die allerdings auf lange Frist, die sittliche Basis kultivierten Zusammenlebens untergräbt, da der moralische Konsens nicht mehr gewährleistet ist, wenn eine kontingente Einstellung zu normativen Fragen um sich greift (ebd.).

Anders als in der Gesellschaft ist in einer gemeinschaftlichen Kleingruppe die Bestimmung des Führers „eine augenfällige und natürliche Sache. Der Führer ist der Mann, der den Gruppenidealen am vollständigsten nachkommt. Er bringt das Streben der Gruppe zum Ausdruck, und diese Tatsache ist es, die ihn mehr als jede andere dazu befähigt, seine Leute mit sich zu ziehen." Das könnte in einer Zivilisation, die durch gesellschaftliche Strukturen geprägt ist, in vergleichbarer Weise nur schwerlich geschehen, ist deshalb auch eher der Ausnahmefall. „Scipio Africanus, Wilhelm von Oranien, Königin Elisabeth, George Washington besaßen nicht nur große Fähigkeiten, sondern sie stellten nach der Meinung ihrer Anhänger auch die Besten der Gesellschaft dar. Ihre Stärke lag in diesen zwei Faktoren. Aber mit fortschreitender Zivilisation, mit dem Komplizierterwerden der Kanäle dieses Fortschritts und mit der Ausbreitung der Konflikte wird es immer schwieriger, Führer mit dieser zweifachen Qualifikation für ihre Aufgabe zu finden. Fähige Menschen mögen vorhanden sein, aber ihre Fähigkeit liegt im Gelderwerb, in der Intrige, in der Gewaltanwendung oder in der Ausnutzung der unter den Gruppen wachsenden Spannungen. Zwischen Führern und Geführten entsteht eine Kluft, bis die letzteren nicht mehr geführt, sondern getrieben oder bestochen werden" (Homans 1969, S. 424 f.). All die damit einher gehenden Probleme werden auf Gruppenebene stets mehr oder weniger gut bewältigt. „Daher löst sich die menschliche Gesellschaft niemals über diese Stufe hinaus auf." Was aber für die gemeinschaftliche Gruppe zutrifft, muss auch für die gesellschaftliche Zivilisation Gültigkeit haben, wenn sie sich am Leben erhalten will. „Die Zivilisation scheitert, falls sie diese Probleme nicht in ihrem eigenen großen Maßstab lösen kann und sogar die sie bildenden Gruppen an einer Lösung hindert“ (ebd., S. 427).

Strukturelle Inkompatibilitäten

In einem weiteren Argumentationsschritt verweist Homans darauf, dass mit all den Einrichtungen, die sich eine demokratische Gesellschaft zur Regelung ihrer Angelegenheiten gibt, versucht wird, das gemeinschaftliche Problem der Erhaltung von Werten kleiner Gruppen auf die gesellschaftliche Ebene der Nation, des Staates, wenn nicht gar der Zivilisation schlechthin zu übertragen. „Die Wahl der Regierungsbeamten und Volksvertreter zielt darauf ab, der Nation die Methode der Führerauswahl zu erhalten, die für die kleine Gruppe charakteristisch ist. Zusammen mit der Rede- und Pressefreiheit dient sie auch einer wirksamen Kommunikation zwischen Führern und Geführten. Mit den Schwurgerichten und verschiedenen Freiheiten wird eingestanden, dass die spontane Selbstkontrolle einer Gesellschaft viel wirksamer ist, als jeder von außen auferlegte Zwang sein kann. Und die Repräsentativverfassung stellt die Bemühung dar, zwischen Führern und Anhängern jene Art von Beziehungen herzustellen, auf die ein spontaner Gehorsam statt eines erzwungenen gegründet werden kann“ (ebd.). Aber, gibt er zu bedenken, all diese demokratischen Institutionen bestehen nicht im luftleeren Raum, sondern in einer Gesellschaft, die über bestimmte Merkmale verfügen muss, damit sie lebensfähig sind. „Eine Demokratie kann nur erfolgreich sein, wenn die Nation gut gebildet ist und einen so hohen Lebensstandard genießt, dass sich die Menschen nicht um ihre nackte Existenz zu sorgen brauchen.“ Nur wenige Länder, von denen aus westlicher Sicht die Einrichtung demokratischer Regierungssysteme gefordert wird, erfüllen diese Bedingungen. Homans kritisiert deshalb diese in seinen Augen falsche „westliche Sicht“ und die daraus resultierenden moralischen Forderungen als unrealistisch und weltfremd. In der Korrektur ihrer Illusionen sieht er eine wesentliche Aufgabe zeitgenössischer Soziologie.

Doch selbst in den Demokratien des Westens sind die Zustände nicht so, wie sie vom Anspruch her sein sollten. „Wenn auch die demokratischen Institutionen etwas dazu beitragen, um die Zustände zu schaffen, in denen sie überleben können, so tun sie doch längst nicht alles. Die Demokratie kann das Problem der psychosozialen Isolation nicht lösen und zur Lösung des Konfliktproblems nicht viel beisteuern. Niemand glaubt, dass auch nur unter den blühendsten Verhältnissen der Konflikt in der Gesellschaft völlig verschwindet, ist er doch tief in jeder sozialen Ordnung verankert… Wie gewöhnlich lautet auch hier die Frage: wieviel Konflikt und auf welchen Gebieten? Wenn der Konflikt nicht zu tief geht, liefert die Repräsentativverfassung eine Methode zur Entscheidung der Streitfragen, und zwar verbunden mit viel heilsamer Freisetzung von Gefühlen. Wir nehmen in der Politik gern eine Menge Gewalttätigkeiten in Worten in Kauf. Unsere Toleranz ist hier sehr groß, und wir bewundern einen Mann, der harte Schläge austeilen und einstecken kann. Ist der Konflikt jedoch tief verankert, so führen … die demokratischen Methoden nicht zu einer friedlichen Lösung, sondern zum Bürgerkrieg. Wenn die Demokratie überleben soll, müssen die Mitglieder der Gesellschaft einen Bereich allgemeiner Übereinstimmung besitzen, der von informalen Kontakten des Alltags, formalen Kommunikationsnetzen und gemeinsamen Idealen getragen wird“ (ebd., S. 428).

Transferprobleme in Transformationsperioden

Aus diesen Überlegungen heraus ergibt sich für Homans die soziologische Grundfrage: „Wie können die Werte der kleinen Gruppe auf der Ebene der Zivilisation erhalten werden?“ Offenbar, so Homans, bringe die fortschreitende Zivilisation aus sich heraus gerade jene Bedingungen hervor, die zu ihrem Untergang führen (Homans 1969, S. 429). Er diskutiert verschiedene Vorschläge, die sich seit der französischen Revolution herauskristallisiert haben: konservative, liberale, sozialistische, und verwirft sie alle, weil sie den Ambivalenzen des Geschehens nicht gerecht werden. Denn einerseits besteht die Gesellschaft, neben vielen anderen Elementen, aus zahllosen kleinen Gruppen, mit denen sie sich auseinandersetzen muss. Andererseits tendiert die fortschreitende Zivilisation, welche immer auch eine fortschreitende Zentralisation der Kontrolle bedeutet, dazu, die gemeinschaftliche „Art der zwischen Führer und Anhänger bestehenden Beziehung zu schwächen, bei welcher der Führer die Gruppe rückhaltlos mit sich ziehen und der Anhänger die Führung akzeptieren kann, ohne dass dabei seine Überzeugungen missachtet werden. Was geschieht nun, wenn wir den Wohlfahrtstaat erreichten und immer noch Tausende kleiner Gruppen haben, die den Anweisungen ihrer offiziellen Führer mürrischen Widerstand entgegensetzen? Dass es sich hier um kein akademisches Problem handelt, zeigen die industriellen Erfahrungen sozialistischer Regierungen. Wenn die soziale Kontrolle immer mehr zentralisiert wird, so muss der Grund dafür sein, dass eine solche Zentralisation erforderlich ist. Eine zentrale Kontrolle aber, die nicht ausgeübt werden kann, würde, wie es scheint, Stagnation und nicht Fortschritt bedeuten. Sollen wir also Gewalt anwenden, um die Störrischen auf Vordermann zu bringen? Aus der Geschichte lässt sich schließen, dass damit das Problem nicht gelöst, sondern nur der Niedergang der Zivilisation eingeleitet wird. Der Verfall des Römischen Reiches begann mit seiner Geburt, mit der Diktatur des Augustus. Das ist kein Argument gegen den Wohlfahrtsstaat, sondern nur eine Aufforderung zur sorgfältigeren Untersuchung der Bedingungen, die erfüllt werden müssen, wenn der zentralisierte Staat nicht der Stagnation verfallen soll" (ebd., S. 430).

Auf der Ebene der kleinen Gruppe ist es der Sozialform der Gemeinschaft immer möglich gewesen, die Kohäsion zwischenmenschlicher Beziehungsgeflechte über Jahrtausende hinweg aufrecht zu erhalten. Homans schließt daraus, „dass die Zivilisation, will sie bestehen bleiben, in der Beziehung zwischen den die Gesellschaft bildenden Gruppen und der zentralen Leitung der Gesellschaft manche Merkmale der kleinen Gruppen beibehalten muss. Wenn wir diese Aufgabe nicht erfüllen, werden wir bei der Verfolgung unserer höchsten Ziele vielleicht nicht nach Utopia, sondern nach Byzanz gelangen. Das Problem zu lösen, ist gewiss nicht leicht, aber wir können wenigstens einen ersten Schritt auf diesem Wege tun, indem wir uns vertraut machen mit den Merkmalen der sozialen Gruppe" (ebd., S. 431).

Referenztexte

Aristoteles (1912): Politik. Leipzig: Meiner

Bammé, Arno (2017): Transhumane Kommunikation. Zum Implikationsverhältnis von Sozialbiologie und Neurosoziologie. In: Soziologie, Jg. 46, Heft 3, S. 251-195

Bammé, Arno (2018): Ferdinand Tönnies. Eine Einführung. Marburg: Metropolis

Carstens, Uwe (2005): Ferdinand Tönnies. Friese und Weltbürger. Eine Biografie. Norderstedt: BoD

Clausen, Lars (1994): Krasser sozialer Wandel. Opladen: Leske + Budrich

Collier, Paul (2019): Sozialer Kapitalismus. Mein Manifest gegen den Zerfall unserer Gesellschaft. München: Siedler (2018)

Cooley, Charles Horton (1909): Social Organization. A Study of the Larger Mind. New York: Scribner's Sons

Dau, Jan (1983): Realität und Fiktion in K. v. d. Eiders Dorfroman „Kihrwedder". In: Literatur und Soziologie, Heft 4

Diamond, Jared (2005): Kollaps. Warum Gesellschaften überleben oder untergehen. Frankfurt a.M.: Fischer (2005)

Dreitzel, Hans Peter (1972): Die gesellschaftlichen Leiden und das Leiden an der Gesellschaft. Vorstudien zu einer Pathologie des Rollenverhaltens. Stuttgart: Enke (1968)

Durkheim, Emile (1984): Die Regeln der soziologischen Methode. Hg. von René König. Frankfurt a.M.: Suhrkamp (1895)

Ellwood, Charles A. (1912): Sociology in its Psychological Aspects. New York and London: Appleton

Fox, Douglas (2013): Grenzen der Intelligenz. In: Spektrum der Wissenschaft (Spezial Biologie – Medizin – Hirnforschung), Heft 1, S. 28-35

Gerhardt, Volker; Nida-Rümelin, Julian (Hg.) (2010): Evolution in Natur und Kultur. Berlin und New York: de Gruyter

Goldscheid, Rudolf (2018): Entwicklungstheorie, Finanzsoziologie, Menschenökonomie. Narrative einer anderen Soziologie. Hg. von Arno Bammé. Marburg: Metropolis

Groß, Melanie; Winkler, Gabriele (Hg.) (2007): Queer. Feministische Kritiken neoliberaler Verhältnisse. Münster: Unrast

Hansen, Dörte (2018): Mittagsstunde. München: Luchterhand

Homans, George Caspar (1969): Theorie der sozialen Gruppe. Köln und Opladen: Westdeutscher Verlag (1950)

Illouz, Eva (2007): Gefühle im Zeichen des Kapitalismus. Frankfurt a.M.: Suhrkamp

Klose, Olaf et al. (Hg.) (1961): Ferdinand Tönnies. Friedrich Paulsen. Briefwechsel 1876-1908.Kiel: Hirt

König, René (Hg.) (1962): Soziologie. Frankfurt a.M.: Fischer (1958)

Latour, Bruno (1991): Technology is society made durable. In: Law, John (Hg.): Sociology of Monsters. London: Routledge, S. 103-131

Latour, Bruno (2016): Cogitamus. Berlin: Suhrkamp (2010)

Lüdemann, Susanne (2004): Metaphern der Gesellschaft. Studien zum soziologischen und politischen Imaginären. München: Fink

Marx, Karl (1971): Das Kapital. Erster Band. Berlin: Dietz (1867)

Merz-Benz, Peter-Ulrich (2017): Lars Clausen: „Meine Einführung in die Soziologie" – als Spiegel der bundesrepublikanischen Soziologie. In: Tönnies-Forum, Jg. 16, S. 67-74

Mitscherlich, Alexander (1965): Die Unwirtlichkeit unserer Städte. Anstiftung zum Unfrieden. Frankfurt a.M.: Suhrkamp

Mohr, Hans (1987): Natur und Moral. Darmstadt: WBG

Mohrs, Thomas (1995): Vom Weltstaat. Hobbes' Sozialphilosophie, Soziobiologie, Realpolitik. Berlin: Akademie

Nowotny, Helga et al. (2002): Re-Thinking Science. Knowledge and the Public in an Age of Uncertainty. Cambridge: Polity Press (2001)

Ottomeyer, Klaus (1980): Ökonomische Zwänge und menschliche Beziehungen. Soziales Verhalten im Kapitalismus. Reinbek: Rowohlt (1977)

Reckwitz, Andreas (2017): Die Gesellschaft der Singularitäten. Zum Strukturwandel der Moderne. Berlin: Suhrkamp

Schurz, Gerhard (2011): Evolution in Natur und Kultur. Eine Einführung in die verallgemeinerte Evolutionstheorie. Heidelberg: Spektrum

Sennett, Richard (1998): Der flexible Mensch. Die Kultur des neuen Kapitalismus. Berlin: Berlin-Verlag (1994)

Spencer, Herbert (1877ff.): Die Principien der Sociologie. 4 Bände. Stuttgart: Schweizerbart 1877, 1887, 1889, 1897 (1874 ff.)
Sumner, William Graham (1906): Folkways. A Study of the Sociological Importances of Usages, Manners, Customs, Mores, and Morals. Boston: Ginn
Tarde, Gabriel (2009): Die sozialen Gesetze. Hg. von Arno Bammé. Marburg: Metropolis (1898)
Thyen, Anne (2010): Grundzüge einer Anthropologie des Inter-Subjekts. In: Gerhardt, Volker; Nida-Rümelin, Julian (Hg.), a.a.O., S. 260-289
Tönnies, Ferdinand (2009): Gesamtausgabe Band 7. 1905-1906. Hg. von Arno Bammé und Rolf Fechner. Berlin und New York: de Gruyter
Tönnies, Ferdinand (2000): Gesamtausgabe Band 9. 1911-1915. Hg. von Arno Mohr. Berlin und New York: de Gruyter
Tönnies, Ferdinand (2011): Philosophische Terminologie in psychologisch-soziologischer Ansicht. München und Wien: Profil
Tönnies, Ferdinand (2014): Thomas Hobbes. Leben und Lehre. München und Wien: Profil (1896)
Tönnies, Ferdinand (2015): Schriften zu Thomas Hobbes. München und Wien: Profil
Tönnies, Ferdinand (2016): Schriften zu Spinoza. München und Wien: Profil
Tönnies, Ferdinand (2017): Gemeinschaft und Gesellschaft. Grundbegriffe der reinen Soziologie. München und Wien: Profil (1887)
Tönnies, Ferdinand (2018): Einführung in die Soziologie. München und Wien: Profil (1931)
Tönnies, Ferdinand (2018): Soziologische Schriften 1910-1915. München und Wien: Profil
Tönnies, Ferdinand (2019): Soziologische Schriften 1921-1925. München und Wien: Profil
Tönnies, Ferdinand (2019): Fortschritt und soziale Entwicklung. Geschichtsphilosophische Ansichten. München und Wien: Profil (1926)
Vollmer, Gerhard (2010): Gibt es einen sozialen Mesokosmos? In: Gerhardt, Volker; Nida-Rümelin, Julian (Hg.), a.a.O., S. 241-260
Wuketits, Franz (1997): Soziobiologie. Die Macht der Gene und die Evolution sozialen Verhaltens. Heidelberg: Spektrum
Wuketits, Franz (2012): Zivilisation in der Sackgasse. Plädoyer für eine artgerechte Menschenhaltung. Murnau: Mankau
Zeh, Juli (2016): Unterleuten. München: Penguin

Wider die Engführung der Soziologie

Kontinuitäten zwischen der politischen und öffentlichen Soziologie Rudolf Goldscheids und Michael Burawoys

Im Werturteilsstreit der deutschsprachigen Soziologie standen sich Rudolf Goldscheid und Max Weber – in ähnlich konflikthafter Weise wie zuvor Durkheim und Tarde jenseits des Rheins in Fragen der Metaphysik (Bammé 2009, S. 109 ff.) – diametral und unversöhnlich gegenüber. Sie vertraten zwei völlig unterschiedliche Auffassungen von Soziologie. Weber plädierte für eine Wissenschaft, in der Forschung und Lehre wertfrei erfolgen sollten. Die Vermischung von Sein und Sollen, die Ableitung ethischer Imperative aus wissenschaftlichen Erkenntnisweisen lehnte er ab. Wie die „Politik" (Weber 1968, S. 167 ff.) so sollte auch die „Wissenschaft als Beruf" (ebd., S. 311 ff.) auf rein fachlicher Grundlage ohne Einmischung in den Zuständigkeitsbereich des jeweils anderen betrieben werden. Die Soziologie habe nur festzustellen, nicht zu werten. Die Kategorien, derer sich Weber zum Beispiel in seinem Hauptwerk „Wirtschaft und Gesellschaft" (Weber 1972, S. 1 ff.) bedient, dokumentieren in ihrer nahezu zwanghaften Präzision und Sprachökonomie sein Bestreben, zu möglichst „reinen" Begriffsdefinitionen als Grundlage soziologischer Analysen zu gelangen. Im Gegensatz zu Weber, dessen Soziologie eine Soziologie des Seins ist, vertrat Goldscheid eine prospektive Soziologie des Werdens. Für ihn ging „der ganze Streit um die Stellung der Werturteile (…) letzten Endes aus Fragen des akademischen Lehrbetriebes hervor. Man hat das, was innerhalb bestimmter Grenzen für die Wissenschaft als Unterrichtsgegenstand gilt, übertragen auf die Wissenschaft als Forschungsgegenstand. Wissenschaft als Unterricht und Wissenschaft als Forschung sind aber durchaus nicht dasselbe. Den Lehrer müssen ganz andere Vorzüge auszeichnen als den Forscher. Der Lehrer hat das bereits Geleistete möglichst objektiv zu übermitteln: der Forscher Neues in möglichst individueller Gestaltung zu schaffen" (Goldscheid 1996, S. 85). Das Maß der erforderten Objektivität sei beim Lehrer ein weitaus Größeres als beim Forscher. „Will man darum akademischen Unterricht und Forschung gleichstellen, will man nur das, was in ersterem erforderlich ist, als Wissenschaft anerkennen, so verengt man das Gebiet der Wissenschaft in einem Maße, dass sie dadurch schließlich unfruchtbar werden muss. Man erlegt damit dem Forscher denselben Zwang auf wie dem akademischen Lehrer; ein Beginnen, über dessen ganze Gefährlichkeit alle diejenigen nicht im Zweifel sein können, die überblicken, eine wie abgrundtiefe Kluft Schulwissenschaft und im tiefsten Sinne schöpferische Denkerarbeit trennt. Will man Wissenschaft als Unterrichtsgegenstand und Wissenschaft als Forschung identifizieren, dann wäre nur fertige Wissenschaft Wissenschaft, nicht auch werdende" (ebd., S. 86). Während der Lehrer Werturteile gleichsam nur als Appendix einbezieht, wird der Forscher „das, was er geschaffen hat, danach bemessen, ob es nicht nur geeignet ist, die Dinge verschieden zu interpretieren, sondern sie zu verändern." Schöpferische Wissenschaft sei „ihrem innersten Wesen nach notwendig immer Gestaltung; Gestaltung ohne Wertung" aber „ist ein Ding der Unmöglichkeit!" (ebd., S. 87 f.)

Goldscheids Auffassung von Soziologie (Goldscheid 1913, S. 414 ff.) war einerseits konventionalistisch, denn er forderte für sie, darin ähnlich wie Weber, eine „Geschäftsordnung der Begriffe", und andererseits war sie zugleich pragmatisch, weil für ihn letztlich, darin dem späteren Dewey (1929) vergleichbar, der Erfolg des Handelns, das auf wissenschaftlichen Erkenntnissen beruht, über Wahrheit entscheidet, weshalb alle Hypothesen nur vorläufig und mit einer gewissen Wahrscheinlichkeit gelten. Er kritisierte die Trennung in Geistes- und Naturwissenschaften, und zwar sowohl aufgrund der Einheit in der Methode als auch der Einheit im Objekt (neuerdings D'Avis 2016). „Wissenschaftsklassifikationen, wie die von Natur- und Geisteswissenschaften oder von Ereignis- und Gesetzeswissenschaften, sind ihm ‚bloß beiläufiges Einteilungsprinzip', das im Sinne Machs allein ‚denkökonomisch' zu rechtfertigen sei, jedoch nicht die damit auch in Kauf zu nehmenden Nachteile übersehen lassen darf" (Fleck 1990, S. 50). Unter anderem aus dieser Ablehnung jedweden Dualismus resultiert bei ihm gleichfalls die Zurückweisung der Wertfreiheit. Er sieht in der insbesondere von Max Weber vehement vertretenen Nichtableitbarkeit von Sollen aus Sein eine Verletzung des einheitlichen Kausalprinzips, die vor allem aus den Machtinteressen der Herrschenden erklärt werden müsse. Eine Wissenschaft, die sich auf die „reine Erkenntnis" zurückziehe, begebe sich des Anspruchs, „Richtungen" gesellschaftlicher Entwicklungen vorzugeben und Zukünfte mitzugestalten. Zwar könne Wissenschaft nur das Beständige im ewigen Wechsel suchen und niemals zu einer endgültigen Klärung gelangen, so dass das Fragen unendlich weitergehen müsse, aber gleichzeitig müsse sie auch die Möglichkeit für Veränderungen der Wirklichkeit durch gestaltendes Handeln erlauben und praktisch wirksam werden. Das aber, so folgerte Goldscheid, erfordere sowohl Analysen der Kausalitäten, die den jeweiligen Sachverhalten zugrunde liegen, als auch die Berücksichtigung der „Teleologie des menschlichen Handelns“ in der Wissenschaft. Vernunft als Erkenntnisgrundlage und Vernunft als Zweckbestimmung müssen deshalb miteinander verknüpft werden. Aufgabe der Wissenschaft sei es, nicht nur „reine Erkenntnisse“ zu liefern, sondern kausales Wissen in teleologisches Geschehen umzuwandeln. Zwar ziele Wissenschaft auf Objektivität, aber sie betrachte die Welt aus einer anthropomorphen Perspektive. Wissenschaft wird von Menschen betrieben und ist auf menschliche Ziele hin ausgerichtet. In der Transformation der objektiven Naturerkenntnis in menschlich-teleologische Erkenntnis sah Goldscheid die zentrale Aufgabe der Sozialwissenschaft. Sie war für ihn „Teleologie als System“ (1902, S. 3), deren Ziel darin bestehen müsse, die Naturordnung allmählich zu einem anthropozentrischen System umzuwandeln und die objektive Naturwissenschaft zu einer subjektiven Naturwissenschaft zu machen, die menschlichen Zwecken dient. Die Soziologie war für Goldscheid eine Gesetzeswissenschaft, die, in Analogie zur Biologie als Haupt aller Wissenschaften vom Organischen, über allen speziellen Sozialwissenschaften steht. Wie dort im Objekt der Wissenschaft normative Momente enthalten seien (Gesundheit, Arterhaltung etc.), so gelte es auch hier, die dem Sozialen inhärente Normativität zur Geltung kommen zu lassen (Fleck 1990, S. 50). Daher hätten Ethik und Sozialwissenschaft eine Synthese einzugehen, weil Wissenschaft letztlich immer Ziele außerhalb ihrer selbst verfolgen müsse, eine Trennung von Sein und Sollen deshalb auch nicht möglich sei. Eine „reine“ Wissenschaft im Sinne Webers, die sich auf ihre Objektivität und Wissenschaftlichkeit als Selbstzweck beschränkt, verkomme zur Magd der Herrschenden im Sinne der Legitimation und Aufrechterhaltung der bestehenden Gesellschaftsverhältnisse. „Die gefährlichste Schranke aller Entwicklung ist (…) der retrospektive Empirismus, der nur an das glauben will, was gewesen ist, nicht an das, was werden kann“ (Goldscheid 1902, S. 362). So verführerisch die Forderung, Wissenschaft solle sich mit der Beschreibung und Erklärung des Seins begnügen, ohne Aussagen über das, was sein kann und sein soll, zu treffen, im Selbstverständnis einer akademischen Wissenschaft auch sein mag, so würde sie letztlich „die Ausschaltung der Wissenschaft gerade an jener Stelle bewirken, wo sie nicht nur als praktische Führerin des Lebens am notwendigsten ist, sondern wo sie auch erst voll zeigen kann, was sie zu leisten imstande ist. Man reißt damit nicht nur die Brücke ab, die vom Erkennen zum Leben führt, sondern auch vom Leben zurück zum Erkennen führt dann kein Weg mehr. Dafür liefert den deutlichsten Beweis die Rolle, die das *Experiment* in der Entwicklung der Naturwissenschaften spielt. Die experimentelle Naturwissenschaft war es, die uns zu jenen Errungenschaften verhalf, in denen wir ihren *eigentlichen* Triumph erblicken. *Das Experiment geht aber über das, was ist, weit hinaus zur Untersuchung dessen, was unter veränderten Bedingungen sein kann.* Erst damit gestattet es uns das tiefste Eindringen in das Wesen der Dinge, führt es uns von der *einen* historischen Wirklichkeit in das *unendliche Reich der Möglichkeiten.* Die bloße Beschreibung und Erklärung dessen, was *ist* im Sozialen, bannt uns hingegen mit aller Forschung in die *eine* historische Wirklichkeit" (Goldscheid 1996, S. 84).

Goldscheid schrieb diese Zeilen 1913 im Rahmen des Werturteilsstreites (Nau 1996). Aus dem von ihm skizzierten Dilemma heraus, Zukunft gestalten zu müssen, sie aber mit den Mitteln einer Wissenschaft des Seins nicht beobachtend voraussehen zu können, hat Gotthard Günther (1980) sieben Dezennien später sein Logik-Konzept der *Negativsprachen* entwickelt. Er sucht dadurch dem Umstand Rechnung zu tragen, dass eine Wissenschaft des Werdens, die, im Gegensatz zu einer Wissenschaft des (gewordenen und ein für alle Mal festgelegten) Seins, über verschiedene offene Gestaltungsräume verfügt, einer anderen als der zweiwertigen Logik folgen muss. In einer *Positivsprache* kann über Möglichkeitsräume konkret solange nichts ausgesagt werden, bis einer von ihnen zur Realität geworden ist. Günther begreift Sein und Nichts als isomorphe, hinsichtlich ihres Wertes indifferente Bereiche. Das Nichts gilt ihm als jener Raum, in den hinein der Mensch das kommende, zu gestaltende positive Sein abbildet. Dadurch befreit er das Nichts aus seiner nihilistischen Wert-Negativität, wie sie in den akademischen Geisteswissenschaften von Schopenhauer über Nietzsche und Spengler bis hin zu Heidegger tradiert wurde (Tönnies 1897; Simmel 1990; Safranski 2000; Saur 2010). Insofern Negation und Nichts als Reservate menschlicher Subjektivität erscheinen, erwächst ein wert-positiver, dem Willen zur Gestaltung vorbehaltener Raum, vergleichbar dem Begriff des gesellschaftlich Imaginären bei Cornelius Castoriadis (1990). Gedanken, die das menschliche Gehirn produziert, gehen weit über das empirisch gesättigte Bewusstsein hinaus, etwa in Form unkontrollierter Fieberphantasien, von Tagträumen oder Imaginationen, die allen Gesetzen der zweiwertigen Logik Hohn sprechen. Hieraus ergeben sich kreative Möglichkeiten, Realitäten zu transzendieren, zum Beispiel gesellschaftliche Verhältnisse anders als die bestehenden zu entwerfen oder Parallelwelten zu erdenken. Wissenschaft muss sich in ihren Analysen, so gesehen, nicht auf Vorgegebenes beschränken, sondern kann durchaus imaginäre Welten und Zukünfte entwerfen, die gewünscht oder abgelehnt werden (Godelier 1990, S. 174 f.). In Imperativen wie „There is no alternative", also dem berühmten zeitgenössischen TINA-Diktum, drückt sich dann nichts anderes aus als ein Mangel an soziologischer Phantasie. Tatsächlich nimmt das Unmögliche erst im Bereich des Handelns Gestalt an. Eine Handlung, ein Tun ist mehr als ein Eingriff in den Bereich des Möglichen. Eine Handlung verändert die Koordinaten dessen, was möglich ist, und schafft dadurch gleichsam rückwirkend Bedingungen für ihr möglich werden (Žižek 2010). Das Nichts erscheint dann als eine konstruktiv zu füllende Leerstelle: als Konstruktionsaufgabe.

Da nun in den Lebenswissenschaften, anders als in den mechanischen Naturwissenschaften, „dem Experiment nur ein äußerst beschränkter Wirkungskreis gegeben ist, so müssen wir uns hier mit dem *Gedankenexperiment* behelfen. Das Gedankenexperiment untersucht neben dem, was ist, das, was sein *könnte*, und schafft uns damit erst die wahre Erkenntnis über die *innere Armatur des Seienden*, lässt uns das *Notwendige vom Zufälligen unterscheiden.* Ja, das Gedankenexperiment gibt uns sogar noch mehr als das: indem es uns wissenschaftlich nachweist, was sein kann, liefert es uns zugleich höchst bedeutsame Direktiven über das, was sein soll. Endlich und schließlich ist so die Untersuchung dessen, was sein soll, selbst ein unentbehrliches Gedankenexperiment für jede Geisteswissenschaft, dessen Ergebnisse auf das, was ist, von einer anderen Seite her ein ebenso scharfes Licht werfen, wie die rein empirische Kausalforschung" (Goldscheid 1996, S. 84 f.).

Historisch hatte Weber, soweit es um die Begründung der Soziologie als Fachwissenschaft im Rahmen der etablierten *Akademia* ging, zweifellos das Recht auf seiner Seite. Die Soziologie eroberte sich ihren Platz unter den akademischen Wissenschaften. Aber der Preis, den sie dafür zahlte, war hoch. Soziologie wurde zu einem Beruf im Sinne von Fachkompetenz, wie Weber es vorausgesehen hatte, orientiert an einem „reinen", auf innerwissenschaftlichen Fortschritt ausgerichteten Selbstverständnis. Sie wurde zu einer akademischen Wissenschaft ohne unmittelbare Gestaltungsabsicht. Statt auf gesellschaftlichen Fortschritt wurde das Interesse der Soziologen auf innerwissenschaftlichen Fortschritt, mehr noch auf Erfolg und Anerkennung als spezialisierte, im Kreise der akademischen Wissenschaften angesehene Berufsgruppe gelenkt. *Peer reviewed publications* in sogenannten A-Journals gelten als wichtigste Währung im soziologischen Alltagsgeschäft, auch wenn sie höchstens von vier Fachkollegen zur Kenntnis genommen werden und in der Öffentlichkeit – zu Recht – niemanden interessieren. Soziologen beobachten die Gesellschaft üblicherweise aus dem geschützten Raum der Universität heraus, nur selten begreifen sie sich als Teil dessen, was sie beobachten, oder sind in der Lage, mit einem nicht-akademischen Publikum darüber zu sprechen. An die Stelle klarer Worte tritt, um sich nicht angreifbar zu machen, nur allzu oft eine Sprache der Verschleierung, die in der Öffentlichkeit Verwirrung und Ratlosigkeit hinterlässt (Masala 2017, S. 7). Um ihre „wissenschaftliche Distanz“ zu wahren und nicht in politische und fachfremde Auseinandersetzungen hineingezogen zu werden, wandten sich die meisten Soziologen von der gesamtgesellschaftlichen Analyse ab und konstruierten „spezifische“ Erkenntnisobjekte wie das „soziale Handeln“, die „sozialen Tatsachen“, die „Kollektivvorstellungen“ etc., die es gleichzeitig auch ermöglichten, ihren Gegenstand, das Verhalten der Menschen in ihrer Vielzahl, empirisch zu erforschen (grundlegend Mikl-Horke 2004; ähnlich bereits Rammstedt 1988, S. 297 f.). „Gesellschaft“ wurde zu einem „rein sozialen“ Begriff, der sich auf die Verhaltensmuster und Interaktionen zwischen den Individuen und Gruppen bezog. Wo man sich überhaupt noch mit politischen oder ökonomischen Aspekten befasste, „soziologisierte“ oder „übergeneralisierte“ man diese, indem man ihnen abstrakte Verhaltensmuster und Sozialstrukturen unterstellte (Adorno 1997). Diese Übergeneralisierung und Soziologisierung hatte zur Folge, dass über die Nützlichkeit wissenschaftlicher Erkenntnisse heute nicht mehr die Wissenschaft selbst befindet, sondern eine durch wechselnde politische Machtverhältnisse bestimmte staatliche Politik, die immer stärker durch Forderungen der Wirtschaft geprägt ist (Mikl-Horke 2007, S. 208 ff.). Im Gegensatz zum soziologischen *Mainstream* hatte die „Kritische Theorie“ der Frankfurter Schule zwar die Einheit von Sein und Sollen, von Theorie und Praxis weiterhin postuliert (Horkheimer 1988), gedacht war dabei aber in erster Linie an eine nur mittelbare Praxiswirkung im Sinne von Bewusstseinsbildung durch Theorie. Faktisch lief das gleichfalls auf eine Trennung von „abgehobener“ akademischer Theorie und „distanzlos“ intervenierender Praxis hinaus, die in gesellschaftliche Problemfelder unmittelbar eingreift und dort wirksam wird. Aus dieser insgesamt unbefriedigenden Situation heraus sollte Dezennien später Michael Burawoy (2015) seine Vier-Felder-Matrix entwickeln, in der er die moderne Soziologie nach vier Tätigkeitsbereichen untergliederte, denen allesamt ihre ureigene Existenzberechtigung mit entsprechenden

Kompetenzen zugesprochen wurde: der „professionellen" und „angewandten" ebenso wie der „kritischen" und „öffentlichen Soziologie".

Letztendlich liefen die Bemühungen um die „Professionalisierung" der Soziologie auf eine Kompetenzbeschränkung der Gesellschaftswissenschaften hinaus, und damit auch auf eine Begrenzung der Rolle des Soziologen. Als Analytiker der Moderne zeichnen Sozialwissenschaftler wie Niklas Luhmann jene Wechselwirkung von Neuem und immer Gleichem nach, ohne – gemäß der eigenen Professionsbestimmung – in das beobachtete Geschehen direkt eingreifen zu dürfen. Sie reduzieren es kontemplativ auf „Kommunikation", „Handeln" oder „Funktion", ohne eigenen Anspruch auf Gestaltung und Veränderung. Sie erleben sich in der Rolle des Soziologen als Zuschauer, immer nur hoffend, mit ihren Analysen Handeln in ihrem Sinne auszulösen. Nur unter diesem Aspekt betrachtet, werden – jenseits aller euphorischen Lippenbekenntnisse zur Funktion von Wissenschaft in der Gesellschaft – Kategorien wie Handlung oder Kommunikation, die an sich auf Gestaltung verweisen, in ihrem einschränkenden, passiv erduldenden Sinngehalt verständlich und nachvollziehbar. Goldscheid sah das völlig anders. Wissenschaft war für ihn kein Selbstzweck. So wäre er wohl heute, darin aktuell vergleichbar mit Bruno Latour (1998), einer der vehementesten Kritiker zum Beispiel der Systemtheorie Luhmanns, die sich darin erschöpft, die Eigenlogik und Eigendynamik gesellschaftlicher Funktionssysteme beobachtend nachzuzeichnen, ohne die Möglichkeit, sie gestaltend zu verändern, in Betracht zu ziehen.

In ihrer sorgfältig recherchierten Synopse mehrerer prominenter Übersichtsarbeiten zur Entstehungsgeschichte der Soziologie als Fachwissenschaft im deutschen Sprachraum weist Katharina Neef darauf hin, dass durch die darin angewandte reduktionistische Vorgehensweise, die sich weitgehend auf die Darstellung universitärer, geisteswissenschaftlicher Kreise beschränkt, ein völlig einseitiges, falsch gezeichnetes Bild entstanden ist (2012, S. 262; konkret bezogen auf Goldscheid: 2009). Nicht so sehr die tatsächlichen Leistungen und Verdienste haben darüber entschieden, wer heute zum Beispiel als Klassiker der Disziplin gilt, sondern diskursive Zuschreibungsprozesse. Es handelt sich dabei um das „Produkt einer Selektion disziplinärer Bezugspersonen, die eben nur Klassiker konstruiert, die retrospektiv den Vorgaben der disziplinären Gegenwart entsprechen" (Neef 2012, S. 33). Dass zum Beispiel die „Menschenökonomie" nicht zum Kanon der klassischen Texte zählt, hat inhaltliche Gründe, die „nicht struktureller Natur sind (‚Die Menschenökonomie ist nicht soziologisch'), sondern diskursiver Art (‚Die Menschenökonomie gilt heute nicht als soziologisch'), was nichts anderes heißt, als dass sie den gegenwärtigen Soziologen nichts sagt" (ebd.). Eine der wenigen Ausnahmen, die frei von solchen Mängeln sind, stellen die wissenschaftshistorischen Studien von Mikl-Horke (2011, 2015) dar. Genau genommen, müsste die Geschichte der deutschsprachigen Soziologie neu geschrieben werden. Folgerichtig schlägt Neef in ihrer Studie deshalb einen anderen als den üblichen Weg ein. „Nicht von den Klassikern auszugehen, korreliert (dabei) zwangsläufig mit einer anderen Zielstellung: Es geht gerade nicht um die Anbindung heutiger Soziologie an ihre Ahnenväter und um das Aufzeigen personeller wie thematischer Kontinuität. Ganz im Gegenteil sollten die Brüche und Konfliktflächen aufgezeigt werden, die den soziologischen Diskurs um 1900 formten. Die Klassikergeschichte zeichnet sich in ihrer Absicht disziplinärer Identitätsstiftung durch eine Perspektivenverengung aus, der ihre Ergebnisse unterliegen. ... Man sieht fast nur Akteure, die heute als Soziologen gelten. ... Dem disziplinierten Blick entgehen Personen, die entweder heute nicht mehr (oder nur als Apokryphen) rezipiert werden oder die keine Nähe zu den Klassikern aufweisen" (Neef 2012, S. 34).

Viele Soziologen beklagen heute zunehmend ihren mangelnden Einfluss auf neuere gesellschaftliche Entwicklungen und die Bedeutungslosigkeit soziologischer Erkenntnisse für die Öffentlichkeit (exemplarisch Nowotny 1975; Hitzler 2012; Treibel 2012; Volkmann 2015). Mehrheitlich halten sie aber nach wie vor an ihrem „reinen", auf wissenschaftsinternen Fortschritt gerichteten Verständnis fest, durch das die tradierten, in der abendländischen Philosophie wurzelnden Dualismen wie der zwischen Praxis und Theorie, Gefühl und Rationalität, Körper und Geist immer wieder reifiziert werden (Vogd 2010, S. 310 f.). Wenn man die Kontroverse zwischen Goldscheid und Weber auf die heutige Zeit überträgt, so lässt sie sich sehr präzise in den Worten Latours reformulieren als Gegensatz zwischen akademischer Wissenschaft (Weber zuzurechnen) und transdisziplinärer Forschung (Goldscheid zuzurechnen): Die heutige Zeit sei „charakterisiert durch den Wechsel von einer Kultur der ‚Wissenschaft' zu einer Kultur der ‚Forschung'. Wissenschaft ist Gewissheit, Forschung ist Ungewissheit. Wissenschaft soll kalt, rein (‚straight') und distanziert sein. Forschung ist warm, involviert und riskant. Wissenschaft setzt den spontanen Einfällen (‚vagaries') menschlicher Dispute ein Ende. Forschung provoziert Kontroversen. Wissenschaft produziert Objektivität, indem sie so weit wie möglich den Fängen der Ideologie, der Leidenschaften und Emotionen zu entkommen trachtet. Forschung benötigt all das, um sich den Objekten ihrer Begierde nicht zu entfremden" (Latour

1998, S. 208). Dementsprechend sei auch das Wissen, das über den Fortgang der Gesellschaft oder, wem das lieber ist, der menschlichen Kultur entscheidet, „socially distributed“ und nicht mehr auf die Universitäten beschränkt. Wir sind, so Latour, von der Wissenschaft zur Forschung übergegangen, von Objekten zu Projekten, von der Umsetzung zum Experimentieren. In der Sichtweise der überkommenen akademischen Wissenschaft „folgt das Handeln auf das Wissen, ohne ihm viel hinzuzufügen: Wissen wird angewandt und verwirklicht. Die Experten haben beraten. Sie haben sich auf den besten Weg geeinigt. Handeln ist nicht viel mehr als die Umsetzung des Wissens in der wirklichen Welt draußen“ (ebd.). Diese Sichtweise entspricht einem Wissenschaftsmodell, das der gegenwärtigen Situation immer weniger gerecht wird. Heute besteht Handeln nicht mehr „in der Verwirklichung oder Umsetzung eines Planes, sondern in der Erkundung unbeabsichtigter Folgen einer provisorischen und revidierbaren Version eines Projekts“ (ebd.). In dieser neuen Konstellation wandelt sich die Rolle des traditionellen eng spezialisierten Fachexperten. An seiner Stelle gewinnt an Bedeutung der fachfremde Mitforscher. Mehr noch: „Als Konsumenten, Aktivisten oder Bürger sind wir nun alle Mitforscher. Selbstverständlich gibt es Unterschiede, doch nicht den Unterschied zwischen den Wissensproduzenten und denen, die von deren Anwendungen bombardiert werden. Wissenschaftspolitik, die ein spezialisierter bürokratischer Bereich war, der einige hundert Leute interessierte, ist nun zu einem wesentlichen Recht der neuen Bürgerschaft geworden. Die Souveränität über Forschungsprogramme ist zu wichtig, um sie den Spezialisten zu überlassen“ (ebd.). Es scheint, dass unter diesen Umständen Goldscheid am Ende Recht behalten soll.

Während Goldscheid und Weber sich in der Werturteilsdebatte sehr eindeutig und unversöhnlich einander gegenüber verhielten, erweist sich der Standpunkt von Tönnies in dieser Angelegenheit als wesentlich brüchiger und komplexer, wirft aber gerade dadurch ein Licht darauf, dass die Gegensätze im Rahmen einer ganzheitlicheren Betrachtungsweise *dichotomisch* als komplementär begriffen werden können und nicht zwangsläufig *dualistisch* als einander ausschließend begriffen werden müssen. Auf der einen Seite teilt Tönnies das Wertneutralitätspostulat Webers: „Wir wollen also uns als Soziologen uns nur beschäftigen mit dem, was *ist*, und nicht mit dem, was nach irgendwelcher Ansicht, aus irgendwelchen Gründen, *sein soll.* Unser nächstes Objekt ist die gegenwärtige Wirklichkeit des sozialen Lebens in ihrer unausmessbaren Mannigfaltigkeit; von ihr aus führt der Blick notwendig zurück in die Vergangenheit, bis zu den Anfängen und Keimen der noch bestehenden, wie der untergegangenen Institutionen und Ideenwelten; tastet der Blick auch voraus in die Zukunft, aber nicht um sie zu gestalten, um ihr etwas vorzuschreiben, sondern lediglich als *Prognose*, um die *wahrscheinliche* fernere Entwicklung bestehender Zustände, Ordnungen, Anschauungen, nach Möglichkeit vorauszubestimmen, wobei dann die etwa vorauszusehende Rückwirkung solcher Erkenntnis auf die Handlungen der Menschen, auch auf unsere eigenen Handlungen, einer der mitwirkenden Faktoren ist, der in die Rechnung einzusetzen ist und die Prognose selber modifizieren kann" (2018, S. 100). Auf der anderen Seite ist Tönnies zugleich, darin Goldscheid ähnlich, ein Verfechter ethischer Prinzipien und praktischer Interventionen in den gesellschaftlichen Alltag, denn „im organischen Leben begegnen uns überall die Gegensätze des Normalen und der Anomalien, der physiologischen und der pathologischen Erscheinungen, des Gesunden und des Kranken, des Lebens Gewissen und des dem Untergange Verfallenen. Kein Wunder daher, dass auch das soziologische Denken um das natürliche, normale oder richtige Recht, um den rationalen und den besten Staat, um ideale Gesetzgebungen als die von der Natur oder von der Vernunft gebotenen immer sich innig bemüht hat; dass also seine Lehren als ein Bestandteil der allgemeinen philosophischen Ethik erschienen, die noch neuerdings von berufener Seite als das eigenste Problem, als das Zentrum der Philosophie, worin sie ihre Selbständigkeit und Eigenart und alsbald auch ihre Einheit gewinne, bezeichnet wurde. Es liegt mehr als zufällige Notwendigkeit in diesem Zusammenhange, es ist in der Tat ein wesentlicher Zusammenhang; denn im letzten Grunde steht all unser Denken und Erkennen im Dienste des Wollens; und so roh die Berufung auf den Nutzen erscheinen mag, so wenig dem einzelnen Forscher an der Anwendbarkeit und Verwertung seiner Ergebnisse gelegen sein mag – als soziale Erscheinung ist auch das Gedeihen und der Fortschritt aller Wissenschaft irgendwie *bedingt*, so dünn auch oft die verbindenden Fäden sind, durch soziale Bedürfnisse, die es tragen und fördern, und die sozialen Bedürfnisse richten sich immer auf die Bekämpfung, so sehr als möglich die Überwindung sozialer *Übel*, sie ringen um die Gestaltung und Erreichung sozialer Güter, der menschlichen Ideale" (2018, S. 94 f.). Bezeichnenderweise begrüßte der Dekan der Philosophischen Fakultät den angehenden Privatdozenten Tönnies nach erfolgreich abgeschlossenen Habilitationsverfahren als zukünftigen „Lehrer der Ethik" an der Kieler Universität (Carstens 2005, S. 90), zweifellos ein Resultat der seinerzeit durchaus üblichen Interpretation von „Gemeinschaft und Gesellschaft" (1887) „als eines ethischen Traktats, als erfüllt von einer sozialethischen

Absicht“ (Jacoby 2013, S. 61), eine Deutung, gegen die sich Tönnies immer verwahrte (grundlegend dazu: Bickel 1994).

Tönnies’ politisches Engagement im Hamburger Hafenarbeiterstreik (2010) und in der „Ethischen Gesellschaft“, die ihm auf Jahre hinaus die Verweigerung einer Professur eintrug, illustrieren seinen Zwiespalt in dieser Angelegenheit. Er ist sich dieser Widersprüchlichkeit durchaus bewusst gewesen. In einem Brief an Harald Høffding vom 24. Dezember 1902 reflektiert er diese Ambivalenz als Spannung zwischen „abstrakten Gedanken“ und „persönlichen Empfindungen“, als Spannung zwischen „kalter Wissenschaft“ und „warmen Herzensangelegenheiten“. Die *Einheit* dieser Momente hat wohl immer die „eigentlichen Philosophen“ bezeichnet. Hingegen „für mich“, fährt er fort, „*bleibt diese Einheit* Problem, ich habe eine zerrissene Seele, und finde mich genötigt, diese Gebiete ganz auseinanderzuhalten, das des *Erkennens* und das des *Wirkens.* Ich versuche, in beiden tätig zu sein, aber ich weiß längst, dass es *meine Kraft* übersteigt“ (Bickel und Fechner 1989, S. 92 ff.). In einem weiteren Brief an Friedrich Paulsen zeigt sich diese innere Zerrissenheit und Ambivalenz in besonders beeindruckender Weise: „Wenn ich *unabhängig wäre* von Familienrücksichten, so würde ich mit offener Fahne *ins Lager der puren Kommunisten übergehen.* Hier wäre das einzige Feld, auf dem ich Früchte redlichen Bemühens zu sehen hoffen würde“ (Klose et al. 1961, S. 155). Und er fügt noch hinzu, dass er „aber schwerlich je die *Entschlossenheit* dazu gewinnen werde.“

Als Resultat aus diesem Dilemma hat er seine soziologische Begriffsarchitektur so umfassend angelegt, dass er Goldscheids und Webers Positionen integrieren und ihnen zugleich widersprechen konnte. Er arbeitet mit den dadurch entstandenen Widersprüchen, ohne sie vorschnell aufzulösen. Also nicht: Entweder Weber oder Goldscheid, sondern: Sowohl Weber als auch Goldscheid. Er verteilt, darin Burawoy (2015) vorwegnehmend, ihre Wahrheiten auf unterschiedliche Kontexturen seiner Begriffsarchitektur. Das Konzept seiner doppelten Triade (2018, S. 417), bestehend aus allgemeiner (Sozialbiologie, Sozialpsychologie, spezielle Soziologie) und besonderer Soziologie (reine, angewandte, empirische Soziologie) folgt dem Postulat der Wertfreiheit Webers, sein Engagement in Tätigkeitsfeldern der „Praktischen Soziologie“ (2018, S. 459) folgt normativen, im weitesten Sinn ethischen Prinzipien, wie sie charakteristisch sind für Goldscheids Entwurf einer politischen Soziologie. Was in der „reinen Soziologie“ gilt, muss nicht gelten in der „angewandten Soziologie“. Schließen sich zum Beispiel „Gemeinschaft“ *und* „Gesellschaft“ in der einen, *dualistisch* gedachten Kontextur radikal aus, können sie sich in der anderen, *dichotomisch* gedachten durchaus ergänzen und vermischen.

Eine Wissenschaft, die nicht nur Auskunft geben will davon, was ist oder was war, sondern vorhat, Zukunft zu gestalten, muss willentlich und bewusst Entscheidungen treffen darüber, was sein soll und wie es sein wird, Entscheidungen, die ein Handeln vorbereiten und begleiten, das Folgewirkungen nach sich zieht. Eine solche Wissenschaft des Werdens, wie sie Goldscheid im Werturteilsstreit gegenüber Max Weber vertreten hat, bedarf der Wertungen, um solche Entscheidungen begründet umsetzen oder ablehnen zu können, Wertungen, die in einer verbindlichen Ethik ihre Letztbegründung finden, einer Ethik, die der empirischen Rationalität dessen, was und wie es gestaltet werden soll, entsprechen muss (Fischbeck und Schmidt 2002).

Die industriekapitalistische Gesellschaft agiert bislang so, als ob die Natur außerhalb ihres Systemzusammenhangs steht, und die akademische Soziologie folgt ihr in ihren Reflexionen darin, anders als Goldscheid, weitgehend unwidersprochen bzw. legitimiert dieses dualistische Weltbild sogar noch wissenschaftlich bewusst oder unbewusst in den Großtheorien etwa eines Niklas Luhmann (1984): Weil es so ist, kann es nicht anders sein. Tatsächlich aber wird es im Zuge des Übergangs von der industriekapitalistischen zur sozialökologischen Produktionsweise früher oder später zu einem Paradigmenwechsel kommen müssen, wenn die Soziologie nicht auch noch die letzten Reste an gesellschaftspolitischer Relevanz einbüßen möchte. Erste Überlegungen zur Redefinition und Neuorientierung des Faches finden sich, wie bereits angedeutet, bei dem US-amerikanischen Soziologen Michael Burawoy. Burawoy unterscheidet vier Typen von Soziologen. Für den am meisten verbreiteten Typus, den *Professional Sociologist*, ist die Universität nach wie vor der gesellschaftliche Ort, an dem er sein wissenschaftliches Tätigkeitsfeld verankert sieht. Seine realhistorische Verkörperung dürfte zweifellos Max Weber sein. Ihn kennzeichnet ein ausschließlich akademisches Verständnis seines Faches. Dieses Verharren im *Ivory Tower* deutet Burawoy nicht so sehr als Resultat einer autonomen Entscheidung, sondern als Resignation gegenüber den herrschenden ökonomischen und politischen Rahmenbedingungen. „Professional Sociologists fear that any intervention beyond the academy against the prevailing powers will only bring us disrepute and threaten our fragile legitimacy“ (Burawoy 2008, S. 354). Im Gegensatz dazu intervenieren jene Fachvertreter, die Burawoy als *Policy Sociologists* charakterisiert, in gesellschaftliche Problemfelder, zum Beispiel „to reign in markets through the intervention of the state“ (ebd.). Auch hier meldet

Burawoy Vorbehalte an, denn die Hoffnung, durch Intervention in Politikfelder gesellschaftspolitische Veränderungen zu bewirken, erweise sich nur allzu oft als Trugbild, weil die Politik schon längst durch marktökonomische Imperative gesteuert werde. Eine dritte Gruppe unter den Soziologen bezeichnet Burawoy als *Critical Sociologists.* Sie lehnen die resignative Haltung jener Fachvertreter ab, die sich in politische Belange der Gesellschaft grundsätzlich nicht einmischen. Stattdessen klagen sie mit großem Engagement gesellschaftliche Werte ein, die sie in Gefahr sehen oder bereits für verloren halten. An ihnen kritisiert Burawoy, obwohl er ihr Anliegen für berechtigt hält, dass sie sich in der Regel einer Sprache bedienen, die für ein breiteres Publikum unverständlich ist, so dass ihr Wirkungskreis kaum über die Grenzen der akademischen Welt hinausreicht. Was Burawoy als Perspektive für die Zukunft vorschwebt, ist ein völlig neuer Typus, der des *Public Sociologist*, der die Abgeschiedenheit der akademischen Welt verlässt und sich in gesellschaftliche Belange, diese mitgestaltend einmischt. Er agiert vornehmlich jenseits der *Akademia*, allerdings nicht, um sich in den Dienst ökonomischer und politischer Mächte zu begeben, sondern um als Vermittler zwischen unterschiedlichen Öffentlichkeiten zu fungieren. Um diese Funktion begründen zu können, ist es notwendig, die spezifischen Probleme der Gegenwartsgesellschaft zu benennen, aus denen die aktuellen Aufgaben des *Public Sociologists* sich ableiten. Zwei Begriffe sind dabei entscheidend: der Begriff der *Zivilgesellschaft* und der Begriff der *Weltgesellschaft.* Es ist sicher nicht allzu weit hergeholt, Rudolf Goldscheid mit dem Typus des *Public Sociologist* zu identifizieren.

Burawoy geht davon aus, dass der Kapitalismus sich gegenwärtig anschickt, weltweit in eine völlig neue Entwicklungsphase einzutreten, die er als „third-wave marketization" charakterisiert, eine Situation, in der staatliche Regulationen ebenso belanglos werden wie nationale Grenzen. Die „third-wave marketization" äußert sich in einem globalen Netzwerk von Märkten, in dem sich auch die politischen, gesellschaftlichen und kulturellen Beziehungen miteinander vermischen und konventionelle Grenzen überschreiten. Während in der ersten Phase des Kapitalismus, der von ihm sogenannten „first-wave marketization", die Umwandlung der menschlichen Arbeitskraft in eine tauschfähige Ware stattfand, war die zweite Phase, die „second-wave marketization", charakterisiert durch eine explosive Ausdehnung des Finanz- und Spekulationskapitalismus, der sich von der Realwirtschaft abzukoppeln begann und Geld zur Handelsware machte. Der Kapitalismus der „third-wave marketization" zeichnet sich dadurch aus, dass die Natur zur Ware wird. „Third-wave marketization involves expropriations or accumulation through dispossession, commodifying nature – land, natural resources, environment and body – and makes itself transparent to its victims“ (ebd., S. 356).

Abb. 1: Wellen der Vermarktlichung und ihre Gegenbewegungen

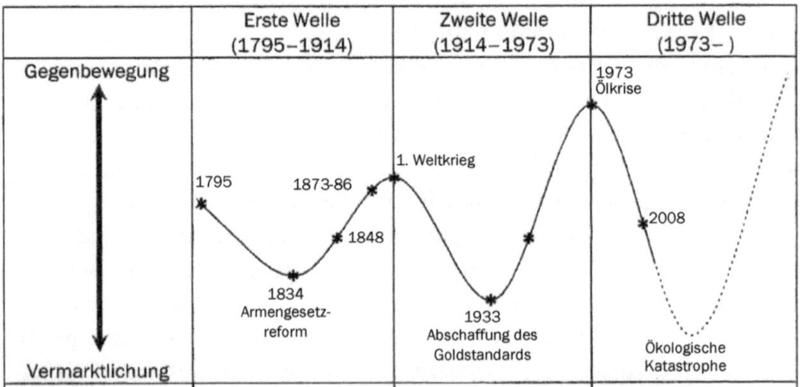

GEGENBEWEGUNG	ARBEIT	GELD	NATUR
Ausmaß der Reaktion	Lokale Gemeinschaft	Nationalstaat	Globale Zivilgesellschaft
Verteidigte Rechte	Arbeitsrechte	Soziale Rechte	Menschenrechte
Weltkontext	Kolonialismus	Imperialismus	Globalisierung

Quelle: Burawoy 2015, S. 43

Vor diesem Hintergrund stellt sich für Burawoy die Frage, welchen Stellenwert und welche Funktion die Soziologie heute angesichts einer vom Markt dominierten planetarischen Gesellschaft einnehmen könne. Weil sich die einzelnen Wissenschaftsdisziplinen innerhalb der Gesellschaft in unterschiedlichen Räumen bewegen, spiele die reflexive Einstellung gegenüber der Wissensproduktion der eigenen Disziplin dabei eine entscheidende Rolle. Spätestens seit Durkheim fühlen sich Soziologen vor allem und in erster Linie zuständig für die Sphäre des Sozialen. Anders als Psychologen, Biologen oder Ökonomen verorten sich Soziologen in einem Umfeld, das seit den Tagen des Thomas Hobbes in Abgrenzung zum Staat wohl am ehesten als Zivilgesellschaft bezeichnet werden kann, eine Zuordnung, die uneingeschränkt Gültigkeit beanspruchen kann zumindest für jene Vertreter des Faches, die wie Ferdinand Tönnies oder Rudolf Goldscheid in der Tradition des westeuropäischen Rationalismus stehen.

Zivilgesellschaft und Weltgesellschaft werden nun bei Burawoy zusammengedacht. Nicht nur die Bedrohung durch die „Third-wave marketization“ hat planetarische Ausmaße erreicht (Burawoy 2008, S. 357). Auch die Widerstandsbewegungen, die darauf reagieren, müssen sich in planetarischen Dimensionen artikulieren (ebd.). In einer sich konstituierenden Weltgesellschaft ist Demokratie, wenn überhaupt, nur global durchsetzbar: durch die Gegenmacht der, wie Hardt und Negri (2004) formulieren, „Multitude“, der Menge, die im Inneren des „Empire“ (2002) der „third-wave marketization“ lebt. Die Multitude, das sind die Vielen, vielgestaltig und einzigartig. Sie zeichnen sich weder durch eine gemeinsame Identität (Volk) aus, noch durch Uniformität (Masse). Sie sind dabei, ein Gemeinsames zu entdecken, indem sie miteinander in Beziehung treten und gemeinsam handeln, sich global vernetzen und Wissen produzieren und so die notwendigen Voraussetzungen und möglichen Perspektiven einer umwälzenden demokratischen Veränderung schaffen. Vor diesem Hintergrund findet das Konzept der *Public Sociology* sowohl seine normative Begründung wie seine gesellschaftstheoretische Bedeutung (ebd., S. 357).

Waren in den frühen Phasen des Kapitalismus *labour rights* und *social rights* zentrale Problembereiche nationalstaatlich organisierter Gesellschaften, sieht Burawoy heute die globale Durchsetzung grundlegender Menschenrechte („*human rights*“) als entscheidend an. An die Stelle des Staatsvolkes einer Gesellschaft tritt als Adressat, Lebensform und Rechtssubjekt das Gattungswesen „Mensch“, wie es als äußerst gefährdet in der neueren biopolitischen Diskussion thematisiert wird (Agamben 2002, Hardt und Negri 2002, Foucault 2004, Lemke 2007).

Zusätzlich erhält Burawoys Entwurf einer *Public Sociology* einen weiteren wichtigen Stellenwert im Rahmen der aktuellen Diskussion über die Notwendigkeit und Möglichkeit, eine „Weltsoziologie“ (Kotzlarek 2011) zu begründen, eine „Global Sociology“ (Burawoy 2010, Wright 2011, Bhambra 2015) bzw. eine „World Sociology“ (Connell 2013, Archer 2014), eine Diskussion, wie sie seit längerem und sehr intensiv im „Global Dialogue“, der Zeitschrift der „International Sociological Association“ (ISA) geführt wird (Martin 2013, Lockie 2014). Vom „Start of a New Radical Sociology“ ist in diesem Zusammenhang die Rede (Sklair 2016), für deren Radikalität als essentiell reklamiert wird der Implikationszusammenhang von „Cosmopolitanism“ und „Public Sociology“ (Lutz 2011). Große Beachtung fand in diesem Zusammenhang der Disput zwischen Raewyn Connell (2010) und Ulrich Beck (2010, 2011) über die konzeptionelle Formatierung einer solchen „World Sociology“ (Patel 2011). Ohne den geopolitischen Hintergrund dieser Diskussion zu berücksichtigen, würden wesentliche sowohl gesellschaftstheoretische wie normative Koordinaten der „neuen radikalen Soziologie“ Burawoys unterschätzt werden (Sklair 2016), Koordinaten, die aus der „Public Sociology“ weitaus mehr machen als nur ein wissenschaftstheoretisches oder wissenschaftsdidaktisches Korrektiv.

Die wichtige Erkenntnis, die Burawoy seinen Fachkollegen zu vermitteln sucht, besteht darin, dass jede der vier Soziologien ihre Daseinsberechtigung hat und dass nur alle vier zusammen eine allgemeine, in sich selbst ruhende Soziologie ergeben, die über wissenschaftliche Reputation *und* gesellschaftliche Relevanz verfügt. In vielerlei Hinsicht unterscheiden sie sich in ihren kognitiven Praktiken: in der Form des Wissens, der Wahrheit, der Legitimität, der Verantwortlichkeit und der Politik. Aus all dem ergeben sich ganz unterschiedliche Vorstellungen von Wahrheit, die ihnen zugrunde liegt. „Im Falle der professionellen Soziologie liegt der Fokus auf der Herstellung von Theorien, die der empirischen Welt entsprechen, im Falle der angewandten Soziologie hat das Wissen ‚praktisch‘ oder ‚nützlich‘ zu sein, während Wissen in der öffentlichen Soziologie auf dem Konsens zwischen Soziologinnen und Soziologen und ihren Publika beruht und für die kritische Soziologie Wahrheit nichts ist ohne eine normative Grundlage. Jede Art von Soziologie hat ihre eigene Art von Legitimation: Professionelle Soziologie begründet sich auf der Grundlage wissenschaftlicher Normen, angewandte Soziologie auf der Grundlage ihrer Effektivität, öffentliche Soziologie auf der Grundlage ihrer Relevanz und die kritische Soziologie hat Moralvorstellungen zu liefern. Jede Art von Soziologie hat auch ihre eigene Verantwortlichkeit. Professionelle Soziologie ist verantwortlich gegenüber dem *Peer-Review*, angewandte Soziologie gegenüber ihren Klienten, öffentliche Soziologie gegenüber einem ausgewählten Publikum, während kritische Soziologie gegenüber einer Gemeinschaft kritischer Intellektueller, die disziplinäre Grenzen überschreiten kann, verantwortlich ist. Außerdem hat jede Art von Soziologie ihre eigene Politik. Die professionelle Soziologie verteidigt die Voraussetzungen der Wissenschaft, die angewandte Soziologie schlägt politische Maßnahmen vor, die öffentliche Soziologie versteht Politik als einen demokratischen Dialog, während die kritische Soziologie sich um die Eröffnung von Debatten innerhalb unserer Disziplinen bemüht“ (2015, S. 73 f.). Jeder dieser Art von Soziologie, das sei nicht verschwiegen, entspricht eine ihr eigentümliche Form von pathologischer Entgleisung, die aus ihrer kognitiven Praxis und ihrem Eingebundensein in verschiedene Institutionen resultiert. So regredieren zum Beispiel diejenigen, die nur zu einem begrenzten Kreis wissenschaftlicher Kollegen sprechen, leicht auf eine gewisse Engstirnigkeit, eine *déformation professionelle* oder produzieren, gesellschaftlich gesehen, scheinbar Irrelevantes.

Vor diesem Hintergrund ist es sinnvoll, Theoriediskussionen zu führen, die klassische und zeitgenössische Ansätze miteinander in Verbindung bringen, und Diskurse wieder aufzunehmen, die durch die Ära des Nationalsozialismus abrupt unterbrochen wurden, denn Burawoys Matrix der vier Typen stellt die Antwort auf zwei grundsätzliche Fragen dar, die bereits in der Gründungsphase des Faches von zentraler Bedeutung waren: (1) Soziologie für wen? und (2) Soziologie wofür? (Burawoy 2015, S. 28). Die Beantwortung der ersten Frage führt Burawoy zur Unterscheidung zwischen einen akademischen (Webers Perspektive) und einen außerakademischen Adressatenkreis (Goldscheids Perspektive). Die Beantwortung der zweiten Frage resultiert in einer Unterscheidung zwischen einer Soziologie, die es mit Mitteln für einen bestimmten Zweck, also mit instrumentellem Wissen zu tun hat, und einer Soziologie, die mit der Diskussion der Zwecke selbst, also reflexiv befasst ist. Von Bedeutung für Burawoy ist nun, dass beide Typen einander ausschließen, denn es sei „genauso wenig möglich, Wissenschaft zu betreiben und gleichzeitig die Annahmen, auf denen sie beruht, in Frage zu stellen, wie es möglich ist, Schach zu spielen und dabei fortwährend die Regeln des Spiels in Frage zu stellen. Wissenschaftliches Tun *setzt voraus*, dass die Erörterung der Grundlagen ausgeklammert bleibt" (ebd., S. 29). Um die Differenzen zwischen den vier Typen zu verdeutlichen, stellt Burawoy sie in einer 4-Felder-Matrix dar, angeordnet nach den Kategorien „Wissen", „Wahrheit", „Legitimität", „Verantwortlichkeit", „Politik", „Pathologie" (ebd., S. 74).

Entscheidend für Burawoy ist, dass die Soziologie, obwohl die vier Arten, aus denen sie besteht, sich in einem inneren Spannungsverhältnis zueinander befinden, nur als Ganzes, also in der „reziproken Interdependenz" von professioneller (*„Mainstream"*), angewandter (*„politischer"*), kritischer und öffentlicher Soziologie als autonomes Fach bestehen kann, denn sie erfüllen notwendige, ganz eigenständige Aufgaben. Während die *Öffentliche Soziologie* sich dem Fortschritt und Wohlergehen der Gesellschaft, deren Teil sie ist, verschrieben hat, „ist *Angewandte Soziologie* beratende Soziologie, ist Wissenschaft im Dienste eines von einem Auftraggeber definierten Zieles zum Zwecke der Lösung eines Problems oder der Legitimierung einer Problemlösung. *Professionelle Soziologie* zielt auf die Bereitstellung von Wissen, das zumeist in anerkannten Forschungsprogrammen mit gültigen und erprobten Methoden im Rahmen der fachinternen Diskurse bereitgestellt wurde; sie ist die *Conditio sine qua non*

Abb. 2: Typen soziologischen Wissens

	Akademisch	Außerakademisch
Instrumentell	**professionelle Soziologie**	**angewandte Soziologie**
Wissen	theoretisch/empirisch	konkret
Wahrheit	Übereinstimmung	pragmatisch
Legitimität	wissenschaftliche Normen	Effektivität
Verantwortlichkeit	Peers	Klienten
Politik	professionelles	politische Intervention
Pathologie	Eigeninteresse Selbstreferenzialität	Servilität
reflexiv	**kritische Soziologie**	**öffentliche Soziologie**
Wissen	grundlegend	kommunikativ
Wahrheit	normativ	Konsens
Legitimität	Moralvorstellung	Relevanz
Verantwortlichkeit	kritische Intellektuelle	bestimmte Publika
Politik	interne Debatte	öffentlicher Dialog
Pathologie	Dogmatismus	Trendigkeit

Quelle: Burawoy 2015, S. 74

für die anderen Soziologien, denen sie fachliche Expertise und Legitimation verschafft. Die *Kritische Soziologie* ist die Reflexionswissenschaft der gesamten Disziplin. Sie reflektiert die expliziten und impliziten sowie die normativen und deskriptiven Grundlagen der professionellen Soziologie sowie das Verhältnis der Soziologietypen zueinander" (Burawoy 2015, S. 224). Ohne eine professionelle Soziologie („Mainstream") kann es keine politische („angewandte") oder öffentliche Soziologie geben, ohne sie kann es jedoch auch keine kritische Soziologie geben, denn es wäre nichts vorhanden, das kritisiert werden könnte. Genauso hängt professionelle Soziologie, wenn sie lebendig bleiben will, von der ständigen Herausforderung durch öffentliche Angelegenheiten ab, mit denen die öffentliche Soziologie sie konfrontiert. Burawoy weist ausdrücklich darauf hin, dass es die Bürgerrechtsbewegung war, die das Politikverständnis von Soziologen verändert hat, und dass es die feministische Bewegung war, die der Soziologie in sehr vielen Bereichen eine neue Richtung vorgab. In beiden Fällen waren es Soziologinnen und Soziologen, die, in den Bewegungen engagiert und an ihnen beteiligt, die Soziologie mit neuen Ideen erfüllt und bereichert haben (ebd., S. 72 f.). In dieser Kombination von instrumentellem und reflexivem Wissen unterscheiden sich die Sozialwissenschaften von den Geistes- und Naturwissenschaften, eine

Kombination, die selbst variabel ist und dadurch unterschiedliche Möglichkeiten für öffentliche und politische Interventionen eröffnet. In jedem der vier Quadranten der Matrix des soziologischen Feldes kann interdisziplinäres Wissen unterschiedliche Formen annehmen. In dieser Hinsicht ähneln die Sozialwissenschaften den Technikwissenschaften, in denen ebenfalls (naturwissenschaftliche) Kausalität in (geisteswissenschaftliche) Teleologie umgewandelt wird, ein Prozessgeschehen, das die Klassiker des Faches in der Gründungsphase veranlasste, von der Soziologie als einer Technik des Gesellschaftlichen zu sprechen.

Dass der öffentlichen Soziologie heute, darin ähnlich der Zeit Goldscheids, der Zeit der ersten Vermarktlichung und ihrer Gegenbewegung, eine besondere Rolle zukommt, begründet Burawoy damit, dass wir uns gegenwärtig auf das das Zentrum der dritten Welle der Vermarktlichung zubewegen und Herausforderungen bewältigen müssen, denen, so wäre zu ergänzen, in vergleichbarer Weise sich Goldscheid ausgesetzt sah. „Die dritte Welle, die viele als Neoliberalismus kennen, beginnt 1973 mit der Ölkrise und löst mit der Rekommodifizierung von Arbeit und Geld sowie einer Kommodifizierung der Natur eine dritte Welle der Vermarktlichung aus“ (ebd., S. 151). Anders als die erste Welle zu Zeiten Goldscheids führt die dritte Welle vor allem zu einem Anstieg der Umweltweltzerstörung, ein kumulativer Prozess, der auf eine ökologische Katastrophe zusteuert, ein Phänomen allerdings, das Goldscheid in seiner Entwicklungswerttheorie bereits antizipiert hat. „Ob wir über den Klimawandel sprechen oder das Verklappen giftiger Abfälle, die Privatisierung von Wasser, Luft und Boden oder den Handel mit menschlichen Organen, die Kommodifizierung der Natur steht im Zentrum der nahe bevorstehenden Krise des Kapitalismus.“ Deshalb müsse „die Gegenbewegung der dritten Periode die Tendenz des Kapitalismus beschränken, die Grundlage menschlicher Existenz zu zerstören, sie muss die Eingrenzung und Regulierung der Märkte und die Sozialisierung der Produktionsmittel fordern, was mit der Ausweitung von Freiheiten ebenso wie mit ihrem Rückgang vereinbar wäre“ (ebd, S. 151 f.).

Dieses Transformationsgeschehen, das Burawoy einfordert, wird nicht, auch darin vergleichbar den Prognosen Goldscheids, durch irgendeinen katastrophalen Bruch mit der Vergangenheit entstehen, noch durch einen vom Staat geförderten Sozialismus von oben, sondern, wie Burawoy formuliert, durch eine molekulare Transformation der Zivilgesellschaft, durch die Umsetzung dessen, was verschiedentlich als *reale Utopie* bezeichnet wird: kleinräumige Visionen von Alternativen wie Genossenschaften im Sinne von Tönnies, Bürgerhaushaltsverfahren und allgemein gesichertes Grundeinkommen, die sich gegen die Markttyrannei auf der einen und die staatliche Regulierung auf der andern Seite wenden. Die Aufgabe einer öffentlichen Soziologie besteht in diesem Zusammenhang darin, konkrete Utopien auszuarbeiten, die in Keimformen auf der ganzen Welt bereits zu finden sind. Sie orientiert sich nicht an theoretischen Gewissheiten und praktischen Imperativen, sondern versucht stattdessen, eine Balance oder einen Dialog zwischen Theorie und Praxis zu erreichen. Es geht nicht nur darum, die Welt, die wir wissenschaftlich verstanden haben, zu verändern, sondern auch darum, die Welt zu verändern, um sie besser zu verstehen (ebd, S. 160 f.).

Die Ähnlichkeiten zum Pragmatismus der politischen Soziologie Goldscheids sind unverkennbar, auch wenn Burawoy keinerlei Bezüge zu ihnen herstellt. Goldscheid spricht in diesem Zusammenhang nicht von einer Vermarktlichungswelle, sondern vom „Gesetz der soziologischen Welle“ (Goldscheid 1906, S. 14 f.), die aus kapitalistischer Aktion und korrigierender sozialistischer Reaktion besteht, aber im Prinzip das Gleiche meint. Lässt sich Goldscheids Ansatz, in den Worten Burawoys, als Antwort und Gegenbewegung zur ersten Vermarktlichungswelle deuten, so definiert sich die öffentliche Soziologie als Gegenbewegung zur „dritten Vermarktlichungswelle, in der die Natur nicht das einzige, wohl aber das neue Gut der Kommodifizierung darstellt. Sie zielt kategorial auf die analytische Durchdringung einer kapitalistischen Transformation, die durch die Rekommodifizierung von Arbeit und Geld, und vor allem eben der Natur getrieben wird, und die, so Burawoy in seinen jüngeren Analysen, offensichtlich dabei ist, zukünftig auch Wissen als immer wichtiger werdende gesellschaftliche Produktivkraft in die allgemeine Vermarktlichungsdynamik als neue fiktive Ware einzubeziehen. Eine solche Soziologie ist daher notwendigerweise mehrdimensional, weil auf alle Kommodifizierungsprozesse gerichtet, und global, weil die weltweit wirksamen Folgeschäden in den Blick nehmend“ (Urban 2015, S. 225 f.). Die Adressaten der öffentlichen Soziologie sind die Zivilgesellschaften mit ihren Akteuren und Öffentlichkeiten und mit ihren Schwierigkeiten, sich den imperialen Vermarktlichungs- und Kommodifizierungsdynamiken zu erwehren. In diesem Sinne ist sie als eine in der Öffentlichkeit wahrnehmbare Reflexionswissenschaft der gesellschaftlichen Selbstorganisation zu verstehen (Bude 2005, S. 378). Sie strebt eine dialogische Kooperation mit den lokalen Akteuren an, die sich unter den spezifischen nationalen und regionalen Bedingungen als lokale Arbeiterbewegung, Stadtteilinitiative oder Menschenrechtsorganisation zur Wehr setzen. Angestrebt wird ein Dialog als „Prozess wechselseitiger Bildung“ (Burawoy 2015, S. 57).

Diese Öffnung ist deshalb wichtig, weil auch die professionelle akademische Wissenschaft einer zunehmenden Kommodifizierung unterworfen wird. „Die Universität, die früher selbstverständlich als öffentliches Gut galt, ist zu einem privaten Gut geworden, das dem Diktat des Marktes unterworfen ist. Studentinnen und Studenten sind zu Gebühren zahlenden Konsumentinnen und Konsumenten auf der Suche nach beruflichen Qualifikationen und Zeugnissen geworden, die ihnen wenig mehr als lebenslange Schulden garantieren. Die Fakultäten werden zerschlagen und auf die Gelegenheitsarbeit von Lehrenden und Forschenden zugeschnitten, nichtakademische Mitarbeiterinnen und Mitarbeiter werden entlassen, während die Administratorinnen und Administratoren zu hochbezahlten Managerinnen und Managern und Universitätsvorständen werden. Die Universität, die Bürgerinnen und Bürger für ein demokratisches Gemeinwesen ausgebildet und Wissen zur Lösung gesellschaftlicher Probleme bereitgestellt hatte, wird in ein Instrument für kurzfristige Kapitalinteressen verwandelt, gerade zu einem Zeitpunkt, wo ihr Beitrag zum Überleben des Planeten besonders gebraucht wird“ (ebd., S. 163 f.). Zwar berichtet Burawoy von US-amerikanischen Verhältnissen, aber der Trend dort ist durchaus verallgemeinerbar.

Referenztexte

Adorno, Theodor W. (1997): Einleitung zu Emile Durkheim, „Soziologie und Philosophie“. In: Gesammelte Schriften. Band 8. Frankfurt a.M.: Suhrkamp (1967), S. 245-279

Agamben, Giorgio (2002): Homo sacer. Die souveräne Macht und das nackte Leben. Frankfurt a.M.: Suhrkamp (1995)

Archer, Margaret S. (2014): Sociology for One World. In: Global Dialogue. (Electronic) Newsletter for the International Sociological Association (ISA), Jg. 4, Heft 4

Bammé, Arno (2009): Nicht Durkheim, sondern Tarde. Grundzüge einer anderen Soziologie. In Gabriel Tarde: Die sozialen Gesetze. Skizze einer Soziologie. Marburg: Metropolis (1898), S. 109-153

Beck, Ulrich (2010): Kiss the Frog. The Cosmopolitan Turn in Sociology. In: Global Dialogue. (Electronic) Newsletter for the International Sociological Association (ISA), Jg. 1, Heft 2

Beck, Ulrich (2011): Fresh Kidneys. What Does Cosmopolitan Theory Have to Say to Southern Sociology? In: Global Dialogue. (Electronic) Newsletter for the International Sociological Association (ISA), Jg. 1, Heft 3

Bhambra, Gurminder K. (2015): Global Sociology in Question. In: Global Dialogue. (Electronic) Newsletter for the International Sociological Association (ISA), Jg. 5, Heft 2

Bickel, Cornelius (1994): Soziologie und Ethik bei Tönnies. In: Holzhey, Helmut (Hg.): Ethischer Sozialismus. Zur politischen Philosophie des Neukantianismus. Frankfurt a.M.: Suhrkamp, S. 238-282

Bickel, Cornelius; Fechner, Rolf (Hg.) (1989): Ferdinand Tönnies. Harald Høffding. Briefwechsel. Berlin: Duncker & Humblot

Bude, Heinz (2005): Auf der Suche nach einer öffentlichen Soziologie. In: Soziale Welt, Jg. 56, Heft 4, S. 375-380

Burawoy, Michael (2008): What is to be done? Theses on the Degradation of Social Existence in a Globalizing World. In: Current Sociology, Jg. 56, Heft 3, S. 351-359

Burawoy, Michael (2010): Meeting the Challenge of Global Sociology – from Gothenburg to Yokohama. In: Global Dialogue. (Electronic) Newsletter for the International Sociological Association (ISA), Jg. 1, Heft 1

Burawoy, Michael (2015): Public Sociology. Öffentliche Soziologie gegen Marktfundamentalismus und globale Ungleichheit. Weinheim und Basel: Beltz Juventa

Carstens, Uwe (2005): Ferdinand Tönnies. Friese und Weltbürger. Eine Biografie. Norderstedt: BoD

Castoriadis, Cornelius (1990): Gesellschaft als imaginäre Institution. Entwurf einer politischen Philosophie. Frankfurt a.M.: Suhrkamp (1975)

Connell, Raewyn (2010): How Can We Weave a World Sociology? In: Global Dialogue (Electronical), Jg. 1, Heft 2

Connell, Raewyn (2013): The Shores of Southern Ocean. Steps Towards a World Sociology of Modernity, with Australian Examples. In: Amir, Arjomand Saïd; Reis, Elisa Pereira (Hg.): Worlds of Difference. Los Angeles: Sage

D'Avis, Winfried (2016): Physik – Neurobiologie – Psychoanalyse. Vielfalt der Disziplinen – Einheit der Methodologie. Klagenfurter Beiträge zur Technikdiskussion, Heft 133

Dewey, John (2001): Die Suche nach Gewissheit. Eine Untersuchung des Verhältnisses von Erkenntnis und Handeln. Frankfurt a.M.: Suhrkamp (1929)

Fischbeck, Hans-Jürgen; Schmidt, Jan C. (Hg.) (2002): Wertorientierte Wissenschaft. Perspektiven für eine Erneuerung der Aufklärung. Berlin: edition sigma

Fleck, Christian (1990): Rund um „Marienthal". Von den Anfängen der Soziologie in Österreich bis zur Vertreibung. Wien: Verlag für Gesellschaftskritik

Foucault, Michel (2004): Geschichte der Gouvernementalität II. Die Geburt der Biopolitik. Frankfurt a.M.: Suhrkamp (2004)

Godelier, Maurice (1990): Natur, Arbeit, Geschichte. Zu einer universalgeschichtlichen Theorie der Wirtschaftsformen. Hamburg: Junius (1984)

Goldscheid, Rudolf (2020): Zur Ethik des Gesamtwillens. München und Wien: Profil (1902)

Goldscheid, Rudolf (1914): Frauenfrage und Menschenökonomie. Wien und Leipzig: Anzengruber (1913)

Goldscheid, Rudolf (1996): Beitrag zur Werturteilsdebatte (1913). In: Nau, Heino Heinrich (Hg.), a.a.O., S. 76-88

Goldscheid, Rudolf (1906): Verelendungs- oder Meliorationstheorie. Berlin: Verlag der Sozialistischen Monatshefte

Günther, Gotthard (1980): Identität, Gegenidentität und Negativsprache. In Gotthard Günther: Beiträge zu einer operationsfähigen Dialektik. Dritter Band. Hamburg: Meiner, S. 211-235

Hardt, Michael; Negri, Paolo (2002): Empire. Die neue Weltordnung. Frankfurt a.M. und New York: Campus (2000)

Hardt, Michael; Negri, Paolo (2004): Multitude. Krieg und Demokratie im Empire. Frankfurt a.M. und New York: Campus (2004)

Hitzler, Roland (2012): Wieviel Popularisierung verträgt die Soziologie? In: Soziologie, Jg. 41, Heft 4, S. 393-397

Horkheimer, Max (1988): Traditionelle und kritische Theorie. Gesammelte Schriften. Band IV. Frankfurt a.M.: Suhrkamp (1937), S. 162-225

Jacoby, E. Georg (2013): Die moderne Gesellschaft im sozialwissenschaftlichen Denken von Ferdinand Tönnies. München und Wien: Profil (1971)

Klose, Olaf et al. (Hg.) (1961): Ferdinand Tönnies – Friedrich Paulsen. Briefwechsel 1876-1908. Kiel: Mühlhaupt

Kozlarek, Oliver (2011): Moderne als Weltbewusstsein. Bielefeld: transript

Latour, Bruno (1998): Wir sind nie modern gewesen. Frankfurt a.M.: Fischer

Lemke, Thomas (2007): Gouvernementalität und Biopolitik. Wiesbaden: VS

Lockie, Stewart (2014): Where is Sociology? Global Environmental Change and the Social Sciences. In: Global Dialogue. (Electronical) Newsletter for the International Sociological Association (ISA), Jg. 4, Heft 3

Luhmann, Niklas (1984): Soziale Systeme. Grundriss einer allgemeinen Theorie. Frankfurt a.M.: Suhrkamp

Lutz, Helma (2011): From Cosmopolitanism to Public Sociology. In: Global Dialogue. (Electronic) Newsletter for the International Sociological Association (ISA), Jg. 1, Heft 4

Martin, Eloisa (2013): The Callenge of Internationalizing Sociology. In: Global Dialogue. (Electronic) Newsletter for the International Sociological Association (ISA), Jg. 3, Heft 2

Masala, Carlo (2017): Auf dem Rückzug. In: DIE ZEIT, Nr. 7 vom 09.02.2017, S. 60

Mikl-Horke, Gertraude (2004): Max Weber und Rudolf Goldscheid. Kontrahenten in der Wendezeit der Soziologie In: Sociologia Internationalis, Jg. 42, Heft 2, S. 265-286

Mikl-Horke, Gertraude (2007): Vergessene Hoffnungen. Rudolf Goldscheids Soziologie. In: Fritz ,Wolfgang; Mikl-Horke, Gertraude (Hg.): Rudolf Goldscheid – Finanzsoziologie und ethische Sozialwissenschaft. Wien: LIT, S. 87-223

Mikl-Horke, Gertraude (2011): Soziologie. Historischer Kontext und soziologische Theorie-Entwürfe. München: Oldenbourg (1999)

Mikl-Horke, Gertraude (2015): Historische Soziologie der Wirtschaft. Wien und München: Oldenbourg (1999)

Nau, Heino Heinrich (Hg.) (1996): Der Werturteilsstreit. Die Äußerungen zur Werturteilsdiskussion im Ausschuss des Vereins für Sozialpolitik (1913). Marburg: Metropolis

Neef, Katharina (2012): Die Entstehung der Soziologie aus der Sozialreform. Eine Fachgeschichte. Frankfurt a.M. und New York: Campus

Nowotny, Helga (1975): Zur gesellschaftlichen Irrelevanz der Sozialwissenschaften. In: Stehr, Nico; König, René (Hg.): Wissenschaftssoziologie – Studien und Materialien. Opladen: Westdeutscher Verlag

Patel, Sujata (2011): Challenging Cosmopolitanism. In: Global Dialogue. (Electronic) Newsletter for the International Sociological Association (ISA), Jg. 1, Heft 4

Rammstedt, Otthein (1988): Die Attitüden der Klassiker als unsere soziologischen Selbstverständlichkeiten. In: Ders. (Hg.): Simmel und die frühen Soziologen. Frankfurt a.M.: Suhrkamp, S. 275-307

Safranski, Rüdiger (2000): Nietzsche. Biographie seines Denkens. München und Wien: Hanser

Saur, Wolfgang (2010): Die Überwindung des Nihilismus. In: Neue Ordnung, Nr. 2, S. 31-38

Simmel, Georg (1990): Schopenhauer und Nietzsche. Hamburg: Junius (1907)

Sklair, Leslie (2016): The End of the World, the End of Capitalism, and the Start of a New Radical Sociology. In: Global Dialogue. (Electronic) Newsletter for the International Sociological Association (ISA), Jg. 6, Heft 1

Tönnies, Ferdinand (2017): Gemeinschaft und Gesellschaft. Grundbegriffe der reinen Soziologie. München und Wien: Profil (1887)

Tönnies, Ferdinand (2012): Der Nietzsche-Kultus. Eine Kritik. München und Wien: Profil (1897)

Tönnies, Ferdinand (2018): Einführung in die Soziologie. München und Wien: Profil (1931)

Tönnies, Ferdinand (2018): Soziologische Schriften 1910-1915. München und Wien: Profil

Treibel, Annette (2012): Soziologie für die Öffentlichkeit – eine Ermunterung angesichts emotionaler, politischer und struktureller Barrieren. In: Soziologie, Jg. 41, Heft 4, S. 503-508

Urban, Hans-Jürgen (2015): Soziologie, Öffentlichkeit und Gewerkschaften. Versuch eines vorausschauenden Nachworts zu Michael Burawoys Public Sociology. In: Michael Burawoy, a.a.O., S. 221-242

Vogd, Werner (2010): Gehirn und Gesellschaft. Weilerswist: Velbrück

Volkmann, Ute (2015): Soziologische Zeitdiagnostik. Eine wissenssoziologische Ortsbestimmung. In: Soziologie, Jg. 44, Heft 2, S. 139-152

Weber, Max (1968): Soziologie. Weltgeschichtliche Analysen – Politik. Stuttgart: Kröner (1919)

Weber, Max (1972): Wirtschaft und Gesellschaft. Grundriss der verstehenden Soziologie. Tübingen: Mohr (1922)

Wright, Eric Olin (2011): Real Utopias for a Global Society. In: Global Dialogue. (Electronic) Newsletter for the International Sociological Association (ISA), Jg. 1, Heft 5

Žižek, Slavoj (2010): Zeit der Monster. In: Le Monde diplomatique, Nr. 9342 vom 12.11.2010, S. 14-15

Heute
die Welt für morgen gestalten

Beyond Community and Society

Preparing for Tomorrow Today

1. When World History Held Its Breath

The history of humanity is full of crossroads, concurrences and crucial new departures that have decided the fate of a particular population or ethnic group, determining whether it continued to flourish or dwindled into insignificance. The Neolithic Revolution that ended some 4000 years ago defines just such a turning point and marks the transition from the hunter-gatherer way of life practised by our early forebears to farming and animal husbandry. That was the first time that world history held its breath, that humanity made the leap from observing the world to taking control of it. The myth of Adam and Eve – Eve especially – is a prosaic rendering of the same idea. After all, it was above all women who, more by chance than design, learned how to domesticate plants and animals. The direct consequence was warfare as farmers and pastoralists fought over land for sowing and grazing. The biblical account of Cain and Abel captures both the general tendency of such conflicts and their severity and culminates in Cain the farmer slaying Abel the keeper of sheep.

Numerous indicators suggest that today we have arrived at a similarly momentous point in history. Unlike that first milestone, however, which depending on the civilization was staggered over several much smaller milestones, each with its own specific timeline, the second major turning point, the scientific-technical revolution, involves all of humanity. Whatever happens now, in other words, is bound to be all-embracing and universal.

2. A Planetary Challenge

It was the blue planet photo beamed back to earth by the astronauts on the Apollo 8 mission in 1968 that first brought home to us just how complex, how finite, and how imperilled our habitat is. The inky blackness of the universe all around us provided a hauntingly vivid reminder of just how unique, how vulnerable, and how doomed humanity's world is. Suddenly the talk was of "Spaceship Earth". The message of the photo, now an undeniable certainty, was this: We have only this one earth at our disposal. Unlike in pre-colonial times, there is no longer an "outside", which in an age of maximum conflict caused by ever scarcer resources might save us from inevitable self-destruction. Paul Crutzen, winner of the Nobel Prize for Chemistry, coined the term "Anthropocene" to describe the geological age we now live in, when human activity has a significant impact on global ecosystems. The purpose of the coinage was to draw attention to the fact that the earth is no longer a natural ecosystem being destroyed by humans, but has rather become a human system with natural ecotopes embedded within it. This globalizing sociotope, this "world society", moreover, derives its coherence, its unity, not from religion or from philosophy, but from technology.

3. Community and Society

The founder of sociology, Ferdinand Tönnies, was born in Oldenswort on the Eiderstedt peninsula exactly 160 years ago. Less than thirty years later, he formulated one of the world's most influential social theories by positing a model of two basic forms of interpersonal cohesion: that of the community and that of society. The origins of the community lie in the "community of blood", in other words in the kinship "of mother and child", "husband and wife", and "siblings as individuals who know each other". There can also be a "community of place" made up of people bound together by the neighbourhood they share, and a "community of the mind" premised on friendship. The relationships underlying society, by contrast, are relationships of purpose, most of which rest on money, contractual obligation, logic, or other impersonal factors. While intimate interpersonal relationships fall under the heading of "community", it is all the others – meaning relationships with strangers, foreigners, and impersonal relationships – that make up "society". The principle underlying society is thus "every man for himself" which in turn leads to "states of tension" vis-à-vis everyone else. While the community is held together by instinct, feelings, and organic relationships, the cement holding society together is made up of reason, abstraction, and mechanical relationships. According to Tönnies, human history has seen a gradual shift away from communal and towards societal forms of coexistence.

In the aftermath of the French Revolution, society manifested itself in the institution of the nation state. Furnished with a monopoly on the use of force, a highly organized administrative apparatus, and a governable sovereign territory, the nation state was able to keep the peace within its own borders and to represent its interests without. Top of the agenda at the turn of the nineteenth to the twentieth century was the solution of the "social question" raised by unbridled capitalism. Today's situation is very different. While the "social question" is still far from solved, it has been overtaken by a second, incomparably more dramatic one: that of how we (should) treat the natural world. At stake is nothing less than the survival of *Homo sapiens* as a species. It follows that to ask "What has Tönnies to say to us today?" is clearly to ask the wrong question. What we should be asking instead is this: "What would Tönnies say if he were alive today?"

4. *Five Roads to Ruin*

The future is open. We can prepare for it, but we cannot predict it. What we can do is develop scenarios that enable us to see what happens when those parameters that are crucial to the problems facing us today are extrapolated into the future. The unintended consequences that will then become apparent will provide us, we hope, with a basis on which to develop preventive counterstrategies.

What Tönnies had in mind when he discussed the transition from communal to societal structures was the institution of the nation state. The key problem, as he saw it, was the "social question" arising from the frictions generated when everything is dictated by economics. These days, he would have had the transition to today's world society in mind, and hence would have wanted to know, or so we can conjecture, where sovereignty lay. For him, as for us, the "social question" would have been eclipsed by the ecological one raised by our treatment of the natural world using technology as our means.

Neither the societies of the traditional nation state nor the existing forms of government are in a position to meet the global political challenges facing humanity in the Anthropocene. Mainstream economics, politics and science have nothing to contribute to the solution of the problems we are up against. On the contrary, they are part of the problem and one of its many causes. There are at least five reasons why the problems now facing world society will ultimately prove insoluble. The only grounds for hope lie in the fact that these are problems of our own making. Unlike natural disasters, problems that we ourselves cause are not beyond our reach, no matter what their order of magnitude.

4.1 The unlimiting of space

The nation state was predicated on physical proximity, on the possession of a definable territory. The more IT and modern communications facilitate cross-border interaction and travel, the more insignificant these two factors become. Humanity is now well on the way to becoming a world society. What it lacks is sovereignty, i.e. a global government endowed with legitimacy and a monopoly on the use of force that might pursue something akin to a "global domestic policy". The problems of the twenty-first century cannot be effectively addressed with ideas and strategies whose roots lie in the nation state and in the geopolitical concepts of the eighteenth and nineteenth centuries. Climate change, population growth, the loss of biodiversity, the banking crisis, the credit crunch – they are all global problems that exceed by far the competence of any single society organized as a nation state. So how is the world to be governed without a world government?

The issue to be addressed is thus how such a world government might be conceived of without foregoing the historical achievements of those democratic, civilian societies that formed under the aegis of the nation state.

4.2 The social costs of the individual economy

An economy whose scales are tipped firmly in favour of the accumulation of private wealth, which knows no limits and is by nature amoral, is bound to abstract the "social costs" to which it gives rise and the environmental havoc it wreaks. The problem is that the logic underlying the current method of measuring the wealth of a given society does not allow the true consequences of that same society's economy activity to be factored in, but on the contrary inflates the individual principle of profit maximization ad absurdum. The term "social costs" is used here to mean all direct and indirect losses that third parties or the commonality have to bear as a result of unbridled economic activity. Impairments of human health, the destruction or devaluation of property, and the premature exhaustion of natural resources would all count as "social costs". In a capitalist market economy geared to the generation of private wealth, companies calculate their profits by excluding all such social costs. This allows them to deplete the world's "natural capital" without ever having to give any further thought to how it might be replenished.

The issue to be addressed is thus how to develop an economy predicated on the common good without foregoing the creative dynamism inherent in the capitalist system.

4.3 The unlimiting of time

Humanity is currently experiencing not just an "unlimiting of space" but also an "unlimiting of time". Measured against the long-term consequences of political decisions, a social policy timeline that depends on a four-year electoral cycle is clearly far too short. The absence of any future vision of how a balance between parliamentary democracy, grassroots democracy, and the authority of proven experts might be struck is apparent wherever we look. What prevails instead is a murky brew of economic, party-political, and military interests, without any clear allocation of responsibility. Thus an alliance of the beneficiaries of the status quo is able to block the necessary changes at the expense of the majority of the earth's inhabitants and of future generations. The problems facing the society of the future are grave and of a long-term nature. They lie far beyond the horizons of ad hoc political decision-making, nor is there any glory to be had for those who dare address them. A politics that notices the need for change only when it becomes glaringly apparent, that acknowledges the existence of a threat only when it can no longer be ignored, that enslaves itself to the opening and closing bells of the world's stock exchanges – such a politics lags chronically behind the times. And it is fatal, too, in that it squanders the future.

The issue to be addressed is thus how to develop a social policy that is geared to long-term needs but that does not entail disregarding the needs of people today.

4.4 The tunnel vision of academia

The system commonly referred to as academia differs from other systems inasmuch as it proceeds by isolating and abstracting its object of study to an exceptionally high degree. Its tunnel vision might be compared to that of a drunk driver. Both isolation and abstraction in fact lead away from the object of study as it is experienced inasmuch as their cognitive focus is on a theoretical construct, a conceptual system that has no direct bearing on the reality from which it was extrapolated. Such a pursuit of knowledge may well be suited to the acquisition of academic degrees and doctors' titles, but it cannot solve the problems that are gnawing away at society outside the ivory tower. Thus everything remains as it was before. Society has problems; universities have faculties and rarely are the two compatible. The challenges now facing academia are of a completely different nature from those with which the traditional academic institutions of the nineteenth century and later concerned themselves. The aim now must be not so much to discover truths about reality as to make decisions about the reality of truths that we ourselves have produced.

The issue to be addressed is thus how to develop academic institutions that are socially effective without compromising their autonomy and independence of social ambitions, irrespective of their hue.

4.5 An outdated worldview

The Western worldview grew out of the ideas of the Ancient Greek philosophers. It was able to claim validity only for as long as the Greek *polis* lasted, which was a relatively brief period. It takes no account of the fact that in the aftermath of the scientific-technical revolution, the dividing line between "society" and "nature" imagined by the Greeks has been rendered irrelevant as a tool of political action. This legacy, the compulsion to think of everything in dualistic terms like knowledge and action, subject and object, mind and body, end and means, reason and experience, ultimately feeds into all the problems now afflicting Western philosophy and the Western worldview. Manifested in it is the ideology of a prescientific, preindustrial, and predemocratic hierarchical society. The community of *Homo sapiens,* once a tiny enclave in a non-human environment, is now well on its way to becoming a global society spread over every inch of the planet. The distinction between the *artificial* and the *natural* that was so important to the Ancient Greeks is rapidly disappearing as the natural is swallowed up by the artificial. We are witnessing the evolution of a new kind of "nature": nature as artefact mediated through technology, which is at the same time "society". Thinking is no longer the exercise of our physically independent powers of reasoning that use purely logical deduction to arrive at the truth. Now that we have experimental methods of knowledge acquisition at our disposal and are aware of how organic processes influence cognition, it is high time we abandoned those ideas that came about as a result of specific socio-historical conditions and that no longer have anything to do with the world we actually inhabit.

The issue to be addressed is thus how to posit and justify a worldview, and with it a universal ethics, that takes account of the life sciences but is not bound by a plethora of competing transcendental deities.

5. Outlook

Just recently, I asked a colleague of mine, what he would do if our scenarios became a reality, which in all probability will indeed be the case one day. His answer was clear: He would teach his seven-year-old daughter how to use a Kalashnikov.

Biogas und Biosprit

Ein ökologisches Desaster – Memorandum über die mentalen Ursprünge einer fehlgeleiteten Umweltpolitik

Ursprünglich war es eine gute Idee. Um den Unmengen an Bioabfällen, insbesondere der in der Massentierhaltung entstehenden übel riechenden Gülle Herr zu werden, begann man, sie in Energie zu verwandeln. Dazu errichtete man im Lande Biogasanlagen. Bald aber gab es, weil sie aus Steuergeldern staatlich subventioniert wurden und den Landwirten zusätzlichen Profit versprachen, mehr Biogasanlagen als Bioabfälle. Was tun?

1. Unbedachte Folgewirkungen einer fehlgeleiteten Umweltpolitik

Man fing an, Agrarflächen, die eigentlich für die Nahrungsmittelproduktion vorgesehen waren, umzuwidmen und in großem Stil Mais anzubauen. Oder man importierte entsprechendes Biomaterial aus Übersee, was dort einen vergleichbaren Verdrängungsprozess hervorrief. Schleswig-Holstein, das in sich eine sehr abwechslungsreiche Landschaft aufweist, mit einem hohen Erholungswert für Urlauber aus den monotonen Vorstädten zersiedelter Ballungsgebiete und Industrieregionen, begann, sich selbst in ein vergleichbar steriles, durch Monokulturen geprägtes Raumgefüge zu verwandeln. Riesige Maisplantagen fraßen sich wie Krebsgeschwüre in die Landschaft, ähnlich den industriell bewirtschafteten Weizenwüsten Kanadas und des Mittelwestens der USA, nur dass dort, anders als in Schleswig-Holstein, das vom Ursprung her ein abwechslungsreicher, regionalspezifisch und historisch gewachsener Siedlungsraum ist, kaum ein Mensch lebt, den das stören könnte.

Inzwischen stehen die ersten Biogasanlagen im Lande vor dem finanziellen Aus, nicht nur weil es zu wenig Mais für die vielen Anlagen gibt, sondern weil er zu teuer geworden ist, um sie noch mit Gewinn betreiben zu können. Entweder muss jetzt noch mehr Mais im Lande angebaut werden oder die Anlagenbetreiber melden Insolvenz an. Die eine Option führt in die ökologische, die andere in die ökonomische Katastrophe.

Nahezu zeitgleich erfahren wir aus den Medien, dass die Lufthansa plant, ihre Flotte auf Biotreibstoff umzurüsten. Sollte dieser Plan realisiert werden, wäre eine Anbaufläche für den entsprechenden Biorohstoff in der Größenordnung des Landes Niedersachsen vonnöten, eine Fläche, die nicht nur der Nahrungsmittelproduktion, sondern auch als Naherholungsgebiet und, etwa in Übersee, als klimaregulierende Naturressource verloren ginge.

Inzwischen wissen wir, dass die Öko-Bilanz dieser alternativen Energieträger gar nicht so hervorragend ist, wie uns von der Agrar- und Industrielobby immer erzählt wird. Ein steigender Anteil der benötigten Biomasse wird durch Importe aus Amerika, Afrika und Asien gedeckt. Dort konkurriert ihre Herstellung gleichfalls mit der Produktion von Nahrungsmitteln. Es kommt deshalb zur systematischen Rodung von Waldflächen und zur Zerstörung bislang unberührter Naturlandschaften. Beides hat negative Auswirkungen auf den CO_2-Haushalt der Erde.

Oft wird argumentiert, die Verwendung von Bioenergie senke die Emission des Treibhausgases CO_2. Biomasse habe, weil sie CO_2-neutral sei, einen günstigen Einfluss auf den Klimawandel. Bei ihrer Verbrennung werde genauso viel Treibhausgas frei, wie die Pflanzen bei ihrem Wachstum durch Photosynthese aus der Luft entnommen haben. Das aber ist eine Milchmädchenrechnung. Tatsächlich ist zur Gewinnung von Biomasse nicht nur der Einsatz von Maschinen, schwerem Gerät, Dünger und Pestiziden erforderlich, die wiederum auf fossile Brennstoffe angewiesen sind, sondern bei der Erzeugung von Biogas, Bioethanol und Biodiesel benötigen die Verwandlungsprozesse selbst in erheblichem Umfang zusätzliche Aufwendungen an Energie.

Ein Weiteres kommt hinzu: Bei intensiver Bewirtschaftung entstehen ökologische Schäden durch Gewässerverschmutzung, durch den Verlust von Artenvielfalt, Bodenfruchtbarkeit und gespeichertem Kohlenstoff in Form von Humus, Wurzeln oder Holz. Insbesondere in Übersee besteht die Gefahr der unkontrollierten Abholzung von Wäldern, die jedem Nachhaltigkeitsprinzip Hohn sprechen.

Auch die Verwendung von Stroh anstelle der knapper werdenden Ressource Mais ist auf längere Sicht keine Lösung, die den Kriterien einer nachhaltigen Wirtschaft gerecht wird. In ihrer jüngsten Studie weist die „Leopoldina“, eine der ältesten wissenschaftlichen Akademien Europas, nach, dass von den 20 Millionen Tonnen Kohlenstoff im deutschen Stroh gegenwärtig 13 Millionen Tonnen für die Humusbildung auf den Feldern

Verwendung finden und vier Millionen Tonnen als Streu für Tiere. Nur die verbleibenden drei Millionen Tonnen könnten für Energiezwecke genutzt werden. Ihr Brennwert beträgt allerdings weniger als ein Prozent des deutschen Primärenergieverbrauchs. Aber auch das ist eine Milchmädchenrechnung, weil Ackerböden in Deutschland seit geraumer Zeit jährlich etwa drei Prozent ihres Kohlenstoffs verlieren und deshalb eigentlich mehr Stroh auf den Feldern verbleiben müsste.

Ähnlich problematisch verhält es sich bei der Nutzung von Holz für die Erzeugung von Bioenergie. Zwar wurden in den vergangenen Jahrzehnten sehr große Holzvorräte in den Wäldern Deutschlands aufgebaut, die erntereif sind. Doch, so ist der Studie zu entnehmen, übertrifft die zunehmende Nachfrage bei steigenden Energiepreisen auf lange Sicht das zur Verfügung stehende Angebot, so dass als Folge dessen bei einer raschen Nutzung mehr Holz verbraucht wird, als natürlicherweise nachwächst. Dadurch wären nicht nur die Wälder in ihrer Substanz und ökologischen Funktion gefährdet, auch die Treibhausgasbilanz würde sich negativ entwickeln. Verstärkte Importe aus Übersee, um die bestehende Lücke zu kompensieren, würden das Problem lediglich in andere Erdregionen verschieben und aufgrund der langen Transportwege die Treibhausgas-Emissionen zusätzlich erhöhen.

2. *Im Widerstreit: öffentliche Güter und private Interessen*

Die Öko-Bilanzen, wie sie gegenwärtig von der Agrar- und Industrielobby in Szene gesetzt werden, sind nicht nur falsch berechnet, weil sie von wesentlichen Einfluss- und Umweltfaktoren abstrahieren, sondern auch weil sie zentrale Dimensionen der Lebenswelt, die für das Wohlbefinden der Menschen entscheidend sind, nicht berücksichtigen. Der Mensch besitzt ein kulturgeschichtlich geprägtes ästhetisches Empfinden für die Schönheit der Landschaft, in der er lebt. Wird dieses nachhaltig gestört, wirkt sich das auf lange Sicht negativ aus auf seine Lebensqualität, auf seine Gesundheit, auf seine Wahrnehmungsfähigkeit und auf sein Gefühlsleben. Er verroht. Wir wissen heute um die Schäden, die Menschen in den unwirtlichen Städten und Fabriken des frühen Industriezeitalters an Leib und Seele davongetragen haben. Kaum ein Erholung suchender Urlauber wird sich zukünftig in eine Landschaft verirren, die geprägt ist durch den Gestank der Massentierhaltung und ihrer Rückstände, durch die Eintönigkeit endloser Maisplantagen und durch einen verspargelten Horizont.

Neben der ästhetischen gibt es auch eine moralische Dimension. Weil die Agrarflächen Deutschlands nicht ausreichen, um genügend Bioenergie zu erzeugen, muss Biomasse aus Übersee herangeschafft werden. Dort aber verdrängt ihre Produktion den Anbau von Nahrungsmitteln. Das trifft vor allem die Ärmsten der Armen. Mit jedem Liter des Biokraftstoffs E-10, den ein Autorfahrer hierzulande tankt, trägt er dazu bei, dass irgendwo auf der Welt ein Kind an Hunger stirbt, weil statt einer Hand voll Reis ein paar Tropfen Biosprit erzeugt wurden. Das ist der moralisch höchst fragwürdige Preis, den Deutschland zahlt, um sich grün zu waschen.

Neben der ästhetischen und der moralischen gibt es noch eine demokratiepolitische Komponente. Spätestens seit der französischen Revolution kennen wir den Begriff der öffentlichen Güter und des Gemeinwohls: die Landschaft, in der wir leben, die Luft, die wir atmen, das Wasser, das wir trinken. Gemeint ist das Grundrecht des Menschen auf eine intakte lebenswerte Umwelt. Sie aber wird durch private Profitinteressen zunehmend zerstört: die Landschaft wird verspargelt und durch Monokulturen zerstört, die Luft durch den Güllegestank der Massentierhaltung verpestet, das Grundwasser durch Pestizide vergiftet. Eigennutz steht gegen Gemeinwohl. Wird die Balance überdehnt, läuft der gesellschaftliche Konsens aus dem Ruder. Resignation oder Radikalisierung sind die Folge.

Vor diesem Hintergrund ist es schon erstaunlich, dass der Protest der Bürger, die vom Gewinn der Anlagenbetreiber in keiner Weise profitieren, erst so spät und so verhalten erfolgte. Es ist nicht Politikverdrossenheit, sondern Politikerverdrossenheit, die sich zunehmend artikuliert. Es sind nicht die um ihre Existenz ringenden Landwirte, denen der alle Grenzen verantwortlicher Vernunft überschreitende Biowahnsinn anzulasten ist, sondern jene Politiker, die da vereinsmeierisch und sonntagsrednerisch tümeln von Heimat und Eigenart, die von der identitätsstiftenden Bedeutung unserer Natur und Tradition reden und diese doch einem vermeintlichen Fortschritt hemmungslos opfern. Sie forcieren eine Sackgassentechnologie, die weder nachhaltig noch ökologisch ist. Politiker suchen den Augenblickserfolg. Sie denken in Vierjahreszyklen und handeln aus dem Moment heraus. Dadurch entstehen politikkonforme Vorzeigeprojekte, deren Scheitern, weil sie nicht durchdacht sind, vorprogrammiert ist. Doch hierbei handelt es sich um tagespolitische Oberflächenphänomene. Die eigentlichen Wurzeln dieses Wahnsinns liegen tiefer. Sie haben ihre Ursache in einer Besonderheit des abendländischen, insbesondere des wissenschaftlichen Erkenntnisstrebens seit Newton.

3. Der Tunnelblick abendländischer Vernunft: der mentale Ursprung des gegenwertiges Desasters

Zweifellos, vordergründig sind es Profit-, Verbands- und Parteiinteressen, die im gesellschaftspolitischen Tagesgeschäft zum gegenwärtigen Desaster geführt haben. Auch die durchaus lautere Absicht, einen Beitrag zur Erhaltung intakter Lebensräume zu leisten, die sich bei näherer Betrachtung als Illusion erwiesen hat, mag eine wichtige Rolle gespielt haben. Aber es gibt einen weiteren Faktor, der, weil so selbstverständlich, im politischen Tagesgeschäft keine Beachtung findet, obwohl er für die wissenschaftliche wie für die einfach einsichtige Vernunft von erheblicher Tragweite ist. Es ist die für den abendländischen Menschen typische Form, Erkenntnis zu gewinnen, ein Erkenntnisstreben, das es in der Art, wie es sich vollzieht, in keiner anderen Kultur gibt.

Gekennzeichnet ist es dadurch, dass es in außerordentlicher Weise isolierend und abstrahierend verfährt, vergleichbar dem Tunnelblick eines alkoholisierten Autolenkers. Die Menschen nehmen nur wahr, was sie wahrnehmen wollen, also das, was ihnen unmittelbar dienlich ist. Alles andere wird ausgeblendet. Dadurch kommt es zu einer selektiven Rekonstruktion von Einflussgrößen, deren Kenntnis der Komplexität des zugrunde liegenden Problems nur sehr eingeschränkt gerecht wird. Einzelne Elemente bzw. Faktoren des Erkenntnisgegenstandes, seine „Parameter", bleiben außer Betracht, von ihnen wird abstrahiert. Sie werden unbestimmt oder konstant gehalten. Andere wiederum, die als wesentlich gelten, werden aus ihrem komplexen Umfeld, aus ihrem natürlichen Beziehungsgeflecht herausgelöst, von anderen Elementen bzw. Faktoren isoliert und hinsichtlich ihrer Erklärungskraft zur alles entscheidenden „Variable" gemacht. Beide Verfahren, das der Abstraktion und das der Isolation, führen vom vorgegebenen, wenn man so will: vom natürlichen Erfahrungsgegenstand weg und konstruieren durch gedankliche Fokussierung bzw. Verallgemeinerung ein theoretisches Erkenntnisobjekt, ein Begriffssystem, das keinen unmittelbaren Bezug mehr hat zur Realität, aus der es abgeleitet wurde.

Dass wir es hier mit einem durchgängigen Phänomen abendländischer Kultur zu tun haben, das in der Wissenschaft nur eine, allerdings seine höchste Ausprägung erhalten hat, wird unter anderem daran deutlich, dass zum Beispiel in der abendländischen Malerei in vergleichbarer Weise verfahren wurde. Der Mensch verfügt über drei Nahsinne (Tasten, Riechen, Schmecken) und zwei Fernsinne (Sehen, Hören). Sein bevorzugter Sinn, mit dem er die Welt wahrnimmt und erfasst, ist das Auge. Dieses anthropologische Spezifikum entwickelte sich für den abendländischen Menschen zur Hyperthrophie. In der Malerei verdichtete es sich zur Zentralperspektive, einem geometrischen Abbildungsverfahren, das die Sehstrahlen im Auge als Zentrum fokussiert. Ihr haben sich alle Elemente eines Bildes unterzuordnen, unabhängig von ihrer inhaltlichen Bedeutung. Sie ist eine der wesentlichsten Merkmale, durch die sich die Malerei des Abendlandes von der anderer Kulturen unterscheidet. Ihre theoretische Begründung erfuhr sie vornehmlich durch Leonardo da Vinci und Albrecht Dürer. Erkauft war diese Entwicklung, ähnlich wie in der Wissenschaft, mit einer Entwertung und Verkümmerung aller anderen Sinne zur Wahrnehmung der Welt, vor allem jener, die ein aktives, distanzloses Herangehen erforderlich machen, um Erkenntnis zu gewinnen. Der Mensch wurde zum distanzierten Betrachter der Welt. Die Rücknahme dieser Einseitigkeit wurde zu Beginn des zwanzigsten Jahrhunderts eingeleitet durch die Maler des Kubismus, insbesondere durch Picasso und Braque. In ihren Gemälden ist die Zentralperspektive nicht mehr bildbestimmend. Ihre Motive werden nicht nur aus verschiedenen Perspektiven gleichzeitig dargestellt, sondern in Kleinformen zerlegt, die sie zu Versatzstücken eines realen Ganzen machen. Die Bilder vereinen in sich mehrere Perspektiven, die der Künstler bei der Betrachtung des Gegenstandes eingenommen hat. Picasso hat diese Zergliederung des Gegenstandes aus der Vielgestaltigkeit des Betrachteten und der ihm entsprechenden Betrachtungsweise abgeleitet: „Man sieht ein Bild nur in Abschnitten. Immer nur eine Stelle auf einmal. So zum Beispiel den Kopf, nicht den Körper, wenn es sich um ein Porträt handelt. Oder das Auge, aber nicht die Nase oder den Mund. Daher ist immer alles richtig. Jede Verformung ist richtig, gerade deswegen." Diese erste Relativierung des Tunnelblicks der Zentralperspektive innerhalb der abendländischen Malerei erreichte schließlich ihren Höhepunkt in der Mitte des zwanzigsten Jahrhunderts mit dem Ausstieg aus der Statik des zweidimensionalen Bildes schlechthin und kulminierte in der Aktionskunst. In ihr wurden alle bisherigen Einseitigkeiten rückgängig gemacht dadurch, dass der ganze Mensch mit allen seinen Sinnen in das künstlerische Geschehen aktiv einbezogen ist. John Cage, Allen Kaprow, Wolf Vostell, George Maciunas und die Wiener Aktionisten vor allem wären hier zu nennen.

In beiden Fällen, in dem künstlerischen Konzept der Zentralperspektive wie im wissenschaftlichen Verfahren der Isolation und Abstraktion, haben wir es mit einem aktiv betriebenen Konstruktionsprozess zu tun, nicht mit einer passiv mimetischen, einer bloß nachvollziehenden Erkenntnisprozedur. Die Natur, die Umwelt, sie sind nicht so wie das Bild, das von ihnen im Rahmen eines solchen Konstruktionsprozesses entsteht und nach dem sie dann umgeformt werden. Die abendländische Wissenschaft hat sich lange Zeit in diesem Sachverhalt getäuscht. In ihrem Selbstverständnis begriff sie sich lediglich als Erkenntnisprozess, nicht als Produktionsprozess. Die Übereinstimmung von Theorie und Realität wurde ihr zufolge dadurch erzielt, dass die Theorie immer mehr der Realität angeglichen wird. Tatsächlich aber erfolgt die Anpassung von Theorie und Realität spätestens seit Newton von zwei Seiten her. Die Theorie wird nicht einfach der Realität angepasst, sondern die Realität, die der Theorie entspricht, wird produziert. Die neuen Wirklichkeiten, die auf diese Weise entstehen, haben andere Eigenschaften als die Welt, der sie entnommen wurden. Diese neuen Wirklichkeiten funktionierten tatsächlich eine Zeit lang in Übereinstimmung mit den Theorien. Darin bestand der Erfolg der abendländischen Wissenschaft. Doch einen Haken hatte die Sache.

Die Art und Weise, an die Dinge heranzugehen, wie sie von Newton erstmals zu höchster Perfektion entwickelt wurde, ist charakteristisch für das wissenschaftliche Arbeiten im Labor. Inzwischen aber haben die kontrollierten Experimente die geschlossenen Räume der Laboratorien verlassen und sind außer Kontrolle geraten. Sie werden heute im Maßstab 1:1 und in Echtzeit durchgeführt. Ob Tschernobyl, Ozonloch oder Rinderwahnsinn, in allen diesen Fällen ist die traditionelle Unterscheidung zwischen Wissenschaft, Politik und Ökonomie, zwischen „wissenschaftlichen Laboratorien", in denen Experten mit Theorien und Phänomenen experimentieren, und einer „politischen Situation" außerhalb, in der Nicht-Experten mit Werten, Meinungen und Leidenschaften agieren, obsolet geworden. Wir sind jetzt alle, ob wir wollen oder nicht, in kollektive Experimente verstrickt, mit unvorhersehbaren Folgen. Die Gesellschaft als Ganzes ist zum Labor geworden. Die industrielle Revolution hat die Vorgehensweise Newtons aus den geschützten Räumen des akademischen Elfenbeinturms hinausgetragen in die Welt. Aber dort ergaben sich alsbald Folgewirkungen, die weder eingeplant noch beabsichtigt waren. Der deutsche Soziologe Ulrich Beck hat hierfür den Begriff der Risikogesellschaft geprägt. So führte DDT, ein Insektizid, das im Labor seine volle Wirkung entfaltete, dort draußen in der Welt nicht nur zur Kontamination ganzer Biotope, sondern zu DDT-resistenten Mückenpopulationen, also zum Gegenteil dessen, was ursprünglich beabsichtigt war.

Gesellschaftlich verantwortbares Handeln besteht deshalb heute nicht mehr so sehr in der nachträglichen Anwendung vorab ermittelten wissenschaftlichen Wissens, sondern vielmehr in der vorausschauenden Erkundung unbeabsichtigter Folgen provisorischer und revidierbarer Projekte.

Der historisch überlieferte, durch Isolation und Abstraktion charakterisierte Tunnelblick abendländischen Erkenntnisstrebens wird dieser Situation schon längst nicht mehr gerecht. An seine Stelle hat zu treten ein vernetztes Denken, das mögliche Folgewirkungen menschlichen Handelns konstitutiv in seine Überlegungen miteinbezieht, indem es von den Faktoren, die ihnen zugrunde liegen, nicht länger abstrahiert. Der Maßstab des Urteils darüber, welche Handlungsvollzüge zu realisieren seien, hat von den Vorbedingungen überzugehen auf die Folgen, von der trägen Abhängigkeit aus der Vergangenheit auf die bewusste Konstruktion möglicher Zukünfte. Der Gegensatz zwischen kontemplativem Erkennen und aktivem Tun, zwischen abstrakter Theorie und konkreter Praxis, wie sie für die Zeit vor Newton noch von Bedeutung gewesen sein mag, ist heute obsolet geworden. Wird dieser Sachverhalt nicht berücksichtigt, erzeugt die vorgebliche Lösung eines Problems, wie das Desaster um die Bioenergie zeigt, zugleich immer auch einen Rattenschwanz an neuen Problemen. Es mutiert zum „unlösbaren Problem“, weil Scheinlösungen eine Hydra an realen Folgeproblemen gebären.

Die frühe Einsicht Picassos, eines Künstlers wohlgemerkt, unsere Sichtweise müsse der Heterogenität unserer Umwelt gerecht werden, lässt sich durchaus auf diese Situation, eine Situation, die weitgehend durch Wissenschaft geprägt und gestaltet wird, übertragen. Die Krise der Moderne ist zunächst einmal eine Krise unserer Wahrnehmung. Sie deckt sich immer weniger mit der durch menschliche Intervention produzierten Realität. Wir begegnen der technologischen Welt des 21. Jahrhunderts mit einer Mentalitätsstruktur, die ihre Wurzeln im 18. Jahrhundert hat. Diese Mentalitätskrise ist letztlich aber nur ein Reflex der unverstandenen, der zunehmend schädlicher und gefährlicher werdenden Resultate unbedarften menschlichen Handelns, der unbeabsichtigten Folgen praktischer Eingriffe in die Natur. Hier, im fehlgeleiteten Gestaltungspotential des Menschen, hat der zweite Aspekt der krisenhaften Moderne, seine Wurzel. Deshalb ist zunächst die Mentalitätskrise in den Griff zu bekommen, das heißt, eine Denkweise zu kultivieren, die der Komplexität und Dynamik unserer selbst produzierten Umwelt entspricht. Sie wiederum, ein solches Umdenken, wäre die Voraussetzung dafür, die Krise des fehlgeleiteten Handelns, die eigentliche Krise der Moderne, in den Griff zu bekommen.

Learning from Nature – Nature as Template?

Bionics is commonly defined as the science of technical artefacts that resemble organic systems in both function and design. The "philosophy" of bionics is to design systems and technology following nature's example. The similarities between technical artefacts and natural systems are indeed remarkable. Cobwebs appear to be the blueprint behind suspended structures and fishing nets; certain morphological features of plants and birds appear to have informed the lightweight sandwich structures now used in a range of technical products, including aircraft; the conduction of light along plant fibres resembles the way fibre-optic cables work – to mention just a few examples. Two areas of bionics are currently attracting a lot of media attention. One is the evolutionary strategy of the Berlin Group headed by Ingo Rechenberg, the other the genetic algorithm method. The former uses evolutionary methods such as mutation and selection, whose purpose is to enable organisms to adapt to their environment, to optimize technical systems. This does not have to be done manually, by working on a mechanical object, for example; it can also be done on a computer, as in the second case, where the model is the organic brain, or rather the notion of the self-organizing neuronal network that originated in the Cornell Group headed by Frank Rosenblatt. Parallel computers are already being used in an effort to overstep the boundaries of conventional sequential processors – so-called "von Neumann computers" – and enter the realm of "neuronal networks."

"Learning from nature" and "nature as template" are popular slogans that are fast gaining currency even outside engineering and the applied sciences. They alert us to a much more fundamental shift in how we are accustomed to seeing the world. Biology is beginning to take over from physics as the lead science. In view of the environmental disasters that humanity has caused, writes Frederic Vester, it is vital that we take our cues for all future technical and economic endeavour from the biosphere itself – from the one corporation that has been running for four billion years without ever once going bankrupt. The theory of living systems developed by the Chilean biologist Humberto Maturana is becoming increasingly attractive as a scientific paradigm of holistic thinking. Maturana describes living systems as "autopoietic" – as self-organizing machines. The principles guiding them should inform other dynamic systems, too. And indeed, scientists from the most diverse disciplines are now falling over themselves to prove that corporations, whole industries, schools and universities, hospitals and professional associations, ministries and even states really can function according to these same principles. I must confess that as a social scientist, I have difficulty following such an interpretation. New findings are generally attributed to the inexorable forward march of "scientific progress." It is "scientific progress" that makes our knowledge of the world ever more congruent with the "reality" of the world, that paints an ever truer likeness of its subject, as it were. But an alternative interpretation is also possible, namely that what we are dealing with is not actually nature per se, but a socially determined perception of nature.

After all, humans are not just biological but social creatures, too, who reflect and refract human society as a whole. Today, nature and society are more inseparable than ever, both factually and conceptually. Technology is the means by which they have become intertwined. The computer, as a machine that processes symbols, has opened up new ways of organizing this process. By generating new possibilities it also generates a new worldview, projecting the social givens of the day into the realm of nature.

In the past, humans extrapolated their perception of nature, their notion of nature, from what little contact they had with it – as momentary and mediated through tools as it was; and this notion, which of course was something of their own invention, they then projected back onto themselves and society. This has not changed in any fundamental way. Heinz von Foerster describes such a process as "anthropomorphic projection." What is new is something else. What is new is that humans are beginning to imagine nature as a dynamic machine, as cybernetic. Instead of appropriating it piecemeal and through tools, we are using technology to remodel it to suit our needs. Knowledge is no longer so much an act of contemplative perception as a construct on the part of the knowledge-seeking subject. The pursuit of truth is becoming a production process. Biology, for example, would be inconceivable today without either machines or computers, writes George Canguilhem. Knowledge has become dependent on machines, which in turn have become both tool and template.

New theories and models, like other concepts of nature before them, are giving rise to changed forms of human engagement with nature and to a new form of metabolism with nature. The complexity and dynamism they try to contain, the forms the processing takes – all of these things are manmade. To us, they appear to have been extrapolated from nature. But as the architect Frei Otto once pointed out, the design principles underlying our technologies are not copied from nature; in fact the exact opposite is true. The tent roof that he designed for the Olympic Stadium in Munich, for example, was not inspired by a cobweb, nor did the inventor of lightweight construction set out to mimic straw. What really happens is that, consciously or not, we project our design principles onto nature. It is the act of designing, figuratively speaking, that opens our eyes to the design principles at work in "nature." We find nothing in nature that we ourselves did not put there. And then, in a second step as it were, we retrieve the interpretations we have planted there and "discover" them all over again in technical and social constructs both real and utopian, where they are henceforth legitimated, we tell ourselves, by "nature itself."

Das Klima gestalten

Entscheidungsprobleme der Zukunft, die uns alle betreffen

Denn gewiss lässt sich sagen, dass die Gegenwart der eigentlich unwahrscheinliche Fall für die Zukunft ist.
Udo Bermbach

Zum Beispiel Nordfriesland

Im Frühjahr 2009 wurde bekannt, dass die RWE-DEA in Erwägung zog, klimaschädliches CO_2 aus Kohlekraftwerden Nordrhein-Westfalens mittels *Carbon capture and storage-Technologie (CCS)* in Nordfriesland unterirdisch einzulagern. Vorgesehen war, CO_2 in flüssiger Form über eine 530 Kilometer lange Pipeline in dafür geeignete Bodenschichten der küstennahen Nordsee zu verpressen („*CO_2-Sequestrierung*“). Als die Pläne an die Öffentlichkeit gelangten, bildete sich spontan eine Bürgerinitiative, die bald 3000 Mitglieder umfasste. Im Verlauf der sich anschließenden Diskussionen gelang es, lokale Kommunen und den Kreis Nordfriesland in die Widerstandsaktionen einzubeziehen. Auch die Landesregierung distanzierte sich von dem Vorhaben, so dass der RWE-Konzern es in einer öffentlichen Verlautbarung „bis auf Weiteres“ für „eingestellt“ erklärte.

Nun wäre es eine Illusion zu glauben, dass damit das zugrunde liegende Problem endgültig vom Tisch sei. Denn die Verpressung von CO_2 ist nur eine der vielen umstrittenen Möglichkeiten, dem Klimawandel zu begegnen, *soweit* es nicht auf vernünftigere Weise gelingt, die Erhöhung der Erderwärmung auf die in Paris 2015, gemessen an vorindustriellen Standards, festgeschriebene Marke von unter 2°C zu drücken. Da dieser Zielwert mit hoher Wahrscheinlichkeit nicht einzuhalten ist, werden über kurz oder lang Maßnahmen notwendig sein, die einer Konsens bildenden Diskussion bedürfen, weil sie mit Gefahren verbunden sind, die denen der CO_2-Verpressung mittels CCS-Technologie in nichts nachstehen. Eine solche Debatte in breiten Kreisen der Bevölkerung sinnvoll zu führen, setzt allerdings eine Minimalkenntnis an naturwissenschaftlichem Basis-

Abb. 1: Bürgerprotest in Nordfriesland

Quelle: Lana Petersen

wissen voraus, das in der Regel nicht gegeben ist. Anders als Schillers „Glocke“ oder Storms „Schimmelreiter“ zählen naturwissenschaftlich-technische Kenntnisse immer noch nicht zur Allgemeinbildung, obwohl ohne sie die Dynamik der modernen Welt von heute nicht zu verstehen ist, so dass sich für große Teile der Bevölkerung eine geradezu pathologische Sorglosigkeit hinsichtlich der Auswirkungen des Klimawandels feststellen lässt, Folgewirkungen, die in einer Katastrophe größten Ausmaßes enden könnten. Das gilt insbesondere für ökologisch sensible Weltregionen wie Nordfriesland, die wenig höher als der Meeresspiegel liegen. In der Pflicht sind deshalb auch die Medien, die dazu beitragen können, entsprechende Wissenslücken, die demokratischen Entscheidungsprozessen abträglich sind, zu kompensieren.

Im Folgenden werde ich in aller gebotenen Kürze verschiedene Szenarien darstellen, die sich unter dem Begriff des *Climate Engineering* aktuell mit der Frage befassen, wie dem Klimawandel zu begegnen sei, *wenn* die 2°C-Marke nicht eingehalten wird (wovon realistischer Weise auszugehen ist). Da sämtliche Verfahren der *aktiven* Klimagestaltung (*Climate Engineering*) mit hohen Risiken verbunden sind, bedarf ihre Durchführung, wie gesagt, einer breiten Zustimmung in der davon betroffenen Bevölkerung. In meiner Darstellung beziehe ich mich auf den Bericht „Geoengineering the climate: science, governance and uncertainty“ der Royal Society (London 2009), ohne weitere Literatur zu nennen.

Maßnahmen zur Vermeidung der Klimaerwärmung (Mitigation)

Grundsätzlich lassen sich zwei Strategien im Umgang mit dem Klimawandel unterscheiden, die nicht unter das Konzept des *Climate Engineering* fallen: *Mitigation* und *Adaptation.* Mit dem Begriff der „Mitigation“ werden Maßnahmen bezeichnet, die dazu beitragen sollen, den für die Erderwärmung verantwortlichen Ausstoß an Treibhausgasemissionen zu vermindern, in radikaler Weise etwa dadurch, dass die Wirtschaft der entwickelten Industrienationen auf ein Null-Wachstum umgestellt wird. Hierzu allerdings hatte bereits 1976 der weiland Forschungsminister Hans Matthöfer verlauten lassen: „Nullwachstum würde eine dramatische Änderung unserer Wirtschaftsstrukturen voraussetzen, die auf demokratische Weise nicht zu erreichen ist.“

Abb.2: Steigerung der globalen CO_2-Konzentration

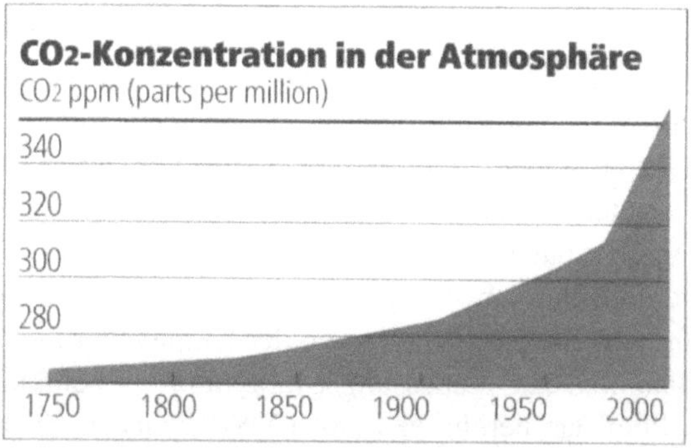

Quelle: profil, 48, 2017, 23, S. 81

Maßnahmen zur Anpassung an die Klimaerwärmung (Adaptation)

Unter dem Begriff der „Adaptation“ werden alle *reaktiven* Maßnahmen zusammengefasst, die darauf abzielen, die Folgen der Klimaerwärmung erträglicher zu machen, etwa in der Landwirtschaft durch Züchtung neuer Nutzpflanzen, die den veränderten Klimaverhältnissen besser angepasst sind, oder durch Errichtung stärkerer Seedeiche, um die küstennahe Infrastruktur besser zu schützen. Grundsätzlich lassen sich zwei Adaptationsarten unterscheiden: die *spontane* und die *geplante*. Spontane Anpassungen stellen sich in der Regel naturwüchsig her. So haben Menschen, die in wärmeren Gebieten leben, sich physiologisch an diese Verhältnisse angepasst und können Temperaturen vertragen, die bei Menschen in gemäßigteren Zonen körperliche Beschwerden verursachen. Ein Beispiel für gelungene geplante Adaptationen lässt sich am Ereignis der Hitzewelle 2003 in Europa demonstrieren, die zum vorzeitigen Tod von etwa 50.000 Menschen, vorwiegend kleinere Kinder und ältere Erwachsene, geführt hat. Einige Staaten hatten vorausschauend besser koordinierte Pläne ausgearbeitet und die Situation mit weniger Verlusten an Menschenleben in den Griff bekommen.

Maßnahmen zur aktiven Beeinflussung des Klimawandels (Climate Engineering)

Der Begriff *Climate Engineering* (auch *Geoengineering*) bezeichnet die bewusste Manipulation des Klimasystems der Erde mit dem Ziel, die *anthropogene,* das heißt, die vom Menschen verursachte globale Erwärmung abzuwenden bzw. zu vermindern. Während mit dem Begriff des „Geoengineering" ganz allgemein Versuche zur absichtlichen Veränderung der *Natur*, die sich im globalen Maßstab bewegen, gemeint sind, präzisiert der Begriff „Climate Engineering" einerseits die damit verfolgte Absicht, die aktive *Klimabeeinflussung*, vernachlässigt andererseits jedoch, dass alle unter diesem Begriff zusammengefassten Strategien Auswirkungen weit über das Klima hinaus haben.

Der Interventionsbereich des *Climate Engineering* bewegt sich zwischen den Möglichkeiten zur Minderung der Klimaänderung (*Mitigation*) und den Maßnahmen zur Anpassung (*Adaptation*). Ebenfalls in diesem Grenzbereich liegt das bereits erwähnt *CCS-Verfahren*, auch *Industrial Carbon Management* (*ICM*) genannt. Angesichts der zögerlichen Fortschritte in der Weltklimapolitik, die keine rasche Reduktion der Treibhausgasemissionen erwarten lassen, könnte *Climate Engineering* eines Tages, trotz der damit verbundenen hohen Risiken und Gefahren, die einzige Möglichkeit darstellen, die Erwärmung der Erde auf ein vertretbares Niveau zu begrenzen.

Prinzipiell lassen sich zwei Ansätze, die beide massiv in den Wärmehaushalt der Erde eingreifen, unterscheiden, einerseits Methoden, die der Atmosphäre das Treibhausgas Kohlendioxid entziehen: *Carbon Dioxid*

Removal (*CDR*), andererseits Verfahren, die bewirken, dass die Erdoberfläche weniger Sonnenstrahlung aufnimmt: *Solar Radiation Management* (*SRM*).

Entzug von Kohlendioxid aus der Atmosphäre: CDR-Techniken

CDR-Verfahren verringern die atmosphärische Konzentration von CO_2 und erleichtern auf diese Weise die Abstrahlung der langwelligen Wärmestrahlung von der Erdoberfläche in den Weltraum. Dieser Effekt wird durch die Manipulation von Ökosystemen erreicht, indem der Einbau des Treibhausgases in terrestrische oder marine Biomasse gezielt verstärkt wird. Ich skizziere in exemplarischer Weise sechs technische Lösungsvorschläge zum Entzug und zur Speicherung von CO_2.

Zu den bekanntesten und aktuell am meisten diskutierten Methoden gehört (1) die „Düngung" des Oberflächenwassers der Meere mit Eisensulfat. Dadurch wird das Algenwachstum beschleunigt, was zu einer erhöhten CO_2-Aufnahme aus der Atmosphäre führt. Abgestorbene Algen sinken auf den Meeresgrund und binden den in der Biomasse gespeicherten Kohlenstoff. Die CO_2-Aufnahme der Ozeane lässt sich auch durch (2) die Umwälzung des Meerwassers erhöhen. Mit Hilfe eines technisch einfachen Pumpsystems, das aus senkrecht schwimmenden langen Röhren besteht, wird das nährstoffreiche Wasser aus der Tiefe an die Oberfläche gebracht, um einen Düngungseffekt zu erzeugen, der das Algenwachstum und damit die CO_2-Aufnahme aus der Atmosphäre fördert. Weitere, weitaus weniger dramatische CDR-Maßnahmen bestehen in (3) gezielten Aufforstungen, (4) in der Verarbeitung abgestorbener Biomasse zu *Biochar* („Biokohle") und deren Einarbeitung in den Erdboden sowie (5) in der technischen Beschleunigung natürlicher Verwitterungsprozesse zu Lande und im Meereswasser, wodurch der Atmosphäre gleichfalls Kohlenstoff entzogen und gebunden wird. Eine weitere Möglichkeit besteht in der (6) Abscheidung von CO_2 aus der Umgebungsluft, indem es mittels einer technischen Einrichtung an feste oder flüssige Adsorbentien, das heißt, an Stoffe, die infolge ihrer Oberflächenaktivität gelöste Substanzen oder Gase an sich binden können, angelagert wird (*CO_2 Air Capture*), um anschließend im geologischen Untergrund gespeichert oder einer anderen Verwendung zugeführt zu werden (*CO_2 Storage*).

Verringerung der eintreffenden Sonnenstrahlung: SRM-Techniken

SRM-Methoden lenken die kurzwellige Sonnenstrahlung entweder von der Erde ab oder sie erhöhen die *Albedo* der Erdoberfläche, also das Rückstrahlungsvermögen von nicht selbst leuchtenden, diffus reflektierenden Oberflächen, zum Beispiel von Wolken oder der Atmosphäre insgesamt. Dadurch trifft weniger Sonnenstrahlung am Erdboden auf. Ich skizziere in exemplarischer Weise vier mögliche Vorgehensweisen.

Zu den gegenwärtig am meisten diskutierten Verfahren zählt (1) die Installation von „Sonnensegeln" im Weltraum, welche die auf der Erde eintreffende Strahlenenergie reduzieren. Verschiedene Varianten sind im Gespräch: entweder ein Segel mit einem Durchmesser von 2000 Kilometern zwischen Sonne und Erde, eine große Anzahl kleinerer Segel (etwa 55.000 mit einer Fläche von je 100 km^2) oder 16 Billionen „Miniatur-Sonnenschirme" mit einem Durchmesser von 60 cm, hauchdünne, lichtbrechende Scheiben, die in der Umlaufbahn der Erde kreisen. Eine weitere Maßnahme, das (2) Einbringen von Schwefel-Aerosolen, einem Gasgemisch, das feste oder flüssige Stoffe in feinstverteilter Form enthält, in die Stratosphäre, also in jenen Teil der Atmosphäre, der sich etwa 12 bis 80 Kilometer über der Erde befindet, kopiert die kühlende Wirkung starker Vulkanausbrüche (künstlicher „Dauervulkan"). Mit Hilfe solcher kontrollierten „Schwefelinjektionen", die einen Teil des Sonnenlichtes reflektieren und zur Abkühlung der untersten Atmosphärenschicht und des Bodens führen, ließe sich der Prozess der Klimaerwärmung verlangsamen. In ähnlicher Weise würde (3) die künstliche Erzeugung von Meereswolken wirken. Tief hängende, gegliederte Schichtwolken, die weite Teile der Weltmeere bedecken, üben einen deutlichen Kühlungseffekt auf das Klima aus. Dieser Effekt ließe sich verstärken, indem speziell konstruierte Schiffe das Meereswasser in wolkenarmen Regionen als kleinste Tröpfchen versprühen, so dass die dadurch entstehenden Salz-Aerosole als Kondensationskerne für weitere Wolken dienen. (4) Die bereits erwähnte *Albedo* der Erdoberfläche ließe sich schließlich auch erhöhen durch weiße Hausdächer und ähnliche Aufhellungen in dicht besiedelten Ballungsräumen, durch modifizierte Getreidearten in der industriell betriebenen Landwirtschaft etwa Kanadas oder des mittleren Westens der USA und durch künstliche Reflektoren in Wüstenregionen.

Abb. 3: Verfahren des Climate Engineering

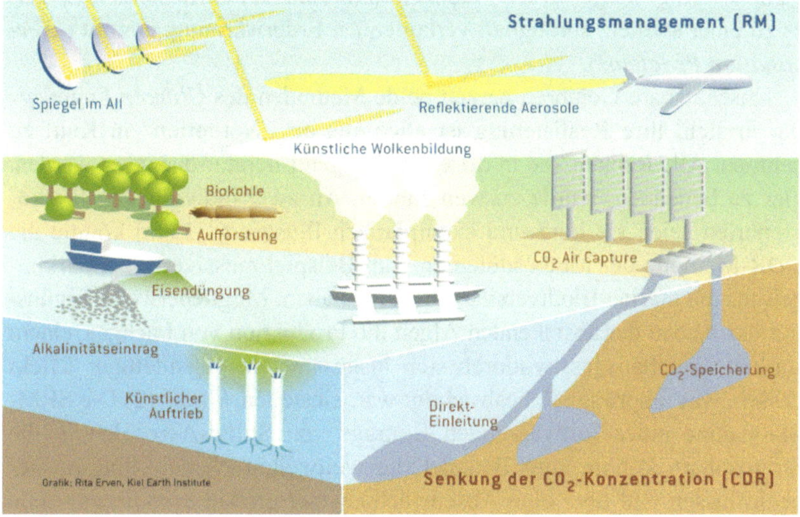

Quelle: Rita Erven, Kiel Earth Institute

Einwände und Vorbehalte

CDR-Maßnahmen bekämpfen unmittelbar die Grundursache des Klimawandels, indem sie die atmosphärische Konzentration des wichtigsten vom Menschen verursachten („anthropogenen") Treibhausgases herabsetzen. Ihre Wirkung entfalten sie aber nur langsam, über viele Jahrzehnte hinweg. Im Gegensatz dazu sind SRM-Methoden innerhalb weniger Jahre wirksam und stellen im Notfall die einzige Möglichkeit dar, die Klimaerwärmung kurzfristig zu mildern. Sie haben aber keinen Einfluss auf die Treibhausgaskonzentration. Und auch alle anderen Umweltprobleme, die mit dem hohen CO_2-Gehalt in der Atmosphäre einhergehen, bleiben davon unberührt, vor allem die fortschreitende Versauerung der Ozeane. Im Allgemeinen gilt SRM mit mehr Risiken behaftet als CDR, weil neuartige, dynamische Zustände erzeugt werden, die mit beträchtlichen Unsicherheiten verbunden sind. Darunter fallen unbekannte Schwellenwerte und Rückkoppelungsmechanismen im Erdsystem. Manche SRM-Methoden wirken regional unterschiedlich, worauf zum Beispiel Niederschläge, Windstärke und Meeresströmungen in unvorhersehbarer Weise reagieren können. SRM kann deshalb nicht als nachhaltige Problemlösung angesehen werden, unter anderem schon deshalb nicht, weil das abrupte Ende einer SRM-Maßnahme, aus welchen Gründen auch immer, bei einer ungehindert angestiegenen CO_2-Konzentration die Gefahr in sich birgt, dass es zu einer starken, sprunghaft verlaufenden Erderwärmung kommt („*Termination Problem*").

Unschätzbare Gefahren bergen beide Methoden des *Climate Engineering* in sich. Ihre Realisierung ist allenfalls als „Notoption" in Kauf zu nehmen. Alle Risiken, die in der einschlägigen Literatur diskutiert werden, hier zu benennen, würde zu weit führen. An zwei individuellen Risikoszenarien seien sie kurz und exemplarisch illustriert: (1) So könnte die CDR-Methode der Meeresdüngung zum Beispiel massive Nebenwirkungen für die marine Biodiversität zur Folge haben. Möglicherweise begünstigt der Abbau der absinkenden Algen die Produktion von Lachgas, einem starken Treibhausgas, wodurch sich insgesamt ein gegenteiliger Effekt dessen, was ursprünglich beabsichtigt war, einstellen würde. (2) Die SRM-Maßnahme eines fortwährenden Eintrags von Sulfat-Aerosolen in die Stratosphäre könnte zum Beispiel die weltweiten Niederschlagsmuster beeinflussen und über eine Abschwächung der großen Sommermonsune möglicherweise die Nahrungsmittelversorgung von Milliarden Menschen in Asien und Afrika beeinträchtigen. Darüber hinaus könnten die Aerosolpartikel eine Schwächung der stratosphärischen Ozonschicht zur Folge haben.

Unabhängig von den technischen Risiken ergeben sich grundsätzliche ethische Bedenken aus der Generationenverantwortung. *Climate Engineering*, einmal begonnen, zwingt zukünftige Generationen, die eingeleiteten Maßnahmen fortzusetzen, im schlimmsten Fall über mehrere Jahrhunderte zu hohen Kosten und mit Nebenwirkungen für die globalen Ökosysteme, die sich heute noch nicht absehen lassen. Eine freie Wahl, wie sie derzeit noch möglich ist, werden spätere Generationen dann nicht mehr haben.

Ein denkmögliches Szenario zur Veranschaulichung aktiver Klimagestaltung

Abbildung 4 zeigt modellhaft die Möglichkeiten der Klimabeeinflussung, die der Menschheit in der nahen Zukunft zur Verfügung stehen, sowie die Entscheidungsprobleme, die sich daraus ergeben. Die senkrechte Achse stellt in diesem Szenario die Erhöhung der Durchschnittstemperatur der Erde dar, die waagerechte den Zeitverlauf. Als Entscheidungskriterium dient die Überschreitung der 2°C-Schwelle.

Abb. 4: Mögliche Einsatzbereiche der Klimagestaltung im Zeitablauf

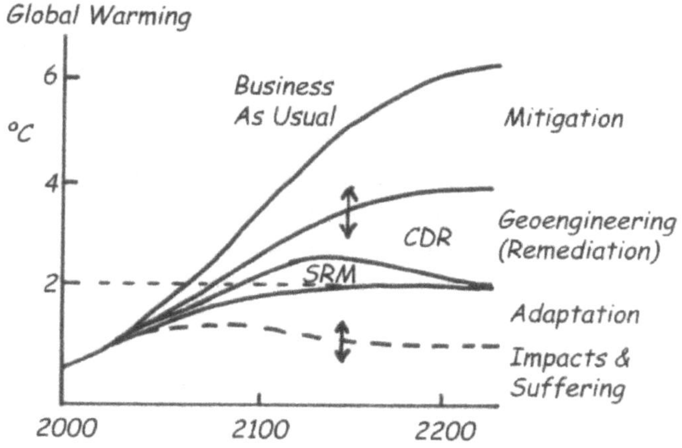

Quelle: Shepherd & Rayner

Bei einer Erhöhung der globalen Durchschnittstemperatur um diesen Wert, der in Mitteleuropa einem Anstieg um drei bis vier Grad Celsius entspricht, wird von einer gefährlichen Störung des Klimasystems ausgegangen, die ein sofortiges Handeln erforderlich macht. Zur umgehenden Minderung der Temperaturerhöhung kommen zunächst SRM-Verfahren zur Anwendung. Sie werden alsbald durch CDR-Maßnahmen ergänzt, welche die SRM-Interventionen sukzessive in dem Umfang ersetzen, wie Kohlendioxid dauerhaft der Atmosphäre entzogen wird. Den Annahmen des Szenarios entsprechend drücken die Interventionen des *Climate Engineering* („*Remediation*“, d. i. Heilung, Abhilfe, Abstellen eines Übels) zusammen mit den Maßnahmen der Emissionsreduktion (*Mitigation*), die für sich allein nicht wirksam genug wären, die globale Durchschnittstemperatur auf die 2°C-Schwelle zurück. Der Klimaänderung kann darüber hinaus zu jeder Zeit durch geeignete Anpassungsstrategien (*Adaptation*) begegnet werden. Die Auswirkungen des restlichen Temperaturüberschusses, in Abb. 4 durch die unterste Fläche dargestellt („*Impact & Suffering*“, also Folgewirkungen und Leidensdruck), müssen von der Biosphäre der Erde ertragen werden. Das Ausmaß von *Mitigation* und *Adaptation* wird durch Maßnahmen der internationalen und nationalen Klimapolitik bestimmt, was mittels Pfeilen angedeutet ist.

Noch einmal Nordfriesland

Ein Vorbehalt, der nahezu für alle Verfahren Gültigkeit hat, lautet: Sie seien sehr, sehr teuer. Im Umkehrschluss bedeutet das aber: Es lässt sich eine Menge Geld mit ihnen verdienen. „Projekte gegen die Erderwärmung sind ein Milliardengeschäft“ berichten unter anderem die investigativen Journalistinnen Lena Würgler und Catherine Boss am 21.11.2016 in einem Feature der Züricher „SonntagsZeitung“. Mehrere Firmen haben bereits Projekte angekündigt, mittels Ozeandüngung handelbare Zertifikate auf den Markt zu bringen. Und so steht zu befürchten, dass sich alsbald weitere private, vornehmlich am schnellen Profit orientierte Investoren bereitfinden, sich ähnlicher Vorhaben anzunehmen, so wie es vor einiger Zeit bei den Windkraftanlagen geschehen ist, obwohl noch gar keine Infrastruktur zur Verfügung stand, um den erzeugten Strom an potentielle Abnehmer zu transportieren, oder wie es bei der Produktion von Biogas und Biosprit der Fall ist, die weltweit zu riesigen Monokulturen geführt hat und eindeutig zu Lasten der Lebensmittelproduktion insbesondere so genannter Entwicklungsländer geht. Sollte sich in diesem Zusammenhang zum Beispiel eine Situation ergeben, die es notwendig macht, CO_2 in großem Umfang zu sequestrieren, so kämen dafür, vergleichbar der industriell betriebenen Windkraftenergie, vorrangig Regionen in Frage, deren Topographie dafür geeignet und deren Bevölkerungsdichte gering ist, letzteres, um das Protest- und Widerstandspotential der betroffenen Menschen zu minimieren. Aus beiden Gründen käme Nordfriesland zweifellos in die engere Wahl. Die geringe Bevölkerungsdichte allerdings wäre kein wirklicher Entscheidungsfaktor, weil anreisende Öko-Aktivisten aus dem gesamten Bundesgebiet den sich artikulierenden Widerstand mittragen würden. Sich auszumalen, was es für eine Region bedeutet, die wesentlich vom Fremdenverkehr lebt, wenn es dabei zu lang andauernden gewalttätigen Auseinandersetzungen kommt, vergleichbar den Ereignissen in Brokdorf, Lüchow-Dannenberg oder Turin, bedarf es wenig Phantasie.

Die „Kathedralen“ des Bazon Brock

Memorandum zur Endlagerung des Atommülls der Bundesrepublik Deutschland

1. Ausgangssituation

Eine der gravierendsten technologischen Herausforderungen, denen sich die Bundesrepublik Deutschland stellen muss, besteht in der Entsorgung ihres Atom-Mülls. Solange wir nicht in der Lage sind, Trägerraketen so kostengünstig zu bauen, dass wir mit ihnen den Atom-Müll zur Sonne transportieren können, wo er verglühen würde, müssen andere Optionen in Betracht gezogen werden, Optionen, die technisch realisierbar sind, umwelt- und sozialverträglich sowie ökonomisch tragbar. Aus ethischen und geopolitischen Gründen ist es nicht vertretbar, das bislang ungelöste Problem dadurch zu entschärfen, dass der Atom-Müll in Drittländer, etwa der Sahel-Zone, entsorgt wird. Seine Entsorgung hat vielmehr dort zu geschehen, wo er entsteht (Verursacherprinzip). Hierbei handelt es sich nicht nur um ein ökonomisch-technisches, sondern zugleich um ein sozial- und tiefenpsychologisches Problem. Anders wäre die jetzige Verbringung des Mülls in unterirdische Bergwerksstollen gar nicht zu erklären, eine Maßnahme, die unter anderem deshalb leichtsinnig ist, weil sie die Gefahren durch Erdverschiebungen und Grundwassergefährdungen völlig ignoriert, zumindest unterschätzt. Die bislang favorisierte Endlagerung in Bergwerken bietet allerdings, vordergründig gedacht, den „Vorteil“, dass sie den Müll unsichtbar macht. Er ist kein Element bewusster Wahrnehmung mehr. Tiefenpsychologisch handelt es sich dabei um das „Ungeschehen machen“ einer Handlung, die man nicht wahrhaben möchte, so wie kleine Kinder ihre Augen schließen, wenn sie Tatsachen nicht zur Kenntnis nehmen wollen.

2. Der Brock'sche Lösungsvorschlag

In dieser Situation hat Prof. Dr. Bazon Brock, der Initiator und Gründer des Berliner „Amtes für Arbeit an unlösbaren Problemen und Maßnahmen der hohen Hand“, der Öffentlichkeit einen Lösungsvorschlag unterbreitet, der den unterschiedlichen Dimensionen des Problems eher gerecht zu werden verspricht (zuletzt in der „Tageszeitung“ vom 11.2. 2012). Er fordert, in allen größeren Städten an zentralen Plätzen Kathedralen zu errichten, in der Ästhetik vergleichbar dem Straßburger Münster, deren vorrangige Funktion in der Endlagerung des Atom-Mülls besteht. Ihr leichter Zugang ermöglicht ohne großen Aufwand eine ständige Kontrolle und Pflege der Abfallbehälter. Durch sie werden nicht nur zusätzliche Arbeitsplätze geschaffen, sondern, was sozial- und tiefenpsychologisch weitaus wichtiger ist, es treten dadurch, dass die Entsorgungsproblematik vor aller Augen und ständig sichtbar gemacht wird, die Kosten, die wir für die Annehmlichkeiten des technischen Fortschritts zu zahlen haben, unabweisbar ins öffentliche Bewusstsein. Die ständige, über die Kathedralbauten symbolisch vermittelte Präsenz des Problems, die ganz sinnliche Konfrontation mit dem Preis, der uns für die Annehmlichkeiten unserer Zivilisation abverlangt wird, mag dazu führen, dass Entscheidungen über technologisch induzierte Entwicklungspfade der Gesellschaft in Zukunft bewusster getroffen werden.

Der Brock'sche Vorschlag ist deshalb so überzeugend, weil er die sozial- und tiefenpsychologische Dimension des Problem konstruktiv in seine Überlegungen einbezieht. Sozial- und geisteswissenschaftliche Kompetenz erschöpft sich nicht länger mehr nur in weitgehend wirkungslosen, ideologiekritischen Äußerungen, sondern nimmt gestaltend Einfluss auf gesellschaftliche Zukünfte. So wie die gotischen Kathedralen des Mittelalters auf die Endlichkeit der irdischen Existenz des Menschen verwiesen und ein Leben nach dem Tode versprachen, eine Hypothese, die heute weitgehend als falsifiziert gilt, auch wenn Hohepriester unterschiedlicher Glaubensgemeinschaften ihr nach wie vor anhängen, so hätten die Brock' schen Kathedralen eine vergleichbare, allerdings sehr säkulare Funktion: dass wir uns nicht nur um unser Seelenheil kümmern, sondern vor allem auch um die Lebensqualität unserer Umwelt, die es für nachfolgende Generationen zu erhalten gilt.

Vor einer vergleichbaren Gestaltungsaufgabe standen die Menschen der expandierenden Großstädte des 19. Jahrhunderts. Fäkalien wurden einfach in Flüsse und sonst wohin gekippt. Damit waren sie zwar „entsorgt“, in privater Hinsicht sozusagen „ungeschehen gemacht“, aber sie waren nicht aus der Welt. Epidemien, Krankheiten ungeahnten Ausmaßes waren die Folge. Erinnern wir uns: Noch 1831 starb Hegel in Berlin, einer Hochburg abendländischer Kultur, an Cholera. Cholera, Typhus und vergleichbare Ansteckungskrankheiten haben dank der Kanalisierung städtischer Abwässer ihren Schrecken, zumindest in den westlichen Metropolen, verloren. Die dafür benötigten Installationen, wie Colanis WC-Becken, sind zum Teil sogar ästhetischen Gestaltungsprinzipien unterworfen worden oder, wie Duchamps Urinoir, zum eigenständigen Kunstwerk mutiert (Skulptur: „Brunnen“, 1917). Eine ähnliche Synthese von Ästhetik und Funktionalität ist durchaus vorstellbar hinsichtlich der Atom-Müll-Kathedralen des Bazon Brock.

3. Weiterführende Überlegungen

Die Intention, die Prof. Brock mit seinen Kathedral-Bauten verfolgt, teile ich. Vobehalte habe ich hinsichtlich seiner Standortwahl. So sieht er unter anderem für Berlin den Moritzplatz als Ort der Realisierung vor. Bestechend daran ist, dass eine Endlagerstätte genau dort entstehen soll, wo die politischen Entscheidungsträger der Hauptstadt ihre Büros haben. Vielleicht wäre unter diesem Aspekt der Platz der Republik sogar noch geeigneter oder jene Metropolen, in denen die Atom-Müll-Verursacher ihre Firmenzentralen haben. Da diese Entsorgungskathedralen nicht nur symbolischen Charakter haben, sondern auch funktionieren sollen, erscheint es unter ökonomischem Aspekt allerdings kaum möglich, sie in einer dicht besiedelten Großstadt zu realisieren. Zu groß wäre der Bedarf an Grund und Boden. Es ist deshalb realistischer, eine Strategie zu verfolgen, derer sich bereits die Pharaonen mit ihrem Pyramidenbau-Programm befleißigt haben.

Ein weiteres Argument kommt hinzu: Aufgrund des ungezügelten Bevölkerungswachstums weltweit und der sich verknappenden Überlebensressourcen wird in naher Zukunft die Anzahl gewalttätiger Konflikte stark zunehmen (vgl. Welzer 2008). Sie werden sich nicht mehr so sehr in Form klassischer Kriege zwischen Nationalstaaten ereignen, sondern eher bürgerkriegsähnliche Gestalt annehmen wie die gegenwärtigen Auseinandersetzungen zwischen Israelis und Palästinensern oder zwischen Opposition und Regierung in Syrien, mit Grauzonen zwischen zeitweilig befriedeten, dann wieder kriegerisch umkämpften Territorien. Terroristische Anschläge werden dabei eine zentrale Rolle spielen. Kernkraftwerke und Brock'sche Kathedralbauten in dicht besiedelten Stadtzentren wären wegen ihrer verheerenden Auswirkungen auf die Zivilbevölkerung ein bevorzugtes Ziel solcher Anschläge. Wenn man sie deshalb zwar nach wie vor in den Ursprungsländern der Atom-Müllerzeugung errichten, aber die Folgen eines terroristischen Anschlags einerseits minimieren, andererseits ihre Präsenz in den Augen der Bevölkerung gleichwohl sicher stellen will, böte sich folgende Lösung an: Als Aufstellungsort kämen dünn besiedelte Landstriche in Frage, etwa die Treene-Sorge-Niederung in

Schleswig-Holstein, die aufgelassenen Braunkohle-Reviere in der Kölner Tieflandsbucht oder in Brandenburg/Sachsen. Die Errichtung solcher Endlagerstätten könnte zugleich ein äußerer Anlass sein, die durch industrielle Eingriffe zerstörten oder wirtschaftspolitisch vernachlässigten Regionen in blühende Landschaften zu verwandeln, etwa in dem Sinn wie das Deutsche Atomforum in seiner Werbekampagne zynischerweise, das heißt, mit ganz anderen Motiven, suggeriert.

3.1 Die „Kathedralen“ des Bazon Brock – remoduliert

Die Kathedralbauten, die Bazon Brock zur Endlagerung vorschlägt, sollen nicht nur ästhetischen Ansprüchen genügen, sondern sie müssen vor allem funktional sein. Auch in ihrem Falle gilt: Funktion geht vor Ästhetik. Es gilt, eine Unmenge an Lagerregalen und Paletten flexibel und leicht erreichbar unterzubringen. Dome bzw. Hallen sind hierfür besser geeignet als Kathedralbauten, die grundsätzlich nach anderen Prinzipien konstruiert sind. Es kann dabei durchaus auf historische Vorbilder zurückgegriffen werden, etwa auf Albert Speers Entwurf einer „großen Kuppelhalle“ für die geplante deutsche Nachkriegshauptstadt Germania (siehe folgende Seite). Auch wenn die Motive, die ihrer Planung zugrunde lagen, nicht den heutigen Vorstellungen und Normen politischer Korrektheit entsprechen, so lassen sich aus architektonischer Sicht durchaus Argumente für eine Nutzung solcher Bauwerke als Endlagerstätte für Atom-Müll anführen.

Die genannte Anlage sollte aus Beton, Granit und Marmor errichtet werden und aus einem quadratischen, 315 x 315 Meter breiten und 74 Meter hohen Unterbau bestehen, auf dem sich 98 Meter über dem Erdboden eine riesige Kuppel erhebt. Diese geplante „Große Halle“ besaß nur einen einzigen Innenraum mit einer Grundfläche von etwa 38.000 Quadratmetern. Sie sollte einen Durchmesser von 250 Metern haben, einundzwanzig Millionen Kubikmeter Rauminhalt umfassen und 180.000 Menschen Platz bieten. Mit dem 17-fachen Volumen des Petersdoms in Rom wäre sie die mit Abstand größte Kuppel der Welt gewesen. In ihrem 290 Meter hohen Scheitelpunkt sollte sich, den ersten, später dann revidierten Entwürfen entsprechend, eine 46 Meter weite Lichtöffnung befinden. Speer konstruierte ein stählernes Gerippe, an dem die innere Kuppelschale aufgehängt werden sollte. Da die massiven Mauern zusammen mit der Kuppel gewaltige Druckkräfte erzeugen, war ein starkes Fundament vorgesehen (vgl. Adam 1992, S. 264 ff.).

Aufgrund des großen Innenraums und des starken Fundaments wäre ein solcher Dom hervorragend als Endlagerstätte für Atom-Müll geeignet. Lagerregale und Paletten ließen sich mittels automatisierter Hebemaschinen flexibel aufstellen, wären gut erreichbar und ermöglichten so die permanente Kontrolle der gelagerten Brennstäbe. Aufgrund ihrer gigantischen Dimensionierung hätte die gesamte Anlage zudem einen erheblichen kulturellen Symbolwert, vergleichbar dem von Kathedralen und Pyramiden. Auch der Aufmerksamkeitswert der ägyptischen Pyramiden beschränkte sich nicht nur auf ihre säkulare Funktion als Fürstengrab, sondern diente

viel weitergehenden sakralen Zwecken. Es ließe sich nun einwenden, bei Bauwerken wie das der „großen Halle“ in Berlin handle es sich um den Ausdruck einer menschenverachtenden Architektur. Einer solchen Einschätzung stimme ich mit vollem Herzen zu. Aber gerade in dieser menschenverachtenden Symbolik vermag sie ausgezeichnet den gleichfalls menschenverachtenden Charakter der Technologie zu vermitteln, deren Abfallprodukte sie in ihrem großen Bauch beherbergt.

Ich schlage deshalb vor, auf Basis des Entwurfs der „Großen Halle“ einen internationalen Architekturwettbewerb auszuschreiben, der, die Intention Bazon Brocks aufgreifend, Machbarkeitsstudien zum Ziel hat, die sowohl den funktionalen Erfordernissen einer Atom-Müll-Endlagerstätte gerecht werden als auch dem kulturellem Symbolcharakter, den eine solche Anlage weit über ihre funktionalen Erfordernisse hat, Rechnung trägt.

3.2 Flankierende Maßnahmen

Wenn ein solcher Dom, aus Gründen sowohl der räumlichen und ökonomischen Machbarkeit wie der Sicherheit nicht im großstädtischen Ballungsräumen, sondern in der Provinz auf dem flachen Lande errichtet, gleichwohl die permanente Aufmerksamkeit breiter Bevölkerungsschichten erregen soll, sind flankierende Maßnahmen ästhetischer, medialer und sensationeller Art unerlässlich.

Eine Möglichkeit besteht darin, den Dombau in einen großzügig angelegten Erlebnis- und Science-Park einzubetten. Neben den üblichen Attraktionen, die solche Parks europaweit anbieten und mit denen eine vergleichbar konzipierte Entsorgungseinrichtung um die Gunst und Aufmerksamkeit des Publikums zu konkurrieren hätte, wären vor allem wissenschaftliche Veranstaltungen anzubieten, die einer breiteren Öffentlichkeit verständlich und zugänglich sind („Science goes public“). Denkbar wäre zum Beispiel, den historischen Entstehungsprozess riskanter Technologien nachzuzeichnen, der Kernenergie vor allem, aber auch der Gen- und Biotechnologien, um deutlich zu machen, dass es keine Selbstläufe und Sachzwänge sind, sondern Interessen- und Machtkonstellationen, die dafür verantwortlich sind, also Resultat von Entscheidungen und darum beeinflussbar („public understanding of science“). Am Ende einer Entscheidungskette stehen immer Menschen (vgl. Jungk 1988). Sie mögen sich unter Hinweis auf das Regime des Marktmechanismus ihrer Verantwortung entziehen, aber es ist nicht der Markt, der von privater Vorteilsmaximierung profitiert und Verluste vergesellschaftet. Um diesen Sachverhalt deutlich zu machen, ließen sich zum Beispiel Mysterienspiele veranstalten, in der dionysischen Tradition stehend, wie Nietzsche sie skizziert hat, aber durchaus zeitgemäß. Es ließen sich unter Hinzuziehung professioneller Theaterleute Aufsehen erregende Spektakel inszenieren, vergleichbar dem Hamburger oder Salzburger „Jedermann“, in denen die Verantwortlichen technologischer Fehlentwicklungen namhaft gemacht und von „Hohepriestern der Vernunft“ sündig gesprochen werden, nicht im Namen des Volkes, sondern im Namen des ungeborenen Lebens (vgl. Jonas 1984, S. 84 f.). Der dadurch erzielte Effekt für Bewusstsein und Moral zukünftigen Handelns, vergleichbar dem Effekt, den die griechischen „Listen der Schande“ jüngst erzielt haben, sollte nicht unterschätzt werden. Als Orientierung mögen, natürlich nur symbolisch, die Inquisitionsrituale der katholischen Kirche sowie päpstliche Bannbullen dienen.

Andererseits könnten in vergleichbaren Ritualen jene Menschen selig gesprochen werden, die früh schon auf die Gefahren riskanter Technologien öffentlich mit Ablehnung reagiert haben, Klaus Traube etwa, der seine berufliche Karriere dafür opferte, oder Robert Jungk und Günter Anders. Denn die Häretiker katastrophaler religiöser Selbstläufe der Frühzeit und des Mittelalters, die später dann heilig und selig gesprochen wurden, das sind heute die Häretiker der katastrophalen Selbstläufe von Technik und Wissenschaft.

Natürlich muss eine solche Endlagerstätte militärisch gegen terroristische Übergriffe gesichert werden, zu Lande und in der Luft. Eine hoch gerüstete, schlagkräftige und mit modernstem Gerät ausgestattete Abwehr lässt sich naturgemäß in einem Gebäudeobjekt auf dem flachen Lande wesentlich einfacher gestalten als in einer dicht besiedelten Großstadt. Die Präsenz bewaffneter Streitkräfte sollte aber nicht, wie bisher üblich, verheimlicht und verharmlost werden, sondern wäre, demokratisch legitimiert, bewusst in Szene zu setzen. Sie würde, medial begleitet und dokumentiert, deutlich machen, dass die Risiken bestimmter Technologien, die ein Höchstmaß an Kontrolle und präventiv wirkender Abwehrbereitschaft erforderlich machen, nur schwer mit dem demokratischen Prinzip einer offenen Gesellschaft vereinbar sind. Im Gegenteil: sie tendieren eher zu Maßnahmen der Geheimhaltung und zu Mechanismen, wie sie typisch sind für einen Überwachungsstaat.

Ein weiteres, ein vor allem wissenschaftsdidaktisch konzipiertes Forschungsprojekt im Rahmen des Science Parks könnte darin bestehen, öffentlich zu diskutieren, wie unsere Nachfahren innerhalb der nächsten zehntausend Jahre verlässlich über die Lagerstätten und Gefahren von Atom-Müll informiert werden können, Gefahren, die darin bestehen, dass durch plötzliche oder kontinuierliche Veränderungen der geologischen

Situation Material, das vorher tief vergraben oder vom Meer bedeckt war, zugänglich wird oder dass eine zwischenzeitlich in Vergessenheit geratene Lagerstätte zufällig durch Menschen wieder entdeckt wird, die nicht auf die Möglichkeit der Strahlung gefasst sind. Folgt man den Analysen von Bastide und Fabbri (1990), besteht die Erfolg versprechendste Option in der Züchtung gentechnisch veränderter Lebewesen, etwa von Haustieren, deren Fellfarbe sich verändert, sobald sie mit radioaktiver Strahlung, gegen die sie selbst resistent sind, in Kontakt kommen. Auch hieran kann deutlich gemacht werden, dass durch die Lösung eines Problems mittels Technologie zugleich immer auch ein neues erzeugt wird, über deren Bewältigung dann wiederum Entscheidungen zu treffen sind.

4. Respice finem!

Es ist noch nicht all zu lange her, da hat die Regierung der Bundesrepublik Deutschland den Ausstieg aus der Kernenergie verkündet, obwohl sie kurz zuvor noch die Verlängerung der Laufzeit von Kernkraftwerken geplant hatte. Diese Kehrtwende um 180° wurde nicht aufgrund neuer wissenschaftlicher Erkenntnisse getroffen. Alle Fakten über die Problematik der Kernenergie lagen lange vorher schon auf dem Tisch. Sondern allein aus parteipolitischen und wahltaktischen Gründen. Darin, dass Entscheidungen aus tagespolitischen Launen heraus über Entwicklungspfade von Technologien getroffen werden, deren Folgewirkungen einen Zeitraum von mehreren tausend Jahren umfassen, darin äußert sich ein grundsätzliches, ein strukturelles Dilemma unserer repräsentativen Demokratie. Der Verantwortlichkeitszeitraum gewählter Volksvertreter erstreckt sich in der Regel auf vier Jahre, wenn es hoch herkommt, auf acht oder zwölf. Ihr Motivationsfocus ist nicht so sehr das Wohlergehen künftiger Generationen, sondern eher das politische Überleben der nächsten Wahl. In diesem Sachverhalt äußert sich, das sei explizit betont, nicht so sehr ein moralisches Problem einzelner Personen, sondern ein strukturelles Defizit gesellschaftlicher Institutionen. Es wird deshalb ganz grundsätzlich zu diskutieren sein, ob angesichts sowohl der räumlichen wie zeitlichen Reichweite moderner Technologien und ihrer Folgewirkungen andere Formen demokratischer Willensbildung besser geeignet sind, um dem Imperativ des zunehmend wichtiger werdenden „Bedenke die Folgen!“ Rechnung zu tragen. Denn bisher hat jede Epoche der Menschheitsgeschichte über kurz oder lang Probleme produziert, die mit den Mitteln, die sie verursacht haben, nicht lösbar waren.

Referenztexte

Adam, Peter (1992): Kunst im Dritten Reich. Hamburg: Rogner & Bernhard

Anders, Günter (1956): Die Antiquiertheit des Menschen. München: Beck

Bastide, Françoise und Paolo Fabbri (1990): Lebende Detektoren und komplementäre Zeichen: Strahlenkatze, brechendes Auge und Atomsirene. In: Posner, Roland (Hg.): Warnungen an die ferne Zukunft. Atommüll als Kommunikationsproblem. München: Raben, S. 85-94

Jonas, Hans (1984): Das Prinzip Verantwortung. Versuch einer Ethik für die technologische Zivilisation. Frankfurt a.M.: Suhrkamp (1979)

Jungk, Robert (1988): Heller als tausend Sonnen. Reinbek: Rowohlt (1956)

Nietzsche, Friedrich (1872): Die Geburt der Tragödie aus dem Geist der Musik. Leipzig: Fritzsch

Perrow, Charles (1987): Normale Katastrophen. Die unvermeidbaren Risiken der Großtechnik. Frankfurt und New York: Campus (1984)

Traube, Klaus (1978): Müssen wir umschalten? Von den politischen Grenzen der Technik. Reinbek: Rowohlt

Welzer, Harald (2008): Klimakriege. Wofür im 21. Jahrhundert getötet wird. Frankfurt a.M.: Fischer

Society, Science and Science Education in Today's Technological Civilization

Asked to explain what they actually do, why, and to what end – apart from the need to earn a living, of course – and most of today's scientists will probably be hard pressed to come up with a convincing reply. No longer does religion or philosophy provide some higher authority that might help them to reflect critically on the meaning and purpose of what they do and on what its function and value to society as a whole might be. On the contrary, today's scientists are on their own.

The age of the great narratives is over, one French philosopher assures us. The proletariat as the subject of history has had its day. To the extent that critique and change are to be had at all, then only within postmodernism, not against it. But it is not just traditional standards of reflection and critique that are losing purchase; conventional notions of who their agents should be, who drives social progress, and who formulates its theoretical underpinning have likewise come unstuck. If critique is still possible at all, then new points of reference must be found for its agents, its standards, and its consistency. A functionally differentiated society can withstand critique, it seems, only when it is delivered in the form of notoriously adversarial communication, without any firm ground and in constantly changing locations. Process, change, and disorder now count as what is self-evidently normal, whereas permanence, continuity, and order have become the exception. We are witnessing the onset of a "new obscurity," one German social philosopher hastens to inform us. A new paradigm called Actor-Network Theory has been developed to explain the dynamic of "everything depends on everything else" and "there are no more privileged places." Yet thanks to technology, the globalization of interpersonal relationships and interpersonal intercourse continues apace and we are experiencing a global society in the making. It now looks as if technology were in fact humanity's last great narrative, the only important social activity that is both targeted and cumulative, independent of the consequences that it will ultimately have for humanity's well-being. A synthesis of science and engineering, technology is now so powerful in both depth and scope, space and time, that it is forcing philosophy, metaphysics, and religion to adopt a modest stance to which they have yet to become accustomed. This, in turn, makes the voices of speculative scientists – who are not actually philosophers at all – seem all the louder. Thus, whether as spectators, participants, or perhaps even victims, we find ourselves witnessing a kind of hysterical concert, exposed with alarming clarity by the Sokal Affair.

Initially through engineering, then through technology, we humans engage in a process of material exchange with nature. The form that this process takes depends on the procedures through which the members of a given society connect and through which something that warrants the designation "society" comes about. In bourgeois society, it was the economy that performed this unifying function, which for all its inherent contradictions is also a civilizing factor. The profit motive that is at the heart of all economic activity was at once both a formative factor and an engine of technological development. In the meantime, however, we have arrived at a point where technology is so invasive and far-reaching that its continued development cannot possibly be left to the chronic short-termism of the profit-oriented economy. We need institutions and procedures that enable democratically legitimate and scientifically sound decisions on the future of society to be made, or at the very least properly prepared. Given that the economy follows primarily quantifiable targets, adopting whichever course of action promises the most profits, the aim must be to initiate whichever communication processes are likely to deliver a qualitative justification for decisions.

The democratic and scientific legitimacy of decisions that will inevitably have repercussions for society as a whole can probably be assured only by constantly resetting the balance of parliamentary democracy, grassroots democracy, and expert authority. But participation in such processes is tied to preconditions – preconditions which the average member of today's society is nowhere near fulfilling, since they include a firm grasp of the issues, the existence of economic safeguards, free time and interest. Far from being magically created by some one-off, revolutionary act, these are rather the outcome of slow and steady, patiently pursued social change. Participation in such policy-forming, decision-making processes, be it through "planning cells," "future workshops," or "open space" scenarios, should therefore be accorded public recognition as socially worthwhile work, even if it is not handled in the same way as traditional forms of paid work.

And what of the university as the traditional preserve of science, what will be its role in the process by which social praxis becomes reflective?

That external objectives are increasingly having more of an influence on the progress of science than science's own self-regulatory mechanisms can be observed even today. The trend is especially apparent in the evolution of the so-called secondary sciences, which owe their emergence not so much to academic initiative than to its exact opposite: specifically society's articulation of objectives, whose origins lie outside academia, but which thereafter set the course of research and development within academia, as is the case in noise research, cancer research, environmental research, urban planning and energy – to name just a few examples. Society has forced on science a claim to relevance that it can no longer shake off. What distinguishes today's scientific development also sets it apart from the traditional practice of first acquiring, and then applying, (basic) scientific knowledge. Research that is directly tied to social problems is not first and foremost concerned with applying abstract, standard knowledge to specific, everyday problems; its focus is rather on generating new knowledge "in situ" – that is to say, in cooperation with others – which could not be generated at all and would not even be considered significant (at least not in this form) within the relatively self-contained institution of the "university." In special fields of social praxis, theory is increasingly becoming the general form in which science's ties to external objectives are realized. Paraphrasing Marx's Eleventh Thesis on Feuerbach, we could say that all that scientists have done hitherto, through isolation and abstraction, is to interpret reality and attempt to translate it into laws. Only now are they beginning to change it. Truths are no longer found; they are made: by the knowing subject, in situ. The dividing line between "science" as a social subsystem and society as a whole is beginning to blur. And just as science is becoming an integral part of social praxis, allowing itself to be harnessed to external objectives, so society, in its everyday activities, is becoming increasingly focused on forms of communication, knowledge-sharing and problem-solving strategies, which are in fact typical of science.

These days, anyone wanting to solve a social problem scientifically is bound to take an interdisciplinary, process-oriented approach that involves all those affected in situ and that entails applying problem-solving strategies whose specifications and standards are derived from within the field itself. Such a situation inevitably sensitizes science to the way in which its results are presented. The instruments and methods by which science is taught count for a lot, and not just in communications between scientists and non-scientists but also in how scientists in a range of different disciplines share information and interact. But the restructuring of science in terms of its function and importance to society, as well as its receptiveness to outside influences on its own development has much graver consequences than those affecting science education. For what it does is to call into question the division of labour between the various disciplines, their relative importance and their function.

I remember how in the early 1950s, awareness of the dubious role played by science and technology in the "Third Reich" led many technical universities to include obligatory courses in philosophy in their engineering and science curricula. As sensible as the proposal was, its realization ended in failure. For instead of learning how to philosophize, a skill that would have enabled them to view their everyday work from a detached standpoint, all that students learned was "Philosophy" as it is taught – even today – at universities, in other words as a largely self-referential discipline with its own established canon. They learned a science that had no bearing on their work. Instead of becoming an integral part of their professional expertise, it became just another hurdle to be taken en route to graduation, and was treated accordingly. For future purposes, therefore, we should be careful to draw a distinction between the acquisition of a body of knowledge that can be regurgitated and hence examined on demand, and the ability to philosophize on the spot and so to play an active and informed role in societal decision-making processes as envisaged by the Eleventh Thesis on Feuerbach. To be able to teach such a competence, the university, as a relatively self-contained institution, would have to transform itself into a communicative space that is ready and willing to engage not just with scientific but also with social problems. Such a transformation would entail more than just a rethinking of the traditional curricula. The remodelling of the traditional teaching-learning set-up, moreover, would have to extend beyond the precincts of higher education itself and entail a rethink of how performance is assessed and judged, the aim being to find a method more in keeping with the new culture of learning and working. After all, even the most progressive curricula are of little use if they culminate in a rigid system of examinations that actually undercuts what has just been learned.

Corona/COVID-19

Ein Epilog

Inhalt

Die Corona-Seuche hat Zweierlei deutlich und sinnlich erfahrbar gemacht: Der Mensch ist kein trans-animalisches Wesen, er verfügt über einen organischen, sehr verletzlichen Körper (Mohrs 1995). Trotz aller digitalen Vernetzung weltweit lebt er körperlich in einem konkreten Raum-Zeit-Gefüge, das er nicht überspringen kann und das den vorläufigen Endpunkt seiner Lebensgeschichte markiert. Jenseits all seiner Vergeistigungen hat er animalische Bedürfnisse, die nicht hintergehbar sind. Von seiner „ersten Natur" her ist er nach wie vor ein Kleingruppenwesen (Wuketits 2012), das seinesgleichen zum Leben braucht. *Und* er lebt in einer Weltgesellschaft, die, auch wenn sie formell in Nationalstaaten untergliedert ist, als ein Bio- und Soziosphäre umfassendes Hybrid (Latour 1998) sein Leben immer stärker bestimmt, und zwar nicht nur mental, vermittelt über *digitale* Netzwerke, sondern auch *analog* in seiner unmittelbaren physischen Befindlichkeit.

Plötzlich erleben wir, gleichsam als Nebenwirkung, in Zeiten eines überbordenden Neoliberalismus, dass eine Seuche weltweit zum sozialen Sprengstoff werden könnte. Denn sie trifft, obwohl Wissenschaftler lange zuvor gewarnt hatten (Clausen 1994, S. 51 ff.), auf eine völlig unvorbereitete, dann aber massiv nachgefragte staatliche Politik. Die landläufige Illusion, der Markt werde es schon richten, verblasst vor diesem Hintergrund, und der Ruf nach der ordnenden Hand des Staates wird lauter. Aus aktuellem Anlass wird immer mehr Menschen bewusst, dass es gesellschaftliche Bereiche geben muss wie das Gesundheitswesen, die Wasserversorgung, den Banken- und Finanzsektor oder das öffentliche Verkehrswesen, die man nicht den Regulativen einer zügellos profitorientierten Marktwirtschaft überlassen darf, ein Ordnungsprinzip, das keine Grenzen und keine Moral kennt. Gefordert ist vielmehr eine dem Gemeinwohl verpflichtete Ethik des gesellschaftlichen Gesamtwillens, die auf Werten basiert, die sich eine Gesellschaft, zumal eine Weltgesellschaft, in deliberativen Aushandlungsprozessen geben muss (Goldscheid 2020).

Verantwortlich „handelt, wer sein Handeln nach Zweck, Mittel und Nebenfolgen orientiert und dabei sowohl die Mittel gegen die Zwecke, wie die Zwecke gegen die Nebenfolgen, wie endlich auch die verschiedenen möglichen Zwecke gegeneinander rational abwägt" (Weber 1985, S. 13). Die verengte Perspektive einer profitmaximierenden Plutokratie, die vor allem *einem* Zweck dient, äußert sich, und zwar zwangsläufig, durch Nichtbeachtung sowohl der gesellschaftlichen wie der natürlichen Nebenfolgen ihres Tuns als „soziale Frage" (Tönnies 2019) und als „ökologische Frage" (Uekötter 2011); insbesondere betrifft das regelmäßig Belange der „schweigenden Natur".

1. Expertenautorität und mediale Verantwortung

Abgesehen von solchen grundsätzlichen, langfristig ins Auge zu fassenden gesellschaftspolitischen Überlegungen, lassen sich auch unmittelbare Schlussfolgerungen, insbesondere in soziologischer Perspektive, aus dem aktuellen Krisengeschehen ziehen. Deutlich geworden ist zum Beispiel die Bedeutung, insbesondere auch von Folgewirkungen, der medialen Berichterstattung. So kamen zu Beginn des Krisengeschehens im deutschen Fernsehen Virologen zu Wort, die das Tragen von Schutzmasken nicht für sinnvoll hielten, obwohl entgegenstehende Erfahrungen aus Südkorea bereits vorlagen, da es den Träger nicht vor Ansteckungen bewahren könne – ein an sich zutreffendes Argument. Nun weiß aber zum Beispiel jeder Soziologe, dass der Mensch ein Kleingruppenwesen ist und dass, wenn jedes Mitglied in der Gruppe eine entsprechende Schutzmaske tragen würde, die wechselseitige Ansteckungsgefahr sehr wohl reduziert werden würde. Das räumten die Experten einige Tage später auch ein und empfahlen nun das genaue Gegenteil dessen, was sie zuvor empfohlen hatten, was nicht nur zur Verwirrung in der Bevölkerung führte, sondern auch Zweifel an der Glaubwürdigkeit von Expertenaussagen aufkommen ließ. Obwohl in Mitteleuropa mit den Folgen der Corona-Seuche im Großen und Ganzen bisher umsichtig und angemessen umgegangen worden ist, sollte nicht vernachlässigt werden, auch in scheinbar belanglosen Dingen, gerade in Zeiten von *Fake News* und Verschwörungstheorien, mit Expertenwissen in der Öffentlichkeit vorsichtig umzugehen, zumal wenn die Experten einander widersprechen.

Den Medien war zu entnehmen, dass sich die Ansteckungsquote in Afrika, in Relation zu den anderen Erdteilen, auf einem sehr geringen Niveau halten konnte. Und es wurde nach den Ursachen dafür geforscht. Unter anderem stellte man fest, dass die Höhe der Infektionszahlen mit der Dichte des Verkehrsaufkommens, insbesondere des Luftverkehrs, korrelierte. Beides war sehr hoch in Asien, Europa und Nordamerika; in Afrika hingegen sehr niedrig. Offensichtlich war die Intensität der Corona-Ausbreitung eine Folge der verkehrstechnischen Vernetzungsdichte bestimmter Regionen dieses Planeten, ein Argument, das die Theorie, „Gesellschaft" sei heute als Weltgesellschaft zu begreifen (Albrow 1998, Heintz 1982, Meyer 2005, Luhmann 1971, Wobbe 200, Wallerstein 1974), stützen würde. Bereits die weltweit lange Zeit erfolglosen Bemühungen um Beatmungsgeräte, Schutzkleidung etc. und das Zusammenbrechen der *Just-in-time*-Produktion unter anderem in der Automobil- und Maschinenindustrie aufgrund unterbrochener Lieferketten war ein weiterer Hinweis darauf.

2. Weltsoziologie und Weltgesellschaft

Doch nach wie vor ist der Begriff der Weltgesellschaft unter Soziologen sehr umstritten. Einerseits wird bezweifelt, dass der Ausdruck „Weltgesellschaft" das bisherige Begreifen von Gesellschaft oder Welt fortentwickelt, dass er tatsächlich bezeichnen könne, was er bezeichnen will (Tudyka 1989, S. 504). Allenfalls sei er als verkürzende Metapher zu verstehen. Der Ausdruck „Weltgesellschaft" sei kein Resultat gesellschaftstheoretischer Reflexion, sondern modischer Ersatz bzw. dünne Worthülse zur Bergung unterschiedlicher, brüchiger und keinesfalls neuer abstrakter und empirischer Komponenten. Er bezeichne keinesfalls ein Objekt, das ein Produkt von „Vergesellschaftung" wäre, vielmehr sei er ein Pleonasmus von Welt oder Gesellschaft, ein Unbegriff, ein Phantom (ebd., S. 507). Ähnliche Vorbehalte meldet Richter an (1990, S. 275). Für ihn signalisiert „die vage Metaphorik" des Begriffs „Weltgesellschaft" analytische Hilflosigkeit gegenüber den „facettenreichen Ausformungen eines erdumgreifenden Zusammenhangs, dessen Antriebskräfte, Intensität, Richtungsverlauf und Vielfältigkeit weitgehend im Dunkeln liegen.“

Andererseits ließ gerade die Corona-Krise, als die weltweite Logistik der Lieferketten zusammenbrach, deutlich werden, dass die modernen Industrienationen, also die klassischen nationalstaatlichen Gesellschaften, eine globale Vernetzung vorangetrieben haben, durch die bislang disparate und isolierte Lebenszusammenhänge auf dem Planeten „Erde“ zur wechselseitigen Abhängigkeit und Einheit der „one world“ zusammengeschweißt wurden. Und so muss auch der Kritiker eingestehen: „Die wachsende ökonomische Verflechtung, die gesteigerte Interdependenz weltpolitischer Handlungsfelder, die Globalisierung militärischer Sicherheitskalküle, die sprunghafte Ausbreitung des Informationsaustausches oder die brisante Intensivierung ökologischer Abhängigkeitsverhältnisse trugen das ihre dazu bei, dem Begriff der Weltgesellschaft zu erstaunlicher Popularität zu verhelfen“ (Richter 1990, S. 275 f.).

Die Ablehnung des Begriffs liegt nicht nur an fehlender Phantasie der Kritiker, sondern vor allem daran, dass „Weltgesellschaft ein evolutionär völlig neuartiges Phänomen ist“ (Luhmann 1971, S. 53). Die Kritiker haben eine bestimmte Begriffsvorstellung von Gesellschaft im Kopf, und die Realität des „Sozialen“ dieser Welt, als Ganzheit betrachtet, entspricht dem nicht. Was sie nicht in Erwägung ziehen, ist, dass daran nicht so sehr die Realität schuld sein könnte, sondern ihre obsolete Begrifflichkeit, die dieser Realität nicht gerecht wird und ihr deshalb anzupassen wäre: Weltgesellschaft. Bislang hatte man umstandslos „Nationalstaaten“ mit „Gesellschaften“ gleichsetzen können, weil das „Soziale“ weitgehend im Staat aufging. Die Funktionsbereiche der Gesellschaft wurden nicht durch Sozialität, sondern durch Nationalität und eine gemeinsame Modernität, insbesondere durch das Rationalitätsprinzip, zusammengehalten (Albrow 1998, S. 414). Das gilt heute so nicht mehr. Die Probleme des sich im 21. Jahrhundert konstituierenden Soziotops „Weltgesellschaft“ lassen sich mit den Vorstellungen und Strategien, die ihre Wurzeln im nationalstaatlichen Denken geopolitischer Räume des 18. und 19. Jahrhunderts haben, nicht sinnvoll lösen. Klimawandel, Bevölkerungswachstum, Verlust an Biodiversität, Bank-, Währungs- und Finanzkrisen – all diese globalen Probleme übersteigen die Kompetenz nationalstaatlich organisierter Gesellschaften.

Für Luhmann ist die Existenz der Weltgesellschaft ein gegebenes Faktum, das sich mit den vorhandenen alteuropäischen Denkmitteln allerdings nicht mehr erfassen lasse. Er vermutet, „dass wir die neu entstandene

Weltgesellschaft nicht wahrnehmen und deshalb auch nicht realisieren, weil wir sie unter falschen Kategorien, etwa unter der Idee des Weltreichs, erwartet haben" (Luhmann 1971, S. 57). Folgerichtig geht er zum klassischen Gesellschaftsbegriff der Soziologie auf Distanz. „Gesellschaft" heute existiert ihm zufolge nur noch im Singular: als Weltgesellschaft. Sie bildet keine territoriale Einheit mehr, die nach klassischen Vorstellungen aus Staatsgebiet, Staatsvolk und Staatsgewalt besteht. Etwas vorsichtiger argumentiert Wobbe. Für sie ist das, was als „Weltgesellschaft" bezeichnet wird, erst im Entstehen begriffen. Es handelt sich dabei um ein transitorisches Phänomen. Die begriffliche Unschärfe, an der sich die Kritik festmacht, ist Resultat eines Prozessgeschehens, im Verlauf dessen das Alte abstirbt, das Neue aber noch nicht voll entwickelt ist. In ihr drückt sich aus, was soziologisch als *emergentes Phänomen* bezeichnet wird. Es verweist auf einen Sachverhalt, dessen Auftauchen man aufgrund des bisherigen theoretischen Wissens so nicht hätte erwarten können und der mit diesem Wissen auch nicht erklärbar ist (ebd., S. 6). Ein als „Weltgesellschaft" etikettiertes Sozialkonstrukt, ein neues *Ganzes*, eine sozialhistorische Singularität, ließe sich demzufolge kaum über nationalstaatliche Grenzen, Ähnlichkeit der Lebensverhältnisse oder ein kohärentes Ganzes auf der Grundlage einer tradierten *partiellen* bzw. provinziellen Wertbindung bestimmen. Es wäre ein Erklärungskonzept *sui generis* vonnöten, das dem Wandel der sich eröffnenden Möglichkeiten und Grenzen Rechnung trägt. Nicht der Nationalstaat steht länger im Fokus des sozialwissenschaftlichen Interesses, sondern das Raumschiff „Erde" in seiner Gesamtheit, ein Hybrid, bestehend aus Gesellschaft und Natur, beides miteinander vermittelt durch Technologie. Es bildet den Rahmen einer völlig anderen Art von Gesellschaft. Sie entsteht dort, wo „Menschen für internationale Organisationen, für multinationale Unternehmen, in weltumspannenden Bewegungen arbeiten. Sie können auch in nationalen oder lokalen Organisationen tätig sein und dabei ihre Praxis beispielsweise auf dem Gebiet der Umweltverschmutzung oder der Herstellung von Chancengleichheit an globalen Überlegungen ausrichten" (Albrow 1998, S. 431 f.). Verwiesen sei in diesem Zusammenhang auf die international geführte Diskussion über die Notwendigkeit, eine „Weltsoziologie" (Kozlarek 2011) zu begründen, eine „Global Sociology" (Burawoy 2010, Wright 2011, Bhambra 2015) bzw. eine „World Sociology" (Connell 2013, Archer 2014), eine Diskussion, wie sie seit längerem und sehr intensiv im „Global Dialogue", der Zeitschrift der „International Sociological Association (ISA) geführt wird (Martin 2013, Lockie 2014).

3. Gesellschaft – ein mechanisches Artefakt

Die radikalste Position im Rahmen dieser Diskussion findet sich bei Margaret Thatcher (1987). Ihr zufolge gebe es so etwas wie „Gesellschaft“ überhaupt nicht, sie kenne nur einzelne Menschen und Familien. Entscheidend ist natürlich, was man unter dieser Bezeichnung überhaupt verstehen will. Die elaborierteste, wenngleich oft missverstandene Definition im deutschen Sprachraum findet sich bei Ferdinand Tönnies (1887), dem Begründer der Soziologie als Fachwissenschaft in Deutschland. Ihm zufolge lassen sich grundsätzlich zwei Sozialformen, die ein Soziotop historisch annehmen kann, unterscheiden: die der Gemeinschaft und die der Gesellschaft. Die Ursprünge der Gemeinschaft liegen in der „Gemeinschaft des Blutes“, in den Verhältnissen „zwischen einer Mutter und ihrem Kinde“, „zwischen Mann und Weib als Gatten“, „zwischen den als Geschwister sich Kennenden“. Sie entwickeln sich weiter in der „Gemeinschaft des Ortes“, der Nachbarschaft, und in der „Gemeinschaft des Geistes“, der Freundschaft. Die Gesellschaft hingegen zeichnet sich durch zweckgerichtete Beziehungen aus, die vorwiegend durch Geld, Vertrag und Logik, also auf unpersönliche Weise geregelt werden. Während durch den Begriff der Gemeinschaft die intimen zwischenmenschlichen Beziehungen erfasst werden, ist alles Äußere, Fremde, Unpersönliche der Gesellschaft zuzurechnen, wo „ein jeder für sich allein“ ist und sich „im Zustande der Spannung“ gegen alle übrigen Menschen befindet (Tönnies 2017, S. 64). In der Gemeinschaft dominieren der Instinkt, das Gefühl, organische Beziehungen, in der Gesellschaft der berechnende Verstand, die Abstraktion, mechanische Beziehungen. Nach Tönnies entwickelt sich das menschliche Zusammenleben im historischen Verlauf von gemeinschaftlichen zu gesellschaftlichen Formen. Heute erfolgt die Vergesellschaftung zwischenmenschlicher Lebens- und Arbeitsbereiche zunehmend auf der Basis technologischer Artefakte, vorangetrieben vor allem durch die modernen Informations- und Kommunikationstechnologien (Latour 1998).

Die Gesellschaft ist eine zusammengesetzte Größe. Sie ergibt sich aus der Vereinigung der vielen Einzelnen. Doch sie vereinigen sich nur partiell, nämlich nur so weit, als sie die Gesellschaft zur Durchsetzung ihrer individuellen Interessen benötigen. Zwar verfolgen sie ihre Interessen unter zeitweiser Aufgabe ihrer Autonomie, aber nur, um aus dieser Aufgabe verstärkt hervorzugehen, so dass jede gesellschaftliche Verbindung, auf die sie sich einlassen, als Mittel zum Zweck genutzt wird. Anders als in der Gemeinschaft stehen sich die Menschen in der Gesellschaft „nicht wesentlich verbunden, sondern wesentlich getrennt gegenüber“ (ebd.). In Gemeinschaft mit den Seinen befindet man sich, von der Geburt an, mit allem Wohl und Wehe daran gebunden. In die Gesellschaft geht man wie in die Fremde. Gesellschaft, das ist die Öffentlichkeit, das ist die Welt (Tönnies 2017, S. 20). Der *Familie* als Kernzone der Gemeinschaft entspricht in der Gesellschaft der auf Kontrakt basierende *Tausch*, der als Punkt, mit anderen verknüpft, Gesellschaft ergibt, eine Aussage, die in neueren ethnologischen Studien ihre Bestätigung findet (Sahlins 1972, 1981; Godelier 1972, 1990). Aus ihnen geht ebenfalls klar hervor: Was für die bürgerliche Gesellschaft das *Geld* ist, war für die Stammesgesellschaft, also die Gemeinschaft in den Worten von Tönnies, die *Verwandtschaft*. Gesellschaft steht für unpersönliche, vertraglich geregelte Beziehungen, Gemeinschaft für Augenkontakt und naturwüchsige Kooperation.

Tönnies wählt als empirisches Beispiel für die Sozialform der Gemeinschaft immer wieder die Verwandtschaft, insbesondere die Familie (allerdings in einem wesentlich weiteren Bedeutungsumfang als der heute übliche). Das macht Sinn insofern, als sich, in synchroner, das heißt, in historisch-genetischer Betrachtungsweise, durch familienähnliche Beziehungen Bestandteile der traditionellen Gemeinschaft auch in der modernen Gesellschaft erhalten haben und systemstabilisierende Funktionen übernehmen. Entscheidend in diachroner, das heißt, in systematisch-struktureller Sichtweise ist aber nicht so sehr, dass es sich dabei um die Familie als gesellschaftliche Institution handelt, sondern um eine zeitgemäße Lebensform der Kleingruppe, die ihren sozialhistorischen Ursprung im Pleistozän hat, also in einer Epoche, in der sich die Sozialform der Gemeinschaft phylogenetisch ausgeprägt hat.

Zwar sind „Gemeinschaft“ und „Gesellschaft“, wenn man sie sich auf einem linearen Kontinuum als Endpunkte vorstellt, beides extremtypische Begriffe, aber sie sind nicht von gleicher Qualität. Ersterer ist von anderer, grundlegenderer Qualität als letzterer. Die Sozialform „Gesellschaft“ kann nur existieren, soweit Gemeinschaft, zumindest partiell, in ihr präsent bleibt. Während Gesellschaft sich vornehmlich über Tauschwertbeziehungen realisiert, in denen „jedermann ein Kaufmann“ ist (Tönnies 2017, S. 80, 86), umfasst die Reproduktion der Gemeinschaft Dimensionen des zwischenmenschlichen Zusammenlebens, des körperlichen wie des emotionalen, die im Reproduktionsgeschehen der Gesellschaft keine oder gar eine störende Rolle spielen und deshalb ausgelagert oder ausgeschieden werden. So „haben sich in der gelingenden Mutter-Kind-Beziehung Rudimente einer vorindustriellen, auf Bedürfnisbefriedigung durch reale Gebrauchswerte beruhenden Produktionsweise erhalten, die

(…) sich auch dann nicht auf Tauschbeziehungen reduzieren lassen, wenn sie von Tauschabstraktionen umlagert sind“ (Negt und Kluge 1973, S. 48 ff.). Für Tönnies existiert die Gemeinschaft als „Realität des sozialen Lebens“ deshalb notwendigerweise auch im Zeitalter der Gesellschaft, weil sie ohne deren Beigaben gar nicht lebensfähig wäre (2017, S. 325). Die Gesellschaft gilt ihm als ein besonderer, allerdings defizitärer Zustand von „Gemeinschaft“, eine „Modifikation“, die sich nicht völlig von ihr ablösen, nicht in sich selber ruhen kann, ohne das zwischenmenschliche Zusammenleben und artgerechte Bedürfnisse, die ihm zugrunde liegen, zu gefährden. Sie entsteht als Derivat aus der Gemeinschaft und bleibt immer auf sie verwiesen, obwohl sie dazu tendiert, jene zu vernichten.

„Gesellschaft“ stellt sich für Tönnies dar als mechanisches Aggregat, nicht gewachsen wie die organische Gemeinschaft, sondern zusammengesetzt aus beliebigen Bestandteilen, aus Menschen, die, vom Tauschzwang genötigt, vom gesellschaftlichen Kontrakt geschützt, miteinander Kontakt aufnehmen. Als mechanisches Aggregat müssen ihre Bestandteile beliebig auswechselbar und alle auf qualitativ gleicher Ebene eingeordnet sein. Die gesellschaftlichen Bestandteile sind natürliche oder künstliche Personen (Aktiengesellschaften etc.), die nichts anderes in die Gesellschaft einbringen als quantitative, austauschbare Leistungen. Während sich die Gemeinschaft bei Tönnies in konzentrischen Kreisen um die Familie gliedert und in dem Maße wächst, wie sich weitere Verbindungen um diesen familiären Kern lagern, tritt Gesellschaft in Existenz, wenn der punktuelle Kontakt aufgenommen wird. Die Gesellschaft überzieht den Raum mit einem Netz geschäftlicher Beziehungen, verbleibt jedoch in der räumlichen Dimension. Gemeinschaft dagegen erstreckt sich in die Zeit. Auch dort, wo die Familie sich in das räumliche Gebilde der Nachbarschaft aussondert, bleibt das Nacheinander der Generationen Bindeglied der Gemeinschaft. Die Gesellschaft interessiert allein das Jetzt des Kontaktes. Wo dieser aufhört, ist Gesellschaft aufgelöst. Sie ist im Unterschied zur Gemeinschaft von der Existenz der Teile abhängig, weil sie sich aus deren Verbindung ergibt, während die Gemeinschaft ihre Glieder in ein Ganzes einfügt, das sie überdauert. Der gesellschaftliche Kontakt bleibt auf den Raum der jetzt Lebenden angewiesen. Dieser Raum ist jedoch prinzipiell unbegrenzt. Ihm wohnt eine Tendenz zur Expansion inne. Die Gesellschaft ist auf den weltumspannenden Verkehr ausgerichtet; sie erstrebt den Weltmarkt. „Gesellschaft als Gesamtheit, über welche sich ein konventionelles System von Regeln erstrecken soll, ist daher, ihrer Idee nach, unbegrenzt; ihre wirklichen und zufälligen Grenzen durchbricht sie fortwährend“ (Tönnies 2017, S. 81). Je umfangreicher der Raum, desto mehr Gesellschaft; je enger der Kreis, desto fester die Gemeinschaft.

„Gesellschaft" ereignet sich, anders als „Gemeinschaft", nur akzidentell in dem Moment, in dem zwei oder mehr „Personen" einander kontrahieren. Insofern macht Margaret Thatchers Behauptung (1987), dass es so etwas wie Gesellschaft nicht gebe, durchaus Sinn. Denn tatsächlich existiert sie zunächst bzw. immer nur in der Summe ihrer Kontakte, die ständig allerorten durch Menschen oder Gruppen von Menschen vollzogen werden, als soziologische Fiktion im Kopf der daran Beteiligten, als Artefakt und, wenn es dazu kommt, als realisierte Projektion, verkörpert im Staat (Hobbes 1655).

4. Seuchen als sozialer Sprengstoff Desiderate einer Soziologie der Seuche

Bereits 1994 hat der Kieler Soziologe Lars Clausen darauf hingewiesen, dass Seuchen nicht nur ein Thema für die Medizin, sondern auch, bislang weitgehend ignoriert, eines für die Soziologie seien. Er benennt fünf Interventionsfelder, in denen auf unantizipierbare Weise „neue" Seuchen soziale Prozesse massiv beeinflussen können (von der Corona-Krise 2020 konnte er noch nichts wissen), weil und soweit sie einen „sehr rapiden, radikalen und magisierbaren sozialen Wandel zu inaugurieren" imstande sind: (1) „Dies beginnt schon damit, dass (…) eine *ganz neue Schadensqualität* auftritt, deren Risiken durch (a) Domestikation alter Seuchen und (b) andere (zumeist seuchenirrelevant erscheinende) Entwicklungen ins Verborgene getreten waren" (Clausen 1994, S. 54). Als historisches Beispiel für eine als „irrelevant erscheinende Entwicklung" nennt Clausen die Erfindung und Verbreitung der Dampfmaschine: „Mit dem Eintreffen des Raddampfers ‚Savannah' 1819 von jenseits des Atlantiks in Liverpool konnten gefährliche Seuchen, anstatt auf See unter Besatzungen auszubrechen, sie womöglich zu töten, jedenfalls aber unter gelber Flagge in die Quarantäne zu zwingen, nunmehr ‚heil' auch ferne Häfen erreichen und erst dort zuschlagen" (ebd., S. 55). (2) „Wenn nun (…) eine seuchenbezogene stabilierte Gesellschaft derart befallen wird, *reaktivieren sich die ältesten, schwerst institutionalisierbaren Menschheitsprobleme: Schmerz und unverhoffter Tod.* Und da sie eben unvermittelt virulent werden, machen sie die etabliert ritualisierten Kausalzuschreibungen schwer. Je massiver sie zuschlagen, desto massiver wird der ganze Kausalhintergrund der Gesellschaft zur Erklärung beansprucht. Dies ist die in dieser oder jener Form herrschende Metaphysik. Streng monotheistisch durchmissionierte Populationen sind dagegen, namentlich wenn sie Erlösungsreligionen anhängen, relativ stabil" (ebd.). In aufgeklärten Gesellschaften ist das, was epidemisch droht, in hohem Grade *nicht* selbstverständlich; es ist kein Fingerzeig der Gottheit. Krankheitswellen werden also einerseits spektakulär „hereinbrechen"; Kausalitäten, insbesondere solche, die der Götter Weisheit geschuldet sind, sind andrerseits unvermerkt knapper geworden, so dass eine solche Gesellschaft dem „unerklärlich großen" Unglück unter der Hand stärker ausgeliefert ist. (3) Das im Fall des Ausbruchs einer Seuche gestörte Fließgleichgewicht zwischen Menschen und Krankheitserregern ist, gemessen an den vorangegangenen Millionen Jahren Menschheit, heute mit unerhörter Beschleunigung aktuell geworden. Etwas hat die Risiken neuer Infektionskrankheiten in einem Maße erhöht, dass es eher erstaunen muss, dass nicht mehr Seuchen um sich gegriffen haben. „Die *exponentiell wachsende Zahl der Ansteckbaren*, der gleichzeitig lebenden Gattungswesen, alarmiert nicht nur Weltwirtschaftler und Demographen. Dazu kommt die *Verknüpfung der Bevölkerungszentren*" (ebd., S. 56). Eigentlich müssten sich, von den Möglichkeiten und Voraussetzungen her gedacht, Corona-Krisen viel häufiger ereignen. (4) Hinzu kommt, dass „die Gelegenheit zur Ansteckung mit großer kultureller Differenzierungsanstrengung wenigstens für (zunächst) einige wenige ausgebaut wird, unter artifiziellen Bedingungen: in den Laboratorien. Man sehe sie *als künstliche Nischen (Biotope) für sonst unherstellbare Infektionsmöglichkeiten.* Zumal in der kriegsbezogenen Forschung: Die UNO hat 1969 als potentielle B-Kampfstoffe unter anderem angeführt: im Bereich der Viren das Gelbe Fieber, das Dengue-Fieber, die Venezolanische Pferde-Hirnhautentzündung, die Grippe, die Pocken; in dem der Rickettsien Fleckfieber und Q-Fieber; bei den bakteriellen Krankheiten den Typhus und als typische Zoognose der Rinder das Seuchenhafte Verkalben (die Bangsche Krankheit), der Schafe den Milzbrand, der Hasen die Tularämie, der Nagetiere die Pest; bei den Pilzinfektionen die Coccidioidomykose (WHO 1975, S. 77 ff.)" (Clausen 1994, S. 57). Das heißt, „die Menschheit hat die Möglichkeiten einer – auch – *von Medizinern erzeugten Seuche* systematisch organisiert. Pflanzenkrankheiten (die Tabak-Mosaikkrankheit) und Tierkrankheiten (die Bienenseuche) sind aus den Versuchsstätten bereits ausgebrochen, die Marburger Affenkrankheit war ein Warnzeichen. Weniger noch der kriegerische Einsatz als die zivilen Risiken sind hier zu unterstellen" (ebd.). (5) „Werden erst einmal neue Infektionswege durch Forschung eröffnet – die Militärs befürchten zumal Aërosole – so darf man nicht nur darauf bauen, dass Oberkommandos die Unkontrollierbarkeit von B-Waffen gegenüber Freund

und Feind scheuen, und dass Wissenschaftler ihre Labors professionell abschirmen. Die Terrorismusbeobachtung lehrt uns, wie kleine, *in scharfen sozialen Konflikten* begriffene Gruppen zusehends die Vernetzungen der Menschheit nutzen, um bei schlechten Siegeschancen *Dritte zu vergeiseln*, über die Bedrohung dieser Dritten dann Vierte zu erpressen, endlich den Zweiten, den ‚eigentlichen' Feind, unter Druck zu setzen. Sie haben auch B-Waffen-Chancen, und sie mögen die Risiken primitiver einschätzen als Generalstäbe. Endlich lehrt uns die Unfallforschung (...), dass die allgegenwärtige Zerbrecherin der Schutzschranken einfach *die arbeitsteilige Fahrlässigkeit* ist. Allein schon die sozialen Elemente von C-Unfällen machen uns fürchten" (ebd., S. 57 f.).

Resümierend lässt sich mit Clausen sagen, dass „der Neuauftritt von Seuchen sozial ein besonderes Risikogemisch aus unterirdisch wachsenden Angriffsflächen und Verteidigungsblößen ist, oder, ziviler ausgedrückt: aus ebenso scharfen wie geheimen, also sozial schwerst beantwortbaren Sanktionsmitteln, deren Wirkungsketten hervorragend unübersichtlich wurden, gegen die also eine Haltung einzunehmen die Betroffenen abnehmend vorbereitet sind." Wenn also in diesem Zusammenhang Katastrophen „als soziale Prozesse definiert werden, die sehr beschleunigt ablaufen, sehr gründlich alle gesellschaftlichen Bereiche erfassen und mangels säkularer extrem magische Ursachenerklärungen hervorrufen, das heißt etwa metaphysische Kollektivschuld, jedenfalls aber das wissenschaftlich ‚sachliche' herkömmliche Kausalgeflecht scheinbar zerreißen", dann wird eine neue, vorher nicht gekannte Seuche zum sozialen Sprengstoff, denn sie trifft auf eine unvorbereitete Öffentlichkeit, die einem sehr ernsten Problem wahrscheinlich nicht gewachsen sein wird (ebd., S. 59).

5. Perspektivenwechsel
Von der Krise der Normalität zur Normalität der Krise

In der Tradition liberaler Fortschrittsgläubigkeit ging man bisher davon aus, dass sich die Veränderungen menschlicher Lebenswelten gleichförmig und allmählich vollzogen haben. Neuere Forschungen der Ethnologie, Paläontologie, Geologie und Biologie zeichnen ein anderes Bild. Die Entwicklung im Zusammenspiel von Lebewesen und Ökosystemen, von Atmosphäre und Klima wurde weitgehend durch Katastrophen und Krisen geprägt, und zwar nicht nur durch solche von außen, etwa durch Meteoriteneinschläge, und sie endeten auch nicht notwendigerweise in totalen „Fallouts", sondern konnten durchaus Anlass und Ausgangspunkt für bahnbrechende Innovationen im Zusammenleben der Menschen sein (Ward und Kirschvink 2016).

Der Fall der Berliner Mauer, der 11. September 2001, Kriege und bürgerkriegsähnliche Zustände im Mittelmeerraum, in der Ukraine und auf dem Balkan, Banken- und Finanzmarktkrise, Klimawandel, weltweite Migrationsströme, das Reaktor-Unglück von Fukushima, Corona-Seuche – alles Ereignisse, die nur selten Gegenstand soziologischen Interesses, geschweige denn soziologischer Prognostik sind. Wahrgenommen werden sie nach wie vor als Ausnahmeerscheinungen, obwohl sie in ihrer Kontinuität und Gesamtheit zunehmend unseren Alltag beeinflussen. Charles Perrow hat hierfür den Begriff der „normalen Katastrophen“ (1984), Ulrich Beck den der „Risikogesellschaft“ (1986) geprägt, um die Entstehung von Katastrophen als Begleiterscheinung des „krassen sozialen Wandels“ (Clausen 1994) unserer kulturellen Evolution seit ihrer Beschleunigung gegen Ende der vierziger Jahre des zwanzigsten Jahrhunderts zu erklären (Crutzen 2002, Ehlers 2008). In der jüngsten dieser „normalen“ Katastrophen befinden wir uns gerade, in einem der größten gesellschaftlichen Freilandexperimente weltweit, in dem eine Seuche zum sozialen Sprengstoff zu werden droht. Die Corona-Pandemie legt Merkmale unserer (Welt-)Gesellschaft frei, die sich unter nicht-experimentellen Bedingungen kaum hätten beobachten und empirisch nachweisen lassen. Durch sie können wir Einblicke in üblicherweise ignorierte andersartige Aspekte jener gesellschaftlichen Strukturprinzipien erhalten, die in die kulturelle Evolution der Moderne eingebettet sind.

Nach Corona, so heißt es nahezu unisono in allen Medien, wird nichts mehr so sein wie vorher; daran werde man sich noch in zwanzig, fünfzig, ja, in hundert Jahren erinnern. Tatsächlich scheinen wir gegenwärtig den Beginn eines grundlegenden Wertewandels zu erleben. Unterbezahlte Verkäuferinnen, das Personal der Stadtreinigung, der Krankenhäuser und Pflegestationen, der Zustelldienste, Kassiererinnen – sie alle gelten plötzlich als Helden des Alltags. Solidarität, Gemeinwohl, Altruismus, Demut – so lauten die Schlagworte der Stunde. Eigennutz, das gnadenlose „Enrichez vous!“ einer Ellbogengesellschaft, Profitmacherei, die keine Grenzen kennt und keine Moral – sie sind zu Unworten geworden. Es sei wichtig, lautet eine oft kolportierte Erkenntnis in dieser Krisenzeit, sich mit den essenziellen Dingen des Lebens zu beschäftigen, um das Leben wirklich zu leben. Wir erfahren gegenwärtig eine Welle der Solidarität, des Mitleidens und der Nachbarschaftshilfe, wie es zuvor kaum vorstellbar war. Verfügte die am privaten Profit orientierte Ökonomie bisher über mehr Reputation als gesellschaftlicher Gemeinnutz und Ehrenämter, scheinen nun, in einer Zeit, in der es hart auf hart kommt, Dinge wie Lebensqualität, Gemeinschaftswohl, Gesundheit wichtiger geworden zu sein als das reibungslose Funktionieren dieser Ökonomie. Hieß es bisher, der Staat solle sich möglichst wenig in das Wirtschaftsgeschehen einmischen, verkehrt sich diese Wertvorstellung heute in ihr Gegenteil: Ohne staatliche Hilfe können viele Unternehmen gar nicht überleben. Waren bisher Aufsichtsräte, Direktoren, Finanzberater, die auf undurchsichtige Weise ihr Geld vermehren konnten, hoch angesehen, zeigt sich nun, dass Pflegekräfte, Personal zur Sicherung der Wasser- und Elektrizitätsversorgung, Hilfsorganisationen wie das Rote Kreuz, Ärzte ohne Grenzen letztlich, wenn es um Leib und Leben geht, substanziell die bedeutenderen sind.

Es mag zweifelhaft sein, ob sich diese Umwertung bisheriger Werte nach Corona als dauerhaft erweist; sicher aber ist, dass alle großen globalen Probleme, die vorher präsent waren und während der Corona-Krise etwas in den Hintergrund gerieten, wieder auf der Tagesordnung stehen werden: Armut, Migration, Klimawandel, kurzum die „soziale Frage" (Tönnies 1907) und die „ökologische Frage" (Uekötter 2011). Und ebenso sicher ist, dass ihre Lösung – wie in Corona-Zeiten – gleichfalls eine Umwertung bisheriger Werte voraussetzen wird. Allerdings nun in einer dafür möglicherweise stärker sensibilisierten Gesellschaft.

Krisen und Katastrophen sind als Thema in der Soziologie, insbesondere in den modernen Gesellschaftstheorien kaum präsent. Dabei hätte es sich eigentlich angeboten (was *mutatis mutandis* in Medizin und Psychologie gang und gäbe ist), die extremen Verhaltensweisen und Erfahrungen in Krisen und Katastrophen zu nutzen, um beispielsweise herkömmliche handlungstheoretische Modelle daraufhin zu überprüfen, was aus Extremsituationen für das „normale" Handeln der Menschen gelernt werden kann, wie wichtig etwa Sicherheit, Eindeutigkeit und Vertrauen für die reibungslose Bewältigung von Alltagssituationen sind. Für Welzer (2008) hängt diese Abstinenz mit der Struktur sozialwissenschaftlicher Disziplinen zusammen. Eine seit zwei Generationen anhaltende Friedens- und Prosperitätsphase in den westlichen Ländern, dem vorrangigen Untersuchungsobjekt von Soziologen und mehrheitlich zugleich deren heimatliches Umfeld, habe dafür gesorgt, dass man Stabilität für das Erwartbare und Instabilität für die Ausnahme hält. Joas und Knöbl (2008) führen diese, mit Freud zu sprechen, „Verdrängungsleistung" auf das Weltbild des in der europäischen Aufklärung wurzelnden Liberalismus zurück, das all diesen Theorien mehr oder weniger zugrunde liegt und nur gesellschaftlichen Fortschritt kennt. Es gibt kaum soziologische Analysen über die sozialen Auswirkungen in der Kohärenz von Gesellschaften, wenn zum

Beispiel der Meeresspiegel um fünf Zentimeter steigen würde, also darüber, wie sich meteorologische Ereignisse als soziales Krisengeschehen darstellen (Migration, Ressourcenverknappung, Seuchen etc. bis hin zum Genozid). Nach Angaben der UNO befinden sich gegenwärtig 48 Millionen Menschen weltweit auf der Flucht. Diese Wanderungsbewegungen sind offensichtlich Vorboten für Dutzende von blutigen Konflikten (Rinke und Schwägerl 2012), aber es gibt keine soziologisch fundierten Vorschläge zur Ordnung der Welt für die Zeit nach diesen Wanderungsbewegungen. Das verwundert umso mehr, als die Soziologie zu Beginn des 19. Jahrhunderts als Krisenwissenschaft in der Krise entstanden ist mit dem wissenschaftlichen Anspruch, zur Lösung der Probleme beizutragen. Würde man Krisen und Konflikte in all ihren Erscheinungsformen vorbehaltlos als systematisches soziales Geschehen reflektieren, das heißt, nicht als Unglücksfall oder seltenen Ausnahmezustand, sondern als periodisch immer wiederkehrende Erscheinung, käme man zu einem vergleichbaren Verständnis der gesellschaftlichen Entwicklung bzw. kulturellen Evolution wie Ulrich Beck mit dem Begriff des Risikos (1986) oder wie Lars Clausen mit dem des krassen sozialen Wandels. Von der eingehenden Reflexion solchen Geschehens wären theoretische Weiterentwicklungen zu erwarten, zumindest Hinweise für die Gestaltung einer empirisch aussagekräftigeren soziologischen Theorie der Moderne.

6. „Citizen Science“ – „Science for Future“. Von der akademischen zur postakademischen Wissenschaft

Wissenschaft, wie sie heute betrieben wird, äußert sich in zwei Spielarten. Die eine heißt *Repräsentationismus*, die andere lautet *Interventionismus* (Bammé 2013).

Der Repräsentationismus unterstellt dort draußen ein *Sein*, das es durch Schauen und durch reflektierende Kontemplation zu erkennen gilt, das an sich immer schon da ist, nur existiert es für uns in unserer alltäglichen Welt, in der Welt, in der wir leben und wahrnehmen, in unendlich viel Abweichungen und Variationen, so dass wir es in seinen allgemeinen Bestimmungen allenfalls durch Anstrengungen unseres Geistes erkennen können. Dieses Etwas, das wir uns durch reflektierende Kontemplation erschließen müssen, ist oder es ist nicht. Ein Drittes, ein Werden gibt es nicht. *Tertium non datur.* Am Schluss des Erkenntnisprozesses, wenn er ordentlich durchgeführt wird und gelingt, fallen Denken und Sein zusammen.

Anders verhält es sich mit dem Interventionismus. Er begreift die Welt als ein *Werden,* als einen Prozess, in den aktiv eigegriffen werden kann.

Erkenntnis wird gewonnen durch handelndes Tun, durch Herstellung des zu Erkennenden. Darin unterscheidet sich die Philosophie des Interventionismus radikal von der des Repräsentationismus: Wahrheiten werden nicht mehr gefunden, sie werden gemacht – durch Produktion des zu Erkennenden. Die Philosophie des Interventionismus ist die zeitgemäß formulierte Metaphysik einer Wissenschaft, die den sozialhistorischen Herausforderungen des 21. Jahrhunderts gerecht zu werden versucht. Denn historisch ist die Situation, in der sich die Menschen heute befinden, nicht mehr dadurch gekennzeichnet, dass sie Wahrheiten über die Wirklichkeit, die sie umgibt, entdecken, sondern dadurch, dass sie über die Wirklichkeit von Wahrheiten, die sie selber produzieren können, *entscheiden* müssen.

Die gegenwärtige Situation ist, soweit es das Verhältnis von Wissenschaft und Gesellschaft betrifft, wesentlich durch zwei Dinge geprägt, zum einen durch „extreme Unsicherheiten in unserem Verständnis komplexer Systeme, Ungewissheiten, die sich durch eine bloße Vergrößerung unserer Datenbasis oder leistungsfähigere Computer nicht beheben lassen", und zum anderen durch eine Wertevielfalt, die, um zu verbindlichen Entscheidungen zu gelangen, in deliberativen Aushandlungsprozessen gebündelt und in einen gesellschaftlichen Konsens überführt werden muss. „Darum muss jede Problemlösungsstrategie die Entscheidungsvorgaben der unterschiedlichen Interessen bzw. Interessengruppen in Rechnung stellen" (Funtowicz und Ravetz 2001, S. 15 ff.).

Was wir gegenwärtig erleben, ist ein Funktions- und Bedeutungswandel dessen, was wir bisher unter Wissenschaft verstanden haben, ein Prozessgeschehen, das in der einschlägigen Literatur als Übergang von der akademischen zur postakademischen Wissenschaft bezeichnet wird (Gibbons et al. 1994, Ziman 1996, Nowotny et al. 2002). Forschung, Entwicklung und Anwendung verschmelzen miteinander. Externe Zwecksetzungen werden zum Entwicklungsleitfaden der Theoriebildung, ein Sachverhalt, der zweierlei beinhaltet: Zum einen wird die Theoriebildung für spezielle Problembereiche der Gesellschaft – etwa für die Krebsforschung, die Umweltforschung, die Lärmforschung und aktuell die Virusforschung – die allgemeine Form, in der Wissenschaft ihre Beziehung auf externe Zwecke realisiert. Zum anderen erfolgt hierdurch eine weitere Verwissenschaftlichung der bearbeiteten Gegenstandsbereiche selbst und nicht lediglich eine Anwendung von vorab gewonnenen theoretischen Erkenntnissen auf diese Bereiche. Dieser Transformationsprozess von der traditionellen „academic science" zur „post-academic science" mündet schließlich in eine „new mode of knowledge production" (Ziman 2002, S. 80 f.). Die „Verwissenschaftlichung gesellschaftlicher Praxis" geht einher mit der „Vergesellschaftung wissenschaftlicher Praxis". Wissenschaftliche Experimente haben die geschlossenen Räume der Laboratorien verlassen (Groß et al. 2005). Sie werden heute im Maßstab 1:1 und in Echtzeit durchgeführt. Ob Contergan, Fukushima, Ozonloch, Glyphosat oder Corona, in allen Fällen hat die traditionelle Unterscheidung zwischen „wissenschaftlichen Laboratorien", die drinnen mit Theorien und Phänomenen experimentieren, und einer „politischen Situation" außerhalb, in der Nicht-Experten mit Werten, Meinungen und Leidenschaften agieren, an Bedeutung verloren. „Wir sind jetzt alle in kollektive Experimente verstrickt" (Latour 2001, S. 31). Für Latour ist die Gesellschaft selbst, als Ganzes, inzwischen zu einem riesigen Labor geworden. Ihm zufolge befinden wir uns gegenwärtig in einem Transformationsprozess, der charakterisiert ist „durch den Wechsel von einer Kultur der *Wissenschaft* zu einer Kultur der *Forschung*. Wissenschaft ist Gewissheit, Forschung ist Ungewissheit. Wissenschaft setzt den spontanen Einfällen menschlicher Dispute ein Ende. Forschung provoziert Kontroversen (Latour 1998, S. 208). Dementsprechend sei auch das Wissen, das über den Fortgang der Gesellschaft entscheidet „socially distributed" und nicht mehr auf die Universitäten beschränkt. Wir sind, so Latour, von der „Wissenschaft" zur „Forschung" übergegangen, von „Objekten" zu „Projekten", von der „Umsetzung" zum „Experimentieren". In den kollektiven Experimenten, in die wir alle verwickelt sind, ob AIDS, Glyphosat oder Corona, ist die traditionelle Rolle des Experten, der weiß, wo es lang geht, im Verschwinden. Wir alle sind im Begriff, zu Mitforschern zu werden. Denn handeln müssen *wir*, entscheiden müssen *wir*. In der Sichtweise der überkommenen akademischen Wissenschaft „folgt das Handeln auf das Wissen, ohne ihm viel hinzuzufügen: Wissen wird angewandt und verwirklicht. Die Experten haben beraten. Sie haben sich auf den besten Weg geeinigt. Handeln ist nicht viel mehr als die Umsetzung des Wissens in der wirklichen Welt draußen." Diese Sichtweise entspricht einem Wissenschaftsmodell, das der gegenwärtigen Situation immer weniger gerecht wird. Heute besteht Handeln nicht mehr „in der Verwirklichung oder Umsetzung eines Plans, sondern in der Erkundung unbeabsichtigter Folgen einer provisorischen und revidierbaren Version eines Projekts … In dieser Konstellation ist der Experte im Verschwinden begriffen." An seine Stelle tritt und muss treten der Mitforscher. „Als Konsumenten, Aktivisten oder Bürger sind wir nun alle Mitforscher. Selbstverständlich gibt es Unterschiede, doch nicht den Unterschied zwischen den Wissensproduzenten und denen, die von deren Anwendungen bombardiert werden. Wissenschaftspolitik, die ein spezialisierter bürokratischer Bereich war, der einige hundert Leute interessierte, ist nun zu einem wesentlichen Recht der neuen Bürgerschaft geworden. Die Souveränität über Forschungsprogramme ist zu wichtig, um sie den Spezialisten zu überlassen“ (ebd.).

Aktuelle Bürgerbewegungen im Grenzbereich von Wissenschaft und Gesellschaft geben diesem Transformationsgeschehen beredten Ausdruck: die *Citizen Scientists* zum Beispiel oder die *Scientists for Future. Citizen Science* ist eine Form der *Offenen Wissenschaft* (Faulstich 2006, Reschenberg 2014), im Rahmen derer Projekte unter Mithilfe von oder durch Laien allein durchgeführt werden, entweder in kleineren Gruppen oder größeren Netzwerken (Hagner 2012, Finke 2014). Im März 2019 unterzeichneten Wissenschaftler aus der Schweiz, Österreich und Deutschland, die sich später unter dem Namen *Scientists for Future* zusammenschlossen und entsprechend tätig wurden, eine öffentliche Stellungnahme mit der Überschrift „Das Anliegen der demonstrierenden jungen Menschen ist berechtigt“. Gemeint waren die Freitagsdemonstrationen „Friday for Future“. Die Mitarbeit in entsprechenden Projekten erfordert natürlich begleitende Aus- und Weiterbildungsmaßnahmen sowie Vorbereitungstreffen und zielführende Veranstaltungsdesigns sowohl auf Seiten der professionellen Wissenschaftler (Bammé 2019) wie der eingebundenen Laienwissenschaftler (Bammé et al. 1996, Bammé und Reschenberg 2011). Denn in dem Maße, in dem Wissenschaftler in soziale Kontexte eingebunden sind, sich aktiv an Problemlösungsstrategien beteiligen, in dem Moment verändert sich einerseits der Charakter ihrer Wissenschaft. Sie wird unmittelbar praktisch wirksam („Science goes public“). Das Gelingen einer solchen Intervention setzt andererseits nicht nur ein Verständnis der darin eingebundenen Laien davon voraus, wie Wissenschaft funktioniert („Public Understanding of Science“), sondern es bedarf auch einer situationsangemessenen Organisation und Moderation, um erfolgreich zu sein.

Interventions- und Bürgerwissenschaft stellen kein völlig neuartiges Phänomen dar, sondern können auf eine längere, zwischenzeitlich verschüttete Tradition zurückblicken. Zwei historische Proponenten finden sich verkörpert in Rudolf Goldscheid (1870-1931) und John Dewey (1837-1917). Goldscheids gesellschaftspolitische Leitmaxime lässt sich in drei Fragen zusammenfassen, die einer deliberativ und jeweils zeitnah zu ermittelnden Antwort bedürfen (2020): Was wollen wir? Was können wir? Was dürfen wir? Die Leitmaxime Deweys mit Blick auf die wissenschaftlich wirksame Gestaltung gesellschaftlicher Zukünfte lautet: „Eine Erkenntnis, die lediglich eine Verdoppelung dessen, was ohnehin schon in der Welt existiert, in Gestalt von Ideen ist, gewährt uns vielleicht die Befriedigung, die eine Photographie bietet, aber das ist auch alles. Ideen zu bilden, deren Wert danach zu beurteilen ist, was unabhängig von ihnen existiert, ist keine Funktion, die (selbst wenn dies überprüft werden könnte, was unmöglich scheint) innerhalb der Natur weiterführt oder dort irgendetwas verändert. Aber Ideen, die Pläne von zu vollziehenden Operationen sind, sind integrale Faktoren in Handlungen, die das Gesicht der Welt verändern“ (2001, S. 140).

Referenztexte

Albrow, Martin (1998): Auf dem Weg zu einer globalen Gesellschaft? In: Ulrich Beck (Hg.): Perspektiven der Weltgesellschaft. Frankfurt a.M.: Suhrkamp, S. 411-434

Archer, Margaret (2014): Sociology for One World. In: Global Dialogue (Electronical), Jg. 4, Heft 4

Bammé, Arno (2013): Von der Repräsentation zur Intervention. Variationen über John Dewey. Marburg: Metropolis

Bammé, Arno (2019): Selbstgesteuertes Lernen in teilautonomen Arbeitsgruppen. Das Klagenfurter Modell. Dokumentation eines hochschuldidaktischen Konzepts. München und Wien: Profil

Bammé, Arno et al. (1996): Schriftstellerinnen im Nordfriesland der Jahrhundertwende. Bericht über ein wissenschaftsdidaktisches Experiment. In: Bammé, Arno et al. (Hg.): Zu früh zum Aufbruch. Schriftstellerinnen im Nordfriesland der Jahrhundertwende. Bredstedt: Nordfriisk Instituut, S. 7-34

Bammé, Arno; Reschenberg, Ingrid (2011): Science goes public. Dokumentation eines wissenschaftsdidaktischen Experiments. In: Bammé, Arno (Hg.): Life Sciences. Die Neukonstruktion des Menschen? München und Wien: Profil, S. 341-371

Beck, Ulrich (1986): Risikogesellschaft. Frankfurt a.M.: Suhrkamp

Bhambra, Gurminder K. (2015): Global Sociology in Question. In: Global Dialogue (Electronical), Jg. 5, Heft 2

Burawoy, Michael (2010): Meeting the Challenge of Global Sociolog – from Gothenburg to Yokohama. In: Global Dialogue (Electronic), Jg. 1, Heft 1

Clausen, Lars (1994): Offene Fragen der Seuchensoziologie. In: Ders.: Krasser sozialer Wandel. Opladen: Leske + Budrich, S. 51-61

Connell, Raewyn (2010): How Can We Weave a World Sociology? In: Global Dialogue (Electronical), Jg. 1, Heft 2

Connell, Raewyn (2013): The Shores of Southern Ocean. Steps Towards a World Sociology of Modernity, with Australian Examples. In: Amir, Arjomand Said; Pereira, Reis Elisa (Hg.): Worlds of Difference. Los Angeles: Sage

Crutzen, Paul (2011): Die Geologie der Menschheit (2002). In: Crutzen, Paul et al.: Das Raumschiff Erde hat keinen Notausgang. Berlin: Suhrkamp, S. 7-10

Dewey, John (2001): Die Suche nach Gewissheit. Eine Untersuchung des Verhältnisses von Erkenntnis und Handeln. Frankfurt a.M.: Suhrkamp (1929)

Ehlers, Eckart (2008): Das Anthropozän. Die Erde im Zeitalter des Menschen. Darmstadt: WBG

Faulstich, Peter (2006): Öffentliche Wissenschaft. Neue Perspektiven der Vermittlung in der wissenschaftlichen Weiterbildung. Bielefeld: transcript

Finke, Peter (2014): Citizen Science. Das unterschätzte Wissen der Laien. München: Oekom

Funtowicz, Silvio; Ravetz, Jerome (2001): Post-Normal Science. Science and Governance under Conditions of Complexity. In: Decker, Michael (Hg.): Interdisciplinarity in Technology Assessment. Implementation and its Chances and Limits. Berlin und New York: Springer

Gibbons, Michael et al. (1994): The New Production of Knowledge. The Dynamics of Science and Research in Contemporary Societies. London: Sage

Godelier, Maurice (1972): Rationalität und Irrationalität in der Ökonomie. Frankfurt a.M.: EVA (1966)

Godelier, Maurice (1990): Natur, Arbeit, Geschichte. Zu einer universalgeschichtlichen Theorie der Wirtschaftsformen. Hamburg: Junius (1984)

Goldscheid, Rudolf (2020): Entwicklungswerttheorie, Entwicklungsökonomie, Menschenökonomie. Eine Programmschrift. München und Wien: Profil (1908)

Goldscheid, Rudolf (2020): Zur Ethik des Gesamtwillens. Eine sozialphilosophische Untersuchung. München und Wien: Profil (1902)

Groß, Matthias et al. (2005): Realexperimente. Ökologische Gestaltungsprozesse in der Wissensgesellschaft. Bielefeld: transcript

Hagner, Michael (2012): Wissenschaft und Demokratie. Berlin: Suhrkamp

Heintz, Peter (1982): Die Weltgesellschaft im Spiegel von Ereignissen. Diessenhofen: Rüegger

Hobbes, Thomas (1984): Leviathan oder Stoff, Form und Gewalt eines kirchlichen und bürgerlichen Staates. Frankfurt a.M.: Suhrkamp (1651)

Joas, Hans; Knöbl, Wolfgang (2008): Kriegsverdrängung. Frankfurt a.M.: Suhrkamp

Kotzlarek, Oliver (2011): Moderne als Weltbewusstsein. Bielefeld: transcript

Latour, Bruno (1998): Wir sind nie modern gewesen. Versuch einer symmetrischen Anthropologie. Frankfurt a.M.: Fischer (1991)

Latour, Bruno (2001): Das Parlament der Dinge. Für eine politische Ökologie. Frankfurt a.M.: Suhrkamp (1999)

Locke, Stewart (2014): Where is Sociology? Global Environmental Change and the Social Sciences. In: Global Dialogue (Electronical), Jg. 4, Heft 3

Luhmann, Niklas (1975): Weltgesellschaft. In: Soziologische Aufklärung. Band 2. Aufsätze zur Theorie der Gesellschaft. Opladen: Westdeutscher Verlag (1971), S. 51-71

Martin, Eluisa (2013): The Challenge of Internationalizing Sociology. In: Global Dialogue (Electronical), Jg. 3, Heft 2

Meyer, John W. (2005): Weltkultur. Wie die westlichen Prinzipien die Welt durchdringen. Frankfurt a.M.: Suhrkamp (1997)

Mohrs, Thomas (1995): Vom Weltstaat. Hobbes' Sozialphilosophie, Soziobiologie, Realpolitik. Berlin: Akademie

Negt, Oskar; Kluge, Alexander (1973): Öffentlichkeit und Erfahrung. Frankfurt a.M.: Suhrkamp

Novotny, Helga et al. (2002): Re-Thinking Science. Knowledge and the Public in an Age of Uncertainty. Cambridge: Polity Press (2001)

Perrow, Charles (1989): Normale Katastrophen. Die unvermeidbaren Risiken der Großtechnik. Frankfurt a.M. und New York: Campus

Reschenberg, Ingrid (2014): Öffentliche Wissenschaft. Dokumentation eines wissenschaftsdidaktischen Experiments. In: Bammé, Arno (Hg.): Risiko und Entscheidung. Gesellschaft im Anthropozän. München und Wien: Profil, S. 289-331

Richter, Emanuel (1990): Weltgesellschaft und Weltgemeinschaft. Begriffsverwirrung und Klärungsversuche. In: PVS, Jg. 31, Heft 2, S. 275-279

Rinke, Andreas; Schwägerl, Christian (2012): Elf drohende Kriege. Künftige Konflikte um Technologien, Rohstoffe, Territorien und Nahrung. München: Bertelsmann

Sahlins, Marshall (1972): Stone Age Economics. New York: de Gruyter

Sahlins, Marshall (1981): Kultur und praktische Vernunft. Frankfurt a.M.: Suhrkamp (1976)

Thatcher, Margaret (1987): Interview for „Woman's Own", Margret Thatcher Foundation, 23. September 1987

Tönnies, Ferdinand (2017): Gemeinschaft und Gesellschaft. Grundbegriffe der reinen Soziologie. München und Wien: Profil (1887)

Tönnies, Ferdinand (2019): Die Entwicklung der sozialen Frage bis zum Weltkriege. München und Wien: Profil (1907)

Tudyka, Kurt (1989): „Weltgesellschaft" – Unbegriff und Phantom. In: PVS, Jg. 30, Heft 3, S. 503-508

Uekötter, Frank (2011): Am Ende der Gewissheiten. Die ökologische Frage im 21. Jahrhundert. Frankfurt a.M. und New York: Campus

Vietta, Silvio (2016): Die Weltgesellschaft. Wie die abendländische Rationalität die Welt erobert und verändert hat. Baden-Baden: Nomos

Ward, Peter; Kirschvink, Joe (2016): Eine neue Geschichte des Lebens. Wie Katastrophen den Lauf der Evolution bestimmt haben. München: DVA (2015)

Weber, Max (1985): Wirtschaft und Gesellschaft. Grundriss der verstehenden Soziologie. Tübingen: Mohr (Siebeck) (1922)

Welzer, Harald (2008): Klimakriege. Wofür im 21. Jahrhundert getötet wird. Frankfurt a.M.: Fischer

Wobbe, Theresa (2000): Weltgesellschaft. Bielefeld: transcript

Wright, Eric Olin (2011): Real Utopia for a Global Sociology. In: Global Dialogue (Electronical), Jg. 1, Heft 5

Wuketits, Franz M. (2012): Zivilisation in der Sackgasse. Plädoyer für eine artgerechte Menschenhaltung. Murnau: Mankau

Ziman, John M. (1996): „Postacademic Science": Constructing Knowledge with Networks and Norms. In: Science Studies, 9. Jg., Heft 1, S. 67-80

Ziman, John M. (2002): Real Science. What it is, and what it means. Cambridge: University Press

Quellenverzeichnis

Die in diesem Band zusammengefassten Texte vertiefen einzelne Aspekte des Entwicklungsgeschehens der vierten Singularität, der von Ray Kurzweil so benannten *technologischen Singularität*. Ursprünglich wollte ich sie, reformuliert, in einer eigenständigen Monographie zusammenfassen. Aber es gab, zumindest in meinen Augen, Wichtigeres zu tun: die Fortsetzung der Edition der Ferdinand-Tönnies-Werkausgabe (2008 ff.), die Implementierung der Rudolf-Goldscheid-Ausgabe (2020 ff.) sowie die Veröffentlichung der beiden Einführungstexte in Leben, Werk und Wirkung von Ferdinand Tönnies (2018) und Rudolf Goldscheid (2020). Die deshalb nicht zustande gekommene Monographie „Die vierte Singularität" war als Fortsetzung des „Homo occidentalis" (2011) und der „Geosoziologie" (2016) geplant.[1] Die Essays, die ich darin integriert hätte, liegen in diesem Band nun als Einzeltexte unbearbeitet in ihrer Ursprünglichkeit vor, so dass sich zwangsläufig Wiederholungen ergeben. Zum Beispiel tauchen die fünf Gestaltungsaufgaben zur Bewältigung zentraler Probleme, die sich aus der ungesteuerten Eigendynamik der Entwicklungsgeschichte des Anthropozäns ergeben, mehrfach auf. Mir bleibt nichts anderes übrig, als dem Leser, der Leserin anheimzustellen, sie bei der zweiten Kenntnisnahme einfach zu übergehen.

Die veränderte Position des Menschen im Anthropozän, in: Henning Laux, Anna Henkel (Hg.): Die Erde, der Mensch und das Soziale. Zur Transformation gesellschaftlicher Naturverhältnisse im Anthropozän. Bielefeld: transcript 2018, S. 27-49; bei dem Text handelt es sich um die überarbeitete und ergänzte Fassung eines Vortrages, den ich im Rahmen der Tagung „Was die Welt im Innersten zusammenhält!" am 27. Mai 2017 in der Abtei von Rosazzo (Friaul) gehalten habe.

[1] In diesem Zusammenhang sei auf einen *Lapsus memoriae* aufmerksam gemacht. Da ich mir einen Text oft an verschiedenen Orten erarbeite, kommt es vor, dass mir die Bezugsliteratur nicht zur Verfügung steht, so dass ich Zitatbelegstellen erst im Nachhinein hinzufügen kann. Dabei ist mir in der „Geosoziologie" (2016, S. 38) ein Fehler unterlaufen. Das dort Friedrich von Hayek zugeordnete, aber noch nicht aufgelöste Zitat findet sich bei Ludwig Mises: Nationalökonomie. Theorie des Handelns und Wirtschaftens. Genf: Edition Union 1940, S. 167.

Menschen und Maschinen. Neuvermessung einer sozialen Beziehung, in: Sven Kluge, Ingrid Lohmann, Gerd Steffens (Red.): Jahrbuch für Pädagogik 2014. Menschenverbesserung – Transhumanismus. Frankfurt a.M.: Lang 2014, S. 143-164; es handelt sich um die überarbeitete und ergänzte Fassung eines Vortrages, den ich im Rahmen der „Sommerkirche Welt" auf Eiderstedt gehalten habe

Die Natur der Gesellschaft. Drei Zäsuren abendländischer Epistemologie, in: Johannes Klopf, Monika Frass, Manfred Gabriel (Hg.): Mythos – Mensch – Maschine. Salzburg: Paracelsus 2012, S. 23-55; es handelt sich um die überarbeitete und ergänzte Fassung eines Vortrages, den ich an der Paris-Lodron-Universität in Salzburg gehalten habe

Transhumane Kommunikation. Zum Implikationsverhältnis von Sozialbiologie und Neurosoziologie, in: Soziologie, 46, 2017, 3, S. 251-295

Kollabierende Gesellschaften. Unlösbare Probleme in sozialhistorischer Perspektive, in: Arno Bammé (Hg.): Unlösbare Probleme. Warum Gesellschaften kollabieren. München und Wien: Profil 2014, S. 43-134; der Beitrag ist Resultat eines Symposions, das vom „Amt für Arbeit an unlösbaren Problemen und Maßnahmen der hohen Hand" in Bazon Brocks Berliner „Denkerei" vom 29. bis 30. April 2013 stattfand unter dem Titel „Probleme, die unlösbar sind: Wie gehen wir damit um? Ursachen, Folgewirkungen, Konsequenzen". Es handelte sich um ein Symposion im ursprünglichen Sinn des Wortes: Es wurde ein exzellenter Rotwein gereicht.

Demokratie! Aber welche Demokratie? Über Krisensymptome der Parteienherrschaft, in: Tönnies-Forum, 22, 2013, 2, S. 5-30

Postfaktische Zeiten. Donald J. Trump als Symptom, in: Tönnies-Forum, 28, 2019, 2, S. 49-68

Die Normalität des Krieges. Ein blinder Fleck der Soziologie, in: Soziologie, 44, 2015, 3, S. 277-291; bei dem Text handelt es sich um die überarbeitete Fassung eines Referats im Rahmen eines Symposions des „Amtes für Arbeit an unlösbaren Problemen und Maßnahmen der hohen Hand" in Bazon Brocks Berliner „Denkerei" vom 3. bis 4. November 2015

Letztlich ist es immer ein Körper, durch den sich etwas denkt. Über die Aktualität der Begriffsarchitektur des Thomas Hobbes, in: Thomas Lau,

Volker Reinhardt, Rüdiger Voigt (Hg.): Der sterbliche Gott. Thomas Hobbes' Lehre von der Allmacht des Leviathan im Spiegel der Zeit. Baden-Baden Nomos 2017, S. 175-207

Erkenntnis durch Handeln. John Deweys soziologische Erneuerung der Philosophie, in: Diana Lengersdorf, Matthias Wieser (Hg.): Schlüsselwerke der Science and Technology Studies. Wiesbaden: Springer VS 2014, S. 39-52

Leviathan und Behemoth im Anthropozän. Nach wie vor zeitgemäß: Tönnies' Leitsätze zur Transformation *der liberalen in eine soziale Demokratie*, in: Uwe Carstens (Hg.): Ferdinand Tönnies. Der Sozialstaat zwischen Gemeinschaft und Gesellschaft. Baden-Baden: Nomos 2014, S. 183-232

Die Gruppe. Nukleus der Gemeinschaft, unveröffentlicht

Wider die Engführung der Soziologie. Kontinuitäten zwischen der politischen und der öffentlichen Soziologie Rudolf Goldscheids und Michael Burawoys, unveröffentlicht

Beyond Community and Society. Preparing for Tomorrow Today, unveröffentlicht

Biogas und Biosprit. Ein ökologisches Desaster, in: Soziale Technik, 23, März 2013, 1, S. 11-14

Learning from Nature – Nature as Template?, in: Yearbook 2013 of the Institute for Advanced Studies on Science, Technology and Society. München und Wien: Profil 2015, S. 7-9

Das Klima gestalten. Entscheidungsprobleme der Zukunft, die uns alle betreffen, in: Zwischen Eider und Wiedau. Husum: HDV 2018, S. 77-86

Die „Kathedralen" des Bazon Brock. Memorandum zur Endlagerung des Atommülls der Bundesrepublik Deutschland, in: Arno Bammé (Hg.): Unlösbare Probleme. Warum Gesellschaften kollabieren. München und Wien: Profil 2014, S. 341-351; das Memorandum wurde an die Vorsitzenden aller Fraktionen im Deutschen Bundestag ausgesandt.

Society, Science and Science Education in Today's Technological Civilization, unveröffentlicht

Arno Bammé

Geosoziologie

Gesellschaft neu denken

633 Seiten, 38,00 EUR
ISBN 978-3-7316-1204-9

Die Soziologie hat sich bislang als eine Wissenschaft des Seins verstanden. Sie hat das, was ist, beschrieben und erklärt. Aber mit der „Zuschauertheorie des Wissens" ist es spätestens seit Newton vorbei. In Zukunft wird es darum gehen, Gesellschaft mit soziologischer Phantasie zu gestalten. Gefordert ist eine Wissenschaft des Werdens. Interventionen in gesellschaftliche Problemfelder beabsichtigen nicht, Wahrheiten über die Wirklichkeit „dort draußen" zu entdecken, sondern machen es erforderlich, über die Wirklichkeit von Wahrheiten, die wir selber produzieren können, zu entscheiden.

Die Gesellschaft der Zukunft wird eine technologisch geprägte sein und sie wird eine den gesamten Planeten umfassende sein. Gesellschaft und Natur, Sozio- und Biosphäre werden in ihr zu einem Hybrid verschmelzen. Gegenüber den bislang weitgehend durch Ökonomie gestalteten Beziehungen des Menschen zur Gesellschaft gewinnen die über Technologie vermittelten Beziehungen der Menschen zur Natur an Bedeutung. Die „soziale Frage" wird von der „ökologischen Frage" überlagert. Sie betrifft nicht mehr einzelne Klassen, Stände oder Schichten, sondern den Menschen als Gattungswesen. Auf der Tagesordnung steht, der Denktradition des Thomas Hobbes folgend, unabweisbar die Frage nach dem Souverän, der, mit einem durchsetzungsfähigen Machtmonopol ausgestattet, in der Lage ist, Weltinnenpolitik zu betreiben.

Nicht nur muss in Betracht gezogen werden, dass die Evolution menschlicher Vergesellschaftungsformen suboptimale Lösungen des Zusammenlebens hervorgebracht hat, sondern dass sie in einer Katastrophe unvorstellbaren Ausmaßes enden. Es könnte sich erweisen, dass die biologische Evolution den Menschen in eine kulturelle Sackgasse getrieben hat, die zu verlassen seine kognitiven Kompetenzen bei weitem übersteigt – hirnphysiologische Defizite, die sich möglicherweise nur durch die Implementierung mentaler Fähigkeiten auf intelligente Computersysteme kompensieren lassen.

Arno Bammé (Hg.)

Schöpfer der zweiten Natur

Der Mensch im Anthropozän

230 Seiten, 24,80 EUR
ISBN 978-3-7316-1094-6

Der geochronologische Begriff des Anthropozäns, des Menschenzeitalters, wurde von dem Nobelpreisträger für Chemie, Paul Crutzen, geprägt. Er wollte damit ausdrücken, dass die Menschheit selbst inzwischen zu einem geologischen Faktor geworden ist. Wenn vom Anthropozän in einem sozialwissenschaftlichen Sinne gesprochen wird, kann nur ein Soziotop als Weltgesellschaft gemeint sein, das sich heute auf dem Raumschiff „Erde" zu konstituieren beginnt. Die Einheit dieser Weltgesellschaft wird durch Technologie hergestellt und sie wird technologisch geprägt sein. Die Zukunft des Raumschiffs „Erde" ist deshalb, wenn überhaupt, als ein riesiger Produktionsprozess, als eine Art „Weltfabrik" vorstellbar. Auch wenn vor dem Hintergrund dieser sich abzeichnenden Synthese einzelne Sozialwissenschaftler darauf hingewiesen haben, dass der in der griechischen Philosophie wurzelnde abendländische Dualismus, der scharf zwischen der Natur auf der einen und der Gesellschaft auf der anderen Seite trennt, obsolet geworden ist, pflegen die Sozialwissenschaften in ihrem Mainstream ihre antinaturalistische Attitude und halten am überkommenen Dogma fest, soziale, kulturelle und moralische Tatsachen seien eine Realität sui generis. Indem sie sich an einem überholten Forschungsparadigma orientieren, verharren sie in einem selbstgeschaffenen kulturalistischen Ghetto und ignorieren nicht nur den Erkenntnisstand der zeitgenössischen life sciences, sondern liefern zugleich ein Lehrstück dafür, wie ein tradiertes Selbstverständnis, das historisch durchaus seine Berechtigung gehabt haben mag, an einem bestimmten Punkt seiner Entwicklung zur Selbstfesselung wird.

Die Beiträge des Buches gehen zurück auf ein Symposium in Bazon Brocks Berliner Haus der DENKEREI, das im Mai 2014 stattfand. Mit Beiträgen von Arno Bammé (Klagenfurt), Bazon Brock (Wuppertal/Berlin), Wilhelm Berger (Klagenfurt), Günter Ropohl (Frankfurt am Main), Christian Lauk (Wien), Renate Hübner (Klagenfurt), Christian Schwägerl (Berlin), Ingrid Reschenberg (Klagenfurt), Matthias Wieser (Klagenfurt), Tanja Paulitz (Aachen).

Arno Bammé

Die Apokalypse denken, um den Ernstfall zu verhindern

Unheilsprophetie von Spengler bis Sloterdijk

239 Seiten, 24,80 EUR
ISBN 978-3-7316-1300-8

2018 jährt sich zum hundertsten Mal die Veröffentlichung von Oswald Spenglers Monumentalwerk „Der Untergang des Abendlandes“, die letzte große Geschichtsmetaphysik von Bedeutung. Das Weltenschicksal, das darin beschrieben und begründet wird, sei unausweichlich und darum mit Würde und Fassung hinzunehmen. Wenn heute, hundert Jahre später, Möglichkeiten nahenden Unheils in Betracht gezogen werden, etwa bei Peter Sloterdijk, dann liegt ihren Begründungen eine völlig andere Intention zugrunde. Es gilt, die größtmögliche Katastrophe zu denken, um ihr Eintreten zu verhindern: den Ernstfall nicht passiv erdulden, sondern ihm prospektiv entgegenwirken, lautet ihr Motiv.

Während sich für Oswald Spengler in der technologischen Weltzivilisation das Schicksal der abendländischen Kultur planetarisch vollendet und für Martin Heidegger in der neuzeitlichen Technologie die Mission der altehrwürdigen Metaphysik, entwerfen in unüberbrückbarem Gegensatz dazu diachrone Technikphilosophen und Ingenieurwissenschaftler wie Gotthard Günther oder Ray Kurzweil Zukunftsszenarien, die der Menschheit im 21. Jahrhundert ungeahnte Gestaltungsmöglichkeiten eröffnen, Handlungsperspektiven, in denen es keinerlei „Ende der Geschichte“ gibt – dafür aber eben auch ungeheure Gefahren. So gesehen, sind Texte wie die biblische Unheilsprophetie des Johannes oder die „kulturmorphologischen“ Offenbarungen Oswald Spenglers aktueller denn je, auch wenn sie heute etwas völlig Anderes bedeuten.